新消费时代的商业发展思考

——上海商学院工商管理学院学生代表性论文集

BUSINESS DEVELOPMENT THOUGHTS
IN THE NEW CONSUMPTION ERA

上海商学院　编

吴卓群　陆　枫　曹可安　王静菲　徐康蕾　周志韬　陈心怡　王　艺　尹　丹　张佳宇　张　敏　杜红丽　李　霞　王筱洁　王　昊　周　玲　陈　兔　陈韦辰　邓雁南　欧阳子霖　沈逸菲　谢思羽　钱晨彦　许秋烨　傅显茜

上海财经大学出版社

图书在版编目(CIP)数据

新消费时代的商业发展思考：上海商学院工商管理学院学生代表性论文集/上海商学院编．—上海：上海财经大学出版社，2022.2

ISBN 978-7-5642-3930-5/F·3930

Ⅰ.①新… Ⅱ.①上… Ⅲ.①工商行政管理-文集
Ⅳ.①F203.9-53

中国版本图书馆CIP数据核字(2021)第278595号

□ 责任编辑 袁 敏
□ 封面设计 贺加贝

新消费时代的商业发展思考

——上海商学院工商管理学院学生代表性论文集

上海商学院 编

上海财经大学出版社出版发行
(上海市中山北一路369号 邮编200083)
网 址：http://www.sufep.com
电子邮箱：webmaster@sufep.com
全国新华书店经销
江苏凤凰数码印务有限公司印刷装订
2022年2月第1版 2022年2月第1次印刷

787mm×1092mm 1/16 30.25印张(插页：2) 609千字
定价：160.00元

编委会

主　编　王胜桥　焦　玥

编　委　王丽芳　冯　睿
吕　洁　朱巧妮
朱蓓倩　刘　欣
江　江　李　清
吴培培　狄　蓉
周　勇　赵黎黎
侯宏亮　袁君霞
殷延海　高　振
曹　静

序

回顾我国改革开放40多年的市场发展，大致可以按市场与消费特性分为三个阶段：产品市场阶段，只要质好价低就行，是为市场与消费的1.0时代；品牌市场阶段，通过产品品牌的建立来获取其竞争的独特优势，体现了市场与消费的2.0时代；体验市场阶段，强化系统服务解决方案，注重美好顾客体验，则属于市场与消费的3.0时代。

我国正在进入体验市场阶段，面对新消费时代的来临，上海商学院工商管理学院一直致力于国家级和上海市级一流专业的建设，注重聚焦特色、坚持产教融合、对接国际一流，结合新商科、新技术的发展开展一流商科人才的培养，人才培养质量日益受到社会的认可与好评。

学生的科研成果是评价人才培养质量的重要标志之一。这本论文集选自上海商学院工商管理学院优秀学生的科研成果并编辑而成。这些成果是优秀学生大学四年努力学习的凝练与结晶，在指导老师的带领下，就行业研究、企业管理、市场营销、物流管理等方面的前沿问题进行了研究与思考。

这些优秀学生，在校期间大部分都公开发表过研究论文。比如吴卓群同学，曾获学校最高荣誉“校长奖”，并获团中央、全国学联颁发的“中国大学生自强之星”称号；陆枫同学，公开发表论文数篇，先后获得10项市级以上创新创业奖项，毕业后创办元誉陶艺，获上海市大学生科技创业基金雏鹰计划天使基金。

当然，毕竟是学生的科研成果，无论是研究的深度和广度，还是研究的视角及论文的系统性与结构性，都不可避免地存在着局限。出版这本论文集的初衷，其目的更多是分享、鼓励和支持。因为，每一个学生都是一片雪花，雪花虽小虽微不足道，但“每一片雪花都是落向世界的一道光”（诺贝尔文学奖获得者奥尔罕·帕慕克），正是这“每一道光”，构成了五彩缤纷、精彩十足的世界。

是为序！

王胜桥
上海商学院工商管理学院院长、教授
2021年10月

目 录

·行业研究·

·企业管理·

·市场营销·

·物流管理·

·消费行为·

行业研究

关于国际消费中心城市建设的对比研究

——以新加坡和上海为例

吴卓群

指导老师：曹　静

摘　要：国际消费中心城市是消费资源的集聚地，更是一国乃至全球消费市场的制高点，成为国际消费中心城市目前已是国内许多一线甚至新一线城市的发展目标，而研究国际消费中心城市更是顺应时代洪流，对我国的发展起着重大作用。

本文在对国际消费中心城市相关研究进行整理的基础上，勾勒出了国际消费中心城市的内涵并构建了国际消费中心城市的评价核心指标体系，通过与新加坡这个国际消费中心城市进行对比，讨论上海发展建设国际消费中心城市的现状并对上海目前存在的问题提出关于创新改革零售业、创建有利于商业发展体制条件、模仿新加坡文化发展城市设计、提升城市经济发展实力的建议，分析出上海当前的消费发展态势，助力上海成为国际消费中心城市。

关键词：国际消费中心城市；商业街；国际化

A Study on the Construction of International Consumption Center City

—Taking Singapore and Shanghai as Examples

Abstract: International consumption center city is to gather resources, but also a country and even the commanding heights of the global consumer market, to become an international consumption center city is many domestic a line or even a new line of the city's development goals, and research international consumption center city is more adapt to The Times, and it plays an important role in China's development.

Based on the research of international consumption center city, this paper outlines the connotation of international consumption center city and constructs the evaluation core index system of international consumption center city. By comparing with Singapore, the international consumption center city, discuss Shanghai international consumption center city development and construction of the status quo and the existing problems of Shanghai retail about innovation reform, creating a conducive to the development of commercial economy system condition, imitating Singapore cultural development of the urban design strength, improve the city's economic development suggestion and development trend analysis to the Shanghai's current consumption, helping Shanghai to become an international consumption center city.

Keywords: international consumption center city; business street; international

一、引　言

消费在我国经济结构的调整和转型升级中扮演"稳定器"和"压舱石"的重要角色，维持我国经济平稳运行。2020 年 5 月，在中共中央政治局常委会会议上提出了关于"深化供给侧结构性改革，充分发挥我国超大规模市场优势和内需潜力，构建以国内大循环为主体、国内国际双循环相互促进的新发展格局"的经济发展概念。改革开放以来，依靠着强大的外需拉动，中国的经济实现高速增长，但是这种出口导向型的经济有很大的弊端，即过度的依赖外部环境，在 2008 年金融危机爆发之后，外需剧烈萎缩，贸易保护主义的抬头，使得过度依赖外需的模式不可持续，所以目前我们应该将目光转移到内需上，而国际消费中心城市的建设对刺激内需起着重要作用。

上海作为全国经济最发达、居民收入水平最高、科技创新最具活力的现代化国际大都市，建设国际消费中心城市已具备较好基础，并且打造国际消费中心城市形象也是上海在转型成为国际化大都市之路上的重要一步。2020 年，上海出台了 12 条促进消费的政策，例如刺激汽车行业消费，创新举办"五五购物节"、"六六夜生活节"等重大活动，消费市场在政策调控下逐步回暖，社会消费品零售总额成功摆脱负增长。即使受到了疫情影响，但上海 2020 年的经济增长还是保持了一贯的韧性，社会消费品零售总额比 2019 年增长 0.5%。

新加坡作为发达的资本主义国家，承担着亚洲地区重要的航运任务。全球化与世界城市研究小组曾把新加坡评为世界一线城市，英国经济学人集团旗下的经济学人智库每年发布的全球生活成本调查报告中，新加坡在 2014 年至 2019 年间连续六年排名第一。新加坡建立享有国际盛誉的金融中心，许多世界最大和最繁荣的金融机构都在新加坡。根据国际结算中央银行外汇及衍生工具市场活动调查，新加坡是世界第四大外汇交易中心，同时其也是全球性化工和石油精炼的中心，并且拥有世界晶片制造前三强和世界生产测试线前三强企业。可以说，新加坡在国际消费中心城市中有着举足轻重的地位，新加坡的发展对亚洲其他国家起着很重要的启发作用。同作为亚洲地区的经济发达城市，上海和新加坡存在许多共同之处，新加坡的成功发展经验也能运用在上海的发展中。

研究国际消费中心城市不仅可以衡量一个城市的经济发展状况良好与否，也可以给予更多城市发展经验，使其加快成为国际消费中心城市的步伐，从而带动整个国家消费的发展，引导城市扩大引领消费，还可以促进产业结构升级，为国家拉动经济增长的新载体和新引擎提供意见。因此，成为国际消费中心城市目前已经是国内许多一线甚至新一线城市的发展目标，而研究国际消费中心城市更是顺应时代洪流，对我国的发展起着重大作用。本文在对国际消费中心城市相关研究进行整理的基础上，勾勒出了国际消费中心城市的内涵并构建了国际消费中心城市的评价核心指标体系，通过与新加坡这个国际消费中心城市进行对比来讨论上海发展建设国际消费中心城市的现状并对上海目前存在的问题提出建议，分析出上海当前的消费发展态势，为上海建成国际消费中心城市提出意见，助力上海对标新加坡等国际消费中心城市。

二、关于国际消费中心城市理论研究的文献综述

国际消费中心城市的发展经历了三个阶段，许多学者对这三个阶段提出了不同的看法，可以说从消费城市到国际消费城市，再到国际消费中心城市，不仅仅是名称的变化，更多的是内涵的变化。

（一）消费城市研究阶段

学术界对国际消费中心城市进行研究时，也在不断丰富这个理论的内涵，德国经济史学家马克斯·韦伯(1997)被公认为是消费城市概念的首创者，他在其著作《经济与社会》中，将依靠君侯、官僚、地主等特权阶层购买力的城市称为消费城市。[1]显然，国际消费中心城市的雏形在马克斯·韦伯这被理解为前工业化时期的消费城市，此时社会生产力普遍落后，城市生产属性也不显著，存在阶级剥削和消极意义的传统消费城市。进入21世纪后，社会生产力水平逐步提高，城市的划分逐渐清晰，消费在人们生活中所占的比重越来越大，人们不再满足于20世纪对消费城市的定义。Clark(2011)发现新时代的都市休闲娱乐产业已经取代传统工业，这和之前马克斯·韦伯所说的靠君侯、官僚、地主等特权阶层购买力大不相同，娱乐产业成为大城市新的动力引擎，消费对城市发展的重要性已经超越生产，城市本身成为一个整体消费品。[2]近几年，武优勐、毛中根、朱雨可(2019)运用GMM模型、门槛模型证明了城市消费集聚对劳动力流入有显著正向影响。他们表示在城市化推进过程中，城市要重视消费集聚功能的发挥，提高城市居民和流动人口的生活满意度，以此来吸引充足劳动力。[3]

（二）国际消费城市研究阶段

国与国之间的交流越来越频繁，消费已经不是一个国家内部的事情了，而是多国之间的交流合作，国际消费正在逐渐成为消费环境的主流。周健（2013）也发现城市服务业发展国际化的趋势日益加强，在目前全球经济不景气的情况下，跨国公司开始了新一轮的全球产业布局，而服务业向新兴市场国家城市转移的趋势也是愈发突出。[4]由此可见消费城市的基础与都市设施提供的舒适性与便利性是息息相关的，消费城市的动力来源于收入提高、技术变革与创意阶层。陈珂（2019）认为消费环境是首位，我国建设国际消费中心城市有得天独厚的优势，随着经济形势的发展，我国经济从出口导向型转向内需导向型是必然趋势。[5]商务部数据显示，消费在拉动经济增长的“三驾马车”中仍然走在最前面。近年来，越来越多的中国消费者选择境外旅游和境外购物，消费力大量外流的现象引起关注，国际消费也越来越常见。陶希东（2020）则认为拥有国际化链接渠道、发达多元的现代服务业体系、极强的创新能力、开放包容的环境和完善的制度政策是国际消费城市的特点。[6]

（三）国际消费中心城市研究阶段

随着商务部《关于培育建设国际消费中心城市的指导意见》的提出，更多的学者完善了国际消费中心城市的概念。叶胥（2016）指出城市的未来在于消费者，当今人类社会的发展表现为居民收入财富不断提高和现代科学技术不断进步，城市功能将更侧重于消费，消费者的时间成本随着收入和财富水平相应提高，城市里高频次的消费模式才能适应快节奏的生活。[7]研究发现，后工业化时代的城市发展思路可能与过去有所差别，已经无法完全像过去一样从生产的角度来解释今天的城市发展现状和未来城市的出路。汪婧（2019）进一步分析了国际消费中心城市的特征和形成机制，结合现代国际消费中心城市理论，基于功能观视角，用关键词分解法界定了国际消费中心城市的概念：第一个关键词“国际”，界定了城市消费服务要面向和服务全球消费者，划定了功能的空间尺度；第二个关键词“消费”，界定了城市消费不仅包括个人消费产品，还包括政府提供的城市安全、教育文化等公共消费产品，划定了功能的主体对象；第三个关键词“中心”，界定了城市消费应在全球消费网络中居较高层级，具有较强的影响力，划定了功能的相对重要性。[8]她将三个关键词结合在一起，最后总结表示国际消费中心城市可被界定为消费成为城市发展的集聚向心力和核心驱动力，顺应全球化发展趋势，能有效满足本土及境外居民生活性消费，具有较强的全球消费资源配置能力和消费创新引领能力的城市。

通过对文献的梳理，可以发现目前学术界对于国际消费中心城市比较一致的看法是：所谓国际消费中心城市，应该既是一个具有全球超强链接能力，全球最丰富、最多元、高品质的消费商品和服务供给，超强消费资源全球配置能力，引领全球消费潮流和趋势，具有健全规范的消费制度政策体系、一流消费场景和消费环境的全球性交易平台和商贸信息枢纽，更是一个文化科技服务的全球输出之地。基于以上学者的研究，笔者认为国际消费中心城市应该具有巨大的消费实现能力，这些可以由人均 GDP、人均可支配收入及人均消费支出衡量，除了居民所具备的良好消费能力外，城市的基本经济状况也至关重要，通过储蓄总额、社会消费零售总额和第三产业比重可以很直观地反映出该情况的好坏，并且还应该拥有彰显国际时尚和历史人文的商业街，标志性商业街租金和全球化商业街数量侧面体现了商业街价值的高低，而商业街也是国际化的体现，再加上港口数量及机场数量来突出国际化程度。对比这些指标，希望能够加快上海建成国际消费中心城市的步伐。

三、国际消费中心城市指标体系构建

研究表明，发展成为一座国际消费中心城市必须要有强大的经济实力与发展潜力作为支撑，通过对上海居民经济基本情况的分析能探寻其发展潜力，而对城市基本状况的调查能发现其是否具备经济实力。对国际化水平的研究也能探寻发现一个城市在国际商业中处于怎样的地位，商业街顾名思义是一个城市的商业集聚地，赖阳、黄爱光(2013)提出每个城市的商业街是这个城市最大的商业亮点，甚至被称作城市的地标性建筑，代表城市最具成长性、最高土地租金、最能代表商业潮流的地方[9]，而港口数量和机场数量也是体现城市影响力的重要指标。从国际消费中心城市的城市、消费、国际这三个核心内涵出发，本文选取了居民消费情况、城市基本状况、国际化情况这三个方面进行衡量。基于以上分析，构建了如表 1 所示的指标体系。

表 1　　国际消费中心城市指标体系

一级指标	居民消费情况	城市基本状况	国际化水平
二级指标	人均 GDP	储蓄总额	商业街租金
	人均消费支出	第三产业比重	港口、机场数量
	人均可支配收入	社会消费品零售总额	全球化商业街数量

(一)居民消费情况

居民消费情况可以最直观地表现出城市经济变现能力的好坏，人均 GDP 展示居民消费情况的基础，人均消费支出体现居民消费情况的现状，人均可支配收入反映居民消费情况存在的潜力。

1. 人均 GDP

人均 GDP 是经济领域衡量经济发展状况的重要指标，是人们了解一个国家或地区的宏观经济运行状况的有效考察工具。据美国政治学家亨廷顿分析，人均国内生产总值增长与社会安定、社会和谐程度呈正比例关系，而国际消费中心城市的消费环境往往建立在社会稳定、居民收入水平相对较高的城市中，所以人均 GDP 是评议一个城市是否能成为国际消费中心城市的基础。

2. 人均可支配收入

人均可支配收入是居民用于消费支出和储蓄的总和，常被用来考察一个国家或地区的居民生活水平的变化情况，人均可支配收入越高，居民生活水平则越高。根据马斯洛需求层次理论，人们最先解决的是生理需求，然后在有余力的情况下才能考虑自我需求。因此，只有拥有较高的生活水平后，人们才能在满足温饱的条件下去满足物质方面的需求，物质的需求直接影响了当地消费水平的评估状况，是一个城市在建设国际消费中心城市进程中的重要环节。

3. 人均消费支出

人均消费支出能够体现本地居民的消费情况。美国城市经济学家 Glaeser 和 Kolko(2001)研究认为，城市作为消费中心的功能特点是能以丰富的商品和服务、良好的社会环境等特色吸引更多消费者到城市消费。[10] 当人均消费支出达到一个较高水平时，同样也能预测出这个城市在未来一段时间的消费吸引力，对于评判该城市是否具有长期的消费引导力提供重要依据。

(二)城市基本状况

城市基本状况则直观地展示了城市未来的发展，第三产业比重缓解城市运行压力，社会消费品零售总额反映城市消费规模，储蓄总额帮助稳定城市基本运行。

1. 储蓄总额

中国是全球储蓄总额排名第一的国家，储蓄业务的良好发展在一定程度上能协调国民经济的比例和结构，达到集聚经济建设资金、稳定市场物价、调节货币流通的效果。当市场物价稳定、货币流通正常时，居民会更愿意在这样的环境中进行消费，不用担心会发生资金使用异常等问题，能为建设国际消费中心城市提供保障。

2. 社会消费品零售总额

社会消费品零售总额反映与居民衣食住行这些基本消费有关的销售情况，能看出居民在一定时期内的物质文化生活水平，体现社会商品购买力程度和零售市场的规模状况，是人们衡量一个城市消费环境好坏的重要参考依据。因此，只关注居民消费的可承受能力是不够的，只有消费市场能同步跟进并达到一定规模，才能吸纳更多的顾客前来消费，从而为建设国际消费中心城市建设创造良好消费环境。

3. 第三产业比重

第三产业比重(即第三产业生产值占地区生产总值比重)能反映一个国家或地区的经济发展阶段，发展第三产业有利于建立健全社会主义市场经济体制，提高国民经济素质和综合国力，能有效缓解市场就业压力，为居民提供更多的就业岗位，从而提高人民的生活水平，早日达到小康水平。随着第三产业发展的逐渐兴盛，第三产业在各个国家都拥有了越来越重要的地位，人们的消费选择已经逐渐偏向于第三产业，因此发展好第三产业也就意味着拥有了更多的消费收入，为打造国际消费中心城市打下扎实的基础。

（三）国际化水平

国际化水平是国际消费中心城市中关于“国际”二字的重要体现，商业街租金展示城市对零售商的吸引力，商业街数量展示城市对零售市场的吸引力，港口数量展示城市对国际零售消费品的吸引力，机场数量展示城市对国际游客的吸引力。

1. 商业街租金

商业街的租金水平可以反映国际消费中心城市的市场繁荣程度以及对消费者的吸引能力，国外学者加纳（B. J. Garner，2013）提出，租金同商业街在全球商业中的地位呈正比例关系。经济规模较多的高门槛经济活动，例如珠宝钻石、高级定制服装等往往靠近地价峰值区，占据着地租最高的城市土地[11]，因此商业街租金越高则证明其拥有越高的知名度及资金变现价值，同样就会吸引更多的消费者慕名前来消费，这同时也证明了这个城市有着建设成为国际消费中心城市的价值。

2. 全球化商业街数量

商业街是全球商品的集聚地，也是零售商们投资的沃土，许多外地游客的旅游必选项就是当地著名的商业街。因此，一个城市全球化商业街越多，零售业发展就越有活力，商业经营也越加高效，对满足各类消费者消费需求、完善消费体验的能力也越强，对城市影响力的提升也起到举足轻重的作用，而城市影响力的提升对于打造国际消费中心城市来说有百利而无一害，游客数量也会与日俱增。

3. 港口数量

港口表面上看是一个连接水陆两地的平台，但从其功能出发，可以发现它也是供航运船舶进出和停泊的运输枢纽，同样也是工农业产品和外贸进出口物资的集散地。港口对于城市经济的发展、区域经济的发展都起着非常重要的作用。据统计资料显示，全球 35 个国际化城市中因为有港口而发展起来的高达 31 个。因此，港口的数量也是衡量一个国家国际化的重要指标，对于想要建设国际消费中心城市的城市来说是不可或缺的一部分。

4. 机场数量

机场是国家与国家之间、国家与城市之间运输系统中的重要结合点，是该机场所在地区通向国内重要经济中心和通向国际的门户和窗口。高效、快捷的航空运输工具是现代社会经济发展的前提条件，特别对于需要发展高新技术产业的城市来讲，航空运输是其他交通工具代替不了的。拥有机场的数量越多，城市作为联系国内和国外的枢纽能力以及辐射能力就越强，能为城市连接的世界各地的游客就越多，就越能为建设国际消费中心城市带来更多消费的可能性。

四、上海与新加坡的国际消费中心城市指标对比分析

基于学者的研究，并根据上文所构建的核心指标体系，本文从新加坡统计局和上海市统计局找到以下 2020 年数据。其中，新加坡的第三产业比重及商业街租金数据是根据前几年的数据估算得出，其余数据均在数据库中可查证。如表 2 所示，其中每项指标赋予分值满分为 10 分，指标数据更为优秀的城市得到该项指标的满分，另一个城市则根据差距得出百分比情况，用百分比乘以满分，得出该城市该项指标的得分，最后统计总分。以全球化商业街数量为例，上海有 20 个，而新加坡只有 10 个，因此上海可以获得满分 10 分，新加坡的数量因为是上海的一半，占了 50%，所以新加坡的分数是 10×50%=5 分。

表 2　上海和新加坡 2020 年指标数据对比

城市 \ 指标	人均 GDP（元）	人均可支配收入（元）	人均消费支出（元）	储蓄总额（百万元）	社会消费品零售额（百万元）	第三产业比重	商业街租金（元/平方米/年）	全球化商业街数量（个）	港口数量（个）	机场数量（个）	总计（分）
上海	159 384	72 232	42 536	3 830 245	486 989	73%	4 050	20	1	2	
分值	3.96	2.05	2.36	10	10	10	10	10	2	2.86	63.23
新加坡	402 325	353 145	179 964	919 681	359 948	61%（预计）	3 173（预计）	10	5	7	
分值	10	10	10	2.4	7.39	8.36	7.83	5	10	10	80.98

（一）新加坡居民的人均消费水平远高于上海居民

根据图 1 我们可以直观地看出新加坡的居民经济基本情况明显优于上海居民，人均可支配收入甚至达到了上海的近 5 倍。早在 2002 年，上海消费市场就呈现出了越来越明显的国际化趋势。据上海市商业信息中心统计，2001 年上海市场上 500 个畅销商品中进口品牌就超过了五成，众多国内消费者把国际著名品牌作为商品选择的主要目标。近年来，上海市居民服务性消费支出基本稳定在消费总支出的六成左右，消费为经济发展提供了持续可靠的动力。不难发现，上海作为国内最早一批和国际流行消费观念相靠近的城市，其居民消费水平在国内应处于领先水平，然而在这个水平条件下，其各项人均指标却远低于新加坡，由此可见上海乃至我国的居民消费还需进一步加强。

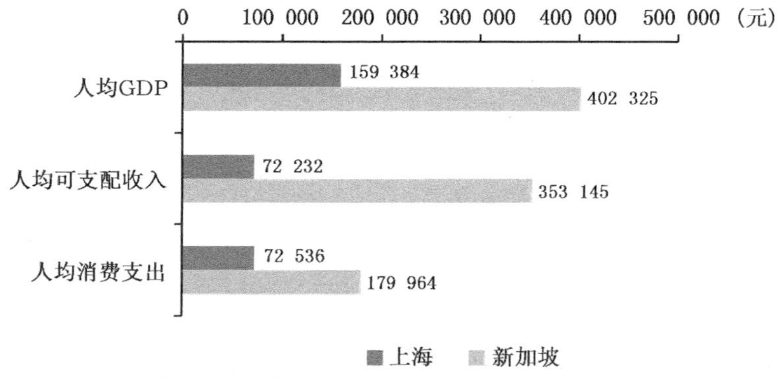

图 1　上海和新加坡居民经济基本情况比较

（二）上海社会总供给水平优于新加坡

在宏观经济学的两部门模型中，社会总供给等于社会储蓄总额加上社会消费品零售总额，这是考察社会经济发展水平的重要参照指标。根据 2020 年的数据来看，上海的社会总供给情况明显优于新加坡（见图 2）。21 世纪初，上海市场居民需求就已进入相对稳定增长时期。良好的社会总供给有利于稳定社会经济秩序，为社会经济发展提供一个好的环境，保障了社会经济活动的运行。对比这一数据，我们可以得出上海目前的社会发展状况已经达到以新加坡为例的国际消费中心城市水平的结论。

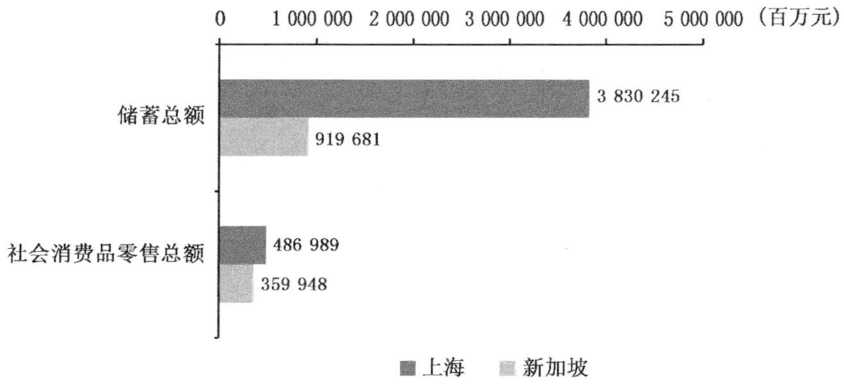

图 2　上海和新加坡社会经济基本情况比较

（三）上海第三产业比重高于新加坡

服务业如今是城市发展的主载体，在全球服务业快速发展的今天，针对性发展服务业是很有必要的。发达的第三产业是国际消费中心城市建设的主要驱动力，只有一个地区的三大产业达到均衡同时第三产业实现蓬勃发展，才能有效推动国际消费中心城市的建设。进入 21 世纪后,国外经济发展领先的城市服务业已达到了一个很高的水平。新加坡在早几年的第三产业比重一直稳定在 70%以上,2020 年或许是受疫情影响导致预计的第三产业比重降至 61%,现代经济发展表明,服务业对现代经济增长的作用日益显著。观察上海 2020 年的第三产业比重,可以发现其也处于世界领先水平。见图 3 和图 4。

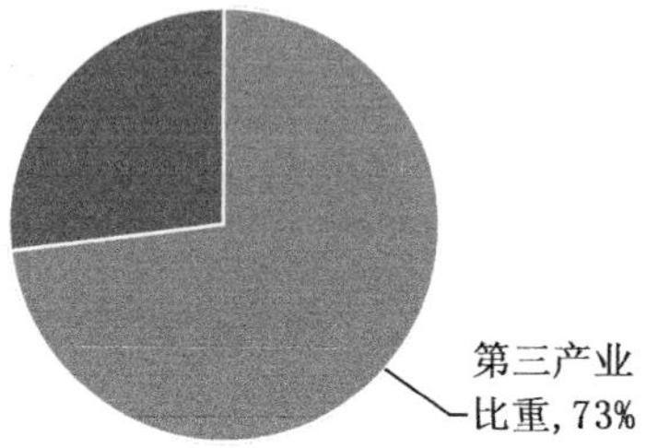

图 3 上海第三产业比重

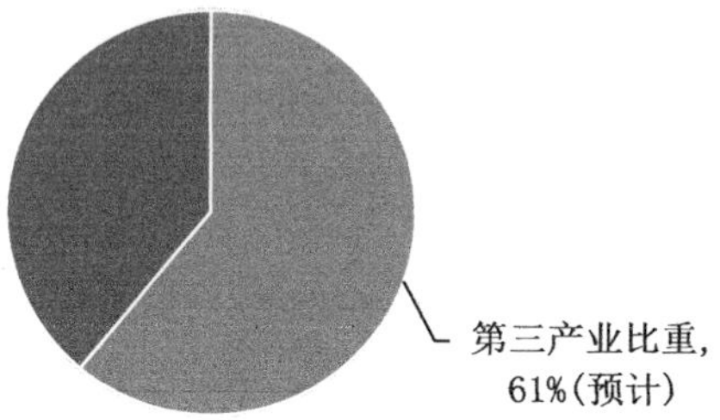

图 4 新加坡第三产业比重

(四)上海商业街租金水平高于新加坡

从图 5 中可以看出,上海的商业街租金高于新加坡,这也意味着上海近几年的消费水平在逐步提高。对于商业企业来说,具有世界影响力和吸引力的城市中心商业街区往往可以在相当程度上保障并增加企业的经营利润,庞大的客流量和巨大的销售额最终会推高商业街租金,而企业也更喜欢选择入驻这样的商业街。因此,上海商业街的发展要能及时跟上上海经济水平的发展,租金作为最直观的一个评价指标,时刻反映上海目前在国际上的商业影响力。

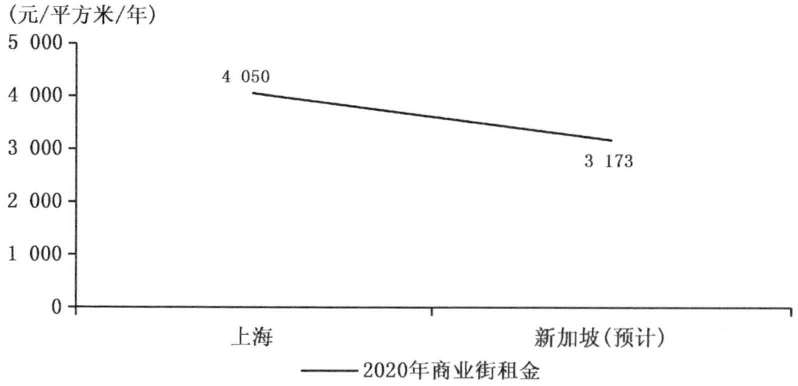

图 5 上海和新加坡商业街租金情况比较

（五）新加坡致力于发展国际间交流

上海打造的国际化著名商业街数量高达20个，新加坡仅仅只有上海的一半。由此也可以看出，上海目前的消费发展水平处于国际领先地位，众多的商业街吸引了多种多样的国际品牌入驻，展示了上海优秀的消费引领形象。而新加坡港口和机场的数量远多于上海，说明在国际交流这一方面，上海还需要持续改进。港口作为连接海洋和内陆的重要集结点，在国际货运中有着举足轻重的地位，积极发展港口建设对进出口贸易也存在极大好处，不仅能扩大商品贸易范围，也能拉动国内GDP提升。目前，上海浦东机场是接待入境游客的主要地点，而上海虹桥机场主要承担国内出发、到达及备降，可以看出上海在这方面还存在欠缺，这无疑也延缓了上海建设国际消费中心城市的步伐。见图6。

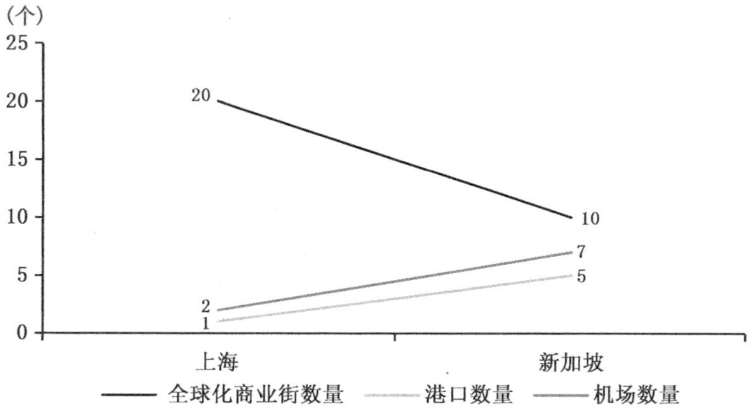

图6　上海和新加坡全球化商业街数量、港口数量、机场数量情况比较

综上所述，可以发现作为国际消费中心城市的新加坡目前在得分上高于上海，新加坡在这个指标评价体系下分数达到80.98分，上海达到63.23分。但是上海也存在独特的优势，其城市消费水平明显优于新加坡，良好的消费环境预示着上海之后也能迎来更好的发展，但是在居民消费方面却仍未达到国际水平。从储蓄总额可以看出，上海居民更偏向于将收入存起来，因此政府之后可以出台更多的政策来刺激居民消费，例如在疫情期间发放消费券等，通过刺激消费拉动经济更快速增长，从而建设更多符合城市发展的码头和机场，尽早达到国际消费中心城市水平。

五、上海推进国际消费中心城市建设进程的建议

基于以上比较，为了加快上海建成国际消费中心城市的步伐，对标新加坡这个国际消费中心城市，提出以下发展路径。

(一)刺激上海居民需求,创新改革零售业增大消费需求

上海的居民消费情况远低于新加坡,因此需要刺激居民需求。首先,在零售业提高组织连锁能力,促进众多中小商店资源整合利用,以提高商店销售效率和商业整体规模效益。零售业态更新与改造结合,以现代业态为主多元发展,包括混合业态类型,将服务态度和商品两者相结合,能既满足消费选择要求,又减少相对经营成本和增加相对收益。其次,零售网点建设按照接近消费者的原则发展并调整配置,要适应城市建设和人口流动趋势特点,强化网点结构的地区布局效应。商业营销应改变习惯于打折促销等单一粗放的做法,而要做到不断创新,达到增加销售盈利的目标。

(二)推动上海居民消费,创建有利于商业发展的体制条件

一个良好的消费环境也是推动消费的关键。上海商业特别是零售业经历了连年高速增长之后,面对市场新的考验是如何坚持从重数量扩张转变为重质量和提高效益,实现在改革中谋发展。建立健全产权明晰制度,消除传统管理体制下政企职责不清的弊病,提高企业自身素质,激发市场活力。完善消费者权益保护机制,依法严惩价格欺诈、质价不符等价格失信行为,完善消费领域惩罚性赔偿制度,加大对侵权行为的惩处力度,不断净化消费环境,使消费者能够放心消费。

(三)鼓励上海夜市发展,提升城市经济发展实力

对于国际消费中心城市而言,经济实力是建设国际消费中心城市的基础,虽然上海目前的城市经济实力已经逐渐超过新加坡,但是只有具备强大的经济实力才能为国际消费中心城市的建设带来基础性保障。发展夜市经济,有助于刺激消费,为城市经济发展做出贡献,稳定上海的城市消费水平。除此之外,夜市文化也是独树一帜的中华文化,打造夜市文化使上海文化乃至中华文化更具活力,增强文化的不可复制性,在国际上独领风骚。为此,鼓励举办美食节、啤酒节、文化节等活动,发扬大众喜闻乐见的夜市文化,鼓励开设夜市一条街,从主题活动、夜间文化、特色餐饮等方面着手,在丰富居民夜间精神文化生活的同时,形成上海独有的夜市文化,使夜市经济成为上海吸引外国游客前来消费的动力。

(四)扩大自身发展优势,打造上海独特商业旗帜

上海可以依据自身情况着重打造一条独具特色的商业街,并且对该商业街有明确的商业定位,在进行一系列促销、宣传活动时也能让消费者更有记忆点,让商业街的名号响彻全球从而促使各品牌争相入驻。培育和创造品牌的过程也是不断创新的过程,自身有了创新的力量后,才能在激烈的竞争中立于不败之地。例如,在南京西路商业街引进更多的国际知名品牌,在扩大本土品牌影响力的同时学习知名品牌营销方式,从而增大客流、提升销量、提高商业街影响力,并在国际上树立令人印象深刻的商业旗帜。

（五）展示上海城市魅力，模仿新加坡文化发展城市设计

新加坡的常住人口中，近八成是华人，一成是马来人，一成是印度人，剩下的是欧亚混血人种和其他民族。包容是新加坡在发展过程中的关键词，也正是因为包容，新加坡的国际化水平才能处于亚洲的领先地位，但新加坡同时也会传承属于自己的精神财富。新加坡为多元的种族文化单独设立了 15 个富有特色的区域，每个区域保留了他们最传统的文化习俗，同时保留这里的文化古迹。在这里，东方各国的传统文化与西方现代文明相互碰撞与融合，产生了新加坡独特的社会人文理念。新加坡政府重视多元价值与文化创造的激发，使不同种族人群得以保存自己的生活方式。上海作为海派文化的发源地，是国内较早接触西方世界的城市，在西方文化的影响下，属于上海本土的海派文化逐渐淡出大众视线，因此上海市政府可以使用新媒体营销手段，积极利用互联网进行宣传，不仅是在国内的各大品牌中，更要在国外游客方面进行文化渗透，通过与国外应用软件合作、短视频推广等方式，将本土文化重新带回外国公众视野。

（六）打造国际交流环境，学习新加坡优秀城市规划建设经验

上海市面积达 6 340 平方千米，而新加坡的国土面积才 724.4 平方千米，但是新加坡却规划了 5 个港口、7 个机场，极大地保障了其进行国际交流活动。因此，上海也应学习新加坡优秀城市规划建设经验，取长补短，完善国际化水平这方面存在的不足。新加坡城市规划建设的主要特点是规划具有超前性、科学性、权威性。科学规划是取得成功的前提。新加坡城市规划和空间布局充分体现出超前意识。早在 20 世纪 70 年代的概念规划中，新加坡就着眼于未来的发展态势，框定了城市发展的空间区块。每隔 5 年到 10 年对总体规划进行调整，都是在没有改变大格局的基础上进行优化和调整的，从而保证了新加坡城市发展的连续性，并且每一次的规划调整都会预留空间，以此确保城市发展的一致性。上海可以加快数字化转型，运用互联网技术，实现与消费者的更好互动，推动消费升级，为打造国际消费中心城市带来更多可能性，建设更多符合城市发展规律的港口码头及国际机场。

上海目前在建设国际消费中心城市的过程中已具备一定基础条件，虽然在某些方面已经优于新加坡，但是离达到国际顶尖水平还有一定差距。要打造国内首个国际消费中心城市，就需要在各个方面都处于领先水平。希望本文对上海与新加坡所做的对比分析，能为相关部门做决策提供借鉴。

参考文献

[1]马克斯·韦伯. 经济与社会(下卷)[M]. 北京：商务印书馆，1997.

[2]Terry Nichols Clark. The City as an Entertainment Machine[M]. Amsterdam：Elsever JAI Press，2011.

[3]武优勐，毛中根，朱雨可. 城市的消费集聚效应影响劳动力流入吗？——基于 35 个大中城市

面板数据的分析[J]. 经济与管理研究,2019(1):75—85.

[4]周健. 国外特选中心城市服务业发展概述[J]. 当代经济,2013(19):4—8.

[5]陈珂. 国际消费中心城市如何名副其实?[J]. 中国报道,2019(12):72—73.

[6]陶希东. 上海建设国际消费中心城市的成效、问题与对策[J]. 科学发展,2020(11):39—46.

[7]叶胥. 消费城市研究:内涵、机制及测评[D]. 成都:西南财经大学,2016.

[8]汪婧. 国际消费中心城市:内涵和形成机制[J]. 经济论坛,2019(5):17—23.

[9]赖阳,黄爱光. 世界著名商业街评价指标体系研究[J]. 中国市场,2013(7):82—90.

[10]Edward L. Glaeser,Jed Kolko,Albert Saiz. Consumer City[J]. Journal of Economic Geography,2001,1(1):27—50.

[11]上海居民消费观念趋向国际流行[J]. 中外轻工科技,2002(Z1):42.

[12]张腾. 上海居民服务性消费需求调研[J]. 统计科学与实践,2019(11):35—37.

[13]刘建华. 上海居民消费现状分析[J]. 上海经济,2002(2):14—15.

[14]刘社建. "双循环"背景下上海构建国际消费城市路径探析[J]. 企业经济,2021,40(1):5—13+2.

[15]王镒浩,丁胜. 浅析优秀的城市设计对经济的推动——以新加坡为例[J]. 大众文艺,2020(4):112—113.

[16]陈成. 新加坡城市建设与社区治理的做法及其借鉴[J]. 理论与当代,2020(3):53—56.

[17]Bonnie Elizabeth Bounds. Cultural Amenities and the Consumer City Hypothesis[D]. CA: University of California Santa Barbara,2015.

陶艺行业分析与创业设想

陆　枫

指导老师：周　勇

摘　要：陶艺，是中国传统古老文化与现代艺术结合的一种艺术形式，而现代陶艺，指的是艺术家以陶瓷材料为创作媒介，以个性化的手法表现现代人的理想、个性、情感、心理、意识以及审美等哲学理念的一种艺术形式。“十四五”规划中，国家明确提出在2035年要建成文化强国的远景目标，因此，推动我国传统文化发展、进行文化输出是未来大势所趋，陶瓷作为我国民族国粹，无疑是发展重点。本文中，笔者通过各项资料数据来研究我国陶艺行业的市场发展情况，并以从业者的经验提出自己的创业模式，为我国陶艺行业的发展提供一些建议。

关键词：陶艺培训；陶艺研学；陶艺定制

The Analysis of Ceramic Industry and the Idea of Starting a Business

Abstract: Ceramic art is an art form combining Chinese traditional ancient culture with modern art. Modern ceramic art refers to an art form in which artists use ceramic materials as creative media to express modern people's ideals, personalities, emotions, hearts, consciousness, aesthetics and other philosophical ideas in a personalized way. In the fourteenth five year plan, the party clearly put forward the long-term goal of building a cultural power in 2035. Therefore, promoting the development of China's traditional culture and carrying out cultural export is the general trend in the future, and ceramics, as the quintessence of China's nation, is undoubtedly the focus of development. In this paper, the author studies the market development of China's ceramic industry through various data, and puts forward his own entrepreneurial model as a practitioner, so as to provide some suggestions for the development of China's ceramic industry.

Keywords: ceramic art training; ceramic art research; ceramic art customization

一、引言

2021年是我国第十四个五年规划和实现2035年远景目标的开局之年。在新时期，国家明确指出要传承弘扬中华优秀传统文化，推动中华优秀传统文化创造性转化、创新性发展，计划到2035年建成文化强国。在2021年全国两会期间，国家文化和旅游部部长胡和平也发布了具体规划，明确要建设现代文化产业体系，改造提升工艺美术等传统文化业态，培育沉浸式体验等新业态新模式，持续引导和扩大文化消费。以上这些政策措施，无不指明非遗文化在未来要朝产业化、创新化、普及化的方向发展。

陶瓷作为中华民族国粹，是非遗文化中最具代表性的一员，发展陶艺文化普及事业已是大势所趋。目前，全国共有近万家陶艺大师工作室，有9.7万所K12阶段学校和幼儿园开设了陶艺课，全国共有近4万家陶艺公司，其中分店数量超过百家的陶艺集团不少于30家，这些陶艺集团的年收入均超过千万，整个陶艺行业一片欣欣向荣。然而，陶艺行业也存在不少问题：陶艺工作室普遍规模小，无法做到大规模化可复制发展；陶艺教育尚未完全普及；学生社会培训证书未覆盖到全国等。在此背景下，笔者联合陶瓷工艺美术大师、陶艺行业顾问、陶艺教学团队、资深设计团队等资源，组建上海元訾艺术发展有限公司，主营陶艺培训、陶艺定制、陶艺研学。我们致力于发展陶艺普及教育，将陶艺这一非遗文化深入人民大众生活中。本文中，笔者将根据各项资料和调查数据，分析陶艺行业的发展现状，并根据自己公司的商业模式和自身的从业经验，为我国陶艺行业的发展提供一些借鉴。

二、陶艺简介

（一）什么是陶艺

齐彪在《陶艺的起源与流变研究》一书中指出：陶艺，是中国传统古老文化与现代艺术结合的艺术形式，它作为一门综合艺术，经历了一个复杂而漫长的文化积淀历程，与绘画、设计、雕塑以及其他工艺美术等有着密切的关联和鲜明对比。现代陶艺却与陶艺是两个不同的事物，刘木森等人所著的《陶艺基础》一书给出了现代陶艺的概念：

现代陶艺是以陶瓷材料为创作媒介,以个性化的手法表现创作人的理想、意识、审美、情感以及个性等理念的一种艺术形式;现代陶艺所要展现的不仅仅是客观世界,还有人的内心世界和社会感受。现代陶艺是时代潮流发展的产物,是陶艺为了适应当代生活而选择的结果,本文所述的主角便是现代陶艺。

(二)陶艺历史回顾

现代陶艺起源于20世纪30年代的西方,当时现代艺术思潮和艺术运动蓬勃进行,现代陶艺得以快速萌芽和发展,英国的露西·瑞、美国的彼得·沃克斯、日本的八木一夫等人,将陶瓷的作用从实用性为主转变为凸显个性情感表达为主,陶瓷成为艺术家个人情感表达的载体。我国现代陶艺的发展起源于20世纪80年代左右,西方现代陶艺文化传入中国后,我国陶瓷艺术家们逐渐意识到可以将陶瓷赋予为情感表达的载体,使得陶瓷不再只是艺术品或者单纯的器物。相对于西方陶瓷艺术来说,中国现代陶艺发展比较缓慢,在第十二届全国美展上陶艺展第一次作为独立展区在西安展出前,陶瓷艺术一直与其他艺术门类合并在全国美展出现。①

在现代陶艺的专业人才培养上,20世纪80年代后,中央工艺美术学院、景德镇陶瓷学院、浙江美术学院(现为中国美术学院)、广州美术学院等院校相继开展现代陶艺课程的专业教学,师生不时进行毕业作品展、举行座谈研讨会、创作陶艺陈列展示。与此同时,举办陶艺展成为艺术家的潮流,其中,景德镇陶瓷学院的周国桢教授的个展和石湾的曾鹏、曾力兄弟的陶艺展的展出,对于我国从事现代陶艺工作的艺术家们有着深远的影响和鼓励作用。

在现代陶艺的大众普及教育上,自1999年开始,教育部要求将陶艺课程纳入中小学教育体系中,在国家政策的号召下,全国各地有条件的中小学都纷纷开设了陶艺课程。此外,国内很多一、二、三线城市纷纷出现了陶艺店,这些陶艺店主要提供陶艺体验、课程培训、陶艺定制等服务,深受消费者的欢迎。2019年,中国社会艺术协会将陶艺纳入测评体系,在未来,获得全国陶艺等级证书的学生可享受中小学艺术素质素养分加分、初中毕业学业水平考试加分和高考艺术院校加分免试的优惠政策(目前暂在山东省实施,其他地区处于测评阶段)。2020年,中共中央办公厅、国务院办公厅印发《关于全面加强和改进新时代学校美育工作的意见》,明确规定将美术艺术全面纳入中考改革,开展美育中考计分,计划到2022年做到全国全覆盖。目前,全国已有6个省、12个地市已经实施中考美育的计分方案,同时还有4个省开展美育中考计分方案。陶艺便在美术的范畴里。

如今,不论是国家、学校还是家长,都越来越重视陶艺等传统文化对学生的培养作

① 叶庆庆.论当代陶艺审美观念的建构——以第十三届全国美展陶艺展为例[J].大众文艺,2020(23):46—47.

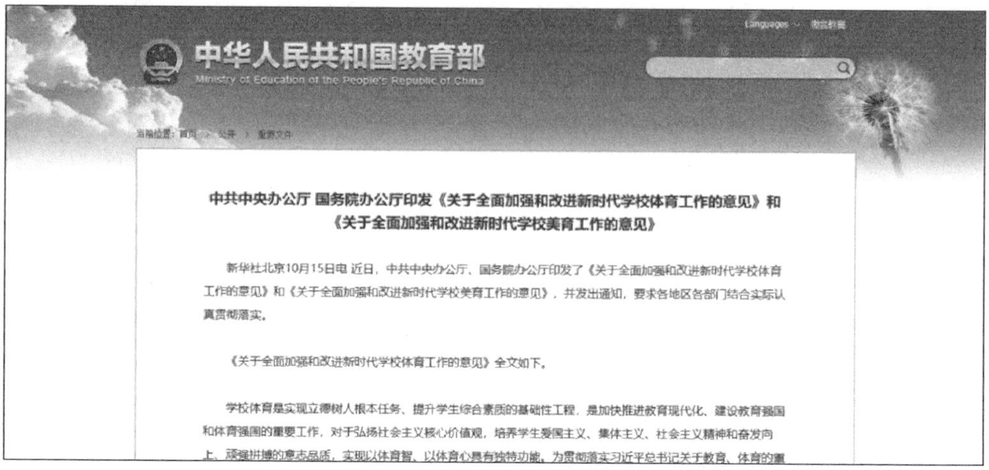

中共中央办公厅 国务院办公厅印发《关于全面加强和改进新时代学校体育工作的意见》和《关于全面加强和改进新时代学校美育工作的意见》

新华社北京10月15日电 近日，中共中央办公厅、国务院办公厅印发了《关于全面加强和改进新时代学校体育工作的意见》和《关于全面加强和改进新时代学校美育工作的意见》，并发出通知，要求各地区各部门结合实际认真贯彻落实。

《关于全面加强和改进新时代学校体育工作的意见》全文如下。

学校体育是实现立德树人根本任务、提升学生综合素质的基础性工程，是加快推进教育现代化、建设教育强国和体育强国的重要工作，对于弘扬社会主义核心价值观，培养学生爱国主义、集体主义、社会主义精神和奋发向上、顽强拼搏的意志品质，实现以体育智、以体育心具有独特功能。为贯彻落实习近平总书记关于教育、体育的重

资料来源：教育部官网。

图1　中共中央办公厅、国务院办公厅印发的关于“美术美育全面纳入中考改革”的文件

用，国内陶艺行业正处于蓬勃发展、方兴未艾的时期。

三、陶艺行业市场调研

为了更好地了解陶艺行业市场，助力自己找到合适的创业模式，笔者对陶艺行业进行了各方面的市场调研。

（一）调研方法

笔者通过实地观察、实地访谈、文献分析、问卷调查、比较分析等方法进行调研。

第一，笔者利用所创的上海元谱艺术发展有限公司的关系网，对上海市浦东新区的金海文化艺术中心、正大广场、华丽家族花园、东窑陶瓷艺术中心和闵行区的麦克将文创园区以及青浦区的阿特麦文化创意产业园等陶艺合作基地进行了实地观察，近距离地了解消费者的真实需求；由于每个地方的经营重点不同，笔者所面对客户群体更加多样，获得的数据也更加全面。第二，笔者通过实地访谈的方法，分别向金海文化艺术中心的磁州窑工艺美术大师林峰根、雕塑工艺美术大师战隆平和福建龙泉青瓷工艺美术大师张平以及麦克将文创区园艺术总监黄于诚请教艺术大师工作室、艺术品创作工坊这种商业模式的发展现状；同时，向阿特麦文化创意产业园负责人和东窑陶瓷艺术中心总经理咨询陶艺室的陶艺体验和陶艺定制业务的盈利情况；向虹口区和浦东新区众多中小学的教务处负责人咨询学校对陶艺这些非遗文化课程的需求度。第三，笔者利用文献分析法，有针对性地选择相关书籍、论文、博物馆资料，其中包括现代陶艺的发展史、陶艺普及教育、陶艺发展现状等文献。通过参加孟树峰等国家工艺美术大师举办的中华陶瓷大师联盟系列讲座，比如中国互联网艺术大会“陶瓷空间艺术论

坛”,聆听陶艺大师的观点,鉴赏国宝级陶瓷艺术品,了解当今陶艺发展的方向。第四,笔者利用问卷调查法,针对研究对象和研究目的,制作调查问卷了解大众对于陶艺的认识,尤其是对陶艺培训、研学、定制这三项服务的态度和具体要求。笔者通过线上调查问卷和线下实地访谈两种方法进行调研。线上问卷采取匿名方式填写答卷。同时,笔者在上海浦东新区的金海文化艺术中心、正大广场、华丽家族花园、东窑陶瓷艺术中心和闵行区的麦克将文创园区以及青浦区的阿特麦文化创意产业园这六个地方,对陶艺店的消费者进行了线下访问;为了获取更多数据,笔者也拜托自己的朋友对全国其他地方的消费者进行了实地访谈。最后,笔者利用对比分析法,对目前陶艺行业各个模式进行对比和分析,总结各自的优势和劣势,得出未来更适合陶艺发展的方向。

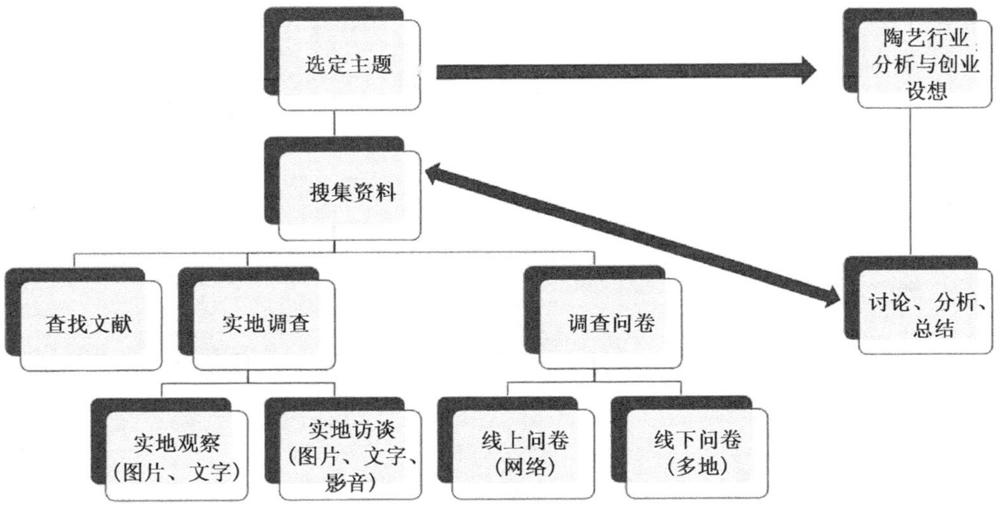

资料来源:笔者自制。

图2　论文研究思路

(二)调查发现

通过深入的市场调研,笔者发现两方面现象:第一,国内陶艺行业总体朝艺术家工作室、陶艺普及教育、陶瓷工厂生产这三个方面发展,行业整体发展良好;第二,陶艺行业存在艺术家工作室发展规模小、陶艺教育并未完全普及化等困境。

1. 陶瓷艺术家工作室遍地开花

叶庆庆在《论当代陶艺审美观念的建构——以第十三届全国美展陶艺展为例》一文中提到,20世纪60年代现代陶艺在中国出现后,全国各地的陶艺艺术家相继进行现代陶艺创作,现代陶艺工作室也越来越多,60年代中央工艺美院(现为清华美术学院)的梅健英教授与其学生张守智和金升宝在广东、北京举办了现代陶艺展,这是新中国成立后最早的陶艺专题展;此后,周国桢、姚永康、吕品昌、罗小平、陆斌等著名陶艺美术大师陆续成立自己的现代陶艺工作室，举办现代陶艺展，为其他艺术家和专业人才起到了很大的鼓舞作用。再加上国家近年来越来越重视非遗文化的传承保护，基本每一年的政府报告都将传承保护非遗文化列入其中，而前段时间颁布的《中华人民共和国国民经济和社会发展第十四个五年规划和 2035 年远景目标纲要》更有 6 处提到文化遗产传承。

现在，根据中华陶瓷大师联盟的不完全统计，全国共有近万家陶艺大师工作室（指被评为县级及以上陶瓷代表性非遗传承人或者省级及以上工艺美术大师的陶瓷艺术家所成立的工作室），其中江西景德镇、福建德化、湖南醴陵、福建龙泉、江苏宜兴、云南建水、广西钦州、重庆荣昌等名陶名瓷古都的工艺美术大师及其工作室最多。“上海现在也有百余个陶艺工作室，我年轻时跟着师傅在河北邯郸学习磁州窑的时候，师傅只有几个徒弟，我们也没有说到其他地方开工作室，因为成本太高。现在国家对我们的政策扶持力度很大，我们有了经济能力自立门户，便将磁州窑发展到了全国各地”，上海浦东金海文化艺术中心磁州窑大师林峰根在接受笔者访谈的时候说道。

资料来源：上海浦东新区金海文化艺术中心陶艺室。

图 3　磁州窑省级工艺美术大师林峰根及其陶艺工作室

2. 陶艺普及教育欣欣向荣

随着国家对非遗文化越来越重视，再加上我国素质教育的普及化，陶瓷作为民族国粹，成为学校素质教育普及的“排头兵”。K12 教学阶段（指大学以下的学习阶段，一般我国学生需要学习 12 年才能读到大学，故称 K12 教学阶段），1999 年开始，教育部便要求将陶艺纳入中小学教育体系，全国各地有条件的中小学和幼儿园都纷纷开设了陶艺兴趣课，2020 年教育部的数据显示，全国共有 9.7 万所 K12 阶段学校和幼儿园开设了陶艺课。高校教育上，20 世纪 80 年代开始，美术类、艺术类高校开始纳入陶艺专业及课程，如中央工艺美术学院、景德镇陶瓷学院、湖北美术学院、浙江美术学院（现为中国美术学院)、广州美术学院等院校,现如今,在 3 000 多所高等院校中,共有 200 多所开设了陶瓷专业,将近 600 所开设了相关陶艺课程,每年有数万名陶瓷专业人才从学校毕业,这些毕业后的学生将从事以下几方面工作:第一,与导师开设或自己独立开设陶艺工作室,创作艺术品;第二,到江西景德镇、江苏宜兴这些陶瓷古都的工厂做陶瓷工程师,设计陶瓷品;第三,在市面上开设陶艺室、陶吧,或者在里面工作,从事社会陶艺培训、陶艺研学、陶艺定制等大众普及教育工作。

社会培训方面,近年来,我国人民大众的精神文化需求越来越强,随着学校陶艺教育的普及化以及互联网的快速传播,陶瓷文化逐渐被人民大众所熟知,陶艺室、陶吧等社会陶艺机构的热度越来越大。根据天眼查的数据,截至 2021 年 4 月,全国共有近 4 万家陶艺公司,其中分店数量超过百家的陶艺集团不少于 30 家,这些陶艺集团的年收入均超过千万。区别于学校教育,这些陶艺室、陶吧主要提供陶艺培训、陶艺研学和陶艺定制等服务,陶艺培训是指教客户学习一定的陶艺制作方法和陶艺知识,主要客户群体是 3 岁到 15 岁的孩子;陶艺研学是指带客户到陶艺研学基地进行半天到一天的陶艺体验活动,科普一定的陶艺知识,体验一次陶艺制作过程,主要客户群体是学校、企业、社区等集体客户,一些陶吧也会接待散客;陶艺定制是指给客户做陶艺 DIY 定制,根据其要求设计一款独特的陶艺作品,主要客户群体也是学校和企业等集体客户,订单量较大。在上海,陶艺培训费用是每节课 150 元,陶艺研学费用是 200 元/人,陶艺定制费用在数千到数万元每订单,如元鲁公司的合作基地东窑陶艺文化中心便是主要做陶艺研学和陶艺定制服务,这里每天都会接待几批客户进行陶艺体验。

资料来源:上海浦东新区东窑陶艺文化中心。

图 4　位于浦东唐镇的东窑陶艺文化中心主要做陶艺研学和陶艺定制服务

为明确普通大众对陶艺行业的了解和消费情况,笔者设计、制作了线上调查问卷。本次线上调查问卷共回收 227 份,在剔除无效问卷后,笔者进行了问卷调查分析。问卷设置了"您知道'中国社会艺术协会等级测评证书'吗?"的单选题,两个选项分别是

“知道”、“不知道”。其中，选择“知道”的有 87 人，占总填写人数的 38.33％，如图 5 所示，这个比例相对较高，足以说明中国社会艺术协会等级测评证书的普及性很高。问卷交代中国社会艺术协会陶艺等级测评证书对中小学艺术素质素养分、初中毕业学业水平考试、艺术院校校考等方面的加分作用以及相对素描、舞蹈等传统科目来说陶艺证书的稀缺性和唯一性后，设置了“如果您有孩子(假设)，并且每年要花 5 000 元学习陶艺课程，您愿意出钱给您的孩子学习陶艺并报考中国艺术协会陶艺等级测评证书吗?”的单选题，两个选项分别是“愿意”、“不愿意”。其中，选择“愿意”的有 147 人，占总填写人数的 64.91％，如图 6 所示，这个数据说明陶艺培训是有市场的，很多家长消费者都有这个需求，并且市场很大。

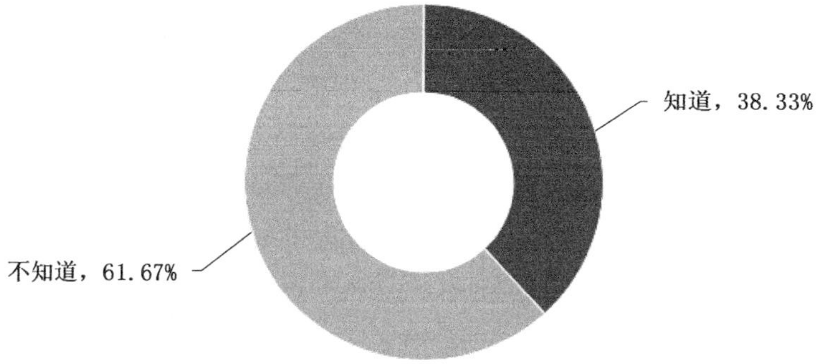

资料来源：文末附录。

图 5　您知道“中国社会艺术协会陶艺等级测评证书”吗?

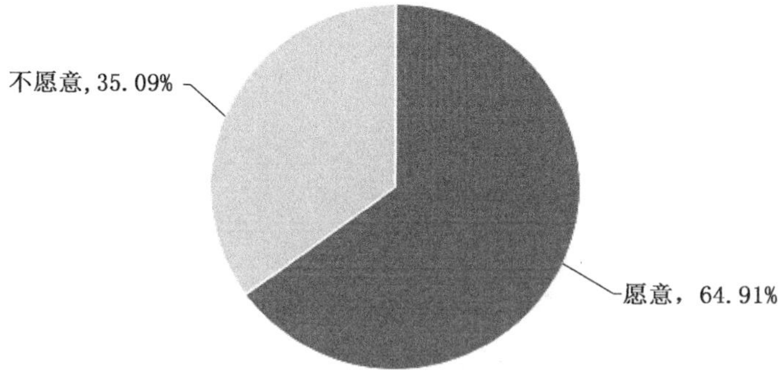

资料来源：文末附录。

图 6　您愿意每年花 5 000 元让孩子学习陶艺课程吗?

当然，不可否认的是，线上填写问卷时，答题者的态度具有随意性，不排除答题者在未能充分理解题目的情况下答题。为了更加深入、明确地了解陶艺行业的发展现状及现有市场的情况，笔者除了自己在上海进行线下采访外，还拜托全国各地朋友，分别在广西、上海、山东、山西、北京、四川、河南、湖北、福建、江西这10个省份进行线下采访，受访者共有400人。其中，广西43人，上海35人，山东39人，山西27人，北京28人，四川52人，河南57人，湖北46人，福建37人，江西36人。笔者的朋友通过与受访者面对面的方式进行实地随机采访。有答题者不理解采访内容时，笔者的朋友予以及时解释、说明。在地区差异较大的省份进行实地调研，其目的在于明确不同地区的人们对陶艺的了解程度、消费情况和产品期望。本次调查对象的年龄分布均匀，平均型年龄段的分布情况符合社会年龄结构情况，如图7所示，能够较好地反映本次实地问卷调查的客观性、真实性和准确性。在“是否知道中国社会艺术协会陶艺等级测评证书”这一问中，42%的受访者表示有了解过，这一数据与前面的线上问卷数据大致相同，说明线上问卷数据的可靠性较高，而且也说明了中国社会艺术协会陶艺等级测评证书的普及性的确很高。在“是否会每年花5 000元学费给孩子学陶艺并报考中国艺术协会陶艺等级测评证书”这一问中，当受访者了解完中国艺术协会陶艺等级测评证书的作用后，有65%的受访者表示愿意花这笔钱，这个比例已经非常之高；其中，上海地区愿意花钱上课的受访者比例最高，达到83%，往后前四名依次是江西、福建、北京、山东，比例分别是78%、75%、75%、68%，如图8所示，这说明沿海一线城市和陶瓷古都对陶艺教育这块的意识更强，敏感性和前瞻性更强，所以在这些地方做陶艺培训的市场更大，其实事实也的确如此，根据中华陶瓷大师联盟的数据，由于陶艺是一种文化精神享受，再加上陶瓷的特性，陶艺店、陶瓷大师工作室、陶瓷工厂等陶瓷商业模式在一二线城市和陶瓷古都这些地区的市场占有率明显高于其他三四线城市和内陆城市。综上所述，发展陶艺培训业务是现在陶艺行业同业者应该重视的一个方向。

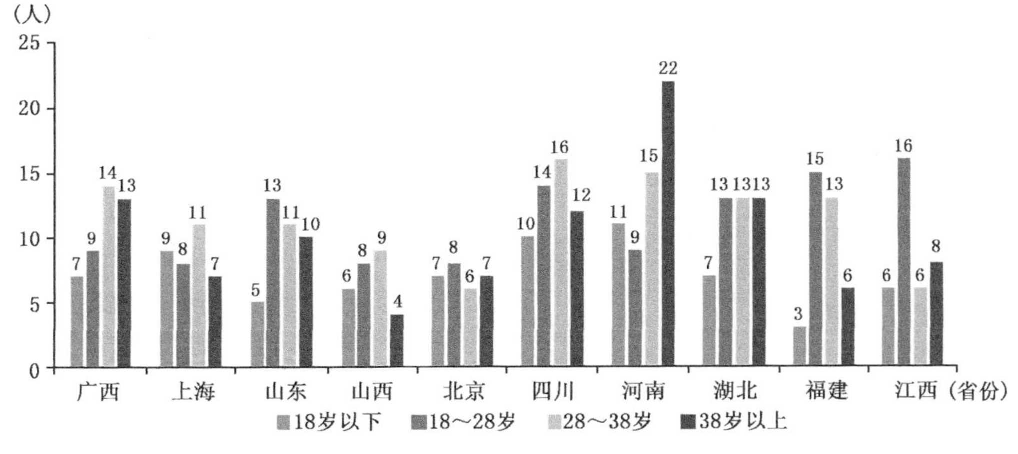

资料来源：笔者线下调查。

图7　线下受访者年龄段分布情况

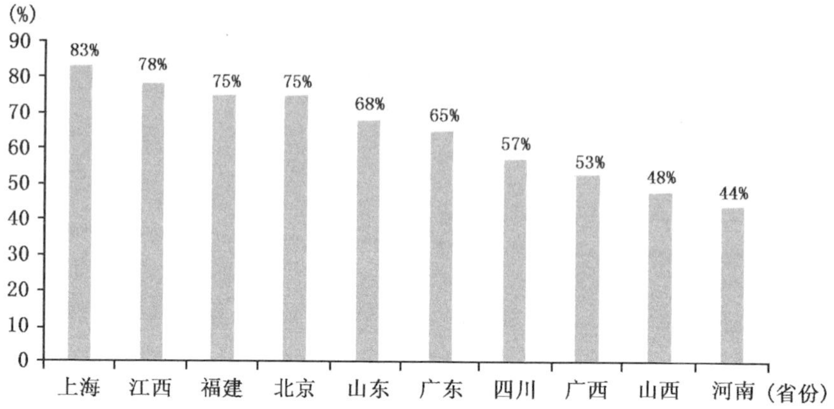

资料来源:笔者线下调查。

图 8 各省线下受访者愿意付钱学习陶艺课程的人数比例

2017 年,习近平主席在十九大报告中强调:中国特色社会主义进入新时代,我国社会主要矛盾已经转化为人民日益增长的美好生活需要和不平衡不充分的发展之间的矛盾。随着经济条件的增强,我国消费者在精神文化消费的比例越来越大。图 9 描述了 2013—2020 年全国居民人均教育文化和娱乐消费支出及占总消费支出的比例,从两条折线很容易看出,人们在教育文化和娱乐消费的支出越来越高,消费比例也越来越大。利用线性回归方程,以图 9 往年全国居民人均教育文化和娱乐消费支出为数据,预测 2035 年的人均教育文化与娱乐消费支出,以年份为自变量 X,以支出为因变量 Y,进行线性回归分析,结果如图 10 所示。所得模型为:$Y=130.99X-262\ 208.87$,R^2 和调整 R^2 分别是 0.764 和 0.724,模型拟合效果好,模型整体通过显著性检验(F 检验);自变量 t 检验的 P 值小于 0.05,因此自变量也通过了显著性检验,该模型拟合效果好,可以使用。当 $X=2\ 035$ 时,$Y=4\ 355.78$,也就是 2035 年的全国居民人均教育文化与娱乐消费支出预测为 4 355.78 元,相当于比 2020 年翻了一倍。未来,当 2035 年我国基本实现社会主义现代化时,传统文化市场一定是欣欣向荣、市场广阔的。

此外,线上问卷也设置了“您体验过陶艺研学和陶艺定制吗? 如果体验过,那您对体验陶艺研学和陶艺定制的感受如何?”的单选题,六个选项分别是“体验过陶艺研学,体验感很好”、“体验过陶艺研学,体验感不好”、“体验过陶艺定制,体验感很好”、“体验过陶艺定制,体验感不好”、“没有体验过陶艺研学”、“没有体验过陶艺定制”。其中 34.8%的人选择了“体验过陶艺研学,体验感很好”的选项,37.44%人选择了“体验过陶艺定制,体验感良好”的选项。在进行的线下采访中,也有 42%的受访者表示体验过陶艺研学和陶艺定制中的 1 项或 2 项。线上和线下调查的数据结果表明,陶艺研学

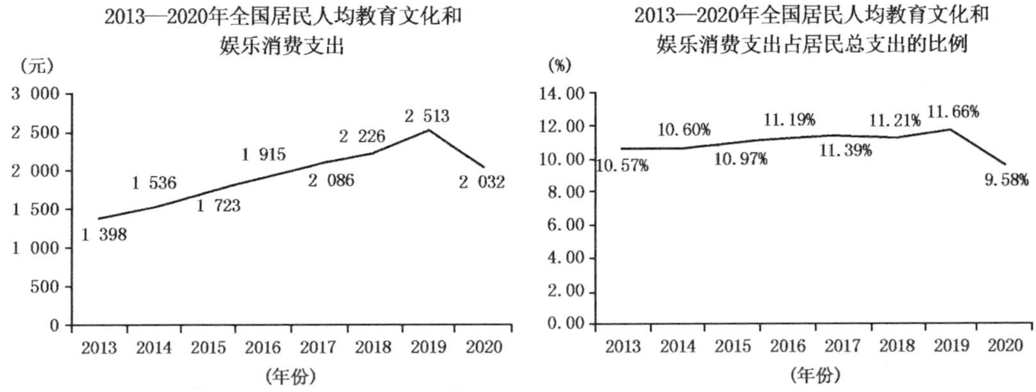

资料来源:国家统计局官网。

图 9　2013—2020 年全国居民人均教育文化和娱乐消费支出及占居民总支出的比例

SUMMARY OUTPUT								
回归统计								
Multiple R	0.873918271							
R Square	0.763733145							
Adjusted R Square	0.724355336							
标准误差	192.7575632							
观测值	8							
方差分析								
	df	SS	MS	F	Significance F			
回归分析	1	720631.006	720631.006	19.395014	0.004548809			
残差	6	222932.869	37155.47817					
总计	7	943563.875						
	Coefficients	标准误差	t Stat	P-value	Lower 95%	Upper 95%	下限 95.0%	上限 95.0%
Intercept	-262208.869	59977.07596	-4.37181815	0.0047097	-408967.487	-115450.25	-408967.49	-115450.251
年份	130.9880952	29.74313773	4.403977025	0.0045488	58.20925903	203.766931	58.209259	203.7669314

资料来源:笔者数据分析结果。

图 10　线性回归结果

和陶艺定制是非常受大众消费者喜欢的。

3. 各类陶瓷工厂总体发展良好

根据用途不同,陶瓷可分为艺术陶瓷、建筑陶瓷、日用陶瓷、卫生陶瓷等,目前从市场发展状况来看,国内陶瓷工厂行业总体发展良好。根据中国建筑陶瓷与卫生协会发布的 2019 行业发展报告,2019 年全国规模以上卫生陶瓷企业共有 1 522 家,全年主营业务收入为 3 877.62 亿元,同比 2018 年增长 2.81%;实现利润总额为 266.11 亿元,同比 2018 年增长 12.43%。根据《世界陶瓷评论》的 2019 年美国瓷砖数据,2019 年美国共进口了 2.08 亿平方米瓷砖,其中便从中国进口了 4 090 万平方米,中国一直是向美国出口瓷砖最多的国家。上市陶企中的成绩也十分亮眼，根据过年各家上市陶企公布的 2019 年度业绩快报，2019 年上市陶企中有 3 家净利润超过 4 亿元，其中帝欧家居在 2019 年实现营业额 55.7 亿元，较 2018 年增长 29.29%，净利润为 5.67 亿元，较 2018 年增长 48.97%，几乎翻了一倍；蒙娜丽莎在 2019 年营业额为 38.04 亿元，较 2018 年增长 18.57%，净利润为 4.36 亿元，较 2018 年增长 20.3%；悦心健康在 2019 年的净利润为 3 500 万～4 200 万元，较 2018 年增长 43.75%～72.51%，发展速度极快。位于上海市青浦区练塘古镇的阿特麦文化创意产业园是笔者公司的一家合作基地，这里有 5 000 平方米的场地，其中一块地方便用于批量制作陶瓷器。阿特麦公司总经理张总在接受采访时讲道："陶瓷品批量定制一般都是大客户，每一单至少有上万块，我们主要做的是文创类陶瓷，现在这块越来越好做了，客户也越来越多。"在被问到陶瓷厂一年有多少收入时，张总微笑地说："也不是很多，但差不多也有 600 万元的收入。"

资料来源：上海青浦区阿特麦文化创意产业园。

图 11　位于青浦练塘的阿特麦文化创意产业园及其陶瓷工厂

4. 陶瓷艺术家工作室发展局限性大

尽管陶瓷艺术家工作室遍布在全国各地，体量很大，但其发展模式存在以下弊端：第一，规模小。绝大多数陶瓷艺术家工作室以工坊的形式存在，受人工、技术的限制大，根本做不到规模化复制发展，一个工坊里，往往只有几个工艺好的师傅，一年只能制作出很少量的作品。第二，大众消费市场小。由于艺术家制作的艺术品价格高、数量少，再加上审美角度的问题，大众消费者往往对这类作品"不买账"，所以陶瓷艺术工作室所出产的作品大多是通过拍卖的形式出售，或者卖给一些有资产的私人客户。现在由于陶瓷艺术家工作室越来越多，陶瓷艺术品市场已呈现供过于求的状态，艺术家们创作的作品过多，很难卖出去或者卖出高价钱，根据中华陶瓷联盟统计的 2020 年国内陶瓷艺术家工作室的营收数据，在全国近万家工作室中，营收额超过千万的仅有不到 10 家，营收额超过百万元的仅有 100 余家，绝大多数工作室一年的营收在 40 万元以内。综合而论，对于绝大多数的陶瓷企业或陶艺店来说，走陶瓷艺术家工作室这条道路的门槛过高，很难做到规模化发展，对他们来说是不适合的。

5. 陶艺教育并未完全普及化

为何说陶艺教育目前并未完全普及化，笔者有两点证据。

第一，如图 12 所示，目前国家正在布局一项《全国青少年综合素质等级测评》项目，该项目是以文化素质、艺术素质、专业技能“三位一体”为核心的综合素质测评项目，该项目是全国唯一国家级青少年艺术素质测评项目，测评证书已成为各高校招录特长生的参考依据，是申请录入“中国艺术人才库”的依据，同时也是目前被教育部相关主管部门列为享受中高考招录政策的备选项目和学校艺术素养测评指标体系中艺术特长加分项的参考依据，证书具有较大的优势和较高的权威性。但在《全国青少年综合素质等级测评》项目中，陶艺目前并未被纳入其中，学习陶艺的学生无法报考该等级证书，陶艺教学老师也无法考取该项目的教师资格证，但素描、舞蹈等传统科目都早已纳入其中，就连近几年兴起的沙画也已成功“入围”，这从一定程度说明了陶艺教育目前并未完全普及化。

第二，尽管 2019 年年末中国社会艺术协会将陶艺纳入测评体系中，该测评等级证书对考生的中小学艺术素养分、初中毕业学业水平考试、部分艺术院校校考免试加分等方面起到加分作用，但该加分政策尚未普及到全国，目前仅在山东省进行试点。基于这一原因，全国绝大多数的陶艺集团公司及陶艺店，都未报考中国社会艺术协会陶艺艺术师教学资质培训，也并未在自己的教学地点设立中国社会艺术协会陶艺等级测评报名点和报考点，这点从笔者访问的浦东金海文化艺术中心的磁州窑工艺美术大师林峰根、雕塑工艺美术大师战隆平和福建龙泉青瓷工艺美术大师张平以及麦克将文创园艺术总监黄于诚等人便可看出，他们均未与中国社会艺术协会有过联系。由于中国社会艺术协会考级证书的含金量较大，其报考情况能在一定程度上反映该科目的全国普及情况，根据中国艺协内部数据，素描、舞蹈等传统科目单项报考人数累计均超过 200 万人次；我国 2020 年 K12 阶段和幼儿园阶段的学生人数超过 2 亿人，结合中国艺协的数据，100 个学生中会有 1 个学生报考过中国艺协的素描、舞蹈等传统科目的考试，这足以说明素描、舞蹈这些传统科目的普及教育体系已经做得十分完善，现实生活中也的确如此。陶艺在未来也很有可能做到这一程度，以中国平均消费水平计算每个学生每年学习陶艺的费用为 5 000 元，乘以 200 万人数后，陶艺培训行业便有每年上百亿元的市场规模，结合前文笔者的问卷调查结果，有超过 60%的受访者愿意花钱报考中国艺术协会陶艺测评等级证书，这更能证实陶艺培训的百亿市场规模的可靠性，但照目前的市场进程来看，还远远不够。

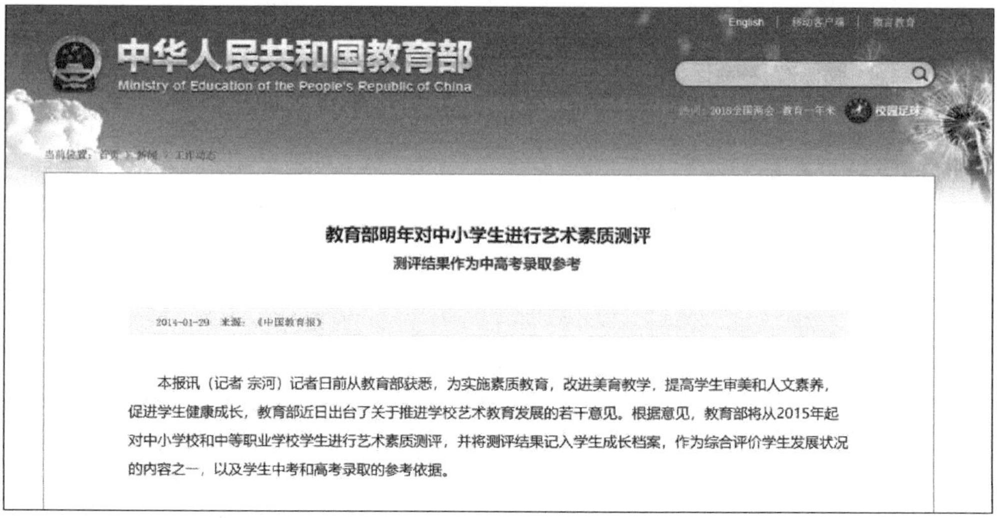

中华人民共和国教育部
Ministry of Education of the People's Republic of China
English | 移动客户端 | 微言教育

教育部明年对中小学生进行艺术素质测评
测评结果作为中高考录取参考

2014-01-29 来源：《中国教育报》

本报讯（记者 宗河）记者日前从教育部获悉，为实施素质教育，改进美育教学，提高学生审美和人文素养，促进学生健康成长，教育部近日出台了关于推进学校艺术教育发展的若干意见。根据意见，教育部将从2015年起对中小学校和中等职业学校学生进行艺术素质测评，并将测评结果记入学生成长档案，作为综合评价学生发展状况的内容之一，以及学生中考和高考录取的参考依据。

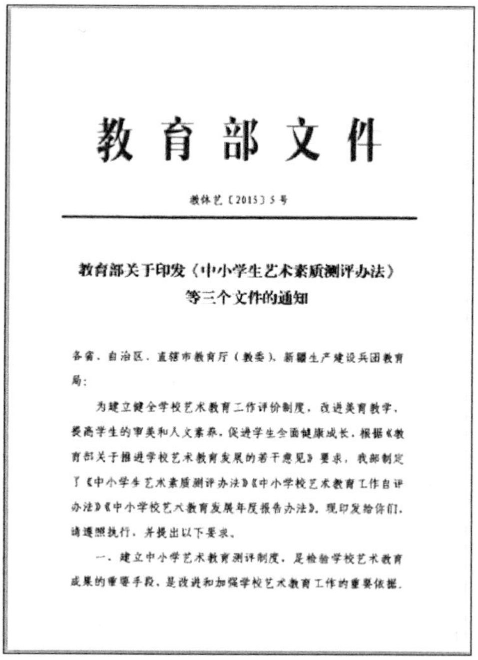

教育部文件

教体艺〔2015〕5号

教育部关于印发《中小学生艺术素质测评办法》等三个文件的通知

各省、自治区、直辖市教育厅（教委），新疆生产建设兵团教育局：

为建立健全学校艺术教育工作评价制度，改进美育教学，提高学生的审美和人文素养，促进学生全面健康成长，根据《教育部关于推进学校艺术教育发展的若干意见》要求，我部制定了《中小学生艺术素质测评办法》《中小学校艺术教育工作自评办法》《中小学校艺术教育发展年度报告办法》，现印发给你们，请遵照执行，并提出以下要求。

一、建立中小学艺术教育测评制度，是检验学校艺术教育成果的重要手段，是改进和加强学校艺术教育工作的重要依据，

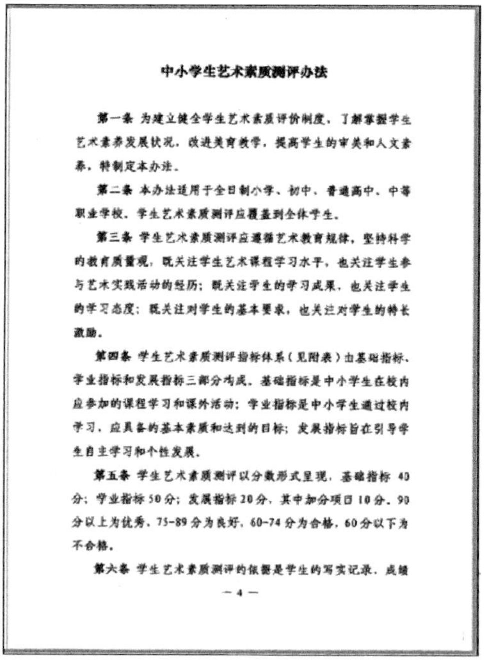

中小学生艺术素质测评办法

第一条 为建立健全学生艺术素质评价制度，了解掌握学生艺术素养发展状况，改进美育教学，提高学生的审美和人文素养，特制定本办法。

第二条 本办法适用于全日制小学、初中、普通高中、中等职业学校，学生艺术素质测评应覆盖到全体学生。

第三条 学生艺术素质测评应遵循艺术教育规律，坚持科学的教育质量观，既关注学生艺术课程学习水平，也关注学生参与艺术实践活动的经历；既关注学生的学习成果，也关注学生的学习态度；既关注对学生的基本要求，也关注对学生的特长激励。

第四条 学生艺术素质测评指标体系（见附表）由基础指标、学业指标和发展指标三部分构成。基础指标是中小学生在校内应参加的课程学习和课外活动；学业指标是中小学生通过校内学习，应具备的基本素质和达到的目标；发展指标旨在引导学生自主学习和个性发展。

第五条 学生艺术素质测评以分数形式呈现，基础指标 40 分；学业指标 50 分；发展指标 20 分，其中加分项目 10 分。90 分以上为优秀，75-89 分为良好，60-74 分为合格，60 分以下为不合格。

第六条 学生艺术素质测评的依据是学生的写实记录，成绩

— 4 —

资料来源:教育部官网。

图 12　教育部布局《全国青少年综合素质等级测评》

四、创业设想与实践

通过一系列的市场调研，笔者与其他合伙人共同创立了上海元誉艺术发展有限公

司，确立了公司的发展模式并加以实践。

（一）发展陶艺培训业务

2020 年 11 月，元誉公司派遣陶艺老师报考中国社会艺术协会陶艺艺术师资质的培训，成为上海市第二批、全国第五批中国艺协陶艺等级测评合作基地。目前，本公司已在上海市浦东新区东窑陶艺中心和锦绣路华丽家族花园进行了陶艺教学，已有数十名小朋友接受了系统的中国艺术协会陶艺课程培训，在半年后他们将报考陶艺等级证书。未来，本公司还将通过自己的资源与中国艺术协会合作，帮助其将陶艺纳入前文所提到的教育部《全国青少年综合素质等级测评》项目，将陶艺培训贯彻到底。目前陶艺业务每个月可以盈利 2 万元左右。

其实，陶艺教学并不容易，需要专业、有经验的陶艺老师进行教学，每个课程的内容不能相同，陶艺老师要对小朋友有爱心和耐心，并且现在家长越来越注重学科结合，在教授陶艺的时候，陶艺老师还需讲述其他学科的知识。并且，陶艺教学是一种服务，要服务好家长和小朋友，才能增加课程黏性，让他们继续报课。

资料来源：中国社会艺术协会。

图 13　笔者公司参加中国社会艺术协会陶艺艺术师师资培训

（二）发展陶艺研学和陶艺定制业务

笔者公司目前在东窑陶艺中心大力发展陶艺研学活动，以陶艺知识科普、陶艺制作体验、游玩风景、享受美食的一站式服务为特色，与金宝贝等早教机构合作举办了周末研学活动以及三八女神节、母亲节、六一儿童节等系列节假日活动，如图 14 所示。同时，我们联合陶瓷工艺美术大师、资深陶艺老师和专业设计师团队，独立设计自己的品牌和陶瓷作品，线下在正大广场陶艺体验店售卖定制陶瓷品，并提供捏雕、彩绘等陶艺体验服务，线上通过公众号、微店售卖定制陶瓷品，既接受企事业单位、学校等集体客户的订单(toB)，也接受日常散客的订单(toC)，自 2020 年 12 月份成立以来，已在陶艺研学和陶艺定制的业务上盈利超过 10 万元。我们坚信并坚持在未来很长一段时间里将陶艺研学和陶艺定制作为公司的主要业务之一发展。

资料来源：上海浦东新区东窑陶艺文化中心。

图 14　东窑陶艺中心举办三八女神节陶艺研学活动

陶艺研学活动重在体验，一定要让消费者能在合适的时间体验完整个流程，让他们开心，这样我们的产品才会有更大的购买力。举个例子，五一期间我们在浦东新区喜马拉雅中心举办了陶艺体验活动，由于无法提供现场绘画服务，所以很多家长只愿意支付 50 元做一次拉坯体验，但如果我们当时有工业微波炉在现场，那么可以在 10 分钟内将坯体烘烤至半干，这时小朋友就可以直接上色绘画了，然后我们带到窑炉去烧窑形成成品，这时的作品价格可升至 150 元一件。所以，要注意掌握方法，进行产品升值。

(三)发展艺术金融业务

艺术金融是将金融资产纳入个人与机构，将艺术品转变为金融工具的一种新的理财方式。近年来，随着艺术品市场的快速发展，金融和资本工具的介入已是大势所趋，越来越多资本以艺术品基金、艺术品信托、艺术品抵押等各种金融形式介入艺术领域，从而开启了我国“艺术金融”时代。

陶瓷作为中国几千年的国粹，是最具代表性的艺术品之一，其艺术价值也是处于中国艺术品市场的金字塔地位，早在2008年时，我国艺术陶瓷行业销售收入便已高达104亿元，2011年全球艺术陶瓷产量大约为70亿件，中国的产量便有59.4亿件，中国的艺术陶瓷行业一直处于世界金字塔地位。依据国外经验，当人均GDP达6 000美元时，消费者对艺术陶瓷这种具有艺术价值又能满足个性需求的产品的消费意识开始觉醒；当人均GDP达到8 000美元时，此类产品的需求将喷发式增长。如今，我国众多一线发达城市人均GDP水平早已突破8 000美元，国内主要省会城市及沿海发达地区的人均GDP也大多突破6 000美元。因此在未来，国内陶瓷市场将要迎来快速发展的时期。前文已讲过，目前在国内陶瓷艺术家工作室这种商业模式下做不了规模效应，很难做大，很多陶瓷艺术家的作品是供过于求的，因此生意并不好做。那么，笔者公司也正在布局艺术金融这一块，我们将当代的或在世的艺术家的作品收藏起来，当其去世后或者当该作品成为孤品后再考虑出售，因为这时候这些作品的价格会大幅度上升，而收藏当代、在世的艺术家的作品价格相对于其他艺术品来说要低许多。

目前国内艺术金融行业就如中国艺术品市场研究院副院长西沐所讲一样：艺术金融目前已取得重大突破，艺术与金融的对接已形成体系性，这才是艺术进入时代到来的一个重要标志。笔者建议行业其他从业者应该早点在这块布局。

五、结论

陶艺行业整体市场其实很好，但不宜走陶艺艺术家工作室这条道路，因为门槛过高。对于大部分的行业者来说，发展陶艺普及教育这条道路是更加容易做大做强的，因为市场前景好，并且容易得到国家政策的支持。陶艺市场是一棵“常青树”，作为中华两千多年的国粹，陶瓷永远在中国有市场，并且随着中国经济实力的增强，不久的未来陶瓷文化一定会作为我国“文化输出”的代表进入广阔的国外市场，因此，笔者选择陶艺作为发展事业是有坚定信心和决心的。最后，借助景德镇陶瓷大学的吴极在《解构思潮下的中国当代陶艺创作研究》一文中所说的一句话作为本篇论文的总结：由于现代陶艺在中国是一门年轻的学科，发展只有短短的几十年，缺乏如西方国家经过了几百年在现代艺术上的摸索和观念循序渐进的发展过程，在发展初期国内陶艺行业者们还只是单纯地模仿西方现代陶艺的外在形式并没有深入到内核，所以造成了我国现代陶艺的语焉不详，缺乏本土特色、文化自觉和身份认同。因此在未来，国内行业者一定要结合本土特色，在本民族传统优秀文化的基础上去创作具有时代特征和民族特征的当代陶艺，我们中华民族五千多年的深厚文化才是最强大的“武器”，将其结合到陶艺事业中，这才是屹立在世界文明之林的立足根本。

参考文献

[1]李慰椿. 从戏曲舞台美术的空间表现谈现代陶艺的创新[D]. 唐山:华北理工大学,2017.

[2]沈啸,王莹. 全国人大代表,文化和旅游部党组书记、部长胡和平:向着建设文化强国宏伟目标稳步前进[J]. 中国旅游报,2021,3(9):A32.

[3]齐彪. 陶艺的起源与流变研究[M]. 济南:山东美术出版社,2008:82—84.

[4]刘木森,谢如红,张花东. 陶艺基础(第 2 版)[M]. 北京:中国轻工业出版社,2019:4—6.

[5]叶庆庆. 论当代陶艺审美观念的建构——以第十三届全国美展陶艺展为例[J]. 大众文艺,2020(23):46—47.

[6]新华社. 中共中央办公厅 国务院办公厅印发《关于全面加强和改进新时代学校体育工作的意见》和《关于全面加强和改进新时代学校美育工作的意见》[EB/OL]. http://www. gov. cn/zhengce/2020—10/15/content_5551609. htm/,2020—10—15.

[7]中国建筑卫生陶瓷协会. 2019 年建筑陶瓷与卫生洁具行业发展概况[R]. 北京:中国建筑卫生陶瓷协会,2020.

[8]中华人民共和国教育部. 教育部关于印发《中小学生艺术素质测评方法》等三个文件的通知[EB/OL]. www. qsnrc. com/,2015—05—26.

[9]Vincent Egwu Ali. Research on "Working-Based Learning" Teaching Mode of Ceramic Art Design Specialty in Universities[J]. Frontiers in Art Research,2020,2(9).

[10]MBA 智库. 艺术金融的概念[EB/OL]. https://wiki. mbalib. com/wiki/%E8%89%BA%E6%9C%AF%E9%87%91%E8%9E%8D/,2019—08—03.

[11]前瞻产业研究院. 2013—2017 年中国艺术陶瓷行业产销需求与投资预测分析报告[R]. 深圳:前瞻产业研究院,2013.

[12]西沐. 中国艺术金融概论[M]. 北京:中国书店出版社,2017:21.

[13]朱乐耕,郭海瑾. 在陶瓷艺术中看中国文化[N]. 人民政协报,2019—11—23(005).

[14]谢长敏. 陶瓷手工创意产品的发展及市场前景[J]. 陶瓷,2020(10):152—153.

[15]Shi Di,Camilla Groth. Shiwan Ceramics: Looking Backward to Move Forward[J]. Ceramics,Art and Perception,2019(113).

[16]金腾腾. "情境互动式"陶艺教学实践研究[N]. 美术报,2019—02—23(023).

[17]邵统平. 幼儿陶艺教学创新研究[J]. 美术教育研究,2019(22):162—163.

[18]李娟. 幼儿园陶艺教育活动方法探究[J]. 教育教学论坛,2019(45):227—229.

电商物流企业发展策略分析

——以京东物流为例

曹可安

指导老师：殷延海

摘　要：21世纪，许多新兴产业诞生，互联网的出现改变了人们的生活方式，从实体店改为网上购物，从纸质书籍到电子书的发展，电子商务产业也随之而来，电子商务产业主要有B2B、B2C等多种形式，其中，B2C模式已经深入各个消费者生活之中，遍布于各个行业。但相应的物流行业的发展速度远不及电商领域，电商物流企业亟待提升物流能力来保持其竞争优势。本文以京东物流为例，分析其自营配送、绿色发展、共生发展、科技赋能的企业发展策略，在此基础上分析其存在的不足之处并提出相应的解决对策，进一步提升其核心竞争力；同时也希望本文的研究能对同类的电商物流企业提供一定的借鉴和指导。

关键词：京东物流；发展策略；解决对策

Analysis on the Development Strategy of E-commerce Logistics Enterprises

—Taking JD Logistics as An Example

Abstract: In recent years, the rapid development of the Internet has led to the upsurge of online consumption. E-commerce enterprises relying on Internet technology have sprung up. Among them, B2C e-commerce rapidly occupies half of the online retail market share with its convenient shopping experience. However, the development speed of the corresponding logistics industry is far less than that of e-commerce. E-commerce logistics enterprises need to improve their logistics ability to maintain their competitive advantage. Taking JD Logistics as an example, this paper analyzes its own distribution, green development, symbiotic development, technology enabled enterprise development strategy, on this basis, analyzes its shortcomings, and puts forward corresponding countermeasures to further enhance its core competitiveness; at the same time, it also hopes that this research can provide some reference and guidance for similar e-commerce logistics enterprises.

Keywords: JD Logistics; development strategy; solutions

一、绪论

(一)电商物流的概念与特点

电子商务物流以电商为基础,对物流的全过程进行规划;物流流程更是将数据、文字、计算联合到一起,从而将物品顺利送到消费者指定地点的过程。[1]

现如今,大数据背景之下的物流模式与传统物流有着明显的差异。以下是现代物流不同于传统物流之处:

现在的物流模式实现数据信息化,条形码、数据、地址、物流中转站等都通过信息化来解决,而且运用于各个竞争者企业。

现在的物流模式已经实现自动化,自动化的形成少不了信息化的应用。经过一系列的机器运作来完成作业,这样的自动化既省时又省力。

现在的物流模式已经达到柔性化程度。这是传统物流所没有的一种崭新的形式。柔性化的现代物流可以自动分配物流品种(可以根据用户地址分类),分类之后,将各种物流用最短途径运送到用户指定地点,可以人为改变,也可以自动分类。[2]

(二)我国电商物流的发展现状

如今,物流行业为国民经济所做的贡献越来越大。快递业是近年来我国物流市场发展最快的行业之一。[3] 2019 年收入达到 7 000 多亿元,同比增长了 24.2%。仅在 2019 年末的一个月之内就达到了 772.2 亿元,可见消费者的消费能力和物流行业的迅速发展,这是其他行业短暂时间内达不到的一个效果。2019 年年初,我国邮政局的负责人员表示,我国快递行业是一个新兴行业,统计 2018 年的消费量达到 800 多亿件包裹。这也间接反映了消费者对物流行业的认可以及消费者的收入能力增强,消费能力变强。人口的增长并不会单方面带来弊端,消费者群体变大,也推动了我国经济的发展。根据统计,从 2013 年开始消费金额 2 679 亿达到 2018 年的 57 370 亿元,到 2019 年的 66 610 亿元,增长了 20 倍左右甚至更多,可见我国互联网普及速度和物流行业的发展。[4] 2017—2019 年网购市场交易规模如图 1 所示。

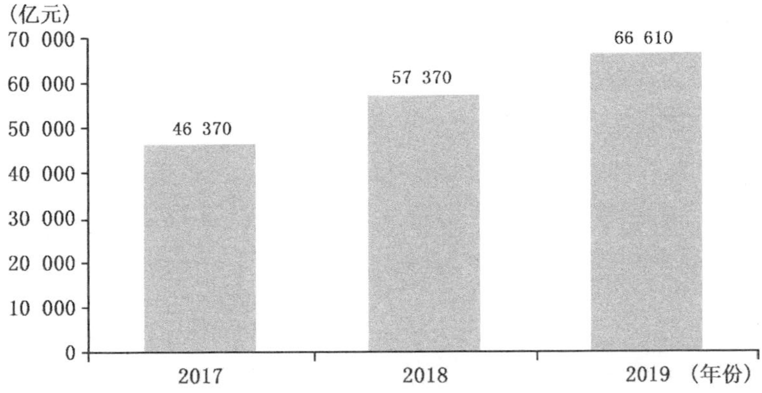

图 1　2017—2019 年网购市场交易规模

二、京东物流简介及发展现状

(一)京东物流简介

京东在近几年迅猛发展起来。早在 2007 年就已经成立了京东物流配送系统。十年后的现在已经有了物流集团,这是京东面向未来的崭新一面。加强技术操作,改善物流配送系统,京东集团致力于全面开放这十年来积累的基础设施、管理经验、专业技术,成为世界上最可靠的供应链服务提供商。[5]

京东借助达达、冷链、B2B、中小件、大件、跨境物流系统这六个网络,在全球范围内覆盖和应用了大量数据、云计算与人工智能,京东物流在从产品分析到储存和交付的各个阶段创造并运用了科学智能的供应链服务系统。京东物流中心及覆盖地区情况如表 1 所示。

表 1　京东物流中心及覆盖地区

北京物流中心	北京、天津、河北、山西、内蒙古、山东
上海物流中心	上海、江苏、浙江、安徽
广东物流中心	广东、广西、福建、海南
成都物流中心	四川、重庆、贵州、云南、西藏
武汉物流中心	河南、湖北、湖南、江西
西安物流中心	新疆、陕西、宁夏、青海
沈阳物流中心	辽宁、吉林、黑龙江

（二）京东物流发展现状

直到2020年9月30日，在全国范围内京东物流拥有800多个仓库，包含云仓在内，京东物流保有的仓库总面积达到2 000万平方米。在大件快递和中小件快递方面，京东物流已经实现区县全覆盖，绝大多数区县可以实现一日达，自营配送范围和领域已覆盖99%的人口。目前，已有超过30座"亚洲一号"智能物流园区和近70座各个级别的无人仓平稳运营；相应地，其"青流计划"也从"环境"、"人文社会"、"经济"三个领域共同推进行业和社会力量聚焦人类的可持续发展。京东物流配送架构模式如图2所示。

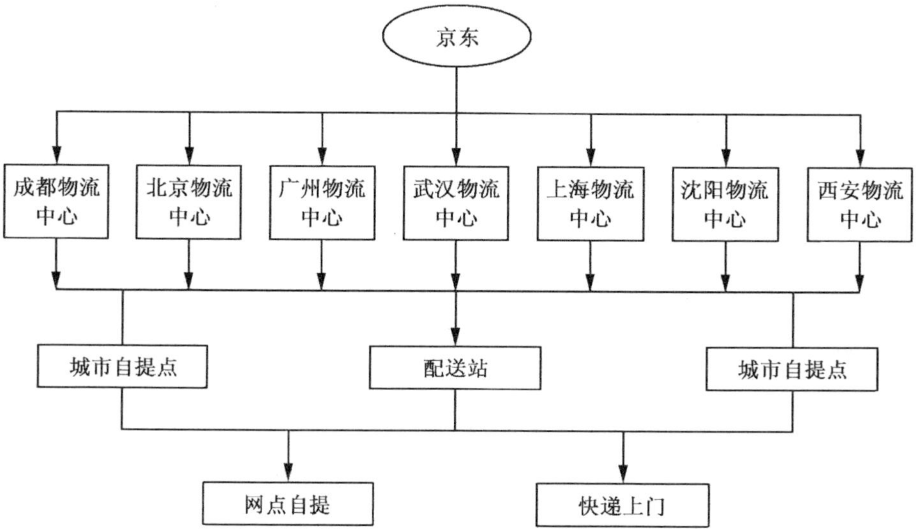

图2　京东物流配送架构图

京东最不同于其他物流系统的是，坚持给用户最好的体验效果，加强自身物流技能，在保证质量的情况下保证数量。站在全体用户的角度思考问题，努力打造更加优秀的物流配送系统，加强信息化、自动化，给用户一个完美的印象。2015—2020年京东物流大事记如表2所示。

表 2　　2015—2020 年京东物流大事记

2015 年	2016 年	2017 年	2018 年	2019 年	2020 年
1. 河北固安是第一个有能力成为分类快递的地方	1. 我国内陆涉及的所有地区都能接收到大件快递 2. 努力打造完美物流配送系统，成立专门负责的小组专员 3. 全方位公开透明地向消费者展示运营方式方法，并做专门的品牌进行宣传	1. 京东物流集团成立 2. 将物流网络推送到我国内陆各个地区 3. 建成全球首个全流程无人仓 4. 物流配送单运用*** 等方式掩盖用户某些信息	1. 成为物流行业最大的信用者，其中 2018 年融资将近 25 亿美元 2. 联合其他合作者共同建立基于全球的物流配送系统(GSSC) 3. 逐渐完善快递配送行业，运用京东的供应链、冷链进行配送。还能在各地建立仓库，快速送达；对于跨境购买的消费者群体也可以满足他们的需求 4. 在我国南方周边国家(泰国)推出了崭新的运送模式，配送迅速	1. 明确目标：坚持给用户最好的体验效果，加强自身物流技能，在保证质量的情况下保证数量 2. 京东物流无人机在印度尼西亚首飞，中国物流无人机实现首次海外飞行 3. 首创 5G 智能物流园区，“亚洲一号”运营近 23 座，在亚洲构建起最大规模的智能仓群	1. 明确以“体验为本、技术驱动、效率制胜”为核心发展战略，京东物流将朝着“世界领先的供应链物流企业”迈进 2. 完成 JDL 品牌升级，同时集团使命升级为“技术驱动，引领全球高效流通和可持续发展”，愿景升级为“成为全球最值得信赖的供应链基础设施服务商”

三、京东物流发展策略

(一)自营配送模式

1. 京东自营配送模式的选择

京东的物流模式是自建物流体系，属于自营物流模式。近年来，快递企业如雨后春笋般涌现，也造成了专业人才严重短缺的问题，不仅是底层员工，管理层的人才也存在着短缺危机，没有好的管理者，运营自然存在着规范化问题。这些大多来自草根的家族企业，往往并没有明确的未来发展战略。京东希望商家可以尽快将货品送给顾客，实现仓配一体化，但对于社会化的快递企业，往往将运营网络处理得十分杂乱，既收货也送货，管理起来十分复杂，难度很大，没有良好的效果，违背了电商平台的发展趋势，消费者体验很差，电商的优势也没有得到很好的展现。

2007 年，京东就着手构建物流的自营体系，两年后，京东的物流公司正式成立，全国物流网络的搭建也从此开始。京东在国内拥有 7 个物流中心，遍布祖国各地，所有的主要城市都有据点，截至 2012 年，总面积已经接近 100 万平方米，规模十分庞大。不仅如此，京东还投入了许多资金，建设了“亚洲一号”现代化仓储设施。上海“亚洲一号”一期工程占地近 100 000 平方米。后续项目全部完成后，预计整体仓储面积将达到 200 000 平方米以上。2016 年,有 6 座"亚洲一号"投入使用。2017 年 4 月 25 日,京东进行了内部组织结构的改革:京东物流脱离了原来的体系,自成一家,成立京东物流子集团。[6]有关报告数据表明,到 2019 年 6 月,已经建立了 23 座"亚洲一号"智能物流园区,且还在不断增长当中,以北京等八大城市为中心建设了物流枢纽,还拥有着亚洲电商物流领域最大规模的智能物流仓群的头衔。

目前,在全世界范围内,京东物流是唯一集大件、中小件、冷链运输、B2B、跨境电商物流、达达在内的物流集团。数据表明,一般商贸物流的货物搬运次数是 8～9 次,京东物流只有 2～3 次;货物库存周转天数一般做得好的企业是 80～90 天,而京东只有 32 天;京东的物流速度的确是远超于顺丰、韵达等一些普通物流快递,而且其他物流快递在经过将近 5 个月的时间才能完成一次账务处理,京东只需要一个月零一周左右,足以表明京东物流的效率十分惊人。京东的这种运作体系足以让京东物流整个体系降低一半多的成本,在提高销售收入的同时,也提高了每次物流的效率。归功于这种运营模式,京东物流还可以继续实现提速,7 大城市推行的 30 分钟"京准达"服务全面升级,覆盖范围进行了大范围的拓展,预约送达时间也大幅减少,从之前的 2 小时变成了 30 分钟。现在京东物流已经在大范围内遍布于全国大大小小的城市,当天下单当天送达是经常见到的情形。而且也有不少的城市(山东济南、山东青岛、山西太原)效率更加明显,甚至在下单之后的一小时之内就能收到快递;更让人惊讶的是像一些发达城市,可以在半小时内收到快递,这足以和实体店相媲美。

2. 京东自营物流的 SWOT 分析

优势分析:物流配送成本占电子商务企业的比例很高,不断扩大的电子商务规模增加了平台上的订单数量,与外部物流供应商的交易也越来越多。带来的后果为流通成本居高不下。京东的自营物流体系将会深刻地影响物流中的每一个环节,在不断降低成本的同时,提高效率;物流成本的下降也会为生产环节带来效益,这些效率提高带来的益处最后都会被消费者所体验到。

劣势分析:对于京东这样的电商企业来说,平台运营是整个企业的重点。自建物流要花费大量资金支持物流系统的基础设施,包括仓库、运输车辆、配送人员等。这是一种从零开始的探索,机会成本颇大。京东在努力打造物流体系的同时,将或多或少地延缓核心业务的发展。物流业不同于电子商务,属于劳动密集型产业。在未来,京东自建物流在管理物流团队方面将面临巨大压力。

机会分析:第三方物流的发展前景巨大;我国电子商务的发展速度与日俱增,电商物流的需求井喷式发展;但与此相悖的是,第三方物流的发展速度和质量并不能完全匹配电商的要求。国内物流企业的水平参差不齐,尚无一家物流企业可以垄断电商平台的所有物流服务。

威胁分析:与京东选择使用大量财力和物力构建自己的物流系统不同,阿里巴巴与通达系物流供应商合作,构筑菜鸟网络:利用本公司平台的信息流管理物流资源的分配,利用第三方物流公司完成运输。而阿里巴巴由于其长期以来的口碑和积累,它的第四方物流平台与几乎所有的物流服务商都建立了合作关系,这让京东这一后来者举步维艰,想要与其分庭抗礼,恐怕要付出很大的代价。[7]

京东自营物流的 SWOT 分析如图 3 所示:

优势(S)	劣势(W)
1. 有雄厚的资金建立物流中心和仓储中心 2. 企业自主掌握了对物流的控制权 3. 拥有庞大的销售规模，保证了今后物流的业务量 4. 促使整个产业链协调发展	1. 投入资金巨大，资金周转困难 2. 专业人才匮乏，配送服务不完善，大量存货积压 3. 与自身合作的第三方物流的专业化程度不高，市场分散 4. 只有货物发出，没有回货，物流成本太高
机遇(O)	**威胁(T)**
1. 能有效解决物流瓶颈，自己控制物流 2. 提高配送服务水平，改善服务质量 3. 提高竞争力 4. 高效的物流效益可以提高企业的利润 5. 为上市做准备	1. 来自竞争对手的压力大 2. 第三方物流和高校代理模式难管理，京东与顾客关系受影响，客户信息泄漏

图 3　京东自营物流的 SWOT 分析

(二)绿色发展模式

1. 绿色物流模式

绿色物流是利用先进的物流技术设计和运作物流活动(如运输、储存、包装、装载、回收等),采取绿色物流,主要是为了减少污染,实现可持续发展。在污染问题日益严重的今天,我们不得不认真思考保护环境的问题,从经济学的角度来说也十分合理。绿色物流是从生态经济学、生态伦理学、物流性能评估和外部成本的内部化理论进行开发所形成的科学概念。

相较于传统物流,绿色物流有着许多显著的特点,包括理论基础、行为主体、活动范围及最终目标四个方面:理论基础是绿色物流最核心也是最基础的部分;行为主体,这主要是京东物流这个主体既包括物流的派送过程,还包括分拣、包装等不同阶段的过程。这都需要不同的人员进行分工合作,形成团结一体的绿色物流;绿色物流的实施不仅会影响原材料的生产,还会影响整个物流管理的流程;绿色物流,顾名思义,强调的就是人与自然这两个主体。这是京东物流的使命和原则。[8]绿色物流与传统物流的区别如表 3 所示。

表 3　　绿色物流与传统物流的区别

	传统物流	绿色物流
具体的功能和内容	实现空间转移和时间推移	保护环境
目标	某一经济主体的经济利益	各种经济利益
物流流程	顺向物流	逆向＋顺向

2. 京东物流的“青流计划”

2017 年 6 月 5 日，京东物流与世界自然基金会签署了《中国纸制品可持续发展倡议书》，开始注重绿色物流的实施，与 9 家世界 500 强企业共同启动了绿色供应链行动“青流计划”，并于 2017 年 12 月开始实施“青流计划”。2018 年 5 月 25 日，“青流计划”全面升级为“青流万向”，提出了“青流万向——全球可持续发展升级”的概念，发布《中国汽车后市场物流服务洞察》报告，正式进军汽车行业。“青流计划”是京东首倡的绿色供应链联合行动，希望进一步整合社会优势资源，助力电商物流业可持续发展，也是京东物流将绿色环保理念贯彻到供应链全过程的战略项目。通过实施“青流计划”，到目前为止，全国累计减少的一次性快递垃圾量达到了 27 000 吨，用纸量 100 万吨，全国 50 个城市投放新能源汽车 5 000 多辆，并建成光伏发电，总体减少碳排放 134 万吨，取得了令人瞩目的成果。[9]“青流计划”架构如图 4 所示。

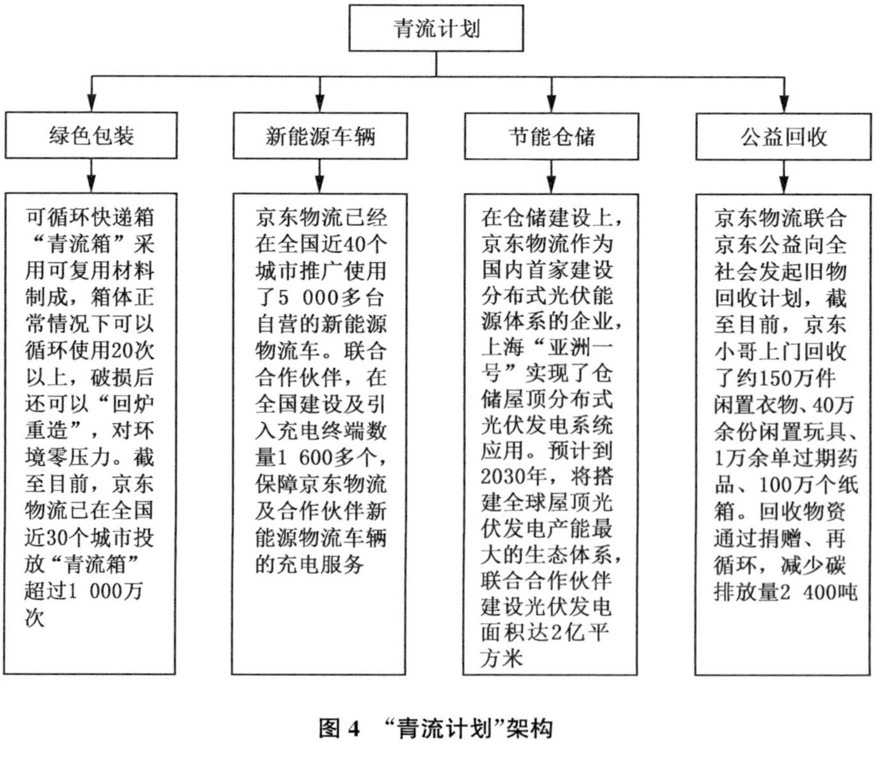

图 4　“青流计划”架构

(三)科技发展模式

1. 京东物流科技

互联网、人工智能等科技手段为物流管理模式创新带来无限可能。许多企业在物流的各个环节都采用了机器人、先进的智能分拣系统、自动化仓储设备等,大大提高了物流系统的效率、降低了物流管理难度、提高了物流运输效率。京东物流,以科技赋能,推动创新技术服务与多元场景的有机结合,通过数字化、智能化、软硬件一体化的物流科技产品和解决方案,以简驭繁,推动高效协同的生态赋能和多元价值的共赢共创。

科技成为京东供应链的超级稳定器和加速器,京东物流服务超过 20 万商家,库存 SKU 超过 600 万,支撑超过 40 个“618”、“11.11”、年货节,从容应对亿级订单;申请专利数量约 3 000 件,中国智能物流领域位列第一阵营;首创当日达/次日达,90%自营订单实现当日达和次日达;通过人机 CP 作业模式,帮助超过 10 万人提升专业技能。除此之外,在当今时代,只有跟上科技发展的步伐,才能跻身全球产业的前列,京东物流坚持以客户为中心的理念,不断探索和研究,用新型科技来打造智能供应链的价值网络,在电子、汽车、快消、能源、农产品、服装、食品、医药、家居等多重领域,都能提出全方位供应链物流的解决方案,社会物流成本得到持续性的降低,同时,社会服务标准却还在提高。[10]京东全场景供应链物流科技产品和解决方案如表 4 所示。

表 4　　京东全场景供应链物流科技产品和解决方案

智能供应链	1. 智能供应链使能平台 2. 供应链设计系统 3. 供应链管理中枢 4. 供应链智能优化系统
智能履约	1. 智能排产 2. 智能路由 3. 路径规划
智能运输	1. 全链路监控 2. 数字车队

2. 京东“亚洲一号”无人仓

还记得“北京 8 分钟”刷爆朋友圈的物流黑科技吗?短片在向世界展现中国蓬勃发展的电商行业时,选中了京东物流“亚洲一号”。因为“亚洲一号”全流程无人仓在智慧物流领域已经处于全球领先水平。

目前，无人仓已成为电商物流的标配。无人仓的建设代表着科技的发展，几大物流企业都已经加入了无人仓的建设，形成无人仓群，诸如京东、苏宁、菜鸟等。但实际上，无人仓从外表看来是无人操作，其本质是高端技术和智能系统的结合，在 B2C 领域，由于商品品类复杂、配送需求多样，无人仓的建设一直是世界性难题。关键是要打造一个能自主决策的“智能大脑”。京东创造性地解决了这一世界性难题，也将让行业内的每一家企业都能享受到智慧物流发展的成果。

京东物流平稳前进的运行轨道取决于互联网、人工智能等一系列机械化的技术，这是京东物流集团所有人认可的，也是董事会、股东成员一致认可的。在当今时代，不与最前沿科技接轨，就意味着要被淘汰，而如果能为己所用，则是一大进步。这些技术的应用，能够在很大程度上降低物流成本，同时带动整个供应链提质增效。

坐落于上海嘉定的“亚洲一号”无人仓，是全球第一个规模化运行并投入实际使用的全流程无人仓，货物从入库、存储、包装到分拣，都已经“无人化”。在电商企业强调高效时，无人仓已然成为电商物流的标配，相较于无人机、无人车等末端配送黑科技，无人仓的应用能更早在实际运营中体现作用。与传统的仓库不同，在京东无人仓内，你看到最多的不是人，取而代之的是机器人，当走进大门，首先映入眼帘的是一些负责测量商品体积和重量的白色机器人；如果进入无人分拣区进行参观，可以看到 300 个分拣机器人正在进行取货、扫码、运输、投货等一系列操作，整个流程井井有条，并不逊色于人工。这些机器人的颜色都是“京东红”，在这个广阔的分拣区域内，往来穿梭都是自己搞定，还能自己充电。“小红人”每秒速度为 3 米，全球最快的“分拣手”就在这里了，此处完成分拣的商品会被送到上海市 53 个配送区域。据了解，京东上海“亚洲一号”无人仓单日分拣能力达到 20 万单，每单约包含 1～3 件包裹，这说明从无人仓出库的包裹每天能够达到 60 万件，它们会被配送到全国各地。

京东“亚洲一号”无人仓的设立，是为了更好地辐射全国，让物流配送和运输更高效。到目前为止，京东已经在上海、广州等 7 座大型城市建立了“亚洲一号”仓，可以形成自己的物流网络，更好地辐射全球。建立“亚洲一号”仓库，除了能够跟上科技的步伐，发展自己的核心物流技术，还能实现整体物流资源的优化，开发出更加有效的运营模式。[11]

（四）共生发展模式

共生发展模式的物流生态是指各合作伙伴之间相互协作、共同进退，实现共赢。自 2017 年京东物流宣布独立运营以来，其始终致力于同合作伙伴构建共生模式的合作与发展平台。京东物流旨在建立全球化海陆空智慧供应链，不断扩大共生物流生态圈，截至目前已经同 200 余家各行业领军企业建立合作，例如中铁快运股份有限公司、中国国际货运航空、中国东方航空、中国南方航空、中国物资储运总公司、交运集团、中远海运、DHL、雅玛多国际物流有限公司等。京东物流通过运用灵活有效的方式（如签署战略协议、发布合作伙伴等）将当下众多物流资源进行整合，打破行业边界，提升合作运行模式，加深彼此融合，以实现共赢。预计未来10年内，京东物流将继续扩大合作范围，与更多的合作伙伴共同构建GSSC（全球智能供应链基础设施网络），进一步推动社会生态转型和全球智能化供应链的升级和发展，达到降低成本、提升流通的目的。京东物流的共生伙伴如表5所示。

表5　　京东物流的共生伙伴

COSCO SHIPPING	中铁快运	中国储运	中国联通	中国移动	DHL
中国国际货运航空	中国东方航空	中国南方航空	海航货运	新宁物流	协鑫
交运集团	东百集团	良品铺子	北大荒集团	ABB	宅急便

在“共生”理念的指引下，京东物流通过建立各领域、各行业的共生联盟，号召产业链上下游合作伙伴紧密合作、共同努力。京东物流将为联盟伙伴提供更加开放的业务场景、更加高效灵活的业务合作模式，共同打造更加市场化、智能化、定制化的产品和综合解决方案。共生模式下的合作伙伴通过资源整合、互补创新实现彼此之间的深度融合，一同推动各行各业的全面发展。

截至2018年10月，京东物流同包括整车运营商、主机厂、充电运营商在内的20家新能源产业链领军企业共同发起并成立了“京东物流新能源产业共生联盟”，并在2018年下半年成立京东物流氢能源汽车共生联盟。

未来，京东物流将进一步释放共生信号，携手更多合作伙伴扩大联盟数量和规模，输出更好的产品、模式和标准，为行业和社会赋能。

四、京东物流发展策略问题分析

（一）京东物流自营成本较高

伴随着信息化的迅猛发展，京东物流的经营规模不断扩大，据了解，京东物流运营的仓储总面积近2 000万平方米。京东物流对于大、中小件在国内行政区县（除港澳台地区）的配送可以达到将近100%的覆盖率，但是其中非一线城市里的客户数量较少，在这些客户区域自建物流网络就需要消耗大量的成本，进而降低了利润。相较行业内其他公司，京东物流起步较晚，并且京东物流运用了与众不同的运营模式，所以不仅为其带来了作业困难，同时也提高了运营成本。

想要建立一个自营物流系统是艰难而又漫长的，这是因为在人力资源、硬件设备以及信息系统等方面都要投入巨大的成本。为了保证配送效率，提高企业竞争力，京东物流进行了从仓储、运输到配送物流体系的长期自营物流规划。短时间内京东物流在投入大量成本的同时却收获少量的回报，这样就会出现资金周转等困难，进而削弱了公司抵御市场风险的能力。

（二）信息化管理水平不高

对关键信息的管理要建立合理的模式，在京东物流的发展过程中，要提高信息管理水平。尽管京东物流在建设中引入了高科技运营手段，但中国的传统物流企业普遍在管理和技术实力上较弱。目前在运输配送网络上还缺乏完善的运输体系，各种运输也没有完美衔接，京东物流在发展过程中的整体效率还有待提高。信息技术的发展充分体现在各个行业。同样在信息化管理模块，京东物流还未形成实用而完整的体系，整个物流环节的信息化管理程度仍然有限。而在人事管理方面，还是以传统的模式为主，这不仅成本过高，而且管理效率很低。[12]

（三）专业化的物流人才欠缺

大数据和人工智能的应用、科技物流模式的构建需要很强的专业化，所以物流行业的新型专业人才供不应求。在发展过程中，京东物流逐渐认识到专业人才的关键作用。但是，在人才建设方面还存在许多不足之处：其一，在互联网时代的快速发展下，京东物流需要加强公司内部员工的专业培训，不能只着眼于传统物流管理的专业知识和技能，还需要让公司内物流管理人员在应用前沿技术赋能物流方面可以与时俱进；其二，京东物流在竞争激烈的市场环境中缺少引进高质量专业人才的渠道，使得行业内的先进技术和管理理念没办法融入其物流工作建设中，这样在现如今高速发展的互联网背景下，京东物流的发展很难实现人才保障。

五、京东物流发展策略改善建议

（一）合理控制经营成本

首先来说，VMI 策略可以用来降低采购成本，想要使物流成本有所下降，就必须在商品采购的过程中有效降低库存成本。实施 VMI 战略，可以有效地管理产品库存、降低库存周期。实施 VMI 战略，首先可以提高库存配送效率，建立更多的库存，可以有效降低物流成本和库存周转率。一方面可以使商品交易更加快速，另一方面可以消除供货商不如期交货的现象，这样就进一步降低了交易成本。[13]其次，要降低配送成本，就必须加强配送人员管理，建立特定城市配送人员管理网络，按人员能力配置固定配送区域人员。这种固定配送人员的方式与传统的随机抽取配送人员的方法有别，可以有效提高配送人员的工作效率。同时建立完善的配送服务管理平台，及时接收配送人员的配送信息和配送情况，配送人员可以根据配送平台提供的信息更好地完成配送工作。最后，仓储成本也应合理控制。一方面，要严格控制商品流通。在物流过程中，控制入库时间、及时配送货物、增加货物周转量可以降低仓储成本。另一方面，要优化仓储管理流程。主要基于以下三个方面：一是调整仓储管理策略，保证管理层的仓储管理能力。仓库管理人员应当能够及时了解货物信息，了解货物在仓库中的存放状态，及时交付货物。二是仓储物资的二次回收可以降低仓储产品的经济消耗在仓储成本中的比重。三是合理使用仓储工具。仓库人员应了解仓库工具的使用方法以及不同仓储工具的优缺点，在货物仓储过程中选择合理的仓储工具。

(二)强化信息化管理水平

京东物流要充分利用"互联网＋"时代的重要优势，在精准物流模式建设过程中加强信息化管理水平。首先，需要运用先进的 IT 技术(如人工智能、大数据等)来建立信息传输通道，打造一个智慧化物流信息共享平台，实现客户服务的个性化和一体化，交易及运输过程的可视化和电子化，平台运营的标准化和规范化的设计要求。[14] 其次，要全面加强精准物流发展的现代化硬件设备配置，更新电子信息设备，使精准物流模式的建设和运行保持高效率和精准度。同时，要根据互联网背景下精准物流模式的发展，不断更新和完善其信息管理系统，以确保其长效性。

(三)引进高质量的专业性人才

根据经济发展过程中的经验，人才是市场经济发展的第一动力。尤其是在互联网背景下，京东物流应采取积极吸引高端人才的发展思路，采用"以高端人才代替附庸人才"的发展策略。现如今物流专业在国内各大高校均有设置，可以加深校企合作和人才绑定计划，实现学校精准教学，学生学以致用，企业引进高质量专业人才，已达到学校、企业和人才整体发展的目标。[15] 它主要包括两个方面的人才：一是各大高校和相关培训机构培养的具有较高学历、专攻大数据互联网技术的专业人才，可以为京东物流的技术研发部注入新鲜血液。技术创新将助力京东物流精准管理能力进一步提升。第二，引进管理人才，不能适应新时代要求的人员要尽快更换，吸纳能够适应当前网络技术的管理人才。只有这样的管理人员才能熟悉当前网络技术环境下物流行业的要求，更好地管理具有专业知识的技术人员。

同时，也不能忽视人事考核机制。一方面，完善激励机制，指导员工工作内容，激励员工工作成效；另一方面，要切实开展人才培训，让新员工尽快了解公司机制，让老员工及时适应网络环境要求的变化。

六、结论

近年来，电子商务物流已成为物流业的主流，因此，社会对电子商务物流的发展模式逐渐产生了浓厚的兴趣，并促使物流模式呈现出改革的特点，显示出多功能的优越性，如物流网络的多覆盖、配送自动化、服务高水平等。在电商交易模式下，消费者与电商企业的互动在物流、支付、信息三大平台完成，电子商务加速了现代物流业的发展并且提供了技术层面的必要支撑，同时还拓宽优化了其市场环境。

本文以京东物流为研究对象，分析了其自营配送、绿色发展、共生发展、科技赋能的企业发展策略，运用 SWOT 分析法，引用大量数据和资料，分析了京东物流发展模式的特色与不足之处，并在经营成本、信息化管理水平、人才引进方面提出相应的建议措施，以小见大，以期给予 B2C 电商物流企业一些启迪与参考，完善物流管理相关理论和具体实践，使企业更具竞争优势。

但是在本人当下有限的相关专业知识积累及时间的限制下，在撰写本论文时可能会出现论证不足、以偏概全等部分问题，并且由于各种原因，收集相关资料和数据也存在困难，对于难以直接获取的行业资料，只能将现有的相关报表和资料进行个人分析和总结后呈现出来，所以多少会存在片面和狭隘的情况。

参考文献

[1]魏俊一. 新电商背景下电商平台供应链转型两种模式的比较——以拼多多和京东为例[J]. 物流工程与管理，2018(11)：80－82.

[2]冯菊，刘嘉诺，徐林. "互联网＋"背景下电商物流的仓配一体化研究[J]. 物流工程与管理，2019(7)：83－84.

[3]胡坚，毕红秀. 电商物流发展及其运作模式分析[J]. 物流技术，2015(7)：32－34.

[4]中国产业信息. 2020 年中国网购市场交易规模、网络销售商品比例及网购市场规模预测分析[图][EB/OL]. https://www. chyxx. com/industry/202005/858925. html.

[5]京东物流官网. 企业介绍[EB/OL]. https://www. jdl. cn/profile.

[6]周康. 京东向右，阿里向左——电子商务模式下企业物流模式选择研究[J]. 物流科技，2019(1)：92－94.

[7]闵晓霞. 电商物流纵向一体化发展模式研究——以京东和顺丰为例[D]. 兰州：兰州大学，2019.

[8]百度百科. 绿色物流[EB/OL]. https://www. baike. baidu. com/item/绿色物流/75225.

[9]田治江. "青流万向"把绿色环保理念扩展到物流的各个领域[N]. 现代物流报，2019，11(9)：A01.

[10]京东官网. 京东物流科技[EB/OL]. https://www. jdl. cn/technology.

[11]郝丽，张郁茜. 京东智能物流发展现状及对策研究[J]. 中国储运，2020(12)：85－88.

[12]LLamasoft Inc. LLamasoft Announces Strategic Partnership with JD Logistics[J]. Journal of Engineering，2019：23.

[13]Jianbang Du; Yeliang Sun; Huanyu Ren. The Relationship of Delivery Frequency with the

Cost and Resource Operational Efficiency: A Case Study of JD Logistics[J]. Mathematics and Computer Science, 2019, 3(6).

[14]郑其明，窦亚芹，郑明轩. “新零售”背景下智慧物流治理策略探讨[J]. 铁道运输与经济，2020(4):12—17.

[15]徐鹤刚，郑煜. 浅析京东自营物流管理的系统优化[J]. 现代经济信息，2019(7):406.

基于层次分析法的二手书回收模式选择

王静菲

指导老师:朱巧妮

摘　要:随着物流的发展,书籍回收的逆向物流也在逐渐发展成型。逆向物流不仅重视对物品的回收,更加强调对资源的循环利用。对于大学生而言,部分教材售价昂贵,旧书回收既节约了金钱又节约了资源,还实现了可持续发展的理念。本文列举了3种现存的二手书交易模式,通过运用层次分析法分析上述3种二手书交易回收模式。以寻找适用于大学生校园的二手书回收模式作为目标层,将回收成本、范围和便利性作为准则层的因素,而纯线下、C2B2C和线上C2C这三种回收模式作为方案层的因素建立层次模型进行分析,从而分析出最适用于大学校园的二手书回收模式。

关键词:二手书;回收;逆向物流;可持续发展

Second Hand Book Recycling Mode Selection Based on AHP

Abstract: With the development of logistics, the reverse logistics of book recycling is gradually developing. Reverse logistics not only attaches importance to the recycling of goods, but also emphasizes the recycling of resources. And for college students, some textbooks are expensive, and the recycling of old books saves money and resources, and also realizes the concept of sustainable development. This article lists three existing second-hand book transaction models, and analyzes the above-mentioned three second-hand book transaction recovery models through the use of analytic hierarchy process. To find a second-hand book recycling model suitable for college students' campuses as the target level, take recycling cost, scope and convenience as the criterion level factors, and establish the three recycling models of pure offline, C2B2C and online C2C as the program level factors. The hierarchical model is used to analyze the second-hand book recycling model that is most suitable for university campuses.

Keywords: second-hand books; recycling; the reverse logistics; sustainable development

一、绪论

2020 年 11 月一则名为《教材浪费惊人:全国教材循环用 1 年可省 200 多亿元》的新闻报道了在中部某省某再生资源有限公司 3 500 平方米的车间内,一座近两层楼高、如山丘状的"教材山"异常醒目,几乎涵盖中小学所有科目、重达数十吨的教材沦为废纸,甚至有些书还品相完好、干净整洁,宛如新书。通过新闻描述及数字展示了学生教材的高废弃率。

再者根据国家新闻出版总署公布的数据显示,近 5 年来全国中小学课本及教学用书、高等教育教材、业余教育课本及教学用书的零售数量,平均每年约为 28 亿册、金额超 200 亿元。据调查,2018 年仅中小学课本及教学用书,全国零售数量达 29.30 亿册、总计 259.89 亿元。根据这一数据,如果全国当年零售的中小学课本及教学用书能全部循环使用,1 年就可节约 200 多亿元。按照中国青少年发展基金会官网的捐赠标准,捐赠 50 万元则可援建一所希望小学,节约费用可援建约 4 万所希望小学。然而现实之中,大部分学生会丢弃旧教材再去买新的教材,如此一年一年循环往复。因为对于学生来说,学期结束手中教材的使用价值就变低了,甚至可以说毫无再利用的价值,最终沦为了废纸被贱卖。如此的"恶性"循环就导致了大量的浪费。即使在这个网络交易及配送发达的环境下,一些电商交易平台上也在售卖二手书,但是大部分学生还是会去选择购买新书。

其实自 2008 年起,在义务教育阶段有推进教材的循环利用,但也仅仅适用于无需大量课堂笔记记录的课程教材。这一举措仅仅存在于义务教育阶段,但是已循环使用的教材数量仍达不到总教材数量的零头。且在高中、高等教育阶段,教材需要学生自费购买,教材的循环使用并未在这两类群体中得到广泛运用。废弃的教材是被闲置的资源,拥有强大的市场潜力却未被有效利用,应该想办法让它们重新被利用起来,继续发挥它们的价值,实现绿色循环。

二、二手书交易市场分类

目前,除了通过学长、学姐赠与教材以外,学生还可通过纯线下、C2B2C 或线上 C2C 经营模式的二手书交易平台获取教材。

(一)纯线下二手书书店

学期结束后,曾经的教材对于学生来说就是累赘,不会关注自己的教材是否还具有价值,基本上都会将书本直接当成废纸扔掉或是卖掉。开设在学校周边的二手书书店由于位于学校周边,有渠道能够接触到有关教材信息的最新消息,可以定时收购旧书,将回收书籍进行整理分类,已经被淘汰了的教材以回收废纸的价格回收,而那些仍然有效的教材以低价收购再在新学期以略低于教材标价的价格出售,确保了图书的质量和学生购买错书的概率,同时让教材短暂的寿命得到了延长。但是由于不是所有的学生都会去书店将旧书回收,一旦开学,二手书书店的供应可能会跟不上需求。如上海商学院校园周边曾有一家名叫"学长的店"的二手书书店,新学期伊始,需要趁早去买书,去晚了可能就买不到了。由于二手书店仅考虑书籍是否可以售卖,不考虑书籍的整洁或者完整程度,在二手书书店购买书籍是要仔细挑选的,不然会买到残次品或者是书面不整洁的教材。

(二)线上 C2C 模式的二手书交易平台

此类平台交易模式是个人卖家和个人买家直接对接,平台较少参与交易过程。C2C 运行模式的代表平台有闲鱼、孔夫子旧书网等。这种交易模式对于平台来说,尽管盈利模式比较单一,但是平台需要承担的风险小、运营成本低,没有库存堆积和处理回收来的旧书的烦恼;对于买家使用来说,商品种类繁多,能够找到其他平台没有的书籍,但由于平台没有介入交易的过程,商家良莠不齐,收到的商品品质及整洁程度无法得到保证,因此要获得良好购物体验对卖家的诚信度要求较高。在闲鱼平台上,售卖以及消费的群体多为个体用户,以在售的教材为例,部分在售的教材版本可能已经更新过,但是仍有旧版本的售卖链接,这就需要买方根据自身需要在平台上完成资源配对,但还是可能由于对所需购买的教材信息掌握不全面而买到旧版本。而且闲鱼仅作为交易支撑平台,不参与产品的质检与物流等服务,交易过程皆由用户自行协商完成。虽然闲鱼不参与交易过程,但作为阿里系的产品,闲鱼最初的形成源自淘宝,其借助电商平台淘宝的买卖退换流程,在信用保障和安全上具有得天独厚的优势。不仅如此,闲鱼还与芝麻信用合作,用信用速卖的方式将整个估价的流程标准化,为安全交易保驾护航。这些都为交易起到了一定的担保作用,但是最终购买到的教材品相如何还是无法确保的。

(三)C2B2C 模式的二手书交易平台

二手交易市场中出现了一种的新模式——C2B2C,就是平台从卖家手中回收物品，然后完成交易物品的审核、消毒、再包装后，再面向买家进行售卖，而平台上的买家和卖家身份是可以互相转换的，形成了循环体系，这一模式解决了 C2C 模式所出现的痛点。书籍经过了平台的筛选，能够保证质量，也规避了盗版书以及老旧版本的可能性，让用户获得更多质量高、有价值的书籍。代表平台有多抓鱼、熊猫格子等，以回收的方式专职于二手图书市场。平台从卖家手中收书，再统一进行消杀、分类、定价以及二次销售，需要有仓库存放回收来的书，还要有工人对这些书进行一个鉴别和清理，因而运营成本较高。并且这类平台有自己的收书标准，并不是所有的书都接受回收，可能无法满足客户的部分需求。基于 C2B2C 模式的二手书交易平台就将大部分的教材等列为不回收的类目。大学生群体主要需要的书籍就是教材，而这些书籍 C2B2C 平台是有选择性地进行回收的。因为，第一，如果教材进行更新改版，那么之前的囤积教材将卖不出去，产生亏损。第二，教材买卖一般具有明显的时候性，集中在学期结束时卖出旧教材，学期开始时购买新教材，一批教材从卖出到被购买，至少需要经过 2～3 个月，将产生库存成本。且各地区各学校使用的教材版本也可能不一样，回收后卖出的概率远小于社科人文类书籍，存在一定的风险性。且一些 C2B2C 模式的二手书交易平台也开始开起了线下实体店，将仓储库房打造成实体书店。以多抓鱼为例，最初并不是一家实体店，仅仅是一家网上二手书店。用户只需通过扫码卖掉家里的闲置书，换来的钱再买别人卖掉的书。多抓鱼的创始人猫助曾在一次演讲中提到，多抓鱼的创立是来源于日本最大的二手书连锁店 BOOK OFF，它就像是一个超市，书像商品一样整整齐齐摆放着。但回国考察后，猫助发现中国人更习惯于在网上购书，基于微信这样的社交媒体可以让二手书交易更为便捷，也更节约成本。因此，多抓鱼由最初设想的实体店变成了线上店，而如今由线上又落地于线下，将库房打造成实体书店，供读者前来购买，将线上与线下两个销售渠道都开拓出来。

三、二手书交易的现状及可行性

在国外，二手书市场也可以说成所谓的跳蚤市场，是比较活跃的，例如在美国就有许多图书二手市场，并且许多的购物网站譬如亚马逊以及网络书店像 Alibris、Abebooks 等都开展二手书的业务。虽然在很早以前我们就有折价售卖甚至是论斤售卖的旧书摊，自中国互联网兴起以后，买卖二手书就从线下拓展到线上，有了诸如孔夫子旧书网、闲鱼等线上 C2C 二手交易平台。再到 2017 年后微信功能的拓展，变得丰富多彩——推出了有营销推广功能的公众号和“触手可及”的小程序再加上微信支付，降低了构建一个交易平台所需要的门槛以及成本，通过微信就可以交易，而且自带“社交”的属性，让二手交易领域自然沾光。在 2017 年后就涌现了一批基于微信功能的二手书交易平台，其中不乏仅成立十几个月已经获得多轮投资的多抓鱼、熊猫格子等明星产品。但国内二手书市场远远还未成熟，在中国，车辆、奢侈品以及数码产品等物品的二手交易平台有很多且市场占比很大，但是二手书交易平台数量小且占比少。所以，中国的二手书市场尤其是教材类书籍方面还是存在着很大的发展空间和前景的。并且随着市场经济的发展和人们认知水平的提高，二手书交易市场将会成为一个绿色环保、可持续发展的用书选择。

对于大学生来讲，每个学生每年至少需要购买数十本教材以供专业课及公共课学习，还不包括其他额外的书籍，而每本教材的售价至少30元以上，有的教材甚至需要50元以上。大多数高校的教材是由学校提供渠道，让学生去购买，且通常被学生视作一次性资源，学期结束教材就失去了价值被扔进了垃圾堆。且除去学费和住宿费外，书本费对于大学生来说也是一笔较大的开支，尤其会给有经济困难的学生造成较大的负担。一部分学生为了减小支出，选择购置二手书。因此，高校二手书籍存在巨大的市场需求。

目前来看，高校所使用的教材一般3～5年才更换一次大纲，短期内教材的知识点基本不变，所以不必要每年都订新教材。另外，使用过的教材里面会留下以前学生留下的重点、老师可能指出的要点和解题思路等等，更有利于大学生的理解以及自主学习。二手书的充分利用不仅对于学生群体带来好处，还会对市面上盗版书造成打击。虽然教材相较于其他书籍存在盗版的情况是非常少的，但是盗版书存在的很大原因就是书价较高所致，如果有好的二手正版书，在一定程度上盗版书就会失去市场，对保护正版的知识产权有很大好处。

在校园附近的二手书商店给大学生提供了一个买卖平台，它既可以降低大学生教材购买的成本，又可以通过二手书的回收带来收入以减轻学生的负担。而随着互联网的普及和发展，网上购物已经成为现代人生活中不可缺少的一部分，所以在网络上建立能够满足大学生需求的校园二手书交易平台是非常有必要的，并且有很高的可行性。但是在目前线下实体与线上交易并存的时代，什么样的模式更适合大学校园和年轻的学子们是需要探讨的，本文将通过层次分析法对于现存的3种二手书交易模式进行分析，寻找适用于大学生校园的二手书回收模式。

四、基于层次分析法的最适合大学校园的二手书回收模式选择

层次分析法，是指将与决策总是有关的元素分解成目标、准则、方案等层次，并在此基础之上进行定性和定量分析的决策方法。本文的目的在于寻找适用于大学校园的最有可行性的二手书回收模式，可运用层次分析法对于上述问题进行科学的分析及决策。

（一）建立层次结构模型

以寻找适用于大学生校园的二手书回收模式作为本次层次分析的目标层，将回收成本、回收范围和回收的便利性作为准则层的因素，而纯线下、C2B2C和线上C2C这

三种回收模式作为方案层的因素。建立层次结构模型如表 1 所示。

表 1　　方案层结构模型表

目标层	寻找适用于大学生校园的二手书回收模式选择		
准则层	回收成本	回收范围	回收的便利性
方案层	纯线下	C2B2C	线上 C2C

（二）构建矩阵

构建准则层的比较矩阵以及各准则层对应方案层的判断矩阵，得到矩阵 A、B1、B2、B3。得到上述矩阵后，将各矩阵的因素一一进行主观对比，并根据标度表来赋值。

在准则层比较矩阵(A)中，对于回收成本而言，二手书回收范围与便利性都没有成本重要。因为成本的控制是企业在市场竞争中能否成功的基本要素，如果回收成本过高，即使可回收的二手书范围再广、回收再便利也无法长久生存下去，根据标度表回收成本与回收范围相比是强烈重要，赋值为 7；与回收的便利性相比较回收成本是明显重要，所以赋值为 5。而在回收的便利性与回收范围这两个因素的比较中，便利性较回收范围略微重要，因为即使回收的书籍范围再广，如果回收方式不够便利，则对于学生群体来说选择意愿就会减小，因此赋值为 3，最终得到矩阵如表 2 所示。

表 2　　准则层比较矩阵模型表

准则层比较矩阵(A)			
	回收成本	回收范围	回收的便利性
回收成本	1	7	5
回收范围	1/7	1	1/3
回收的便利性	1/5	3	1

回收成本是关乎二手书回收平台是否能长久的重要因素。纯线下的回收模式中，回收成本包括了场地租借的费用、人工费、管理费用等传统线下实体店所需要支出的成本，以及回收书本的支出。C2B2C 二手书交易平台中有平台方作为过渡的媒介，卖方先将要回收的书交给平台进行鉴定回收，再由平台卖给买家，采取这种模式，除了有与纯线下模式一样的回收成本外，还有物流快递的费用。

因为 C2B2C 模式有互联网的参与，五湖四海的买方都可通过物流快递的方式向平台提供需要回收的书籍，而快递费用是由平台承担的。对于采用线上 C2C 模式的，平台为买卖双方提供交易的渠道，起到一个桥梁的作用，只需要向平台申请开通交易，无需任何成本支出。所以，纯线下与 C2B2C 相比是同样重要的，赋值为 1。而纯线下相对于线上 C2C，回收成本高，所以成本因素对于纯线下而言稍微重要，因此为 3。对于都有互联网参与的 C2B2C 和线上 C2C，成本对于 C2B2C 是明显重要的，所以值是 5。最终的回收成本因素判断矩阵 B1 矩阵如表 3 所示。

表 3　　回收成本因素判断矩阵模型表

回收成本因素判断矩阵(B1)			
	纯线下	C2B2C	线上 C2C
纯线下	1	1	3
C2B2C	1	1	5
线上 C2C	1/3	1/5	1

关于回收范围情况判断矩阵(B2)如表 4 所示。因为纯线下的回收模式是实体店经营的，回收什么类型的书籍由经营者决定。而 C2B2C 类型的平台和纯线下有类似之处，因为书籍是回收给平台的，由平台决定回收的书籍品类，这两者都是具有一定的回收局限性，所以纯线下与 C2B2C 相比，赋值为 4。而线上 C2C 则是卖方通过平台发布信息来寻找买家，虽然看上去品类繁多，但由于没有回收的标准，同一种商品新旧版本都会有售卖的信息，这可能会导致一些买方错误购买，因此纯线下与线上 C2C 的比较中值为 2，而同为使用互联网的线上 C2C 与 C2B2C 相对比值为 5。

表 4　　回收范围情况判断矩阵模型表

回收范围情况判断矩阵(B2)			
	纯线下	C2B2C	线上 C2C
纯线下	1	4	2
C2B2C	1/4	1	1/5
线上 C2C	1/2	5	1

就回收的便利性而言，C2B2C 和线上 C2C 都是较为便捷的，通过物流快递的方式可完成二手书的转交。快递点目前在各个居住区都会存在，且部分 C2B2C 的平台是派人上门取货，这些都使得 C2B2C 和线上 C2C 的二手书交易平台的回收十分方便。而纯线下是属于实体店经营的，不一定各个地方都有遍及，便利程度上不及 C2B2C 和线上 C2C。因此，纯线下的回收便利性要比 C2B2C 和线上 C2C 都重要，所以分别为 5 与 2。线上 C2C 和 C2B2C 相比，线上 C2C 的便利性更重要，值为 5。得到的矩阵模型如表 5 所示。

表 5　　回收的便利性情况判断矩阵模型表

回收的便利性情况判断矩阵(B3)			
	纯线下	C2B2C	线上 C2C
纯线下	1	5	2
C2B2C	1/5	1	1/5
线上 C2C	1/2	5	1

(三)计算单排序向量和一致性检验

在构建完矩阵后,对于矩阵进行一致性检验,如果一致性比率 CR 小于 0.1,则矩阵构造正确;否则,需要重新调整矩阵的数值。

首先,计算各矩阵的最大特征值 λ_{max}:$\lambda_{Amax}=3.0649$,$\lambda_{B1max}=3.0291$,$\lambda_{B2max}=3.0940$,$\lambda_{B3max}=3.0536$。再根据公式 $CI=(\lambda-n)/(n-1)$ 计算出各矩阵的一致性指标 CI:$CI_A=0.03245$,$CI_{B1}=0.01455$,$CI_{B2}=0.047$,$CI_{B3}=0.0268$。查找一致性指标表,通过一致性比率公式 $CR=CI/RI$ 得出各矩阵的一致性比率:$CR_A=0.056<0.1$,$CR_{B1}=0.025<0.1$,$CR_{B2}=0.081<0.1$,$CR_{B3}=0.046<0.1$。

在所有矩阵完成一致性检验后,计算各矩阵的归一化后的标准特征向量,如表6~表9所示。

表 6　　准则层比较矩阵归一化计算表

准则层比较矩阵(A)						
	回收成本	回收范围	回收的便利性	每行乘积	乘积五次方根	标准化特征向量
回收成本	1	7	5	35	2.036	0.585
回收范围	0.14	1	0.33	0.048	0.544	0.156
回收的便利性	0.20	3	1	0.600	0.903	0.259
				五次方根之和	3.483	

表 7　　回收成本因素判断矩阵矩阵归一化计算表

回收成本因素判断矩阵(B1)						
	C2B2C	纯线下	线上 C2C	每行乘积	乘积五次方根	标准化特征向量
C2B2C	1	1	3	3	1.246	0.388
纯线下	1.00	1	5.00	5.000	1.380	0.430
线上 C2C	0.33	0.2	1	0.067	0.582	0.181
				五次方根之和	3.207	

表 8　　回收范围情况判断矩阵矩阵归一化计算表

回收范围情况判断矩阵(B2)						
	C2B2C	纯线下	线上 C2C	每行乘积	乘积五次方根	标准化特征向量
C2B2C	1	4	2	8	1.516	0.464
纯线下	0.25	1	0.20	0.050	0.549	0.168
线上 C2C	0.50	5	1	2.500	1.201	0.368
				五次方根之和	3.266	

表 9　　回收的便利性情况判断矩阵矩阵归一化计算表

回收的便利性情况判断矩阵(B3)						
	C2B2C	纯线下	线上 C2C	每行乘积	乘积五次方根	标准化特征向量
C2B2C	1	5	2	10	1.585	0.479
纯线下	0.20	1	0.20	0.040	0.525	0.159
线上 C2C	0.50	5	1	2.500	1.201	0.363
				五次方根之和	3.311	

(四)建立层次总排序及一致性检验

在将以上所得归一化后的特征向量组成一个新的矩阵后进行一次总的排序选优，计算总排序权值，并进行一致性检验，最终得到的检验结果通过一致性验证后，对比总排序权值，权值最大的方案为最优方案。经过计算得到表 10。

表 10　　总排序选优计算表

	回收成本	回收范围	回收的便利性	准则层	总排序权值
C2B2C	0.388	0.464	0.479	0.585	0.423
纯线下	0.43	0.168	0.159	0.156	0.319
线上 C2C	0.181	0.368	0.363	0.259	0.257
一致性指标	0.015	0.047	0.027	/	/
随机一致性指标 R	0.580	0.580	0.580	/	/
一致性比率	0.025	0.081	0.046	/	/
总排序一致性指标	0.023	随机一致性指标 R	0.58	总排序指标率	0.039

根据计算得出总排序指标率 *CR* 为 0.039<0.1，再对比所得到的 3 个总排序权值，可以看到：C2B2C 的权值最大，通过利用层次分析法分析得出 C2B2C 的二手书交

易模式是适用于大学生校园的最优、最具可行性的二手书回收模式。

五、总结

对于购书者来说，线上交易的不确定性因素会影响购买的信心。而 C2B2C 模式的二手交易市场中，就是平台先将商品回收进仓库，为客户完成商品质量的把关，消除不确定性，让用户可以安心购买，并且买家和卖家身份可以随意转换，形成一个循环体系。这一模式很大程度上提高了用户的满意度以及用户对于平台的信任度。

在我国低碳经济以及可持续发展政策的影响下，在我国高校建立二手书市场是十分有前景的。因为在大学期间大部分教材均只使用了一学期或是更短的时间就不用了，图书的折旧率不高，可见大学二手书市场存在很大的可行性。在现今使用最多的 3 种二手书经营模式中，C2B2C 的模式或许是最适合大学校园的。但是现有的 C2B2C 回收平台对于大学生来说可购买的教材品类并不丰富，我们可以构建专门面向高校群体的 C2B2C 的二手书交易平台，让教材得到最充分的利用。可将线下的选址定位在大学周边，这样一来可以满足周边大学生的购书需求，另一方面如果库存多于实际需求的话，还可以通过网络销售的方式消耗库存。同时，可以根据周围学校的教材需求，有针对性地回收一些需求量大的教材。

参考文献

[1]邬红梅，路雨晴. 高校二手书籍市场交易现状与存在问题分析 ——以洛阳市高校为例[J]. 时代经贸，2020(20)：53－55.

[2]刘海涛，刘娜，马晓燕，等. 中国高校二手书市场浅析[J]. 黑龙江科技信息，2017(1)：292－292.

[3]陈翔，鲍芬. 基于层次分析法的大学校园共享图书商业模式选择[J]. 新西部，2020(9)：117－118.

[4]娄亭亭，尚猛，师路路，等. 基于逆向物流的大学校园快递包装回收模式分析研究[J]. 物流工程与管理，2019，41(8)：109.

[5]张阿源. 网络旧书业 C2B2C 商业模式的特征、困境及探索 ——以“多抓鱼”为例[J]. 出版发行研究，2019(3)：48－53.

[6]王晴，滕玮铭，童舒，等. 高校二手书网上交易平台分析[J]. 中国集体经济，2019(35)：157－158.

[7]于佳华. 校园二手书市场价值分析与研究[J]. 今日财富，2018(20)：177.

[8]赵紫葳，牛任重，肖卓成，等. “石大众阅享书网”二手书交易平台的分析与实现[J]. 科学中国人，2017(14)：82－84.

[9]苗文娟，靳卫民. 农村废旧物资逆向物流网络优化研究[J]. 中国物流与采购，2020(17)：79－80.

[10]程博,梁子婧.高校快递包装逆向物流网络布局规划与设计——以徐州工程学院为例[J].中国市场,2019(9):171—174.

[11]万茗玉,褚梦雪,晓梅.浅析高校二手物品交易平台建立难点及对策[J].电脑迷,2018(1):20.

[12]高镜丰,黄福万,黄昌树.基于微信平台的校园二手教材市场的设计与研究[J].商业故事,2015(26):53.

[13]郑瑶.利用高校图书馆进行教材循环使用[J].教育教学论坛,2016(37):25—26.

[14]俞富坤.逆向物流发展现状及策略分析[J].知识经济,2018(10):60—61.

[15]滕浩楠,宗晓蕾,王杰,朱潮振,张学玉.共享理念视角下二手书籍再利用的平台构建研究[J].时代经贸,2018(28):60—61.

[16]曹宇悦,唐婕,周墨馨,赵婕,万苗苗.大学校园二手书籍的流通与交易——以南京高校为例[J].商业经济,2018(10):173—175.

[17]Lorena M. Fortuna, Vasil Diyamandoglu. Disposal and Acquisition Trends in Second-hand Products[J]. Cleaner Production, 2017, 142:2454—2462.

[18]廖萍,吴春利,景婷,朱琳,崔茂中.高校二手书市场的问题与解决分析研究——以上海临港大学城为例[J].中国市场,2018(8):84—85.

[19]陈姣敏.O2O回收模式下逆向物流网络分析[J].再生资源与循环经济,2019,12(4):10—13.

[20]高镜丰,黄福万,黄昌树.基于微信平台的校园二手教材市场的设计与研究[J].商业故事,2015(26):53.

[21]You Seung Hee. Proposal of Used Books Shared Platform Service for Small-sized Stores[J]. Digital Convergence, 2019, 17(9):89—95.

企业管理

企业人力资源激励机制研究

——以海底捞企业为例

徐康蕾

指导老师：朱蓓倩

摘　要：人才竞争在企业的竞争中占据着主导地位。一直以来，餐饮行业因为工作时长及其工资问题导致员工离职率颇高，因此如何吸引人才并且在保持员工原有队伍的基础上提高员工忠诚度成为如今餐饮行业共同面对的难题。本文通过分析国内外人力资源激励机制在企业中的作用研究，通过研究六种员工激励机制（薪酬激励机制、培训激励机制、晋升激励机制、授权激励机制、荣誉激励机制、榜样激励机制）并结合海底捞为实际企业，开展进一步有关员工激励的研究。以此得出结论：第一，我国餐饮行业的一线员工是企业的核心组成部分，因此员工激励机制是最需要关注的问题；第二，对于员工的激励需要以人为本，从员工的角度多思考问题；第三，薪酬和福利是所有激励机制中必不可少的激励方式，这是对于激励员工最直接、有效的方式；第四，企业需要多与一线员工沟通交流，从中收集顾客的取向，促进企业的可持续发展；最后，希望我国餐饮行业要多重视内在激励并且要有节制地激励员工，注重员工的创新和团队绩效。

关键词：人力资源；激励机制；员工；企业

Research on the Incentive Mechanism of Enterprise Human Resources

Abstract: The competition for talents plays a leading role in the competition of enterprises. For a long time, the turnover rate of employees in the catering industry is quite high due to the problem of working hours and wages. Therefore, how to attract talents and improve employee loyalty on the basis of maintaining the original team of employees has become a common problem faced by the catering industry. In this article, through analyzing the role of human resources incentive mechanism in enterprises both at home and abroad research, through the study of six kinds of employee incentive mechanism (salary incentive mechanism, training incentives, promotion incentives, the authorized incentive mechanism model and honor incentive mechanism and example incentive mechanism) and combining with Haidilao for further research. It can be concluded that the front-line staff in China's catering industry is the core of the enterprise, and the employee incentive mechanism is the most important issue to pay attention to. The motivation of employees should be "people-oriented", and they should think more about problems from the perspective of employees. Salary and welfare are the indispensable incentive methods in all incentive mechanisms. Enterprises need to communicate more with front-line employees to obtain and collect customer orientation. Finally, it is hoped that China's catering industryshould pay more attention to internal incentives and moderate incentives to employees, pay attention to employee innovation and team performance.

Keywords: human resource; incentive mechanism; employee; enterprise

一、绪论

(一)研究背景、研究意义及研究目的

1. 研究背景

随着中国经济的快速发展,我国餐饮行业获得了前所未有的高速成长,许多餐饮企业如雨后春笋般涌现,这使得餐饮企业对于员工的需求日趋增加,员工竞争在企业的竞争中占据着主导地位,一线员工是餐饮服务业的主要核心。人力资源从以前的粗犷式的管理模式到现如今的以人为本的模式,做出了巨大的改变,这种以人为本的管理模式正在被各个餐饮企业所认可。长期以来,餐饮行业因为工作时长及其工资问题导致员工离职率颇高,如何吸引优秀员工并且留住优秀员工成为餐饮行业经营者的主要管理任务。因此,企业经营者需要针对员工不同的需求来制定科学合理的激励机制,以此来吸引优秀员工、留住优秀员工,并用不同的激励方式来提高这些员工的工作积极性和工作创造性,确保员工与企业共进退,让员工在物质和心理上都得到激励。简而言之,员工激励是目前餐饮行业所需关注的重点问题。

海底捞在员工激励方面有着独特的管理方式,人性化管理和授权管理是一大特

色，海底捞一直以团队第一、产品第二的观念来培训员工，这种观念使得企业自上而下都认为员工比起机制更加重要（员工才是一个企业的核心），因此海底捞建立了许多机制：薪酬激励机制、员工培训机制、晋升激励机制、授权激励机制、荣誉激励机制、榜样激励机制等。当然，这种机制必须要在实践中才能发挥作用，所以海底捞的员工都把服务准则和企业管理模式牢记在心，这对于员工来说也是一种激励方式。现如今，各式各样的新型餐饮企业不断涌出，但是海底捞的员工激励机制仍然是一个成功的模板，不但把以人为本这个观念刻在了员工的心里，还把这种观念落实到了各个店的激励机制中。海底捞作为餐饮行业的标杆，通过此篇文章去研究并分析该企业的员工激励机制，能为中国其他餐饮行业提供有效的建议和意见。

2. 研究意义

（1）理论意义：在根据相关员工激励机制理论的基础上，结合海底捞企业的员工激励机制展开研究和分析。整理并且收集了国内外的员工激励机制理论，本文主要通过不同角度研究了餐饮行业一线员工激励的理论体系。

（2）实践意义：一是可以为我国的经济带来一定的发展，餐饮业作为消费市场的重要组成部分，可以带动大众消费，从而更好地促进经济的发展；二是因为海底捞的激励机制有其独特的管理模式，通过研究分析及归纳海底捞的员工激励机制，能够帮助我国其他餐饮企业制定员工激励机制。

3. 研究目的

以海底捞企业为研究对象，作为国内外知名的火锅店，经过了 20 余年的发展，现有 117 家直营店。作为劳动密集型的餐饮服务企业，员工的工作积极性和员工的工作技能是企业发展的重中之重。海底捞通过独特的六大员工激励机制来吸引优秀人才，稳定员工并且提高员工的工作积极性，推动企业的发展。

通过本文研究，旨在帮助发展未来的员工激励机制，以企业发展为研究目标，全面构建激励机制，吸引优秀员工，调动员工的工作积极性，帮助企业获得发展。

（二）国内外研究现状

1. 国外关于人力资源激励机制研究概况

对于人力资源激励机制的研究，国外学者比起国内学者更早地进行了研究，泰罗是第一个研究人力资源管理的，他提出将个体当作经济意义的个体，所阐述的内容更多关注的是管理活动的科学化和定量化，同时提出个体工作是为了取得尽可能多的经济收入。[1]随后，科学行为理论出现了新的研究内容，具体的标志就是马斯洛建立的心理需求层次理论以及霍桑实验。这一研究体现，个体不但要满足最低层次的自我物质需求，同时需要满足最高层次的心理需求。换句话说，个体在工作中不仅需要满足生活需求的工资薪酬，更需要人际关系的一种融洽。Noel Soctt 和马斯洛的思想是一致的，他表示对于员工激励方面不但要重视物质文化激励（即马斯洛需求层次理论中的物质需求），而非物质文化激励应体现在为员工提供各种津贴，开展除工作以外的娱乐活动（即马斯洛需求层次理论中的心理需求），通过这样的激励方式在为企业带来盈利的同时，能够提高员工的积极性。Jin-Soo Lee 和 Ki-Joon Back 提出要想有效地对员工形成合理激励、提高员工工作的积极性，应该有效运用员工培训、合理的薪资待遇等手段，只有综合运用多手段、多方法才能对员工形成有效激励。[2] Doris Kovic 认为，日趋白热化的市场竞争会对员工的工作热情存在作用，其提出了大量的举措用于充分调动员工的工作潜力，进而增强员工的工作热情，对员工进行心理维度的激励，从而为员工营造良好的工作环境。[3]

2. 国内关于人力资源激励机制研究概况

我国企业对于人力资源管理非常看重。在中国经济高速发展并且市场化程度持续加深的背景下，各企业间的竞争日趋加剧，如何增强企业的竞争力是企业必须关注的问题。当然，在如今，人才是竞争市场中所需的关键资源，所以一个企业经营管理的关键就在于如何去吸引那些优秀的人才。现如今资本不断追逐优秀人才的背景下，企业在人力资源管理活动中产生了机遇和挑战并存的情况，企业要关注如何才能在激烈的市场竞争里找出并留住优秀人才，进而在竞争中取得优势。

因此，我国的与人力资源相关的文献更多关注的是企业的管理方式、员工培训和绩效评估等内容。

在人员激励方面，王江华指出，企业得到发展至关重要的因素之一就是对人力资源管理方面的改进，他从中分析出企业在管理方面存在的缺点与不足，并强调管理者应找到适合不同人群的激励模式，以引导和控制人的行为，实现组织目标。[4]这就类似于拼图一样，每个拼图都有它专属的位置，只有匹配成功，才能完成整幅拼图，每个人都有自己专属的激励方式，管理者就需要根据不同人员的不同激励方式来匹配。李宋丹认为，要根据酒店的淡旺季来调整对员工的激励方式，旺季的时候多一些物质方面的激励，淡季的时候多重视员工精神方面的激励，以这样的方式改善员工工作的心态以消除懈怠心理。[5]像海底捞这样的餐饮服务行业，淡旺季尤其明显，工作日相当于淡季，而节假日就相当于旺季。企业需通过制定针对不同员工的需求来提高员工工作的积极性。

在人员培训方面，陈希分析后认为，可以增强企业人力资源管理效率的管理制度，也就是竞争制度，保持合理的培训制度等。傅承涛提出企业在生产经营过程中必须秉承人本发展观念，尤其需要关注对优质人才的培训及引进，同时在管理层面关注人情和制度的和谐统一，在运用人力资源时，需要关注对人才的培养。[6]张文莲表示通过培训可以有效地减少员工的消极心态，并强调要增强员工外显能力的培训，所谓外显能力是员工在实践工作中展示出来的技能和手段，增加外显能力可以突出员工多个方面的优点，对培养酒店“多面手”员工有很强的促进作用。[7]在餐饮服务行业也是如此，通过培训一线员工的技能和手段，可以使他们在面对顾客时更加得心应手，能更加提高员工工作的积极性。在设定培训方案时，要着眼于长期的培训计划，而不是短时期内的培训来取得盈利，要多方面展开培训方式，增强实战培训，从实践中得出真知。要增强培训奖励机制，把培训作为激励员工的主要方式，让培训转换成服务质量的提升。

在员工职业发展方面，吕江表示企业应制定出员工完善的职业发展道路，同时要增加员工外出学习的机会，以此方式来挖掘有潜力的员工，满足他们职业发展的需求。[8]李飞等人认为要充分激发员工的工作热情，必须对其工作环境进行优化，同时确保企业内部交流制度的完善。[9]游东升表明，企业管理者如果对于企业未来发展的道路欠缺必要的思考，对员工未来职业发展没有引起重视，就会导致员工工作懈怠、积极性不高，所以员工职业发展的制定应该从源头抓起。[10]

3. 研究评述

综上所述，中国现阶段餐饮行业的人力资源激励机制并不完善，就像上面所说的，特点为一线员工文化层次较低、行业整体工资水平较低、年龄跨度大、地区跨度大、把餐饮工作当作工作跳板等。一线员工服务压力大、工作时间长、薪资低、工作任务多。现在餐饮企业的人力资源管理模式相对滞后、管理制度不科学、企业人本化管理方式改变多。中国现如今高速发展，越来越多的问题使得企业员工离职率变高、员工工作积极性不足等问题出现，这大大阻碍了中国餐饮行业长期可持续的发展。

因此，要建立合理科学的人力资源激励机制，以此提高一线员工的工作积极性，提高他们对企业的忠诚度，减少员工离职率，使得企业发展更迅速。

（三）研究方法

1. 案例研究法

本文以海底捞企业作为案例研究对象，对其六种员工激励机制（薪酬激励机制、员工培训机制、晋升激励机制、授权激励机制、荣誉激励机制、榜样激励机制）进行研究分析，总结海底捞员工激励机制的成功之处和需要改进的地方，得出对餐饮业员工激励机制的启示。

2. 调查问卷法

本文通过对从事海底捞这一餐饮企业的员工进行调查问卷的方法来进行数据收集，了解我国餐饮行业员工激励的状况并给出科学的建议。

（四）论文的创新之处

海底捞作为一家火锅店迅速爆红，因此对于这个企业的研究数不胜数，但大多数学者都把目光局限于从管理模式下手去研究员工激励机制。而本文主要先从薪酬激励机制、员工培训机制、晋升激励机制、授权激励机制、荣誉激励机制、榜样激励机制这六个激励机制来阐述海底捞员工激励机制的优点，再通过调查问卷的方式收集海底捞员工对于员工激励机制的看法，以此来给中国餐饮行业的员工激励机制形成借鉴。

二、概念界定和理论基础

(一)概念界定

1. 激励的概念及作用

激励不但有鼓励的意思,同样存在斥责的内涵。站在心理学视角进行分析,激励是个体持续刺激心理的活动。[11]在组织中,企业利用这种心理过程,通过不同的激励方式来调动员工工作的积极性,激发员工的思维创造性,加强企业内部的凝聚力,从而实现组织的绩效目标。

不同的激励方式对员工的激励存在着不同的作用,具体的作用有:

(1)通过物质激励和精神激励吸引优秀人才并留住优秀人才

物质激励即通过满足员工的物质需求来激励员工,如薪酬福利、奖金、股份等,通过这些物质激励,在前期可以快速吸引优秀人才。而精神激励是通过满足员工的精神需求来激励员工,如得到员工间的爱、得到老板的赏识及赞赏、得到上级的肯定等,这种激励方式可以在较长时间范围内留住优秀人才。

(2)通过正激励和负激励调动员工工作积极性,激发员工创造性

正激励是指当员工行为符合组织需求时,组织通过正面强化即奖励员工以此鼓励这种行为,从而可以调动员工工作的积极性、激发员工的创造性,在之后的工作中加深员工工作的努力程度,从而更好更快地实现组织目标。负激励是指当员工行为不符合组织需求时,组织通过负强化即制裁员工以此消除这种行为,从而可以反向调动员工工作的积极性并激发员工的创造性,员工在受到负激励时会产生一种刺激心理,这种刺激会使员工增强对工作的热情,从而促进员工对企业产生绩效。

(3)通过内激励和外激励来加强企业内部凝聚力,产生内部良性竞争

内激励是指员工通过工作本身而获得的自我满足感,这种激励方式是与工作共进退的,当员工从工作中获得激励时,他们就会产生对自己的认可,因此他们会更加努力地工作,产生持久性的工作积极性,进而加强企业内部的凝聚力。外激励是指员工在工作之外获取的自我满足感,这种激励方式和工作本身是不相关的,当员工在工作之外获得报酬时,他们就愿意去完成这项工作,一旦这种报酬消失后,员工的积极性就降低了,因此通过外激励能够使员工之间产生良性竞争。

2. 激励机制

激励机制就是主客体双方(即员工和老板)在不同的激励下形成关系并产生规律的一种活动方式。首先,激励机制必须存在员工和老板这两大主角;其次,必须要通过一种介质即激励的手段来产生激励的影响。激励机制主要有:

(1)薪酬激励机制

在所有的激励机制中,薪酬激励是最简单有效的能够提高员工工作积极性的激励

方式。在薪酬激励机制中，薪酬可以分为直接薪酬和间接薪酬。直接薪酬指工资报酬、奖金和年薪。间接薪酬是指福利、红利和股权。薪酬激励机制是最直接有效的提高员工工作积极性和热情的方法，可以提高工作效率，促进企业的发展，实现企业的目标。

(2)员工培训机制

企业对于员工的培训是培养员工的一种直接方式。通过员工培训，有利于提高员工工作的效率，有利于员工培训的可持续发展，有利于帮助企业形成一个学习型氛围。如今，许多企业都开始重视员工的培训，但由于培训机制的不成熟和老化、培训手段的单一化等导致员工培训出现了一系列问题。为了使员工培训机制顺利进行，必须要遵循以人为本、公平、创新、兼顾和反馈这五大原则。

(3)晋升激励机制

晋升激励是一种变相的薪酬激励机制，员工的行为符合并高于企业的需求时，企业会根据其能力来提升员工的岗位，可想而知，当员工的岗位有所提升时，他们的薪资、福利等都有所提升，从而达到对员工的激励。晋升激励机制的运用必须遵循德才兼备、机会面前人人平等、"阶梯晋升"和"破格提拔"相结合等原则。然而，晋升的等级是有限的，并且晋升只针对于小部分人，有些晋升会导致团队的竞争产生不利影响，这时候企业的管理层需要做出不同的激励手段来缓解员工的情绪。

(4)授权激励机制

授权激励机制就是指通过授予员工更高更重的权力，从而激发员工的主观能动性和工作积极性来实现企业的目标。每一个人都有主人翁意识，在一个企业里，每一个员工都希望自己能成为企业的主人，授权激励机制能很好地达到激励的目的，从而加强企业的内部凝聚力。但在许多企业中，授权激励机制没有被广泛运用的原因是害怕员工通过手中的权力贪污受贿，损害公司的利益，但有节制的授权激励机制是对公司凝聚力最有效的机制方式之一。

(5)荣誉激励机制

荣誉激励机制是一种精神激励，荣誉激励指管理者通过对员工声誉上的激励，使得员工在工作中获得自我满足感和成就感，并对企业有一种荣誉感，进而激发员工工作的创造性和积极性。当一个企业中的员工对所在企业迸发出荣誉感后，他们会更加努力地为企业工作。而且，这种激励机制不像物质激励，精神激励可以维持较长时间，从根本上解决员工激励问题。

(6)榜样激励机制

榜样在一个组织中是十分重要的角色。榜样能影响他人的人生目标、三观、生活状态、思想精神等，可以发挥积极向上和引导的作用。企业的管理者应该以身作则，做好员工的榜样，从细小的生活细节中慢慢感化员工，让他们得到积极向上的情绪状态，引导团队实现组织目标。

（二）理论基础

随着经济和科技的不断发展，企业之间的竞争越来越激烈，如何吸引并留住优秀的员工成为一个关键的问题。因此，激励这一概念就被企业吸收，通过不同的激励手段来吸引并留住优秀的员工。以上所述的六个激励机制实则是海底捞企业的六大激励机制，海底捞通过这些激励机制，做到以人为本、以员工为本，在广大消费者的心中留下了服务好的印象，正是因为这些激励机制，让海底捞不断地扩大和盈利，这就是激励与组织绩效的关系。

许多研究表明绩效是一种组织行为，Murphy 认为绩效是人们实际做的与组织相关联的行为。绩效是一个动态的变量，随着企业不断调整，绩效也会随之调整。

从最简单的薪酬激励机制讲起，企业通过物质奖励即薪酬、奖金、员工福利等激励方式来满足员工的需求，从而激发他们对工作的积极性，使得企业提升整体的绩效。

第二个是员工培训机制，企业通过对新老员工的培训，让新员工更加熟悉企业发展，让老员工在原基础上对工作产生新的刺激点，促使他们更加有效地工作，进而调整企业的整体绩效。

第三个是晋升激励机制，企业通过为优秀员工提供晋升机会，让员工在得到物质奖励的同时获取精神奖励，增强了他们对企业的忠诚度，在工作上和企业的目标共进退，使得企业的绩效变好。

第四个是授权激励机制，管理者把权力授予员工，不管是高层、中层还是一线员工，都有不同的权力去管理公司，让员工从心里认为自己是企业的主人，使他们对企业更加忠诚，为了企业的绩效做出努力。

第五个是荣誉激励机制，荣誉激励机制可以长期对员工的工作积极性形成影响，企业通过对员工在名誉上的激励给予他们所需的成就感、自我满足感和自我价值感，从根本上让员工对企业形成一种忠诚感和依赖感，激发他们的工作创造性和积极性，为企业所需实现的绩效目标做出努力。

最后一个就是榜样激励机制，管理者以身作则，以自身行为影响企业的员工，潜移默化中调节他们对工作的积极性、热情和效率。发挥他们引导者的形象，带领员工为企业绩效的增长做出努力。

海底捞根据其科学的员工激励机制、灵活的福利制度和对员工成就的重视程度，使得在心理和生理上让员工获得满足感，促使他们将个人的目标和企业的目标相结合，从而达到激励的效果，实现企业的绩效目标。

三、海底捞的六大员工激励机制案例研究及问卷分析

海底捞作为餐饮界、火锅界的领头羊，它所提供给客户的不仅是有质量的食物，更

重要的是服务质量。作为海底捞的员工,他们每天都会在门店接触到不同的客户,这些一线员工是顾客能直接接触到的员工,他们代表了整个企业的形象。而员工所体现给客户的服务质量和服务态度,对于顾客的再次消费起着十分关键的作用。针对如何让员工在日复一日、枯燥的工作中对工作重拾积极性并对工作有创造性,为客人提供更良好的服务,作为企业的管理者,要不断想出并实施不同的激励机制来引导员工,激发员工的创造性和工作积极性。首先,员工的薪酬,在每日辛苦的工作中,海底捞员工是否获得了与工作成正比的薪酬,相对于其他岗位或是其他阶层的员工,他们是否得到了公平的对待。第二,员工的家庭,所有的员工都是为了自己的家庭而工作,所以对于员工家庭的影响也是一个关键要素。第三,员工的业余生活,员工在工作之外的住宿环境及假期生活也对他们的工作有着很大的影响。第四,员工的心理情绪,作为海底捞的一线员工,他们时常要面对不同性格的客户,也会有发生冲突的情况发生,这时候管理者就要做好一名安慰者的角色。最后一点就是职位的升降,每一名员工都是为了收益和成就感等因素工作,升职就是最好的一种方法,因此企业管理者要相应做好企业升职制度,从而解决员工可持续发展的问题。

海底捞的员工激励机制是很具有代表性的,海底捞十分注重以人为本,把团队合作放在第一位,把食物放在第二位。海底捞企业建设了许多员工激励机制,但对于他们来说员工远远比这些机制重要,令人欣慰的是,海底捞的员工也已经把海底捞的服务准则和管理模式深深地记在了心里,这些准则对员工有着一定的激励效果。

(一)案例研究与数据分析

1. 薪酬激励机制

企业为了引导员工为企业的组织目标努力奋斗,首先要做的就是满足员工的金钱需求,因此薪酬激励机制的设定是一个企业必不可少的环节。海底捞的薪酬建立架构是十分复杂的,从新员工到老员工,工资的组成部分随之变多,这其中还会包括给予员工父母的一些福利。对于海底捞这种劳动密集型的餐饮业来说,员工对于物质需求远远大于心理需求,所以薪酬的差异能很好地激励他们积极工作。

(1)薪酬待遇

海底捞的总体薪酬结构包括总工资、级别工资、奖金、工龄工资、员工基金、分红及其他(父母补贴、手机话费等)。海底捞的员工可以分为新员工、二级员工、一级员工和劳模员工,在这之中,新员工的薪酬主要就是月薪,包含基本工资、加班费、岗位工资及其他,在这基础上还要减去员工基金。二级员工的薪酬则是在月薪基础上增加了级别工资和工龄工资,一级员工则是在二级员工的薪酬基础上加上了分红,劳模员工则是在一级员工的基础上加上了荣誉奖金。

更加值得提出的是,在海底捞所发布的业绩报告中指出,由于2020年新冠肺炎的爆发,员工面对多重困难及工作和家庭压力,因此管理层决定从2020年第三季度起提高员工的基础工资，根据不同地区调高 200～1 600 元不等。在全球经济不景气的状况下，海底捞不但没有降低员工的工资，反而调高了员工的基本工资，这一点是其他许多企业值得去学习的。

(2)福利待遇

海底捞为员工的父母提供 200～800 元不等的补贴，只要员工工作更积极，其父母能拿到的补贴则更多。经理级以上员工的父母则能拿到将近 2 000 元的补贴，大大降低了员工的家庭压力。除此之外，海底捞还为员工提供住宿，并且宿舍离工作单位的距离十分近，且所有的住宿房屋都是小区和公寓，公寓内的设备都是齐全的，所有的卫生工作都由专门的保洁人员完成，员工的工作服等都会外包给专门的干洗店。最重要的就是员工股票福利，海底捞的优秀员工(一级及以上员工)可以获得纯利率为 3.5% 的红利。

海底捞为了吸引优秀员工并留住那些优秀员工，在薪酬福利方面花费了许多心思，从薪酬架构到员工家庭、员工住宿、员工股票等都很好地阐述了海底捞优秀的薪酬激励机制。

2. 培训激励机制

人员培训与开发是一个企业最重要的内容之一，培训是通过各种不同的手段和方式对员工进行有计划、有目的的培养，让员工学习到企业的文化及工作、技术上的问题。针对新员工和老员工，培训方式也是不同的。

海底捞对于新员工的培训并不会找外来培训人员，而是会在老员工中选取优秀的员工来充当培训人员的角色，或是专门成立一个培训小组。人事部门会先对这些选中的优秀员工进行培训，然后再让他们去培训新员工。每一名培训老师都会把自己的联系方式告诉新员工，当新员工遇到问题时，方便他们可以第一时间去询问。这个管理模式是海底捞的统一模式，所有的店长都会把自己的联络方式告诉手下员工，员工不管在何时何地遇到困难都可以联系自己的店长。

师傅带徒弟的培训机制是海底捞的一大特色，这对于师傅和徒弟来说都是一个激励他们积极工作的方式。对于新员工来说，通过店长的带领，他们能够更快融入海底捞这个大家庭，在工作方面因为吸收了店长的经验也能更快地上手，这对于激发他们工作的积极性是十分有用的。对于店长来说，他们能因为自己所在门店的盈利上升获得业绩上的提高和内心成就感的满足，除此之外，当他们的徒弟、徒孙在其他门店当上店长后，他们的个人收入还会和徒弟、徒孙的门店直接挂钩。这样的培训激励机制不但给员工带来了工作的信心，还让员工对海底捞形成了一种忠诚感，员工们会和海底捞共同进退。

3. 晋升激励机制

海底捞企业所实行的晋升激励机制是职位上升机制，每一位员工在自己的岗位上表现优秀的话，有很大的机会进入高一级的职位进行学习，如果学习被师傅认可，就可以正式升职。只要表现得足够优秀，就能一直往上升。

这里举一个海底捞的例子，假设一个门店的实习店长A在成为正式店长前，必须通过店长师傅B的带领学习，若在学习后获得店长师傅B的认可，实习店长A就可以转正成为店长，而且原本的店长B会去更高的管理层进行学习。之后转正的这位店长A在自己的下属中选择认为有发展潜能的员工做实习店长，再循环这一操作。从这之中可以发现，海底捞的员工晋升机制和之前所提到的培训机制是不可分离的，只有自己带的手下优秀地完成了培训，才可以走向更高的职位。对于海底捞的一线员工来说，他们也有相对应的评级体系。一个员工在三个月连续被评估为“先进”的话，可以直接晋升到“标兵”。若连续四个月被评估为“标兵”的话，就可以直接晋升到“劳模”。若连续六个月被评估为“劳模”的话，就可以直接晋升到“功勋”。以下是海底捞一线员工的晋升制度图。

图1　海底捞员工晋升制度图

当然，海底捞的门店数量是有限的，员工却是源源不断的，所以晋升也不是所有员工都可以有机会的。例如，门店的实习店长表现优秀，并不一定会直接被晋升成为这个店的店长，有可能也会被调配到职能部门或是其他门店做店长。这种晋升机制的优点就在于，可以以晋升的名义让员工学习到不同岗位的技能，这可以加深员工对企业文化的了解，促进员工的工作积极性和创造性，为企业带来实质性的盈利。

海底捞的企业文化就是从基层做起，用双手改变自己的命运。所有的员工包括管理阶层都需要从一线员工做起。这就表示企业对于所有员工的晋升都是公平公正的，自己的命运都掌握在自己的手中，只要足够优秀、能够忍耐，就能成为管理者。首先，所有员工都是从洗碗员、传菜员、服务员做起的，店长被调配到其他部门后再被叫回还是要从最基层开始做起。其次，员工在晋升前都需要实行轮岗制，通过学习不同岗位的技能来提升自己。最后一点，所有的晋升都是在自己所在部门中产生的，并不会有被调配的可能。这就意味着，所有的晋升机会都需要员工不断努力提升自己，学习身边优秀的榜样，才有可能被晋升。这种晋升激励机制让海底捞的所有员工对海底捞充满了信任。

4. 授权激励机制

授权激励机制是一种对企业凝聚力很好的催化剂，每个人都有主人翁意识，当企业给员工授予一定权力后，员工会更加投入于企业的发展中，这对于企业的可持续发展有着极大的作用。海底捞的授权激励机制可以说是餐饮行业的榜样。

对于海底捞的一线员工，他们有权为顾客送上免费的零食和果盘，也有权在打单结束后退菜，员工有5元以内的抹零和30元内的菜品赠送权力，除此之外，店长有3万元以内的签字权。有许多企业在资金管理权上都通过老总来最后下定论，而海底捞则是分配给不同的管理阶层，100万元及以上的资金需要企业老总获批，100万元以下的资金则是由副总、大区经理等获批，低于30万元的资金则是由采购部长，小区经理等获批。

这种授权激励机制不但给员工足够的信赖，也减少了企业管理层间的碰撞和压力。一线员工也可以因为授权而成为经营者，他们在自己的岗位上不但付出了体力劳动，还会为如何让顾客获得更好的消费体验出谋划策，在经营的问题上给出自己的想法，员工也可以自己独立思考，并不是所有问题都遵从企业的规划走，这样可以让员工和企业成为一体，员工就是一个企业的核心，这种授权强大了企业的凝聚力，从而促使员工积极工作，调动他们的创造性，给予员工自我价值实现的机会，为企业带来价值。

5. 荣誉激励机制

海底捞有一个非常高大上的工会组织，这个工会不同于国家的工会，而是一个由海底捞的骨干核心员工所组成的组织，这个工会中的员工都是已在海底捞工作了6～8年的老员工，这些员工对海底捞十分忠诚。加入这个工会所需的条件十分严苛，最重要的一个条件就是要宣誓永远不离开海底捞，直到他们退休的那一天，哪怕有一天海底捞倒了也不离开，当然海底捞的创始人张勇也说，海底捞倒下的那一天，他也不会放弃自己的员工。参与工会的员工对于工会的胸牌十分自豪，他们认为带有头衔的胸牌远远比不过工会胸牌。虽然在工会中的成员并不会在薪酬上有额外奖励，但他们因为有了工会这个组织，他们会更加负责地去引导一线员工，增强他们工作的动力。通过这种荣誉激励机制，能够长期让员工处于积极工作的状态，并不会因为薪酬的改变而改变对工作的积极性。

除此之外，海底捞的一线员工在遇到任何困难时都可以联系到自己的上级领导。所有的领导都会十分关注自己的员工，当员工的行为突出时，领导会进行口头表扬和物质奖励。在餐厅的公告栏中，所有员工都可以写上表扬信，这给予了员工充分的自主性，也是一种特殊的授权方式。

海底捞的荣誉激励机制在心理上满足了员工的需求，充分地给予员工自我成就感，并让他们对企业充满了自豪感，让员工充分感受到企业对于自己的认可，让员工在工作中更加积极向上。

6. 榜样激励机制

海底捞的一线员工都会向优秀员工、店长、经理等学习，作为一线员工的榜样，店长和经理并不会在办公室办公，而是会在工作场所进行管理和调整，哪个环节出现问题，他们都会第一时间上去解决。作为顾客，我每次去海底捞的时候，都能看见海底捞的店长或是经理在巡视整个门店，有时人手不够，他们还会作为服务员来服务顾客。海底捞的一线员工看到自己的上级有这种行为后，他们会学习这种勤奋、不断努力的精神，还会从中感受到对工作的热情。

海底捞的店长和经理的榜样就是他们之前的师傅，而一线员工的榜样就是他们所在门店的优秀员工和店长、经理。海底捞的培训激励机制和榜样激励机制是息息相关的，所有的徒弟都把自己的师傅作为自己的榜样。当店长向手下员工介绍自己的时候就相当于把自己作为榜样的角色，他们会因为员工的目光和自己对企业的忠诚度认真积极工作，作为员工看到了店长努力工作的身影后，他们工作的动力也会因此变得十分充足。

（二）问卷分析及研究结果

在问卷调查中，发放 400 份问卷，实际回收到 316 份问卷，图 2、图 3、图 4 分别是我对海底捞的员工个人情况所做的调查数据，分别为员工的性别、年龄及工作年限。

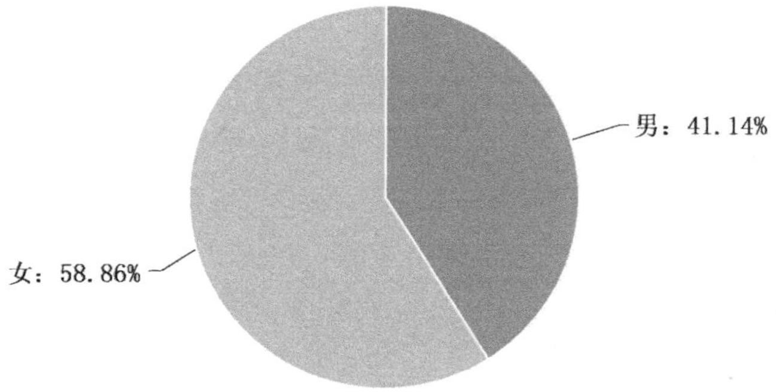

图 2　员工性别

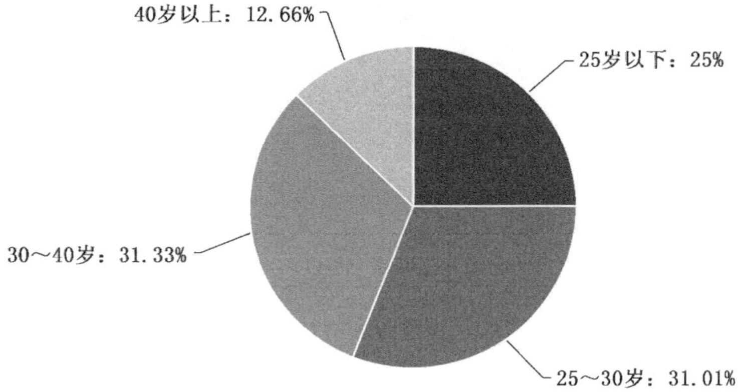

图 3　员工年龄

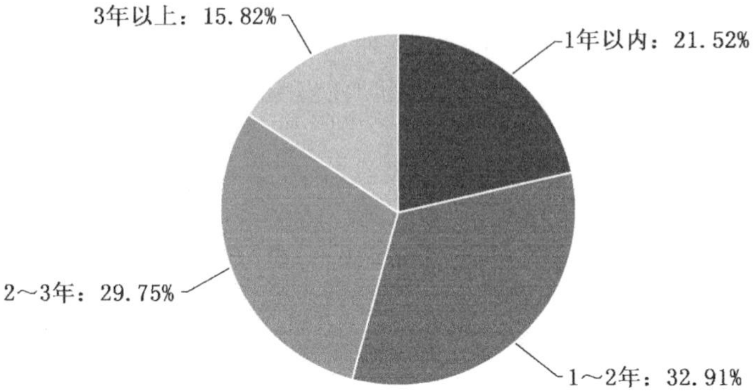

图 4　员工工作年限

由此可知，海底捞的员工以青年人为主，年龄范围在 25～40 岁的居多，工作年限在 1～3 年的居多，海底捞的一线员工大部分是学历不高的年轻人，追求新鲜感和刺激感，因此跳槽的概率也大大加深。

1. 薪酬激励

图 5 为海底捞员工对于薪酬满意度的调查分析，由此可见，海底捞的一线员工对于自己的薪酬满意度都不太满意。因为在上述提到的薪酬激励机制中可以发现，海底捞在员工薪酬上都很舍得花成本，所以我去询问了我所在地区的两家海底捞员工为何对薪酬不满意，有 2/3 的员工认为此次新冠肺炎疫情的爆发给了餐饮行业巨大的打击，虽然工资幅度上调了，但是因为绩效的原因，点台率下降，随之奖金也大大减少了。

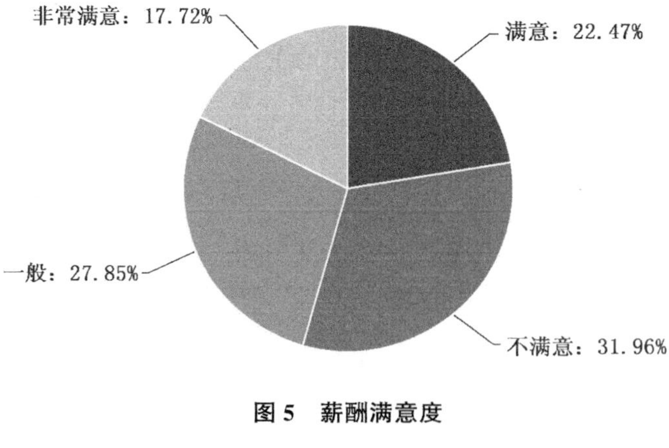

图 5　薪酬满意度

图 6 为海底捞员工对于福利项目改善的意见，占最高比例的是生日假期及礼物，其次是业余聚会和免费体检、父母补助。可以发现，企业对于员工的关心和关怀在员工心中占比是十分大的，还有业余时间的活动也占比比较大。海底捞的一线员工以青

年人为主，大家对于生活的热情随着生活质量的提升都有所提高，所以会希望有更多的时间去分配工作之外的时间。其次，因为海底捞的工作强度十分高，作为顾客我们都知道海底捞是开到凌晨的，所以一线员工也很关注自己的健康。另外，父母补助也是海底捞很突出的一项福利激励，因此员工对于父母补助这一块的好感度也很高。

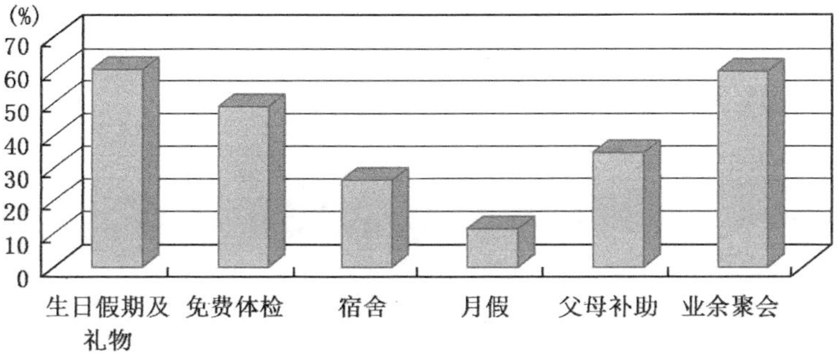

图 6　福利项目改善

2. 培训激励

图 7 为海底捞员工对于培训激励机制的满意程度分析，可以得知员工对于企业培训都十分满意，但有将近 18%的员工非常不满意培训机制，据访谈得知，大部分原因是因为在培训过后，有些员工并没有及时得到人事部门的成果反馈，所以在培训之后，应该及时和员工进行培训交流，发掘培训中的问题并给予员工相对应的解决方法。

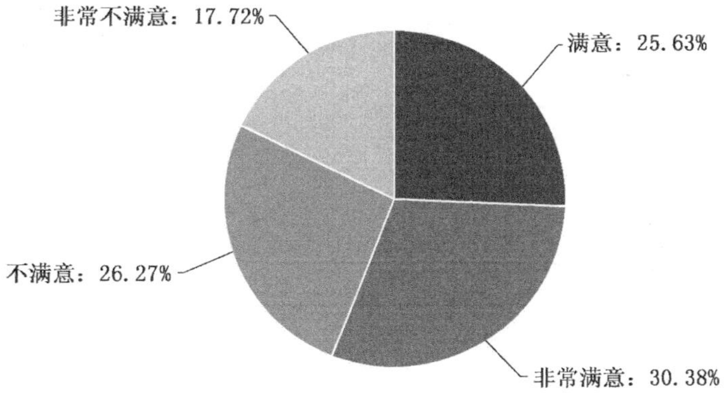

图 7　培训激励满意度

3. 晋升激励

图 8 为海底捞员工对于晋升激励机制是否公平的调查研究，将近一半的员工认为晋升机制不公平。据访谈了解，虽然海底捞的宗旨是用双手改造自己的未来，员工只要够努力就能改变自己的生活，但晋升需要不停地考试，还需要花费大量的时间，员工

从先进到功勋就需要将近一年的时间，要想晋升到管理层则付出的时间和精力是很多的。而现在有些青年人对工作都是三分钟热度，在一个企业做三年就已经很好了，而三年在海底捞最多只能晋升到一级员工，因此，海底捞要结合员工的自身状况而尝试用其他的激励机制来吸引并留住员工。

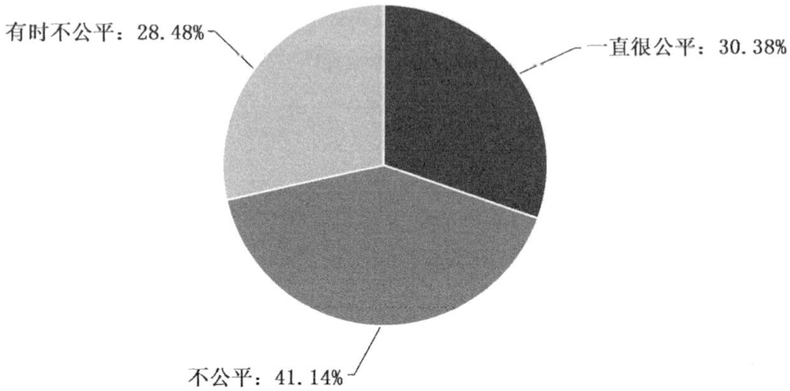

图 8　晋升激励的公平性

4. 授权激励

图 9 为海底捞员工在工作中被授予过何种权力的调查数据，免单和打折占比较多，从中可以发现海底捞的一线员工被企业足够的信任，员工有较大的权力去满足顾客的需求，这种授权的方式能够让员工更好地发挥自己的创造性并为自己的工作不断努力。

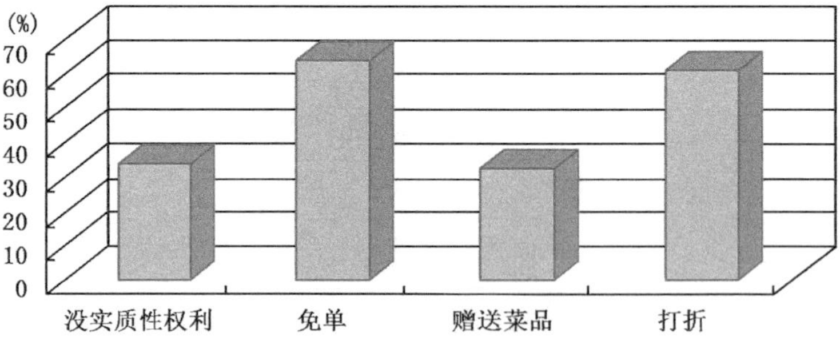

图 9　授权方式

5. 荣誉激励

图 10 为海底捞员工在工作中被上级表扬的频率，员工偶尔会被上级表扬，说明海底捞还是比较重视赞扬员工的，但还需要加大表扬的频率，当员工的行为达到企业预期时，应大力赞扬员工，以此来带动员工工作的积极性。

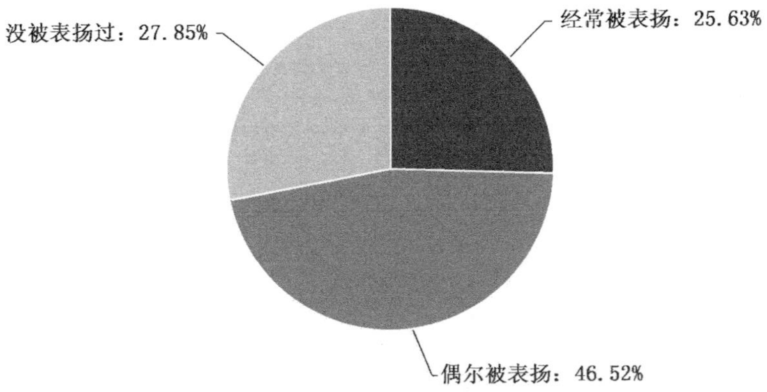

图 10　上级表扬频率

6. 海底捞员工所希望获取的激励及看中的工作要素

图 11 为海底捞员工希望自己在工作中获取的激励机制，数据显示，培训机会、晋升职位和荣誉激励占比较多，而师徒制学习占比较少。据访谈了解，员工都希望自己在工作上有最基本的技能和技巧，这样才能在应对顾客时表现自如，所以更希望有培训机会。其次，员工对于职位的提升抱有相当大的期待，他们认为单单物质奖励并不能满足他们，但晋升机制既可以使他们的薪酬有所上升，还可以获得自我成就感。最后，海底捞的员工都觉得获得表扬是一种很骄傲的事情，会让他们更加确定自己的行为是优秀的，还可以引导其他员工向自己看齐。

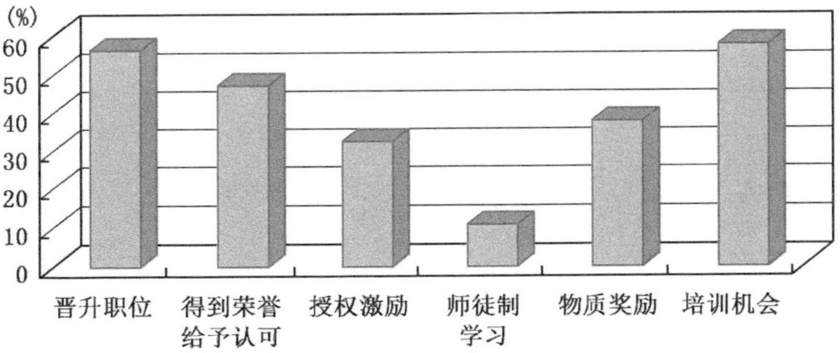

图 11　员工所期望得到的激励

图 12 为海底捞员工在工作中更看重的要素，可以发现，薪资报酬、激励方式多样化和工作氛围占比较大，自我价值的实现和人际关系占比较小。海底捞的一线员工文化程度普遍不高，所以比起一些自我价值的实现，他们更关注自己所能获取的薪资。而且员工大多数是青年人，更加注重工作的环境和氛围。激励方式的多样化也十分重

要，员工需要在企业的不断激励中工作。

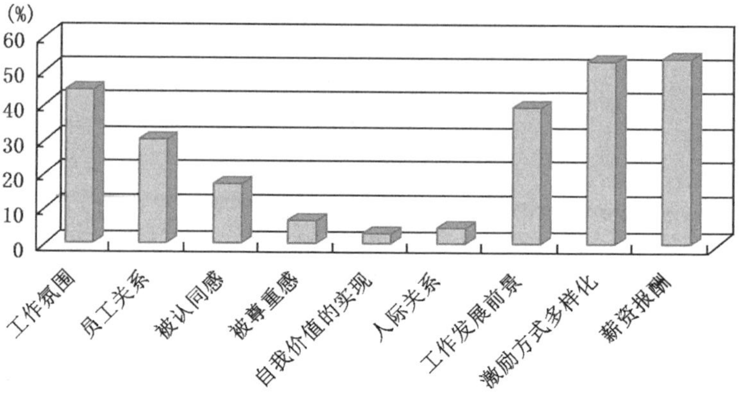

图12　员工注重的要素

四、海底捞员工激励机制的结果讨论及启示

(一)绩效管理形式多样化

1. 团队绩效与顾客满意度相结合

我国餐饮行业的一线员工大部分都不是知识分子，文化程度普遍偏低，大家对于如何管理和增加公司绩效都没有一定的认知程度，所以我国餐饮行业在设立激励机制时必须要注意多注重团队绩效并非个人绩效。

首先，餐饮行业的每一位一线员工都是能直接接触到顾客的，只有每一位员工都有出色的服务能力，才会让顾客满意。团队绩效就是为了让所有的员工团结一致，为了顾客满意度发挥出最优秀的服务能力，这也大大降低了因为个人绩效而发生的竞争行为。

其次，餐饮行业无非就是要创造出最大的利润，而在这之中会有许多人力成本、物料成本、设施成本等，这些成本对于提升客户满意度来说效率会比较低，从而会影响整体的绩效，所以餐厅管理者必须要重视这些问题。

最后，客户的满意程度能直接影响绩效，客户的再次消费就能带来绩效的上升，所以餐饮行业的管理者必须要把员工放在最重要的地位，通过实施不同的激励机制，鼓励员工积极工作、用大脑工作，带给顾客不同的消费体验，提升顾客满意度，提升整个团队的绩效。

2. 员工创新

员工的个人绩效建立在团队绩效的基础之上，当管理者发现一个员工的行为是值得肯定的，能够给团队带来盈利时，管理者可以额外奖励这个员工，但其他员工也不会因此损失，还会鼓励其他员工多多站在消费者的角度考虑问题，为了提高顾客满意度而多多创新。

国内的餐饮行业很多都单单只看中整体的绩效，而忽视了员工为其绩效贡献了多少，这就大大减少了员工对于工作的热情和创新。因此，国内的餐饮行业要向海底捞企业学习“员工创新”的手段。

（二）重视内在激励

马斯洛需求层次理论提出人的自我实现需求是最高等级的，内在奖励机制包括了授权激励、荣誉激励、榜样激励等，这些都是可以满足自我实现需求的一些激励机制。餐饮行业的一线员工大多需要的是物质需求，但物质需求是一个无底洞，这时候就需要精神需求的结合去激励员工。

1. 授权

授权是让员工有主人翁意识，海底捞的授权激励机制是餐饮行业值得借鉴的。首先，一线员工被授权后可以更好地处理一些突发状况，如果因为消费者不满意，可以在第一时间用打折、赠送或是免单等行为缓和突发情况，而不是逐级去问是否可以给消费者一些优惠，这样会消磨消费者的耐心，带来不好的消费体验，从而降低了绩效。其次，这种授权机制给了员工足够的信任，让员工对自己的行为更加自信，也能想出更好的办法去使消费者满意。

2. 荣誉

海底捞还有一个功勋制度，海底捞在每个周期进行绩效考核，在绩效考核中，选中最优秀的员工进行等级的判定，之后会在各种社交软体、企业内部平台上对这些员工进行表扬，在微博、朋友圈、公众号等平台上进行转发、点赞。这些行为都可以让员工对自己的工作更加有信心，满足了员工的自我实现需求，促进员工积极工作。

（三）点到即止的授权激励机制

在之前提到的授权激励机制虽然存在着许多好处，但企业的授权激励机制要做到适当才会对企业起到作用。在海底捞内部，一线员工都有最基础的赠送菜品、打折的权力，这就意味着员工会为了自己的点台率去滥用这些职权。例如，员工的聚餐选择火锅是最常见的，这时候大家会用公款消费，以至于不会仔细核对账单，点的量也会十分多，这时候负责的员工就可以以退菜的理由把退菜的费用收入自己的囊中，这就是过度授权的弊端。因此，餐饮行业的管理者必须要在授权时做到点到即止。

综上所述，我国餐饮企业在实行激励机制时，第一，要注重绩效管理的形式多样化，要把团队绩效和顾客满意度相结合，更加要注重员工的创新，鼓励员工多多提出自己的想法和意见。第二，要把更多的注意点放在内在激励上，内在激励是可以源源不断地从内心深处感化员工，这才是重中之重。第三，授权机制十分有用，但点到即止的授权机制才是餐饮行业所需要借鉴的，适度的授权不仅能激励员工积极工作，还能减轻各阶层的工作压力。

五、总结与展望

(一)总结

一家企业的核心就是企业的员工，所以对于企业来说员工激励机制是十分重要的。对于餐饮行业来说更是如此，因为餐饮行业的一线员工是他们的门面，是顾客直接接触的人，只有一线员工让顾客满意，才会给企业带来盈利。因此，本文通过对海底捞企业进行案例研究和调查分析，可以总结以下观点：

第一，我国的餐饮业数量一直处于持续上升的趋势，随处可见的商场中美食店占比是最多的。然而餐饮业因为其特殊的工作性质导致员工的流动率是最大的，企业对于员工的需求也是最大的。因此，对于餐饮行业来说，员工激励机制是最需要关注的问题之一。

第二，餐饮业一定要注重以人为本，把顾客和员工作为最重要的两个因素去不断分析，既要满足员工的需求，又要满足顾客的需求。若要满足消费者的需求，就必须要去激励自己的一线员工积极工作，多鼓励员工提出自己新颖的意见，因此企业管理者要站在员工的角度多思考问题，掌握如何去激励员工才是最有效的。

第三，薪酬和福利是激励员工必不可少的要素之一。工作就是为了谋生活、为了赚钱的，对于餐饮行业的员工来说更加重要，只有满足了员工最基本的需求，员工才会把更多的精力投入工作中去，为企业创造收益。

第四，随着科技的不断发展，许多新奇的餐饮模式正在不断出现，一些走在时代后端的餐饮行业要结合时代不断去研究这种崭新的模式，通过自己的一线员工去收集和了解消费者的需求和建议，这是对企业发展最有帮助的事情。

(二)展望

本文一开始就提出了我国餐饮行业的特点为一线员工文化层次较低、行业整体工资水平较低、年龄跨度大、地区跨度大、把餐饮工作当作工作跳板等。一线员工服务压力大、工作时间长、薪资低，工作任务多等。因此，企业人力资源对于员工激励机制的研究变得尤为重要，通过员工激励机制激发员工的自主能动性、积极性和创造性，对于企业来说是一种可持续发展的战略。通过改善企业的员工激励措施、完善企业的员工激励机制，对于企业的发展有着极大的意义。

一篇短短的论文显然不能全面分析一个完整的企业，在下一步的研究中，可以通过实地探访更多家海底捞门店，把海底捞的一线员工都访问一遍，包括保洁员和保安。通过更直观的对话去修改论文中不足的地方。在调查问卷方面，不仅可以调查一线员工，还可以调查店长、管理层和消费者。从不同角度去分析员工的激励机制。

希望能在之后的研究中获取更多关于员工激励的思想，让国内的餐饮行业能够发展得更好。

参考文献

[1]石瑞. 海底捞一线员工激励机制研究[D]. 西安：西安科技大学，2019.

[2]Jin-soo Lee，Ki-Joon Back，Eric S. W. Chan. Quality of work life and job satisfaction among frontline hotel employees[J]. International Journal of Contemporary Hospitality Management，2015，27(5)：166—168.

[3]徐燕凤. 服务之外，到底是什么撑起海底捞的千亿市值？[J]. 销售与市场(管理版)，2019(7)：73—75.

[4]王江华. 酒店业人力资源管理问题与对策探究[J]. 管理观察，2018(4)：23—33.

[5]李宋丹. 酒店业人力资源管理效率评价文献综述[J]. 现代营销(经济版). 2019，2(1)：21.

[6]朱嘉蔚，朱晓妹，孔令卫. 心理契约多元关系路径及其影响效应研究——基于扎根理论的个案分析[J]. 江西社会科学，2019，39(3)：215—224.

[7]张文莲. 酒店员工外显能力培训[J]. 合作经济与科技，2018(8)：138—139.

[8]吕江. 酒店人力资源管理现状问题及对策研究[J]. 纳税，2018(5)：120—121.

[9]李飞，李达军，马燕. 服务型品牌好服务定位点的形成机理——海底捞和胖东来的双案例研究[J]. 管理案例研究与评论，2017，10(6)：594—605.

[10]游东升. 面向员工职业发展的企业人力资源管理研究[J]. 中小企业管理与科技，2018(1)：52—53.

薪酬福利对员工离职率的影响分析

——以上海熊猫线缆股份有限公司为例

周志韬

指导老师：侯宏亮

摘　要：随着中国经济的不断发展，国内企业对人力资源的管理越来越科学，对离职率问题也越来越重视。在2020年疫情的冲击下，不少企业不得不在员工的福利方面降低成本，也不可避免地产生了员工离职率上升的问题。上海熊猫线缆股份有限公司就是其中之一，为了降低企业的离职率，本文从影响离职率最大的薪酬福利方面进行多维度分析，意图找出影响上海熊猫线缆股份有限公司员工离职率最大的因素，并根据研究结论提出解决的建议。本文首先研究了国内外学者与离职率相关的理论，并借鉴了他们的研究成果，其次在理论的基础上构建了符合公司现状的调查问卷来收集数据。在数据处理方面，使用SPSS软件进行分析并得出了员工薪酬福利和离职倾向在各个维度上的关系，并通过多元线性回归分析得出薪酬福利满意度可以对离职倾向进行预测的结论。最后根据研究的结论对公司的现状提出了几点建议。

关键词：薪酬福利；离职率；离职意向

The Influence of Salary Difference on Employee Turnover Rate

Abstract: Many enterprises have to reduce costs in terms of employee welfare, which inevitably leads to the problem of rising employee turnover rate. Shanghai Panda Cable Co. ,Ltd. is one of them. In order to reduce the turnover rate of enterprises, this paper makes a multi-dimensional analysis from the aspects of salary and benefits which have the greatest impact on the turnover rate, and intends to find out the biggest point which has the greatest impact on the turnover rate of employees in Shanghai Panda Cable Co. ,Ltd. This paper first studies the theories of domestic and foreign scholars related to turnover rate, and draws on their research results, and then constructs a questionnaire in line with the current situation of the company to collect data on the basis of the theory. In the aspect of data processing, SPSS software is used to analyze and get the relationship between employees' compensation and benefits and turnover intention in various dimensions. Through multiple linear regression analysis, it is concluded that compensation and benefits satisfaction can predict turnover intention.

Keywords: salary and welfare; turnover rate; turnover intention

一、绪论

(一)研究背景

如今,对人才的竞争越来越激烈,企业越来越重视如何挽留人才。而在2020年新冠疫情的冲击下,许多企业不得不降低员工的薪酬福利来降低人力成本。这对企业的人力资源管理提出了难题,不少企业都面临了人才流失难题。上海熊猫线缆股份有限公司就是其中之一,作为一家私营企业,为了节约人力成本,公司决定在奖金、节假日福利、旅游福利等方面降低开支,这引发了员工的不满和离职现象。而熊猫公司发现了这个问题并正在就如何解决离职率过高的问题寻找解决办法。

(二)研究意义

1. 理论意义

在国内经济快速发展的前提下,市场竞争激烈。对员工来说,在互联网高速发展、信息获取相对便捷的如今,寻找一份适合自己的工作变得比以往更加容易。对公司来说,公司之间对优秀人才的竞争同样十分激烈。如何优化薪酬福利管理来留住优秀的人才、降低员工的离职率是公司在人力资源管理方面需要解决的重要问题。因此,对离职倾向的研究一直都是人力资源方面研究的主要方向之一。国内外专家学者在以往对薪酬满意度和离职倾向的研究已经得出了较为全面的理论体系。在如今对薪酬福利和离职倾向之间的关系进行研究,能够从薪酬的公平感、对未来薪酬发展的满意度、福利水平满意度等多方面分析员工在薪酬福利的各个维度上对离职倾向的影响,从而给出最恰当的建议。

2. 实际意义

在现在经济高速发展的情形下,人力资源的流动性比以往更加大。对一个企业来说,挽留住一个人才的成本往往要比重新招募和培训一名人才所需要的成本低,因此企业会希望尽可能地控制员工的离职率。而挽留住人才的最有效的方法就是从员工的薪酬福利来进行改变。不可否认，改善薪酬福利满意度是对降低员工离职意愿最有效的方法，员工的薪酬满意度直接影响了工作的积极性，对公司运转直接产生负面的影响。对薪酬福利和离职倾向之间的关系进行研究，能够帮助企业以最小的成本改善员工的薪酬福利满意度，从而降低员工的离职倾向，激励员工积极工作。

（三）研究内容和方法

在进行本次论文研究时，首先笔者收集了对关于离职倾向和薪酬福利之间存在关系的研究的结论，并进行总结和归纳。其次根据总结出的结论设计了本次的调查问卷，向熊猫线缆股份有限公司的员工发放问卷。在收集到数据后，用分析软件进行数据分析，从而得出结论。本次论文的主要研究方法有以下三点：

文献分析法：在进行本文研究时，作者从中国知网、电子图书馆中搜索了大量有关薪酬福利、离职率以及其他人力资源有关方面的理论和他人的试验结果。通过分析总结这些研究资料，笔者熟悉了两者之间的关系并为之后的问卷设计提供了基础。

问卷调查法：问卷调查是获取真实数据的最直接有效的途径。在确定了本文的研究思路后，作者根据收集到的资料，同时参考国外针对薪酬福利和离职率等问题的调查问卷，在熊猫线缆股份有限公司的基础上设计了调查问卷，通过网上调查的方式收集数据，并进行相关的归纳总结和分析。

统计分析法：在收集到的数据基础上，运用 SPSS 软件进行数据分析，主要包括样本信度检验、均值方差分析、相关性分析。

（四）研究目的

在疫情影响下，部分企业不得不削减员工的薪酬福利水平以降低人力资源成本，以此引发的离职率升高的现象引起了人们的关注。本课题将针对上海熊猫线缆股份有限公司的员工离职问题在薪酬福利方面进行问卷调查，对调查的结果进行科学的归纳整理和数据分析，目的是找出对上海熊猫线缆股份有限公司员工来说薪酬福利的哪一方面对其离职率影响最深，并根据得出的结论为公司未来的发展提出建议。

二、文献综述

（一）相关理论与概念

1. 工作满意度的影响因素

不少学者对其进行了研究，比如双因素理论的提出者 Herzberg(1959)，他认为激励因素导致工作满意而保健因素导致工作不满意。其他学者也提出了自己的见解，主要都包括了薪酬福利、职位晋升、工作自主性、领导管理等方面。国内不少学者也给出了自己的看法，比如任枫、汪波、张保银、段晶晶等，将职业发展、取得工作成就、工作条件、工作岗位本身、薪酬福利水准、职位晋升等作为工作满意度的重要维度。

2. 薪酬满意度的概念和影响因素

在人力资源理论发展中，薪酬满意度逐渐变得重要起来，并且在发展中细分出了多个维度。赫尼曼和希沃布(1985)等西方学者提出了自己的看法，将薪酬满意度细分为多个维度。在薪酬维度的细分上，经历了从单维到多维度的演变，最终，通过大量的验证和分析，赫尼曼和希沃布将薪酬满意度分为四个维度，即薪酬水平满意度、薪酬提升满意度、福利满意度与薪酬结构和管理满意度。这四个维度是最受学界认可的。

对薪酬满意度的影响因素首先是实际工资和工资增长，这是与薪酬满意度线性相关的最稳定的一方面。其次是社会比较因素，包括组织内比较、组织外比较和其他比较。在对薪酬管理的研究中，各个学者发现薪酬体系的理解、绩效工资计划的理解、加薪时间都与薪酬福利满意度相关。对薪酬改革来说，引入弹性福利计划和改善绩效薪酬计划都能改善薪酬满意度。再者是工作特征，工作特征模型所包括的因素被认为是和薪酬满意度有重要的联系，其中最主要的因素是自由和任务反馈，前者能够满足员工的成长需要，后者能够使员工的工资期望更现实，让员工更能接受他所获得的工资。最后是工作输入因素，比如年龄、婚姻状况、性别等，它们决定了员工对薪酬的期望。而有学者认为提高员工的薪资期望会降低其薪酬满意度。

3. 离职倾向的概念和测量

对离职倾向的研究最早在1958年就有研究，起初对离职的研究认为，只有员工有意愿离职并确定有离开的可能性时，员工才会采取离职行动，之后的研究认为离职倾向在一定程度上反映了一家公司的离职程度。总结来说，离职倾向是员工在受到各种外部影响后产生想要离开该工作的意愿，它是一种心理上的影响因素，直接地影响了员工的离职行为。了解员工的离职倾向能够预测员工离职行为的产生。在离职倾向的测量上，比较被认可的是Mobley、Futrell和Parasuraman以及Sager开发的量表，该量表主要包括四个方面，即员工对企业印象的转变、离职的念头、寻找其他工作的行为及找到工作的可能性。其他学者虽然在测量员工的离职倾向上有自己的方法，但主要还是根据这套量表演变而来，内涵较为一致。

4. 离职倾向的影响因素

在早期，对离职倾向的影响因素的研究注重宏观因素，比如社会形态、经济情形、就业水平等。然后是对组织和个人的研究，比如有Simon-Price工作满意度—离职关系模型、Armold的个人认知离职决策模型等。系统性地对离职倾向的影响因素进行研究是在近些年出现的，比如Muchinsky的工作关系—经济机会—个人的三维解释模型。而最被人们所接受的是Price-Mueller模型，主要分为环境、个体、结构、过程四个维度。国内学者通过工作满意感、工作压力感和组织承诺为变量对员工的离职倾向进行相关性分析，得出三者都与离职倾向有显著相关。

(二)研究现状

1. 离职原因研究

任真礼在《中小企业离职的原因与对策》中指出，员工离职的原因总体上可以被分为两大类，即企业方面的原因和个人方面的原因。企业方面主要是薪酬制度方面、福利方面、绩效考核方面以及加班方面的问题。个人方面主要是成长和晋升途径、职业发展规划以及社会方面的原因。在提到如何解决此类问题时，他指出设计公平合理的薪酬制度和薪酬内容多样化是一种有效的办法。

侯俊龙在《公共部门员工离职管理研究》中指出，薪酬福利制度是影响公共部门员工离职最显著的因素，薪酬的对内和对外的不公平性在国有企业中较为明显，严重地影响了员工的积极性。

2. 公务员离职与薪酬关系研究

谭新雨、刘帮成、汪艳霞通过详细的数据分析指出，公务员按照资源和要求可分为高要求—高资源、低要求—高资源、低要求—低资源、高要求—低资源四种类型，前三种类型离职倾向较低，最后一种类型离职倾向较高。对公务员来说，低薪酬水平低岗位要求的人会因可以熬资历升职而不会有高离职倾向。

三、调查问卷设计与模型构建

在前人研究的基础上，本文根据赫尼曼和希沃布的薪酬福利满意度模型和 Simon-Price 工作满意度—离职关系模型，在薪酬满意度和离职倾向之间建立了一个简易模型。同时，为了深入分析两者之间的关系，使其能够通过数据分析来验证假设，本文还参考了 Mobley 等人的离职倾向量表，设计了调查问卷。

（一）模型构建

根据前文对文献综述的分析，可以得出薪酬福利对工作满意度有着重要的影响，而工作满意度又是影响员工离职倾向的重要因素之一，因此不难判断薪酬福利对离职倾向有影响。本文在之前文献的基础上建立了薪酬福利和离职倾向的简易模型，如图 1 所示。

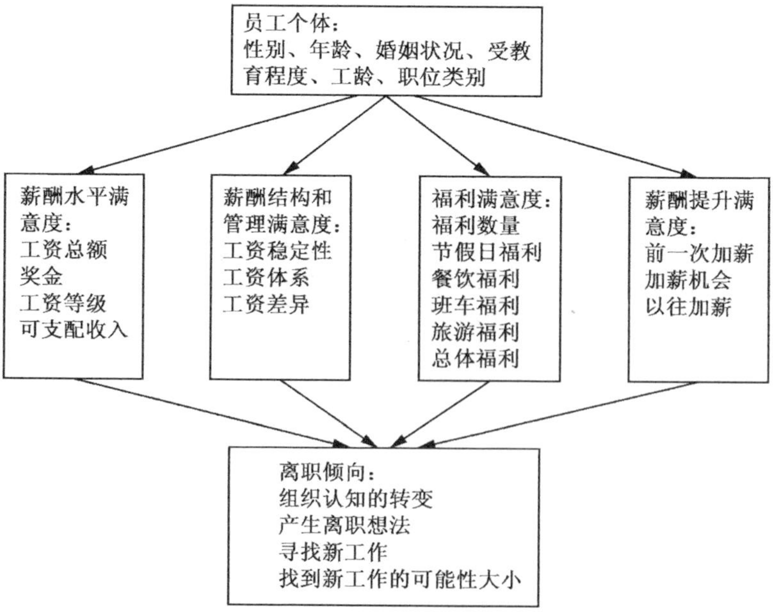

图 1

（二）变量的定义

在本次模型中设置了四个自变量和一个因变量，变量的解释如表 1 所示。

表 1 变量定义表

项　目	变　量	变量解释
自变量	薪酬水平满意度	反映员工对薪资本身的满意度，包括工资总额、奖金、工资等级、可支配收入
	薪酬提升满意度	反映员工对薪酬改变的满意度，包括前一次加薪、加薪机会、以往加薪
	福利满意度	反映员工对公司福利的满意度，包括福利数量、节假日福利、餐饮福利、班车福利、旅游福利、总体福利
	薪酬结构和管理满意度	反映员工对公司管理和结构的满意度，包括工资稳定性、工资体系、工资差异
因变量	离职倾向	反映员工的离职倾向程度，包括组织认知的转变、产生离职想法、寻找新工作、找到新工作的可能性大小

（三）模型假设

根据之前对文献的总结不难得出，薪酬福利满意度影响工作满意度，而工作满意度影响员工的离职倾向，又根据常识可得员工的满意度越高则离职意愿越低，因此本次模型提出了假设 1 到假设 4。同时为了调查公司员工之间的差异，提出了假设 5。

假设 1：薪酬水平满意度与离职倾向呈负相关。

假设 2：薪酬提升满意度与离职倾向呈负相关。

假设 3：薪酬结构和管理满意度与离职倾向呈负相关。

假设 4：福利满意度与离职倾向呈负相关。

假设 5：各人口统计学变量对薪酬满意度的四个维度有显著性差异。

（四）调查问卷设计

首先问卷由网上软件发放，员工匿名填写上传。问卷首先统计了员工的人口统计学变量，包括性别、年龄、婚姻状况、受教育程度、工龄和职位类别。通过对员工的人口统计学分析，可以得出不同员工在薪酬福利对离职倾向上的差异。

在对员工薪酬福利满意度的测量上，本次问卷使用的是赫尼曼和希沃布设计的“员工薪酬满地度”量表，它是由两位学者在 1985 年所编制，是目前最被人们所接受认可的测量薪酬满意度的方法。它主要包括四个维度，即薪酬水平满意度、薪酬提升满意度、福利满意度以及薪酬结构和管理满意度。在本次问卷中，笔者分别对这四个维度提出了总共 18 题进行数据收集。每一题设 5 级计分，得分越高则员工的薪酬福利满意度越高。

在离职倾向的测量上，比较受各方认可的是由 Mobley 提出的离职倾向量表，其主要由四个方面组成，分别是对组织认知的转变、产生离职想法、寻找新工作、找到新工作的可能性大小。本次调查问卷分别从这四个方面各提出一个问题来调查员工的离职倾向，每一题采用 5 级计分，非常不符合得 1 分，非常符合得 5 分。离职倾向调查总计 4 题，满分 20 分，得分越高则员工的离职倾向越高。

四、上海熊猫线缆股份有限公司薪酬福利和员工离职率的影响实证分析

（一）信度检验

首先在收集到数据后，通过在网站上收集到的 87 份问卷，在分析下载选项中进行 SPSS 分析，笔者可以得到各种数据。首先是调查问卷的可靠性。本文用 SPSSAU 软件进行信度检验，在本次研究中，使用 Cronbach's Alpha 系数进行检验。Alpha 系数通常在 0 到 1 之间，如果系数不低于 0.8，则数据可靠。问卷调查的信度检验结果如表 2 所示。

表 2　　问卷调查信度检验表

项　目	Cronbach's Alpha	项　数
问卷总计	0.920	19
薪酬水平满意度	0.954	4
福利水平满意度	0.960	5
薪酬提升满意度	0.897	3
薪酬结构和管理满意度	0.949	3
离职倾向	0.857	4

（二）描述性统计分析

通过描述性统计分析可以得出（见表 3），薪酬水平满意度和福利满意度的平均数＜3，这说明员工在薪酬水平满意度和福利水平满意度上较低，同时，员工在薪酬结构和管理满意度上得分为 3.081，在薪酬提升满意度得分为 3.229，相对健康。而员工的离职倾向的平均数为 2.958，说明员工有一定的离职倾向。

表 3　　描述性统计分析表

分析	薪酬水平满意度	福利满意度	薪酬提升满意度	薪酬结构和管理满意度	离职倾向
平均值	2.897	2.837	3.229	3.081	2.958
样本数量	87	87	87	87	87
标准差	0.724 5	0.802 2	0.654 1	0.598 7	0.669 1

在对问卷收集的数据分析时，笔者发现员工在福利水平满意度和薪酬水平满意度

上的得分较低。两维度的每一个问题的平均得分结果如表 4 所示。

表 4　　福利水平满意度相关性分析表

福利水平满意度	平均得分
我对公司提供的福利数量感到	2.906
我对公司提供的休假和节假日礼物福利感到	2.631
我对公司提供的餐饮和班车福利感到	2.561
我对公司提供的福利总体感到	2.847
我对公司提供的旅游福利感到	3.241
我对目前每年工资总额感到	2.913
我对目前工资等级	3.332
我对每月可支配收入感到	2.968
我对目前奖金感到	2.377

由表 4 可以得知公司员工福利水平满意度上的问题主要是餐饮和班车福利以及节假日福利。而在薪酬水平满意度上的主要问题是奖金。

（三）各人口统计学变量对薪酬满意度差异性分析

在收集到的人口统计学数据上，笔者通过用单因素差方分析法来分析薪酬水平满意度、薪酬提升满意度、福利满意度以及薪酬结构和管理满意度在性别、年龄、婚姻状况、受教育程度、工龄和职务等级四个方面是否具有显著性差异。得出的数值为 p，当 $p<0.05$ 时，表示有显著性差异。得出的数据如表 5 所示。

表 5　　薪酬满意度在人口统计学方面的差方分析表

	薪酬水平满意度	薪酬提升满意度	薪酬结构和管理满意度	福利满意度
性别	0.561	0.372	0.748	0.681
年龄	0.035	0.279	0.324	0.047
婚姻状况	0.048	0.154	0.165	0.358
受教育程度	0.436	0.687	0.579	0.019
工龄	0.046	0.201	0.645	0.365
职务等级	0.356	0.032	0.326	0.166

由表 5 可知，薪酬水平满意度在员工年龄、婚姻状况、工龄上有显著差异。薪酬提升满意度在职务等级上有显著差异，福利满意度在员工受教育程度和工龄上有显著差异。

在具体分析上，笔者通过均值分析来分析具体差异情况。在表 6 中，可以得出 30 岁以下的员工薪酬水平满意度较低，福利水平满意度也较低。

年龄较高的员工的薪酬水平和福利满意度往往比年龄小的员工要高。

表 6　　年龄均值分析表

年龄	样本数量	薪酬水平满意度均值	福利满意度均值
30 岁以下	46	2.830	2.816
31 岁至 45 岁	20	3.056	2.968
46 岁以上	18	3.377	3.218

婚姻状况的均值分析如表 7 所示，在婚姻状况的均值分析上，可以得出未婚者的薪酬水平满意度要低于已婚的员工，说明在未婚的员工中其薪酬水平满意度普遍偏低。考虑的原因可能是未婚的员工对薪资的需求比已婚的员工更加敏感，或是未婚的员工的职业不确定性较大。

表 7　　婚姻状况均值分析表

婚姻状况	样本数量	薪酬水平满意度均值
已婚	32	2.945
未婚	55	2.869

受教育程度均值分析如表 8 所示，在受教育程度的均值分析上，可以得出学历越高的员工对福利的满意度越低，其中最明显的差异是硕士研究生的福利满意度得分为 2.492 分，比较不健康。可能的原因是这类员工普遍从事职位较高的工作，对福利要求较高且可能有自己的偏好。

表 8　　受教育程度均值分析表

受教育程度	样本数量	福利满意度均值
硕士研究生及以上	16	2.492
本科	26	2.894
本科以下	45	2.926

职位类别均值分析如表 9 所示，在职位等级的均值分析上，可以得出管理岗位和营销岗位上的员工福利满意度均值较低，而薪酬提升满意度营销岗位均值较高，且三种岗位的薪酬提升满意度较健康。

表 9　　职位类别均值分析表

职位等级	样本数量	薪酬提升满意度均值
基层工人	41	3.016
管理岗位	17	3.165
营销岗位	29	3.568

工龄均值分析如表 10 所示，在工龄的均值分析上，可以得出工龄越高其薪酬水平满意度的均值越高，工龄在 4 年以上的员工的薪酬水平满意度处于相对健康的水平．而低工龄的员工的薪酬水平满意度较低，为 2.856。原因可能是刚入职的员工对薪资的期望比较高，对薪资变化也更敏感。

表 10　　工龄均值分析表

工龄	样本数量	薪酬水平满意度均值
3 年及以下	50	2.856
4 年至 10 年	23	2.948
10 年以上	14	2.956

根据以上分析可以得出，在各人口统计学变量上，在年龄、工龄、受教育程度、婚姻状况、职位类型方面和薪酬福利满意度的各个维度上有显著性差异，假设 5 得证。

（四）离职倾向与薪酬满意度的相关性分析

本研究通过 SPSS 软件进行相关性分析，运用 spearman 函数进行多个变量之间的相关性分析。计算得出的结果一般用希腊字母 ρ 来表示，其取值范围在 -1 到 1 之间，当 $-1<\rho<0$ 时，两个变量呈负相关性，ρ 值越接近 -1 则负相关越显著；反之，当 $0<\rho<1$ 时，两个变量呈正相关性，ρ 越接近 1 则正相关性越显著。

本次研究对薪酬水平满意度、福利满意度、薪酬提升满意度以及薪酬结构和管理满意度各自的总分四个变量和离职倾向的总分这个变量分别进行相关度分析，得出结果如表 11 所示。

表 11　　自变量与因变量的相关性分析表

	薪酬水平满意度	福利水平满意度	薪酬提升满意度	薪酬结构和管理满意度
离职倾向相关系数	−0.364	−0.392	−0.265	−0.207

由表 11 可知，四个相关系数都在 -1 和 0 之间，这说明四个自变量和因变量都有一定负相关关系。

（五）自变量与离职倾向的回归分析

在进行相关性分析后，为了确定变量之间的具体关系，本文对各自变量和因变量之间做了线性回归分析，结果如表 12 所示。

表 12　　线性回归分析表

系数 a

模　型	非标准化系数		标准系数	t	Sig.	共线性统计量	
	B	标准误差	试用版			容差	VIF
1(常量)	4.673	0.157		29.367	0.000		
薪酬水平满意度	−0.267	0.087	−0.397	−0.212	0.005	0.117	7.754
薪酬提升满意度	−0.173	0.069	−0.223	−2.913	0.004	0.397	2.120
薪酬结构和管理满意度	−0.063	0.088	−0.130	−1.541	0.040	0.113	7.715
福利满意度	−0.397	0.067	−0.455	−5.433	0.001	0.365	3.696

a. 因变量：离职倾向。

经过分析得出，四个自变量和离职倾向相比都呈负相关，且相关程度福利水平满意度第一、薪酬水平满意度第二、薪酬提升满意度第三、薪酬结构和管理满意度第四。

从表 12 中可以得出，薪酬水平满意度的回归系数为−0.267，sig 值为 0.005<0.05，得出薪酬水平满意度与离职倾向有负相关关系，假设 1 得证。

薪酬提升满意度的回归系数为−0.173，sig 值为 0.004<0.05，得出薪酬提升满意度与离职倾向有负相关关系，假设 2 得证。

薪酬结构和管理满意度的回归系数为−0.063，sig 值为 0.04<0.05，得出薪酬结构和管理满意度与离职倾向有负相关关系，假设 3 得证。

福利满意度的回归系数为−0.397，sig 值为 0.001<0.05，得出福利满意度与离职倾向有负相关关系，假设 4 得证。

（六）研究结论与改进建议

1. 研究结论

(1)薪酬满意度与离职倾向呈负相关关系

在对问卷调查的薪酬水平满意度、福利水平满意度、薪酬提升满意度以及薪酬结构和管理满意度与离职意愿各自进行相关性分析和回归分析后，得出前四种变量和离职倾向呈负相关性，相关性从大到小分别是福利水平满意度、薪酬水平满意度、薪酬提升满意度以及薪酬结构和管理满意度。由此可以得出薪酬福利满意度在各个维度上都能影响离职倾向，并且对员工的离职倾向有预测作用。

(2)公司在福利和薪资方面表现不佳导致离职率升高

公司的员工薪酬满意度在总体上不佳，特别是福利满意度和薪酬水平满意度上的得分平均数低于3分，薪酬提升满意度及薪酬结构和管理满意度的得分尚可。离职倾向方面得分平均数为3分以上，表明公司员工有较高的离职倾向。

在对员工的人口统计学变量分析中，发现在薪酬水平满意度上年龄在30岁以下的员工和工龄在3年以下得分较低，在福利满意度上发现年轻员工和硕士及以上学历的员工的得分较低。

在对单个问题的逐条分析中，发现员工对餐饮、班车和休假福利的满意度得分较低，说明公司在这两点上做得不够，应该着手先解决这两个问题。

2. 熊猫线缆股份有限公司薪酬福利改进建议

从调查中得出，公司在薪酬水平和福利上有一定问题，导致了离职率的升高。本文针对发现的问题提出了几点建议。

(1)提高奖金占比，重视年轻员工

通过上述研究可以看出，员工的薪酬水平满意度较低，主要体现在奖金和年轻员工的满意度低上。

在奖金上，公司在疫情条件下减少员工一部分奖金情有可原，但在疫情过后应将奖金大致恢复到之前的水平。另外可以增加奖金和绩效工资在员工工资结构中的比例以激励员工。

对年轻的员工他们的薪资满意度水平，公司可以考虑通过加薪、增加奖金类别和数目以及确保工资数据保密等多种方法来提高。

(2)改善食堂质量，丰富礼品种类

在本次研究中的另一个问题就是员工对公司的福利水平不满意，平均分为2.8分。在具体的问题中，主要反映在休假福利和餐饮福利上。

对于餐饮福利上，公司虽然提供食堂供员工选择，但是员工普遍反映食堂质量不佳，虽然公司不强求员工在食堂消费，但是由于地处偏远，外卖的选择较少且价格不便宜，因此一个价格亲民且质量优秀的食堂能够作为一个福利给员工提供很好的激励性，公司应改善食堂的菜品质量。

在节假日福利上，员工普遍反映收到的礼物质量不佳，同时在夏季收到的西瓜、桃子等水果福利因为太过于集中发放且数量较多容易造成浪费。在节假日礼物的安排上，可以考虑增加礼物的种类和发放的频次，同时可以根据不同的员工种类发放不同的礼物，也可以考虑以代金券等方式发放，给员工更多的选择的余地。

五、结论

本论文的目的是研究薪酬福利对离职倾向的影响，同时对被调查的公司提出适当的改进建议。笔者首先在知网和其他网站上阅读、搜集了大量的文献资料，对研究的背景和现状进行知识的储备。在对文献的阅读后，了解到薪酬福利可以被分为四个维度进行测量，于是提出了简单的理论模型，意图调查薪酬福利的四个维度分别对离职倾向的影响。同时，根据具体公司的实际情况设计了问卷以调查公司的具体问题。通过对收集到的数据进行信度检验、差异性分析、相关分析、回归分析等方式的数据分析，证明了提出的假设，即四个自变量和离职倾向相比都呈负相关，且相关程度福利水平满意度第一、薪酬水平满意度第二、薪酬提升满意度第三、薪酬结构和管理满意度第四。同时找出了公司存在的问题，即公司在福利和薪资方面表现不佳导致离职率升高。根据公司的实际情况给出了建议，分别是提高奖金占比、重视年轻员工和改善食堂质量、丰富礼品种类。

参考文献

[1]刘爱军. 薪酬涵义辨析[J]. 当代财经，2007(4)：81—85.

[2]彭剑峰. 人力资源管理概论[M]. 上海：复旦大学出版社，2003.

[3]孙丹丹，宋海曼. 薪酬满意度的文献综述[J]. 现代营销(学苑版)，2014(5)：83—84.

[4]王玮. 薪酬满意度与组织公平[J]. 中国人力资源开发，2004(1)：27—32.

[5]于海波，郑晓明. 薪酬满意度的测量、影响因素和作用[J]. 科学管理研究，2008(1)：82—85.

[6]禹航. 90后员工离职趋向——工作满意度研究文献综述[J]. 广西质量监督报，2019(11)：49—51.

[7]徐辰雪. 员工离职倾向研究进展综述[J]. 经营与管理，2014(4)：124—128.

[8]赵西萍，刘玲，张长征. 员工离职倾向影响因素的多变量分析[J]. 中国软科学，2003(3)：71—74.

[9]倪渊. 新生代知识型员工离职倾向影响因素——基于互联网创业公司的实证研究[J]. 北京理工大学学报(社会科学版)，2017，19(1)：108—115.

[10]Williams Margaret L.，McDaniel Michael A.，Nguyen Nhung T. A Meta-analysis of the Antecedents and Consequences of Pay Level Satisfaction[J]. Journal of Applied Psychology，2006，91(2)：392—413.

[11]Herbert G. Heneman Ⅲ，Donald P. Schwab. Pay Satisfaction：Its Multidimensional Nature and Measurement[J]. International Journal of Psychology，2007，20(2)：129—141.

薪酬管理公平性对员工薪酬满意度的影响研究

陈心怡

指导老师：赵黎黎

摘　要：经济全球化背景下，经济体制不断改革，收入分配差距扩大，社会不公平感日益增强，企业面临新的发展挑战，人才竞争日益激烈。当前，“85后”、“90后”新生代员工是劳动力市场的重要组成部分，如何吸引并留住人才成为当今企业人力资源需要解决的重要难题。为了进一步了解新生代员工薪酬公平感对其薪酬满意度的影响机制，本文以“90后”新生代员工为研究对象，基于薪酬管理公平性四维结构构建理论模型和设立研究假设，通过调查问卷收集一手数据，实证分析并验证了薪酬公平性各维度对薪酬满意度均有正向影响。本文主要结论：第一，“90后”新生代员工薪酬公平感对薪酬满意度有正向影响；第二，“90后”新生代员工薪酬公平感尚好，薪酬满意度欠佳。最后，根据研究结果提出管理建议，包括建立并完善薪酬分配制度、确保新生代员工对薪酬管理的知情和参与、建立畅通的信息沟通和评价渠道。

关键词：薪酬公平性；薪酬满意度；新生代员工

Research on the Effect of Pay Management Fairness on Employee Pay Satisfaction

Abstract: Under the background of economic globalization, the economic system is constantly reformed, the income distribution gap is widening, the sense of social injustice is increasing day by day, the enterprises are facing new development challenges, and the competition for talents is becoming increasingly fierce. At present, the new generation of employees after 1985 and 1990 is an important part of the labor market. How to attract and retain talents has become an important problem to be solved in the human resources of enterprises. In order to further understand the influence mechanism of salary fairness on salary satisfaction of new generation employees, this paper takes the post-90s new generation employees as the research object, constructs the theoretical model and sets up the research hypothesis based on the four-dimensional structure of salary management fairness. The main conclusions of this paper are as follows: first, the new generation of post-90s employees have a positive impact on salary satisfaction; second, the new generation of post-90s employees have a good sense of salary fairness and poor salary satisfaction. Finally, according to the research results, the management suggestions include establishing and perfecting the salary distribution system, ensuring the new generation of employees' knowledge and participation in salary management, and establishing smooth channels of information communication and evaluation.

Keywords: pay equity; pay satisfaction; new generation employees

一、绪论

（一）研究背景

在经济全球化和互联网时代的背景下，在市场经济多元化开放发展的大趋势下，各行各业想要抓住机遇在经济变革下行业激烈竞争的洪流中生存下来并实现长期稳定发展，就必须要从传统的低成本、差异化竞争战略层面转移到以知识型人才储备为基础的管理技术竞争层面上。在信息技术不断发展的互联网经济时代，人才流动迅速，吸引和留住人才以及增加企业人才储备是企业保持竞争优势、实现长期发展的重要保障。

当前阶段，"85 后"、"90 后"新生代员工正逐步成为劳动力市场重要组成部分。新生代员工有着完全不同的个性特点和观念，组织忠诚度和归属感较低，在工作中更追求马斯洛需求的最高层次需求，注重自我价值的实现及自身潜能的挖掘和发挥，渴望更高层次的发展和职业水平的提高，往往离职率较高。[1]新冠疫情的影响，极大地冲击了国内经济和社会发展。[2]随着就业环境的变化，新生代员工的自我化等特点，新生代员工的就业观念不断转变为灵活、自由的职业观。因此，新生代员工的人员流动率相对较高，并呈上升趋势。如何抓住劳动力市场的中坚力量，储备并留住新生代员工，降低新生代的人员流动率，是企业目前阶段需要解决的重要难题。

目前,国内关于薪酬满意度的研究还比较少,尤其是针对新生代员工薪酬管理公平性与薪酬满意度之间关系的研究。本文以“90后”新生代员工为样本,基于薪酬公平性角度实证研究员工薪酬满意度,更好地了解新生代员工的薪酬及满意度现状,以期为企业的新生代员工薪酬管理工作提出针对性的建议,提升员工满意度。

(二)研究目的及意义

1. 研究目的

本文主要从“90后”新生代员工的薪酬公平性情况、薪酬满意度情况、实证分析薪酬管理公平性与其薪酬满意度之间的关系、总结影响效果四个方面来研究该年龄段群体的薪酬问题。期望更好地了解新生代员工的薪酬公平性及满意度现状,以期为企业的新生代员工的薪酬管理工作提出具有针对性的建议,帮助企业制定适配新生代员工的薪酬制度,对企业提高新生代员工的薪酬满意度有参考价值。

2. 研究意义

(1)理论意义

公平和效率一直是我国改革发展的关键问题,提出更加公平有效的薪酬制度,有利于社会主义和谐社会的建设。近年来,国内企业引进了许多成功的国外薪酬模式,但在国内企业中实施这些薪酬模式并不理想,甚至根本不能实施和应用。通过这种薪酬模式很难提高国内职工的薪酬满意度。统一、静态的薪酬管理制度缺乏广泛的适用性。为了使企业在转型阶段中借鉴和转变国外成功的薪酬管理模式,需要深化对国内企业员工薪酬满意度影响的研究。薪酬管理的公平性在现代组织中无处不在。不仅在补偿金额上,还要更加表现公平的补偿管理。因此,在很大程度上提高企业薪酬管理的公平性有利于企业的长期发展。

(2)实践意义

建立标准化的薪酬机制,可以规范不同群体之间利益的合理分配,提高员工的工作满意度和归属感。合理的薪酬结构和标准可以有效激励员工开展工作,提高工作效率,促进企业薪酬制度的良性改革。此外,许多国内外学者也研究了企业员工的工作满意度,而关于员工薪酬满意度的系统研究还很少见,因此,对员工薪酬满意度进行单独、深入的研究还是很有必要的,可以完善已有的薪酬满意度研究成果并推动薪酬满意度研究的发展。

新一代员工的专业理念多样化,组织忠诚度较低。他们期望高薪和相对宽松、自由的工作,在工作环境中追求平等的民主,不喜欢复杂的人际关系,讨厌等级管理制度。一旦薪酬条件得不到满足或工作环境低迷,新生代员工可能会选择辞职。如何把握人才市场中的主要人力资源,吸引和留住人力资本,是企业长期生存和持续发展的重要保障。

（三）研究思路及方法

1. 研究思路

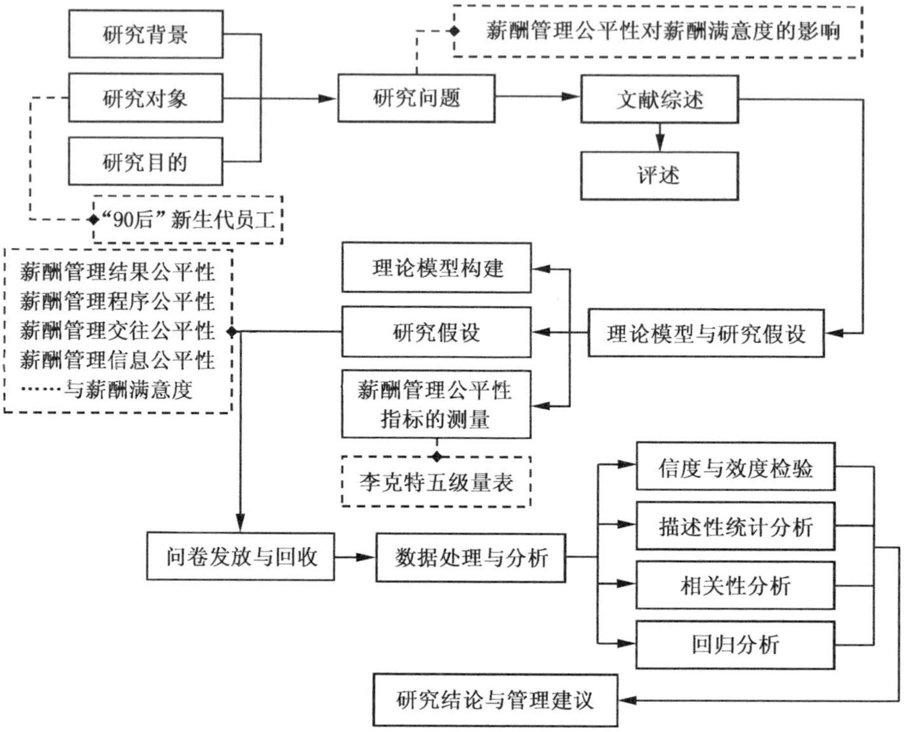

图1　论文研究思路

本文以"90后"新生代员工为研究对象，主要从四个方面来研究该年龄段群体的薪酬问题：

一是"90后"新生代员工的薪酬公平性情况，将薪酬公平性分为结果、程序、交往和信息四个维度来分析薪酬差距及所反映的薪酬公平性情况。

二是"90后"新生代员工的薪酬满意度情况，以成熟的薪酬满意度量表为基础，从薪酬水平和结构、薪酬水平的调整涨幅、薪酬分配的公开透明程度、薪酬分配决策及制度方式以及预期薪酬水平与实际薪酬水平差距这几点入手，运用李克特五点量表来衡量员工的薪酬满意度情况。

三是实证分析"90后"新生代员工薪酬管理公平性与其薪酬满意度之间的关系，从薪酬管理公平性四个维度对薪酬满意度影响的研究假设入手，运用SPSS软件，根据问卷数据分析实际效果，并通过实证分析检验变量之间的关系及因果关系，同时衡量变量之间的影响程度，这也是本文的重点研究内容。

四是总结"90后"新生代员工薪酬管理公平性与其薪酬满意度的影响效果，提出针对“90 后”新生代群体的提高其薪酬公平性及薪酬满意度的管理建议。对企业思考如何留住人才、提高新生代员工的薪酬满意度有参考价值。

2. 研究方法

(1)文献分析法

在写作前,阅读国内外的研究文献,梳理相关理论,总结实证研究成果,在这个基础上,形成论文的文献支撑,进一步探讨“90 后”新生代群体薪酬满意度的现状及原因。

(2)问卷调查法

本文在文献综述的基础上,借鉴已有的薪酬管理公平性对员工薪酬满意度影响的调查问卷,运用李克特五点量表,设计出针对薪酬管理各维度公平性及薪酬满意度的调查问卷,以此获取实证研究数据,对薪酬公平性及薪酬满意度相关问题进行深入探究。

(3)数据统计分析法

用 SPSS 26.0 软件,通过数据统计分析法对调查问卷进行实证分析,并验证研究理论模型和研究假设。

二、薪酬公平性及薪酬满意度研究综述

(一)薪酬公平性相关研究

1. 薪酬公平性概念

薪酬分配公平会对员工产生积极的激励作用。已有研究表明,员工对薪酬分配公平性的感知正向影响其工作的自主性,可以促进创造性表现。[3] Salimaki Jamsen (2010)认为,薪酬公平感应该主要关注薪酬公平。根据薪酬分配的结果,结合他们自己对薪酬分配的合理期望,以进行比较。[4]韩锐等(2016)认为,薪酬公平感是组织成员获得的薪酬和组织的薪酬管理体系、政策和措施的整个过程;是一个在主观层面上判断、感知或感觉的公平。[5]于启波(2017)通过建立科学合理的绩效薪酬管理体系,进一步提升了企业员工的工作效率和积极性,实现了企业效率的最佳。[6]

尹璐(2018)基于公平理论在薪酬管理应用中指出,必须将市场调研与就业评价相结合,使员工感觉公平,充分沟通;使员工感觉公平,薪酬结构应该透明;鼓励员工从物质和精神方面,注重人文关怀,提高公平感。[7] Shen(2014)相信,公平感会促进他们的信任、工作满意度和绩效。[8]对于薪酬公平性,董青、王乙妃(2020)从内涵、维度和影响机制三个方面讨论,认为薪酬公平性不仅体现在分配结果上,而且寓于分配过程之中。[9]

2. 薪酬公平性维度研究

尽管目前学者们对薪酬管理公平性的结构构成仍然存在一定的争议,但学术界对

薪酬管理公平性的构成是多维度的这一认识已经达成了共识。有关薪酬管理公平性维度的构成的理论主要有四种，分别是：单维度论，其代表学者有 Adma（1965）和 Sweeney（1990）等；双维度论，其代表学者有 Thibaut 和 Walker（1975）以及樊景立等（1997）；三维度论，其代表学者有 Bies 和 Moag（1975）以及洪振顺（1998）等；四维度论，其代表学者有 Colquitt（2001）和杨丹（2012）等。

（二）薪酬满意度相关研究

1. 薪酬满意度概念

薪酬满意度是指员工实际报酬与预期的比较，是一个相对的概念。章丹等（2017）认为薪酬满意度是指以经济奖励换取劳动而产生的心理感觉。[10]王重鸣（2016）提出，薪酬满意度水平与对个人薪酬的主观感知与个人预期价值的匹配程度有关，是与心理满意度整体感知相关的一种内在体验。[11] Hugo Munsterberg 在《心理学与工业效率》一书中探索如何最大限度地发挥工人的情绪对有利工作的影响。[12]李昭成（2019）认为，薪酬满意度是一种特殊的心理状态，体现在员工所获得的所有包括非经济的回报与自身预期的比较上。[13]

2. 薪酬满意度维度研究

Locket 首先提出了薪酬满意度的多维概念。许多学者对薪酬满意度的结构和测量进行了研究，但仍然没有统一的理解，对薪酬满意度的具体划分也没有准确的标准，国内外学者仍在深入讨论。最初，薪酬满意度的提及仅仅是作为工作满意度的一个组成部分。目前，薪酬满意度的多维结构被普遍接受，并基本达成共识。学者对薪酬满意度结构的理解有五种，即从单维结构到五维结构。当前阶段，薪酬满意度的四维结构模型已得到了普遍的应用。

3. 薪酬满意度量表研究

关于薪酬满意度的测量的研究理论也从单维的结构发展到多维的结构。目前，大多采用问卷形式测量工作满意度，普遍接受的测量工具包括 MSQ 量表、JDI 量表、JSS 量表等。于海波、郑晓明在研究中认为，标准测量方法已被广泛使用，主要有 MSQ 薪酬量表、JDI 薪酬量表、PSQ 薪酬量表，其中 PSQ 薪酬量表应用最广泛，并后来在大量的实证研究中得到了验证。[14]侯娇峰（2018）认为，可以将薪酬满意度作为单维结构进行讨论分析，主要集中于薪酬水平研究。[15]

（三）薪酬管理公平性对薪酬满意度影响的相关研究

薪酬管理公平性影响个人的薪酬满意度，如果个人同意该组织的薪酬管理制度，并认为它是公平的，那么其对该薪酬的满意度就会大大提高。

张金、高素英等（2012）在以高校教师为抽样调查对象的研究中指出薪酬管理公平性是影响高校教师薪酬满意度的重要因素。其公平性有四种，其中影响最显著的是交往公平性。[16]麦伟志（2016）以江门市公务员为研究对象，设计其薪酬公平性和满意度调查问卷，并通过实证分析进行得出研究结果：薪酬公平分为三个方面：薪酬公平强于单位内部员工，强于其他行业员工，强于自身劳动力投入；薪酬满意度分为四大方面：满足当前薪酬增速、薪酬水平、福利和薪酬制度。[17]但不论在什么组织，薪酬的公平性都将影响员工的表现和员工的绩效（韦志林和芮明杰，2016）。[18]对于薪酬公平的三个方面，如果员工感到公平和满意，他们将更好地从事工作、更积极地工作，相应有更高的工作绩效。因此，大量研究发现，薪酬权益对员工绩效有显著的积极影响（蔡维博，2018）。[1]

（四）相关研究评述

通过对相关文献的综述，本研究认为国内薪酬满意度研究仍然较少，研究不够深入，现有研究的理论和实证研究仍然有限，主要反映在以下方面：

首先，单纯关于薪酬满意度的系统实证研究少。薪酬是工作满意度的一个影响要素，而大多数学者只将薪酬作为工作满意度的一部分进行研究，或者分别研究薪酬满意度的一些因素，所以关于薪酬满意度的系统研究仍然非常少。

其次，薪酬管理公平性的构成存在差异。薪酬管理公平性的构成存在很大差异。所有相关的实证研究在薪酬管理公平性的划分中都是不一致的，研究中采用了三维、四维结构等，但并不一致。因此，需要通过广泛的调查，进一步探讨薪酬管理公平性的结构。

再者，薪酬管理公平性及满意度的分析方法缺乏多样性。大多数研究都是基于研究方法，相关的实证研究并不多。然而，薪酬管理的公平感可能在不断变化，因此，我们可以就薪酬管理公平性的不断变化带来的薪酬满意度的变化进行探讨。

最后，基于公平性的薪酬满意度的系统研究较缺乏。尽管多数学者认为公平对薪酬满意度产生重要的影响，但深入剖析薪酬公平性概念对薪酬满意度进行系统研究的，仍然非常少。

三、理论模型与研究假设

（一）模型构建

通过对相关研究文献的回顾和分析，选取“90 后”新生代员工作为研究对象，通过调查问卷收集数据，以了解“90 后”新生代员工薪酬满意度的基本情况，通过模型分析验证薪酬公平性与薪酬满意度的关系。本研究模型分为自变量薪酬公平性、调整变量和因变量薪酬满意度三个部分。以性别、教育、地位等作为调整变量，研究了薪酬公平性对薪酬满意度的影响。模型图如图 2 所示。

（二）研究假设

1. 薪酬管理结果公平性与薪酬满意度

薪酬管理结果公平性主要是指员工对于薪酬分配的结果、薪酬调整幅度等是否公

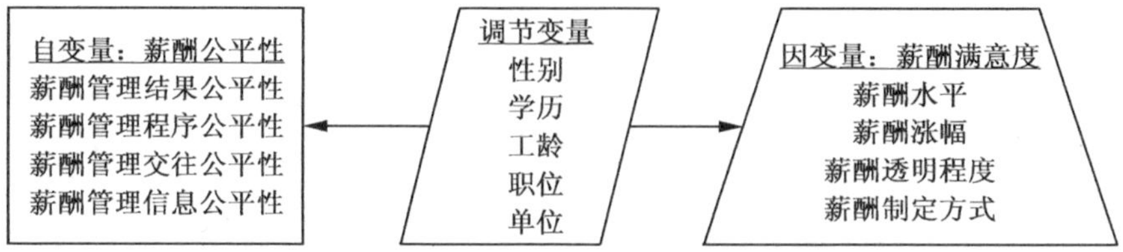

图 2　研究理论模型

平公正的判断。[19]员工会和其他员工进行比较，比较自己与对方的薪酬分配结果，综合考虑两人的工作量、工作内容、工作经验、岗位职责的等各方面因素，进行薪酬分配结果公平性的自我判断。

企业薪酬水平的高低直接影响员工的生活水平和消费能力。通常情况下，当员工对自己的薪酬分配结果相比于参照对象感到相对的公平性时，对薪酬分配的满意度就比较高；反之，员工就会对薪酬分配产生不公平感，从而降低对薪酬分配的满意度。

综上，本文提出如下假设：

假设 1：薪酬管理结果公平性对“90 后”新生代员工薪酬满意度有正向影响。

2. 薪酬管理程序公平性与薪酬满意度

薪酬管理程序公平性主要是指员工对于薪酬管理程序的分配决策及制定过程是否公平公正的判断，换句话说，是指在达到最终结果的过程中所采取措施的公平公正性。[20]当员工对于企业的薪酬分配程序和方式感到公平公正，那么员工对薪酬分配结果的满意度就会较高。

企业在薪酬管理的过程中，要保障和加强员工在薪酬管理程序中的知情权和参与度，及时调整和完善薪酬管理程序，确保信息的准确性及公开透明化。相关实证研究表明，企业允许员工选择薪酬形式，允许员工参与薪酬制定等措施，能够提高员工的薪酬满意感。

综上，本文提出如下假设：

假设 2：薪酬管理程序公平性对“90 后”新生代员工薪酬满意度有正向影响。

3. 薪酬管理交往公平性与薪酬满意度

薪酬管理交往公平性主要是指员工对于管理人员对待自己的态度和方式是否公平公正的判断。[21]在组织内部活动中，人们不仅在意结果公平和程序公平，而且十分重视他人对待自己的态度和方式，薪酬管理交往公平性就在于管理人员和员工之间沟通和交往的方式方法。

管理人员应确保薪酬管理程序的公平性及公开化透明化，并且在薪酬制定与决策中尊重每一位员工的意见。其次，管理人员要与员工保持良好的沟通，提供员工必要的帮助，重视其应享有的权利，提高员工的信任感、公平感和归属感。

综上，本文提出如下假设：

假设 3：薪酬管理交往公平性对“90 后”新生代员工薪酬满意度有正向影响。

4. 薪酬管理信息公平性与薪酬满意度

薪酬管理信息公平主要是指员工对管理人员所提供的有关薪酬管理方面的信息及对于薪酬管理的过程和结果的解释是否公平公正的判断。[22]

管理者和员工应及时、准确地进行沟通。管理者应向员工传达薪酬管理信息，合理解释异议部分，让员工了解薪酬管理制度和程序的基础，尊重他们对薪酬分配的意见，合理听取他们的意见。要保障每一位员工的知情权，及时披露反馈信息帮助员工改善薪酬分配结果，增强员工的公平感。

综上，本文提出如下假设：

假设 4：薪酬管理结果公平性对“90 后”新生代员工薪酬满意度有正向影响。

基于上述背景，通过对相关文献的回顾和整理，针对“90 后”新生代员工进行研究，本文提出企业薪酬管理公平性的各个维度与员工薪酬满意度间的作用是正向积极、紧密联系的。因此，提出了以下假设，如表 1 所示。

表 1　　研究假设总结表

序号	假设内容
1	薪酬管理结果公平性对“90 后”新生代员工薪酬满意度有正向影响
2	薪酬管理程序公平性对“90 后”新生代员工薪酬满意度有正向影响
3	薪酬管理交往公平性对“90 后”新生代员工薪酬满意度有正向影响
4	薪酬管理信息公平性对“90 后”新生代员工薪酬满意度有正向影响

（三）指标的测量

薪酬管理结果公平性方面，从薪酬管理是否把工作量、工作绩效、受教育和培训程度等作为薪酬计量的标准，来考察其薪酬管理结果公平性。此项变量在量表中由 6 个项目构成，采用李克特五级量表进行量化，每个项目有“非常不同意”、“不同意”、“一般”、“同意”、“非常同意”五个选项，依次分别代表 1 分到 5 分。

薪酬管理程序公平性方面，从薪酬管理决策是否前后一致、依准确信息作出、能参与决策过程、有畅通申诉渠道、接受质疑等作为计量标准，来考察其薪酬管理程序公平性。此项变量在量表中由 6 个项目构成，测量同上。

薪酬管理交往公平性方面，从薪酬管理者是否考虑员工意见、给予员工合理评价、给予员工应有的尊重、重视员工权利、与员工积极沟通并保持良好的人际关系等作为计量标准，来考察其薪酬管理交往公平性。此项变量在量表中由 4 个项目构成，测量同上。

薪酬管理信息公平性方面，从薪酬管理是否与员工分享薪酬信息、合理解释薪酬分配结果、尊重员工对薪酬分配的看法、与员工讨论工作不足等作为计量标准，来考察其薪酬管理信息公平性。此项变量在量表中由5个项目构成，测量同上。

薪酬满意度方面，从薪酬水平、薪酬结构、薪酬调整幅度、薪酬分配公开透明程度、薪酬分配决策及制定方式、实际相较于预期薪酬水平等作为计量标准，来考察其薪酬满意度。此项变量在量表中由5个项目构成，采用李克特五级量表进行量化，每个项目有“非常不满意”、“不满意”、“一般”、“满意”、“非常满意”五个选项，依次分别代表1分到5分。

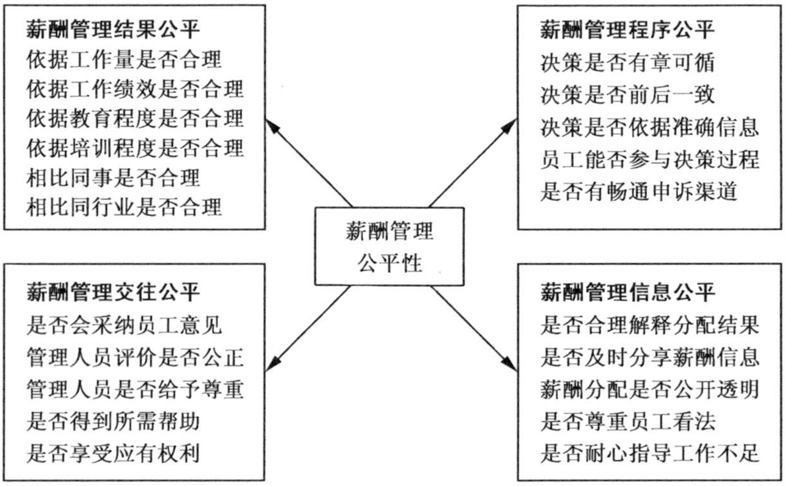

图3　指标细化图

四、实证研究

(一)问卷的发放与回收

本文的研究对象是1990年后出生的新一代员工。问卷调查遵循方便抽样的原则，主要通过互联网网上问卷的形式分发，被调查者来源主要为杭州市和上海市。回答问卷的所有问题后，可以提交完整的问卷。本次调查发放了250份调查问卷。对收集的问卷进行筛选，剔除所有选择相同和回答时间短的问卷。最后获得有效问卷221份，有效率为88.4%，问卷的总体回收情况良好。

(二)信度效度检验

1. 信度检验

信度分析用于研究数据的可靠性，是反映调查问卷准确性的指标，一般认为，Cronbach's α系数介于0.6～0.7是可以接受的，Cronbach's α系数介于0.7～0.8说明信度较好，达到0.8及以上，则说明信度高。本文进行信度检验所采用软件是SPSS 26.0。分析检验结果显示，薪酬管理公平性四个维度的Cronbach's α系数分别为0.945、0.929、0.911和0.933。综上，本文研究数据信度良好，可用于进一步分析。

2. 效度检验

有效性分析是对调查量表是否能准确测量对象的相关观点的分析，反映了测量工具与研究变量的匹配程度和一致性。本文选择应用的薪酬公平性量表和薪酬满意度量表是从大量研究文献中提取并进行过反复筛选的。在形成初始量表后，通过许多测试并检验修正验证了其有效性。因此，本研究中使用的量表可以满足内容有效性的要求。

(三)描述性统计分析

根据收集的问卷数据，本研究调查对象基本信息的描述性统计分析包括性别、学历、工龄、职位类型、单位类型等，如表2所示。

表2　　样本描述性统计分析(N=221)

项　目		样本数(个)	占比(%)
性别	男	95	42.99%
	女	126	57.01%
学历	中专及以下	33	14.93%
	大专	56	25.34%
	本科	113	51.13%
	硕士及以上	19	8.60%
工龄	实习或试用期	109	49.32%
	1～3年	70	31.67%
	4～6年	42	19.01%
职位类型	基层职员	123	55.66%
	中层管理人员	64	28.96%
	高层管理人员	18	8.14%
	其他	16	7.24%
单位类型	国有企业及国有控股企业	49	22.17%
	外资企业及合资企业	36	16.29%
	私营企业	89	40.27%
	事业单位	41	18.55%
	政府及国家行政机关	6	2.72%

问卷数据显示，样本男性占42.99%，样本女性占57.01%。

从样本描述性统计分析中，可以看出：样本学历集中在本科，硕士及以上高学历人才较为缺少，分别为51.13%和8.6%。另外，大专所占比例为25.34%，中专及以下所占比例为14.93%。

样本工龄集中在实习或试用期，所占比例为49.32%，工龄1～3年所占比例为31.67%，工龄4～6年所占比例为19.01%。

样本职位类型较为鲜明，大部分为基层职员，所占比例为55.66%，中层管理人员占比28.96%，高层管理人员占比8.14%，其他占7.24%。

样本单位类型多为私营企业，占40.27%，其次为国有企业及国有控股企业、事业单位、外资企业及合资企业，分别占22.17%、18.55%、16.29%，政府及国家行政机关从业人员较少，仅占2.72%。

基于上述统计样本，本文相关研究结论适用于以新入职员工为主的新兴私营企业，相对来说不适合规模较大的成熟型事业单位、国家机关单位等。

（四）相关性分析

相关性分析是回归分析的基础，在回归分析之前，需先分析每个变量的相关性。本节对薪酬公平性及其各维度、薪酬满意度之间进行了相关分析，参考相关系数分析标准进行探究。相关系数r的绝对值一般在0.7以上，说明变量A和变量B具有强相关性；在0.4到0.7之间，相关性较强；在0.2到0.4之间，相关性较弱；低于0.2，可认为没有相关性。该值的正负相关代表的是正相关或负相关。相关分析是对研究假设的初步检验，相关系数应在统计上具有意义，而自变量应显示出较强的相关性。

1. 薪酬公平性与薪酬满意度的相关性分析

本研究所涉及自变量与因变量间的相关系分析结果，如表3所示。本次调查研究中收集到的数据结果显示，薪酬公平性整体与薪酬满意度的Pearson相关系数为0.848，在0.01的显著性水平上为显著正相关。

表3　　薪酬公平性与薪酬满意度的相关性分析表

		薪酬公平性	薪酬满意度
薪酬公平性	Pearson相关性	1	0.848**
	Sig.（双尾）		0.000
	个案数	221	221
薪酬满意度	Pearson相关性	0.848**	1
	Sig.（双尾）	0.000	
	个案数	221	221

** 在0.01级别（双尾），相关性显著。

2. 薪酬公平性各维度与薪酬满意度的相关性分析

本研究所涉及各自变量间及各自变量与因变量间的相关系分析结果如表4所示。可以看出,薪酬公平性各维度指标之间均在0.01的显著性水平下两者存在积极的正相关,说明各个维度之间关联性较强,各维度之间的内在联系紧密,能够共同影响薪酬满意度。薪酬管理公平性四个维度与薪酬满意度的Pearson相关系数分别为0.775、0.784、0.793和0.774,在0.01的显著性水平下各维度与薪酬满意度均存在显著的正相关。

表4　　薪酬公平性各维度与薪酬满意度的相关性分析表

		结果公平	程序公平	交往公平	信息公平	薪酬满意度
结果公平	Pearson 相关性	1	0.809**	0.822**	0.769**	0.775**
	Sig.(双尾)		0.000	0.000	0.000	0.000
	个案数	221	221	221	221	221
程序公平	Pearson 相关性	0.809**	1	0.801**	0.765**	0.784**
	Sig.(双尾)	0.000		0.000	0.000	0.000
	个案数	221	221	221	221	221
交往公平	Pearson 相关性	0.822**	0.801**	1	0.837**	0.793**
	Sig.(双尾)	0.000	0.000		0.000	0.000
	个案数	221	221	221	221	221
信息公平	Pearson 相关性	0.769**	0.765**	0.837**	1	0.774**
	Sig.(双尾)	0.000	0.000	0.000		0.000
	个案数	221	221	221	221	221
薪酬满意度	Pearson 相关性	0.775**	0.784**	0.793**	0.774**	1
	Sig.(双尾)	0.000	0.000	0.000	0.000	
	个案数	221	221	221	221	221

** 在0.01级别(双尾),相关性显著。

(五)回归分析

在上述的相关性分析中,我们可以看到,薪酬公平性及其维度与薪酬满意度之间存在着显著的相关性。相关性的研究只能表明变量之间的关系是否相关,以及它们之间的相关性程度。为了使研究数据更具有说服力和深层次的意义,并检验变量之间的因果关系,同时衡量变量之间的影响程度,因此本节将进一步进行回归分析,研究变量之间的影响方向,验证本文的研究假设。

1. 薪酬公平性与薪酬满意度的回归分析

表 5　　薪酬公平性与薪酬满意度的回归模型表

模型	R	R^2	调整后 R^2	标准估算的错误
1	0.848[a]	0.718	0.717	0.471 1

a 预测变量:(常量),薪酬公平性。

表 6　　薪酬公平性与薪酬满意度的回归系数表

模　型		未标准化系数		标准化系数	t	显著性
		B	标准错误	Beta		
1	(常量)	−0.478	0.174		−2.748	0.007
	薪酬公平性	1.092	0.051	0.848	21.426	0.000

a 因变量:薪酬满意度。

从表 5、表 6 中的回归结果可以看出,薪酬公平性的整体 p 值小于 0.05,薪酬整体公平性对薪酬满意度的影响是达到显著水平的;$R^2=0.718$,调整后为 0.717,表示薪酬公平性各维度对薪酬满意度的拟合度为 0.717,意味着薪酬公平性整体能够解释薪酬满意度 71.7%的变异量,整体来看薪酬公平性对薪酬满意度具有一定的预测能力;薪酬公平性整体的标准化系数为 0.848。

薪酬公平性整体与薪酬满意度之间的回归方程可以表示为:

$$薪酬满意度=薪酬公平性公平\times 0.848$$

2. 薪酬公平性各维度与薪酬满意度的回归分析

表 7　　薪酬公平性各维度与薪酬满意度的回归模型表

模型	R	R^2	调整后 R^2	标准估算的错误
1	0.848[a]	0.719	0.713	0.474 5

a. 预测变量:(常量),信息公平,程序公平,结果公平,交往公平。

表 8　　薪酬公平性各维度与薪酬满意度的回归系数表

模　型		未标准化系数		标准化系数	t	显著性
		B	标准错误	Beta		
1	(常量)	−0.480	0.176−2.735	0.007		
	结果公平	0.228	0.092	0.194	2.463	0.015
	程序公平	0.324	0.090	0.273	3.613	0.000
	交往公平	0.272	0.108	0.222	2.532	0.012
	信息公平	0.270	0.090	0.230	2.990	0.003

a. 因变量:薪酬满意度。

从表7、表8中的回归结果可以看出，薪酬管理公平性四个维度的p值均小于0.05，薪酬公平性各维度对薪酬满意度的影响是达到显著水平的；$R^2=0.719$，调整后为0.713，表示薪酬公平性各维度对薪酬满意度的拟合度为0.713，意味着薪酬公平性四个维度能够解释薪酬满意度71.3%的变异量，薪酬公平性对薪酬满意度具有一定的预测能力；薪酬管理公平性各维度的标准化系数分别为0.194、0.273、0.222、0.230，自变量中程序公平的标准化回归系数最高，说明该维度对薪酬满意度的贡献最大。

薪酬公平性各维度与薪酬满意度之间的回归方程可以表示为：

$$薪酬满意度=结果公平\times 0.194+程序公平\times 0.273+交往公平\times 0.222+信息公平\times 0.230$$

（六）实证研究小结

本研究在薪酬公平性和薪酬满意度的文献综述基础上，总结整理研究成果，借鉴现有的成熟量表，结合“90后”新生代群体的特质，编制出适用于“90后”新生代员工的薪酬公平性与薪酬满意度的调查问卷，然后通过线上问卷及随机抽样的形式发放问卷，设立研究假设并建立研究模型，进而通过实证分析验证薪酬公平性对薪酬满意度是否存在关系以及影响形式，假设检验整理结果如表9所示。

表9　　研究假设检验结果

序号	假　设	检验结果
1	薪酬管理分配公平性对“90后”新生代员工薪酬满意度有正向影响	成立
2	薪酬管理程序公平性对“90后”新生代员工薪酬满意度有正向影响	成立
3	薪酬管理交往公平性对“90后”新生代员工薪酬满意度有正向影响	成立
4	薪酬管理信息公平性对“90后”新生代员工薪酬满意度有正向影响	成立

五、总结与建议

（一）研究结论

本研究以“90后”新生代群体为研究对象，以线上问卷的形式获取一手数据，分析“90后”新生代群体薪酬公平感及薪酬满意度现状，探索薪酬公平感的薪酬满意度影响，是一次新的尝试。本文研究对象具有一定代表性，样本合理分布，从本研究的实证分析来看，样本数据具有统计意义，给予本文研究有力的支撑，因此，本文的研究成果具有一定的参考意义，研究结论如下：

薪酬管理公平性包含四个维度。本文在对薪酬公平感和薪酬满意度的概念分析和成果梳理的基础上，结合“90后”新生代群体的特点，借鉴已有的成熟量表，编制适合的薪酬公平感和薪酬满意度问卷，通过许多测试并检验修正验证了其有效性，从结果、程序、交往和信息这四个公平性维度对"90 后"新生代员工的薪酬公平感进行测量。因此，本研究中使用的薪酬公平感及满意度量表可以满足内容有效性及合理性要求。

"90 后"新生代员工薪酬公平感对薪酬满意度有正向影响。从相关性分析结果来看，薪酬管理四个维度公平性与薪酬满意度的相关系数均在 0.7 以上，均在 0.01 的显著性水平下存在积极的正相关；从回归分析结果来看，薪酬公平性整体 p 值小于 0.05，薪酬公平性各维度 p 值也均小于 0.05，薪酬公平性整体及其各维度对薪酬满意度的影响都是达到显著水平的，薪酬公平性四个维度对薪酬满意度的拟合度为 0.713，意味着薪酬公平性四个维度能够解释薪酬满意度 71.3%的变异量，薪酬公平性对薪酬满意度具有一定的预测能力。

"90 后"新生代员工薪酬公平感情况尚好，薪酬满意度情况欠佳。结果显示，整体薪酬公平感均值为 3.32，说明"90 后"新生代群体整体薪酬公平感尚好。具体来看，结果公平感均值为 3.32，程序公平感均值为 3.26，交往公平感均值为 3.36，信息公平感均值为 3.34，其中程序公平感最低，薪酬满意度均值为 2.76，其中员工对于企业的薪酬涨幅与个人实际薪酬水平满意度最低。这说明"90 后"新生代员工最终分配结果的决策过程中所采取措施的公平感较弱。员工认为自己对企业薪酬管理的知情度和参与度较低，薪酬分配信息的公开透明化程度不够高，员工申诉渠道的有效性有待提高，对此，企业需要及时调整和完善薪酬分配机制，确保薪酬管理程序的一致性，并且完善企业薪酬的调整涨幅制度，更好地匹配员工个人经验及技能的增长。

（二）管理建议

根据上文的研究结果，企业要想吸引人才、留住人才，降低新生代员工的离职率，需要思考如何提高员工的薪酬公平感和员工的薪酬满意度。本文研究结果表明，薪酬公平性与薪酬满意度之间存在正相关的关系，因而增强新生代员工的薪酬公平感会使员工的薪酬满意度增加，从而提高工作满意度。本文研究结合以上验证结果提出以下针对新生代员工的管理建议：

1. 建立并完善相对公平的薪酬分配制度

企业需要建立并完善符合公司实际发展情况的适用于新生代员工的公平合理的薪酬分配机制，包括薪酬的涨幅、薪酬分配决策及制定过程等，综合考虑员工的资历、工作能力、工作表现或工作贡献等。某些时候，企业薪酬分配的金额大小并不直接影响员工对于薪酬公平性的感知，而更多的是薪酬分配结果的公平程度决定的，更能影响员工薪酬公平感的高低程度。因此，企业建立一套公平、公开、公正的薪酬管理机制，使薪酬发放有理有据，以保障薪酬分配结果的公平是很有必要的。

2. 确保新生代员工对薪酬管理的知情与参与

本文研究结果显示，新生代员工对于薪酬分配的程序公平最敏感。因此，企业在进行薪酬决策制定时，不仅要考虑企业战略及自身实际情况，还要充分考虑到员工的知情及参与情况。建立健全薪酬管理程序机制，让员工充分参与进来并理解薪酬的制定机制，使薪酬决策更加具有民主性和一致性，提升员工的薪酬公平感及满意度。

3. 建立畅通的信息沟通和评价渠道

新生代员工往往归属感较低，注重自我价值的实现及自身潜能的挖掘和发挥，渴望更高层次的发展和职业水平的提高。因此，企业需要通过建立并完善畅通的信息沟通和评价渠道，充分获取并深入了解员工的需要，结合新生代员工的性格及特质，抓住主要方面，具体问题具体分析，满足员工的需求，让员工获得满意的感知。尊重员工对薪酬分配的看法，及时披露反馈信息，帮助员工改善薪酬分配结果，增强员工的公平感，进而提升员工的薪酬满意度。

参考文献

[1]蔡维博. 新生代员工薪酬公平感对工作绩效、离职倾向的影响[D]. 广州：华南理工大学，2018.

[2]吴锋，刘桂君，郭纳良，李志慧，邓祥征. COVID-19 疫情对中国区域经济及产业的影响[J]. 地理学报，2021，76(4)：1034—1048.

[3]李鹏，张剑，杜斑. 薪酬公平感、创造性人格对员工创造性绩效的影响[J]. 管理评论，2017，29(11)：106—115.

[4]Aino Salimaki，Sini Jamsen. Perceptions of politics and fairness in merit pay[J]. Journal of Managerial Psychology，2010(3)：65—69.

[5]韩锐，李景平. 薪酬公平感、人格特质对公务员越轨行为的影响[J]. 经济与管理研究，2016(12)：91—99.

[6]于启波. 浅析公平理论在企业薪酬管理中的应用[J]. 现代营销，2017(4)：18—19.

[7]尹璐. 公平理论对企业薪酬管理的指导作用[J]. 经贸实践，2018(11)：277＋279.

[8]Shen J.，Tang N. Y.，D'Netto B. A multilevel analysis of the effects of HR diversity management on employee knowledge sharing：the case of Chinese employees[J]. The International Journal of Human Resource Management，2014，25(12)：72—73.

[9]董青，王乙妃. 薪酬公平感：内涵、维度及影响机制[J]. 价值工程，2020，39(8)：297—299.

[10]Hugo Munsterberg. Psychology and Industrial Efficiency[M]. Dodo Press，2008：2—29.

[11]章丹，牛华. 企业人力资源管理人员的薪酬满意度研究[J]. 中国商贸，2017(28)：64—65.

[12]王重鸣，邓今朝. 绩效薪酬感和自我效能感对薪酬满意的影响[J]. 应用心理学，2016(4)：377—384.

[13]李昭成. 薪酬公平感、薪酬满意度与销售期望关系研究[J]. 管理观察，2019(3)：172—175.

[14]于海波，郑晓明. 薪酬满意的动力机制：比较、公平、满意[J]. 科学学与科学技术管理，2013，34(6)：163—171.

[15]侯娇峰.员工绩效薪酬感知与薪酬满意度的关系研究[D].南京:南京理工大学,2018.

[16]张金,高素英,张艳丽,邢会.高校教师薪酬公平性与薪酬结构满意度关系研究[J].民族教育研究,2012(2):83－86.

[17]麦伟志.江门市公务员薪酬公平与薪酬满意度研究[D].武汉:华中农业大学,2016.

[18]韦志林,芮明杰.薪酬心理折扣、薪酬公平感和工作绩效[J].经济与管理研究,2016,37(4):59－65.

[19]梁军,李书轩,从振楠.教育对个体公平观的影响研究——基于起点公平、过程公平、结果公平三重维度的探讨[J].西北人口,2020,41(5):93－105.

[20]赵红丹,周晓敏.程序公平感与员工知识隐藏:群体卷入模型的视角[J].上海管理科学,2020,42(6):91－99.

[21]吴为.新生代员工人际公平对工作敬业度影响的实证研究[D].长沙:湖南大学,2017.

[22]徐光,黄莹,谭玲玉.信息公平与员工知识分享:组织认同的中介作用和公平敏感性的调节作用[J].中国软科学,2020(S1):125－132.

附录:

薪酬管理公平性对员工薪酬满意度的影响调查问卷

您好!

非常感谢您接受我的问卷调查。本次调查的目的是为了了解薪酬管理公平性对员工薪酬满意度的影响情况,本调查问卷针对90后的新生代群体,恳切地希望得到您的支持与合作。调查问卷采取不记名作答的方式,请您根据自己的实际情况填写。本次调查完全是学术研究所用,您的个人信息会受到严格保护!!

占用您宝贵的时间,对您的支持与合作,再次表示由衷的感谢!!!

第一部分　基本信息

1.性别:□男性　□女性

2.学历:□高中(中专)及以下　□大专　□本科　□硕士及以上

3.工龄:□实习期或试用期　□1～3年　□4～6年

4.职位类型:□基层职员　□中层管理人员　□高层管理人员　□其他

5.单位类型:□国有企业及国有控股企业　□外资企业及合资企业　□私营企业　□事业单位　□政府及国家行政机关

第二部分　薪酬管理公平性部分

6.关于企业薪酬管理结果公平的一些陈述,回答下列问题。

	非常不同意	不同意	一般	同意	非常同意
根据我的工作量,我对公司的薪酬分配感到合理。					
根据我的工作绩效,我对公司的薪酬分配感到合理。					
根据我的工作经验,我对公司的薪酬分配感到合理。					
根据我的受教育和培训程度,我对公司的薪酬分配感到合理。					
相较于相同工作和职务的同事,我对公司的薪酬分配感到合理。					
相较于同行业中性质类似单位的相同岗位的员工,我对公司的薪酬分配感到合理。					

7. 关于企业薪酬管理程序公平的一些陈述,回答下列问题。

	非常不同意	不同意	一般	同意	非常同意
公司的薪酬分配决策是有章可循、前后一致的。					
公司的薪酬分配决策是依据准确的数据信息作出的。					
公司的薪酬分配决策程序是没有偏见的,不针对任何人的。					
公司员工能够参与薪酬分配制度的制定过程。					
公司的薪酬分配制度是公开透明的,并能得到严格地执行。					
公司员工能够对薪酬分配决策结果进行质疑,并有畅通的申诉渠道。					

8. 关于企业薪酬管理交往公平的一些陈述,回答下列问题。

	非常不同意	不同意	一般	同意	非常同意
在薪酬管理工作中. 管理人员会考虑采纳我的意见。					
在薪酬管理工作中,管理人员对我的评价是合理适当的,没有偏见。					
在薪酬管理工作中,管理人员给予我应有的尊重,与我关系融洽并提供所需帮助。					
在薪酬管理工作中,管理人员重视我作为一名员工应享有的权利。					

9. 关于企业薪酬管理信息公平的一些陈述，回答下列问题。

	非常不同意	不同意	一般	同意	非常同意
我对薪酬分配结果或程序有意见，管理人员会给予耐心的解释。					
我认为管理人员对薪酬的分配结果和程度的解释是有道理的。					
管理人员会尊重我对薪酬分配的看法，并及时与我沟通。					
管理人员会耐心和我讨论工作的不足，帮助我改善我的薪酬分配结果。					

第三部分　薪酬满意度部分

10. 关于薪酬满意度的一些陈述，回答下列问题。

	非常不同意	不同意	一般	同意	非常同意
我对公司的薪酬水平和薪酬结构。					
我对公司薪酬水平的调整涨幅。					
我对公司薪酬分配的公开透明程度。					
我对公司薪酬分配决策及制定方式。					
相较于自己的预期，我对实际的薪酬水平。					

本问卷到此结束，非常感谢您的作答!!

物流配送运行绩效考核指标分析研究

王　艺

指导老师：狄　蓉

摘　要：物流业是我国经济基础性和先导性产业的中坚力量。习近平总书记指出物流要降本增效、提高服务水平、畅通运行环节。物流配送绩效水平的高低成为物流运作效率的关键，然而，我国大多物流企业在这方面还存在着一定的问题。构建一套较为完善的物流配送绩效评价体系，改善现状，具有重要意义。本文首先通过阅读大量文献对相关研究成果进行综述，确定了物流配送、绩效的内涵和主要评价方法。其次通过京东物流案例，针对现状和配送流程分析其已有绩效评价体系以及存在的问题，并在此基础上选取一级和二级物流配送绩效评价指标，构建评价指标体系，运用层次分析法和模糊层次分析法评价了配送绩效水平。最后提出了相关对策和建议，以期为企业提供有益的借鉴。

关键词：物流配送；绩效评价；京东物流

Performance Evaluation Index Analysis of Logistics Distribution Operation

Abstract: Logistics is the most solid force in the basic and pioneering industries of China's economy. President Xi Jinping pointed out that logistics should reduce cost and increase efficiency, improve service and operate smoothly. The level of logistics distribution performance has become the key to the efficiency of logistics operation, however, most logistics enterprises in China still have some problems in this aspect. It is great significance to build a more perfect logistics distribution performance evaluation system and improve the status quo. Firstly, through collecting, the article has a summary of the related research outcomes, and determines the connotation and main evaluation methods of logistics distribution and performance. Secondly, through the case of JD Logistics, it construes the performance appraisal system we have and issues on the basis of the present state and logistic distribution flow. On this basis, the first and second level logistics distribution performance evaluation indexes are selected to construct the evaluation index system, and the distribution performance level is evaluated by AHP and Fuzzy AHP. At last, the article presents cognate strategies and proposals to supply salutary lessons.

Keywords: logistics distribution; performance evaluation; JD Logistics

一、前言

(一)研究背景

近年来,政府的工作报告中曾多次提及"促进网络购物和快递业健康可持续发展"。我国货运量和快递业务量也跃居全球前列,物流新业态发展可期。在疫情二次冲击下,国际货运承压,国内生产恢复推动物流以及电商发展,更是提振快递物流需求。快递需求的增长是现代服务业增长最快的领域,但目前企业发展还存在许多问题,导致竞争力弱。经营和效率好的企业在进行经济转型时,更重视创新管理模式。虽说许多领域都已经充分意识到了问题,选择采用绩效管理来加以解决,但我国物流产业发展慢等原因导致绩效管理发展短时间内还起不到作用。

当下,我国的物流模式较为多元。国内尚未充分认识发展流通业的重要性,尚未制定长远的规划,支持力度较小。若想改变行业发展现状,职工获得公正收入的关键是考核。考核体系从一定程度上能改善企业内部结构、提高效率。在物流企业中,只有拥有完善企业的各项物流配送绩效考核并自我剖析,企业才能正确地找到适合自己的发展道路,在市场竞争中处于前沿之地。

(二)研究意义

物流公司作为物流网络节点承上启下,上对厂家、供应商,下对消费者。[1]很多专家对物流配送的研究主要集中在配送中心选址等的方法上,却很少对配送绩效进行评价。根据物流配送的特点,对配送绩效进行科学的评价,以反映配送体系的合理性和公司的实力。

本文旨在研究使绩效管理体系发挥作用、激励员工,并围绕绩效管理针对企业构建科学有效的物流企业员工绩效管理体系,并通过绩效管理体系培养出优秀的物流人才队伍。本文拟通过相应的绩效指标及体系，让员工了解企业目的，提高员工自身认同感，提升企业业绩，实现员工与企业共赢。同时，希望能给一些物流企业的绩效考核体系的建立提供有益参考。

二、相关理论基础

（一）物流相关理论

物流是指实物从交货地移动和运输到收货地。物流是经过存储、养护和包装进行运输和流通加工并经由信息处理等过程。物流对象除商品外，还应该包括服务和信息。物流管理主要是为了满足和提升效率和经济效益。

电子商务与物流相辅相成。实体商品通过现代物流体系的方式用最快速度送达消费者手中。物流是电商实现基础，电商带动物流发展。电商可以增加物流使用量，促进物流发展。[2]

（二）物流配送相关理论

配送几乎涵盖物流的全部环节，是物流活动中的一种形式，体现了商流与物流的联系。配送分为“配”和“送”。“配”是指对用户、时间、货物、车辆、路线等的分配，“送”则是指送货方式和门到门配送行为，是小范围内的物流活动。

西方一些发达国家物流的起步较早，政府和市场管理的体制更完善，存在的问题相对较少。在对国外物流配送的相关文献进行梳理后，可以看到对于物流配送方面国外的研究主要集中在：

最早是 1974 年由 Perreault 和 W. D. J. Russ 提出的 7R 理论，根据这个理论构建的七个指标包括时间性、价格合理性、商品正确率、信息准确性、破损率、送货时效以及妥投率。这些主要是从企业服务结果角度考虑。Forslund（2014）在电商零售企业中选择按时交货率、服务水平、交货时间、货损率等指标评价物流配送绩效。Agrawal 和 Choudbary（2015）运用层次分析法，从成本、质量、客户服务、环境影响、法律法规的角度研究电子商务企业的物流配送绩效。

在国内，王西（2013）用熵权—双基点法对物流企业服务创新绩效评价问题进行构建，从外部和内部两个方面深入分析了影响现代物流企业服务创新绩效的因素，精确了评价体系。[3]王静（2015）用平衡计分卡思想，从企业财务、内部业务流程、客户、学习成长四个方面构建了公司物流绩效评价指标体系，并结合层次分析法和模糊综合评价法对公司的整体绩效作出评价。[4]余黎（2018）研究了顺丰物流绩效，从配送能力、配送成本、配送服务和配送质量四个方面入手构建评价体系，力求改善该企业自身的物流现状。[5]李森峰（2019）结合平衡计分卡、KPI、360 度考核法，将公司战略目标逐级分解为员工目标，提出物流公司员工绩效管理体系实施保障措施。[6]

（三）绩效评价相关理论

1. 物流绩效评价

绩效是一段过程，更是在产生成效的过程中产生成绩的结果。在物流公司中，它常用来衡量员工的任务执行度和成长等，是不可或缺、息息相关的部分。我们将绩效界定为员工绩效考核的“结果与反馈”。由于各级管理人员对两者理解重点不同，导致员工绩效考核后所收到的反馈也不同。

绩效考核是指运用特定标准的指标，对员工在既定战略目标下的工作行为和绩效行为进行考核。[7]学者们较为常用的绩效评价方法是案例研究、层次分析法、模糊综合评价法、平衡计分卡等。[8]可分为五个方面：

（1）能力检验。掌握现有工作的测验。员工协调能力、工作效率以及业务办理的判别力都是评价员工能否适合现有岗位的原因之一。联动相关指标，判别员工能力是否契合现有岗位要求。

（2）评定态度。评估员工的工作态度。员工在工作时的精神状态、在业务中的踊跃程度以及在日常考勤中的实行程度等。

（3）业绩考核考评。评价员工的工作成果与能力，它能最有效反馈员工在工作中对企业的奉献，体现员工价值。业绩考核是直接反映员工是否具有工作效率的最优办法，但并不是绝对。

（4）匹配度考评。匹配度考评是指受考核员工与岗位的匹配性，然后反映组织人员配置是否科学。它在合作中起着重要的作用。[9]

2. 层次分析法

层次分析法是由美国运筹学家 T. L. Satty 提出的一种多目标决策评价方法。[10]该方法共分为目标、准则、方案等层次，至少有三层，是一种定性与定量相结合的多层次权重主观分析法。其步骤有：

（1）层次结构模型

经由深入分析后，分解成层次不一、互补的不相同层，根据其属性相关的因素，从属于同层或上层因素。最高级别是指决策目的和亟待解决的问题。最低级别是决策的替代方案。中间级别是思维要素和决策的标准。如果超过 9 个，则可以分离子标准图层。

（2）构造对比矩阵

从第二层模型起，同级层之间的两个相互比较，对此时采用相对尺度。形成对比比较阵直到最后一层，具体如表 1 所示。

表1　　层次分析法相对重要性的比例标尺

因素 i：因素 j	量化值
同样重要性	1
前者比较重要	3
前者明显重要	5
前者强烈重要	7
前者极端重要	9
上述相邻判断的中位数	2,4,6,8

(3)计算权向量并做一致性检验

与矩阵的最大特征根对应的特征向量，按层次结构进行规范化和排序。之后运行一致性测试，观察是否可以查看层次单排序。如果可以，则特征向量为权向量；如果不可以，则需要重新构建矩阵。

(4)计算组合权向量并做组合一致性检验

在此步骤中，从最高级别到较低级别分阶段排序，以计算总体目标的相对重要性权重。

3. 模糊综合评价法

模糊综合评价法是通过数学上的概念为实际模糊问题的解决提供一定的指导。[11]在很多情况下，许多内容不是只有是或否，抑或是“0”或者“1”、二者选其一，而是其中的过渡状态，可用实数来具体表示。模糊综合评价是一种针对难以量化、模糊不清的因素，评价各种因素的从属关系的方法。基本步骤主要如下：(1)确定被评价对象的指标集和评价集；(2)构建隶属矩阵；(3)得到隶属矩阵结果，并且进行权重计算。这种方法因为有具体数值，能够直观看出结果，可以解决模棱两可、难以清晰解释的问题，结果更加客观可信。

三、京东电商物流配送现状及问题分析

本文以京东物流 X 分公司为研究对象，对其物流配送绩效进行评价，京东物流 X 分公司的基本情况、物流配送绩效管理及存在的问题具体如下。

(一)京东物流概况

2017 年，经过长达近十年的筹备，京东物流集团成立。2020 年年底于中国香港上市。紧接着，2021 年 2 月，京东物流在港交所提请招股。2020 年京东为 19 多万家企业客户提供服务，并构建因行业差异集成供应链解决方案，是国内领先技术驱动的供应链解决方案及物流服务商。主要销售仓、配、快递快运、大件快运、冷链等服务产品。

京东物流建立了包含仓储、综合运输、配送、冷链、大件、跨境六大网络，服务范围几乎覆盖中国所有地区人口。通过 211 限时达等时效产品和上门服务重新定义物流服务标准，让约 90%的线上订单可以当日或次日达。[12]截至 2020 年 9 月底，运营仓库逾 800 个，总面积约 2 000 万平方米，运营 28 座“亚洲一号”仓库。截至 2020 年 12 月 31 日，京东物流已建立了覆盖超过 220 个国家及地区的国际线路，并正在打造“双 48 小时”时效服务。从营收来看，2020 年前三季度保持高速增长，收入达 495 亿元。自 2017 年物流体系开放以来，外部客户成为重要组成部分，占总收入的 43.4%。

同时，京东物流也全力推行“青流计划”，关注人类可持续发展。清晰自身发展战略，致力于“有速度更有温度”的优质物流服务。

(二)京东物流配送流程

京东物流 X 分公司的配送运行过程大致包括订单确认、拣货校验、物流揽派等(见图 1)。

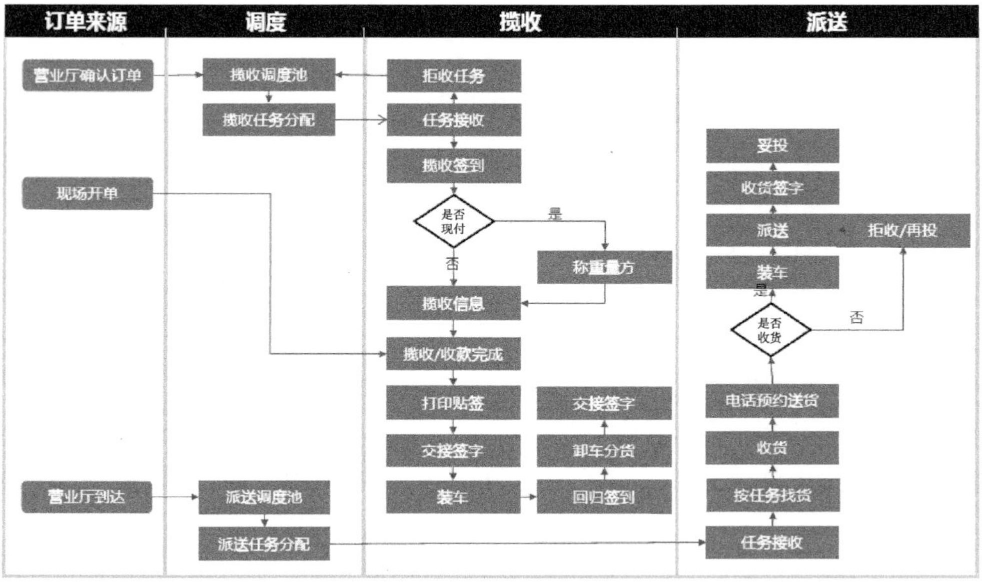

图 1　京东物流配送流程

整个流程环节如下：

订单确认：(1)顾客通过商城，根据自己所需和 App 所提供的商品，选择自己喜欢的商品加入购物车，进行结算。结算完成后，填写相应的送货地址与寄件人、收件信息并确认。最后选择物流配送策略确定其支付方式，最后订单形成。[13](2)顾客或者商家直接到京东物流进行开单，填写好相应配送地址与信息并确认，最后选择配送政策决定支付方式，订单汇总进入系统。审核后订单放到距离收货地址最近的仓库。

拣货校验：仓储中分拣员手持机器根据系统指令拣货。分拣人员一篮一单，绕仓库一圈进行所需筛选货物的拣选，根据手持条码扫描枪进行核销确认，确认完成后将物品放入小推车内，走到交货区，完成配货。之后，根据订单信息后验货员检查货物，确保商品与订单一致。订单信息打印好后，进行贴票。

物流揽派：将检查好的订单货物运输到包装区域，由打包员负责打包。包装完成后，将被运输到出货区，配送中心将根据货物的目的地分配和装载车辆。装车发往各站点及营业厅，站点营业厅进行派送任务分配，派送员派送执行交货，最后由派送员送货上门或至自提柜，在收据上签名并完成整个物流配送任务。

（三）京东物流配送绩效管理的问题分析

1. 京东物流配送现有绩效评价体系

据了解，京东物流配送绩效考核主体有人力资源部、绩效考核部门、职能业务部门等主体。其中人力资源与绩效考核部门制定绩效方案和考核方法，全程监督，复核解答结果。职能业务部门主要负责绩效考核工作的实施判定。

绩效指标体系的考核内容主要从四个方面进行，分别为：(1)收入，主要包括公司的税前利润、销售收入、投资收益率等相关财务相关指标；(2)操作量，主要包括大客户满意度、客户评价、增值服务等指标；(3)差错，主要包括项目按时完成率、流程制度改进、新业务实施数量等；(4)客诉，主要包括满意度、技能提升率、顾客流失率等。具体如图 2 所示。

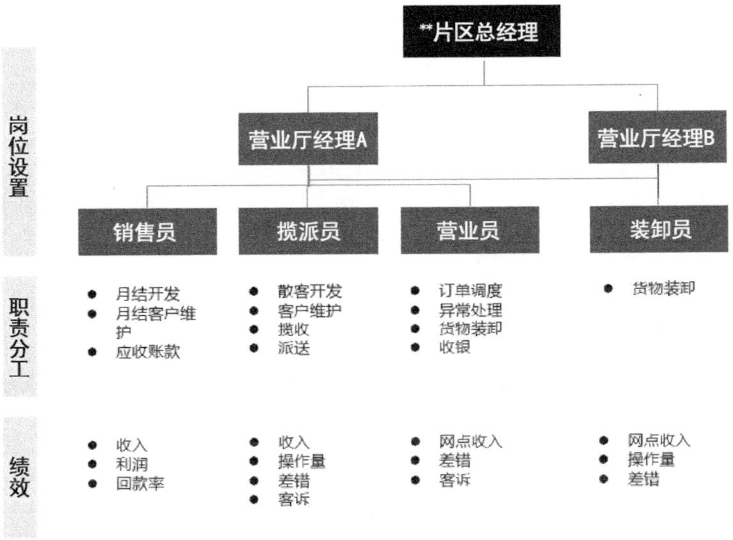

图 2　京东物流现有绩效主要指标

京东物流每年考核4次，在每个季度末对员工考核一次。京东物流采取关键绩效指标打分来实施对员工的考核，将配送考核指标与公司集团区域目标挂钩，集团分配到部门，再进行下放，部门指标分配到个人身上，个人绩效和部门关联。因此，我们不难看出员工绩效和公司发展战略息息相关。

其中，快递员的绩效指标主要分为主观和客观两方面。主观方面主要指工单收入操作量等，客观方面主要指客诉、差错、增值服务等。

2. 京东物流配送绩效评价体系的问题

据调查与分析，虽然京东物流X分公司建有一套物流配送绩效评价体系，但是其仍然存在一些问题，主要表现在：

(1)绩效指标重绩效指标，忽略了质量指标。个别增值服务中出现了质量指标，但是其大多也是偏向利益性的。现有物流配送绩效评价更多偏向于财务指标与市场份额，例如时效内妥投率、总单量等，甚至要求“时效内履约，否则不统计单量”(时效内：妥投时间在期望送达时间段内)。其中不免会出现快递损坏、行车不安全等安全隐患，导致配送质量下降，其高低直接影响到顾客对于整个物流乃至购买商家的满意度。

(2)绩效指标过于笼统，需要细致。在物流配送过程中，许多老旧小区都没有安装电梯，对于大件重物上楼，特别是家电，是有一定的标准计提，但是对于其余类似水果、大米类重物上楼却没有相应的绩效指标评价。对于快递柜投递范围没有明确标准，快递柜的投递若过远，会降低顾客的满意度，甚至导致投诉。但是在绩效指标中，放入任何自提柜、快递柜的指标是一样的，这样会流失顾客，导致商家合作破裂、公司发展受阻。

(3)绩效评价中以单量与重量设计考核标准、权重为主，特别是重量。体积占比几乎为零。在实地调查中，有些体积较大而重量较轻的物件在配送时会占大部分体积。在配送过程中，一次性配送单量，配送风险加大。这样无法真正公正地反映出配送员的真实绩效问题。绩效考核中，派送员种类单一，对标同行，缺少重货收派员岗位，有内部竞争隐患，导致效率大打折扣。

(4)评价体系具有滞后性。市场与政策的变化影响没有在评价体系中得以体现。市场的环境能影响到物流配送服务，政府政策的变化也会在物流配送服务中得以体现。在评价体系加强这部分的体现，才能全面体现绩效水平高低。对于新升职的员工没有具体的绩效措施，导致新升职员工的工作积极性被打磨。

(5)有少量物流配送增值服务的评价，但还需要健全。配送是整个物流包括商家直接能够面对顾客的服务，但市场竞争激烈，能够使其脱颖而出的便是配送增值服务，增值服务日渐成为各物流公司竞争的关注重点，增强增值服务能使配送的服务质量有所提升，提升顾客满意度，增加企业形象。我们自身的增值服务有一定的广涉猎性，但员工自身素质更应该相应看中，这样可以更好地健全物流配送增值服务的评价。

综上所述，京东物流X分公司的物流配送绩效评价体系有一定的成效，但还是存在了一定的问题，无法系统全面、科学合理地定性和定量评价其物流配送绩效体系。

四、物流配送绩效评价模型构建

（一）物流配送绩效评价指标体系构建原则

（1）全面性原则。为了全面客观地评价配送绩效评价指标，需要考虑到空间和时间、内因和外因等对比。这样才能全面、系统地反映绩效评价指标体系。

（2）适应性原则。绩效评价工作，是判定实际工作质量、后续目标的重要内容。[14]在对体系构建时，不主观臆断，要科学公正，不偏向于公司或者员工任一方。考虑到一定的可操作性，注意指标选取是所体现的意义，避免歧义。另外，要注意指标选取是否得当、是否便于掌握，同时具有政策的体验性。

（3）多层性原则。在对体系构建时，应考虑到多方面、多层次角度选取绩效指标。每个绩效指标要选具有强代表性的，这样可以避免繁琐多余的指标。

（二）物流配送绩效评价模型构建

1. 一级指标与二级指标确定

根据现在市场上对配送绩效的评价标准、公司自身的发展状况和以往参考文献，本文将以员工的个人素质、个人业绩、顾客满意度以及安全程度作为考核要求，设置4个一级指标，其中个人素质指标包括工作态度、客诉率以及差错3个二级指标；个人业绩包括妥投率、操作量以及散客开发3个二级指标；顾客满意度包括增值服务、服务态度以及客户维护3个二级指标；安全程度包括货物损坏、安全配送率以及技术安全3个二级指标。然后再对二级指标分述，进行评分。

2. 一级指标与二级指标权重设置

根据原有计提与以往参考文献做出梳理后，本文将从个人素质、安全程度、顾客满意度、个人业绩四个一级指标考核对配送绩效考核，其中个人素质、顾客满意度、安全程度、个人业绩按照A（优秀）、B（良好）、C（一般）、D（较差）、E（很差）五个等级进行绩效划分，通过25%的差率进行转化。

同时对4个一级指标和9个二级指标进行问卷法收集数据，本次发出问卷30份，请了30位物流企业专家进行不记名投票，进行数据分析。通过定性与定量的结合，对一些指标进行等级划分，并分出指标在总体中的占比，得出权重。本次共回收有效问卷28份，进行如下分析：

表2 评价指标分析

评价指标	E（很差）	D（较差）	C（一般）	B（良好）	A（优秀）
工作态度X11	0	3	13	10	2

续表

评价指标	E(很差)	D(较差)	C(一般)	B(良好)	A(优秀)
客诉率 X12	2	1	6	14	5
差错 X13	1	3	9	10	5
货物损坏 X21	0	1	2	16	9
安全配送率 X22	1	3	7	14	3
技术安全 X23	1	2	18	5	2
增值服务 X31	1	2	8	13	4
服务态度 X32	1	1	8	8	10
客户维护 X33	2	5	15	4	2
妥投率 X41	0	2	3	5	18
操作量 X42	2	1	14	5	6
散客开发 X43	2	2	17	4	3

表 3　　问卷各指标隶属度结果

评价指标	很差 V5	较差 V4	一般 V3	良好 V2	优秀 V1
工作态度 X11	0.000 0	0.107 1	0.464 3	0.357 1	0.071 4
客诉率 X12	0.071 4	0.035 7	0.214 3	0.500 0	0.178 6
差错 X13	0.035 7	0.1071	0.321 4	0.357 1	0.178 6
货物损坏 X21	0.000 0	0.035 7	0.071 4	0.571 4	0.321 4
安全配送率 X22	0.035 7	0.107 1	0.250 0	0.500 0	0.107 1
技术安全 X23	0.035 7	0.071 4	0.642 9	0.178 6	0.071 4
增值服务 X31	0.035 7	0.071 4	0.285 7	0.464 3	0.142 9
服务态度 X32	0.035 7	0.035 7	0.285 7	0.285 7	0.357 1
客户维护 X33	0.071 4	0.178 6	0.535 7	0.142 9	0.071 4
妥投率 X41	0.000 0	0.071 4	0.107 1	0.178 6	0.642 9
操作量 X42	0.071 4	0.035 7	0.500 0	0.178 6	0.214 3
散客开发 X43	0.071 4	0.071 4	0.607 1	0.142 9	0.107 1

建立模糊关系矩阵为：

$$R1=\begin{Bmatrix} 0 & 0.107\,1 & 0.464\,3 & 0.357\,1 & 0.071\,4 \\ 0.071\,4 & 0.035\,7 & 0.214\,3 & 0.5 & 0.178\,6 \\ 0.035\,7 & 0.107\,1 & 0.321\,4 & 0.357\,1 & 0.178\,6 \end{Bmatrix}$$

$$R2=\begin{Bmatrix} 0 & 0.035\,7 & 0.071\,4 & 0.571\,4 & 0.321\,4 \\ 0.035\,7 & 0.107\,1 & 0.25 & 0.5 & 0.107\,1 \\ 0.035\,7 & 0.071\,4 & 0.642\,9 & 0.178\,6 & 0.071\,4 \end{Bmatrix}$$

$$R3=\begin{Bmatrix} 0.035\,7 & 0.071\,4 & 0.285\,7 & 0.464\,3 & 0.142\,9 \\ 0.035\,7 & 0.035\,7 & 0.285\,7 & 0.285\,7 & 0.357\,1 \\ 0.071\,4 & 0.178\,6 & 0.535\,7 & 0.142\,9 & 0.071\,4 \end{Bmatrix}$$

$$R4=\begin{Bmatrix} 0 & 0.071\,4 & 0.107\,1 & 0.178\,6 & 0.642\,9 \\ 0.071\,4 & 0.035\,7 & 0.500\,0 & 0.178\,6 & 0.214\,3 \\ 0.071\,4 & 0.071\,4 & 0.607\,1 & 0.142\,9 & 0.107\,1 \end{Bmatrix}$$

(1)一级权重指标确定

对于 4 个一级指标来说，根据其两两相对重要关系构建矩阵如表 4 所示。

表 4　　一级指标层对目标的判断矩阵

	个人素质 X1	安全程度 X2	顾客满意度 X3	个人业绩 X4
个人素质 X1	1	1/5	2	1/7
安全程度 X2	5	1	4	1/2
顾客满意度 X3	1/2	1/4	1	1/5
个人素质 X4	7	2	5	1

为了方便计算理解，可表述如下：

$$A=\begin{Bmatrix} 1 & 1/5 & 2 & 1/7 \\ 5 & 1 & 4 & 1/2 \\ 1/2 & 1/4 & 1 & 1/5 \\ 7 & 2 & 5 & 1 \end{Bmatrix}$$

最大特征值为 $\lambda_{max}=4.142\,9$，对应特征向量为 $\omega=\{0.145\,4 \quad 0.513\,8 \quad 0.117\,3 \quad 0.837\,3\}$，标准化处理后，各指标权重向量为 $\omega=\{0.090\,1 \quad 0.318\,4 \quad 0.072\,7 \quad 0.518\,8\}$。

经验证，CI、CR<0.1，验证通过。

(2)二级权重指标确定

根据二级指标其相对重要性建立判断矩阵，如表 5～表 8 所示。

表 5　　个人素质的判断矩阵

	工作态度 X11	客诉率 X12	差错 X13
工作态度 X11	1	1/4	1/2
客诉率 X12	4	1	2
差错 X13	2	1/2	1

$$A1=\begin{pmatrix}1 & 1/4 & 1/2\\ 4 & 1 & 2\\ 2 & 1/2 & 1\end{pmatrix}$$

最大特征值为$\lambda_{max}=3$，对应特征向量为$\omega1=\{0.218\,2\quad 0.872\,9\quad 0.436\,4\}$，标准化处理后，各指标权重向量为$\omega1=\{0.142\,8\quad 0.571\,5\quad 0.285\,7\}$。

表 6 安全程度的判断矩阵

	货物损坏 X21	安全配送率 X22	技术安全 X23
货物损坏 X21	1	3	5
安全配送率 X22	1/3	1	2
技术安全 X23	1/5	1/2	1

$$A2=\begin{pmatrix}1 & 3 & 5\\ 1/3 & 1 & 2\\ 1/5 & 1/2 & 1\end{pmatrix}$$

最大特征值为$\lambda_{max}=3.003\,7$，对应特征向量为$\omega2=\{0.928\,1\quad 0.328\,8\quad 0.174\,7\}$，标准化处理后，各指标权重向量为$\omega2=\{0.648\,3\quad 0.229\,7\quad 0.122\,0\}$。

经验证，CI、CR<0.1，验证通过。

表 7 顾客满意度的判断矩阵

	增值服务 X31	服务态度 X32	客户维护 X33
增值服务 X31	1	1/2	5
服务态度 X32	2	1	4
客户维护 X33	1/5	1/4	1

$$A3=\begin{pmatrix}1 & 1/2 & 5\\ 1/2 & 1 & 4\\ 1/5 & 1/4 & 1\end{pmatrix}$$

最大特征值为$\lambda_{max}=3.094\,0$，对应特征向量为$\omega3=\{0.555\,1\quad 0.818\,0\quad 0.150\,7\}$，标准化处理后，各指标权重向量为$\omega3=\{0.364\,3\quad 0.536\,8\quad 0.098\,9\}$。

经验证，CI、CR<0.1，验证通过。

表 8 个人业绩的判断矩阵

	妥投率 X41	操作量 X42	散客开发 X43
妥投率 X41	1	3	5

续表

	妥投率 X41	操作量 X42	散客开发 X43
操作量 X42	1/3	1	3
散客开发 X43	1/5	1/3	1

$$A4=\begin{pmatrix}1 & 3 & 5\\ 1/3 & 1 & 3\\ 1/5 & 1/3 & 1\end{pmatrix}$$

最大特征值为 $\lambda_{max}=3.038\ 5$,对应特征向量为 ω4={0.916 1　0.371 5　0.150 6},标准化处理后,各指标权重向量为 ω4={0.637 0　0.258 3　0.140 7}。

经验证,CI、CR<0.1,验证通过。

综上所述,一级二级指标权重如表 9 所示。

表 9　　京东物流配送绩效评价指标权重

目标层	一级指标层 (准则层)	一级指标权重	二级指标层	二级指标权重
京东物流配送绩效	个人素质 X1	0.090 1	工作态度 X11 客诉率 X12 差错 X13	0.142 8 0.571 5 0.285 7
	安全程度 X2	0.318 4	货物损坏 X21 安全配送率 X22 技术安全 X23	0.648 3 0.229 7 0.122 0
	顾客满意度 X3	0.072 7	增值服务 X31 服务态度 X32 客户维护 X33	0.364 3 0.536 8 0.098 9
	个人业绩 X4	0.518 8	妥投率 X41 操作量 X42 散客开发 X43	0.637 0 0.258 3 0.140 7

(三)模糊综合评价

1. 个人素质的评价向量

$$B1=\omega1\times R1=\begin{Bmatrix}0.142\ 8\\ 0.571\ 5\\ 0.285\ 7\end{Bmatrix}^{-1}\times\begin{Bmatrix}0 & 0.107\ 1 & 0.464\ 3 & 0.357\ 1 & 0.071\ 4\\ 0.071\ 4 & 0.035\ 7 & 0.214\ 3 & 0.5 & 0.178\ 6\\ 0.035\ 7 & 0.107\ 1 & 0.321\ 4 & 0.357\ 1 & 0.178\ 6\end{Bmatrix}$$

$$=\{0.051\ 0\quad 0.066\ 3\quad 0.280\ 6\quad 0.438\ 8\quad 0.163\ 3\}$$

2. 安全程度的评价向量

$$B2=\omega 2\times R2=\left\{\begin{matrix}0.648\,3\\0.229\,7\\0.122\,0\end{matrix}\right\}^{-1}\times\left\{\begin{matrix}0 & 0.035\,7 & 0.071\,4 & 0.571\,4 & 0.321\,4\\0.035\,7 & 0.107\,1 & 0.25 & 0.5 & 0.107\,1\\0.035\,7 & 0.071\,4 & 0.642\,9 & 0.178\,6 & 0.071\,4\end{matrix}\right\}$$

$$=\{0.012\,6\quad 0.056\,5\quad 0.182\,1\quad 0.507\,1\quad 0.241\,7\}$$

3. 顾客满意度的评价向量

$$B3=\omega 3\times R3=\left\{\begin{matrix}0.364\,3\\0.536\,8\\0.098\,9\end{matrix}\right\}^{-1}\times\left\{\begin{matrix}0.035\,7 & 0.071\,4 & 0.285\,7 & 0.464\,3 & 0.142\,9\\0.035\,7 & 0.035\,7 & 0.285\,7 & 0.285\,7 & 0.357\,1\\0.071\,4 & 0.178\,6 & 0.535\,7 & 0.142\,9 & 0.071\,4\end{matrix}\right\}$$

$$=\{0.039\,2\quad 0.062\,8\quad 0.310\,4\quad 0.336\,6\quad 0.250\,8\}$$

4. 个人业绩的评价向量

$$B4=\omega 4\times R4=\left\{\begin{matrix}0.637\,0\\0.258\,3\\0.140\,7\end{matrix}\right\}^{-1}\times\left\{\begin{matrix}0 & 0.071\,4 & 0.107\,1 & 0.178\,6 & 0.642\,9\\0.071\,4 & 0.035\,7 & 0.5 & 0.178\,6 & 0.214\,3\\0.071\,4 & 0.071\,4 & 0.607\,1 & 0.142\,9 & 0.107\,1\end{matrix}\right\}$$

$$=\{0.028\,5\quad 0.064\,7\quad 0.282\,8\quad 0.180\,0\quad 0.479\,9\}$$

5. 物流配送总体评价向量

$$B=\omega\times R=\left\{\begin{matrix}0.090\,1\\0.318\,4\\0.072\,7\\0.518\,8\end{matrix}\right\}^{-1}\times\left\{\begin{matrix}0.051\,0 & 0.066\,3 & 0.280\,6 & 0.438\,8 & 0.163\,3\\0.012\,6 & 0.056\,5 & 0.182\,1 & 0.5071 & 0.241\,7\\0.039\,2 & 0.062\,8 & 0.310\,4 & 0.336\,6 & 0.250\,8\\0.028\,5 & 0.064\,7 & 0.282\,8 & 0.180\,0 & 0.479\,9\end{matrix}\right\}$$

$$=\{0.158\,2\quad 0.200\,7\quad 0.181\,2\quad 0.335\,8\quad 0.363\,2\}$$

6. 物流配送绩效评价

个人素质的绩效评价结果为：

$$V1=B1\times QT=\{0.051\,0\quad 0.066\,3\quad 0.280\,6\quad 0.438\,8\quad 0.163\,3\}\times\left\{\begin{matrix}1\\2\\3\\4\\5\end{matrix}\right\}=3.597\,1$$

安全程度的绩效评价结果为：

$$V2=B2\times QT=\{0.012\,6\quad 0.056\,5\quad 0.182\,1\quad 0.507\,1\quad 0.241\,7\}\times\left\{\begin{matrix}1\\2\\3\\4\\5\end{matrix}\right\}=3.908\,8$$

顾客满意度的绩效评价结果为：

$$V3=B3\times QT=\{0.0392\quad 0.0628\quad 0.3104\quad 0.3366\quad 0.2508\}\times\begin{Bmatrix}1\\2\\3\\4\\5\end{Bmatrix}=3.6964$$

个人业绩的绩效评价结果为：

$$V4=B4\times QT=\{0.0285\quad 0.0647\quad 0.2828\quad 0.1800\quad 0.4799\}\times\begin{Bmatrix}1\\2\\3\\4\\5\end{Bmatrix}=4.1258$$

物流配送总体绩效评价结果为：

$$V=B\times QT=\{0.1582\quad 0.2007\quad 0.1812\quad 0.3358\quad 0.3632\}\times\begin{Bmatrix}1\\2\\3\\4\\5\end{Bmatrix}=4.2624$$

综上所述，京东物流配送绩效总目标和一级指标绩效综合评价结果如表 10 所示。

表 10　　京东物流配送绩效总目标和一级指标绩效综合评价结果

目标层	绩效评价结果	等级	一级指标层	绩效评价结果	等级
京东物流配送绩效	4.262 4	良好	个人素质 X1	3.5971	良好
			安全程度 X2	3.9088	良好
			顾客满意度 X3	3.6964	良好
			个人业绩 X4	4.1258	良好

通过计算，可以得出一级指标层个人素质、安全程度、顾客满意度以及个人业绩都属于良好阶段。同时，计算得出京东物流配送整体绩效评价结果正处于良好阶段，其中个人业绩与安全程度在四个一级指标层中评价结果中稍微较好，顾客满意度与个人素质一级指标层绩效评价结果也处于良好阶段，但仍有更大的进步空间。

五、提出的建议与策略

(一)加强员工个人素质

从评价指标分析中可以看出，对于个人素质指标层关注较少。但企业中，只有注重企业中个人素质才有助于提升公司软实力、增长硬实力，使公司受益。例如现在公司中，老龄化严重，45 岁以上快递员占比 23%；离职率高，整体占比 7.84%；学历低，二线高中及以下学历的员工占比 37%；年龄两级化，25 岁以下二线员工占比 33.41%，35 岁以上员工占比 11.17%。老龄化严重，经营意识薄弱，发展潜力不足。个人素质指标隐患增大。主要需要加强底盘建设，明确人才画像，严格把关上岗条件机制，对高龄员工离职不挽留，挖掘同行有潜力的快递员。定期人员盘点。建立"劣汰—培养"机制，对绩效较差的员工进行淘汰，对绩效优、潜力高员工进行着重培养，增加员工工作热情，从根本上提升员工个人素质。

与此同时，同步也可以进行文化类建设。建立荣誉体系，提高员工积极性，提升业务动能，促进整体收入。对各区揽收单量高的营业部经理及快递员进行表彰；用文化聚魂，提升员工揽收意识。建立揽收技能比拼、知识闯关赛、站点旧物改造等活动，开展跨区域揽收经验交流会、一线揽收标杆评比；建立关怀激励，发放揽收标兵激励礼包；培训赋能及销售融合。开展一、二线赋能培训，提升业务开发技巧。对快递员能力进行提升，实行经营赋能，了解产品，售卖产品，加强个人素质。

提升组织健康度。搭建优秀团队，让竞聘晋升选拔结果透明化。激励员工绩效沟通和反馈机制落地，梳理奖惩机制，多奖少罚。建立员工问题反馈、流程标准上传下达沟通渠道。畅通反馈机制人力资源 24 小时热线和片区总热线等。打造公平公正范围和管理的公平公正。同时，也要完善核心人员培养。推进作业工具及后勤保障改善，推动改善一线员工住宿、食堂、车辆设备等，优化一线员工排班制度，提升员工满意度，加强员工个人素质。

（二）加强顾客满意度

在指标分析中，顾客满意度层面关注也较少。顾客满意度的增加，可以直接提升公司在市场行业中的口碑，易于建设企业在行业中的地位。

提质量、重体验。定期开展新、老员工培训讲座、经验分享会等，提升员工的工作态度以及工作热情，提升员工留存率，加强顾客满意度；走出去，倾听员工心声，对绩效不合理的地方进行一定改革。在片区内部设立"一对一"带教机制，对导师予以考核。增强归属感，杜绝"无人问津"现象，进行月度访谈；提升个人素质增加顾客满意度。电商使我国快递业快速增长，末端"最后一公里"是快递、电商企业与用户直接面对面接触的过程。[15]对增值服务进行拓展，对于重物上楼、快递卡充值、上门揽收、逆向物流等增值服务进行特色提升，打造自己品牌的增值服务，例如京尊达，提供优质品牌类服务，提升顾客满意度，增强自身企业形象。

进行接驳能力建设。营业部利用区域现有团队，进行接驳集货。首先进行加人效率。对标同行业增设重货收派员，逐步提升自有人员占比。小件快递员增多，进行转单操作，重货收派员进行接货。实行接驳能力建设，能更有效地区分小件快递员与重货收派员，进行效率最大化，提升顾客满意度。

（三）拓宽第一梯队人才

拓宽第一梯队人才，提升各项二级指标，提升各项效率。建立蓄水池计划。不同岗，比如运作专员、仓管员可直接报名进入蓄水池中，允许一定比例的学历不达标人员的绩优人员（需要领导进行审批）可直接报名入池。从而放开学历门槛，进行年轻人才标签要求登记，挖掘潜力。其中快递员入池培养后，需在运作管理岗工作一定月份后，方可竞聘上营业部经理，扎实自身基本素质，从基层慢慢能级跃升。同时，扩大外招需求，加强现有运作管理的末位淘汰，按照校招进行人员补进，从而使底盘力量充实。

实行人才储备制度。扩大校招、储备以及外招。搭建完整培养晋升路径，保证超过半数的内部培养。进行校招，充实底盘力量。强化人才标签及培养，提升校招生留存及任命率，搭建完整晋升路径，明确其发展路径，从人才选拔、淘汰、流动上健全人才供应链，提升服务质量。

六、结论与展望

（一）主要结论

本文的案例以京东物流X分公司物流为研究对象，分析其现有的物流配送现状及绩效管理，在此基础上结合该企业自身特点设计了一套适用于该企业的物流配送绩效评价体系，构建物流配送绩效评价模型，通过定量的评价物流配送绩效，有利于物流企业的健康有序发展。本文的主要研究结论为：

1. 本文以京东物流华东区域X分公司作为研究对象，制定类系列评价指标体系，构建了物流配送绩效评价模型，构造了物流配送绩效评价模型并且进行了验证。最后，结果指出物流综合绩效评价结果为4.262 4，整体良好并且合理，并以此提出一些建议。

2. 本文从加强配送人员素质、加强顾客满意度、优化人才结构、加强人员保有率、规范操作、拓宽第一梯队人才等方面对提升物流配送绩效提出了优化与改进建议。

（二）展望

本文虽然提出了物流配送绩效评价方面的一些建议，但本文还存在很多需要完善的地方，例如：

1. 本文虽然制定了一系列评价指标体系，但它还是存在一些需要完善改进的地方。随着时代与互联网的进步，科技也在进步。今后的物流绩效研究中还需进一步优化评价指标体系。

2. 本文对于构建的物流配送绩效指标体系和评价模型已经与公司领导建议沟通，今后可能会在京东物流配送中体现，有待进一步验证。

3. 本文研究了京东物流配送绩效指标体系和评价，在其他物流企业中的配送绩效评级是否适用有待进一步验证，具体问题再具体分析。

参考文献

[1]张强. 利德通物流公司配送绩效评价体系设计[D]. 南昌：江西师范大学，2018.

[2]李森峰. 物流配送公司快递员绩效考核的实证研究[J]. 生产力研究，2018(12)：127－130.

[3]王西. 基于熵权—双基点法的现代物流企业服务创新绩效评价研究[D]. 长春：吉林大学，2013.

[4]王静. YS公司物流绩效评价及改进措施[D]. 石家庄：河北科技大学，2015.

[5]余黎. 顺丰电商物流配送绩效评价研究——以华东区X分公司为例[D]. 重庆：重庆交通大学，2018.

[6]李森峰. 物流配送公司员工绩效考核体系的优化研究[J]. 经济师，2019(4)：266－267.

[7]李轩. 西安邮政速递揽投员绩效考核研究[D]. 西安：西北大学，2019.

[8]王超，高扬，刘超. 物流绩效评价研究现状及趋势[J]. 中国流通经济，2017，31(3)：16－24.

[9]朱晨迪. HS物流公司员工绩效考核指标体系优化研究[D]. 蚌埠：安徽财经大学，2019.

[10]尹丽娟. 京东商城物流策略优化研究[D]. 石家庄：河北科技大学，2019.

[11]王思怡. JD电子商务企业自营物流绩效研究[D]. 南昌：南昌大学，2019.

[12]梅灵，邵明吉. 快递业务配送流程优化设计——以京东自营物流为例[J]. 中国市场，2018(1)：107－109.

[13]侯敬文. 京东商城物流配送模式改进研究[D]. 成都：西南交通大学，2012.

[14]董玲玲. 关于企业物流管理绩效评价体系的探讨[J]. 大众投资指南，2020(20)：84－85.

[15]胡芳，湛任远. 关于电商企业的物流配送模式分析——以京东商城为例[J]. 中国市场，2020(22)：181－182.

○ 市场营销

国产美妆品牌的社交化媒体营销策略研究

尹　丹

指导老师：吴培培

摘　要：随着互联网技术的不断发展，催生出一系列带有交互性质的社交媒体，与人们的生活紧密相连，社交媒体营销成为研究热点，其中社交媒体也成为各大美妆品牌实施营销策略的重要平台。基于此，本文以国产美妆品牌为研究对象，探究社交媒体营销对国产美妆品牌所带来的影响。首先，通过梳理国内外相关文献，把握社交媒体营销的概念、范畴以及与国产美妆品牌相关的社交化营销应用研究；其次，梳理中国美妆行业发展历程、社交媒体相关概念、特点和类别，以及成熟度不断提升的社交化媒体营销策略，概述了国产美妆的发展现状，包括国产美妆现有的消费群体与目标群体、国产美妆品牌 PEST 分析以及国产美妆社交媒体渠道分析；再次，结合案例研究国产美妆三大社交化媒体营销策略——企业 EGC 品牌内容创建传播策略、KOL 口碑传播策略、跨界营销引导的消费策略；最后，对国产美妆社交化媒体营销中存在的问题有针对性地提出相关建议。

关键词：国产美妆；社交媒体；社交化媒体营销策略

Research on Social Media Marketing Strategies of Domestic Beauty Brands

Abstract: With the continuous development of Internet technology, a series of interactive social media has been born, which are closely connected with people's lives, social media marketing has become a research hotspot, and social media has also become an important platform for major beauty brands to implement marketing strategies. Based on this, this article takes domestic beauty brands as the research object to explore the impact of social media marketing on domestic beauty brands. First, by combing relevant domestic and foreign literature, grasp the concept and scope of social media marketing and the application research of social marketing related to domestic beauty brands; secondly, comb the development history of China's beauty industry, the characteristics and categories of social media, and social media marketing strategies with increasing maturity, outlines the development status of domestic beauty, including the current consumer groups and target groups of domestic beauty, PEST analysis of domestic beauty brands, and analysis of domestic beauty social media channels; thirdly, combined with the case study the three major social media marketing strategies of domestic beauty cosmetics, namely corporate EGC brand content creation communication strategy, KOL word-of-mouth communication strategy, and cross-border marketing guidance consumption strategy; finally, relevant suggestions are put forward in response to the problems existing in the social media marketing of domestic beauty cosmetics.

Keywords: domestic beauty; social media; social media marketing strategy

一、引言

（一）研究背景与意义

20 世纪 50 年代以来，互联网的发展深刻地影响着人类经济社会的各个方面，进入 21 世纪后，互联网更是渗透到了衣食住行中。

我国自 1995 年互联网开始商业运用以来，经过 20 多年的发展，互联网在经济、社会、生产、生活中的占比越来越重，根据中国互联网络信息中心（CNNIC）发表的《第 47 次中国互联网发展状况统计报告》显示，截至 2020 年 12 月，我国网民规模达 9.89 亿，互联网普及率达 70.4%。

在互联网迅猛发展的基础上，许多产业应运而生，如淘宝、微信、抖音以及新兴直播产业等，而互联网的发展也催生出了带有交互性质的社交媒体的萌芽及发展。

1971 年，研究阿帕网项目的科学家发出了世界上第一封电子邮件，标志着互联网开始出现社交的特性。1994 年，中国曙光 BBS 站的建立意味着我国社交媒体的诞生；1999 年，腾讯公司开创了即时通信服务，也就是现在的 QQ，从此以后人们之间的沟通联系不再拘泥于电话和短信；2009 年建立的微博是一种用户之间信息即时分享、传播互动的社交平台；紧随其后的微信、小红书、抖音也逐渐成为人们活跃的社交平台，社交媒体已经改变了人们现有的生活。

随着消费者生活状况的改善，大多数群体开始注重自身的保养以及化妆修饰，产生了对美妆产品的需求。根据国家统计局发表的《中国统计年鉴 2020》中的第六板块人民生活中的数据表明，全国居民人均可支配收入从 2013 年的 18 310.8 元涨到了 2019 年的 30 732.8 元；2020 年 10 月化妆品类零售额达 281 亿元，同比增长 18.3%；1～10 月化妆品类零售额为 2 569 亿元，同比增长 5.9%。对于美妆行业来说，人们生活水平的提升以及实现自我需求的心理变化使得美妆行业迎来了发展的黄金时期。

我国美妆从 19 世纪初到如今蓬勃发展可谓历经波折，从被贴上“腐朽生活”的标签到如今的“大胆追求美”，中国美妆经历了一系列政治、经济、文化的冲击。国产美妆真正开始活跃并吸引人们的注意力是从 2008 年开始的，随着各类社交媒体的创立和应用，商业品牌宣传也随之蜂拥而至。但琳琅满目的商品品牌和各类宣传方式也让消费者感到无从下手，由此产生了对社交化媒体平台下直播带货、关键意见领袖等的需求，国产美妆也开始摸索与之相结合的营销策略。

就抖音平台来说，巨量算数最新发布的《直播间里的潮流新时尚——2020 年抖音美妆直播报告》提到，有关于美妆的月直播次数为 7.5 万以上，月看播次数为 5.5 亿以上，月看播用户数为 1.3 亿以上，庞大的观看直播用户群体为美妆行业带来了流量变现的途径，也进一步挖掘了美妆品牌的相关消费者，进而发展其成为该品牌的忠诚用户。

由 CC 数据发表的《2020 下半年美妆行业抖音 & 小红书营销报告》提到，2020 年下半年抖音短视频热门带货达人 Top 1 000 中，主营美容护肤及精致彩妆的达人数量名列前茅，国产美妆品牌如完美日记、自然堂等都位列抖音短视频量指数 Top 10 品牌中，并且一半以上的抖音直播销售额 Top 10 美妆品牌都是国产品牌。由此可见，基于社交媒体的营销策略对国产美妆来说收益颇丰、前景甚好。

基于此，本文将结合现下品牌美妆消费所面对的目标群体，整合学者对社交化媒体营销的相关研究，概述社交化媒体营销的概念、特点与类别，分析我国美妆品牌的行业发展现状，探讨美妆品牌结合社交化媒体使用的营销策略与手段，并且发现营销中的问题，提出有针对性的建议，以期为正处于上升期的国产美妆提供一定的指导意见。

（二）研究内容与方法

本文的研究内容分为五个板块：文献的获取与综述；国产美妆社交化媒体营销的现状分析；国产美妆社交化媒体营销策略分析；国产美妆营销中的问题与建议；结论与展望。

本文的具体研究过程如下：

第一，文献的获取与综述。利用文献研究和比较研究的方法，从国产美妆、社交化媒体以及国产美妆与社交化媒体这三个部分对相关文献进行研究与综述。

第二，分析国产美妆社交化营销的现状。厘清中国美妆的发展历程，识别中国美妆的目标消费群体，分析国产美妆品牌面临的营销环境和采用的社交媒体渠道。

第三，分析国产美妆的社交化媒体营销策略。分析与总结现有社交化媒体营销的策略类型，结合具体的案例分析现有国产美妆品牌所采用的社交化媒体策略。

第四，识别问题与提出建议。对美妆国产美妆品牌在实施社交化媒体策略过程中存在的问题进行深入剖析，并对具体问题提出有针对性的建议。

第五，总结与展望。对全文的研究进行总结，并就下一步的研究方向进行展望。以社交媒体平台为主，顺应时代发展，展望以此为依托的营销策略为国产美妆品牌带来新的黄金发展期，步入成熟期，与国际大牌角逐。

在研究的过程中，本文综合采用了文献研究、比较研究以及案例研究等分析方法。

二、相关概念与文献综述

（一）国产美妆相关研究

鲸准研究院发布的《2019中国美妆行业研究报告》中指出，广义化妆品定义指以涂擦、喷洒等方法将其使用于人身体部位之上，从而达到清洁、护肤、美白等目的的日用化学工业品。狭义化妆品定义指在美妆行业中的产品，如彩妆、香水等。美妆则是人们通过使用相应的化妆品和化妆工具，采取合乎规则的步骤修饰自身的一种统称。

在针对国产美妆的研究中，学者们一般聚焦于某一国产美妆的某一策略来进行研究及阐述。例如，陈晓环等(2020)在关于上海老字号百雀羚的研究中，聚焦于新媒体环境下百雀羚的品牌设计形象如何使之完成转型，特别指出在新媒体环境下，品牌应更加注意与消费者建立情感共鸣，与此同时，品牌视觉、品牌文化、品牌营销等都围绕着国潮风来进行策划与宣传，与新一代消费者建立更深层次的联系。[1]

而在张凯(2019)的研究中，将无论是佰草集还是片仔癀等以“药妆”出名的美妆产品概念归结为一种“药妆”营销，这类产品品牌在中国发展还有很大的行业空间，但是从法律层面上来说，宣传“药妆”“医学护肤品”等概念的均属于违法行为。[2]

完美日记作为彩妆新兴品牌，在李蓉丽和范玉丽(2020)的研究中以完美日记为例，着重分析了新消费背景下小品牌快速崛起的路径，其基于“人、货、场”的结构，提出小品牌要注重细分市场、品牌调性、品牌创新力等。[3]

随着直播电商等技术的成熟，以这一渠道打开市场的花西子得以借助像李佳琦等KOL的势头宣传自身产品，其后又以跨界联名扩大品牌影响力，在魏梦琴(2020)的研究中分析了国潮复兴下花西子的品牌联名效应，基于联合紧密度、消费者互动、情感融入和感知风险阐述跨界联名对于一个品牌的优劣势。[4]

总体来说，学者们对于国美美妆的研究主要集中在结合具体案例分析其营销策略，或是以某一品牌为例研究其成功的原因或说采用的营销策略。

（二）社交化媒体营销相关研究

1. 社交化媒体的概念

在现今技术的加持和创新下，随着社交媒体的不断发展与融合，社交化媒体营销这一概念也随之出现。Mangold 和 Faulds（2009）最早在研究中将社交媒体纳入营销工具的范畴。[5] 以 Kamboj 等（2018）为代表的学者聚焦于品牌化（branding）、策略（strategy）、推广（promotion）等词，以更好地阐释社交媒体营销内涵与影响。[6]

在社交媒体营销战略与效用的相关研究中，学者们通常从范围、文化、结构与管理 4 个维度对社交媒体营销战略进行解读与评估。社交媒体营销是一种基于社交网络平台，通过围绕用户展开的即时协作、信息共享等活动，是为利益相关者创造价值的营销手法。[7]

社交媒体还可细分为内容社区、社交网站、虚拟游戏世界等多个类别，通常具有自我延伸、身份建立、知识共享、交互沟通等多个功能。信息时代的重新定义带来了全新的营销变革，这也启发了包括 Hanna 等（2011）在内的诸多学者将社交媒体放入营销这个议题中，逐步构建起社交媒体营销的概念框架，并从广义层面上阐述了该种营销手段的特点与意义。[8]

2. 社交化媒体的特征与类别

基于网络技术飞速发展，当前社交网络能够在大数据、物联网等技术的支持下，基于用户兴趣爱好进行相关内容推送，将有共同兴趣爱好的人群聚集在一起，并且当前社交媒体基于移动通信技术的大力发展，显现出了强大的便利性、交互性与即时性，顾客之间的沟通交流可以借助地理定位等方式联系起来，将线上与线下的壁垒打通。[9]

（1）社交媒体的特征

社交媒体平台作为推荐算法应用的代表，其算法推荐的基础主要是通过收集用户的行为数据，对用户的兴趣偏好进行分类，并根据用户的兴趣偏好对信息进行精确、连续的匹配。

区别于传统营销的创新型品牌建设战略研究，社交媒体的介入使得学者们在研究中更侧重于强调即时性、交互性等平台特点，这类研究常基于颠覆性的商业模式来阐释品牌化战略影响。

社交媒体的最大特点就在于以人为媒介进行传播的自媒体性、将现实关系网络化的真实性以及信息交流多对多的社区性，这表明，社交媒体的用户既是内容的消费者，也是内容的生产者，更多时候还是内容的传播者。[10]

通过以上有关社交媒体的阐述，得出以下有关社交媒体的特征：

第一，开放性。所有人都可以使用社交媒体，享受其提供的服务，社交媒体自身并没有设置任何准入门槛。

第二，及时性。无论何时何地，借助移动终端如手机即可发布、接收信息。

第三，互动性。用户相互之间分享、评论、转发信息，有助于扩大信息的覆盖面，构成一张巨大的社交媒体关系网。

第四，个性化。用户可以自由选择相关社交平台发表自我看法。

第五，精准性。通过大数据处理技术，深度分析社交媒体平台中用户的社交媒体使用习惯，得出用户兴趣图谱，以此向用户精准推送适合的信息，力求获得最佳传播效果。

(2)社交媒体的类别

在如今的社交媒体中，可大致分为三类：

一是基于互联网用户关系的内容生产与交换平台，如微信、QQ、微博等社交通信软件；

二是基于特定形式的内容生产与交换平台，如抖音、快手、B站等视频导向软件；

三是依托社交关系实现交易的电商平台，如唯品会、拼多多、小红书、蘑菇街等交易导向的应用软件。

其中具有沟通导向的、基于互联网用户关系的社交软件属于强联系的类别，而其余两种基于特定形式、具有交易性质的应用属于弱联系的类别。强联系与弱联系之间的区别在于用户画像的精准度，由于强联系具有先天性而很难绘制用户的真实特征，弱联系更能窥探用户的真实喜好，这是因为弱联系是以点赞、评论、转发、关注等社交行为而缔结起来的联系。[11]

3. 社交化媒体营销策略

根据 Fangfang Li 等(2020)的研究分析，可将社交化媒体营销策略分为三种类别方向。[12]

一是根据企业自身在使用社交媒体时的战略目标来区分。社交媒体战略目标是指通过实施社交化媒体营销实现的具体组织目标。

二是企业与客户之间的互动类型。其中包括：第一，单向互动。即企业在社交媒体上传播内容(如广告)，客户被动观察和反应的传统单向沟通。第二，双向互动。即通过社交媒体上的交易进行互惠互动的沟通，一种是企业发起的互动(企业主动开始对话)和客户参与(通过喜欢、分享或评论内容)，另一种是客户发起的互动(客户通过询问、提供反馈甚至发布对公司的负面评论，同时公司倾听并回应客户的声音)。第三，合作互动。即建立在公司和客户有相互影响的、频繁的互惠活动基础上的最高级别互动，不同的互动类型催生出不同的社交媒体策略。

三是客户参与度。这在很大程度上取决于社交媒体中企业与客户之间的联系强度和互动强度，包括交易性和非交易性因素。胡映佳和卢扬帆(2020)基于社交媒体的精准营销将目光聚集到了消费者身上，通过社交媒体实施的精准营销所提升的客户参与度就可以形成良好的口碑，影响消费者购买前的决策。[13]

(三)国产美妆的社交化媒体营销相关研究

如今以哔哩哔哩、微博、小红书、抖音等为主的社交媒体平台,在美妆领域发挥着重要作用,特别是在针对社交化媒体营销中,这种类似的平台几乎涵盖了各大品牌的营销关注点。

短视频行业崛起成为国产美妆品牌营销的新利器,抖音以其活跃的用户群和激增的下载量为国产美妆内容传播和直播带货提供了全新的平台。在向庭英(2020)关于抖音美妆广告的相关研究中,品牌抖音账号、KOL、内容消费、用户互动、明星效应等是国产美妆出圈的重要因素。[14]

小红书聚焦于女性消费者,凭借着购物笔记形成了一个分享社区类平台,网红、明星等在其平台上分享美妆服饰等攻略,从而产生"带货"效果,对于美妆品牌来说,天然的分享氛围使得品牌产品能被更多人知晓和购买。

在王慧和陈艳(2020)的研究中指出,类似小红书这种"社区+电商"的模式,能够实现产品在平台中的垂直分类,同时也能够通过社区中的意见领袖、达人引导等方式显著提高社区互动性并获利,相对于传统电商营销模式来说,这类平台开展的活动具有更强的针对性,能够实现主题式发展,使得整个电商营销活动具有更为显著的文化深度与行业划分。[15]

在李欧伦(2018)关于微博与化妆品的研究中指出,微博作为时尚传播的平台,其庞大的用户群和关注度建立起了一个广泛的社交网,对国产美妆特别是口红这类的产品来说,产品成了用户的社交货币,个体通过消费社交货币来获得社会归属感。[16]

从目前的国内外研究来看,有关于社交媒体营销的文献主要集中在阐述社会媒体营销概念范畴、结合商业案例进行分析归纳、分别从品牌用户角度出发研究社会媒体营销对两者的影响等方面,收录的研究大多集中于商业管理板块。

对于国产美妆社交化媒体营销的研究中,基本关键字集中于国产美妆品牌和社交媒体平台,基于现如今大火的社交媒体平台来分析国产美妆品牌的营销策略成为研究热点。在技术的不断更迭下,社交化媒体营销将会进行多方面的跨学科合作,例如行为心理、计算机科学、传播学等。

国产美妆自诞生以来一直处于不高不低的位置,但在近几年社会媒体营销的作用下,国产美妆品牌迎来了黄金发展期。本文将通过对前人研究成果的归纳与总结,以国产美妆与社交化媒体营销为切入点,深入分析两者之间存在的联系,并探索品牌运用这一营销手段的效果。

三、国产美妆社交化媒体营销现状

(一)国产美妆发展历程

本文通过文献资料、研究报告以及国家相关数据,将国产美妆行业的进程分为三个阶段，分别是萌芽期、形成期以及发展期。萌芽期是国产美妆起步的时期，在19世纪中期至20世纪初期，那时中国的美妆企业正处于小作坊时期；形成期从20世纪中期至20世纪90年代末期国际美妆品牌进入中国开始，中国本土美妆企业开始形成并初步发展；发展期是21世纪初期直到现在，国内美妆技术的发展加上互联网发展红利，国产美妆品牌迅速崛起，并与国外大牌形成竞争趋势，整个美妆行业进入创新融合时期。

1. 萌芽期

19世纪中期，我国生产技术还较为落后，化妆品行业也长期处于小作坊式的状态，之后由于资本主义国家对我国的经济侵略，外国的化妆品开始进入中国市场。20世纪初期，在上海、云南、四川等地出现了一些专门生产雪花膏的小型化妆品厂。

最早的是扬州“谢魏春”化妆品作坊，创始于1830年，距今已有191年的历史，是国内化妆品工业的先驱，杭州“孔凤春”化妆品作坊创始于1862年，距今有159年的历史，1898年“千里行”在香港建厂，开始生产花露水，之后又在广州、上海建厂生产雪花膏，1911年中国化学工业在上海建厂，即目前上海牙膏厂的前身。[17]

我国刚开始的美妆产业定位是老三样：香皂、蛤蜊油、花露水。但当时美妆在政治上被归类成了萌生“资产阶级”思想的错误理念，经济上也被贴上了“腐朽生活”的标签，中国美妆行业的发展因此停滞了数十年。

2. 形成期

20世纪70年代末期，在生活逐步走上正轨的基础上，人们产生了对美的初步需求，这促进了日用化妆品工业的迅速发展，多品种、多功能的护肤用品、化妆用品、护发用品应运而生，但品质上还没有太多提高。

到了20世纪80年代，功效性护肤品应运而生，上海日用化学品四厂开发的牡丹雀斑霜，对减淡面部黑色素和黄褐斑、减缓雀斑色素的沉着、柔嫩肌肤、清洁皮肤有明显功效。之后上海化妆品行业大力发展成套美容化妆品，日化行业进一步调整产品结构，化妆品从护肤性向营养性、疗效性发展。在这期间，男性美妆需求开始显现，以满足男性美化需求的化妆品也开始出现在市面上。

1989年，广州美博会开始创办，到了20世纪90年代，广州化妆品生产工艺水平已达到80年代的国际水平，基本实现产品从配制到包装全过程封闭式无菌操作。1993年，北京邦定生物医学公司成立，其医美交融的医疗SPA一直引领国内行业科技先锋。

20世纪90年代末期，各个企业家开始创办属于自己的企业品牌，促进了中国美妆市场的形成。郑春影在积累了足够的资金和行销网络后，在上海组建了自己的第三座工厂和实验基地，至今美素发展成为集科研、生产销售为一体的日化线和专业线并存的集团性企业；胡兴国在代理化妆品长达8年之后，从代理商转而做厂商，在广州创建了环亚公司生产美肤宝，进攻专业线，10年后又正式进入日化线，与中国药用植物研究所(云南)展开技术合作,共同开发绿色美容产品;封帅创办了相宜本草,宣传"本草护肤",仅仅用了十年时间,相宜本草产值就已经增长到15亿元;毛戈平化妆艺术有限公司在杭州创办的MGPIN品牌化妆品面世,这是中国第一次以化妆师命名的化妆品品牌;侯军呈在代理六七年护肤品之后,成立了杭州珀莱雅化妆品公司,抓住当时风靡全国的节目以冠名方式打响品牌知名度,创下了销售神话。

到了21世纪,中国已有自己专业线的十大品牌,其间还有各类小众品牌也开始登上中国美妆的舞台,在不同领域与传统企业以及国际品牌角逐竞争。

3. 发展期

随着淘宝、微信占据越来越多的消费渠道并推动产生新的营销模式,美妆新兴营销模式也由此诞生,技术以及平台的创建极大程度地改变了美妆在传统渠道销售的局面。

2015年,占地面积达5 250亩的美妆小镇(Cosmetic Town)在浙江吴兴规划完成,与此同时还建立了自己的美妆博物馆,收藏了数以万计的产品,展示中国的化妆品历史,为中国美妆行业打造新的文化平台。

2017年,步入颜值经济时代。"颜值"与美妆相得益彰,二者相互作用,借以此出现在网上的各类妆容效应赋予了"颜值"更多的商业价值。"大胆追求美、提升颜值需求迫切"的背景为化妆品行业的发展奠定了基础。

2018年,本土美妆品牌谋求上市,中国的化妆品产业开始进入规模化、资本化,同时又开始规范起来。[18]

近年来,中国国力强盛,经济发展迅速,国内政局稳定,营商环境良好,使得国际品牌在国内的市场份额不断被国内品牌占领。2011年国际品牌的护肤化妆品销量占中国市场的60%左右,销售额更是占到了90%左右,中国的美妆几乎被外资品牌垄断,而到2017年中国美妆市场外资品牌的价值份额下降到了22%。纵观整个市场,以几年前国外、国内美妆品牌各方面对比来看,国内大环境发展晴好的状况下,国产美妆品牌竞争力不断提升,逐步站稳脚跟。

随着国产美妆品牌在国内的强大,一些大型的国产美妆企业显然不满足于国内市场,纷纷开辟国外市场。百雀羚、一叶子、膜法世家等国内大牌纷纷通过全球速卖通、亚马逊等跨境电商平台走出国门,走向世界。这一系列动作也取得了良好的成果,自2013年以来,国内美妆出口数量以及出口金额都在稳步增长。整体来看,国产美妆前景良好,发展稳定且迅速。

(二)美妆社交化媒体营销现状

1. 美妆目标消费群体

根据《第47次中国互联网络发展状况统计报告》,截至2020年12月,我国网民使用手机上网的比例达99.7%,较2020年3月提升了0.4个百分点;使用台式电脑、笔记本电脑、电视和平板电脑上网的比例分别为32.8%、28.2%、24%和22.9%,较

2020 年 3 月有明显降低。可以很明显地看出，网民明显都偏向于使用手机来接入互联网络，满足各种需求。[19]

而在我国网民群体中，学生最多，占比为 21.0%；其余的在这一比例之后。学生作为网民中一个不可或缺的群体，成为许多行业品牌的消费目标群体。

根据 QuestMobile GROWTH 发表的《2020 美妆人群与品牌洞察分析》报告来看，在美妆领域，男女比例接近于 2.5∶7.5，且随着男性消费者在美妆领域的增加，这一比例也正在逐步缩小差距(见图 1)。

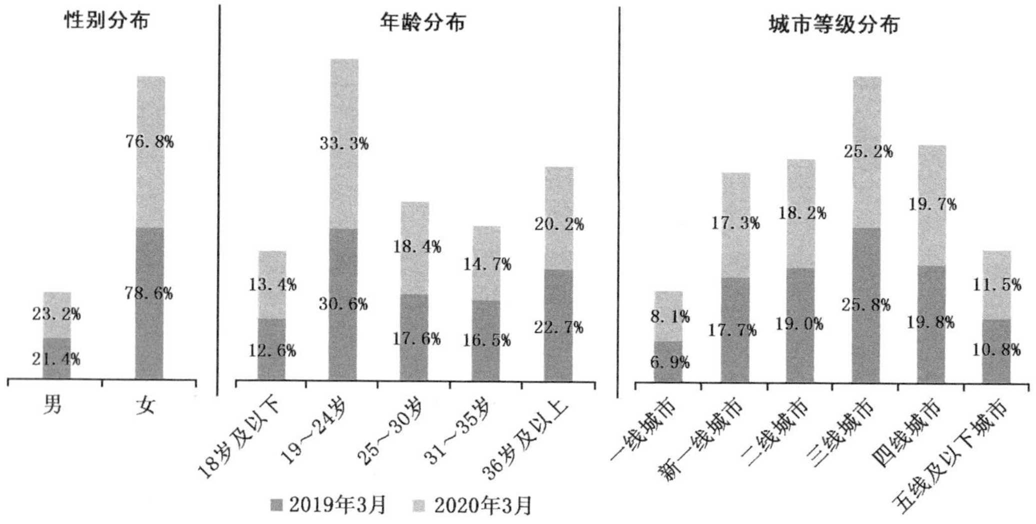

资料来源：笔者根据网络公开数据自行绘制。

图 1　美妆人群用户画像变化情况

在年龄分布方面，19～24 岁人群占美妆领域人群比重最大，19～35 岁人群占比超过 60%，“90 后”成为绝对消费主力，“95 后”消费人数及规模持续高位增长。

在城市等级中，美妆人群基本是来自二、三、四线城市的年轻女性，25 岁以下年轻人群规模呈现出进一步增长趋势，男性人群占比也有所上升。

整合资料研究报告数据，特将美妆消费目标群体分为以下三类：

(1) 新生代：“95 后”群体

“95 后”，指 1995—1999 年出生的一代中国公民。相比于“80 后”和 1990—1994 年出生的人，“95 后”更年轻，思想更活跃，更加紧跟时代潮流。

“95 后”主要是从搜索引擎、社交圈和公众号、新闻资讯平台等来获取其所需要的信息。对于美妆品牌使用群体来说，不管是自己的朋友圈还是例如小红书、抖音、微博等社交平台的信息，都可能影响其对产品的认知感。

据《天猫美妆消费人群趋势报告》显示，美妆的核心消费人群主要集中在“85 后”、

"90 后"以及"95 后"三大群体间,其中"95 后"的消费额及人数增长显著,正在成为美妆消费潜力人群。

在 CBNData 发布的《2020 中国互联网消费大数据报告》对于"95 后"的调查中,其关键字如图 2 显示,体现了如今的新生代消费者需求多变,乐尝新但少忠诚的一个特性。在针对"80 后"、"80 前"、"90 后"、"95 后"关于 MAT2020 线上各代际消费者购买同类商品每次都更换品牌的比例调查中(见图 3),"95 后"的比例高居不下,说明了"95 后"的一个忠诚度很难维持。

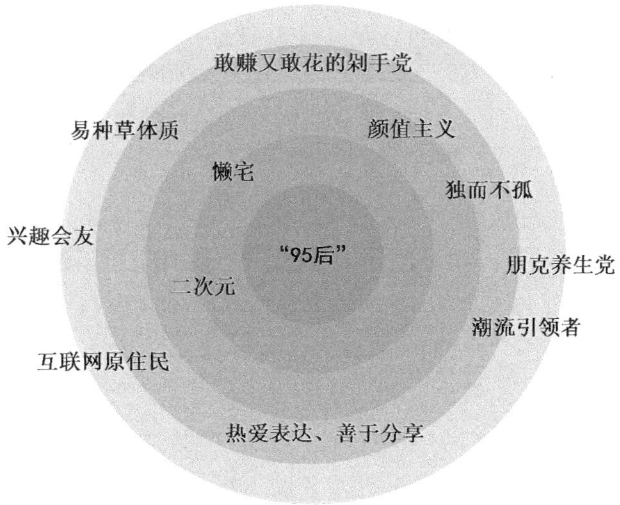

资料来源:笔者根据网络公开数据自行绘制。

图 2 "95 后"消费者标签关键字

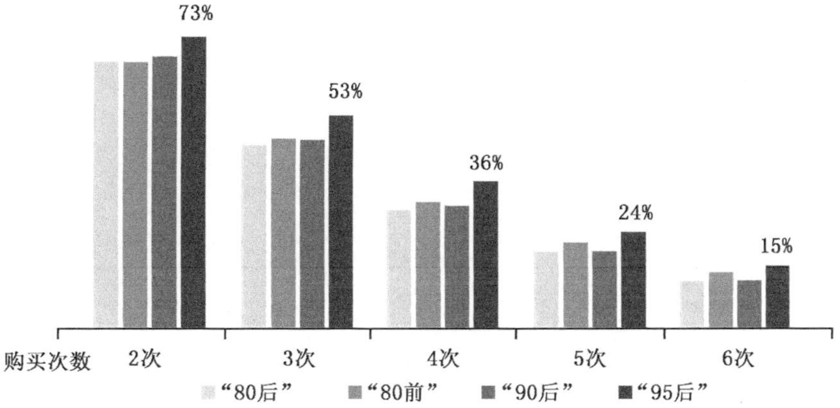

资料来源:笔者根据网络公开数据自行绘制。

图 3 各年龄层购买同类商品每次都更换品牌的比例

(2) 小城女青年：三、四、五线城市女青年

结合上文分析，以性别、年龄、城市等级来看，小城女青年指城市等级在三、四线，性别为女，年龄普遍在 10～30 岁之间。在中产阶层中，来自小城的中产阶级被认为是低负担的幸福群体。现阶段一、二线消费市场日渐饱和，互联网流量红利减弱，有关于美妆品牌产品网络消费随着社交媒体的兴起逐渐从一、二线转移到下沉市场。

如今随着"直播带货"以及"笔记分享"等购物方式的兴起，三、四、五线的用户"跟风式消费"理念得到最大限度的发挥。美妆品牌靠社交媒体，以一、二线流行趋势的营销手段打动三、四、五线用户，实现目标用户群体的流量变化转化。

三、四、五线用户群体关注化妆产品在于基础款，如防晒、美白等，负担不重但追求美的这一群体让基础款美妆产品在三、四、五线城市销量稳增。

而从渠道上看，小城中产更依赖线上购买，六线城市美妆人均客单价及人均订单量均高于其他线级城市。[20]

(3)男性美妆人群：对美妆感兴趣的 18～35 岁的男性群体

以欧睿咨询数据显示，2016—2019 年，中国内地男性护肤品及化妆品市场的零售额平均年增长速度达到 13.5%，远高于全球的 5.8%。这表明男性化妆品这一市场在化妆品行业中已经占有一席之地。

此外，《中国美妆个护消费趋势报告》数据显示，86.3%的"90 后"男性美妆用户会自己研究男性护肤，将近 80%的"90 后"、"95 后"男性早在大学或以前就养成了护肤习惯，而"95 后"男性也已经成为线上男士护肤市场的第一大消费主力。

男性彩妆的主力消费人群集中在初入职场的"95 后"，其消费水平不高，国货的价格因为更亲民，一度成为 Z 世代的消费首选。[21]

2. 国产美妆品牌的 PEST 分析

国产美妆品牌作为国内异军突起并与国外一众美妆品牌形成竞争局面离不开大环境下的改变，不同的行业环境面临不同的风险与机遇，下面将运用 PEST 模型从政治、经济、社会及技术等方面对国产美妆市场宏观环境进行分析。

(1)政治环境

1987 年，中国化妆品历史上第一部全国范围内使用的《化妆品卫生标准》正式发布，并于 1987 年 10 月 1 日开始实施，使化妆品生产和销售从此有章可循、有法可依。

1989 年 11 月，卫生部发布《化妆品卫生监督条例》，加强监督化妆品生产、经营中存在的卫生、质量及使用安全问题，这项条例于 1990 年正式施行。这部条例在使用了近 30 年后，于 2019 年 3 月 2 日提出修改意见。

随着我国化妆品市场的不断发展，化妆品卫生监督工作中的权责更加清晰，针对化妆品卫生监督的政策也更加完善。近年来《电子商务法》等政策的出台实施，也使得国产美妆搭上了电商这一块的"顺风车"。

再有就是国家在税收方面也对护肤品行业给予一定的支持。财政局和税务总局在《关于广告费和业务宣传费支出税前抵扣政策的通知》中提出，化妆品制造与销售等三类企业的宣传费和广告费从2016年1月1日起至2020年12月31日在税前抵扣政策下继续按照30%实施。[22]监管机构所出台的这一规定，让已经在广告宣传费上投入大量资金的化妆品企业吃下了定心丸，改善了企业的盈利水平。

自2015年起，我国经历了多次进口和本土化妆品相关的关税、消费税、增值税税率(及行邮税、跨境电商综合税税率)调整，其中2016年10月的消费税率(消费税是流转税中的价内税)下调幅度大且影响最大，造成了普通化妆品50%以上、高档化妆品30%以上的实际税率下降，高档化妆品的税率从三成降到1.5成。实施这项政策代表大多数彩妆所付出的消费税都降低了，最终达到彩妆的生产以及购买成本也大幅下降，让彩妆品类的增长有了强大的推动力。

在更健全、更卫生、更安全、更放心的法律法规的出台和制定下，美妆行业的各类标准也越来越规范，这对消费者和企业来说都是有益的事情，消费者心里对具有法律效应的商品更具有亲切感、认同感和信任感，企业也可以使用认证过的产品来赢得消费者的信任，把具有认证的化妆品效果功效一一展示给消费者看，更具有说服力。

(2)经济环境

在经济环境方面，"新经济"和"消费升级"不断体现在国民生活中的方方面面，国家寄希望于依托信息技术发展和制度创新基础上的"新经济"来减少通货膨胀，同时降低失业率。从国家经济大环境来看，传统制造行业中的企业经过战略转型进入"第三产业"，这正是国家希望看到的企业发展趋势，这种趋势将带来"第三产业"的蓬勃发展。

美妆行业作为新兴的第三产业，在国家经济方面带来了积极的影响，比如根据国家统计局发布的2019年的年鉴报告中关于社会消费品零售总额和网络零售总额对比分析可以得出，网络零售总额占社会消费品零售总额的比例不断提高，线上市场越发重要(见图4)。在供给端上，我国制造业繁荣，供应链日渐完善，代工模式逐渐转向品牌自有化。

(3) 社会环境

经济发展的不断进步也表明了人们消费水平的不断提升，自我愉悦和自我满足越发重要，典型的表现就是美容化妆逐步成为日常生活中必不可少的一项举动。随着"95后"、"00后"步入成年，因生活、职场所需，对美妆的需求同步带动了社会原有的"70后"至"90后"人群对美妆的追求，从整体来看，美容美妆普及率越来越高，美容消费越来越低龄化，美容大健康市场呈现趋势性利好。而随着中国城镇化升级、城乡差距的进一步缩小，美容美妆的普及率也覆盖了中国的三、四线市场。

从消费结构统计来看，无论是在一线城市还是三线乡镇市场，人们对于美妆的需

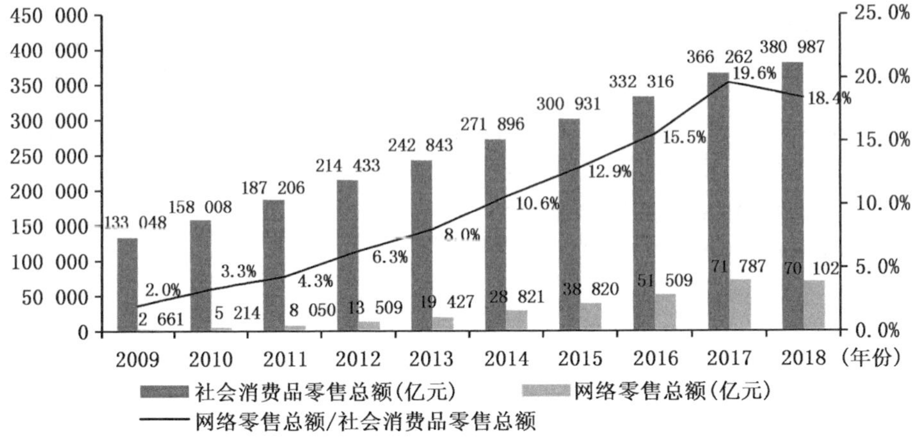

资料来源:笔者根据网络公开数据自行绘制。

图 4　2009—2018 年社会消费品零售总额与网络零售总额及占比

求不断增大,化妆品在日常生活中的消费支出占比也随之增大,美妆大市场即将迎来红利兑现期。

随着国家实力的增强,文化自信彰显,越来越多的中国品牌走向海外,进军国际时尚舞台。本土文化和国货得到官方积极扶持,国货品牌影响力越发强大,产品设计、包装、质量等全面提升,逐渐摆脱过去"老土"、"质量差"、"廉价"等负面标签,消费者对国货的认可度日益提高。

(4)技术环境

第一,移动端不断发展。移动设备及相关通信技术的成熟,对我们的生活产生了巨大影响,与以往出行必须带现金和银行卡不同,随着智能手机的普及和移动支付技术的日渐成熟,我国居民的消费习惯和支付方式都在潜移默化地改变。移动数字经济将消费者的相关信息统计成具体的数据,将数据进行归类汇总,对企业营销和消费者行为分析等都具有重大意义,也有助于企业在经济全球化背景下真正实现覆盖全球市场的营销效果。

第二,短视频平台兴起。随着智能移动终端的普及,以腾讯、优酷、搜狐等为代表的专业视频观看网站平稳发展,新生短视频和直播分享平台等快速发展,充分利用快节奏下人们碎片化的时间来改变信息传递方式和途径。2017 年,短视频向垂直、细分市场发展,各类专业细分平台上,自我展现、认同性和参与感结合人工智能精准推送吸引了大量相关受众人群。巨大的粉丝数量以及用户关系间的强联系性,使得基于社交媒体下的各类内容隐藏着更大的商业价值。

3. 国产美妆社交媒体渠道发展分析

中国美妆产业链的一个整体概览可以分为供应商、品牌商、营销渠道、销售渠道、运营服务商和消费者。

其中的供应商一般指提供美妆原材料、包装以及化工工厂等，这是美妆诞生的起点。中国化妆品牌上游供应生产商包括国际化妆品研发与生产龙头科丝美诗、科马及莹特丽等，在美妆供应链中占据强势地位。中国代表性的化妆品生产企业包括诺斯贝尔和栋方股份等上市公司，研发与生产型企业普遍规模较小，原因在于绝大部分品牌商仍以自主生产为主、外包为辅。随着化妆品品牌多元化，研发与生产型企业有广阔的成长空间，美妆代工产业巨头有望分享增长红利。

品牌商就是消费者所了解或熟知的产品品牌，如百雀羚、珀莱雅、膜法世家、佰草集、自然堂、美康粉黛、稚优泉、卡姿兰、完美日记、花西子等，这些品牌商往往集生产、包装、营销于一体，为其受众带来新的产品，并保证其有益性，这是美妆真正形成的开始。

简而言之，营销渠道就是一个产品转变为真正品牌和销量的节点。智能手机的广泛使用使得每个人的手机上都充满了各式各样的社交软件，如抖音、B站、小红书、新浪微博、淘宝、快手、微信等，各类相似而又各有侧重点的社交软件满足了性格各异的用户们，也为平台带来了信息红利。品牌商通过这些社交软件找寻自己的目标受众群体，从而达到产品广告的一个精准投放，这就包括了KOL的找寻、明星的代言以及官方自身的内容发布。借助社交平台构建的一个营销渠道使许多新兴品牌或是老式牌子以各种方式频繁地出现在了消费者的一个碎片化时间里，虽然时间不长，但以量取胜。

销售渠道一般传统地被分为线上渠道和线下渠道。线上渠道又分综合电商、垂直电商和社交电商，以综合电商为代表的为大众所熟知的有淘宝、天猫、京东、苏宁易购等，以垂直电商为代表的有聚美优品、乐峰、丽人丽妆等，以社交电商为代表的有小红书、闺蜜美妆、微店等；线下渠道以一些大卖场、商场等为主，像沃尔玛、家乐福、屈臣氏等，在其中设有美妆品牌的售卖区或体验区，增加了用户的黏性和忠诚度。

在社交媒体营销渠道还未受到重视之前，传统营销渠道以直销、母婴店、美容院、单品牌门店、化妆品集合专营店、大卖场、百货商场等来进行一个美妆产品的营销，这其中的流程往往是从发售新品到明星代言到线下购买之后可能口口相传，再到相关复购，这一整个流程都是基本靠着头部流量结合线下销售点完成的，在时间速度和销量上往往达不到预先的结果。

而随着社交媒体平台的兴起，传统营销渠道被打破，将社交和营销结合到一起后，变成了社交式营销，这也使得针对消费者的精准营销和个性化服务得以更加具体地实现。

以现如今较火的短视频App为例，2011年快手成立，到2014年底快手月活800

万,2019 年 6 月快手月活达到 3.41 亿;而 2018 年春节期间,今日头条系的短视频平台抖音由不到 4 000 万上升到近 7 000 万,成为现象级产品,到 2019 年 6 月,月活超过 4.86 亿;截至 2019 年 6 月,短视频行业总体月活约 8.21 亿,短视频行业近两年堪称黄金时代。

根据鲸准研究院整理的数据可以看出,在 2019 年间,个护美妆这个词条无论是在抖音还是快手,都占据了这两个平台 KOL 投放的第一位(见图 5 和图 6)。从中可以看出消费者对于社交媒体上 KOL 引领的美妆潮流具有不一般的热情,品牌以社交媒体为中心,以 KOL 为着手点的营销渠道使得品牌特别是国产品牌焕发出了前所未有的光彩。

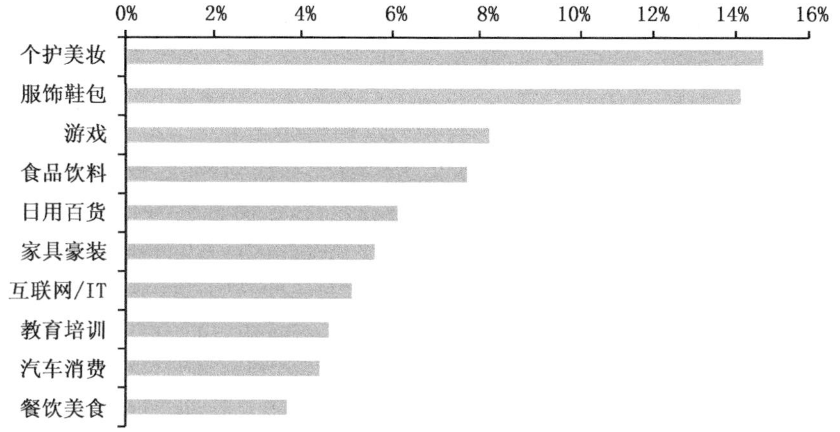

资料来源:笔者根据网络公开数据自行绘制。

图 5　抖音 KOL 投放 TOP 10 行业

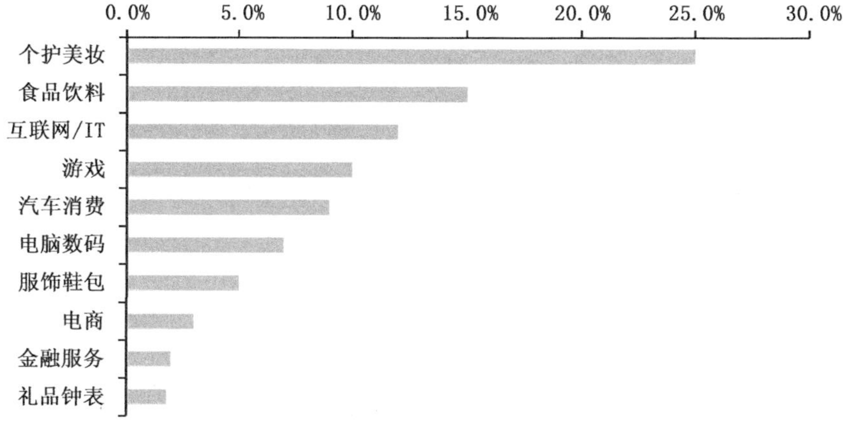

资料来源:笔者根据网络公开数据自行绘制。

图 6　快手 KOL 投放 TOP 10 行业

在如今社交媒体大热的时代，UGC、PGC、MCN 为国产美妆助力，KOL 引领粉丝经济，宣传品牌形象，提升购买力度。从美妆新品到一个领域中的意见领袖率先试色并发表评论中形成了一种社群推广，社群中的“草根”消费者和一些关键意见消费者再进行二次传播，这就形成了一个传播裂变，这样的一种方式体现在社交平台上，就会引起更广大的关注以及二次裂变，也就是现在俗称的“种草”，基层群众被“种草”后所发生的购买、评论、二次传播和相关复购容易形成一个短期内速有成效的成交模式，并且这种模式是可以快速复制的，品牌只需要进行到具有一定粉丝数量的 KOL 层即可，后续的一个传播将会持续进行下去。

四、国产美妆社交化媒体营销策略分析

（一）社交化媒体营销策略类型

通过前文对国产美妆、社交化媒体以及国产美妆的社交化媒体营销相关概念的研究阐述以及对现如今美妆社交媒体营销现状的分析，可将社交媒体营销策略分为四种不同的类型，来表示社交媒体营销策略成熟度的不断提高。它们从低到高分别是社交商务策略、社交内容策略、社交监控策略和社交 CRM 策略。

1. 社交商务策略

社交商务策略是指在以计算机为媒介的社会环境中，个人的社会网络中发生的或受其影响与之交换的有关活动，这些活动对应于焦点交换的需求识别、购买前、购买中和购买后的阶段，这种使用社交媒体的方式并不是为了创造对话或参与，相反，最初接触和最终目的都是为了销售。在这其中，社交媒体促销活动没有积极地吸引客户是因为他们并没有充分利用社交媒体的互动作用。

因此，社交商务策略是较不成熟的一个策略，因为它主要是商务性的，并且专注于短期的目标导向活动，它本质上是一种单向沟通策略，旨在短期内吸引客户。

2. 社交内容策略

社交内容策略指以多种形式创建和分发有吸引力的内容，以吸引和留住客户。因此，这种类型的社交媒体营销策略旨在根据客户需求创建并及时交付有价值的内容，而不是推广产品。通过有价值的内容吸引受众，提高客户参与度，最终就有可能促进产品或服务的销售。

内容营销是一种以客户为中心的策略，内容的价值可以描述为“有用、相关、引人注目和及时”，因此，这种策略提供了一种双向沟通，企业主动提供有用的内容，用户对此作出积极反应。

这一策略的基本前提是通过内容创造品牌知名度和人气，刺激用户互动，传播积极的口碑。一方面，企业可以通过自己的努力在社交媒体上生成内容（称为“企业生成”或“标记生成”内容），积极吸引消费者；另一方面，公司鼓励用户之间互动生成内容

(称为“用户生成内容”),例如交换意见和共享品牌相关内容。

通过这种方式,企业可以提供有价值的内容,以换取客户拥有的资源,如网络资产和说服资本,从而产生积极的口碑,实现可持续的可信品牌地位,而在这其中,赋予客户权力,让他们为品牌代言,是让客户参与品牌的另一种方式。因此,在这一策略中,营销传播能力对于有效的营销内容开发和传播非常重要。

3. 社交监控策略

社交监控策略指的是一个倾听和回应的过程,通过这个过程,营销人员自己开始参与。

与社交内容策略相比,社交监控策略更多是一种“推动式”沟通方式,即交付内容。社交监控策略要求企业积极参与整个沟通过程(从内容交付到客户响应),更具体地说,社交监控策略不仅是观察和分析用户在社交媒体中的行为,而且还要积极搜索和回应用户的在线需求和投诉。

因此,社交监控策略的特点为它是一个双向沟通过程,在这个过程中,发起人来自在社交媒体上评论的客户,而公司则利用用户行为数据来倾听、学习和反应。因此,该策略的主要目标是通过持续的社交媒体倾听和回应来提高用户满意度,并与用户建立更牢固的关系。

4. 社交 CRM 策略

在四大社交媒体营销策略中,社交 CRM 策略的成熟度最高,因为它反映了一种理念和业务策略,由技术平台、业务规则、流程和社会特征支持,旨在让用户参与协作对话,在可信和透明的商业环境中提供互利的价值。

社交 CRM 的概念旨在结合社交媒体维度(例如,用户参与度)和 CRM 维度(例如,用户保留)带来的好处,与传统的 CRM 方法不同,传统的 CRM 方法假设中用户是被动的,而社交 CRM 策略强调用户的积极作用,这些用户通过社交化媒体获得授权,能够对多种形式的价值作出贡献。

简而言之,社交 CRM 策略是一种协作互动的形式,包括企业和用户、组织间和用户间的互动,旨在吸引和授权用户,从而使之与企业建立互利的关系,并带来卓越的绩效。社交媒体已经成为 CRM 的强大推动者,社交媒体和 CRM 的整合为企业基于相似特征细分用户提供了可能性,并可以根据个人用户的特定偏好定制营销产品,有了社交 CRM 战略,企业可以通过一对一的社交媒体互动提高客户参与的可能性,因为这一阶段的客户在价值创造方面具有协作性和互动性,例如自愿提供创新想法和与品牌合作。

(二)国产美妆社交化媒体策略

对于国产美妆品牌而言,企业并不会单独去使用上述四大策略,而是进行整合营销,通过现有的社交软件平台,识别品牌所面对的目标人群,再通过一系列营销手段来获取用户的浏览、认知和购买消费，之后再到回购分享，并成为品牌的忠实用户。

现有的社交软件平台如抖音、微博、小红书等，无论是企业自身还是消费者都可以拥有最大限度的自主权和支配权。

抖音是一款创意短视频类型的社交软件。短视频是近几年来非常受欢迎的娱乐方式，极具活力。品牌可以选择和官方合作，付费由官方进行大数据分析后对目标用户进行随机的投放，也可以和 KOL 进行合作，将需要宣传的内容让 KOL 融入其创意创作中去，达到提升品牌知名度及提高产品销量的双重效果。

微博具有即时性、传播迅速的特点，微博的用户非常多，黏性也比较大，可以有效地利用名人、KOL 的粉丝效应来推广品牌。

小红书主要是视频加图片笔记的社交应用型软件，在小红书上，用户既可以清楚地获取到目标品牌的测评，又可以把使用的体验感分享出去，这个平台让消费者非常具有认同感和参与感。在这个平台上，品牌既可以和 KOL 合作，利用名人效应进行推广，也可以选择和平台合作，直接入驻平台。

对企业来说，企业 EGC 品牌内容可以对应上述提到的四大社交媒体营销策略中的社交商务策略和社交内容策略，这在一定程度上可以吸引和留存客户，完成第一阶段的品牌创建传播识别。

在现今社交媒体的不断发展下，企业对于有关自身内容的社会媒体营销更加重视，比如在企业无论是自己创建内容还是委托第三方，都会出现“推动式”的沟通方式。如企业号会在发布的相关内容下回复评论粉丝，或是解答问题，或是带有玩笑性质的拉近距离，让粉丝觉得企业不仅仅是一个标识，更是有血有肉的品牌。再有就是其余出现品牌相关内容或是带有话题性的用户创作，企业发现之后也会在评论区评论，而这样对于无意宣传的用户来说是一种惊喜，对于看到评论的用户来说是对于这方面内容用户的关心和关注，大大拉近了与用户之间的距离，这就是企业对于社交监控策略的应用。

另一种相较于 EGC 来说更具有用户黏性的是 KOL，即用户生成内容。第一阶段的品牌识别过后就是品牌认知巩固和流量变现过程，对比传统的广告和企业 EGC 来说，无论是用户黏性还是流量变现能力，KOL 都体现出强大的生命力和不可替代性。KOL 是第一批成功地体现社交 CRM 策略的用户，在这一阶段，用户和公司处于一个相对平等的位置上，双方都为彼此提供了价值。

除了品牌与用户之间的互动、用户与用户之间的互动外，品牌与品牌的互动在一定程度上也可以达到吸引消费者的用途。例如跨界营销，这不仅仅是一个创新的用法，还可以以此来获取双方的一个用户群体，达到扩大用户群的目的。它实现了以多品牌不同角度体现同一用户特征的要求，有用户对于合作品牌体验之间的互补，也有品牌实现跨界所达到目的的互补，这也体现了“以用户为中心”的营销理念，属于社交

CRM 策略中组织间互动的体现。

以下将结合具体案例详细阐述上述所说的由社交平台支持的国产美妆运用的社交媒体营销策略。

1. 企业 EGC 品牌内容创建传播策略

在社交媒体平台中，企业生成内容（Enterprise Generated Content，EGC）赋予企业与消费者沟通的重要渠道，它既可以向消费者传递与产品、服务细节相关的信息性内容，又可以通过说服性内容增强与粉丝的情感交流，建立更紧密的联系。[23]

一般来说，无论是商家发布的内容还是用户自己生成的有关于产品的广告信息，都可以分为两种：一种是信息性广告；另一种是说服性广告。

产品信息作为影响广告价值的最重要因素，它理性地描述产品的客观性质、价格、功能、形状，告知用户产品的存在、品牌和特征组合，使其做出利益最高的选择。而说服性广告与理性的信息性特征不同，说服性特征不以向用户提供更多具体信息为目的，而希望能够直接改变消费者的偏好，这是对未来潜在顾客心智所下的功夫。

对于企业来说，EGC 是为了按需获取不同类型的用户反响，这被视为企业社交媒体沟通的最重要目的。

通常，用户的网络行为分为三个不同层次：消费、贡献和创造。消费（如阅读、观看等，并不单指购买行为）作为低等层次行为，不会消耗用户大量的认知与心智成本去反馈信息。贡献（如评论、讨论等）作为用户间的交互行为，需要用户贡献一定的时间、经验和精力去呈现观点，因此被视为中等层次行为。而创造作为高等层次行为，它要求用户付出额外的认知、心智、形象、时间等方面的努力去生产内容。

在抖音上显示的品牌热 DOU 榜中，截至 2021 年 3 月，完美日记在美妆品牌榜上的热度排名第一，为 1 201，拥有的粉丝数量为 408 万；第二名是巴黎欧莱雅，热度为 1 109，粉丝数为 186.3 万；第三名为雅诗兰黛，热度为 1 105，粉丝数为 48.4 万。

完美日记粉丝数远超国际一线大牌的原因与其所发布的内容有关。完美日记通过对时下热点的把控，结合社交媒体用户以及自身目标群体，把自身推广内容融入大众喜闻乐见的单元剧情短视频拍摄中，推出“女性最讨厌听到的话”与目标群体实现共鸣并积攒人气。除此之外，带各类热点的话题也更容易被用户关注到，比如“女王上场出色大赏”这一词条在抖音上的播放量就达到了 9.1 亿次。

在微博上，完美日记构造了美妆行业首个 IP——白胖子的卡通形象，并且为这个“白胖子”申请了一个独立的微博账号，昵称就叫完美日记白胖子，而给到的白胖子的简介有“完总小跟班”和“天才学神白胖子”，为其树立了所谓的“人设”。这样新奇且可爱的萌物形象恰好与完美日记目标受众审美高度符合，另一方面也让完美日记这个品牌更加平易近人、立体鲜活。

2. 以 KOL 为核心的口碑传播策略

在社交媒体平台中，用户通过对事件内容的搜索、转发、评论等操作，在接收信息的同时对信息进行再加工与传播，在这个过程中用户与用户之间会产生观点的相互影响。社交媒体中信息的交互性和及时性增强了意见领袖的影响力，意见领袖作为信息传播的关键节点，能够对信息进行二次加工，影响受众对议题的态度。

意见领袖（Opinion Leader）的概念是由拉扎斯菲尔德于 1940 年首次提出的，指网络社交团体中积极的意见传播者以及思想和观点的提供者。

随着信息网络技术的发展，社交媒体成为获取、传播信息的主要平台，关键意见领袖作为网络中重要的信息提供者和传播者，将经过自己再加工形成的新信息通过网络社交平台传播给其他用户，在他人形成观点、态度的过程中具有一定的影响作用。[24]

以刚成立不久的国产美妆品牌完美日记来说，清晰的定位和明确的目标群体让品牌将目光投向了与其目标群体高度重合的用户聚集地——小红书，2017 年完美日记开始了对小红书的全面布局。

根据千瓜数据发布的《2021 小红书 KOL 营销白皮书》显示，截至 2020 年 9 月，小红书活跃 KOL（每周更文 4 篇及以上）突破 100 000 名。同比 2019 年，2020 年活跃 KOL 涨幅为 223%，并长期处于 6%～9%的增幅，整体上升趋势平稳。

截至 2020 年 10 月，小红书直播 KOL 突破 50 000，第四季度增长幅度显著下降，但月增幅依然维持在 20%以上，直播 KOL 数量高速增长。

截至 2020 年 12 月 31 日，活跃 KOL 达人中初级达人数量最多占比 62.44%，其次为品牌号占比 27.53%。直播领域，初级达人占比 64.58%，腰部达人占比 22.61%（见图 7）。初级达人、腰部达人、品牌号成为小红书 KOL 领域的三大主力军。

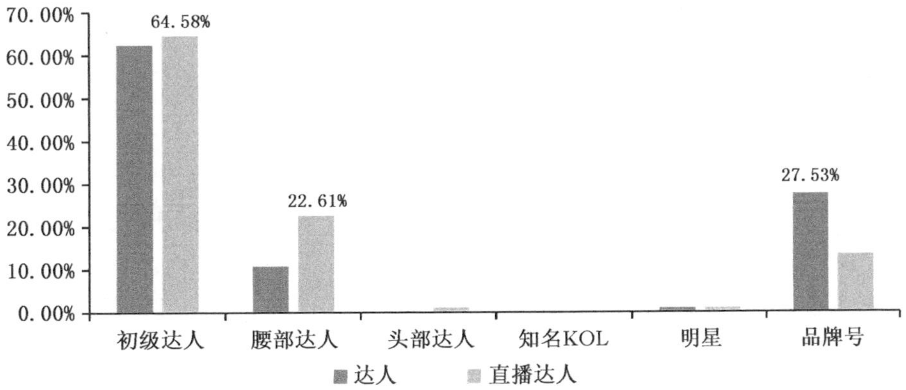

资料来源：笔者根据网络公开数据自行绘制。

图 7 小红书 KOL 层级数量分布图

而小红书 KOL 粉丝活跃度 60%以上占比 63.63%，远高于市场均值（全市场

KOL 粉丝活跃度约为 40%左右)。其中初级达人粉丝活跃 80%以上的超过七成,凭借这点,初级达人作为品牌前期宣发选取的 KOL 价值远高于其余层级。

在活跃的粉丝画像中,女性占比达到了 90.41%,年龄在 18~24 岁的占据了 46.07%,25~34 岁的占据了 37.2%,以年轻群体为主的特点明显;地域分布上分别是广东、上海、北京三大城市占据鳌头,广东占 17.83%,上海占 11.39%,北京占 19.38%。

截至 2021 年 3 月 25 日,小红书上的粉丝数达到了 192.6 万,获赞与收藏达到了 367.8 万。关于完美日记发布的"完美日记猫狗盘"、"完美日记小酒管"、"探险家动物眼影"等互动话题均达到了千万级的浏览量。

总体来说,小红书中的使用用户与国产美妆的使用目标群体高度一致,像类似于完美日记的新兴国产美妆选择与小红书进行营销合作无疑是正确的选择。

结合前文针对小红书目前 KOL 群体的数量以及 KOL 对应拥有的粉丝活跃数可以推断出,完美日记可以采用类似于"金字塔"的 KOL 投放策略。先通过明星吸引消费者,然后由头部和腰部 KOL 进行商品详细使用体验和解说实现真正的"种草",最后完成素人购买并二次分享的闭环。这一投放策略中,完美日记更注重于腰部 KOL 以及素人二次购买分享,KOL 本身所具有的消费者身份和分享者身份很重要,KOL 与消费者之间要有一定的匹配度,匹配度越高则越容易得到消费者的信任。

从致趣百川发布的《2019 粉丝经济洞察报告》中可以看到,将近 60%的用户对有颜值和才华的普通人做的广告更感兴趣,远超于明星的 20.9%。相比明星、大 V 这类"泛影响者",拥有较少粉丝的"微影响者"是前者的 5 倍。

在消费者做出购买决策时,受明星影响的占比约为 20%,网红影响占比约 19%,相关专业人员占比约 7%。82%的用户表示在购买商品时更倾向于垂直 KOL 的推荐,相对于明星,他们更信任用心种草的 KOL 们。微型意见领袖的传播广度有限,但他们却更能说服消费者们购买。

3. 以跨界营销为引导的品牌消费策略

跨界代表着新兴的生活态度和审美方式被年轻群体所追捧,"90 后"和"95 后"的年轻人成为联合跨界的主要消费者,占比达五成以上。融合的商业模式和不断出现合作的新老品牌使得目标群体消费不断增长并拥有巨大的潜力。

跨界商品在年轻消费者中的风靡,吸引着各行业纷纷加入联合跨界的大军。联合跨界在服装和箱包行业中不断成熟的同时,也在渗透美妆、运动行业,其中美妆联合跨界发展迅速。

品牌合作、IP 联名、艺术设计是美妆行业的主要跨界类型。在品牌和品牌的跨界合作中,比如御泥坊和周黑鸭联名的小辣吻咬唇膏,将火辣辣的味觉和火红的视觉相结合,脑洞大开,符合"95 后"群体猎奇的心理和爱好;在品牌和 IP 的跨界合作中,明星国货佰草集与国漫名喵罗小黑的结合可谓是一场破次元的强强联手,收割无数少女心;在品牌和艺术设计相结合的跨界合作中,资生堂与日本缎带艺术 Ribbonesia 合作,将现代日本美学理念运用到产品设计中,打造 2018 圣诞系列。

据第一财经商业数据中心联合天猫发布的 2019 年《跨界宝典 x Brand Union 美妆行业品牌联合跨界研究》以及图 8～图 10 可以看出,三类跨界合作的类型中女性消费者比男性消费者更加喜爱,但在品牌×IP 中男性消费者比例有所扩大;年龄上,“85后”、“90 后”、“95 后”比例位居前列,“95 后”独占鳌头;城市等级上,一、二线表现稳居第一,三、四线表现突出。

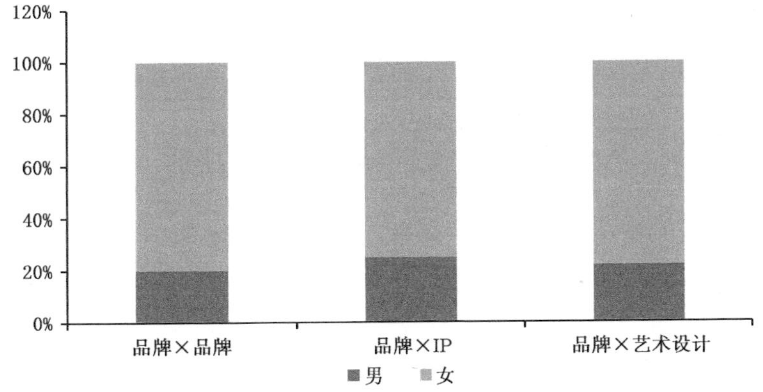

资料来源:笔者根据网络公开数据整理绘制。

图 8　跨界美妆类型消费者性别分布

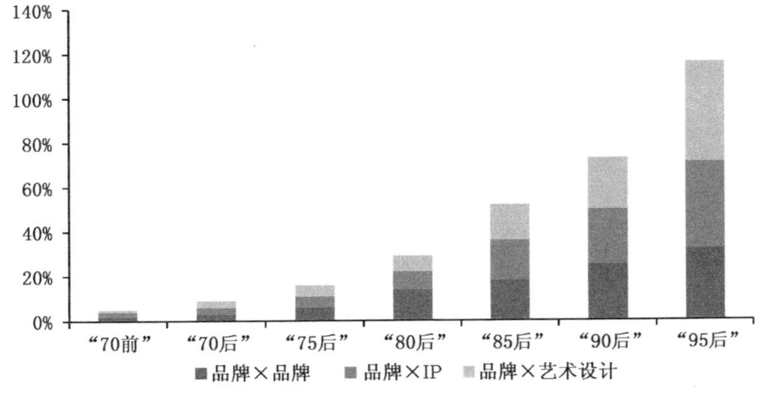

资料来源:笔者根据网络公开数据自行绘制。

图 9　跨界美妆类型消费者年龄分布

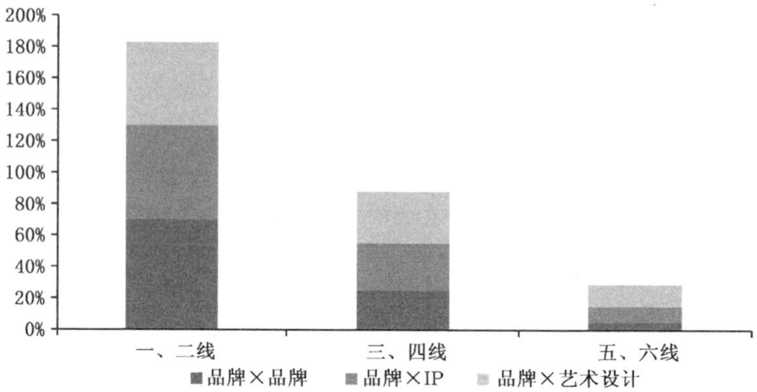

资料来源：笔者根据网络公开数据自行绘制。

图 10　跨界美妆类型消费者城市级别分布

从贡献率看，老客的贡献率更高(见图 11)。从图 12 中可以看出，老客的消费能力是新客的 1.54 倍，购买力明显高于新客，但新客容易被跨界内容产品吸引，所以跨界有利于为品牌拉新。

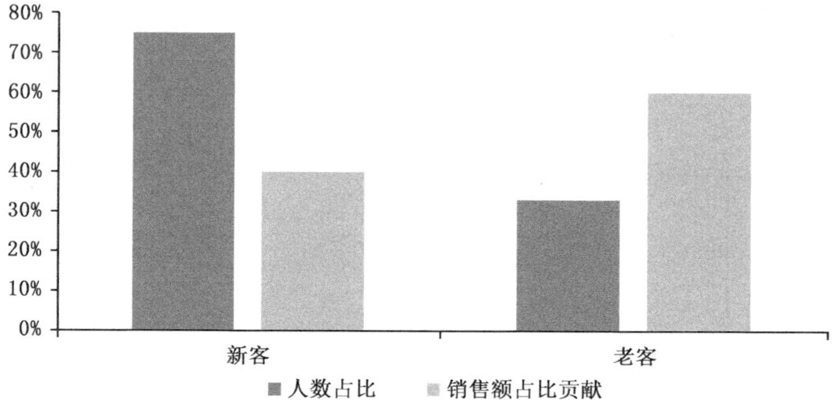

资料来源：笔者根据网络公开数据自行绘制。

图 11　美妆跨届新老客人数和销售额贡献占比

运用跨界营销这一手段的国产美妆品牌如完美日记。在 2018 年“双十一”，完美日记推出与大英博物馆联名款十六色眼影盘。这次跨界与大英博物馆一起，深刻理解大英博物馆可以为品牌带来的内涵制作品牌产品，让艺术走出一方天地，来到普通人身边，既有创意又有实用性，很好地满足了当代年轻消费者群体对美的由内而外的追求。

在跨界产品眼影获得初步成功之后，完美日记在 2019 年 3 月乘势与全球知名频

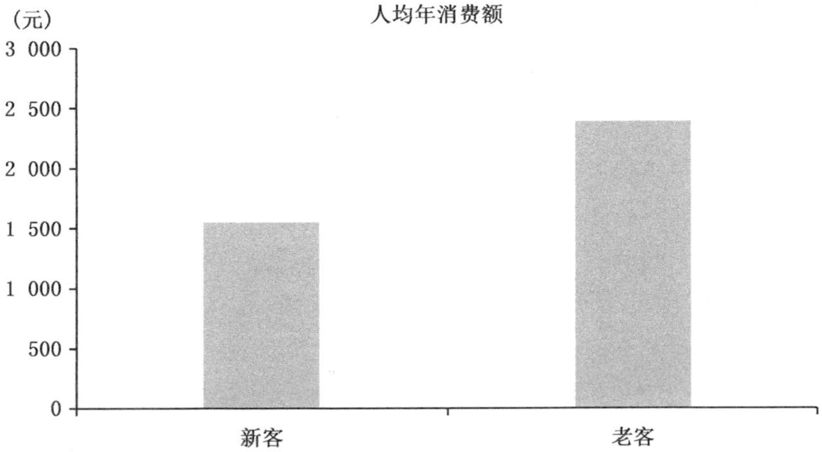

资料来源：笔者根据网络公开数据自行绘制。

图 12　美妆跨界新老客美妆类目人均年消费金额

道 Discovery 合作推出了探险家十二色眼影盘。这款眼影主打“探险”，妆容配色上比以往更加大胆，在一定程度上满足了一批美妆博主挑战化各类妆容的需求，并且此款眼影盘包装设计上以“探险”相关的野生动物为灵感制作，给人既美丽又震撼的效果，刚一推出就成了爆款。同时，这款眼影荣获了“ELLE 2019 年度美妆之星创意跨界实力奖”。

成功的产品爆款验证了跨界营销的成功之道，完美日记不断在跨界上寻找新的方法以提高消费者认知和购买力度。在 2019 年国庆节，完美日记主打庆祝中华人民共和国成立 70 周年，与《中国国家地理》联名推出新的产品，内容主要是将中国地理景色融入产品中去。新品取材于中国真实地形，并以中国传统颜色命名，将现如今很火的“国风情结”贯彻到底，深深抓住了消费者的心。截至 2021 年 3 月 25 日，完美日记在微博发起的话题 # 完美日记地理眼影 # 已经获得 1.2 亿的阅读量、9.1 万的讨论次数。

完美日记的跨界先后大获成功的原因就在于结合自身需求寻找合适的合作方，在既使用对方名号和气韵的同时又能突出自身特色，丰富产品内涵。完美日记与上述三个跨界方的合作不仅提高了品牌的知名度、影响力及品牌调性，还让消费者对这个新兴品牌充满希望，有从普通消费者转化为忠诚消费者的意愿。

国产美妆在社交媒体的不断发展下，结合原有的营销策略衍生出了不少创新的营销手段。EGC 虽说还比不上活跃的“微影响者”们，但就某一方面来说，EGC 借助社交媒体，完全可以打造一个属于自己的虚拟形象和用户拉近距离，这是完全受企业掌控的营销过程，企业拥有的自主权更大，经营好了则对于品牌形象将会有很大提升；

"微影响者",也即是KOL,这类人群随着社交媒体的兴起及广泛运用,对于用户的观点和行为都产生了不同程度的影响,这也使得品牌看到了这类人群身上的营销点,用于帮助品牌拉近与消费者之间的距离,减轻没有使用之前的一个不信任感,增大购买行为发生的可能性;而跨界营销就属于针对目标人群喜好发起的营销活动,通过相互之间的一个营销使得品牌可以对潜在的消费人群完成转化,同时增加知名度。

但在国产美妆针对品牌制定的现有营销策略中,仍有一些问题有待分析与解决。比如新的消费群体忠诚度很难把握,频繁的营销手段出现在各大社交软件将会使消费者产生倦怠心理,处理不当就会造成用户流失;还有就是同质化问题,崛起和国货与老国货品牌之间的营销风格相似,并且一味在包装上而不是产品上花心思也会产生新的问题;再有就是研发力度的问题,虽然相比之前的一个世纪国产美妆得到了不小的成长,但就整体占比来说,花在研发上的力度确实不够;最后就是品牌业务外包之间的问题,使用外包业务在互联网发展越来越好,但这也降低了品牌的一个控制强度,一旦发生问题,最后都会归因到品牌身上,将会对品牌形象产生不利影响。

针对以上分析,下文将详细阐述国产美妆在社交化媒体营销中的问题并提出建议。

五、国产美妆社交化媒体营销中存在的问题与建议

(一)问题

1. 消费者倦怠

在如今现代人生活方式的转变下,碎片化的生活成为常态,再加上2020年的疫情形势,数字化转型提速,各类应用软件占据了消费者的大部分生活。对于品牌商来说,抢占流量高地成为营销的新标准,这样通过运用各种营销手段来影响消费者的行为方式在一定程度上的确刺激了用户的消费,但在各类营销手段和工具的轰炸之下也让消费者产生了消费倦怠,这就可能使得如今的新一代国产美妆目标人群对于品牌的相关广告不再敏感,甚至会有意识地回避与相关品牌产品接触,拒绝购买。

根据前文可知,美妆主体消费人群为"95后",而相关数据表明新一代消费人群的特点是猎奇、不喜欢受规则束缚,"种草"和"拔草"都在转瞬间,由此可知,美妆品牌对于营销手段的使用特别是在KOL、网红经济这块来说要精准使用。

不管是对于消费者还是企业来说,营销始终是一种手段,营销策略更是由一系列综合决策组成,这些决策有助于公司在目标市场和细分市场中对营销活动做出关键性的抉择,但其目的也非常明确,就是为客户创造和交付价值。就市面上关于美妆的营销策划来说,多数并不是在为客户创造和交付价值,而是只在考虑自身的产品品牌知名度如何、旗下产品销量如何,最终的目的明确但缺乏内涵。

多数人使用美妆产品既是为了自己也是为了别人,也就是所谓的把美妆产品当作

一种社交货币来使用，社交货币的存在本身就是为了一定的地位和身份体现，也有愉悦自己的作用。

对比近几年的美妆产品来说，化妆品新发和功能层出不穷，这也是因为化妆品使用周期较短，对使用频繁的消费者来说，1个月左右就有可能需要购入新货，有需求的消费者首先考虑的还是品牌产品的品质功效和服务等，而不是像口红、眼影这样，换个包装形象营销宣传一波完成销售目标就停止了整个产品线的后期维护，转眼又去跟进其余产品吸引新的一波消费者，这也就印证了上面所说的消费者倦怠，一旦形成消费者倦怠，品牌形象和产品将会陷入失去用户的危机中，再次打动消费者的心将会变得更加艰难。

2. 同质化严重

对于国产美妆来说，机遇与挑战往往同时并存，机遇如市场观念变化，挑战如同质化与单一化。由近几年来看，社会对于国产品牌的好感度逐步提高，国风由此迅速崛起而成为各大品牌竞相利用的营销元素。

但随之而来的是市场上国风产品越来越多，随便一样小小的产品都可以冠上国风、国潮的名字，这无疑造成了一种同质化和单一化的局面，这还不仅仅是品牌与品牌之间的同质化，品牌内同质化也越发严重。品牌间相同的国风营销将会使品牌辨识度下降，如果不是搜品牌名字，单是搜带有国风元素的产品名，出现的产品琳琅满目，届时在国产品牌沉淀力度还不大的现状下，消费者关注的将会是性价比的问题；品牌内一般对于国产美妆来说，处于爆款的基本就是那么一两个产品，所谓的出新款也仅仅是变换一下包装和颜色，而基于美妆使用时长来说，如果不是那么出彩或出于收藏的目的，一般消费者都不会重复购买使用。

3. 研发整体力度不足

以前文消费人群对于美妆消费需求趋势来说，随着近年来人们生活方式的改变，产生了更加多元化的护肤需求。比如不良习惯、生活节奏快、工作压力大等导致消费者开始追求有机、自然以及健康的产品。

消费者对化妆品功效的要求越来越高，包括温和不刺激、抗衰老、保湿、原材料天然无添加等，这就需要在研发上加大投入研究。而在中国美妆行业产业链中，根据上文所述包括了供应商、品牌商、运营服务商等。以其中各环节的毛利率来说，品牌商可以说占据了最强话语权，上市公司毛利率均在60%以上，网红品牌更是基本保持在60%～80%间，其中彩妆品牌毛利普遍高于护肤产品；经销商、电商运营商、零售商毛利在20%～40%内；研发、生产企业如巴薇股份等毛利率相对于全产业链来说较低，约为15%～35%。

从以上内容可以看出，如今我国国产美妆整体研发力度明显不足，产品质量与营销力度不成正比。

4. 品牌业务外包引矛盾

由于互联网的发展，各类电商对于各个品牌产业来说都开启了新的营销模式，电商服务业的迅速发展也使得品牌线上外包成为主要趋势，而这也容易导致品牌自身的社交监控策略实施不到位。

社交监控策略要求的是一个倾听和回应的过程，但这个过程往往需要营销人员的参与，外包的业务一不小心就会使得这种“推动式”的沟通方式达不到积极参与的程度，从而降低消费者的一个期望值，降低客户满意度。此外，品牌与外包商之间是合作关系，一旦合作项目出现问题，往往会存在责任认定问题。业务外包还容易让品牌失去对相应产品或服务的控制，而外包的中间过程一旦出现问题，就会导致品牌形象受损，品牌将需要花费更多的精力和金钱进行补救。

（二）建议

1. 品质质量为上，用心经营

如前文所说，营销的目的是为客户创造和交付价值，消费者虽然在前期接触的是整个品牌的认知，但真正使用的却是产品，所以对于营销来说，应该把重点放在产品质量和品质以及为消费者带来了什么样的变化为主，产品质量是刚需，品质是内需，不能单单为了宣传新产品而宣传，营销背后要真正体现出为消费者考虑的心思，而不是通过营销广告简单直白地告诉消费者快来买的感觉。

2. 沉淀品牌故事，简化产品线

同质化的根本还是在没有完全地形成自我的品牌故事，而同质化又有产品的同质化和品牌的同质化。对于品牌的同质化来说，要学会沉淀品牌故事。品牌故事就是产品最好的软文，好的品牌故事会自动为产品增加附加值，让消费者从心里认可这个产品并区别于其他品牌产品，更重要的是，需要让消费者在你所创建的品牌故事中产生遐想，而不是简单地停留在它只是一个没有生命力的印记、标识和名称。对于产品同质化来说，要学会简化产品线。简化产品线并不是指一个企业要尽量少生产产品，而是要学会对产品进行精准定位，不能同时生产具有冲突性的产品，要让每个生产出来的产品在消费者心中都有不可替代的作用，而不是这个可以“平替”，那个可以省略。

3. 对点研发，深耕对人又对货

中国美妆经过三个时期的发展，在研发方面的各个流程整改一步步对标国外的该技术层面，但是在产品定位研发上一直处于比较被动的地位，比如国外在眼霜、淡斑这一块就一直有其主打产品，消费者一般购买的都是主打眼霜的雅诗兰黛或兰蔻和淡斑的 OLAY 小白瓶等，很少有消费者关注到国内美妆产品对点的产品，在这一块国内应该对点研发，深耕对人又对货。

对点研发就是将消费者需要的产品以最新的技术研发出来，实施精准护肤，针对淡斑、去水肿、提亮、服帖等功能做到极致，带给消费者在产品上最好的体验；深耕对人又对货则是需要研究品牌的一个消费人群，根据消费目标人群的需求去重点关注并研发相关产品。

4. 构建渠道，加大控制

不管是销售渠道还是营销渠道，对于企业来说都是十分重要的，销售渠道关乎整个企业努力的最后结果在消费者中的反响程度如何，营销渠道是使企业目标达到最大化的一个工具。企业要想在市场上站稳脚跟，不管是自我渠道还是外部渠道，都很有必要进行维护。

企业构建自我渠道，比如像线下体验店、专业配送线以及完善的售后服务，对于企业今后加大自身产品的控制都十分重要。

渠道的建立离不开对品牌市场、发展阶段、产品的深入理解。首先需要了解品牌的一个整体品牌调性，整个品牌属于低端、中端还是高端路线，从而分析现如今市场上所有的渠道，从中选择相匹配的进行布局。其次是对品牌发展阶段的精准把握，一个品牌初期以提升知名度为主，这个阶段的渠道主要就是依靠广告和对产品新品的宣传；中后期以扩大市场、稳定地位为主，这个阶段的渠道要自己把控，建立完善的线上线下渠道。产品主要有价格、质量功效等的许多分类。从价格上看，营销渠道结合市场定位及发展阶段决定，有效贯彻实施价格杠杆，确保价格执行力度，挖掘价格优势；从质量功效上看，渠道还是以线下体验积累口碑为主、线上扩大销售为辅。

六、结语与展望

当今时代，社交化媒体的出现给营销领域带来了巨大的冲击，但在这看似天翻地覆的变化背后，营销的本质却从未改变。不论是运用传统媒体广而告之的形式，还是运用社交化媒体实现传授双方的双向互动，从根本角度来讲，都是希望通过真诚的沟通实现品牌与消费者的联结。

在社交化媒体营销策略中，社交商务策略、社交内容策略、社交监控策略以及社交CRM策略四种策略高度概括了现今企业所实行的社交化媒体营销策略，这其中也有一些我们所熟知并且运用已经十分广泛的营销策略，例如品牌营销、跨界营销等，都为社交化媒体营销增添了不一样的打法。

由于是研究国产美妆，故对中国的整个美妆行业时期进行了划分并阐述，了解每个时期中国美妆的状态和营销策略，重点放在国产美妆的发展期，结合互联网技术的发展和社交媒体的兴起，分析这段时期的美妆状态，并且运用PEST对整个美妆行业的整体环境进行了分析阐述，了解相关规定和国家政策。还有就是渠道方面的分析，不管是营销渠道还是销售渠道或是产业链方面相关的，美妆对于社交媒体平台的投入和投放都非同一般，在KOL、直播等营销形式的利好下，国产美妆也迎来了快速发展时期。

对于企业 EGC 品牌内容、KOL 以及直播带货等新潮流趋势的引领，不管是销量还是品牌知名度都有了一定的提升，比如品牌中运用的中国元素系列，在如今国潮大受欢迎的趋势下，运用相关的中国元素天然会获得消费者的好感，树立品牌良好形象。对于消费人群的研究发现，“95 后”是主要目标消费人群，除此之外，在当今社会下，抛却两性性别的歧视，男妆党也开始在市场上占据一定的分量，新兴市场的存在也会让品牌更多投入进去，试图抢占第一市场红利。

在互联网技术日新月异的如今，随着新潮流、新趋势、新应用的兴起，消费者在发生变化，品牌也要跟着发生改变。美妆产品作为现在人们越来越不可或缺的东西，品牌更需要清楚地认识到，产品过硬才是真道理，才能更好地赢得消费者的心。

宣传平台结合营销手段从表现出发远远不够，更多还是要将“以客户为中心”这点贯彻到底，将消费者摆在首位，以消费者实时需求作为实施一系列营销策略的依据，最终形成以消费者为导向的有效传播模式，避免因过度营销带来的负面影响，摆脱同质化，对点研究，打造属于自己的渠道王国。之后再结合“95 后”目标群体爱好猎奇的想法，将一个好的产品传递到消费者手上，完成对用户市场的沉淀，提升影响力。

历经百年发展，国产美妆从小作坊到如今成为大家耳熟能详的品牌，其间必然经历了许多转变融合与发展。面对社交媒体的高速发展与用户群体的沉淀积累，结合社交媒体开展的一系列营销策略也逐渐凸显重要性。种种数据表明，无论是国潮的兴起还是技术的更迭，最后呈现在消费者面前的还是相关营销策略的实施效果。国产美妆到如今走出国门，并在各大平台上与国际大牌相互竞争，这是好的开端，也是一份机遇与挑战，希望借助以上所说的社交化媒体营销策略，国产美妆能真正走向国际高端品牌行列，打造属于自身的特点，走向成熟期，迎来新的黄金发展阶段。

参考文献

[1]陈晓环，赵伟，伍国鑫，邓斯艺. 新媒体环境下百雀羚的品牌形象设计策略研究[J]. 国际品牌观察，2020(25)：22－25.

[2]张凯. 中国“药妆”“终结”史[J]. 知识经济，2019(14)：51－55.

[3]李蓉丽，范玉丽. 新消费背景下小品牌快速崛起路径分析——以完美日记为例[J]. 金融经济，2020(10)：85－90.

[4]魏梦琴. 国潮复兴下的品牌联名效应——以花西子联名泸州老窖为例[J]. 市场周刊，2020(6)：78－79.

[5]Mangold W. G.，Faulds D. J. Social media：The new hybrid element of the promotion mix[J]. Business Horizons，2009，52(4)，357－365.

[6]Kamboj S.，Sarmah B.，Gupta S. et al. Examing branding co-creation in brand communities on social media [J]. International Journal of Information Management，2018，39(1)，169－185.

[7]de Vries L.，Gensler S.，Leeflang P. S. H. Popularity of brand posts on brand fan pages：An

investigation of the effects of social media marketing [J]. Journal of Interactive Marketing. 2012, 26 (2),83－91.

[8]Hanna R. ,Rohm A. ,Crittenden V. L. We're all connected:The power of the social media ecosystem[J]. Business Horizons,2011,54(3),265－273.

[9]牛翌翀. 浅谈 UGC 在社交媒体下对基于顾客的品牌价值的影响[J]. 商场现代化,2020(24):22－24.

[10]谢美峰. 社交媒体在企业市场营销中的应用研究[J]. 现代商业,2020(33):37－38.

[11]陈默,杨卓睿. 从受众到用户:社交媒体的平台式转变[J]. 青年记者,2020(36):91－92.

[12]Fangfang Li,Jorma Larimo,Leonidas C. Leonidou. Social media marketing strategy:definition, conceptualization, taxonomy, validation, and future agenda[J]. Journal of the Academy of Marketing Science,2020(prepublish).

[13]胡映佳,卢扬帆. 基于社交媒体的精准营销策略研究[J]. 科技智囊,2020(12):12－18.

[14]向庭英. 抖音短视频中美妆广告营销策略[J]. 传媒论坛,2020,3(9):23－24.

[15]王慧,陈艳. 基于价值网的社会化电子商务商业模式分析[J]. 商业经济研究,2020(3):103－106.

[16]李欧伦. 微博的社交性对时尚传播的影响及意义——口红如何从化妆品成了社交货币[J]. 新闻研究导刊,2018,9(5):94.

[17]任旭. 中国中医美容学发展源流[J]. 亚太传统医药,2005(1):87－91.

[18]杨志刚.【专题演讲】之市场走向 未来十年中国将会成为世界美妆产业巨头[J]. 中国化妆品,2019(1):36－39.

[19]中国互联网络信息中心. 第 47 次中国互联网络发展状况统计报告[EB/OL]. http://www.cnnic.net.cn/hlwfzyj/hlwxzbg/hlwtjbg/202102/t20210203_71361.htm/2021－02－03.

[20]张凯. 男女美妆消费市场图鉴[J]. 知识经济,2019(11):100－103.

[21]王莉莉. 彩妆领域"他"经济渐起[J]. 中国对外贸易,2021(1):62－63.

[22]王国庄. 2017 上半年中国化妆品发生了这些大事[J]. 口腔护理用品工业,2017,27(4):56－60.

[23]刘嘉琪,齐佳音,朱舸. 在线社交媒体中企业生成内容沟通研究:以电影院线行业为例[J]. 管理评论,2021,33(1):152－163.

[24]王明洁. 社交媒体环境下意见领袖研究进展[J]. 科技资讯,2020,18(9):230－232＋235.

“超级 IP”故宫的跨界营销策略研究

张佳宇

指导老师：冯　睿

摘　要：21 世纪是一个互联互通的时代，行业的边界越来越模糊，已经很难对一个品牌明确地界定它的“属性”，单一的品牌特征已经难以满足消费升级的需要。在这种背景下，跨界营销应运而生，即不同的品牌通过跨界联合，相互赋能和引流消费群，进而形成整体的品牌印象，提升双方的品牌竞争力。在当前的品牌跨界中，故宫作为一个“超级 IP”（Intellectual Property，知识产权），其跨界营销一次次引爆话题，成为跨界营销中的佼佼者。因此，本文选择“超级 IP”故宫作为研究对象，重点分析其产品跨界和内容跨界行为，并从 4P 角度分析故宫的跨界营销策略，进而阐明故宫跨界的成功之处，并指出现存问题，提出对策建议。本研究旨在填补“IP＋品牌”跨界营销的理论空白，并为其他文化 IP 和国产品牌的跨界营销提供借鉴。

关键词：跨界营销；超级 IP；故宫；营销策略

Cross-border Marketing Strategy of “Super IP” Forbidden City

Abstract：The 21st century is an era of interconnection，the boundary of the industry is becoming more and more fuzzy，it is difficult to define clearly its “attributes” for a brand. A single brand feature is difficult to meet the needs of consumption upgrading. In this context，cross-border marketing emerges，that is，different brands can empower and drain the consumer groups through cross-border cooperation，thus forming a whole brand impression and improving the competitiveness of both brands. In the current cross-border brand, as an "intellectual property", the Palace Museum has become a leader in cross-border marketing. Therefore, this paper chooses "super IP" Palace Museum as the research object, focuses on the cross-border behavior of its products and content, and analyzes the cross-border marketing strategy of the Palace Museum from the perspective of 4P, and then clarifies the success of the Palace Museum cross-border, and points out the existing problems and puts forward countermeasures and suggestions. This study aims to fill the theoretical gap of cross-border marketing of "IP+brand", and to provide reference for other cultural IP and domestic brands.

Keywords: cross-border marketing; super IP; The Palace Museum; marketing strategy

一、引言

随着经济的发展和社会的进步，消费升级趋势明显，消费需求也更加多元化和个性化。在此背景下，为了适应市场的发展，越来越多的品牌开始尝试跨界营销以吸引消费者的关注。跨界营销的出现，不仅能够从多个维度满足同一类消费群体多样化的需求，形成品牌差异化优势，还可以通过不同品牌的结合，推出具有多种特质的新产品，引发新的生活方式和消费方式。当前社会，品牌联合、跨界营销已成为一种新的发展模式，市场上越来越多的企业尝试运用跨界营销寻求品牌创新。本文选择跨界营销的常客——故宫——作为研究对象，对其跨界营销的行为和策略进行探究。

刚刚过去的 2020 年是紫禁城建成 600 年暨故宫博物院成立 95 周年，故宫作为一个具有 600 年历史的传统品牌，逐渐褪去权威、神秘、传统、文化、历史的厚重感，转变为开放、创意、青春、情怀、自由的新故宫文化品牌。故宫通过跨界营销和新媒体传播，用年轻化的方式让文化的传播变得轻松，也让故宫 IP 的影响力不仅局限在文化认同，也转化为情感认同、生活状态的认同。故宫作为拥有超大体量的文化内容集合体，在跨界营销中享有得天独厚的优势。近年来，故宫通过打造"超级 IP"，进行全方位跨界，通过品牌授权和联合策划跨界活动的方式，使得品牌焕发了新的生机与活力，同时也吸引了越来越多的忠实拥护者和文化传播者。

本文以"超级 IP"故宫作为研究对象，通过分析其众多跨界案例，探究"超级 IP"故宫的跨界营销行为及策略。本文首先在了解跨界营销的产生背景、概念内涵及发展现状的基础上，阐释"超级 IP"内涵，并对"超级 IP"故宫的跨界行为进行归纳整理。然后，重点从 4P 营销组合的角度来分析其跨界营销策略。最后，从上述分析中发现问题,并提出对策建议。本文创新性地探究“IP+品牌”跨界营销模式,拟通过研究“超级IP”故宫与众多品牌跨界的案例,为其他品牌跨界营销提供实践参考,从而激发品牌活力、促进品牌创新。

二、跨界营销发展现状分析

(一)跨界营销的概念内涵

1. 跨界营销的兴起

跨界营销来源于英文“crossover”一词,在中文语境和英文语境中都表达了跨越、越界的意思。现代跨界营销的起源可以追溯到1999年德国运动品牌彪马(Puma)与德国高档服饰品牌吉尔·桑达(Jil Sander)合作推出的一款高端休闲鞋,彪马CEO首次提出了“跨界合作”的概念,由此拉开了跨界营销的序幕。自此,不论是IT业、时尚业还是娱乐业都开始进行跨界的尝试,在全球范围内掀起了跨界的浪潮。

在当今中国社会,“90后”、“00后”已经逐渐成为新生代的消费力量,他们有着全新的消费习惯和特点,更多地注重精神和体验上的追求,更看重消费中的个性、时尚、愉悦和满足感。在新消费群体崛起的时代,消费者的需求已不再是单一的满足某一方面的功能,他们的需求特点日益呈现个性化、多元化,单一的产品属性很难满足其多方面的喜好和需要,而多品牌的跨界联合恰恰可以很好地满足这一要求。在同一件产品中体现多种元素,从多个维度去贴合消费者的多样化的需求,品牌跨界即是最简单高效满足这一需求的行为,体现出消费者全新的生活态度和价值取向,彰显出独特而个性的审美。

同时,品牌跨界通过品牌之间双向互利的结合,使得跨界双方获得最大化的市场和利润,并逐渐形成一种新型的营销模式——跨界营销。跨界营销通过寻找目标消费者之间的共性,选择不同的合作品牌进行融合与创新,以用户需求为核心进行产品的联合创作,尽可能地为消费者提供新颖、时尚、满意的消费体验。如今,伴随着中国消费结构的升级和移动互联网时代的到来,跨界营销日益活跃。

2. 跨界营销的概念

实质上,跨界营销是多个品牌从不同角度诠释同一类用户特征。跨界营销的基础是联合不同产品消费者之间的相同特征,通过“跨界”的方式将之前没有联系的品牌要素结合在一起,推出新的具有两个产品共性的新产品,使传统的纵向营销思维模式向横向思维模式转变。跨界营销通过品牌融合和资源共享实现强强联合,借助互联网和新媒体的传播,不断挖掘跨界双方的特性,进行创意营销,从而引爆市场话题,吸引更大范围内受众的注意力,并最终实现降低成本、提升品牌形象的目的。一句话概括,就是达到“1+1>2”的品牌联合效果。这种跨界营销的新模式可以增强品牌的生命活力、打破品牌之间的壁垒、提升企业的竞争力,并且满足消费者日益多样化的需求。

3. 跨界营销的理论研究

(1)国外的跨界营销传播研究

在20世纪60年代，艾德勒(Adler)在《哈佛商业评论》上发表的《共生营销》一文中首次提出了共生营销的概念，它是指两个或两个以上的企业通过分享市场营销中的资源，达到降低成本、提高效率、增强市场竞争力目的的一种营销策略。随后又出现了协同营销、联合营销等营销概念，进而转变为当下热门的跨界营销，国外学者对跨界营销传播的内涵分类标准较多，具体见表1。

表1　国外学者有关跨界营销传播的分类和内涵研究情况

概念核心	内涵界定	聚焦点	代表作者
跨界融合	两条原本独立的价值链条的若干个价值创造环节进行融合，强调企业借助互联网价值链中的价值创造要素	关注互联网商业模式创新中的价值链创新	Casadesus(2007)，Deng(2015)
跨界生产	企业的产品设计和生产通过互联网组织全世界的设计人员联合开展，以实现全球化资源配置	关注产品设计与生产的全球化模式，充分利用各方资源	Lihuei(2013)，Troxle&Moilanen(2014)
跨界营销	让原本毫不相干的元素相互渗透、相互融合，从而给品牌一种立体感和纵深感	关注不同品牌在用户体验上的互补	MACk&Landau(2015)，Landini(2016)
跨界商业模式	打破思维的界限，获得创意灵感，通过跨界思考寻求突破，实现商业模式创新	关注商业模式新方法，结合跨界创新核心要素	Battistella&Toni(2017)

内容来源：李治，孙锐．跨界商业模式的源起、内涵解析与认知性框架——基于价值创新视角[J]. 资源开发与市场，2020，36(3)：283－290.

从表1可知，国外学者对跨界营销的研究主要集中在四个方面，即跨界融合、跨界生产、跨界营销和跨界商业模式，这些概念对内涵的界定各有区别，从多角度展现了有关跨界营销的研究成果，丰富和发展了跨界营销的理论研究。

(2)国内的跨界营销传播研究

相比国外学者的研究，国内学者对于跨界营销的研究角度较为发散，通过对文献的整理归纳，总体分为两大类。一类是以理论研究为主，主要是基于不同的角度分析跨界营销的概念、原则、模式等，主要研究角度有：基于整合营销的背景研究跨界营销；基于“互联网＋”时代背景研究跨界营销；基于品牌传播角度研究跨界营销。另一类则是偏向应用层面的研究，从研究案例的数量选择上可以分为“一对一”、“一对多”和“多对多”三种，通过分析成功的跨界营销案例来发现其中的问题并提出对策建议。

尽管现阶段对于跨界营销研究角度众多，案例也较为丰富，但是在特定案例的分析上深度还不够，没有形成一般性的跨界营销策略。本文选择跨界营销成功的典范——故宫，针对“超级 IP”故宫的跨界营销策略展开研究，以期全方位地了解故宫的跨界营销模式及跨界行为特征，并从中发现一些跨界中遇到的问题，给出相应的对策建议。同时，通过研究故宫的众多跨界行为，从中找到普适性的一般方法，完善相关理论研究，为其他品牌的跨界营销提供一些借鉴和参考。

（二）跨界营销的发展现状

随着互联网时代的到来，跨界营销在网络和媒体的传播下发展十分迅速，发展形式多种多样。在跨界营销出现之初，品牌之间的跨界合作一般只是产品上的合作，通过传统的大众媒介进行传播，传播速度、传播力度、传播范围有限。当进入移动互联网时代，海量实时的信息交互在很大程度上提升了跨界营销的传播力。现如今，万物均可跨界，越来越多的品牌参与到跨界合作中来，为跨界营销注入了新的活力。

当前的跨界营销，从跨界的对象上看，主要分为两大类：一是“品牌＋品牌”的跨界，即两大成熟品牌之间或者是新老品牌之间开展跨界营销活动，如喜茶与百雀羚跨界、大白兔与美加净跨界等；二是“IP＋品牌”的跨界，即热门 IP，通过联名、冠名等方式与品牌跨界，推出联名产品，如《王者荣耀》与“M・A・C”口红品牌合作，借助游戏 IP 推出限量联名口红，从而引爆市场。从跨界的方式上看，主要以产品跨界、内容跨界和渠道跨界三种居多。

1. 产品跨界

当前市场上的产品跨界主要分为两种。其一是目标品牌选择不同行业进行新品类产品的跨界，即改变原有的产品属性，赋予其新的价值属性，在充分挖掘自身优势的基础上寻找与其他行业品牌的共同点或连接点进行跨界产品的研发。典型的跨界案例有：云南白药跨界牙膏领域；片仔癀跨界化妆品领域，打造药妆品牌形象；营养快线跨界推出彩妆礼盒等。这类产品跨界可以突破品牌原有的既定特点，更新品牌形象，带给消费者新奇的体验，扩大消费群体，拓展新的消费市场。其二是两种产品的跨界，即在同一件产品中融入两个品牌的文化元素，使二者有机统一，换言之，其实质是在保持其中一个品牌的产品属性不变的基础上，加入另一品牌中的某种元素使二者相融合，这种产品跨界方式在当下也是最常见的，简单的理解就是品牌联名款产品。这种方式通过借助对方的品牌形象和元素，满足双方共同目标用户的多样化需求，实现优势互补，并借助品牌联名制造话题热度，提高双方品牌在市场上的关注度，从而提升原有的品牌形象。品牌联名的跨界案例也有很多，如六神与 RIO 合作鸡尾酒、大白兔与美加净合作奶糖味唇膏等。

2. 渠道跨界

渠道跨界是指不同品牌在进行跨界时共享渠道资源，提高品牌的曝光度，即通过跨界合作来共享对方的销售渠道。一种是直接在对方的销售渠道内植入自己的产品，拓宽自身的渠道；另一种是寻找与合作方相契合的卖点或销售场景，找到双方的接触点，相互交换和共享渠道，让目标用户能够广泛地接收品牌信息，强化用户对于产品的认知与认同。例如，得到 App 跨界三源里菜市场，推出“菜市场遇见经济学”的活动；理肤泉等美妆产品开拓 OTC 药店渠道等。

3. 内容跨界

内容跨界是指品牌通过跨界进入其他圈层，在其中植入产品或以小剧场的形式进行内容故事创作，从而借助合作方的粉丝受众与平台获取更多有价值的用户。其手法与合作方式多种多样，多以图文、短视频的形式呈现，其核心的目的是“圈粉”。现今内容跨界多出现在文学领域和二次元动漫场景中，最具代表性的是《魔道祖师》与魔力美食的跨界合作，复刻动画中出现的美食就是基于内容层次的跨界，是对 IP 合作新路径的探索。许多品牌通过借助文化 IP，将产品与二次元场景关联在一起，借助剧情打入受众内部，从而实现目标圈粉，比如泸州老窖与电视剧《三生三世十里桃花》合作，开发“桃花醉”系列产品，后续追加香水和酒心巧克力产品，拓展了新市场。此外，麦当劳和全职高手、百雀羚和二次元歌姬洛天依的跨界案例也都是内容跨界的成功代表。

（三）“IP＋品牌”跨界营销的发展现状

随着近年来跨界营销的不断发展和市场上出现的“IP 热”，越来越多的品牌通过打造容易被消费者接受和喜爱的 IP 来进行营销，而其中“IP＋品牌”的跨界营销成效十分显著。现阶段的 IP 跨界多以火爆的游戏、动漫、影视剧为主。例如，2019 年知名美妆品牌 MAC 与热门手游《王者荣耀》基于双方高度契合的“年轻女性”目标用户群体进行跨界联名，推出限量版定制口红。凭借 MAC 品牌在美妆市场的认可度和《王者荣耀》超 300 亿的 IP 价值，联名口红在市场上大受欢迎，二者的合作也成为“IP＋品牌”跨界的标杆。再如《延禧攻略》与稻香村的跨界，在跨界方式上，稻香村通过在剧中植入其精细的配料和制作工序，使消费者在电视剧潜移默化的影响下对品牌产生好感，提升了稻香村的品牌形象和美誉度。

由上文的案例可以看出，“IP＋品牌”的跨界从跨界方式上来看，更多表现为内容跨界和产品跨界中的第二类——文化元素的融合，基本方式是通过 IP 授权的方式进行联名或冠名推出限量款产品。上述案例中的《王者荣耀》和 MAC 的限量联名口红属于产品跨界，在 MAC 发售的 5 种颜色的口红中，分别对应了《王者荣耀》游戏中 5 个不同风格的人物——貂蝉、公孙离、花木兰、露娜和大乔。在这个跨界案例中，《王者荣耀》就是以人物元素的方式融入 MAC 口红中，而 MAC 保持原有产品属性不变。而《延禧攻略》和稻香村的合作则属于内容跨界的范畴，主要方式是通过展现和还原稻香村的原料和制作流程，从内容层面进行品牌宣传和产品推广，借助《延禧攻略》剧集播出的热度实现圈粉。

“IP 跨界”热度的不断升高，使得越来越多的 IP 加入跨界的大潮中，跨界营销的热度反作用于 IP 和品牌，如此形成良性循环，“超级 IP”也随之诞生，故宫就是其中的一个代表。故宫具有600年的历史积淀，其自身的文化底蕴和元素内涵足够丰富，加之近年来其打造的故宫文创品牌的不断发展和新营销方式的运用，故宫逐渐成为一个拥有巨大流量和海量内容的“超级IP”，吸引了越来越多的品牌与之跨界，以达到共享资源和流量、实现双赢的目的。

三、“超级IP”故宫跨界营销概述

（一）“超级IP”的概念

IP是Intellectual Property的缩写，即知识产权，是指人类在社会劳动中创造的知识成果所享有的专有权利。20世纪90年代，IP的概念兴起于美国动漫产业，而在当今中国的新媒体语境下，IP不再局限于法律概念，从商业的角度来说，IP还可以指多维度开发的文化商品。它自带流量，具有辨识度高、变现能力强、变现周期长的特点，我们将这样的文化符号称为“文化IP”。

“超级IP”，即超级知识产权，是IP的衍生和升级概念，指具有较高的读者、观众或粉丝群体，具有一定社会影响力的知识产权。“超级IP”本身自带流量，具有强大的内容基础和巨大的粉丝基础，是具有深度商业价值的超级符号。它以内容和背书建立信任，以信任获取势能，以势能获得负成本连接，以连接获得产业链延伸，以强运营获得流量变现。

“超级IP”的核心元素，包括四个层级。第一层是IP的最表层，包含表现形式和流行元素，是用户最直接接触的层面，目前国内的大部分作品仍局限在第一层，其只注重表层形式的操作导致了大批跟风和同质化，很多所谓的中国风作品流于一时的风潮却难以延续。第二层是故事层面，好的故事内容不只是围绕故事原型进行讲述，更要结合人物原型在特定情形下的处境和时代背景进行故事的升华，赋予主角独特的个性和态度，从而跨越时空的限制。第三层是世界观，IP世界观的设定首先需要有逻辑严谨、自然合理的一套规则，同时依托强大的文化母体，创造独特新颖的人、物、景，制造其与世界规则的冲突，以实现跨越文化、地域、时代的普世追求。第四层是价值观，是IP最核心的层次。真正的IP有自身的哲学体系和价值观，有其独特的情感内核，象征着最终的人性本质。IP通过价值观的设定，使不同文化背景的受众都能产生认同感，形成强烈的情感共鸣，可以更好地增加其传播范围和深度。

“超级IP”不仅仅是在形式和故事创作层面上进行描述和阐释，更重要的是它所传递的世界观和价值观能够被市场和消费者所认同。因此“超级IP”是指已经具有较高的商业价值，拥有大批的忠实受众群体，其衍生产品及其价值观念受到追捧，受众接收到其信息之后能够迅速转化为消费行为的超级品牌符号。“超级IP”通过世界观和价值观的沉淀，从而对消费者产生审美影响和文化层面的持久影响。

（二）"超级 IP"故宫的内涵

本文的研究对象"故宫"，其作为中国传统文化中的典型代表，其文化内涵和体量都非常庞大且具有广大的受众群体和巨大的流量，因此，故宫 IP 能够被称为"超级 IP"，其具体特点表现如下：

1. 海量文化元素和内容

故宫是我国明清时代的皇宫宫殿，又称"紫禁城"，拥有 600 年的历史，在经历了改朝换代、时代变迁后，其文化底蕴和内涵也愈加丰厚，蕴藏其中的中华民族传统文化，也使故宫成为中华文化、中华民族的一个重要代表和标志性符号。故宫文化包括皇家宫廷文化、博物馆文化、中国古代建筑文化，以及蕴藏在众多馆藏品中的传统文化。

故宫作为 IP 进行文创商品和跨界产品的开发时，其蕴含的文化元素和内容就成为创作的主要表现形式和故事讲述的文化背景，如在产品的设计理念中融入宫廷礼仪、皇家服饰文化、宫殿建筑理念、藏品的祈福元素、历史故事等。故宫凭借其超大的文化储存和内容库，可以为文化创作提供丰富的创作元素和文化背景支撑，使品牌有更大的发挥空间开发周边产品，深挖其中的内涵。无论是在表层的表现形式上还是故事内容的丰满度和真实性上，其所具有的优势都是其他普通文化 IP 难以比拟的。

2. 巨大目标受众和流量

近年来，国家从政策上大力推进博物馆文创事业的发展，以期借助新兴技术手段，使博物馆文创产业市场化，在市场化的进程中吸引新消费群体的关注，以此更好地传播中国优秀传统文化。随着 2018 年"新文创"概念的提出，故宫在原有基础上抓住发展的机遇，充分运用新媒体的传播技术，让更多的人重新认识故宫，还通过 3D、VR、H5 等技术，让大众足不出户就能逛故宫。故宫利用微信、微博、抖音等社交平台与广大群众互动，使民众可以通过网络，跨越时间和空间的限制，远距离参与故宫的文化活动，通过新奇有趣的方式展示故宫藏品、讲述传统文化，使原有的单向传播和被动接受，转变为双向互动和主动选择。

此外，故宫积极开展跨界营销活动，与众多品牌跨界合作，也积累了一定的粉丝基础和流量。故宫的电商平台——故宫博物院文创旗舰店、故宫淘宝、故宫出版、上新了故宫、故宫食品、故宫文具，6 家官方店铺粉丝高达数百万，在"两微一抖"平台的粉丝用户更是高达千万之多。故宫的文创产品和跨界产品以及其他主题文化传播活动所传递的世界观和价值观深得广大群众的喜爱和认可，这其中不仅有爱好传统文化的中老年群体，还有实际上占大多数的是近期崛起的新消费主流人群"Z 世代"。这一群体在国潮兴起的时代对传统文化的接受度和探究欲更高，对于文创产品和跨界产品也更加热情和包容，而且其在社交媒体中的活跃度和互动参与度也更高。因此，无论是知名度还是美誉度，故宫 IP 都大大高于其他博物馆和普通文化 IP，巨大的粉丝量和用户流量也使得故宫"超级 IP"的称号实至名归。

（三）"超级 IP"故宫的跨界营销行为

拥有 600 年历史的故宫，曾经给人们的感觉是"庄严、沧桑"，非常有距离感，但是随着故宫开始进行文创产品的开发和跨界营销，故宫的形象逐渐变得生动有趣起来。作为历史文化悠久的博物馆，故宫具有超高的知名度以及良好的受众和粉丝基础，同时，其本身又是海量文化元素和内容的集合体，近年来，故宫通过打造 IP，成功实现品牌的年轻化。故宫文创目前是全国文博类文创产品中最为典型的代表，不管是在文创产品的销量上还是在跨界合作和故宫文化的传播上，故宫都遥遥领先其他博物馆，而且其衍生的文化类节目、纪录片等也在年轻人群体中产生了较大的影响。

故宫文创产品分为故宫自主研发设计的产品和与其他品牌跨界联名的文创产品。前者故宫自身的文创产品来自故宫的六大官方淘宝店铺，由专门给故宫博物院提供文化创意产品设计和加工的企业进行产品设计和开发。故宫与其他品牌的跨界则是由故宫博物院旗下的子品牌故宫文化服务中心、故宫淘宝等官方平台与各品牌联合打造，生产研发跨界联名产品，进行跨界营销活动。本文的主要研究对象是后者，即研究故宫作为"超级 IP"与各品牌的跨界行为与策略。

"超级 IP"故宫的跨界营销主要以"IP＋品牌"的模式开展，即故宫作为"超级 IP"与品牌跨界，通过联名或者冠名的方式，打造限量款联名产品和开展相关的跨界营销宣传活动，提升话题热度，扩大受众的接触面，激发其好奇心和体验欲。本部分主要从多个单独的跨界案例角度进行分析，由上一部分对于发展现状的研究分析可知，故宫"IP＋品牌"的跨界主要涉及产品跨界和内容跨界两大方面，在渠道跨界方面现存案例较少，本文不予研究。

1. 产品跨界

故宫在"IP＋品牌"的跨界中占比最多的就是上文提到的第二种产品跨界，即故宫进行 IP 授权，通过文化元素的形式与跨界合作的品牌产品融合进行新产品的设计和研发。故宫的部分产品跨界行为如表 2 所示。

表 2　故宫部分产品跨界案例

跨界领域	跨界品牌	跨界产品	文化元素的融合
食品	奥利奥	奥利奥饼干	六大宫廷口味；包装设计来源故宫馆藏《雍正十二美人图》系列；宣传语"启'饼'皇上"
	农夫山泉	农夫山泉故宫瓶	包装上进行后宫故事创作，设计"朕饿了"、"你是朕写不完的诗"、"本宫是水做的"系列主题
	健力宝	祥龙纳吉罐	以乾隆龙袍为创作灵感，镂空的罐子突出故宫的龙元素

续表

跨界领域	跨界品牌	跨界产品	文化元素的融合
服饰箱包	安踏	联名鞋“霸道”	鞋面的设计中融入清代趋吉避凶的吉祥挂，制作工艺上将绸缎纱线与真丝面料镶嵌实现古法融合
	ICY	“吉服回潮”系列女装	服装设计灵感和图案源自故宫珍藏宝藏中的吉祥元素，打造了“绫绣如意”、“上河安福”等五个限量女装系列
	不莱玫	“行走的故宫”系列行李箱	配色上采用极具代表性的宫廷色彩，如正宫红；行李箱的图案涉及多种国风元素
美妆	百雀羚	“雀鸟缠枝”宫廷系列	包装上融合了镂空元素和雕刻，融合草本护肤和宫廷元素
	毛戈平	“气韵东方”系列彩妆	口红花纹取自素三彩海蟾纹三足洗和清宫鸟谱上的兰花元素图样；玉韵红盘腮红复刻剔红水仙圆盘
日用品	飞利浦	“大器天成”系列	剃须刀的手柄处加入了故宫藏品中的纹饰图样
	名创优品	手机壳、笔记本、雨伞、T恤、帆布袋、小圆镜等	颜色、图案、文字宣传语等设计灵感均来自故宫藏品和文化故事，包括云纹、仙鹤、花卉等素材

内容来源：笔者根据网络公开的信息资料整理归纳。

故宫的联名产品形式种类众多，诸如此类的跨界还有很多案例，虽然案例繁多、花样百出，但不难发现，故宫的产品跨界多集中于食品、美妆、服饰、饰品等领域，这些领域有一个共同的特点就是与大众的日常生活息息相关。故宫通过与多个品牌跨界，打造跨界联名产品来拓宽产品受众，通过在跨界产品中融入故宫美学及艺术元素，并加之有趣的故事和幽默的宣传语创作，让消费者在感到新奇的同时喜欢上具有古典文化的跨界产品，进而喜欢上故宫文化。故宫也通过一系列的跨界行为使得跨界双方的品牌形象和知名度都得到一定的提升，达到品牌年轻化和文化传播的目的。

2. 内容跨界

“超级 IP”故宫的内容跨界主要是通过与电视媒体、互联网平台合作开展以故宫文化为主要内容的节目和活动创作，主要的表现形式有纪录片、综艺、游戏等。故宫的具体内容跨界行为如表 3 所示。

表 3　　故宫部分内容跨界案例

跨界平台	跨界表现形式	跨界活动名称	跨界活动内容
中央电视台	纪录片	《我在故宫修文物》	介绍中国文物修复的发展历程，重点记录故宫内钟表、书画、各种器具等珍贵文物的修复过程和修复者的生活故事

续表

跨界平台	跨界表现形式	跨界活动名称	跨界活动内容
北京电视台	综艺节目	《上新了·故宫》	明星嘉宾跟随专家走进故宫，探寻故宫中珍藏的历史藏品，挖掘其蕴含的历史文化，并与设计师和设计专业的学生合作，进行国潮文化创意产品的研发设计
网易	解谜类手游	《绘真·妙笔千山》	以北宋名画《千里江山图》为创作蓝本，内容上以传统文化为创作核心，叙事上运用大量古典元素，如古诗词、比翼鸟等，并配合古风音乐，剧情也充满了古典寓意
腾讯	音乐创新大赛	《古画会唱歌》	QQ 音乐与唱作歌手及原创音乐人合作，将 AI 融入现代音乐元素，为故宫博物院典藏《清明上河图》等十幅古画谱写新词曲
腾讯	漫画	《故宫回声》	腾讯动漫以民国时期为背景，讲述故宫博物院为了保护国家文物而将文物南迁的历史故事

内容来源：笔者根据网络公开的信息资料整理归纳。

故宫的内容跨界营销，无论是与电视媒体的合作还是跨界游戏、漫画和音乐领域，都旨在更大范围地增加故宫文化的传播面，提高消费者的参与度。通过一系列具有古典韵味的内容创作和新兴技术表现手法，使消费者在互动过程中感受故宫文化韵味与现代潮流的结合，体验新奇感，增强其对故宫和故宫文化的兴趣与热爱。故宫通过一场场跨界营销，将传统文化 IP 从文创周边延展到游戏、漫画、音乐，再到纪录片和综艺，以年轻人更加接受的方式，使故宫品牌重焕新生。

四、基于 4P 视角的故宫跨界营销策略分析

（一）产品策略

产品策略是企业为了在激烈的市场竞争中获得优势，在生产、销售产品时所运用的一系列措施和手段，包括产品定位策略、产品组合策略、产品差异化策略、新产品开发策略、品牌策略、产品生命周期策略等。从一定意义上讲，企业成功的关键在于其产品是否能很好地满足消费者的需求以及其采取的产品策略是否正确。本文将从品牌联合策略和产品研发策略两方面对故宫的跨界营销进行分析。

1. 品牌联合策略

品牌联合策略是指让非竞争关系的品牌形成同行业和跨行业的合作联盟，主要包括基于品牌层面的跨界营销。跨界营销的本质就是品牌联合，即两个或两个以上的品牌从不同角度诠释相同的用户特征，进而达到双赢或多赢的营销效果。

故宫的跨界营销以"'超级 IP'故宫＋其他品牌"为基本模式展开，如"故宫＋安踏"、"故宫＋百雀羚"、"故宫＋农夫山泉"、"故宫＋奥利奥"等。这些跨界案例之所以

能获得成功和市场的认可,最主要的原因是跨界双方具有一定的品牌契合度,双方的目标消费群体有一定的重合度,基于此展开跨界可以保证跨界营销的基本市场,满足目标消费人群的多重需求。故宫在进行跨界营销时,对于跨界品牌的选择,始终以品牌双方的一致性为前提。在寻找合作伙伴时,故宫文创事业部、出版社和经营管理处会在收集合作意向的基础上进行品牌筛选,在此过程中故宫非常重视目标用户的潜在需求,致力于为用户提供更好的产品和体验服务。故宫跨界营销的品牌联合战略始终坚持发扬品牌精神,寻找双方的契合点进行跨界,实现品牌特征在产品中的自然融合。

在故宫与百雀羚的跨界营销案例中,百雀羚作为已有近 90 年历史的老品牌,无论是产品本身还是品牌文化,都蕴含着"东方之美"的理念,体现着民族品牌的历史渊源。故宫作为中国历史的见证者和中国文化的承载者,其本身就是中华文化的"超级 IP"。故宫与百雀羚的跨界合作,可谓是强强联手,不仅没有破坏双方的历史底蕴,而且二者的结合更是完美融合,使联名产品呈现浓厚的古典韵味。故宫以百雀羚的产品作为文化载体,向年轻人展现了一个尽管历史悠久但依然引领潮流的故宫形象,而百雀羚也借着故宫数百年的历史文化积淀和巨大的流量效应,深化了自己的民族品牌形象,获得了一定的品牌关注度。

故宫博物院的馆藏文物蕴含着丰富的中国传统文化,故宫担负着文化传播的职能,是中国传统文化和公众之间的桥梁。近年来随着故宫文创和 IP 的发展热度不断升温,故宫也不断推陈出新,开展多样化的跨界营销活动,不断探索和创新,紧跟时代的步伐,并且迎合年轻人的需求,在选择品牌跨界时始终不忘继承和发扬故宫的传统文化。

2. 产品研发策略

产品研发策略,主要是指在产品的研发过程中通过借用同行业或另一行业成形的概念、功能来实现产品研发或功能上的跨界。故宫不仅对自己研发的文创产品十分注重历史性、文化性、创新性、趣味性和功能性,而且在进行品牌跨界时,对品牌的选择以及跨界联名产品的选择上都非常强调实用性,其跨界的品牌涉及服饰、食品、美妆等行业,这些都是日常生活中必备的产品,很贴近大众的生活,可以使人们在身边的小物件上感受到来自故宫文化的魅力。

故宫的跨界联名产品大多数是以新旧元素的融合进行设计的,其中的"旧"元素是来源于故宫中的传统文化元素,这些旧元素中的特殊元素如节日元素、祈福元素在新时期被赋予了更丰富的涵义。传统文化元素通过跨界联名的方式,将故宫文化更广泛地传播。

在故宫与民生银行的跨界合作中,推出了以故宫文化为主题的一系列银行卡,人物篇、服饰篇、令牌篇等八个内容的卡面,将传统文化与信用卡结合起来,让故宫文化以银行卡为载体走进大众的生活,让持卡人感受到博大精深的传统文化,感受文化内涵、建立民族自信。再比如故宫与毛戈平跨界合作推出的系列彩妆礼盒，就在眼影盘、腮红盘等彩妆的外形及包装上加入故宫的传统元素，如雕花、祥云等，颜色的选取上采用宫廷色号，使得普通的彩妆变得更为精致，犹如一件艺术品，深受年轻消费者的喜爱。

故宫的跨界联名产品，在产品设计与研发上做到了挖掘目标用户的兴趣点，把握品牌双方的共性，构思精巧的创意表现形式，打造内容为王的产品，在工艺制作上精益求精，对于故宫传统元素的运用精心挑选，并反复研究最合适的展现形态，反复打磨设计稿，用匠心制作精美的产品，于点滴之间传递中华传统文化的美感。通过新旧元素的结合和碰撞，擦出了不一样的火花，使国潮成为年轻一代消费者的追求。

（二）价格策略

价格策略是指企业通过对顾客需求的估量和成本分析，选择一种能吸引顾客、实现市场营销组合的策略。品牌跨界，使得一种产品体现两种品牌特色和文化元素，相对应的产品价格将成为影响跨界营销效果的重要指标。跨界联名产品的定价既要符合跨界双方的成本，也要考虑市场需求和消费者的接受度，既不能太高，高于同类产品太多会导致消费者望而却步，觉得不值得，但是定价也不能过低，容易使消费者产生不信任和怀疑的态度，而且难以体现跨界联名限量版或者定制版的特殊性和稀缺性，达不到饥饿营销的目的。因此，对于跨界联名产品的价格要合理、适中，在消费者可接受的价格区间内定价销售，既能吸引大多数目标消费者的眼球，同时价格又在他们的承受范围之内，二者双管齐下，跨界营销的新鲜感和新旧文化的完美融合才能使其多元化的需求得以满足，从而刺激消费者产生购物消费行为。

故宫的跨界联名产品因其跨界的品牌和产品不同，价格范围较大，下限不足 10 元，上限高达数千元。故宫与奥利奥的联名夹心饼干只需要 9 元，其与普通版的最大区别在于联名版的馅料是独立配方，比如红豆酥馅料、荔香玫瑰糕馅料等，有着完全不同的风味和口感。故宫与奥利奥的联名款价格稍贵，但对于有好奇心、喜欢尝鲜的消费者来说，多花几元钱体验一个全新的口味和包装是完全可以接受的。与此类似的还有故宫与名创优品的跨界，其跨界文创产品只有十几元或者几十元，消费者完全有能力去购买和体验，销量也很高，受到消费者的一致好评。

故宫与安踏跨界合作款新霸道系列运动鞋售价 598 元，比正常的安踏霸道系列运动鞋的价格高 100～150 元，比其他联名款的价格高 50～100 元，这个价格对于喜欢运动、喜欢追求潮流并愿意付费体验的消费者而言，是可以接受的。这款联名鞋的图案设计灵感源自故宫博物院馆藏画卷《冰嬉图》，配色与冬奥会主色调一致，既具有高规格的美学元素，又具有十分重要的纪念意义。对于喜欢运动、喜欢传统文化、喜欢鞋的消费者来说，无论是买来穿着体验还是用作收藏，都是非常不错的选择，因此也具有一定的市场接受度。

而相比之下,故宫跨界的电子科技产品和美妆类产品的销量就不那么高了。比如故宫与 OPPO 联合推出的 Enco X 故宫新禧版耳机售价 999 元,这款耳机无论从外观上还是使用功能的体验上都焕然一新,是款十分实用且好看的新春数码单品。整体来讲这款耳机对于音质和降噪要求较高的热爱音乐的消费者而言是非常具有吸引力的,但是由于价格设置偏高,对于这样一款非必需品而言,其市场接受度就不那么高了,销量一直都处于一个低水平状态。无独有偶,故宫博物院和丽质华堂推出的"故宫紫檀"系列护肤品,有两种规格:三件套包含洗面奶、精华、面霜,售价 2 380 元;五件套包含水、精华、眼霜、面膜、睡眠面膜,售价 3 980 元。该系列产品的价格与国际一线护肤大牌雅诗兰黛和 SK-Ⅱ相近,但是对于一个在市场上并不十分有名气的品牌而言,消费者花费如此高额的价格是不现实的,所以低性价比导致低销量,该产品几乎无人问津。

故宫的 IP 跨界营销所推出的产品在价格区间上跨度较大,由于跨界合作的品牌和产品的区别较大,难以形成确切的统计量,但是大体上来看,故宫与服饰鞋帽、食品和生活小物件的品牌跨界合作,具有较高的市场认可度,此类产品价格偏低,一般不超过 200 元,跨界联名的营销效果非常好,比如与名创优品合作的一系列摆件饰品、香氛手链等产品。而对于偏高价的美妆产品和电子科技类产品,如上千元的美妆套盒和近千元的耳机等就不具有市场竞争力,只能在市场上引起一阵话题讨论,但实际的销售却不尽如人意。

（三）渠道策略

渠道策略是整个营销系统的重要组成部分,它对降低企业成本和提高企业竞争力具有重要意义。故宫在跨界中的渠道策略是线上线下联动打造传播闭环的全渠道营销策略。通过全渠道运行,充分利用线上渠道的便利性和线下渠道的体验性,全面提升产品和服务的质量,打造全新的渠道生态圈。

从宏观层面看故宫的整体跨界营销活动布局,其充分利用线上、线下两种渠道,通过与腾讯、网易、抖音等平台的跨界合作,开展线上主题跨界营销活动。例如故宫与 QQ 音乐合作并邀请易烊千玺献唱由《千里江山图》改编的歌曲《丹青千里》,就是借助 QQ 音乐的大平台和强大的粉丝效应来输出传统文化,传递正确的价值观。同时在线下打造快闪店供消费者进行体验,让消费者加入互动环节。例如,故宫与名创优品打造的快闪店,就在场景设置上大费心思,传声殿、悦色宫、闻香阁、御花园、冷宫……极大地调动了消费者的体验欲,使其通过多变有趣的形式随时随地接触了解故宫传统文化。

从微观角度看,故宫的跨界产品也通过线上的电商平台以及线下的故宫文创馆和快闪店等进行销售,品牌联名产品大多会通过线下发售和线上订购的形式进行售卖。如故宫与安踏联名的"霸道"系列就是选择在故宫博物院进行线下发售,同时安踏的天猫官方店铺也有进行售卖。故宫与毛戈平合作的彩妆系列主要是通过线上网购的方式进行销售，线下端在第17届香港国际授权展故宫博物院展区进行展示，通过线上销售与线下互动相结合，巧妙地传播了故宫的传统文化。故宫和农夫山泉跨界推出的限量版故宫瓶，在瓶身上创作宫廷人物和诙谐的文案，右上角还有呈现出古代印章图像的二维码，识别二维码后会出现生动鲜活的宫廷画面。故宫瓶通过加入线下的互动环节，让消费者自己扫码观看清宫动画视频，提升了消费者的参与度和体验感，搭配瓶身上的文字和图画，潜移默化地影响消费者，传递传统文化。

故宫结合VR、AR、AI等前沿技术，突破了时间和空间的限制，实现数字化、科技化、线上线下相结合的传播模式。线上通过电商平台进行产品销售，与主流互联网平台和电视媒体进行跨界合作，与广大用户和粉丝进行互动；线下通过跨界合作品牌的实体店铺、各种展览以及快闪店等多种形式与消费者进行交流，为其提供优质的体验服务，在销售跨界联名产品的同时，通过潮流的高科技方式让消费者参与其中，在互动体验中切实了解故宫文化和历史。

（四）营销传播策略

营销传播策略是指通过对产品的消费群体进行再定义和重新分类，运用多重营销传播方式实现产品在另一类行业和市场的突围。故宫的跨界营销传播充分利用社交媒体进行宣传，并配合重大活动以提高转化率，借助社交网络利用消费者扩大传播范围，合理进行情感营销，引起消费者的共鸣。故宫通过发起活动、制造话题，有效整合图文、视频、直播等资源，在故宫官网、微博、微信、抖音等新媒体平台进行推广。

故宫的官方微博通过分享故宫的四季景观照片、以故宫为主题拍摄的短视频、以宫廷文化为主要内容创作的故事文章等，吸引大众的关注，参与话题互动，通过点赞评论转发的形式实现良好的互动宣传。故宫与抖音合作，推出《第一届文物戏精大会》，使原本庄重严肃的文物真正活了起来，变得灵动呆萌有趣，该活动上线后，吸引众多网友自发参与和传播。在当前的中国社会，微博是我国活跃度最高的公开社交媒体平台，抖音则是年轻人最爱玩的短视频社交软件，二者都具有巨大的流量。故宫在微博和抖音上的跨界营销传播可以有效增加故宫的关注量，吸引更多的粉丝和流量，有效拓展品牌传播的渠道，为今后故宫的推广奠定基础。

故宫文创品牌的跨界传播策略主要从传播理念、传播渠道和传播方式三个方面展开。故宫文创的受众不再是广泛定位于大众，而是更精准地把握受众群体，以年轻人为主要传播对象。在传播理念上，故宫文创不再是单向对大众进行科普性传播，而是更关注受众想知道什么，以受众为中心进行传播。而在传播的过程中，在呈现内容上更突出匠人匠心的“工匠精神”。故宫文创的跨界合作将独特的历史文化创意化、让传统的人物生活化，通过开展新媒体营销，借助互联网扩大受众范围和影响力，把不同平台的人吸引到故宫跨界产品中来，覆盖更多的消费人群，让更多的人通过互动交流更加了解故宫文化，喜爱传统文化，愿意传播中国文化。

五、“超级 IP”故宫跨界营销的问题与对策

(一)现存问题

虽然整体上故宫的跨界营销取得了不错的成绩,在故宫品牌形象的传播、以故宫为依托的传统文化的传播和故宫营收等方面都获得了一定的成功,但是在故宫的众多跨界营销中,也显露出了一些问题,这些问题的存在会不同程度地影响跨界营销的效果,具体如下。

1. 跨界品牌的选择不当,跨界产品价格虚高

故宫的跨界品牌众多,其中大部分品牌都与故宫的主流价值观相一致,而且跨界的品牌都有一定的市场积淀和认可度,但是其中少数品牌的选择却并未达到预期效果。如故宫与丽质华堂推出“故宫紫檀”系列化妆品,在竞争激烈的美妆市场上,丽质华堂并不具备强竞争力,绝大多数消费者对其品牌的认知度很低,但是在与故宫跨界推出化妆品套装时,其三件套定价 2 000 多元、五件套定价接近 4 000 元,昂贵的价格使消费者望而却步,对于消费者而言,同等价位就可以享受国际一线的大牌美妆,相比之下,为文化买单是一件性价比极低的行为。相反,故宫与传统老品牌百雀羚合作推出的限量版套装以及与毛戈平推出的彩妆礼盒,市场认可度和接受度就要好很多。这一方面得益于百雀羚和毛戈平自身的品牌价值和受众认知度,其品牌本身就具有一定的消费群体和支持者,另一方面是价格设定在几百元,对于消费者而言,更具有吸引力和性价比。

2. 频繁的跨界营销致使消费者对品牌认知混乱

故宫作为“超级 IP”,与其跨界的品牌众多,随着跨界的热度不断升温,其跨界的频次和数量也越来越多,但跨界产品的创新力不足,设计上比较趋同,这在一定程度上对故宫自身的品牌会产生认知混乱,尽管故宫与其他品牌的跨界合作都是尽可能地通过元素融合来实现跨界创意,但是随着这种跨界变得频繁,消费者就会产生认知混乱和审美疲劳,一旦跨界的热度降低或者创意形式雷同,跨界营销就会在消费者心中大打折扣。回顾近期的跨界营销案例可以发现,如今的品牌跨界已经有噱头化、猎奇化的迹象出现。品牌对跨界营销的滥用,导致了 IP 跨界只成为吸引大众眼球的手段,虽然能够引起不少的社交化讨论,但对品牌美誉度未必有益,用户对品牌的好感度可能会降低。

2019 年的数据显示,故宫的跨界营销次数高达 14 次(不完全统计),平均每个月都会进行 1～2 次跨界营销,如此高频的营销动作无疑对营销效果有一定的冲击。2018 年年末,故宫曾推出彩妆口红,一经推出便刷屏朋友圈卖断货,而反观 2019 年全年,这样的营销盛况已经越来越少。这一现象在凸显故宫跨界问题的同时,也为故宫今后的跨界营销敲响了警钟。

3. 跨界营销的战略选择难以长期维持

故宫的跨界大多是与品牌推出限量款联名产品，或者开展主题跨界活动，二者的跨界营销周期都比较短，仅在短时间内维持跨界营销的热度，并配合一系列的宣传活动，一旦跨界周期结束，故宫与品牌的合作也随之结束，新一轮的跨界营销活动和新的跨界联名产品出现，周而复始，故宫与跨界合作的品牌之间没有形成长久的合作关系，随着本轮跨界营销热度的降低，跨界双方的品牌联合价值也不复存在，这无论是对于故宫这样具有巨大流量和丰富内容的“超级 IP”，还是对于跨界合作的品牌方，都是一种资源的巨大浪费，双方并没有充分在跨界中长期受益。

此外，在故宫众多的跨界中，还有个别的跨界产品存在对历史的不当解构，进而引发文化冲突；少数产品甚至出现产品质量问题，在出现负面评价时缺乏应急处理机制，未能及时向消费者做出良好的回应，对于品牌形象的树立和传播都带来一定的损害。

（二）对策建议

1. 慎重选择跨界品牌，力争强强联合

在跨界品牌的选择上，可以建立一定的筛选机制，提高跨界门槛，在达成合作意向之前，要对目标品牌的历史文化、发展现状、受众认可度、知名度、美誉度等多个方面进行充分的了解与研究，选择那些在市场上具有一定竞争力的品牌开展跨界合作，争取做到强强联合。在达成合作意向之后，要对品牌蕴含的历史文化和价值观进行解构分析，找到其中与故宫文化元素的契合点，并以此为基点进行产品创意和设计，突破既定的框架和形式，制造“冲突感”，增加营销内容和形式上的趣味性，在品牌理念一致的前提下大胆创新、勇于突破。

2. 合理把控跨界频次，注重消费者感受

故宫在选择品牌进行跨界合作的过程中，要在慎重选择品牌的基础上，稳步推进跨界的进度。换言之，跨界频次要适当，对于跨界的领域和跨界产品以及跨界营销推广方式进行妥当安排，避免出现同一时间段内与多领域多品牌同时跨界的现象，给消费者造成眼花缭乱的错觉，难以分辨和判断，造成其品牌认知混乱。在跨界过程中要充分考虑目标消费者的接受度、真实感受和内外需求，把控好跨界的时间长度和间隔，给消费者消化的时间和空间，要运用互联网平台做好前期铺垫，在整合媒介资源打造话题热度时选择消费者最易于接受的方式来进行跨界营销传播。

3. 充分利用媒体，长期维护品牌

为解决故宫在跨界过程中出现的短线合作，浪费双方流量和品牌效益的问题，故宫应该建立一套长期的品牌维护机制，在与品牌跨界的创意规划中，不再仅仅局限于当下打造跨界爆款产品，更多地找到两个品牌之间更深层次的契合点，进行持久的跨界合作，可以是基于某个节日或者某种特定的主题开展定期或者长期的合作，通过不断优化跨界内容，利用社交网络平台与消费者建立长久的关系，设计开展系列活动，保持目标消费人群的长期参与和互动,维持其关注度和兴趣。

此外,故宫在今后的跨界合作中,还必须健全文化把控机制,对于 IP 输出和文化元素的跨界应用进行严格把关,避免造成文化冲突。同时,还要健全产品质量安全监管机制,对于跨界合作的品牌产品,也一定要在双方达成合作意向时明确对产品高质量高标准的要求,以维护双方的品牌形象。还应该建立风险防范和处理机制,再遇到突发状况时,能够迅速及时地采取措施,最大限度地降低对品牌形象的影响。

六、结　语

国潮第一 IP 故宫作为一个拥有 600 年历史的文化符号,其深厚的历史文化底蕴使其拥有众多可开发的对象,每一个历史人物和文物的背后,都能延伸出无数动人的故事和巨大的商业价值,其生态链涉及文创、服装、食品、美妆、游戏、综艺等领域。故宫"IP+品牌"跨界模式的成功,为其他品牌的跨界发展之路提供了一定的借鉴意义。概括地说,故宫通过打造"IP+品牌"跨界营销模式,从品牌价值相符、目标消费人群契合、产品匹配三个维度进行产品和内容的跨界,实现了最佳的营销协同效应。在跨界过程中,故宫始终坚持文化传承这一核心竞争力,善于挖掘文化元素和内涵,通过多方跨界,合理运用营销传播手段进行宣传,打造爆点产品,维持热度,提升品牌影响力,并实现文创产品的繁荣。

当今的消费市场,IP 跨界已经进入了一个深水区,品牌想要通过跨界进行大规模的刷屏已经越来越难,但从积极的方面来看,IP 跨界已经成为品牌营销的日常工具,品牌如果能够率先做出具有创新性和爆点的跨界营销,就能获得新的发展,享受 IP 经济和跨界营销的红利。但是,在跨界过程中,必须遵循以用户为中心、品牌理念一致和品牌效应叠加的原则,要充分利用大数据做好营销分析,提升品牌跨界水平,要善于运用互联网思维,创新跨界营销形式。菲利普·科特勒曾指出:"未来的品牌世界将只有三种生存模式,即统领主流市场的独立品牌,另类派别的小品牌,以及两个非竞争关系的独立品牌组合出的混合品牌。"由此可见,在未来一段时间内,品牌跨界仍然是在激烈的市场竞争中寻找突破的重要方法,故宫全行业跨界营销的成功就是最好的证明。

参考文献

[1]聂佳琪.浅析国货品牌中的跨界营销[J].西部广播电视,2019(13):43-44.

[2]赵晨.互联网环境下跨界营销如何实现共赢——以农夫山泉"故宫瓶"为例[J].经济师,2019(9):47+49.

[3]赵紫晗.新媒体背景下博物馆营销宣传新方式——文创产品的跨界合作[J].大众文艺,2020(19):66-67.

[4]刘维.国货老品牌百雀羚跨界营销传播研究[C].湘潭:湘潭大学,2020.

[5]王晓颖.故宫文创为传统博物馆发展带来的启示[J].营销界,2020(47):15－16.

[6]陈瑞娟,刘晨宇.跨界营销——"互联网＋"时代老品牌的新生之道[J].艺术科技,2019(12):187－188.

[7]刘良灿,赵龙英.跨界行为研究现状与展望[J].科技管理研究,2019,39(17):259－266.

[8]徐佳怡.跨界营销:老字号创造价值新路径[J].中国报业,2020(12):10－11.

[9]方青云,孟雪晖.国潮跨界营销策略探析——以安踏为例[J].商讯,2020(30):3－4.

[10]胡明宇.整合营销传播视角的品牌跨界营销:创新与挑战[J].中国广告,2020(10):83－87.

[11]Xianglin He. Research on Cross-Border Marketing and Traditional Brand Image Remodeling:Take the Old Brand "White Rabbit" as an Example [J]. Applied Economics and Finance,2020(5).

[12]Chen-I Huang. The study of Business Model for Cross-Border E-Commerce [J]. Management Studies,2019(12).

[13]倪艺.手游与美妆品牌IP跨界营销策略思考——以"王者荣耀限量联名口红"为例[J].传媒论坛,2020,3(21):143－144.

[14]李治,孙锐.跨界商业模式的源起、内涵解析与认知性框架——基于价值创新视角[J].资源开发与市场,2020,36(3):283－290.

[15]宋青.故宫系列文化产品的新媒体营销策略研究[C].济南:山东大学,2018.

[16]程梦圆.浅析国潮现象下国产品牌的IP营销[J].价值工程,2020,39(2):15－16.

[17]周沛霖.故宫文创品牌"超级IP"塑造策略研究[C].湘潭:湘潭大学,2020.

[18]杨明杰.网红产品的跨界营销研究[C].开封:河南大学,2020.

体验式营销对消费者行为的影响研究

——以迪卡侬品牌为例

张 敏

指导老师:吴培培

摘 要:体验经济时代时期,体验式营销被推向大众。在体育运动品牌市场,迪卡侬品牌作为佼佼者,成功借用体验式营销将其企业文化传达给大众消费者。基于此,论文以迪卡侬品牌为研究对象,分析其体验式营销对消费者行为的影响。论文首先回顾了体验式营销的相关定义和研究。其次,基于已有研究,提出了体验式营销、顾客感知价值与消费者行为之间的理论假设,通过问卷调查获取研究所需的数据,借用SPSS数据分析软件对研究假设进行实证分析。研究结果表明:迪卡侬品牌的体验式营销中感官、情感、行为、思维和关联体验五个维度对消费者行为产生显著的正向影响,五个维度对消费者行为的影响大小为 TS>TX>TG>TL>TQ;存在体验式营销→顾客感知价值→消费者行为三者之间的传导影响机制,顾客感知价值在体验式营销对消费者行为的影响中起到部分中介的作用,在不同维度中,顾客感知价值的影响程度存在差异。最后,根据研究结果,论文对迪卡侬品牌提出了有针对性的建议。

关键词:体验式营销;消费者行为;迪卡侬品牌

Research on the Impact of Experiential Marketing on Consumer Behavior

Abstract: In the period of experience economy, experiential marketing was introduced to the public. In the sports brand market, the Decathlon brand is a leader in successfully using experiential marketing to spread its corporate culture to the general public. Based on this, the thesis takes the Decathlon brand as the research object and analyzes the influence of experiential marketing on consumer behavior. The thesis first reviews the definition and research of experiential marketing. And secondly, based on the existing research, puts forward the theoretical hypothesis between experiential marketing, customer perceived value and consumer behavior, obtains the data needed for the research through questionnaire survey, borrows the SPSS data analysis software to make empirical analysis of the research hypothesis, and shows that the five dimensions of experiential marketing of the Decathlon brand have a significant positive influence on consumer behavior. The five dimensions of influence on consumer behavior are: TS > TX > TG > TL > TQ. There is a conduction influence mechanism between experiential marketing → customer perceived value → consumer behavior, customer perceived value plays part of the intermediary role in the influence of experiential marketing on consumer behavior, and there are differences in the degree of influence of customer perceived value in different dimensions. In the end, according to the results of the study, the thesis put forward some targeted suggestions for the Decathlon brand.

Keywords: experiential marketing; consumer behavior; Decathlon brand

一、绪论

(一)研究背景与意义

在传统商品经济时代,人们更多关注的是商品本身、销售渠道、获得什么利益等方面。然而,改革开放四十多年,大数据时代的出现,消费在不断升级,消费者的诉求渐渐从“看商品”变成“看体验”,商品的营销方式从 4P 策略变成了现当代的 7P 策略,乃至到体验经济时代的体验式营销。

体验经济是从实践开始,通过感官体验和思想认识吸引消费者,在一定程度上影响消费者的行为,并在产品中找到相应的价值。体验经济是以顾客为中心,其本质就是以人为本。说到以人为本,2016 年,习近平总书记在关于供给侧结构性改革的文件中写道,其目的是满足消费者的需求,更好地满足物质和文化需求。为了响应国家的号召,各大企业提出体验式营销策略激发了全社会的创新活力。

党的十八大以来,由习近平总书记领导的中共中央把人民群众的健康问题放在重要位置,把全民健身作为时代发展前进的一步。随着时代的发展,当今社会鼓励全民运动,体育行业逐渐被推动到消费者视野中,体育运动及其相关商品也变得越来越重要。迪卡侬品牌相较于其他运动品牌而言,一直持续保持在体育行业的前列,其中一个重要原因是迪卡侬品牌借用体验式营销这个新型营销方式吸引消费者的到来。

随着互联网的快速发展，如何合理完善地将体验式营销应用于体育消费品牌行业中，其体验式营销又会对消费者行为产生怎样的影响，它们之间的关联性仍有待探讨。

论文主要从迪卡侬的顾客体验出发，将体验式营销的概念衍生出来，良好的品牌的体验式营销能激发消费者较强的消费者行为，有些可以激发消费者较强的购买意愿和支付意愿，有些可以激发消费者较强的转发意愿。在体验经济时代下，体验式营销会对消费者行为产生什么样的影响？其中的关联性在何处？这些问题是有待考察实践的。

尽管国内外已经有很多针对体验式营销的相应研究，但是针对不同行业、不同品牌来说并没有非常合适的解答。而迪卡侬这个体育品牌的佼佼者，也在一定程度上表现出不一样的回答，因此，在体验经济时代下开展体验式营销对迪卡侬品牌的消费者行为的影响研究并进行实证检验，具有较强的实践意义和理论价值。

（二）研究内容与方法

论文基于社会实践中的问题思索以及体验式营销的相关理论进行梳理分析，提出体验营销与消费者行为之间相互关系的研究假设，并通过统计分析方法验证假说，最后根据结论提出有针对性的建议。论文的具体逻辑结构框架参见图 1。

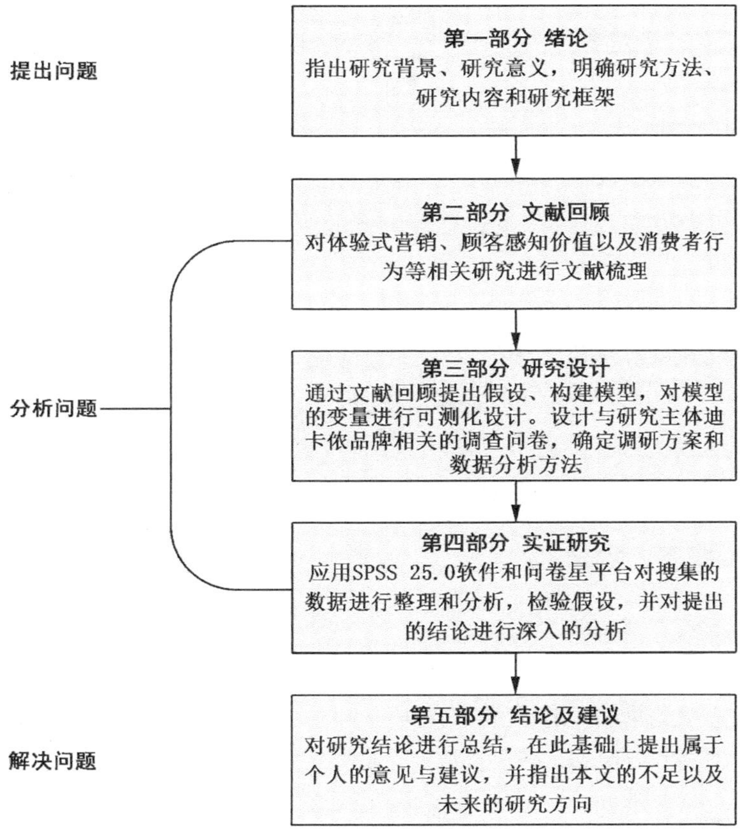

图 1　论文的研究框架

论文研究的主要内容分为5个部分，每个部分的情况如下：

第一部分是绪论。介绍了研究的背景和意义等。

第二部分是文献回顾。本部分主要是通过文献、资料等进行收集、梳理、分析和总结。

第三部分是研究设计。这一部分主要是进行研究模型建立和问卷设计。

第四部分是实证研究。通过数据分析去论证所提出的假设，并根据相关的分析得出的结论查证假设是否成立。

第五部分是研究结论及建议。通过提出问题、分析问题等模块，最后将论文提出的问题进行回答，并根据相应结论对迪卡侬品牌等体育行业的产品提出更好的营销建议。

在研究的过程中，论文结合需求应用了文献分析、问卷调查、案例分析、统计分析等方法，采用了Visio作图软件、SPSS分析软件。

1. 文献分析法

论文利用学校图书馆网站、谷歌学术、知网以及各大期刊网站查阅大量关于迪卡侬品牌的发展现状、体验式营销、消费者行为及影响因素的国内外文献资料，用于对迪卡侬体验式营销、消费者行为的概念进行界定，以及变量之间的相关性进行梳理，增加文章的科学性。

2. 问卷调查法

论文通过文献学习法参考国内外学者的相关研究的量表设计了消费者在迪卡侬的消费体验调查问卷，对身边体验过迪卡侬品牌的消费者进行问卷调查，为论文研究收集相关数据。

3. 统计分析法

将通过问卷调查法收集到的有关迪卡侬的体验式营销对消费者行为的影响的数据，利用SPSS 25.0软件对样本的基本信息进行描述性统计分析，并且针对相应样本的数据的信度、效度进行检验。对迪卡侬的体验式营销、顾客感知价值、消费者行为之间的关系进行相关分析和线性回归分析。

二、相关概念与文献综述

（一）体验式营销相关研究

1. 体验式营销的定义

体验式营销最早出现在大众的视野是由20世纪90年代美国的一位名为伯德·施密特学者带来的，他从消费者的感官、情感、思考、行动和关联五个方面对其进行定义。[1]其实，体验这个词语的定义是无比广泛的，从“体验”这个词的表面来看就是说消费者去体会某一件事情的经验，会给进行相应体验的消费者留下无比难忘的记忆。它是伴随着“体验经济”这个名词产生的，其中体验式营销的主要特点有四个：(1)注重消费者的体验价值；(2)认为消费体验是一个整体；(3)认为顾客不是简单的理性决策者，其消费过程同时受理性和情感的支配；(4)营销手段比传统营销更多样化。[2]

2. 体验式营销的维度

体验式营销相对于其他营销来说，它更加复杂化，任何人的体验都是不同的，不同的体验给不同的消费者带来的消费者行为的影响也有所不同。总结下来，体验式营销就是消费者进行消费的过程中的情感表达。[3]

随着时代的发展，体验式营销策略变得极其重要。体验营销应该以顾客的感受为导向，使消费者对企业产品或服务产生认同感，使顾客从听觉、味觉、视觉、情感等多个方面进行体验[4]，从而提出自身需求，进而使企业更有效地开展销售以及宣传活动。

在上述研究的基础上，论文将影响消费者行为的实证影响因素分为感观、情感、思维、行动、关联五个维度，然后基于此对迪卡侬品牌进行实践调查。

(二)顾客感知价值相关研究

1. 顾客感知价值的定义

在新媒体时代，客户不再消费产品，而是消费对产品的期望。顾客感知价值的实质是顾客感知，即顾客在与某品牌进行交互过程后的属于自己独有的主观感受，包括顾客对其价值所在的评判。

顾客感知价值，这个名词对不同的人而言都有着不同定义。1988 年泽丝曼尔(Zeithaml)首次从顾客心理角度提出了顾客感知价值的概念。[5]

论文从泽丝曼尔的理论出发[5][6]，将顾客感知价值定义为顾客在选择产品或售后服务时，往往会追求利益最大化，权衡产品或相关服务带来的利益和自身付出成本之间的关系，从而决定是否进行购买。

2. 顾客感知价值的维度

自 20 世纪 70 年代以来，从关注产品和产品质量到追求“以客户为中心”的客户满意度，企业之间在客户级别上的竞争变得越来越激烈，市场不得不开始根据顾客感知来满足消费者需求，也逐渐对顾客感知进行研究。

国外学者 Kantamneni(2020)通过研究提出感知价值由四个维度构成，分别是体验价值、社会价值、功能价值、市场价值。[7][8]国内学者结合中国本土情况，在国外学者相关研究的基础上对顾客感知价值构成维度的理论进行了创新，范秀成、罗海成(2003)将顾客感知价值分为功能价值、情感价值和社会价值三个维度。[9]

通过以上学者的研究，发现顾客的感知价值可以分为体验、功能和社会价值三类，并对迪卡侬品牌的顾客感知价值进行测度分析。

(三)消费者行为相关研究

消费者行为是市场营销学领域较为常用的概念。[10]Bloch(1995)在其研究中指出，消费者行为可以分为心理反应和行为反应。[11]心理反应主要是指一个人的认知反应和情感反应，即消费者受到外界刺激所激发的内在的想法。行为反应主要指所激发出外部行动上的反应。

不同学者对于消费者行为的定义也有所不同之处，在市场营销领域，购买意愿和支付意愿常被用来形容消费者行为。在传播领域，转发意愿常被用来描述消费者反应。

综上，论文结合各类学者研究将消费者行为用购买意愿、支付意愿和转发意愿来描述，论文主要是消费者经过体验式营销后产生的消费者行为。

(四)体验式营销、顾客感知价值和消费者行为三者关系研究

1. 体验式营销与消费者行为的关系研究

关于体验式营销的研究，学者们发现一个企业之所以要在商品营销上借用“体验式营销”这个营销策略，是因为在消费者对企业商品的体验消费后会做出相应的消费者行为。无论是带来好的消费行为还是不好的消费行为，都会产生一定程度的消费行为，从而有更多的学者对体验式营销和消费者行为二者的关系进行一系列的研究。

赵颖(2020)认为成功的品牌体验更能满足顾客的需求，并将此转化为购买行为。[12]雷星星(2016)以手机品牌体验为例进行研究，得出结论认为体验式营销对于顾客购买意愿产生直接正向影响。[13]

综上，体验式营销一定对消费者行为带来影响，不同品牌的体验式营销带来的影响有所不同，不同行业品牌的不同影响力是需要论文进行进一步的研究，论文以迪卡侬为例探索体育行业的体验式营销对消费者行为的影响。

2. 体验式营销与顾客感知价值的关系研究

早在 1954 年，美国管理学之父彼得·德鲁克就指出顾客购买和消费的不是产品，而是价值。[14]消费者在某一商品消费过程中是去了解其服务和价值，而不是单纯去了解商品表面。

第五思敏和苏芳(2019)以西安 Y 房屋设计公司为例，对体验式营销与顾客感知价值之间的关系进行研究，得出房屋设计的体验式营销是在全方位地满足顾客需求。[14]

通过现有研究可知，体验式营销对顾客感知价值有着一定程度的影响，基于此，论文探讨了迪卡侬品牌的体验式营销对顾客感知价值的影响。

3. 顾客感知价值与消费者行为的关系研究

1982 年波特认识到“服务型企业的竞争优势最终取决于企业为客户带来的体验价值”。Albert 和 Gale 通过实证研究，结果表明客户价值是消费者行为的直接原因。[15]陈宪鹏、郜沁馨、葛红霞和周晓萱等(2020)以网易云音乐为例进行研究，得知感知客户价值对客户满意度有积极影响。[16]

基于已有研究，论文则借用顾客感知价值作为中间变量，将某一品牌的体验式营销与消费者行为结合起来，探讨迪卡侬品牌的体验式营销和消费者行为两者的关系。

三、研究设计

（一）研究假设与模型建立

1. 体验式营销对消费者行为的影响的模型构建

在当今社会，人与人之间的生活方式是有所不同的，并不是每个人都拥有一样的想法，不同的生活体验让不同的消费者有着不一样的行为。

论文将借助 SOR 模型来分析迪卡侬品牌的体验式营销、顾客感知价值和消费者行为三者之间的关系。SOR 模型是呈现人体行为的一般模型，即“刺激—个体生理、心理—反应”，该模型表明消费者行为是由众多社会因素引起的，这是在认知主义中提出的一种理论。在教育心理学关于学习理论中，刺激（S）和反应（R）的联系是需要一个中介（O 代替中介）的。

体验式营销就是让消费者去体验更好的服务，在消费过程中因接触不一样的服务产生不一样的感受，因而产生不一样的顾客感知价值，从而有着不一样的消费者行为，最后影响品牌的消费者的购买意愿、支付意愿和转发意愿等不同的消费者行为。

为便于说明，论文省略了一些变量名，对其做了简称，研究模型设定如图 2 所示。

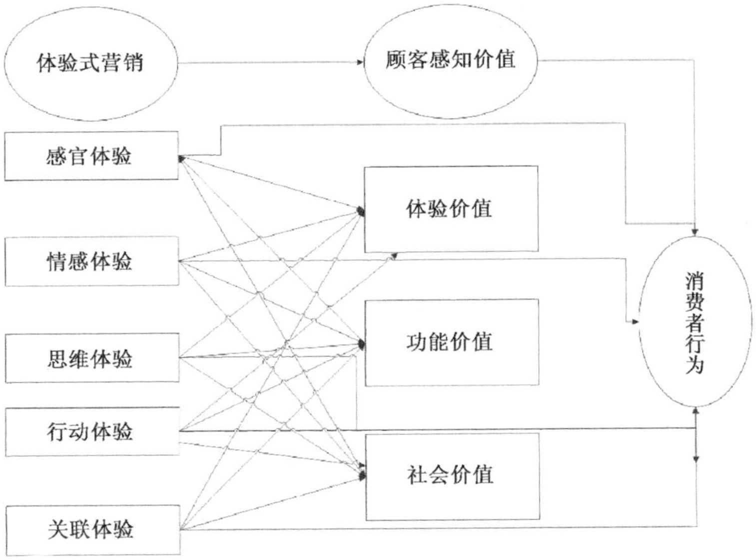

图 2　体验式营销与消费者行为的研究模型

2. 体验式营销对消费者行为的影响

在第二部分的国内外文献中了解到体验式营销对消费者行为是有影响的，根据达瓦拉姆(2014)的一项实证研究,消费者的感官、情感、思维、行动和关联体验对消费者行为产生积极影响。[17]论文借鉴达瓦拉姆的研究,提出研究假设一:

H1:体验式营销对消费者行为的影响为正

H1a:感官体验对消费者行为的影响为正

H1b:情感体验对消费者行为的影响为正

H1c:思维体验对消费者行为的影响为正

H1d:行动体验对消费者行为的影响为正

H1e:关联体验对消费者行为的影响为正

3. 顾客感知价值对消费者行为的影响

刘辉等(2009)研究顾客感知价值对消费者行为的影响,表明顾客感知价值对消费者行为的影响也有着显著的正向意义。[18]基于刘辉等学者的研究,提出研究假设二:

H2:顾客感知价值对消费者行为的影响为正

H2a:顾客感知体验价值对消费者行为的影响为正

H2b:顾客感知功能价值对消费者行为的影响为正

H2c:顾客感知社会价值对消费者行为的影响为正

4. 体验式营销对顾客感知价值的影响

许多学者认为通过顾客体验可以满足相应顾客的需求,也便于让企业的文化以及商品口碑传播向大众。

Holbrook(1999)通过研究发现,顾客体验对顾客感知价值会产生积极的影响作用。[19]基于 Holbrook 的研究,提出研究假设三:

H3:体验式营销对顾客感知价值的影响为正

H3a:感官体验对顾客感知体验价值的影响为正

H3b:情感体验对顾客感知体验价值的影响为正

H3c:思维体验对顾客感知体验价值的影响为正

H3d:行动体验对顾客感知体验价值的影响为正

H3e:关联体验对顾客感知体验价值的影响为正

H3f:感官体验对顾客感知功能价值的影响为正

H3g:情感体验对顾客感知功能价值的影响为正

H3h:思维体验对顾客感知功能价值的影响为正

H3i:行动体验对顾客感知功能价值的影响为正

H3j:关联体验对顾客感知功能价值的影响为正

H3k:感官体验对顾客感知社会价值的影响为正

H3l:情感体验对顾客感知社会价值的影响为正

H3m:思维体验对顾客感知社会价值的影响为正

H3n:行动体验对顾客感知社会价值的影响为正

H3o:关联体验对顾客感知社会价值的影响为正

(二)问卷设计

1. 问卷结构与测量

问卷设计是基于迪卡侬的营销现状去进行体验式营销对消费者行为的影响的问题设计。其中有四个部分:一是调查对象的信息情况;二是迪卡侬品牌的顾客体验模块,从上述的5个维度设计问卷,对消费者进行相应的问卷调查;三是顾客感知价值,从体验、功能和社会价值三个方面进行迪卡侬的顾客感知价值的调查;四是全程体验后的消费者行为的调查。

在设计问卷的过程中,学习借鉴了学者的研究,并根据迪卡侬品牌的现状设计了各个变量的问卷题目。由于论文采用的问卷是量表格式,则在处理多项量表的数据过程中,论文借用SPSS分析的平均值设定各个相关题项,分别定义为感官、情感、思维、行为和关联体验;体验、功能和社会价值;消费者行为。

问卷后三个部分均是借用问卷星中的矩阵量表进行设计,其中1表示不同意,5表示非常同意。为了便于研究,论文用代码代替各类题项,下文有些许借用了代码。

根据迪卡侬的现状,将第二部分设定的体验式营销的5个维度、顾客感知价值的3个维度和消费者行为用代码设置,如表1、表2和表3所示。

表1　　迪卡侬品牌体验式营销的量表题目

测量指标	代码	测量题目
感官体验	TG	1. 店内装修光线舒服 2. 商品陈列醒目便捷 3. 店内空调温度适中 4. 产品质量好、价格优 5. 器材体验区舒服专业
情感体验	TQ	6. 员工的丰富知识以及友好的态度让我感觉亲切 7. 可以满足我对运动产品的需求和欲望 8. 消费过程中感觉轻松 9. 比在其他运动品牌消费更享受
行为体验	TX	10. 因为有运动健身区而愿意经常性购物 11. 因为高性价比而愿意经常性购物 12. 因为朋友推荐高口碑而愿意经常购物
思维体验	TS	13. 对迪卡侬的某些创意方式感到惊奇 14. 对迪卡侬的宣传标语广告会产生思考
关联体验	TL	15. 在迪卡侬消费中想要锻炼身体 16. 在迪卡侬消费中想要结交朋友 17. 愿意在迪卡侬为您的亲人朋友或者伴侣购买运动产品

续表

测量指标	代码	测量题目
特色体验	TT	18. 您是否体验过迪卡侬到店自提服务 19. 您是否观察过迪卡侬招牌及员工衣服 20. 您是否看到迪卡侬的卫生间标识

表 2　　迪卡侬品牌顾客感知价值的量表题目

测量指标	代码	测量题目
体验价值	GT	1. 我认为使用迪卡侬的运动产品使我感到愉悦 2. 我认为迪卡侬运动产品的质量很好 3. 我认为迪卡侬运动产品的操作简单、使用方便 4. 我认为迪卡侬运动产品的外形设计美观大方
功能价值	GG	5. 我认为迪卡侬运动产品类型/功能很全,正常需求它都可以满足 6. 我认为迪卡侬的运动产品安全性很高 7. 我认为迪卡侬运动产品能满足我的运动需求,会提升我的生活质量
社会价值	GS	8. 我认为使用迪卡侬的运动产品会使我认识新的朋友 9. 我认为使用迪卡侬的运动产品会展现我的个性 10. 我认为使用迪卡侬的运动产品会提升我在别人心目中的形象 11. 我认为使用迪卡侬的运动产品会使我内心获得满足

表 3　　迪卡侬品牌的消费者行为的量表题目

测量指标	代码	测量题目
消费者行为	XX	1. 我愿意在迪卡侬运动超市进行消费 2. 我愿意未来增加在迪卡侬的消费金额 3. 如果购买运动产品,我倾向于在迪卡侬运动超市购买 4. 我乐于将迪卡侬推荐给亲友

问卷设计完成后,先发布一部分问卷进行调查,再将其收集回来反复对问卷进行修改评估,最后将问卷进行修改,确定完整的问卷进行发放调查。

2. 小范围的预调查检验

为了验证论文中收集的数据,先发布一个小型调查表,以测试第一波回收数据的可靠性和有效性。在第一波数据收集中,总共收集了 178 份数据,其中 178 个都有效,如表 4 所示。

表 4　　问卷信度检测表

测量变量	Cronbach's α 值	测量题项数
感官体验	0.917	5
情感体验	0.878	4

续表

测量变量	Cronbach's α 值	测量题项数
行为体验	0.836	3
思维体验	0.852	2
关联体验	0.841	3
特色体验营销	0.899	3
体验价值	0.91	4
功能价值	0.868	3
社会价值	0.927	4
消费者行为	0.909	4

从表 4 的信度结果显示，体验式营销的 5 个维度、顾客感知价值的 3 个维度以及消费者行为的各因子的 Cronbach's Alpha 值均大于 0.7，所以表明论文量表所采用的体验式营销、顾客感知价值以及消费者行为的量表具有较高的信度水平。

通过 SPSS 25.0 对迪卡侬品牌的体验式营销、顾客感知价值、消费者行为做效度检测、观察 KMO 值和 Sig 结果，如表 5 所示。

表 5　　问卷效度检测表

测量变量	KMO 值	Sig.	测量题项数
感官体验	0.887	0.00	5
情感体验	0.829	0.00	4
行为体验	0.681	0.00	3
思维体验	0.5	0.00	2
关联体验	0.694	0.00	3
特色体验营销	0.745	0.00	3
体验价值	0.811	0.00	4
功能价值	0.74	0.00	3
社会价值	0.837	0.00	4
消费者行为	0.832	0.00	4

从表 5 可以看出，迪卡侬的体验式营销、感知价值、消费者行为都大于 0.5，且 Bartlett 球形检测的 P 值=0.00<0.01，说明已经达到相应要求。

3. 正式问卷形成

通过为小型测试收集的第一波数据，对问卷设计中与 5 项迪卡侬相关的问题进行了测试,以验证其相应的有效性和可靠性。至此,该调查的最终调查已经形成。

四、实证研究

(一)调查样本基本信息分析

论文的目的是针对迪卡侬运动品牌的消费者——一些现场消费者和一些现代大学生,论文将随机地进行现场消费者调查,而调查主要是在线进行的。在此期间发放问卷 450 份,收回 445 份,对收回的问卷进行逐一整理和筛查,其中有效问卷 397 份,数据的有效率比例为 89.21%。分析情况如表 6 所示。

表 6　调查样本基本信息分析

名称	选项	频数	百分比(%)	累积百分比(%)
您的性别	男	179	45.09	45.09
	女	218	54.91	100
您的年龄	20 岁以下	43	10.83	10.83
	20～30 岁	234	58.94	69.77
	30～40 岁	69	17.38	87.15
	40～50 岁	37	9.32	96.47
	50 岁以上	14	3.53	100
您的月收入(或月可支配金额)	3 000 元以下	158	39.8	39.8
	3 000～6 000 元	111	27.96	67.76
	6 000～8 000 元	67	16.88	84.63
	8 000 元以上	61	15.37	100
您的受教育程度	高中及以下	44	11.08	11.08
	大专	81	20.4	31.49
	本科生	242	60.96	92.44
	研究生及以上	30	7.56	100
您平均每年在运动产品(包括服装、鞋子)上的花费金额	200 元以下	72	18.14	18.14
	200～500 元	124	31.23	49.37
	501～1 000 元	95	23.93	73.3
	1 001～2 000 元	68	17.13	90.43
	2 000 元以上	38	9.57	100
合　计		397	100	100

由表6所知，样本中女性占比50%以上，而男性样本的比例则相对少些。在年龄这个选项中，58.94%的样本选择“20～30岁”，可知填写问卷的消费者大多是身边的大学生朋友。在月收入(或月可支配金额)分布上，大部分样本为“3 000元以下”，比例是39.8%；从调查对象的受教育程度来看，学历主要是以本科生为主，可知样本受教育程度较高。平均每年在运动产品(包括服装、鞋子)上的花费金额中，超过30%的样本选择“200～500元”。

(二)量表的信度与效度检验

1. 量表的信度检测

迪卡侬品牌的体验式营销、顾客感知价值以及消费者行为模块的信度分析结果如表7所示。

表7　　问卷信度检测表

测量变量	Cronbach's α值	测量题项数
感官体验	0.923	5
情感体验	0.915	4
行为体验	0.858	3
思维体验	0.858	2
关联体验	0.852	3
特色体验营销	0.894	3
体验价值	0.912	4
功能价值	0.887	3
社会价值	0.917	4
消费者行为	0.902	4

表7的结果显示，体验式营销的5个维度、顾客感知价值的3个维度以及消费者行为的各因子的Cronbach's Alpha值均大于0.8，则表明论文量表所采用的体验式营销、顾客感知价值以及消费者行为的量表具有较高的信度水平，同时也说明论文问卷量表的测量结果是有一定信度的。

2. 量表的效度检测

通过SPSS 25.0对迪卡侬品牌的体验式营销、顾客感知价值、消费者行为等模块进行相应的效度分析，研究其KMO值和Sig结果如表8所示。

表 8　　问卷效度检测表

测量变量	KMO 值	Sig.	测量题项数
感官体验	0.903	0.00	5
情感体验	0.856	0.00	4
行为体验	0.728	0.00	3
思维体验	0.5	0.00	2
关联体验	0.720	0.00	3
特色体验营销	0.742	0.00	3
体验价值	0.855	0.00	4
功能价值	0.745	0.00	3
社会价值	0.854	0.00	4
消费者行为	0.845	0.00	4

从表 8 可以看出，迪卡侬的体验式营销、感知价值、消费者行为都大于 0.5，且 Bartlett 球形检测的 P 值＝0.00＜0.01，说明论文的测量能够达到一定的水准。

（三）相关分析

论文采用 Person 相关分析法，以上文所涉及的维度名称为其定义，从而对迪卡侬品牌的体验式营销、消费者行为与顾客感知价值三者之间分布进行相关性分析。

1. 体验式营销与消费者行为的相关分析

通过 SPSS 25.0 对迪卡侬的体验式营销的 5 个维度分别与消费者行为做相关性分析，结果如表 9 所示。

表 9　　迪卡侬品牌体验式营销与消费者行为的相关性测量表

		感官体验	情感体验	行为体验	思维体验	关联体验
消费者行为	皮尔逊相关性	0.326**	0.249**	0.352**	0.329**	0.277**
	Sig.（双尾）	0.000	0.000	0.000	0.000	0.000

** 在 0.01 级别（双尾），相关性显著。

从表 9 可知，消费者行为分别与感官、情感、行为、思维和关联体验 5 项体验式营销维度之间的相关系数值分别为 0.326、0.249、0.352、0.329、0.277。该数据表明，迪卡侬的体验营销各个方面与消费者行为之间的相关系数为正。这表明迪卡侬品牌的体验营销的各个方面与消费者行为之间存在特定的正相关关系。

2. 顾客感知价值与消费者行为的相关分析

通过 SPSS 25.0 对迪卡侬的顾客感知价值的 3 个维度与消费者行为做相关性分

析检验，结果如表 10 所示。

表 10　　迪卡侬品牌顾客感知价值与消费者行为的相关性测量表

		体验价值	功能价值	社会价值
消费者行为	皮尔逊相关性	0.305**	0.289**	0.342**
	Sig.（双尾）	0.000	0.000	0.000

** 在 0.01 级别（双尾），相关性显著。

从表 10 中可以看出，迪卡侬的顾客感知价值的各个维度（体验价值、功能价值、社会价值）与消费者行为之间的相关系数分别为 0.305、0.289、0.342，系数均为正，这表明迪卡侬品牌顾客所感知的价值的各个方面与消费者行为之间存在一定的正相关关系。

3. 体验式营销与顾客感知价值的相关分析

通过 SPSS 25.0 对迪卡侬的体验式营销的 5 个维度与顾客感知价值的 3 个维度价值做相关性分析检验，其结果如表 11 所示。

表 11　　迪卡侬品牌体验式营销与顾客感知价值的相关性测量表

		感官体验	情感体验	行为体验	思维体验	关联体验
体验价值	皮尔逊相关性	0.334**	0.328**	0.344**	0.430**	0.229**
	Sig.（双尾）	0.000	0.000	0.000	0.000	0.000
功能价值	皮尔逊相关性	0.187**	0.185**	0.235**	0.250**	0.191**
	Sig.（双尾）	0.000	0.000	0.000	0.000	0.000
社会价值	皮尔逊相关性	0.259**	0.191**	0.359**	0.400**	0.447**
	Sig.（双尾）	0.000	0.000	0.000	0.000	0.000

** 在 0.01 级别（双尾），相关性显著。

从表 11 可知：

体验价值与感官、情感、行为、思维、关联体验之间的相关系数值分别是 0.334，0.328，0.344，0.430，0.229，并且相关系数值均大于 0，这意味着体验价值与感官、情感、行为、思维和关联体验呈正相关。

功能价值与感官、情感、行为、思维、关联体验之间的相关系数值分别是 0.187，0.185，0.235，0.250，0.191，意味着功能价值与感官、情感、行为、思维和关联体验有着正相关关系。

社会价值与感官、情感、行为、思维、关联体验之间的相关系数值分别是 0.259，0.191，0.359，0.400，0.447，意味着社会价值与感官、情感、行为、思维、关联体验 5 项之间有着正相关关系。

总而言之，它表明迪卡侬品牌体验营销的各个方面与顾客的感知价值之间存在正相关。

（四）回归分析

1. 体验式营销与消费者行为的关系研究

运用 SPSS 25.0 将迪卡侬品牌的体验式营销的各个维度分别与消费者行为进行回归分析，分析结果如表 12 所示。

表 12　　迪卡侬品牌体验式营销与消费者行为的回归测量表

	非标准化系数		标准化系数	t	p	R^2	调整 R^2	F
	B	标准误	Beta					
常数	2.58	0.184	—	14.014	0.000**	0.106	0.104	$F(1\ 395)=47.074$，$p=0.000$
感官体验	0.321	0.047	0.326	6.861	0.000**			
常数	2.957	0.172	—	17.164	0.000**	0.062	0.06	$F(1\ 395)=26.092$，$p=0.000$
情感体验	0.228	0.045	0.249	5.108	0.000**			
常数	2.545	0.174	—	14.613	0.000**	0.124	0.122	$F(1\ 395)=55.916$，$p=0.000$
行为体验	0.336	0.045	0.352	7.478	0.000**			
常数	2.509	0.192	—	13.047	0.000**	0.108	0.106	$F(1\ 395)=47.986$，$p=0.000$
思维体验	0.347	0.05	0.329	6.927	0.000**			
常数	2.875	0.168	—	17.072	0.000**	0.077	0.075	$F(1\ 395)=32.921$，$p=0.000$
关联体验	0.254	0.044	0.277	5.738	0.000**			

因变量：消费者行为。

* $p<0.05$；** $p<0.01$。

从表 12 可知，模型 R^2 分别为 0.106、0.062、0.124、0.108、0.077；F 检验分别为：$F=47.074$、$F=26.092$、$F=55.916$、$F=47.986$、$F=32.921$，$p=0.000<0.05$；还由表 12 得知体验式营销维度的回归分别为 0.321（$t=6.861$，$p=0.000<0.01$）、0.228（$t=5.108$，$p=0.000<0.01$）、0.336（$t=7.478$，$p=0.000<0.01$）、0.347（$t=6.927$，$p=0.000<0.01$）、0.254（$t=5.738$，$p=0.000<0.01$）。因此，迪卡侬体验式营销的感官、情感、行为、思维和关联 5 个维度都对消费者行为有着一定的正向影响关系。

综上可知，论文提出的假设一中“体验式营销对消费者行为的影响为正”成立。

2. 顾客感知价值与消费者行为的关系研究

运用 SPSS 25.0 将迪卡侬品牌的顾客感知价值的各个维度分别与消费者行为进行回归分析，得出的分析结果如表 13 所示。

表 13　　迪卡侬品牌顾客感知价值与消费者行为的回归测量表

	非标准化系数		标准化系数	t	p	R^2	调整 R^2	F
	B	标准误	Beta					
常数	2.708	0.178	—	15.181	0.000**	0.093	0.09	$F(1\ 395)=40.386$, $p=0.000$
体验价值	0.29	0.046	0.305	6.355	0.000**			
常数	2.783	0.176	—	15.818	0.000**	0.084	0.081	$F(1\ 395)=36.116$, $p=0.000$
功能价值	0.269	0.045	0.289	6.01	0.000**			
常数	2.632	0.168	—	15.657	0.000**	0.117	0.115	$F(1\ 395)=52.343$, $p=0.000$
社会价值	0.316	0.044	0.342	7.235	0.000**			

因变量:消费者行为。

* $p<0.05$;** $p<0.01$。

从表 13 可知,模型 R^2 为 0.093、0.084、0.117;F 检验为:$F=40.386$、$F=36.116$、$F=52.343$,$p=0.000<0.05$;回归分别为:0.290($t=6.355$,$p=0.000<0.01$)、0.269($t=6.010$,$p=0.000<0.01$)、0.316($t=7.235$,$p=0.000<0.01$)。因此,顾客感知价值的 3 个维度均对消费者行为存在积极影响。

综上可知:假设二中的 H2a、H2b、H2c 成立。

3. 体验式营销与顾客感知价值的关系研究

运用 SPSS 25.0 将迪卡侬品牌的体验式营销的各个维度分别与顾客感知价值 3 个维度进行回归分析,得出的分析结果分别为表 14、表 15 和表 16 所示。

表 14　　迪卡侬品牌体验式营销对顾客感知价值体验价值的回归测量表

	非标准化系数		标准化系数	t	p	R^2	调整 R^2	F
	B	标准误	Beta					
常数	2.471	0.193	—	12.819	0.000**	0.112	0.109	$F(1\ 395)=49.687$, $p=0.000$
感官体验	0.345	0.049	0.334	7.049	0.000**			
常数	2.615	0.176	—	14.814	0.000**	0.108	0.105	$F(1\ 395)=47.674$, $p=0.000$
情感体验	0.316	0.046	0.328	6.905	0.000**			
常数	2.499	0.184	—	13.613	0.000**	0.118	0.116	$F(1\ 395)=52.844$, $p=0.000$
行为体验	0.345	0.047	0.344	7.269	0.000**			
常数	2.011	0.193	—	10.412	0.000**	0.185	0.183	$F(1\ 395)=89.573$, $p=0.000$
思维体验	0.475	0.05	0.43	9.464	0.000**			

续表

	非标准化系数		标准化系数	t	p	R^2	调整 R^2	F
	B	标准误	Beta					
常数	2.982	0.179	—	16.642	0.000**	0.053	0.05	F(1 395)=21.956, p=0.000
关联体验	0.221	0.047	0.229	4.686	0.000**			

因变量:体验价值。

* $p<0.05$;** $p<0.01$。

从表 14 可知,将感官、情感、行为、思维、关联体验作为自变量,而将体验价值作为因变量进行线性回归分析,模型 R^2 为 0.112、0.108、0.118、0.185、0.053,F 检验为:$F=49.687$、$F=47.674$、$F=52.844$、$F=89.573$、$F=21.956$,$p=0.000<0.05$;而根据回归系数值的具体分析如下:0.345($t=7.049$,$p=0.000<0.01$)、0.316($t=6.905$,$p=0.000<0.01$)、0.345($t=7.269$,$p=0.000<0.01$)、0.475($t=9.464$,$p=0.000<0.01$)、0.221($t=4.686$,$p=0.000<0.01$)。

综上分析可以得知:感官、情感、行为、思维和关联体验会对体验价值产生一定的正向相关关系,则假设三中的 H3a、H3b、H3d、H3c、H3e 成立。

表 15　　迪卡侬品牌体验式营销对顾客感知价值功能价值的回归测量表

	非标准化系数		标准化系数	t	p	R^2	调整 R^2	F
	B	标准误	Beta					
常数	3.054	0.206	—	14.829	0.000**	0.035	0.032	F(1 395)=14.279, p=0.000
感官体验	0.198	0.052	0.187	3.779	0.000**			
常数	3.13	0.188	—	16.629	0.000**	0.034	0.032	F(1 395)=14.032, p=0.000
情感体验	0.183	0.049	0.185	3.746	0.000**			
常数	2.903	0.195	—	14.911	0.000**	0.055	0.053	F(1 395)=23.108, p=0.000
行为体验	0.242	0.05	0.235	4.807	0.000**			
常数	2.748	0.212	—	12.945	0.000**	0.063	0.06	F(1 395)=26.393, p=0.000
思维体验	0.284	0.055	0.25	5.137	0.000**			
常数	3.118	0.185	—	16.835	0.000**	0.037	0.034	F(1 395)=15.017, p=0.000
关联体验	0.189	0.049	0.191	3.875	0.000**			

因变量:功能价值。

* $p<0.05$;** $p<0.01$。

从表 15 可以得出,模型 R^2 分别为 0.035、0.034、0.055、0.063、0.037;F 检验分

别为：$F=14.279$、$F=14.032$、$F=23.108$、$F=26.393$、$F=15.017$，$p=0.000<0.05$；回归分别为：0.198（$t=3.779$，$p=0.000<0.01$）、0.183（$t=3.746$，$p=0.000<0.01$）、0.242（$t=4.807$，$p=0.000<0.01$）、0.284（$t=5.137$，$p=0.000<0.01$）、0.189（$t=3.875$，$p=0.000<0.01$），表明每一个因素都会能影响功能价值。

综上可知，假设三中的 H3i、H3f、H3g、H3h、H3j 成立。

表 16　迪卡侬品牌体验式营销对顾客感知价值社会价值的回归测量表

	非标准化系数		标准化系数	t	p	R^2	调整 R^2	F
	B	标准误	Beta					
常数	2.667	0.204	—	13.095	0.000**	0.067	0.065	$F(1\ 395)=28.450$，$p=0.000$
感官体验	0.276	0.052	0.259	5.334	0.000**			
常数	3.018	0.189	—	15.961	0.000**	0.036	0.034	$F(1\ 395)=14.880$，$p=0.000$
情感体验	0.189	0.049	0.191	3.857	0.000**			
常数	2.329	0.188	—	12.386	0.000**	0.129	0.127	$F(1\ 395)=58.398$，$p=0.000$
行为体验	0.371	0.049	0.359	7.642	0.000**			
常数	2.015	0.202	—	9.968	0.000**	0.16	0.158	$F(1\ 395)=75.161$，$p=0.000$
思维体验	0.456	0.053	0.4	8.67	0.000**			
常数	2.094	0.17	—	12.336	0.000**	0.2	0.198	$F(1\ 395)=98.798$，$p=0.000$
关联体验	0.443	0.045	0.447	9.94	0.000**			

因变量：社会价值。

* $p<0.05$；** $p<0.01$。

从表 16 可知，模型 R^2 为 0.067、0.034、0.127、0.158、0.198；F 检验分别为：$F=28.450$、$F=14.880$、$F=58.398$、$F=75.161$、$F=98.798$，$p=0.000<0.05$；回归具体分析如下：0.276（$t=5.334$，$p=0.000<0.01$）、0.189（$t=3.857$，$p=0.000<0.01$）、0.371（$t=7.642$，$p=0.000<0.01$）、0.456（$t=8.670$，$p=0.000<0.01$）、0.443（$t=9.940$，$p=0.000<0.01$）。

综上可知，感官、情感、行为、思维、关联体验会对顾客感知价值的社会价值产生积极影响关系，则假设三中的 H3m、H3n、H3o、H3k、H3l 成立。

通过实证分析，论文对研究假设的验证结果如表 17 所示。

表 17　研究假设检验结果

标号	研究假设	检验情况
H1	体验式营销对消费者行为的影响为正	成立

续表

标号	研究假设	检验情况
H1a	感官体验对消费者行为的影响为正	成立
H1b	情感体验对消费者行为的影响为正	成立
H1c	思维体验对消费者行为的影响为正	成立
H1d	行动体验对消费者行为的影响为正	成立
H1e	关联体验对消费者行为的影响为正	成立
H2	顾客感知对消费者行为的影响为正	成立
H2a	顾客感知体验价值对消费者行为的影响为正	成立
H2b	顾客感知功能价值对消费者行为的影响为正	成立
H2c	顾客感知社会价值对消费者行为的影响为正	成立
H3	体验式营销对顾客感知价值的影响为正	成立
H3a	感官体验对顾客感知体验价值的影响为正	成立
H3b	情感体验对顾客感知体验价值的影响为正	成立
H3c	思维体验对顾客感知体验价值的影响为正	成立
H3d	行动体验对顾客感知体验价值的影响为正	成立
H3e	关联体验对顾客感知体验价值的影响为正	成立
H3f	感官体验对顾客感知功能价值的影响为正	成立
H3g	情感体验对顾客感知功能价值的影响为正	成立
H3h	思维体验对顾客感知功能价值的影响为正	成立
H3i	行动体验对顾客感知功能价值的影响为正	成立
H3j	关联体验对顾客感知功能价值的影响为正	成立
H3k	感官体验对顾客感知社会价值的影响为正	成立
H3l	情感体验对顾客感知社会价值的影响为正	成立
H3m	思维体验对顾客感知社会价值的影响为正	成立
H3n	行动体验对顾客感知社会价值的影响为正	成立
H3o	关联体验对顾客感知社会价值的影响为正	成立

4. 中介效应检验

从相关性和回归分析结果可知,体验式营销对消费者行为、体验式营销对顾客感知价值、顾客感知价值对消费者行为有着正向影响的作用,体验式营销→顾客感知价值→消费者行为三者之间的传导机制还需进一步研究(如图3所示)。

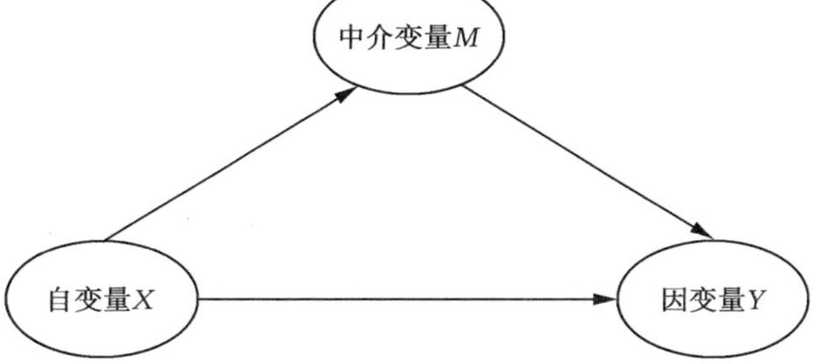

图 3　中介变量示意图

Baron 和 Kenny(1986)认为,对于中介效应的检验必须经过 4 个步骤的分析:第一,自变量直接影响了因变量;第二,自变量对中介变量有一定影响;第三,中介变量对因变量有一定关系;最后,在满足前三个条件的情况下,同时考虑自变量和中介变量对因变量的影响,随着中介变量的介入,自变量对因变量的直接影响效果大大降低。[20]论文自变量为体验式营销 5 个维度,中介变量是顾客感知价值,因变量为消费者行为。由于前三个步骤在回归分析中已经证实,因而只需要最后一个阶段,即检验顾客感知价值的中介效应。论文利用 SPSS 软件的中介效应检验功能,分析得出结果汇总,见表 18。

表 18　　顾客感知价值在体验式营销与消费者行为之间的中介作用

项	c 总效应	a	b	$a*b$ 中介效应	$a*b$(95% BootCI)	c' 直接效应	检验结论
TG=>GT=>XX	0.321**	0.345**	0.210**	0.072	0.032 ~ 0.127	0.248**	部分中介
TQ=>GT=>XX	0.228**	0.316**	0.238**	0.075	0.038 ~ 0.138	0.153**	部分中介
TX=>GT=>XX	0.336**	0.345**	0.198**	0.068	0.030 ~ 0.123	0.268**	部分中介
TS=>GT=>XX	0.347**	0.475**	0.190**	0.091	0.035 ~ 0.148	0.256**	部分中介
TL=>GT=>XX	0.254**	0.221**	0.242**	0.053	0.025 ~ 0.106	0.200**	部分中介
TG=>GG=>XX	0.321**	0.198**	0.220**	0.043	0.015 ~ 0.085	0.277**	部分中介
TQ=>GG=>XX	0.228**	0.183**	0.234**	0.043	0.015 ~ 0.093	0.185**	部分中介
TX=>GG=>XX	0.336**	0.242**	0.203**	0.049	0.021 ~ 0.094	0.287**	部分中介
TS=>GG=>XX	0.347**	0.284**	0.205**	0.058	0.023 ~ 0.099	0.288**	部分中介
TL=>GG=>XX	0.254**	0.189**	0.228**	0.043	0.017 ~ 0.089	0.211**	部分中介
TG=>GS=>XX	0.321**	0.276**	0.255**	0.07	0.034 ~ 0.119	0.250**	部分中介
TQ=>GS=>XX	0.228**	0.189**	0.282**	0.053	0.022 ~ 0.104	0.175**	部分中介

续表

项	c 总效应	a	b	$a*b$ 中介效应	$a*b$(95% BootCI)	c' 直接效应	检验结论
TX=>GS=>XX	0.336**	0.371**	0.229**	0.085	0.044～0.144	0.252**	部分中介
TS=>GS=>XX	0.347**	0.456**	0.231**	0.105	0.052～0.159	0.241**	部分中介
TL=>GS=>XX	0.254**	0.443**	0.252**	0.112	0.068～0.190	0.142**	部分中介

* $p<0.05$；** $p<0.01$。

由表18可知，顾客感知价值的3个维度在迪卡侬品牌的体验式营销和消费者行为之间的中介作用均是部分中介，则说明顾客感知价值在体验式营销和消费者行为之间存在中介影响作用。

五、研究结论与建议

（一）研究结果

体验式营销的应用将更好地提升迪卡侬品牌的产品销量，与此同时也有利于消费者对迪卡侬品牌的体验，具有较高的价值。论文借用顾客感知价值作为中间变量来对体验式营销和消费者行为两者之间的关系进行研究，得出以下结果：

1. 体验式营销与消费者行为之间

通过第4部分的实证分析可以得知，迪卡侬品牌的体验式营销中感官、行为、情感、思维和关联体验5个维度对消费者行为产生显著的正向影响关系，因此论文提出的第一个假设中的H1，H1a，H1b，H1c，H1d和H1e是成立的。根据第四部分的分析，了解到体验式营销5个维度对消费者行为的影响大小是TS>TX>TG>TL>TQ，此研究结果与假设基本一致，本次研究主要是针对迪卡侬品牌的线下体验用户进行调查，而在线下，消费者更注重客观的因素，因此在体验方面，感官、行为与思维体验对消费者行为的影响程度更大。

2. 顾客感知价值与消费者行为之间

经过调查研究发现体验价值、功能价值和社会价值均对消费者行为产生显著的正向影响关系，假设二中的各个假设均是成立的。但是从回归系数来看，三者对消费者行为的影响的大小为GS>GT>GG，这说明通过体验营销，消费者感知到商品的社会价值对其购买行为的影响最大，其次是体验价值，最后是功能价值。毕竟，客户不仅要获得有价值的产品，还要体验消费者的享受。

3. 体验式营销与顾客感知价值之间

针对体验式营销与顾客感知价值两者关系这个模块，论文发现对于顾客感知价值3个不同维度来说，不同体验式营销对不同顾客感知价值的影响是不同的。

其中，在体验价值方面，感官、情感、行为、思维和关联体验对体验价值呈正相关，表明假设三中的 H3a、H3b、H3d、H3c、H3e 成立，经了解得知，对体验价值的影响大小是 TS＞TX＝TG＞TQ＞TL。在功能价值方面，5 个维度都会对功能价值产生影响关系，则假设三中的 H3i、H3f、H3g、H3h、H3j 成立，对功能价值的影响大小是 TS＞TX＞TG＞TL＞TQ。在社会价值方面，感官、情感、行为、思维和关联体验会对社会价值有正向影响，则假设三中的 H3m、H3n、H3o、H3k、H3l 成立，对社会价值的影响大小是 TS＞TL＞TX＞TG＞TQ。

4. 顾客感知价值的中介效应

经过中介效应的检验，顾客感知社会价值在体验式营销对消费者行为的影响起到部分中介的作用。由迪卡侬线下体验店的现状发展可知，顾客在门店进行体验并获得积极的感知情感后，会带动更多的消费行为，论文所得的结论与事实是相符合的。

（二）结果讨论

基于研究结果，迪卡侬品牌线下实体店面需要关注体验式营销中的 5 个维度，即感官、情感、思维、行为和关联体验。

迪卡侬品牌可以借用消费者对迪卡侬体验的第一感受进行营销策略调整，当然也需要保证顾客在消费的环境、氛围、商品、服务等各个方面得到满足；在情感体验上，实体店面应该注重与消费者的交流，从而更好地获得消费者的需求，从顾客的第一视角出发，改善自己的产品与服务；除此之外，企业还应该关注下产品的设计，消费者在使用商品时会产生很多属于自己的思绪，唯有注重产品使用的一切，才能使消费者更好地进行思维体验；当消费者抽出自己的业务时间来进行实体店面参观体验时，论文需要尽可能让消费者处于快乐、放松的购物状态，以便于更好地接受产品、选择产品；在关联体验方面，企业可以在实体店面和宣传上代入消费者，让消费者自己走进商品，从而达到更好的体验效果。

根据第 4 部分所分析出的回归系数得知，在顾客感知价值对消费者行为的影响模块中顾客感知社会价值的回归系数大于功能价值的，这与以往的研究有些许不一致，这可能与论文调查的对象大多数是青年人有关，现当代的青年人注重的都是时尚和娱乐，通过迪卡侬品牌的体验来结交身边的朋友是一种较好的相处方式。企业可以借用迪卡侬实体店面体验的娱乐性、互动性等体验来达到顾客感知价值水平。

针对体验式营销与顾客感知价值两者关系这个模块，经过分析可知，体验式营销对顾客感知价值是有着正向关系的，但是每个维度的影响程度有所不同。其中，思维体验对感知价值各个维度的影响占比均是最大的，因此可以通过对迪卡侬品牌的创意方式和广告等方面进行设计，不断提高吸引力，而其他的体验维度对各种感知价值的影响程度并不是很均匀。

在体验价值上，除了思维体验之外，感官体验和行为体验也是影响较大的因素。感官体验是消费者对某一品牌店面的第一感受，迪卡侬品牌企业可以通过改变其实体店面的店内环境、商品陈列方式、商品标价以及运动健身区的器材等方面来提升消费者的顾客感知体验价值;在功能价值上,5个维度的体验都呈现出积极影响,所以在迪卡侬品牌的未来规划中不可忽视功能价值,对迪卡侬的运动健身区、高性价比以及高口碑等方面进行合理改造,进一步提升消费者对产品价值的功能感知;在社会价值上,除思维体验之外,关联体验对社会价值的影响较大,而感官和情感体验影响力较低,因此可适当提升消费者的感官和情感体验,让消费者在五个方面的体验达到平等,获得更高的价值感知,从而提升消费者的购买意愿、支付意愿和转发意愿。

(三)研究展望

首先,由于条件有限和自己能力的限制。论文搜集的样本数据不够大,而且大部分数据都取自20~30岁的青年人群。因此,得出的结果更加符合青年人群,而其他群体会出现较大的差异性,有可能结论不一定适用于他们。在未来的研究中,将考虑迪卡侬品牌在不同地区和不同人群中的差异性。

其次,在论文中,将体验式营销设定为感官、情感、思维、行动和关联体验,但不同学者对这些维度的定义不同,且还有可能存在其他的体验因素。因此,在后续的研究中可以继续完善体验式营销的维度,从而可以更加广泛地对消费者行为进行测量和研究。

最后,论文在问卷中还设计了一个口碑模块,但是在实证分析时并未将其放入研究模型中,口碑对消费者的消费者行为有着一定的影响,在后续的研究中,可以进一步探索口碑对消费者行为的影响。

参考文献

[1]方俊涛,柳璐,祝翠悦,刘爽.体验营销对消费者冲动性购买的影响因素分析[J].现代商业,2020(1):35-38.

[2]郭子赫.基于体验式营销理论的星巴克营销策略研究[J].现代商贸工业,2020,41(11):63-65.

[3]华夏,苗志娟.体验营销与冲动性购买行为的关系分析[J].中外企业家,2019(27):200.

[4]陈律,王步婷,衣鹁."互联网+"背景下线上线下融合的顾客体验实践研究——以迪卡侬体育用品公司为例[J].中国市场,2017(6):208-209.

[5]郭玉堂.B2C电子商务模式下顾客感知价值、顾客满意与顾客忠诚关系的实证研究[D].青岛:中国海洋大学,2012.

[6]王立平.提升O2O电子商务模式下顾客感知价值的对策[J].对外经贸,2014(7):113-115.

[7]瑙兰.网络购物平台象征性品牌形象对品牌关系质量的影响研究[D].呼和浩特:内蒙古大学,2020.

[8]东梁.基于O2O视角的顾客感知价值研究[D].北京:北京邮电大学,2018.

[9]范秀成,罗海成.基于顾客感知价值的服务企业竞争力探析[J].南开管理评论,2003(6):

41—45.

[10]毛通. 商车费改对消费者行为的影响研究——来自浙江的证据[A]//浙江省保险学会. 浙江保险科研成果选编(2017 年度)[C]. 浙江省保险学会,2018:15.

[11]Trivedi Sunil P. ,Ratn Arun,Awasthi Yashika,Kumar Manoj,Trivedi Abha. In vivo assessment of dichlorvos induced histological and biochemical impairments coupled with expression of p53 responsive apoptotic genes in the liver and kidney of fish, Channa punctatus (Bloch, 1793)[J]. Comparative Biochemistry and Physiology Part C: Toxicology & Pharmacology,2021,245(prepublish).

[12]赵颖,孙正. 认知、价值、行动:各国警察处置大规模群体骚乱的战略维度[J]. 中国人民公安大学学报(社会科学版),2020,36(5):139—147.

[13]雷星星. 手机品牌体验对顾客购买意愿影响因素的实证研究[D]. 苏州:苏州大学,2016.

[14]第五思敏,苏芳. 基于顾客感知价值的体验式营销策略研究——以西安 Y 房屋设计公司为例[J]. 建材与装饰,2019(33):187—188.

[15]Lee Lynne,Charles Vincent. The impact of consumers' perceptions regarding the ethics of online retailers and promotional strategy on their repurchase intention[J]. International Journal of Information Management,2021(57).

[16]陈宪鹏,郜沁馨,葛红霞,周晓萱. 基于感知价值的顾客满意度评价研究——以网易云音乐为例[J]. 现代商业,2020(13):21—23.

[17]达瓦拉姆. 藏文化主题酒店顾客体验与行为倾向的关系研究[D]. 杭州:浙江大学,2014.

[18]周利星. 基于顾客感知价值的社区生鲜 O2O 购买意愿研究[J]. 河南工程学院学报(社会科学版),2021,36(1):30—37.

[19]Holbrook M. B. Consumer Value: A Framework for Analysis and Research[M]. New York:Routledge,1999.

[20]马媛媛. 手机品牌体验对消费者品牌态度及购买意愿的影响研究[D]. 杭州:浙江工商大学,2013.

我国社群营销的发展模式与对策分析

杜红丽

指导老师:周　勇

摘　要:移动互联网的飞速发展以及新媒体、社交网络的出现,改变了人们的生活方式和消费习惯,也深刻影响着营销模式的发展。随着社交软件与移动互联网的深度融合,衍生出各种新型的营销模式,其中社群营销模式备受瞩目。本文通过从历史、消费、技术等视角来分析社群营销的特征、发展阶段以及发展模式,总结出当下较为成功的社群营销主要有以"会员+服务/产品"为主的社群模式、以"产品+服务"为主的社群模式、以"直播带货+社群团购"为主的社群模式、以"场景化构造+品牌接触点"为主的社群模式,但在其发展过程中社群建设与市场监管、商品交付与售后服务、社群运营与维护各层面均面临着亟待解决的问题,进而针对社群营销模式现存问题给予对策分析,并通过技术、经济等因素分析表明社群营销的重要性,对社群营销模式发展趋势提出展望。

关键词:社群营销;精细化运营;公平竞争;私域流量;社群生态

Analysis on the Development Mode and Countermeasures of Community Marketing in China

Abstract: The rapid development of mobile Internet and the emergence of new media and social networks have changed people's lifestyle and consumption habits, and also profoundly affected the development of marketing mode. With the deep integration of social software and mobile Internet, a variety of new marketing models have emerged, among which the social marketing model has attracted much attention. This paper analyzes the characteristics, development stages and development models of social marketing from the perspective of history, consumption and technology, and concludes that the most successful social marketing models are "member+service/product" community model, "product+service" community model, and "live delivery+community order" community model. However, in the process of its development, community construction and market supervision, commodity delivery and after-sales service, community operation and maintenance are faced with urgent problems. This text analyzes the existing problems of social marketing model, and shows the importance of social marketing through the analysis of technical, economic and other factors, the development trend of social marketing model is prospected.

Keywords: social marketing; refined operation; fair competition; private domain traffic; community ecology

一、引言

互联网起源于冷战时期的军备竞争思维，20 世纪五六十年代，美国为在军事科技方面获得领先地位，萌发了 Internet 的设想，在研究联网的过程中产生了 TCP/IP 协议，基于该协议的公网的发展推动了互联网的发展。在此背景下各种网络应运而生，从而诞生了 Internet。中国人开始使用 Internet 是在 1987 年，钱天白教授发出我国第一封电子邮件成为其标志事件。2000 年 12 月 1 日开始施行的中国移动通信集团"移动梦网"计划创造性地将移动通信和互联网二者结合起来，移动互联网就出现了。

从互联网到移动互联网，最显著的差异是使用工具的改变，从以台式电脑、笔记本电脑为代表的 PC 端迁移向以手机、平板为代表的移动端口。移动互联网将人们生活、工作、娱乐的线上线下通道紧密连接起来，是智能移动终端与无线网络相结合的产物。它的诞生促使互联网进入生产、生活、销售各个领域，各种社交软件雨后春笋般的出现加速了移动互联网的深度融合。

在国外，Facebook 是用户总数最大、知名度最高的社交媒体，YouTube 是最受欢迎的视频社交媒体网站，LinkedIn、Google+也是热门的社交媒体网站；国内的社交媒体平台中，微信、QQ、微博已经成为每个人日常生活和工作中不可缺失的一部分。移动具有跨越时空限制的优势，互联网具有全方位、全动态、最经济的优势，移动互联网同时继承了二者优势，让互联网从 PC 端走向移动端，才使社群营销成为可能。

当然，在互联网、社交媒体、电商平台相互促进、快速发展的环境下催生出社群营销并非偶然。在网络社区营销及社会化媒体营销发展起来后，出现一种新的网络营销模式——社群营销，它是将消费者零碎的时间凝集起来投入社交平台进行销售，集合了有效的网络营销模式优点，将用户连接和交流变得更加紧密。以互联网为基础的移动互联网，通过身份识别、地理位置、通讯录绑定等技术手段随时随地进行线上交互，使得线上互动与线下生活融合，加上 App 移动应用技术的快速、多样化发展，社群在其基础功能上进一步衍生新的商业价值。

随着移动互联网的发展和电商的逐步壮大，人们的连接将更加便利，建立社群会更为便捷，社群营销能降低企业的流量成本，社群产业链的日渐成熟也为社群营销提供了服务支持，这使得社群营销模式逐渐被更多企业选择。在移动互联网时代，与用户产生链接的核心是寻找精准场景，通过影响"意见领袖"激发其社会影响力，引发社群效应，让更多的社群成员自发加入互动或营销过程中，从而实现利用一个支点撬动整个社群的目的。社群营销正是将具有相同或相似兴趣爱好的消费者聚集起来，通过提供产品或某些服务满足其需求而产生的商业模式，活动形式多样，很大程度上可以解决移动互联网时代消费者的需求痛点。

社群的发展为商家与消费者带来很多便利，社群营销是当前发展态势较好的一种新型营销模式，但目前的社群营销过程中由于社群建立定位的不清晰、运营体系的不完善、有效市场监管的缺乏，仍存在线下社群建设不被重视、社群同质性现象严重、提货制与提货点设置是否合理、履约成本和时间无法有效控制、产品质量无法保证、采用补贴圈客流后如何提高复购率、供应链管理等问题，为了将社群营销做大做强，企业正在不断探索新的社群营销模式。本文通过研究社群特征、社群营销发展阶段，结合具体案例总结当下较好的社群营销模式，同时剖析社群营销模式中存在的问题及原因，进一步探究社群营销模式的优化策略和未来发展趋势。

二、社群特征与社群营销发展阶段

（一）互联网时代的社群特征

"社群"是近几年非常流行的热词，实际上，从人类社会开始就有了社群。原始社会由于生活环境不同、种族差异等原因形成族群或部落，随着社会的演变，出现民族、宗教、村庄、社区等区别"人"的概念，再到如今的互联网协会、手机摄影协会、球迷会、老乡会、明星粉丝团、各种兴趣小组、微信群等，这些都属于广义上的社群。

"社群"一开始提出时是用来形容群体与群体、人与他人的关系的，主要是由地域限制、特殊文化、心理认同与情感共鸣等因素促使所构成的社会关系。互联网的崛起及其覆盖人群的飞速发展让越来越多的人产生联系，形成了一种新型的人际关系网络，原来的社群关系逐渐摆脱地理空间的限制，进入了虚拟空间连接的阶段，社群由最初的概念发展到基于 PC 端的网络社区，再到现如今移动互联网时代的社群，每个阶段都有显著的差异。

在PC互联网的新时代，网络上每个人与其他任何一个人之间交流和互动的主体形态都是一个社区，必须拥有网络、一台电脑等软件才可以进入。无论是实际参与者的人数或者在线时间均存在局限性，没有形成深层次联系的必要条件。在基于PC端的网络社区当中，通常网络社群的成员线上活动的唯一地点和场所就是网络社群的特定网页空间，因此该社团成员之间的网络交流互动方式被该网络空间的功能约束，即PC端的网络社区需要充分强调“空间”感，社群活动仅局限于网页结构＋有线环境的特殊情况下。

移动互联网的社群，即现在通常意义上所称的“社群”，主要是指基于网络、始于网络、成长于网络社区、流行于QQ、兴盛于微信、社会意义重于地理意义的社群，是在移动互联网让人们可以随时、随地联系的基础上产生的，打破了过去PC端网络社区对社群时空的限制，不再强烈依赖社群的网络空间，实现了跨越时间、空间的沟通交流。

移动互联网使产品、用户和社群三者的关系重新发生了变化，用户集合形成了社群，社群成员之间因为产品而连接。社群建立并长久发展的基础是具有稳定的群体结构、比较一致的群体意识，成员间具有一致的行为规范、持续的互动关系，并且成员分工协作，具有一致行动的能力。在此基础上，移动互联网时代的社群具有鲜明的特征变化：

第一，社群的碎片化，即社群用户不被时间空间所限，可以随时随地产生内容和互动，社群用户的活跃度发生变化，用户要经过长期的适应之后才会产生强烈参与感、积极参加社群活动。

第二，社群的去中心化，即社群用户不再围绕意见领袖产生的内容发表观点，整个社群能自发生长，发掘更加丰富的兴趣和话题标签，社群中意见领袖的重要程度逐渐下降。

第三，社群的多媒体化，即和以往相比，社群信息以多种形式呈现给用户，如短视频、图片、动画等，所有成员都能通过多媒体形式创造和传播内容，使社群的存在价值得以延伸。

（二）社群营销发展阶段

在中国社会经济和房地产业的蓬勃发展中，绝大多数城市居民创造了以社区为基础的生活方式，这为“社区营销”的出现奠定了基础。网络社区营销是将网络营销和社区营销相结合的产物，创造虚拟空间把某一地理范围内、具有共同兴趣的用户聚集起来，为他们提供随时随地沟通的场所，在相互交流中实现商品的营销目的。

社区与社群之间有不同的意义，社区是人与物之间的链接，通过共同居住在一个地方或一个环境里，着重的是物理空间的链接，而社群主要针对的是人与人在虚拟空间的链接，是有本质上区别的，不局限于空间限制，将有共同兴趣爱好、情感认同、价值取向的群体聚合在一起才是真正意义的社群。

社群营销是在网络社区营销及社会化媒体营销基础上发展起来的用户连接及交流更为紧密的网络营销方式。社交平台以及互联网技术的迅速发展、社会关系及互联网的高度融合使得社会关系中的深度及广度大大拓展了,人们实现了自由和便捷的交流,在此背景下催化了社群营销的诞生。伴随着社群营销在实践和理论上的急速发展和兴起,社群营销的影响与作用日益凸显,社群营销慢慢地发展成了一个新的领域。我国社群营销的发展阶段可以划分如下:

1. 萌芽

社群在社交媒体领域很早就被列为人们讨论的热词范围中。20 世纪 90 年代后半期出现的 QQ、天涯社区、西祠胡同等是我国网络社群的萌芽,将一群情感相通、兴趣相投的人聚集在自己的平台上,形成了庞大的社群,并对整个 21 世纪初的消费者带来了极大的影响。

2. 探索

互联网在 2000 年左右迎来发展浪潮,"社群"的概念逐渐商业化,并以产品形态呈现在互联网当中,出现了惠多网、网易、百度等初步落地的社群。2002 年,腾讯 QQ 上线群聊功能,社群形态成功探索出线上模式。但这个时期的社群多为熟人社群,通过互联网进行信息交流与传播。此后,越来越多的网络社区出现在大众视野中,如猫扑、天涯论坛、豆瓣兴趣小组等,以共同兴趣为主导使用户之间产生强关系的网络社群新形式出现。

3. 雏形

2006 年左右,SNS 社交网络产生,如人人网、开心网等,网络社群的雏形逐步显现,网民个体的形象在网络中逐渐变得突出,相同兴趣或需求的用户被打上共同的标签,网络社群从单一节点向多个节点发展。

2009 年博客、微博等的出现为网民开辟了新的交流空间,社群成员拥有了新的公共表达环境和更多互动的可能性。2011 年又一大社交媒体巨头——微信出现,该平台以即时通讯为基础定位进入市场,网络社群的沟通效率大大提升。网络社群在各个平台推动下成长,开始出现网状社群结构,社群经济逐渐形成。在各个企业的不断探索下,2012—2013 年期间社群的概念有了雏形,但大家对群的理解还是以聊天和表情包为主,与最初的 QQ 相类似。

4. 成长

2014 年是社群经济的爆发点,小米社群成功案例给无数草根与互联网大佬打了一针兴奋剂,草根看到的是创业的机遇,而互联网大佬看到了一片蓝海。2015 年无数的社群相继出现,知识付费、创业导师、英语口语、自媒体、写作等等,这是社群发展的高速期,社群进入移动时代,通过情感流动将人与人链接,并将信息、资源连接起来,形成更多的利益共同体。为了提升社群内外部的互动,许多新科技被运用到社群营销中，促进社群生态化发展。

移动社群捕捉机遇飞速发展涌现出各种生态模式，如产品型社群、兴趣型社群、品牌型社群、知识型社群、工具型社群等，但在大量未知机遇展现在商家面前的同时，也伴随着无法预知的风险。在社群大量诞生的同时，由于疏于运营与维护及社群的人心涣散，出现了很多的“死群”，最后悄无声息地躺在通讯录里。

5. 兴盛

经过混乱时期的突飞猛进与大面积的消失，2016 年社群终于迎来了正规的发展，在这个时期诞生了很多优质的内容社群，比如“逻辑思维”与“秋叶 PPT”，他们专注一个行业中有价值的内容，推出优质产品，结合线下活动，增加用户的社群黏性，实现变现，并通过变现与用户产生了更好的信任与链接，逐步进入了正向循环的状态。社群营销从此走向了高峰，颠覆了过去的传统营销方式，也颠覆了商家们的思维模式。

2016—2017 年，“新”零售的概念被各大互联网巨头探索，零售商在此风口浪尖上寻找发展生机，在此期间延伸出多种基于社群的渠道和新的商业模式。在一二线城市零售业竞争越来越激烈的现实下，商家逐渐将渠道下沉化，进入三四线城市，并针对其追求高性价比、强社交属性的需求痛点，诞生了新的渠道——社区团购，并成为当时众多企业追寻的“风口”，诸多实体零售企业也加入基于社群营销模式的社区团购赛道中，如永辉、物美、生鲜传奇、人人乐等。

6. 高峰

互联网风潮愈演愈烈，抖音、小红书等新的内容社交平台在 2017 年、2018 年大肆推广，并逐渐与微博、微信齐头并进成为人们的主要社交工具。立足于社交化平台，微信群营销、微博营销及抖音网络红人带货成为社群营销的典型代表，展现出互动性、共享性、开放性的特征，社群构建更加完整、会员更加多元化。

2018 年下半年到 2019 上半年社群爆发式发生，各行各业的人不断涌入，社群时代进入社区时代，以小区、楼为主招募团长，并且团长出现职业化、排他化现象，社群进入低价低质的竞争时代。虽然各运营商都增加了商品品类，也由直接采购改为市场或者第三方提供，但对于整个零售行业影响不大。到 2019 年下半年，开启了社团企业跑路、关闭高峰期。

2020 年初，“新冠病毒”这个不速之客打乱人们的正常生活，由于封城、封小区、居家等防疫措施，让社团死灰复燃，大多数城市的居民在一夜之间对“线上买菜”和“社群团购”这种新消费习惯亮起绿灯。传统的线下消费遭到抑制，以人工智能、大数据等新技术为基础的消费新业态、新模式加速发展，这个形势倒逼众多仍在观望的企业开始重估社群营销的商业价值与影响力，到年中各大互联网企业携持资本的进入再次将社群营销推到了又一个高峰。

三、社群营销模式分析

在互联网飞速发展、网络技术日新月异的今天，互联网产品受众具有数量多、分布分散、成分复杂、难以将其组织起来的特点。社群是社区化的发展，将线下人们的面对面聚集引申到线上，形成规则制度管理的线上社群。

移动互联网影响了人们获取信息的时空环境和渠道，移动终端带来新的信息元素，如视频、地理位置、图片、声音等，使得社群中的用户形象更立体具象，由于工具的便携性和移动网络的高度发达，移动互联网时代的社群呈现出碎片化、去中心化、多媒体化等特征。移动终端设备的智能化和多元化的应用服务使得社区内部的信息生产和发现有了更丰富的表达方式，这不仅提高了社群内信息的真实感和信任度，也能够给人以感官的全面刺激，吸引群内成员的注意，提高信息的传播效果，增强群内的活跃度。

信任是互联网虚拟空间中最难实现的感情传递，在一个社群中，不是中心主导成员参与，而是发散式、共享性、参与性、公平性的关系，所以网络社群越来越被大众所接受。

针对社群营销模式而言，目前发展比较成熟的有几大类：以“会员＋服务”的社群模式（如罗辑思维）、以“产品＋服务”的社群模式（如小米）、以“直播带货＋社群团购”的社群模式（如拼多多）、以“场景化构造＋品牌塑造”的社群模式（如小红书、江小白）等，这些社群模式的发展使得其所在领域发展迅猛，构造成熟的社群营销模式使得其在其他领域也发挥出巨大的作用是非常重要的。

（一）以“会员＋服务/产品”为主的社群模式

移动互联网为人们的生活带来极大的便利，使社群成员可以自由、高效、高频率地传递信息，并与社群成员进行无拘无束的沟通交流，从而迅速创造出“圈子”和强大的聚合力。在社群之外，不同社群因为个体之间的联系而产生交叉，同一个体可以根据不同的社交需求在不同的社群间切换。通过在社群之间建立多维的联系，社群交流实现跨边界扩散变得很简单，即特定的引爆点可以触发蝴蝶效应，实现滚雪球般的裂变，社群传播效果呈现几何倍增。圈层式聚合力与其裂变式传播扩散相结合，使得社群营销成为一种新型的传播方式。

从社群的角度看，人类社会与动物世界的差异在于情感体验和价值观的交流。人们因为情感沟通、兴趣爱好、价值认同相聚形成社群，并积极参与互动，在群体中寻求满足感和归属感，同时，社群成员满足感和归属感的加强会反作用于社群，促进社群发展并创新出更多的服务。

社群商业诞生之初便产生了会员制，是作为进入社群的“门槛费”而存在的，各地的商会组织、协会组织可以视作社群会员制的原型。无论社群形态如何、是否提供具体的产品或者服务，社群的建立者设定收取会员费为加入社群的门槛，是筛选人群、提高社群成员黏性的一个手段。成员自愿付费加入社群，在一定程度上体现出其对社群的认同感，也彰显出社群成员身份的重要性。

收取会员费只是筛选人群的一个手段，目的是寻找更多同频的会员加入社群，即会员制是社群最基础产品，并非社群商业的最重要形态。对于社群成员而言，收取会员费意味着社群将会提供与之相匹配的基础服务或产品，所以社群运行完全取决于会员制背后为用户提供的服务和产品，这才是社群商业的根基，例如商会这个特定的社群组织为所有用户提供专业的行业资讯、行业资源连接、行业聚会等对用户而言有价值的内容。

采取"会员＋服务/产品"的模式并做得较为成功的社群有：包括微信公众号、知识类脱口秀节目在内的知识服务商和运营商——罗辑思维，国内目前较大的互联网财经社群——吴晓波频道，中国首个以社群经济模式聚集最优质、最时尚也最会享受的高端女性群体的 O2O 高端女性社群——疯蜜，国内首个面向女性、基于移动互联网和网络视频的社群——彬彬有礼，以及樊登读书会等。下面以罗辑思维为例，分析"会员＋服务/产品"社群模式的成功之处。

从 2012 年开始随着互联网技术的飞速发展，罗辑思维作为一个"脱口秀类"节目异军突起，以它为代表的同类型企业也飞速发展，它们凭借着网络时代庞大的点击量和观众观看数成为自媒体时代的一个新星，其自身的表现力与话语权也得到了不断的提升。罗辑思维作为一个知识型内容产出自媒体，它从优酷视频到微信公众号再到"得到"App 的几次华丽转身，在互联网界都产生了巨大的震撼与影响，而其自身在这个过程中独特的发展模式也让业界不断地学习及模仿，在这个过程中罗辑思维节目无论是在点击量、关注度、好评度上都非常突出，它在自媒体发展中是一个重量级产品。纵观罗辑思维发展，它在用户定位、知识产出方式、营销方式及社群构建到最后的商业闭环都有其独特之处，在其知识场景构建的框架之下，利用知识爱好者对有价值知识的需求与渴望，利用多平台同步互动的传播方式，形成信息传播圈，从而形成社群，而且其"有种、有料、有趣"的内容输出也深得用户的喜爱。

线上部分，"罗辑思维"微信公众号除在每天固有地推送 60 秒语音和推进文章外，还会发起为罗振宇本人自创漫画的粉丝活动，公开选投最受欢迎作品并给予奖励；在周边《罗辑思维》系列书籍出版时，会集思广益，从微博、微信等广大网友处征集宣传海报广告词，提高与"罗辑思维"粉丝的互动性，加强品牌与用户的黏性。线下部分，企业团队会定期为会员送上福利，包含合作商家的产品、公众号推荐的书籍、会员周边及代金券等。同时，"罗辑思维"会在北京、上海、深圳等一些城市举办线下活动，包括罗振宇本人的签书会和阅读培训等，不仅使品牌和用户建立了良好的关系，也增加了用户网友之间的联系与沟通，增强了凝聚力和归属感，从而更好地建设"罗辑思维"的品牌文化。

逻辑思维的“会员＋服务/产品”社群模式，在良好运营下社群成员们一方面消费节目，另一方面自发组织各种活动，保持较高的社群活跃度，如“读书会”、“美食会”和“相亲会”等。

(二)以“产品＋服务”为主的社群模式

以“产品＋服务”的社群模式，是以产品为核心的。企业需要提供对消费者有价值的产品并不断优化升级，经过一些线上、线下的活动和宣传培养一批早期消费者，这将成为该产品的核心消费者，进而有利于形成早期的产品社群。在早期产品社群形成之后，通过其自我生长，会吸引越来越多的关注者和传播者加入，在社群沟通和交流中开始不断渗透产品背后公司的背景、故事等，最终形成一个较为成熟的产品社群，从产品出发树立企业形象、获得更大利润。

自我生长和自我繁衍是以“产品＋服务”为主的社群模式最显著的特征。在社群逐步发展壮大的过程中，价值认同和使命感相同的社群成员形成“灯塔”效应，无形中影响着周围的潜在消费者对产品理念和价值的认知。第二个特点就是以“产品＋服务”的社群的传播方式主要通过社交网络进行，新兴的互联网公司的广告和宣传很少出现在传统公共媒体上面，基本上都是通过微博、朋友圈、QQ空间等自媒体进行传播的。这种传播的特点是速度快，而且对于公司来说成本几乎为零，同时让社群成员与产品更加接近，还拉近了成员彼此之间的距离，使得每个成员的归属感更加强烈。

采用“产品＋服务”的社群模式并做得较成功的社群有小米社群、MYOTee脸萌、特斯拉等，下面以小米社群为例分析“产品＋服务”的社群模式的成功之处。

小米科技公司成立于2010年4月6日，最初的业务是应用程序和手机操作系统的开发。2012年初踏入智能手机行业，并建立起了一套以智能手机、硬件、软件、相关产品配件和互联网信息技术的生态圈链条。小米5年内使其品牌价值增量180倍，创造了震惊世界的成绩。2014年12月，其销售量在中国国内的手机市场占有额已经超越了老牌冠亚军苹果和三星，成为全球领先的智能手机制造企业。2016年其估值已达520多亿美元，成为价值顶尖的新兴创新公司。在当前商业竞争如此激烈的背景下，手机的产品生命周期快速缩短，同时其更新换代的速度也在逐渐加快。小米作为一个年轻品牌，逐步打败了多个国内外著名手机老品牌并逐渐占据国内手机销量排行榜的前列，这些傲人的成绩和它独具特色的营销模式及其互联网思维是紧密相关的。小米在创立之初把品牌初衷定义成“为发烧而生”，始终把用户定位为其创造品牌价值的贡献者，创建线上社群，组织各种活动努力号召各用户参与到公司的营销、生产、设计以及研发的全过程中来，最终取得了很好的市场效果。

阿尔文·托夫勒在2006年提出“产消者”的概念，即生产者和消费者的融合。而社群成员就像产消者的进阶版，具有消费者、传播者和生产者三重身份。移动互联网求新求快，用户参与、协作生产正好符合了该竞争需求，解决了移动互联网时代用户越来越个性化和精细化的需求问题。

小米把用户参与作为其一切活动的中枢，建造了粉丝用户的自生产、自传播和自消费的循环式社群商业模式，正是以“产品＋服务”的社群模式自我生长繁衍特点的体现。从小米的案例可以看出，很多社群成员不是由于某产品而对社群产生强烈依赖，而是崇尚一种精神，例如米粉崇尚“发烧”、罗辑思维崇尚“求知”，所以小米的社群模式具有可复制性，因此造就了小米路由器、电视、电脑等发烧产品的成功。

（三）以“直播带货＋社群团购”为主的社群模式

基于技术发展、大数据应用、硬件基础设施的完善，互联网商业模式不断迭代创新，直播带货、社区团购到社群团购……众多的头部企业持续加码这些新商业业态，直播面对面下单、社群拼单、团购接龙、多人拼单一人中等花式玩法层出不穷。随着自媒体平台的逐渐普及，以网红直播带货为代表的直播电商市场规模不断扩大，根据 2021 年 2 月 3 日在南方财经全媒体集团 2021 智库发布周上正式发布的《2020 年直播带货趋势报告——主播影响力排行榜 Top 100》中的数据可以看出，在销售情况方面，百大主播 2020 年下半年的带货销售总额接近 1 130 亿元，总销售量达到 9.36 亿单。薇娅、李佳琦、辛巴在销售金额方面问鼎前三，分别达到 225.39 亿元、139.31 亿元和 76.13 亿元。排名第一的薇娅曾创下单场（5 小时）最高销售额 1.5 亿元的纪录，据统计，2018 年薇娅的个人销售额为 27 亿元，2019 年则达到了 33 亿元的规模。在社群团购方面，以低价为主的“拼多多”受到更多人的关注，拼多多以拼单的形式推动社群团购的发展，展现出了强劲的势头。2020 年拼多多推出了直播内测，“直播带货＋社群团购”的风头正劲。

总体来说，“直播带货＋社群团购”模式综合了“直播带货”、拼单团购模式的优点，在直播过程中产品的真实性得以展现，用户获得了更好的消费体验，以团购模式实现交易，品牌的销量得以提升，商家获得了同时拥有广度和深度的流量。自带用户规模与流量资源的直播和具有裂变效应的社群营销结合在一起，更能推动新零售的发展。

（四）以“场景化构造＋品牌接触点”为主的社群模式

在移动互联网时代，存在着流量和入口的竞争，而场景的建设可以吸引更多的用户。与流量入口相比，场景之所以更加重要，是因为在移动互联网时代，我们的生活变得更加碎片化。构建的场景意在给用户一个强烈的刺激，并利用品牌接触点（即品牌和用户能够接触的地方）让用户从视觉、听觉等全方位了解产品细节，促使其使用并逐渐对产品产生正向的情感倾向。

采用“场景化构造＋品牌接触点”的社群模式并做得较为成功的有小红书、江小白等，下面以小红书为例分析该模式。

小红书是一个生活方式平台和消费决策入口，将社交软件与电商平台相结合，主要以场景化构造和品牌接触点为核心，利用信息聚集用户，并利用用户引导消费。用户将自己的真实生活通过文字、图片、视频笔记的形式分享在网络上，通过大数据和人工智能，将社区中的内容精准匹配给对它感兴趣的新用户，在新用户产生需求共鸣的时候，新老用户之间的交流便会随之发生，即新的消费、互动场景在品牌接触点的塑造下建立。小红书多元化的信息分享途径，为用户提供多种体验场景从而吸引更多的消费群体，是小红书社群营销模式的创新之处。

四、社群营销面临的主要问题

随着大数据、人工智能、5G 技术不断渗透到各行各业中，现有的商品生产、销售业态得到重塑，零售模式实现线上线下深度融合。并且“80 后”、“90 后”已逐渐成为消费主力，传统的营销模式逐渐被淘汰，为满足新生代的需求与生活方式，社群营销模式突显出其无与伦比的有利地位。我国社群营销在新零售背景下慢慢步入正轨，各类平台、厂商以及新兴企业加入社群营销行列中，试图在新零售爆发式发展的大环境下抢占先机，但目前总体而言社群营销模式仍然存在较多的问题。

(一)社群建设与监管方面

1. 忽略线下社群建设

线上电商平台严重冲击着线下实体产业，以至于线下实体产业为了更好地适应当前的互联网环境，纷纷进行企业转型升级。一般分为以下两种模式：一是以大型实体连锁商超为代表的自主线上平台开发，利用微信小程序入口或者 App 程序，让消费者体验即时下单、急速送达等便捷服务。二是以中小型实体产业为代表的线上平台代运营服务，利用已存在的线上平台，为消费者提供即时服务，共享线上流量资源。

当前线上社群使得体验式营销模式的深化程度不够，线下实体行业虽然受地域和时间的限制，但却具有线上平台无法达到的即时服务和面对面的信任感。大多数企业在布局线上社群的同时，忽略了线下社群的建设，随着线下实体的转型升级，必将对线上平台造成一定的冲击。

一个社群要想延长生命周期，则打通线上和线下是必不可少的，因为社群的线下活动和体验可以更加快速地扩散社群影响力、提升知名度，同时还能在活动中进一步充实社群的核心理念，通过活动噱头引发群体效应。让社群中的人有面对面交流的机会，有打通人脉关系的机会，进而可以深度拓展用户、增强用户黏性。社群成员通过线上到线下的互动连接，可以实现二次扩散，辐射到其他未被吸引的人群，再将资源转化到线上，持续扩大社群的辐射范围，如此实现从网络到现实生活的循环扩展，形成良好的社群生态闭环。

2. 社群定位缺乏差异性

无论是线上社群营销还是社区零售或是直播带货，均是以网络社群平台搭建为载体。在移动互联网时代下,构建一个社群平台的成本并不高。但是,在社群营销的模式下,组织者在保证社群稳定性的基础上尽可能满足线下服务的要求,因此并不会提供多样的产品,而是仅提供某一种或某一类产品。相比于网购产品的丰富多样来说,社群营销主要以生鲜社群、兴趣社群、学习社群为主,社群数量相对较多、同质化严重,从而相对降低了单个社群的使用频率。

社群可以使商家在投入较少时间和经济成本的前提下与消费者快速建立连接,实现更高频率的接触和不考虑时空限制的互动,并通过高效的沟通交流产生信任,促成商品交易并影响更多的社群成员产生购买行为,培养客户忠诚,最终实现商家的利益最大化,将传统零售理念中消费者与商家之间缺乏信任这一难以解决的问题成功规避。但由于社群定位缺乏差异性、一味追求社群人数不作筛选,导致社群同质化现象严重,加上社群本身的私有化和封闭性特征,社群活动出现了借鉴和模仿为主,这就使得社群价值难以实现裂变,反而容易让社群成员脱离社群转而投向其他相似社群,社群成员的忠诚度较低。

例如,云集电商平台上线两年多销售量和社群成员就以惊人的速度在增长,这对于同行业同平台的同质公司来说,无疑是一个可以效仿的模板,经过简单流程了解之后,争相效仿抄袭的公司涌现。这种模仿一般有两种:完全模仿和核心部分借鉴。从良性的角度来看,有竞争当然会使得整个市场秩序更加协调,可以有一定的制衡作用,但是从恶性角度来看,采用各种打压手段,降低价格必然会影响到利润的回收,资本家的逐利心态会使得他们想方设法压低成本、提高利润,那么产品质量必将受到影响,最终作用于消费者身上。而同类型平台过多,也会造成消费混乱,削减社交平台原有的信任程度,消费者由于可选择性较多,忠诚度也随之降低。

当前的社群由于定位缺乏差异性、同质化现象,严重存在被替代性大、容易被模仿等现象,所以如何明确社群定位、构建差异性的社群、树立独一无二的社群形象、提高社群营销市场的竞争力,是一个重要的课题。

3. 监管系统不够完善

社群营销在虚拟社群中实现产品交易,缺乏相关部门的监管,容易出现侵犯消费者权益且投诉无门的情况。社群营销依靠群主或管理员带动社群成员的消费,发布在群内的产品信息是看得见的,但交易、物流配送以及售后过程中的监管空白也引发一系列问题。目前社群团购的“群主模式”使得监管存在一定的难度。如果“群主”没有收取任何费用,是无偿代购行为,则在交易中无需承担法律责任。当社群成员购买的产品出现质量问题时,因为没有相关购买证据和消费记录作为依据,便不能向消费者协会等相关部门投诉维权。这些问题源于社群营销涉及平台监管系统不够完善。由于职责不够明确,消费者遇到问题没有合理维权的途径,购买欲望便会降低,久而久之便会失去对社群的信赖。社群经济的可持续发展需要具备良好的监管与服务系统。

（二）商品交付与售后方面

社群营销基于互联网社交媒体和电商平台实现营销，在发展的过程中不可避免地出现一系列网络营销会遇到的问题，供应链管理、履约成本和履约时间、提货制与提货点设置、补贴圈流后的复购率提升等都是社群营销在商品交付和售后服务中面临的主要问题。

1. 供应链管理问题

社群营销迅速发展的关键在于其为消费者提供的超高性价比，而这一性价比的实现正是得益于消费者的确定型订单使得供应链优化有的放矢，进而放大商品的性价比。首先，社群营销的产品品类较为单一，且生鲜品类在团购平台的 SKU 占比通常达到 40%以上，兴盛优选作为头部玩家其生鲜品类占比达到 70%，其高损耗的特点为供应链管理带来巨大压力。其次，要想实现效率、成本最优的配送方式，统仓统配是最好的方式，但当这种配送要为上百个甚至上千个社区进行配送的时候，物流成本势必会上升，加上生鲜产品对于冷链物流的建设要求更高，将会进一步加剧企业物流成本的上升。而且，社群团购产品源头化难度大，从产地直接到仓或从产地到一批到二批再到前置仓，流程长、货品成本大且需投入较高的人员运营成本，而主流社区团购平台具备次日达的特性，这对企业供应链的管理形成极大的挑战。

2. 履约成本和时间问题

社群团购是通过供应商或者公司平台来直接发货，通过第三方快递、物流的支持，不需要团长自己发货，没有压货囤货的压力以及仓库成本的支出困扰，因而不存在履约成本和时间的问题，但是社区团购是以落地配送的方式为主，即货物给到社区团长，再由团长来进行配送，在此过程中便会涉及履约成本和时间问题。

3. 提货制与提货点设置问题

社群营销中除了第三方平台直接发货到消费者手中的社群团购外，更多的社区团购是企业自己布局前置仓配送到家或产地配送销地仓库再进行配送并设置提货点，由消费者自行前往提货，在这个过程中便涉及提货制与提货点的设置问题。如美团旗下的社区团购业务美团优选，采取“预购＋自提”的模式，它赋能社区便利店，为社区家庭用户精选高性价比的蔬菜、水果、肉禽蛋等品类商品，价格普遍低于市场价，满足消费者个性化、差异化的需求，加速生鲜零售线上线下融合。社区便利店作为其提货点，想要为美团优选带来更大销量的同时获得更高的佣金收入，必须提高自身的业务能力，不断向社群成员推广平台上的商品，以优惠来吸引更多成员下单购买，才能提高销售总额，从而提高提货点的收入，实现双赢。

4. 复购率问题

社群营销的方式是把潜在用户和精准用户圈起来，把社群内有限的流量、价值利用到极致，如果有一个人购买或者成为粉丝后，除了复购外，可以带来 10 个购买的朋友，带来 100 个传播，再带来 1 000 个围观等。但由于目前同类社群数量相对较多、同质化严重，消费者可以添加多个同类型的社群，商家采用补贴圈客流但不能提高用户黏性，在消费者实现低价购买商品之后便退群或者不再活跃，仅为一次性交易，提高复购率成为社群营销中的一大难题。

（三）社群运营与维护方面

现代新型社群立足于社交媒体平台将具有相同兴趣爱好的人聚集在一起，彼此相互沟通交流形成强大的众心力。但当前的社群运营及维护方式尚未形成完整的体系，存在产品质量无法保证、社群推广方式有限、平台单一且稳定性差、平台资源受限、缺乏社群规划、信息泛滥、社群交流环境差、组织管理不完善、存在不正当竞争、社群信任建立难等问题，有待进一步探索。

1. 产品质量无法保证

在移动互联网爆发式发展的背景下，组建一类社群平台的门槛相对较低，产品质量难以保证。社交电商的市场准入门槛较低，导致许多卖家没有进行合法合规的登记注册、没有营业执照，仅仅凭借简单的培训掌握基础的操作方法就在社交平台进行商业活动。而为了快速将社群规模扩大，不少社群打着低价实用的口号招揽社群成员，过程中往往会出现产品质量不过关等问题。并且，一些社群交易在微信等社交平台通过转账直接完成，商家不提供购物凭证，消费者遇到问题便存在维权取证难题，无法实现售后保障。

与此对应的是，由于社群私密性较高、平台监管不健全，因而个人权益难以维护。正是缺乏平台监管，产品质量更加成了消费者的担忧。一些商家基于淘宝网等电商平台进行直播营销，吸引社群成员购买，但是仍然是以低价为竞争策略，并未以社群运营为目的。

如小红书，一款从分享到发生购买行为的社群 App，利用分享社群吸引更多的女性消费者，然后再通过小红书分享福利社链接到相关产品，引导女性消费者从分享到消费。但在此过程中出现的货品真假性难以判断、物流成本高、配送时间长、售后服务能以保证等问题也是社群营销过程中需要考虑的重要问题。目前国内，各种假货层出不穷，各个平台均被爆出各种以次充好、以假乱真的产品。在这种市场环境下，消费者对于真假的判定很难通过手机或移动客户端解决，社群营销要想牢牢把握住社群成员的情感依赖和消费倾向，就必须提供高质量的产品，并对于社群成员关于产品质量问题着重解决和引导。

2. 社群推广方式有限

社群营销过程中招募新成员的方式较为局限，主要依靠社群运营者与社群老成员自行推广社群，例如撒播群二维码广泛吸引成员、通过各种渠道添加好友邀请进群。这种借助少数人影响力的口碑营销使社群成员多为同一圈层的人，虽然能够提高社群成员的感情纽带，但整体而言需要花费大量的时间、感情和精力，效率较低。然而，与此相悖的是有需求的用户难以找到合适的社群，缺乏直接有效的途径。对于大部分的社群而言，社群可复制性极强，社群成员极易被其他商家的营销政策吸引，从而丢失流量。

3. 平台单一且稳定性差

而且，目前的社群组建主要是通过微信和 QQ 等平台，鲜有大型网站之类的社群平台。这些小规模的社群平台由于无法实现大基数的社群规模不能成为相对独立的商业形态，导致商家、品牌要建立多个社群进行维护，从而社群维护的成本高、效率低。同时由于微信、QQ 等平台的开放性，社群门槛、社群同质化严重，产生的问题是社交过度、信息过度、极度商业化。以微信社群为例，微信唯一的资源就是整体流量庞大，在社群招募社群管理、产品展示等方面没有被提供足够的支持和帮助。随着越来越多的人进入 5 000 朋友圈时代、百群时代，社群随之带来了社交负担。如何让社区成员和平共处又不被过度骚扰，同样也是社群运营的难题和窘境。此外，微信社群由于微信平台的相关管理限制政策，在营销中被一系列建群、加人等行为识别为违规操作并限制账号，导致微信社群运营遇到诸多不畅，使快速打造出有效转化的社群成为泡影。

4. 不正当竞争问题

社群营销大部分借助微信群实现引流，但在微信群中会设置“不允许发宣传广告”等类似群规，实则是仅限群主和管理员发布广告，并且采用压低价格的方式吸引消费者购买，实际上是不正当竞争的一种表现。其次，社群营销借助第三方平台与商超合作，出现了很多不公平竞争现象有待解决。

5. 社群信任问题

社群营销所依附的社群是成员凝聚的核心场所，“意见领袖”是社群中较有威信的核心成员，其他社群成员围绕意见领袖活跃，对他的信任也影响了其对社群的信任。但一些成员依靠某方面技术优势或高活跃度成为一个社群的“权威”或是“精神领袖”，其不正当的言语反而会误导其他成员，甚至使虚假信息在盲目信任权威和精神领袖的成员中广泛传播。这说明，社群成员对“权威”表现出一定的信任，但是如果“权威”不能发表符合事实的信息或者评论，就是对成员信任的一种亵渎。

除此以外，社群营销在社群基本功能的基础上引入了一些方便人们工作生活和娱乐的基本设施，如第三方交易中心。社群成员在第三方平台交易或转账的过程中，由于网络社群的虚拟性和缺乏完善的监管体系，导致出现网络诈骗行为，使消费者损失钱财。除了“虚假权威”的信任问题，社群容易因为社群成员的“跟风”现象产生羊群效应，或是存在欺骗社群成员情感的信任问题。因为社群本身就是成员交流情感的最佳场所，而且根据心理学研究，当人们的交流上升到情感方面时，对他人的信任程度也大大提升。网络社群中的不法分子充分抓住一些人对情感渴求的心理，取得别人的信任，进而实施更多的犯罪活动。虽然网络社群的多样性扩大了人们的交往范围，但潜在的信任危机应该引起更多网民的重视。

五、社群营销发展对策分析

当前，对于绝大多数企业来说，目前的经营存在以下的难点：企业间角逐愈发强烈；流量获取的成本越来越高；消费者越来越聪明，传统的拿赠品引流或低价引流效果越来越差；硬广告无法打动消费者；消费人群需求的升级，消费的需求也在不断升级；企业不能准确洞察消费者需求，等等。各个企业纷纷开始探索新的营销模式打通新的获客渠道，实现精准聚焦消费群体，实现营销目的。社群营销具有低成本高收益、营销用户精准、高效率传播、沉淀粉丝、快速形成品牌口碑等传统营销模式无法比拟的优势，但在其发展过程中出现了许多问题，有待改进和完善，故应针对社群营销不同主体进行优化对策探索。

（一）线下实体店做社群营销

社群营销的出现一定程度上为企业和商家解决了引流难、成本高等问题，通过社群实现线上引流可以节约很大的时间成本、人力成本，但如果仅仅通过线上活动吸引消费者只能短暂地"引流"而不能很好地实现客户留存，也就是所谓的"引流"容易"引留"难。要想长久维护社群成员的关系、增强社群活跃性、变"流量"为"留量"，线下体验是社群营销模式中必不可少的一环，通过线上引流＋线下体验，加速社群裂变与转化。

对于线下实体店做社群营销来说，在线下实体店的基础上开展线上社群活动非常重要，通过丰富多彩的社群活动可以增进社群成员之间的了解、提升情感共鸣，进而加强社群成员对于社群的依赖感和归属感。但除了经常性地在社群里组织活动，线下的体验也至关重要。线上活动可以让社群成员体会真正的实惠，但由于社群同质化现象严重，类似的社群层出不穷，仅仅依靠形式有限的线上活动难以牢牢抓住社群成员，长此以往便会出现社群成员纷纷退群或不再活跃的状态。

通过线上引流、线下活动体验，实现全渠道连接，增加社群成员彼此间的友谊，增进社群成员的归属感和价值认同感，让社群人员为了一个共同目标去努力，从而可以主动建设社群、维护社群，提高社群稳定性和活跃度，加速社群裂变和社群价值的变现。

而且，线下社群体验活动形式更加丰富多元，社群管理者可以组织社群成员参加各种行业展会、兴趣分享会、粉丝见面会、同城会以及针对不同社群营销内容或产品相关的活动，通过这些活动，让社群成员彼此了解、互相分享交换信息、交流看法观点，营造社群成员的参与感，这样才能让更多的成员记住、认同和接纳该社群，从而产生对社群的归属感和认同感。社群成员在高度认同社群价值的时候便会主动推广社群，吸引更多的消费者进入社群，真正实现社群裂变。

（二）专业平台做精细化社群运营

社群营销作为互联网时代的产物，目前仍在不断探索之中，尚未拥有完整的运营体系，在运营过程中存在各种问题亟待解决，对于专业平台做社群营销应该更加注重精细化运营。

对于一个社群而言，发起人就是社群的领袖，社群定位、核心思想、社群灵魂的制定者，在社群运营过程中有着举足轻重的作用。产品、服务或是某种解决方案是社群运营的内容，社群的核心粉丝、铁粉、死忠粉则是社群文化的捍卫者和传播者，也是社群得以良好运营、持续迭代的关键。要想社群长久维持高活跃度和稳定性，则社群的规范管理和社群成员的线下活动体验必不可少。

一个优质的社群除了拥有领袖之外，离不开以下条件：专注一个行业中有价值的内容、一定要有奖励措施、拥有优质内容创造者和社群管理者。而目前仅仅依靠群主提供价值内容，社群成员未能创造分享优质内容。因此，需要针对群管理者、活动发起者、内容创造者以及其他群成员设计价值闭环，设置激励机制，激发成员参与互动、做出贡献的积极性。

同时，做好社群运营，要不断拓展社群推广渠道，主动寻找企业内外部渠道资源，打通线上线下推广渠道的融合。内部渠道资源主要有企业/产品官网、微博和微信公众号以及小程序，外部渠道资源比较适合社群活动推广的渠道有自媒体平台、垂直论坛、知名社区、营销性质的平台、直播平台、短视频平台。社群推广渠道的拓展是做大做强社群的关键一步，在此过程中也可以不断提升社群的品牌价值、提高知名度，让社群成员对社群产生更加强烈的集体认同感。

除此之外，越来越多的消费者追求"场景感"，场景思维就是社群思维，社群运营要注重打造多元化消费场景，实现流量留存。现在，消费者对于特定场景的解决方案需求越来越大，主流消费逻辑正在发生改变，没有场景化的产品给用户带来冷冰冰的感觉，不能激发购买欲望。场景感是社群经济发展的产物，赋予产品特定的场景更容易被需求者接受。在当前产品、流量逐渐走向私域化的情况下，企业或社群需要创造更多被消费者接受的消费场景或在现有场景下提供切中消费者痛点的产品，才可以赢得更多消费者的青睐。

互联网时代，产品作为社群中连接消费者和商家的中介，承载着趣味与情感，市场需求不断更迭，场景感可以解决传统门店"流量进不来，存量留不住"的痛点。用户体验是打造场景感的首要关注点，走进消费者生活、工作、消费以及产品使用的真实场景中去洞察消费者痛点，挖掘机会设计所提供商品或服务的特殊场景。

社群推广渠道的拓展可以进一步扩大社群，获取更多的"流量"，实现获客目的，进而通过打造个性化、多元化的体验场景吸引目标客户留存，从普通社群成员逐步发展为高度认同社群价值的成员，如此循环的自我迭代有助于实现社群精细化运营。

（三）社群建立者构建差异化社群

如今，社群形成各种形态，但同质化现象严重。因此，社群建立者在建立社群之前，必须对自己的社群有清晰的了解，要有精准定位，以便将自己的优势与即将建立的社群相结合，产出优质内容，构建差异性社群，从而可以激发灵感和源源不断的创造力，实现正向循环，使社群的活力更长久。

当建立一个社群时，首先要做好精准定位，需要从服务、目标人群、价值观多角度去考虑。社群定位的重要性在于其决定了社群的发展道路、内容传递、社群规模、盈利模式等，对社群运营、价值转化有指导意义。如果定位不正确，就好像无头苍蝇到处乱撞，最后发现一事无成。

在社群建立之初，要考虑的第一个核心要素是服务定位，社群创建者需要找到自己的服务内容和服务类型，例如学习社群，主要学习文案或引流课程，其内容偏向于学习资料、干货分享等，服务形式更多是学习内容的发送或答疑解惑。只有当服务定位正确时，社群成员才是准确的，这样的社群才能变得活跃和稳定。当确定服务定位后，需要明确社群的目标用户，对目标群体、潜在消费人群、高价值群体准确定位，进而可以快速准确地找到有价值的社群成员，并针对不同类别的成员针对性地输出内容与服务，使社群输出更加优质，也可以激发整个社群的活力，使输出的价值最大化。为了使社群脱颖而出，还需要与众不同并附加其他价值，这是与同类社群相比所具备的优势，也是差异性社群至关重要的一部分。附加值可以扩展基础服务、福利活动、荣誉身份系统、特定的高级服务、激励机制等，通过附加值传达社群的价值观，获取更多社群成员的价值认同。

不同的社群定位不同，社群的独特价值是确定其定位的核心。社群精准定位有助于打造差异性社群，规避可替代社群数量多、同质化严重等当下社群发展遇到的问题。

（四）社群管理者规范社群运营

为了增加社群成员对组织的信任感，社群营销当前需进一步优化社群的沟通交流氛围和组织管理方式。和谐安全的交流环境才能确保社群成员参与讨论或活动的安全性，提供多元化的、有价值的内容和优质的产品，直击消费者眼球、吸引其注意力，进而实现有效沟通、说服消费者，才可以维持社群长期稳定发展，强化社群功能、扩大社群价值。

同时，加强对社群产品质量的监测、制定社群规约，如交易规范、隐私保密管理、激励方案或惩戒方式等，对不遵守约定者或者提供假冒伪劣产品者给予及时的监督提醒、劝诫、批评甚至赔偿等惩戒措施，教育所有社群成员领会并恪守规约。同时，也让社群管理者在群众的监督下运营社群，推动制度信任和关系信任的有机结合，增加社群成员的信任。

对于社群来说，管理社群并不是群主的事，因为一个人管理群，孤掌难鸣，没人附和，而且会产生很多问题，与社群成员建立联系之后可以选择比较活跃的人帮忙管理社群，一方面可以提升社群成员的认可度和参与感，让他们感受到被重视，做到真正的“去中心化”。另一方面，社群成员参与社群管理可以有效地监督促销广告是否真实、产品质量是否过关、售后服务是否完善等社群营销过程中的问题，并在规范管理下避免发生此类问题。

（五）加大市场监管力度

互联网的虚拟性扩大了公民言论自由与公开，但同时人性中的丑恶也展现在公共空间中。社群营销由于社群成员之间的强关联性，在一定程度上可以有效地倒逼社群运营者提供质量有保障的产品，但要想维持社群的稳步推进，有效的市场监督是非常重要的。

我国的电商行业自发展以来在摸索中飞速成长，有很大的成就，但各种问题也接踵而至，加大市场监管力度是有效规范社群营销问题的手段。自 2010 年国家工商行政管理总局法规司签发《网络商品交易及有关服务行为管理暂行办法》起至今，我国已颁发多部关于网络交易的管理办法。国家市场监督管理总局在 2021 年的国际消费者权益日出台《网络交易监督管理办法》，制定了一系列规范交易行为、保障消费者权益的具体制度规则。在网络市场监管逐渐成熟的环境下，消费者的权益越来越得到保障，企业也在不断适应市场，社群营销只有保证提供质量真正合格的产品才能在未来发展中不会被一击即溃。

六、社群营销模式发展趋势

（一）社群营销的重要性

随着物联网、大数据、语音技术的飞速发展，营销模式也在互联网技术的加持下推陈出新，2021 年我国 5G 技术在全球领先，5G 作为新一代的无线通信技术，将发挥其优势，广泛渗透到未来社会的各个领域，构建全方位的信息生态，推动我国经济增长，赋能新的商业模式，推动行业的转型升级。技术对于消费者消费观念的影响是显而易见的，在消费者接受了新技术带来的新的消费场景或是新的营销模式的同时，大部分消费者愿意为了这些营销模式注入新的活力，推动营销模式的不断完善。

目前，在整个世界经济疲软的大背景下，我国经济正从外向型经济向内向型转变、从制造业出口大国向全球最大的消费大国转变，我国的民生、刚需、高频消费品的需求仍持续增长，诸多资本、高科技企业都加入社群营销的行列。正是因为社群营销模式可以很好地运用到这些市场中进一步刺激我国居民消费的需求，提高居民消费水平，促进我国生产消费指数的提高，推动后疫情时代我国经济的发展。

社群从聊天讨论的工具到企业纷纷布局的商业模式，其火爆的原因离不开微信等新媒体社交平台的连接程度强、用户黏性大等优势。同时,由于社交网站、论坛等平台的激烈角逐,运营成本日渐上涨,所以在当前的市场大环境下,社群凭借其低成本、高转化强占上风,受到企业家的追捧是必然趋势。

基于移动互联网平台的社群营销从集合熟人延伸到陌生群体,通过社群成员的转发、朋友圈的扩散和意见领袖的口碑传播形成庞大市场,是一种信任感较强的链式传播。移动互联网的发展改变了消费者的习惯,从我国网民人口红利的变化可以看出社群营销所能覆盖的群体越来越大,越来越多的消费者已经基本形成互联网化的生活方式,越来越喜欢社群营销的模式。年轻网民是未来互联网的最大使用群体和消费购买的主力,他们将社群营销的主体扩展到更多的商品,也将创造出更多新奇的模式,成为社群营销的主动助推者。社群营销之所以被消费者接受且为其注入新的活力,很大程度上是因为社群营销抓住了消费者的从众心理、虚荣心理和互惠心理,通过社群实现以消费者为核心、注重用户体验等营销痛点,可以让消费者在获益的同时满足其虚荣心理。

社群可以通过小规模的高质量种子用户来建立口碑、自动裂变,是每个品牌与用户沟通最短的路径,成本低、效率高,尤其是信任的建立为企业的商业活动提供了有力的情感支持。

互联网正在把人群切成一小块一小块的社群,产品如果没有社群粉丝的支持,将很难调动传播势能。由此可见,在新商业时代,商家和消费者的共同“需要”使社群营销变得越来越重要。

(二)社群营销模式未来趋势

随着5G时代的到来、移动互联网飞速发展、社交平台多元化及微信用户的普及,人们的连接将更加便利,建立社群会更为便捷,社群营销能降低企业的流量成本,社群产业链的日渐成熟也为社群营销提供了服务支持,社群将成为企业重要的营销工具。在传统营销中,习惯用销售数量或市场规模大小来评估营销成果,但在社群营销中,速度成为企业和消费者更加关注的维度,通过社群,企业快速宣传自己的产品、消费者迅速获得产品的信息。移动互联网下的社群营销目前良好的发展势态得益于其高效触达、高渗透率、精准营销等优势,结合现状探究未来的社群营销模式将有以下几个发展趋势。

1. 社群营销与私域流量相互加持

电子商务经历了近20年的快速发展,中国网络购物交易规模增速逐渐放缓,各大传统主流电商平台用户增速也随之放缓,平台流量总量增加变得困难。因此,企业要在电商平台获取高效、低价的流量变得越来越难,并对流量获取产生焦虑、恐惧。很多企业以为流量红利的时代已经逝去,但其实流量的来源从集中式走向分布式、从公域走向私域,吸引流量的途径扩展到优质的产品、有价值的内容以及消费者的购物体验分享。利用私域流量做好社群营销是现在许多企业不断探索的方向，例如，移动互联网营销去中心化、消费者时间碎片化让流量分布更加广泛，社交平台微信在逐渐引导消费者进入“圈层营销”时代，越来越多的企业利用微信社群运营构建自己的私域流量池。而私域流量转化的核心是信任，是基于人的信任关系的开端，可以利用社群营销的优势打造私域流量。经过私域流量和社群营销的相互加持，实现企业营销和把握流量的双重目的。

2. 社群营销更注重品牌化、场景化

随着移动互联网的发展，社群的品牌化是其进一步商业化的重要环节，跨境电商无论是以何种产品为载体，当其成长起来之后均要进行品牌化打造。为了塑造品牌，社群内部的运营管理必须更加专业化、体系化，以增强互动和成员归属感；社群外部则应更注重社群品牌精神的规划和品牌形象的建立与传播，并培养用户的品牌忠诚度。社群的专业化、品牌化将促进社群品牌营销的深化。同时，移动互联网时代场景为王，社群经济与场景化营销相结合，将生活场景与产品使用场景融入社群运营和商业变现中，“社群营销＋虚拟场景＋生活场景”将成为营销的新战场。

3. 社群营销实现生态化发展

互联网平台与各行各业的社群跨界融合是社群营销发展的一种趋势，以社群为基础催化各行业的优化、创新与重构，形成“社群＋”生态。在融合发展的过程中，新物种、新模式、新生态会层出不穷，顺应“优胜劣汰”的生存法则，适应新市场的模式彼此交融，最终呈现一个互惠互利、互联互通、共生共治、共创共享的生态圈。

一方面，互联网技术和互联网平台为生态的构建奠定了基础；另一方面，消费升级倒逼产业升级，唤醒用户主权、要求极致体验，倒逼企业能够满足所有用户不同的个性化需求。目前，以互联网技术为例，生产力正在加速推动万物互联。理论而言，与之相匹配的生产关系也应该是推动和促进企业与用户的联结。而在此过程中，社群具有必不可少的影响。

以互联网技术为例，生产力会加速连接一切的支撑，相关的生产关系也必须保持企业和用户之间的关系。因此，没有社群而谈生态，就好比空中建楼阁，楼阁设计得再美，没有地基，终究难以落地。社群商业模式是一个完整的生态链，构建智能化、程序化的跨社群营销生态圈，将会是未来的发展方向之一。

（三）未来社群营销的关键点

当下，消费者心理越来越理性、成熟，接触社交媒体的行为越来越碎片化，人们的兴趣越来越多元化，营销的基础是要当即吸引消费者眼球，让他们在不用付出大量时间、精力成本的前提下积极参与到品牌营销互动中来。因此，社群营销的关键点在于以消费者为核心，把自己放在服务者的位置，一切为消费者服务。社群营销有良好的发展趋势，但是在未来的社群营销过程中应该注意社群定位的准确性，构建差异性社群，避免可复制性强、替代率高等缺点；同时，在社群管理过程中应该规范运营社群，专业平台在实施社群营销过程中应该做到精细化运营，线下实体店做社群营销应该发挥线下体验的优势与线上社群活动相结合，共同发挥社群营销的作用；最后，社群营销应该关注用户的转化，与客户建立连接是第一步，如何留住顾客、创造更大的价值是社群营销需要探讨的更大问题。

（四）社群营销发展的注意事项

尽管社群高转化、低获客成本的优势已然成为企业家们的共识，但建立优质社群并实现良好运营却十分困难。社群价值不断提升，运营成本也随之上涨，“价值延伸”成为社群运营的焦点。社群可以将目标相同的用户聚集，通过沟通交流促进彼此间的联系，产生信任关系，持续发现核心价值，实现复购和二次传播。在实际社群运营时，社群运营者要重视筹划仪式感，合理利用智能机械辅助活动实施，提升运营效率，并且要为用户着想，解决大多数客户时间不够用又担心错过重要信息、怕被逼着做事的焦虑。作为运营者，要培养用户思维，替用户解决最关心的问题。最后，无论是线下实体店做社群营销，还是专业平台做社群营销，或是品牌商做社群营销，都应该在遵守市场规则、接受市场监管下合规合法经营社群、与各企业商家公平竞争，只有在公平合理的市场竞争下才会逐步规范社群运营，进一步激发社群营销的潜力。

七、结论

在移动互联网时代的社群营销具有碎片化、去中心化、多媒体化的特征，因而有传统营销模式不可比拟的“一本万利”、“不胫而走”等优点，成为越来越重要的营销模式，并被越来越多的企业运用到自己的营销活动中，但在发展过程中由于缺乏市场监管，社群建设者和运营者缺乏创新思维和有效管理社群的能力而出现多方面的问题，有待进一步解决。

社群不是企业为销售产品开拓的渠道，而是企业倾听消费者心声、传播品牌价值、链接更多用户的有效“武器”。通过社群运营影响成员背后的朋友圈是社群对于企业更大的价值，社群营销模式目前尚有很大的市场空间有待开发，未来的社群营销可能会融合更多新的营销方式，重构营销场景，把握消费者心智，更高效地实现营销目的。本文对于社群营销未来趋势的分析较为浅显，未能站在更高的角度剖析更多的可能。当然，这尚需企业家和学者们不断探索、敢于创新、勇于实践，在实践中找到更好的社群营销模式，完善社群营销运营体系。

参考文献

[1]王昕天，汪向东．社群化、流量分配与电商趋势：对“拼多多”现象的解读[J]．中国软科学，2019(7)：47—59.

[2]匡文波,李芮．论社群营销中的聚众传播机制及趋势[J]．特别策划,2017(8):6—9.

[3]袁媛．传统媒体的社交化转型[J]．青年记者,2018(9):85—86.

[4]马海丽．社交网络与电商发展的融合前景探析[J]．商业经济研究,2018(8):66—68.

[5]张旭梅,郑雁文,李梦丽,田宇．O2O模式中考虑附加服务和平台营销努力的供应链合作策略研究[J]．中国管理科学,2020:1—11.

[6]李新明．第三方数据平台精准营销收费模式研究[J]．运筹与管理,2019,28(4):109—117.

[7]张罡,王宗水,赵红．互联网＋环境下营销模式创新:价值网络重构视角[J]．管理评论,2019,31(3):94—101.

[8]李俊雯．移动互联网时代下社群营销的策略研究[J]．科技视界,2017(1):258—271.

[9]李嘉欣．如何做好社群营销[J]．市场营销,2017(24):9—11.

[10]王艳玲,陈龙．自媒体时代"奇葩说"的社群营销模式探析[J]．特别策划,2017(289):11—13.

[11]何玉婷．FACEBOOK的商业生态系统建设与盈利模式[J]．财务与会计,2019(14):18—21.

[12]周雅雯．基于网络社群与情感建设的农产品品牌研究策略研究[J]．农业经济,2018(12):135—137.

[13]方敏,郭美文．互联网时代社群经济商业模式探讨[J]．商业经济研究,2018(10):19—21.

[14]唐兴通．引爆社群:移动互联网时代的新4C法则[J]．中国机电工业,2015(6):88.

[15]周啟红．社群经济与社群商业模式分析[J]．商业经济研究,2017(22):19—21.

[16]周懿瑾,陈嘉卉．社会化媒体时代的内容营销:概念初探与研究展望[J]．外国经济与管理,2013,35(6):61—72.

[17]杨公朴,夏大慰．产业经济学教程[M]．上海:上海财经大学出版社,2002.

[18]高援朝．日美批发业的现状与发展趋势[J]．当代财经,2004(3):28—34.

[19]樊靖．社群营销背景下CM公司社群营销策略的研究[D]．昆明:云南师范大学,2016.

[20]何洁琼．Y公司电商平台社群营销模式研究[D]．泉州:华侨大学,2020.

[21]陈方．基于社群营销的跨境电商商业模式探究[D]．武汉:中南财经政法大学,2017.

[22]Christina Chung, Alexander Muk. Online Shoppers' Social Media Usage and Shopping Behavior[M]. Springer International Publishing, 2017: 133.

[23]Pooja Choudhary, Amit Gangotia. Do travel decision-making styles and gender of generation Y have any association with travel information share on social networking sites[M]. Emerald Publishing Limited, 2017: 152—167.

[24]Evans W. Douglas, Andrade Elizabeth L., Barrett Nicole, Snider Jeremy, Cleary Sean, Edberg Mark. Outcomes of the Adelante community social marketing campaign for Latino youth[J]. Health education research, 2019(5).

[25]卢彦．流传千年的宗教对社群运营的五大启示[EB/OL]. https://mp.weixin.qq.com/s/y4dl5IEbCCQOl08VTsNU0A, 2016—04—07.

[26]卢彦．"三湾改编"对社群运营的五点启示[EB/OL]. https://mp.weixin.qq.com/s/cCVeM6vwiAQMnk75Iy3XJQ, 2017—12—13.

公众号的内容营销及商业化转化分析

——以“网易哒哒”为例

李　霞

指导老师：王丽芳

摘　要：面对社交媒体平台和内容营销的蓬勃发展，微信公众号的商业价值与日俱增，但很少有公众号能成功实现商业化转化。本文解释了公众号作为媒体平台的商业价值和品牌商的合作动机，分析和强调了内容营销对公众号运营的突出作用，由此建立了公众号商业化转化基本模型，即“内容营销—媒体价值—品牌商购买—媒体价值提升”，这是本文的一个重要创新点。此外，选取“网易哒哒”公众号作为典型案例，对其内容营销以及与品牌商合作项目进行了剖析，还进行了用户调查研究，利用问卷调查发现微信公众号的受众和“网易哒哒”的受众，之后选取典型用户进行深度访谈，结合文献研读和理论分析，探究了“网易哒哒”公众号内容营销及商业化转化成功之处以及可优化之处，例如加大公众号宣传力度、突出自身内容营销的特色等。在对“网易哒哒”公众号的分析基础上，还对其他公众号提出了建议，包括要定位清晰、明确运营策略、具体运营过程中做好独特的内容，来获得目标用户的长期关注和潜在用户数量的增加，才有利于商业化转化。本文为公众号如何开展内容营销、更好实现商业转化提供了启示，则是另一个重要创新方面。

关键词：内容营销；公众号；商业化转化；“网易哒哒”公众号

Analysis of Content Marketing and Commercialization of Public Accounts

—“Netease Dada” As a Case

Abstract: With the booming of the social media and content marketing development, public accounts have been creating more and more business value, but very few public accounts can successfully realize commercialization. This thesis explains that the public account as one of new media with great business value can motivate brand business cooperation. This thesis also analyzes and emphasizes the important role of content marketing to the public account operation, thus established a basic theoretical model of public account commercialization, namely "content marketing — media value-brand investment — media value enhancement", this is an important innovation. In addition, this thesis provides a case study of WeChat public account, "Netease Dada". Its content marketing and cooperation with brands are analyzed. Through survey, the target user group of WeChat public account and "Netease Dada" user group are found. Furthermore, "Netease Dada" typical users are selected for in-depth interview. With knowledge from relevant literatures, and based on theoretical analysis and research on users' experience, the success of "Netease Dada" commercialization and what needs to be improved are explored. It is found that increasing the popularity of the public account, enhancing uniqueness and content attraction are the keys. On the basis of these analyses, some enlightenments to the whole public account commercialization are put forward: clear positioning, clear operational strategy and creating unique content that are very important to obtain the long-term attention of target users and increase the number of potential users, which can boost commercialization. This thesis provides inspiration of how to apply content marketing to achieve commercialization of public account. This is another important innovation.

Keywords: content marketing; WeChat public account; commercialization; "Netease Dada"

一、引言

因为网络技术的革新和移动智能终端的普及，促进了自媒体平台的蓬勃发展，微信公众号一上线就成为主流的自媒体平台，因为微信公众号可以提供更好的内容创作和呈现形式、更有效的内容传播渠道以及更忠诚和易于管理的粉丝群体，所以具备了很大的营销价值。由于拥有庞大的用户数量和社交属性，因而微信公众号也是一个非常好的展现产品或服务、进行促销活动、获得精准用户的平台。但现在公众号数量和类型数不胜数，公众号更新迭代很快，运营存在推送内容信息量少、内容更新频度过低、公众号同质化严重等问题，这种情况下公众号很难获得大量的粉丝，也很难获得用户长期的支持，公众号应该如何运营以顺利并长期实现商业化转化是一个很大的难题,也很少有公众号能成功实现商业化转化。到底公众号的商业转化是一个什么模式?因此,对于公众号商业化转化需要进行深入分析。

在众多微信公众号之中,已有一定运营历史的"网易哒哒"公众号是一个比较典型的公众号案例,可以通过对其内容营销方面的案例分析,来探究"网易哒哒"公众号的商业化转化成功之道以及还可进一步优化之处,并对公众号进行商业化转化提出启示。公众号如何才能更好地进行商业化转化、如何打造私域流量池等,对此类问题的探讨,都是本课题研究的意义。

二、公众号商业化转化分析及基本模型建立

(一)公众号的分类及研究对象界定

微信公众号大致可以分为三大类,分别是服务号、订阅号、企业号。服务号和企业号是针对企业,而订阅号更多是针对个人。本次研究对象主要是订阅号,订阅号旨在为用户提供各种各样的信息,包括图文、音视频等。

(二)公众号媒体价值及品牌商合作动机分析

1. 媒体价值指标

微信从最初的社交平台定位,其商业价值属性不断升级,微信平台可以完成企业品牌宣传、推广、销售、支付、客户服务一系列的营销活动,特别是由于微信公众号本身的自媒体属性,从主流媒体到商业产品,再到个人开发,几乎涵盖了各行各业,加之是我国最为广泛使用的社交平台,使其在开展内容营销方面具有其他自媒体平台所不具有的优势。微信公众号图文并茂,作为内容营销的基本形式被广泛地使用,另外还包括动画、视频、H5 等互动形式。网民已将公众号内容作为了解信息的主要途径之一。

公众号内容营销推广的评定指标多种多样,包括点赞数、评论数、转发量、在看量等,由这些指标来看受众数和市场占有率,其中 WCI(即微信传播指数,是指通过微信公众号推送文章的传播度、覆盖度、账号的成熟度和影响力)能反映微信公众号整体热度和公众号的发展走势。热度和影响力也可被称为流量,一个媒介平台的流量的多少,代表其承载的信息被受众浏览的次数,在一定意义上,流量还代表着商业价值和公众的影响力。而且,微信公众号面对更多的是私域流量,所以媒体与之合作是想获得它的私域流量,获得这部分的宣传、销售渠道,因为私域流量相较公域流量更好管理,用户忠诚度更高、获客成本更低、转化率更高。

2. 品牌合作动机

2017 年,微信公众号数量超过 2 100 万个,腾讯发布财报数据显示,截至 2020 年第一季度,微信月活跃账户数达 12.025 亿,海量级的用户群体蕴含着巨大的商业价值。从本次研究的调查中看到微信公众号在消费者频繁使用的社交平台中占比 55%,是除了微博之外人们经常使用的社交平台,可见微信公众号有着巨大的商业价

值。

从本次研究的问卷调查中可以看出，80%的用户表示手机里微信公众号的数量超过了10个，微信公众号已具备了强大的商业价值。其内容营销推广方式吸引了大量媒体与之合作，由于品牌定位的不同以及受众类型的不同，众多品牌纷纷开拓公众号形式的宣传渠道，公众号的一些指标属性也自然而然成为品牌和媒体与之合作的评定价值指标。

（三）以公众号为媒体平台的内容营销分析

内容营销是聚焦于创造和传播有价值相关且连续的内容，从而吸引并留住定义清晰的受众，最终能够盈利的一种策略性营销手段。微信公众号是一个相对私密的空间，公众号面对的更多是私域流量，更侧重个性化内容的推送，吸引粉丝就要为用户提供更个性化的内容形式，但本质就是做内容。利用公众号进行内容营销的方式多种多样，其中包括软文、动画、视频、漫画和H5等的交互形式，微信公众号采用了与微博裂变传播方式不同的巨变式传播方式——互动传播的方式。

艾媒咨询《2019年3月中国微信公众号影响力排行榜TOP 450》中显示，《人民日报》以通篇10W＋的阅读量，总好看数为427W＋，获得读者高度认可，这是因为它保持了高质量的新媒体内容输出，所以内容的生产和推送并非是简单的信息整合，而是从用户对信息的感知、产生兴趣做出取舍，然后搜索相关信息，再到分享过程的精准化研究和考量。

（四）公众号商业化转化闭环的基本模型

1. 公众号的内容营销

根据公众号的定位、运营以及高质量内容输出，可以吸引更多的同频受众，也就是粉丝，粉丝关注公众号，如果有好文章，就会互相转发分享，形成多对多的传播态势，增加文章的阅读量，如果粉丝将公众号在自己的兴趣圈内扩散，则易产生口碑传播现象，使公众号进一步与更多潜在用户建立联系，形成营销闭环，媒体价值也不断提升。

2. 公众号商业化转化闭环

内容为王的本质就是增加用户的体验，使用户在内容中发现价值，从而增加忠诚度和黏性。在内容营销闭环的形成过程中，就在打造属于公众号自己的私域流量池。随着公众号内容话题的出圈度、点赞数、评论数、转发量、在看量等不断增多，私域流量不断积累，受众数和市场占有率不断提高，WCI指数不断升高，评定公众号价值的指标不断提高，伴随着这种媒体价值的提升，便会吸引到不同的媒体和相关品牌的青睐，各大媒体和相关品牌纷纷抛来商业合作的橄榄枝。

公众号通过与品牌方的商业性合作之后，自身的价值也在不断提高，同时，如果公众号有自己的运营策略，能够抓住价值提升的机会，从而扩大自己的流量池，吸引更多更大的品牌媒体与之合作，这就形成了一个商业化转化闭环（如图1所示）。因此，媒体或者品牌方要以微信公众号为平台获取市场价值，公众号实现商业化成功转化就必须做好内容营销。微信公众号的内容营销就是要做好优质内容，打造和扩大自己的流量池，让媒体或品牌看到其商业价值，借助公众号来实现它们的营销目标，从而公众号实现自己的商业化转化。

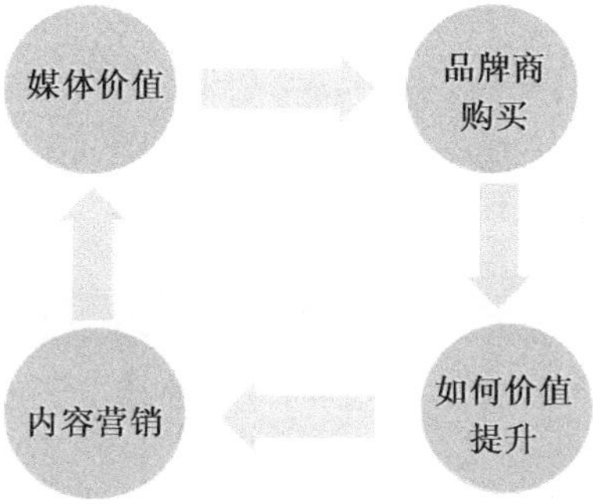

图1　公众号商业化转化闭环基本模型

三、以“网易哒哒”为例对公众号内容营销及商业转化的分析

(一)“网易哒哒”公众号的发展现状

1.“网易哒哒”公众号概况

“网易哒哒”是网易新闻旗下的创意工作室，日常生产创意 H5 和条漫内容，作品风格新颖有趣，主要面向年轻人群体。它主要是一个资讯客户端，日常推送资讯、话题、神回复、原创、分享，从 2015 年开始运营。网易新媒体传播方式主要是微博、微信公众号、抖音、小红书、知乎等，其中微信公众号“网易哒哒”公众号目前有三个板块，分别是往期文章、商务合作和合作案例。往期文章板块分为四部分，分别是哒哒访谈室、人物故事厅、人间观察所、生活调查局；商务合作板块包括商务合作(不接 P2P 理财类、微商面膜类、电子烟类、医疗器械、丰胸产品等)、转载须知、加哒哒微信；合作案例板块有《饿哭朋友圈的终极挑战》、《你永远追不上一个深圳人》、《2020 年最后一夜》等。现在公众号已经有几百篇原创内容，文章更新频率 1～2 天一篇，几乎每一篇文章的阅读量都是 10W＋，精选留言都是 100＋，点赞数和在看量都非常高。

2.“网易哒哒”爆款作品介绍

“网易哒哒”一直很低调，但是它的成绩并不低调，像《滑向童年》、《纪念哈利波特 20 周年》、《解锁你的欢乐颂人设》、《睡姿大比拼》(见图 2)、《她挣扎 48 小时后死去，无人知晓》(又名《自白》)、《测测你的哲学气质》这些 H5 都是出自“网易哒哒”公众号之手，《有一批 80 后正在集体消失……》、《互联网民工回乡指南(再改是狗版)》、《求求你，别哭了》、《要想学怼人，就找周树人》、《啊啊啊啊啊做运营也太特么惨了吧》等长条漫也多次席卷社交网络，俘获大批年轻用户，“网易哒哒”被业内贴上“爆款收割机”的标签，其打造的爆款作品多次在虎嗅网、新榜、站酷网等年度榜单中被提名并获奖。

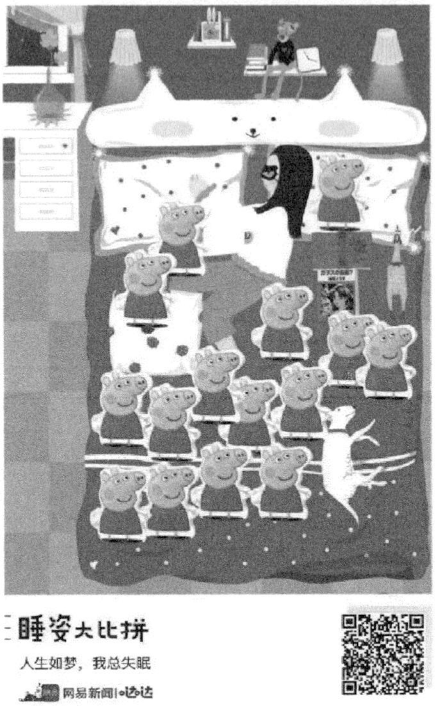

资料来源：“网易哒哒”公众号。

图 2 《睡姿大比拼》

(二)“网易哒哒”与品牌商合作的案例分析

1. 合作案例介绍：条漫合作案例有《饿哭朋友圈的终极挑战》、《你永远追不上一个深圳人》、《2020 年最后一夜》等。其中《你永远追不上一个深圳人》是“网易哒哒”和中国平安进行商业性合作的条漫，主题是“初心不变”，用漫画的形式来展示深圳城市和人民生活的特点，最后把中国平安融入话题中，不仅是深圳人建设深圳的初心不变，中国平安的初心也始终如一。

2. 品牌方介绍：中国平安保险(集团)股份有限公司(简称“中国平安”)是中国第一家股份制保险企业，于 1988 年成立，总部位于深圳。其经营范围包括投资保险企业；监督管理控股投资企业的各种国内、国际业务；开展保险资金运用业务等。曾入选 2020 中国企业 500 强榜单，排名第六。

3. 合作方选择：根据腾讯社交广告的报告显示，25 岁到 30 岁的年轻群体已经逐渐成为理财的主力军。在平安财富宝 2017 年 5 月发布的《青年人理财大数据》报告中,也可以管窥理财的年轻化趋势。据悉,平安财富宝用户中,18～35 岁的用户占比 40%,持有理财金额接近平台总额的 1/5。这些理财主力军正好是微信公众号的用户,平安集团总经理任汇川在接受媒体报道时曾称:“我们希望用货币之外的另外一种题材、方式,去创造美好的内容,抚平人心的焦虑和疑燥,触达人心。这是我们想要给人们带来的更大财富。”“网易哒哒”主要的传播形式是受众喜闻乐见的内容、条漫和 H5,与平安总经理的愿景不谋而合。

4. 创意点:双方合作的时候是 2019 年 9 月,马上就要到国庆节了且正好是新中国成立 70 周年,而深圳建设是 40 年,正时值响应党的号召,积极学习“不忘初心”理论知识,而中国平安的“初心”就是“时代赋予每一个人机会平安守护每一个奋斗者,共同开启美好未来”,把时代初心与中国平安的初心完美地结合。中国平安的总部在深圳,这篇条漫直接还原了深圳发展建设的过程,振奋人心,让人产生共鸣从而移情到中国平安,从而达到双方共赢的目的。

(三)对公众号及“网易哒哒”的问卷调查分析

此次使用问卷调查了微信公众号的受众类型以及用户关注微信公众号的情况,问卷发放平台是问卷星,一共收到了 118 份问卷,有效问卷 118 份,以下是问卷调查的结果:

1. 公众号的用户类型调查结果

关于用户性别情况,用户男性占比为 20%左右,女性占比为 80%左右;关于用户年龄情况,用户主要年龄段为 18～30 岁,占比为 92%;关于用户受教育程度情况,大部分用户是本科学历,占比为 77%;关于用户职业情况,各行各业都有,其中学生占比最多,占比 62%(见图 3);关于用户关注公众号类型,大多数用户关注的公众号类型是娱乐类、教育类、生活类、科普类等(见图 4);关于用户喜欢公众号的内容形式是图文结合、文字类、音视频类(见图 5);关于用户关注公众号的目的主要是“获得有用的信息”、“个人喜好”、“娱乐”等。

图 3　用户职业情况

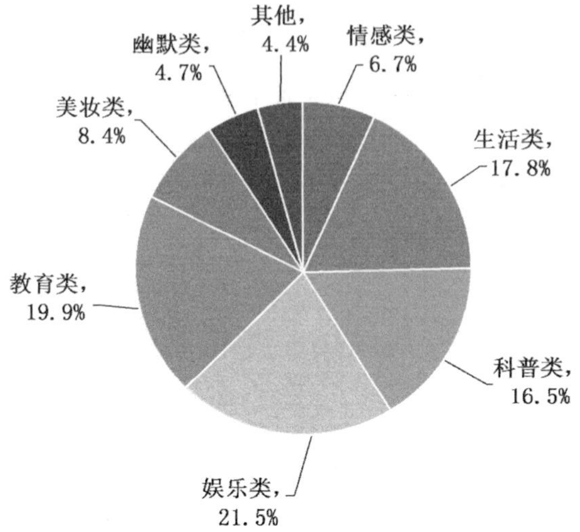

图 4　用户关注公众号的类型

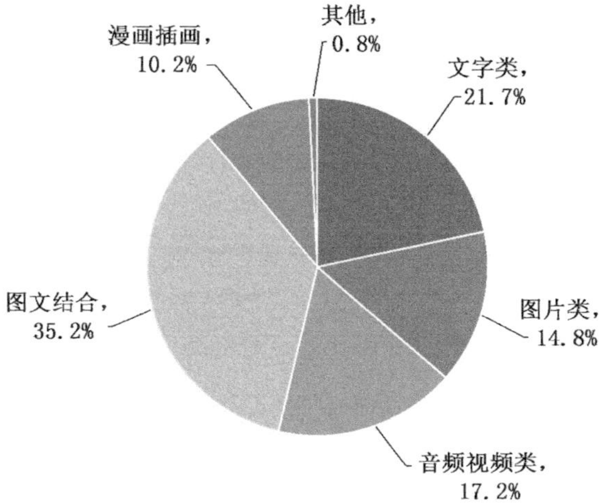

图 5　用户喜欢公众号的形式类型

2. 对“网易哒哒”公众号的调查

以下是使用问卷调查“网易哒哒”的受众类型以及受众关注情况的调查结果：

(1)受众分析

在关注了“网易哒哒”公众号的用户中，“网易哒哒”的受众多为女性，占比为77%；受众年龄段主要是18～30岁和31～45岁，占比分别为88%和12%，受众受教育程度多为本科和硕士，占比分别为77%和23%(见图6)。

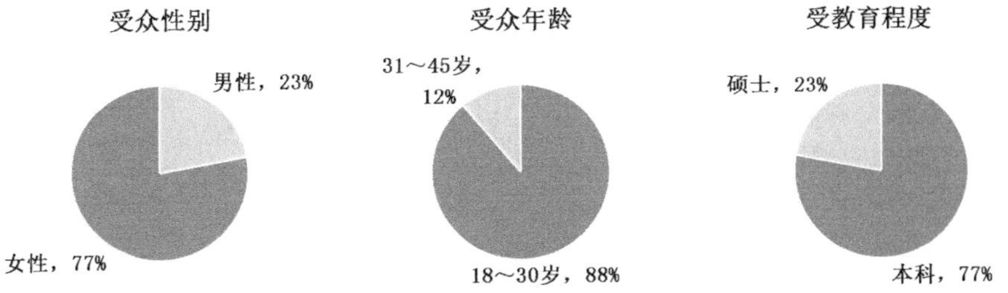

图 6　网易哒哒受众类型

(2)关注度分析

从受众关注“网易哒哒”公众号的渠道来看，主要渠道是别人推荐，占比 67%，其次是用户自己搜索添加，占比为 23%，可见“网易哒哒”的渠道分布不广，但是口碑做的不错，用户很愿意帮忙推广；从受众关注“网易哒哒”的理由来看(见图 7)，主要是它内容有趣，综合得分最高，为 3.67 分，其次是它展现形式独特，综合得分 3.11 分，再有是它科普性强，综合得分 2.22 分，最后是不推广告，综合得分 0.67，由此可知“网易哒哒”的内容和展现形式做得不错，并让受众忽略它的一些商业性行为，内容是王道。用户不关注“网易哒哒”的原因(如图 8 所示)，最多的观点是“不了解”，其次是“不感兴趣”、“不经常使用和不需要”。

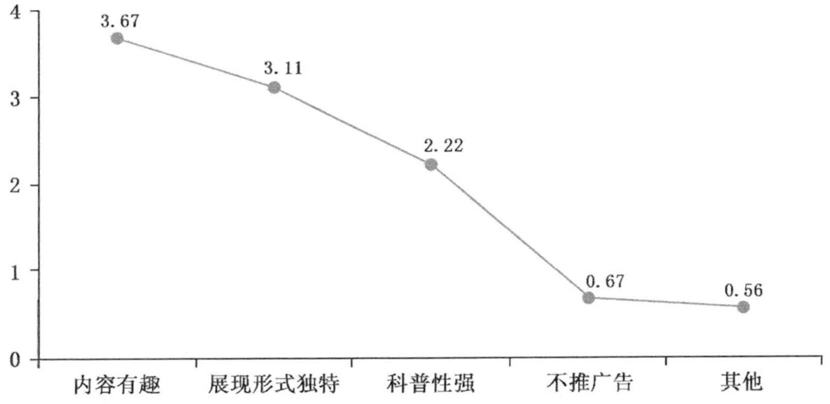

图 7　受众关注网易哒哒的理由

3. 对“网易哒哒”商业性行为的态度

从调查问卷分析可知，有 66%的人不反感“网易哒哒”的商业性行为，其他的 34%是不确定。

(四)对“网易哒哒”公众号用户的访谈调查分析

一共访谈了 5 位“网易哒哒”的典型受众，按照受众类型选取了 3 个大学生、2 个

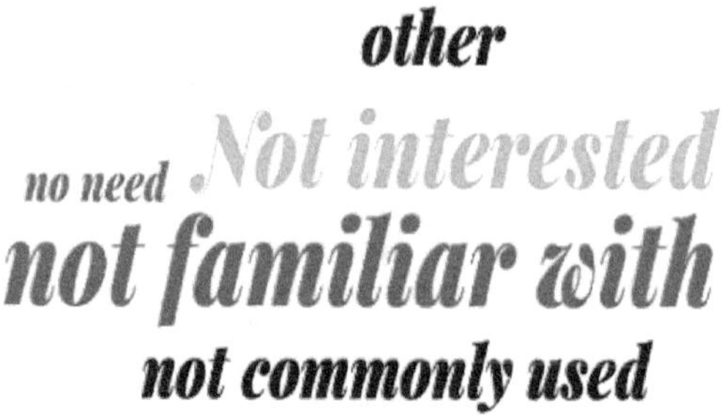

图 8　用户不关注网易哒哒的原因

上班族，性别类型是 4 女 1 男，以下是基于相关调查和访谈法给出的主要分析结论。

1.“网易哒哒”的优势

(1)条漫和 H5 的选题和取材，“网易哒哒”的话题都是取自于现实生活中当下年轻人的热点话题或者是痛点，比较写实，容易引起受众的共鸣，让受众感叹内容是自己的真实写照。

(2)独特的展现形式，“网易哒哒”采用的是漫画、插画、H5 的展现形式，不是大篇幅的文字，而是一些有趣的漫画插画小故事，文字和图片漫画结合得恰到好处，受众可以利用碎片化时间获取有效并且有趣的话题信息。

(3)内容有创意，有一些比较敏感，比较具有社会意义的深刻的话题也能从第一视角入手，比较擅长把事物或者话题拟人化，然后生动地呈现在受众眼前，不仅让受众产生共鸣和代入感，还能有一些科普性内容，在娱乐放松中获取知识，不仅有内容输出，还有一些文化观点输出，有自己的独特见解。

(4)更新速度快，频率是 1～2 天更新一篇，不会让受众望眼欲穿，而且每次都有创意。

2.“网易哒哒”的商业性行为分析

大部分的受众表示不介意它的商业性行为，甚至有部分受众觉得它的商业性行为不明显，可以忽略，所以它的商业性行为不影响受众的观感，受众愿意接受它的商业性行为是因为相比其他公众号生硬的打广告行为，“网易哒哒”的商业性行为会以一种柔和的方式植入广告，不生硬突兀，不会让受众觉得自己受到了影响或欺骗，所以受众还愿意继续支持“网易哒哒”，希望“网易哒哒”可以和一些大众的品牌商合作，走近自己的生活，也可以进行一些商业性购买行为。

(五)对“网易哒哒”的内容营销及商业化转化的分析及建议

1.“网易哒哒”成功的商业性行为

(1)“网易哒哒”明确的定位

基于问卷调查，关于用户喜欢的公众号类型、表现形式以及公众号受众类型可知，首先，“网易哒哒”公众号的受众正是公众号用户的主要人群——年轻人；其次，公众号的类型也是比较符合用户喜欢的娱乐类、生活类、科普类等；再次，它也是以用户喜欢公众号内容呈现的形式——图文结合、文字类、音视频类型呈现，所以“网易哒哒”公众号从定位上就抓住了主要群体和流量，有助于建立自己的流量池进行商业转化。

(2)“网易哒哒”公众号内容质量高

从用户取消对某个公众号关注的原因来看，用户主要反感公众号内容质量不高和太多广告，而“网易哒哒”吸引用户的理由是内容有趣、展现形式独特和不推广告，可见“网易哒哒”公众号内容质量很高，所以才会有大量的粉丝和很高的 WCI，才会得到品牌方和媒体的青睐，能够实现商业化的良好转化。

(3)“网易哒哒”公众号良好的商业性行为

①从用户对公众号商业性行为的态度来看，用户对公众号的商业性行为感到反感的占比是 38%，还有 27%是不能确定，而在对“网易哒哒”公众号的商业性行为的态度中，有 67%是不反感，其余 33%是不能确定，所以可知“网易哒哒”的商业性行为相对于大多数公众号来说很成功，受众并不反感“网易哒哒”的广告行为，说明媒体和品牌方可以放心地和“网易哒哒”合作，不仅能够开拓新的渠道，还不用担心降低自己本身品牌的美誉度，所以“网易哒哒”能够实现商业化的良好转化。

②“网易哒哒”良好的商业性行为是指，它的商业性合作的文章不是直接大篇幅地推广产品，而是会把广告自然地融入到自己的文章中，有的是文章末尾的一个品牌 logo，有的是文章故事中出现的元素，整个故事整篇文章都是带有诚意和创意的，而且商业性推广的文章不多且出现的频率节奏控制得很好，不会影响受众的观感，不会引起反感。

③从推荐给别的用户来看，大部分受众愿意把“网易哒哒”推荐给别的用户，可见“网易哒哒”的商业价值很高，能够建立起受众和品牌之间的链接。

2. 对“网易哒哒”公众号运营的建议

(1)加大宣传力度，开拓宣传渠道

从问卷中“用户对‘网易哒哒’公众号的了解程度”和访谈内容中可知，有一半以上的人没听过“网易哒哒”公众号，听说过以及关注的人只占 1/6 左右，所以“网易哒哒”公众号的知名度还不是很高，但是它的 H5 条漫话题知名度却很高，所以可知“网易哒哒”的宣传力度还不够，虽然它在微博、微信、小红书、知乎等多个社交媒体平台上比较活跃，但是每个平台的属性它还不能很好地掌握，所以需要加大宣传力度，增加自己的曝光量，这样才更有利于商业化转化。

(2)需要打造出自己的特色，不能被同质化

从问卷中“用户不关注‘网易哒哒’公众号的理由”来看，用户不关注是因为不了解

"网易哒哒",其次是不感兴趣和不经常使用;用户不了解"网易哒哒"是因为宣传力度不够,还有一部分原因是从访谈中了解到同类型的公众号太多了,同质化太严重,没有一个公众号能够做出自己的特色,有时候会在不同公众号下面看到同一篇内容,这些内容出现频次过高会引起视觉疲劳,影响观感和公众号的形象,会让受众失去兴趣,所以规划好运营策略十分重要,不能因此丢失自己的流量。

四、对公众号商业化转化的启示

基于公众号基本理论模型的构建以及以网易哒哒为典型案例进行的公众号与品牌方合作的商业转化案例分析、问卷调查分析、用户访谈分析,再结合对相关文献和理论的梳理总结,对公众号的商业化转化提出一些启示。

(一)公众号要有明确的定位

1. 公众号的品牌定位

品牌定位对于公众号的发展至关重要,它关系到公众号的整个运营体系和方式。定位它的类型,是情感类还是生活类等,找准公众号的风格,定位准了之后才能开始制定策略,这些都影响到之后公众号的商业性转化。定位找对了,找到了市场的需求和切入点,就很容易打造一个与众不同的公众号,很容易积累自己的流量池。

2. 定位公众号的目标群体

公众号的类型找到之后,就要定位目标受众,是偏向年轻人还是中老年,是适合上班族还是学生,要对受众群体的生活方式、喜好、个性等进行充分的分析,这决定了公众号后续展现形式以及话题文章的选择。

3. 公众号的产品定位

公众号的内容产出关系到公众号能否长久运营下去以及行文风格和展现形式等,这些要考虑公众号的品牌定位和目标群体,找到适合的展现方式,是条漫还是软文,基于内容营销理论,这些还关系到后续商业化转化,关系到品牌方选择。公众号自己也要定位自己的商业合作类型,要选择一些适合自己公众号的合作,更好地展现合作品牌,从而提升自己的商业价值。

(二)公众号要有明确的运营策略

1. 规划和不断优化具体的运营策略

制定好商业化转化的目标和任务,把它们具体化和分解开来,并且及时了解市场的反应以及用户的反馈,适时调整自己的策略目标,不能盲目完成自己的指标,停留在自己任务的实现计划里而忽视用户的反应。

2. 合理选择商业化的实现方式

可以是和品牌合作视频,或者是产品植入,选择自己的受众能够接受的方式,不能盲目模仿其他公众号的商业性行为方式。

3. 商业化行为要适度

采取的商业化行为要以用户能够接受的行为方式，不能以一整篇的文章来打广告，这样用户会感觉受到了欺骗，用户真情实感看完了文章，结果只是贡献了广告曝光率；公众号可以无缝衔接自己的文章，以一种有趣的方式植入广告，让用户被这种商业性行为的巧妙构思所吸引，从而获取流量；商业性行为也不能太频繁，推广告的频率不能太高，要考虑受众的容忍域，如果商业性行为太过于频繁，超出了受众能够接受的范围，就会让受众失去兴趣，从而取消关注。

（三）公众号内容运营是关键

1. 内容质量影响受众的数量

内容质量的好坏是受众决定关注与否的最重要的指标，从公众号文章的选题、取材、排版、文化价值输出到更新速度、更新频率，最简单最基本的甚至就是软文有无错别字、语句是否通顺这些细节，都会影响到受众数量。现在同类型的公众号太多，公众号内容同质化比较严重，受众休闲娱乐时间有限，所以不会想在碎片化时间刷到同类型公众号的同样文章，这样很容易引起受众的反感，对公众号失去兴趣而取关公众号，没有流量，就等于没有商业价值，所以公众号要想运营得好就得首先把文章内容质量提高，这也是公众号内容营销优势的体现。

2. 内容质量影响受众质量

吸引受众关注公众号只是第一步，接下来就是想办法去留住用户，让用户对公众号产生价值认同从而提高用户忠诚度，不会流失，建立起自己的流量池，这些忠实的用户就是商业化转化的关键，他们长期关注产生情感链接，最后也很容易接受公众号合作的品牌商，从而顺利进行良好的商业性购买。所以如何让受众变成忠实粉丝，这才是关键，然而要做到这一步，内容运营就是重中之重，要一步一步地与受众建立链接，内容质量要不断创新，变换多种表现形式以抓住受众的需求和偏好，这样才能促进良好的商业性行为。

（四）合理选择和策划与品牌商的合作

1. 基于公众号定位匹配合适的品牌商

公众号不仅要确定好自己的定位，还需要根据自己的定位来选择合适的合作品牌商，因为品牌商要进行商品或者品牌的传播，需要选择适合的合作媒体，比如“网易哒哒”就规定了自己的合作对象，它自己划定了不接 P2P 理财类、微商面膜类、电子烟类、医疗器械、丰胸产品等商务合作，因为自己的定位性质与这些合作商不匹配，如果选择了与品牌不匹配的合作商，那么自己品牌的传播效果可能会受到很大的影响，双方的口碑及品牌形象都会有所影响。

2. 受众的喜好匹配合适的品牌商

在与品牌商合作的时候还需要合理匹配受众的喜好。既然受众是公众号的流量，是合作商的传播渠道，那就要重视受众的喜好，包括沟通内容和风格、业务类型、品牌知名度、美誉度、可信度等，这些都会影响公众号的传播，影响合作商的品牌传播，影响商业化转化。

因此，公众号定位、品牌商的合理选择和合理匹配受众的喜好直接关系到商业化转化的结果，对商业化转化至关重要（见图 9）。

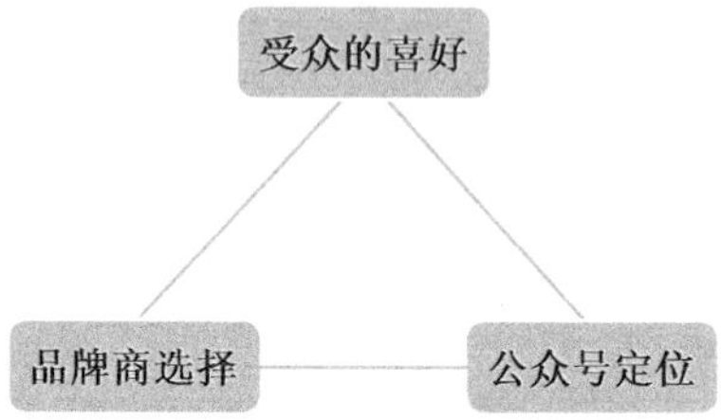

图 9　商业化转化关系图

五、总结

通过对微信公众号和“网易哒哒”公众号的问卷调查，了解了用户对微信公众号的看法，从公众号的受众类型，用户喜欢的公众号的类型、喜欢公众号的展现形式，喜欢公众号的原因和取关公众号的原因，以及微信公众号受众的数量占比，展现了微信公众号巨大的商业价值，也给了加入和运营公众号一个切入点，如何能够抓住商机，获取用户的喜欢和关注的一些启示。

以公众号“网易哒哒”为典型案例，从问卷和访谈过程中，深度了解了受众对“网易哒哒”的态度，了解“网易哒哒”在运营过程中的优势，包括定位、运营、内容等，也可以发现“网易哒哒”在宣传、运营方面的不足，与此同时探究出“网易哒哒”公众号商业化转化的策略以及路径，验证商业化转化的模型“内容营销—媒体价值—品牌商购买—媒体价值提升”。

公众号的本质就是商业化，它最终的目的就是商业化转化，本文以“网易哒哒”为例，探究出公众号商业化转化的经验和策略，也可以给其他公众号一些借鉴，包括明确的公众号定位和运营策略、高质量内容输出、合理开展与品牌商合作。

参考文献

[1]殷咸权. 社会化媒体下的内容营销——以微信公众号为例[J]. 经营与管理，2019(8)：123－126.

[2]朱杰，张丽娟. 从“内容为王”的角度看微信公众号的兴衰[J]. 新闻论坛，2019(1)：7－10.

[3]翟欣. 商业化背景下微信公众号内容运营策略研究[J]. 西部广播电视，2020(16)：28－30.

[4]艾媒咨询. 2016 年 APP 与微信公众号市场研究报告[DB/OL].（2016－11－29). http://

www. askci. com/news/chanye/20190402/0906531144160. shtml.

[5]李欢，龚鑫. 商业性微信公众号营销的红与黑[J]. 新媒体研究，2019，5(11)：56－57.

[6]杨璐菲，王德胜. 微信公众号内容营销传播效果的实证研究——基于内容分析法与定性比较分析法相结合的视角[J]. 生产力研究，2020(11)：119－125.

[7]付华. 基于微信公众号的内容营销分析[J]. 农村经济与科技，2020，31(22)：147－148.

[8]Megan Venzin. Learn to Approach Content Marketing in a Different Way[J]. Nonprofit Communications Report，2020，18(2).

[9]宗利永，冯玉沁. 体育健身类微信公众号内容营销的呈现形式对受众内容偏好的影响——以上海菩提瑜伽微信公众号为例[J]. 新媒体研究，2020，6(3)：7－11.

[10]许丹丹. "内容为王"的传播学解读[J]. 新闻 战线，2015(11).

[11]喻国明. 传媒发展：从"内容为王"到"产品 为王"[J]. 采写编，2007.

[12]Phil Britt. Four Top Content Marketing Strategies[J]. Information Today，2020，37(7).

[13]Guangting Xia. Research on Content Marketing Strategy of WeChat Official Account of "Huawei Terminal"[A]. Institute of Management Science and Industrial Engineering. Proceedings of 2019 2nd International Conference on Global Economy，Finance and Humanities Research(GEFHR 2019)[C]. Institute of Management Science and Industrial Engineering：计算机科学与电子技术国际学会(Computer Science and Electronic Technology International Society)，2019：5.

[14]傅惠芬，赖远薇. 消费电子品品牌社交媒体内容营销策略研究——基于联想、华为、HTC和三星微信公众号的内容分析[J]. 管理评论，2016(10)：259－272.

附录：

"网易哒哒"公众号的市场调查

您好！这是一个关于微信公众号以及"网易哒哒"公众号的市场调查，以下是调查问卷，请您按照自己的实际情况填写，您的信息和回答内容将不会被公开，所有的信息和数据都只用于项目分析。您的回答将有助于我们更好地运营公众号，感谢您的支持。

1. 您的性别 * [单选题]*

○男

○女

2. 您的年龄 * [单选题]*

○18 岁以下

○18～30 岁

○31～45 岁

○45 岁以上

3. 您的受教育程度 * [单选题] *

○专科

○本科

○硕士

○博士

○其他

4. 您的职业 * [填空题] *

____

5. 您频繁使用的社交平台有哪些? * [多选题] *

□新浪微博

□微信公众号

□知乎

□豆瓣

□b 站

□百度贴吧

□小红书

□抖音

□其他________________

6. 请问您手机里关注了多少个公众号? * [单选题] *

○5 个以下

○5～10 个

○10 个以上

7. 您关注的公众号多趋于什么类型? * [多选题] *

□情感类

□生活类

□科普类

□娱乐类

□教育类

□美妆类

□幽默类

□其他

8. 您主要通过什么途径关注公众号? * [多选题] *

□朋友推荐

□自主搜索添加

□被商业性推广

□工作和生活有需要

□其他 ____________________

9. 您喜欢的公众平台内容 * [多选题]*

□文字类

□图片类

□音频视频类

□图文结合

□漫画插画

□其他 ____________________

10. 您关注公众号的主要目的 * [多选题]*

□获得有用信息

□获得商家优惠

□个人喜好

□娱乐休闲打发时间

□其他 ____________________

11. 您是否关注公众号的推送? * [单选题]*

○总是

○经常

○有时

○偶尔

○从不

12. 如果之前关注的公众号后面有打广告、推产品的情况,您会感到反感吗? * [单选题]*

○十分不反感

○不太反感

○不能确定

○比较反感

○十分反感

13. 取消关注某一公众号的原因是什么? * [排序题,请在中括号内依次填入数字]*

[ ]太多广告

[ ]内容质量不高

[ ]更新速度慢

[ ]设计排版不喜欢

[ ]内容不喜欢

[ ]评论区混乱

[ ]其他____________________

14. 请问您听说过或者关注过“网易哒哒”这个公众号吗？ *[单选题]*

○听说过但没关注（请跳至第 16 题）

○听说过并且关注了

○没听过没关注（请跳至问卷末尾，提交答卷）

15. 为什么会关注这个公众号？ *[单选题]*

○自己看到的

○别人推荐的

○其他____________________

16. 请问您为什么不关注这个公众号呢？ *[填空题]*

____

17. 这个公众号为什么吸引您？ *[排序题，请在中括号内依次填入数字]*

[ ]不推广告

[ ]内容有趣

[ ]科普性强

[ ]展现形式独特

[ ]其他____________________

18. 您对当前“网易哒哒”偶尔出现一些广告(商业传播内容)的态度 *[单选题]*

○十分不反感

○不太反感

○不能确定

○比较反感

○十分反感

19. 您现在对于“网易哒哒”公众号的运营有什么建议？ *[填空题]*

____

○ 物流管理

生鲜电商冷链物流成本控制的研究

王筱洁

指导老师：刘　欣

摘　要：近年来，随着全面建成小康社会的历史进程，以及电子商务的不断升级，人们对于生鲜产品质量和获取时间更加重视。随之而来的就是生鲜电商应运而生，并以它方便快捷的购物方式在年轻一代中占领高地，其市场规模也在逐步扩大。作为生鲜企业在电商经营中关键一环的冷链物流，也与时俱进。虽然生鲜电商和冷链物流均分别向好的方向发展，但冷链物流成本在生鲜总成本中的比重却居高不下，高昂的冷链物流成本，直接限制了我国生鲜电商的发展速度，也提高了行业准入壁垒。本文深入研究了生鲜电商冷链物流成本控制的问题，在对冷链物流各环节的成本进行分析的基础上，得出冷链物流成本居高不下的原因，同时根据每日优鲜的案例，具体分析生鲜电商冷链成本的控制问题，并提出优化建议。最后将全文进行整合，对生鲜电商的成本控制提出建议。

关键词：生鲜电商；冷链物流；成本控制；作业成本

Study on Cost Control of Cold Chain Logistics in Fresh Food E-commerce

Abstract: In recent years, with the historical process of building a well-off society in an all-round way, as well as the continuous upgrading of e-commerce, people pay more attention to the quality of fresh products and access time. Following is the emergence of fresh e-commerce, and with its convenient way of shopping in the young generation to occupy the high ground, its market size is also gradually expanding. Cold chain logistics, as a key link of fresh e-commerce operation, is also advancing with The Times. Although fresh e-commerce and cold chain logistics are developing in a good direction, but the proportion of cold chain logistics costs in the total cost of fresh is high. The high cold chain logistics costs directly limit the development speed of China's fresh e-commerce suppliers, and also improve the industry access barriers. Based on the analysis of the cost of each link of the cold chain logistics, the reasons for the high cost of the cold chain logistics are obtained. At the same time, according to the case of Miss-Fresh, the specific analysis of the cold chain cost control of fresh e-commerce is made, and optimization suggestions are put forward. Finally, the paper will integrate the full text and put forward suggestions on the cost control of fresh e-commerce.

Keywords: fresh e-commerce; cold chain logistics; cost control; activity-based costing

一、绪论

近年来，随着全面建成小康社会的历史进程以及电子商务的不断升级，人们对于生鲜产品的质量和获取时间更加重视。随之而来的就是生鲜电商应运而生，即使如今生鲜产品的销售最主要渠道仍为农贸市场，但生鲜电商还是以它方便快捷的购物方式在年轻一代中占领高地，其市场规模也在逐步扩大。生鲜电商不同于其他综合性电商，有着较高的渗透率，目前的市场渗透率不超过10%，但依旧保持着年均30%以上的增速（见图1）。

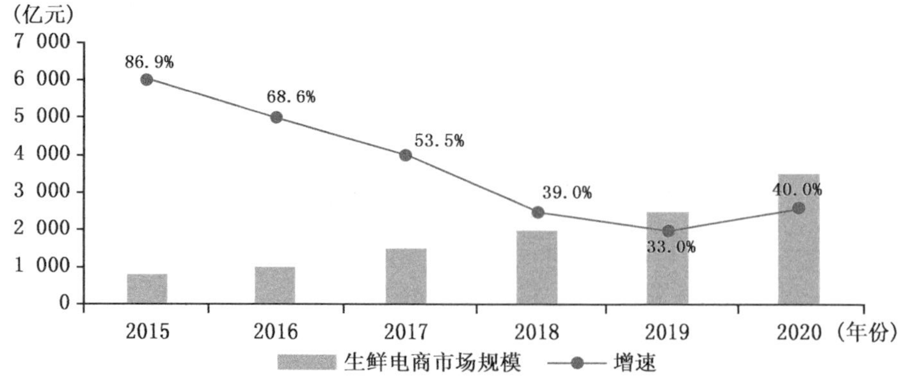

数据来源：国家统计局。

图1　2015—2020 生鲜电商市场规模变化趋势

生鲜电商的发展，同时带动了国内生鲜产品在其原产地和销售市场上的重塑，对于冷链物流的需求量正在快速提高。根据中物联冷链委公布的相关统计数据报告显示，2015—2019 年期间，中国的冷链物流市场规模实现了可持续性扩大，年均复合增长率约为 17%，截至 2019 年冷链物流行业的市场规模已经达到 3 391 亿元，同比增长了 17.5%(见图 2)。

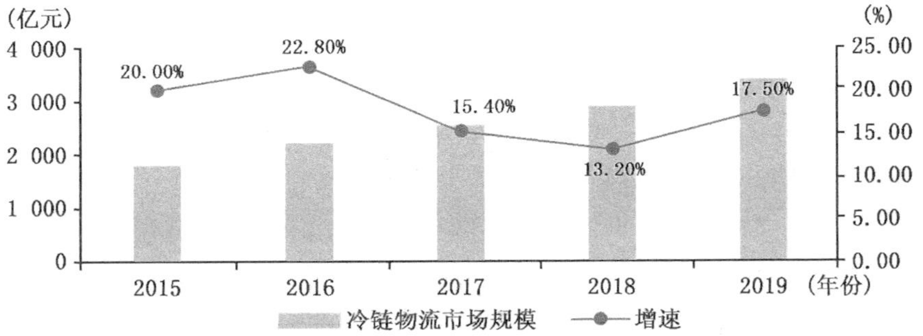

数据来源：中物联冷链委。

图 2　2015—2019 年中国冷链物流市场规模变化情况

我国的冷链物流总体呈现出平稳增长的趋势，5 年时间内市场规模就扩大了将近一倍，冷链物流已经成为销售供应链中不可或缺的一环，更是生鲜电商运营中的重要支柱。尽管生鲜电商和冷链物流都分别向好的方向发展，但是冷链物流成本在生鲜企业的总成本中所占的比重与国外发达国家相比却居高不下，反而其损耗率明显高于发达国家水平，利润率又明显低于发达国家水平(见表 1)。高昂的冷链物流成本，直接限制了我国生鲜电商的发展速度，也提高了行业准入壁垒。

表 1　中国与发达国家冷链水平比较

国家	损耗率	冷链成本占生鲜总成本比重	冷链利润率
中国	25%	70%	8%
发达国家	5%	50%	20%～30%

数据来源：中国产业信息网。

因此，降低冷链物流的成本，是生鲜电商企业新的盈利点和竞争力。随着生鲜市场的饱和以及产品标准的统一限制，生鲜产品本身的盈利空间已经越来越低。作为生鲜产品的流通载体，控制冷链物流成本可以有效地降低生鲜电商企业的成本。当前生鲜电商企业之间的竞争激烈，除了行业内部竞争，还面临着传统农贸市场、果蔬超市等大市场占有率行业的竞争。高速度、高品质是现在生鲜电商的普遍优势，如果可以更好地控制冷链物流成本，就会获得价格这一新优势，从而扩大市场规模。

本文将从冷链物流成本控制的相关理论知识入手，梳理影响冷链物流成本的关键点，并结合生鲜电商平台——每日优鲜的案例，着重分析其冷链物流成本控制的关键环节，提出控制冷链物流成本的有效措施。

二、相关基础理论与方法

（一）基础理论

1. 生鲜电商

生鲜电商区别于传统农贸市场的摆摊销售或者超市的第三方销售，是通过电子商务技术在网络平台上销售生鲜类产品（见图3）。随着新零售模式的影响，近年来生鲜电商突破了早期的互联网销售界限，创新了许多新的销售模式——前置仓、O2O、社区拼团等。生鲜电商的发展，也使得生鲜供应链呈现出“阶段化、网络化、便民化”的趋势。此外，有相关分析报告显示，2020年我国生鲜电商有超六成的订单量来自“80后”和“90后”消费人群，他们已经习惯了使用互联网，会使生鲜消费线上化的进程持续加速。

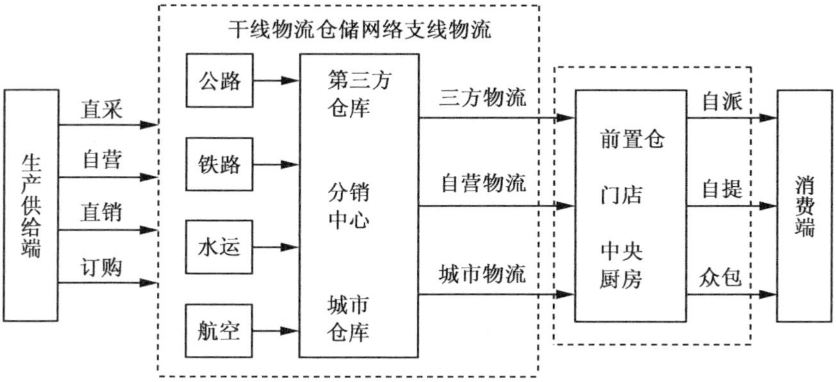

图3　生鲜电商供应链流程图

2. 生鲜产品

新鲜果蔬、肉蛋、水产等都属于生鲜产品。根据国家统计局相关数据显示：截止到2020年年中，按不同品类的零售额计算，蔬菜、水果、肉类、禽蛋、水产分别占比29%、21%、22%、4%、24%。蔬菜成为消费者高频购买的产品，每周4次以上购买的消费者占到了27%；水果则是消费者每周必买的生鲜产品。由于生鲜产品本身具有易腐坏、难储存的特性，使其在运输过程中极易产生损耗；较高的保鲜、恒温要求，也使得在运输速度和设备上需与生鲜产品相适配。

3. 冷链物流

冷链物流是指企业长期采购需要冷藏冷冻类的产品，为了能够同时保证产品质量和减少产品损耗，在采购、运输、储藏、销售等各个环节中需要始终保持规定的低温环境，以此来进行的一种专业物流方式。对温控有着极高要求的生鲜产品，在一定区域内的运输、储存和配送环节则更加依托于冷链物流技术。

从冷链物流所追求的缩短冷藏时间、保证产品形态、优化物流过程等目标，以及对于冷链物流要求遵循的“3T”理论——温度（Temperature）、时间（Time）、耐藏（Tolerance）角度来看，可以发现冷链物流具备了区别于传统物流的复杂性、协调性、时效性、高成本性等基本特征，以此来保证冷链物流的持续稳定运行。

（二）核算方法

1. 作业成本法概念

作业成本法是将一项任务视为作业中心，然后依据任务中的各项作业对于所有人力和资源耗费的情况，把各类人力和资源成本分配至作业中心，再以所耗的作业量为依据，将人力成本和资源成本进行分配的一种成本核算方法。

作业成本法中包含了直接成本和间接成本两部分。直接成本主要形式包含了直接材料成本、直接人工成本，以及在作业环节中由于处理不当导致的货损成本，还有面向消费者的惩罚成本。间接成本一般是在作业运行中产生的间接费用，受主体环节影响较大。通过作业消耗资源的效率可以看出资源成本，成本分配的标准就是成本动因。

2. 作业成本法核算步骤

第一步，梳理与具体实例有关的作业。

第二步，梳理该实例涉及的资源成本。

第三步，根据选择的资源动因，将资源成本分配到作业中：

$$\text{资源动因率}=\frac{\text{资源总成本}}{\text{资源的成本动因量}}$$

第四步，计算成本动因率，然后将作业成本分配到成本主体对象中：

$$\text{成本动因率}\ R_k=\frac{\text{作业成本}}{\text{成本动因量}}$$

第五步，汇总为总成本。

3. 作业成本法数学模型

$$C=C_1+\sum_{1}^{\infty} f_{ij}\times d_{ij}\times p_i$$

$$C_2=\sum R_k\times Q_{kp}$$

其中，C 为总成本，C_1 为直接成本，C_2 为间接成本，f_{ij} 为消耗作业的数量，d_{ij} 为作业消耗资源的数量，p_i 为资源价格，Q_{kp} 为 p 产品消耗 k 作业的成本动因量。

三、生鲜电商冷链物流运营和成本控制分析

(一)生鲜电商冷链物流运营

1. 生鲜电商冷链物流现状

根据艾媒咨询2020年中发布的行业报告显示,我国生鲜冷链物流市场规模可达2 638.4亿元,未来几年仍会保持较高的稳定增长。作为生鲜电商行业重要的支撑体系之一,近年来,生鲜电商企业都致力于优化其冷链物流体系。除了将生鲜产品配送到消费者手中这一基础标准,生鲜电商企业的冷链物流运营能力更为重要。

对于大部分生鲜电商来说,冷链物流的运营能力主要体现在仓储环节和配送环节上。生鲜电商的仓库多为站点式的城市仓或前置仓,入库后的生鲜产品要根据订单进行分拣、包装、配送等一系列流程。电商平台销售的产品品类越多,规模也就会越大,那么其仓储环节的操作就越复杂,SKU数量(Stock Keeping Unit,保存库存控制的最小单位)也会越多。

在生鲜产品的配送环节中包装是一个重点,大部分拥有自建物流的生鲜电商采用了"环境冷链"的模式,即利用恒温制冷箱进行保鲜,让生鲜产品在送到消费者手中前一直处在冷藏保鲜的环境中,而且对于生鲜产品本身简单包装即可。也有部分电商平台选择传统常温物流体系的众包配送或第三方配送,但在包装上会有特殊要求,一般使用泡沫箱内置冰袋的包装方式。无论是哪种配送方式,为了保证产品的新鲜程度,消费者想要更快获得生鲜产品也使得许多生鲜电商对缩短配送时间想尽方法,并用"配送范围+配送时间"和包邮的形式来形成自己的竞争力(见表2)。

表2　　部分生鲜平台配送情况

平台	配送范围	配送时间	包邮价格
天猫超市	店仓周边3公里	1小时送达	29元
每日优鲜	无	2小时送达	39元
盒马鲜生	门店周边3公里	半小时送达	无门槛
苏鲜达	无	次日达	86元
天天果园	无	半小时送达	69元

数据来源:各平台信息。

2. 生鲜电商冷链物流的运营模式

(1)城市中心仓+第三方物流模式

城市中心仓,即城市的冷链配送中心,它较好地体现了规模效益。从城市中心仓里发出的货物通常需要借用第三方物流企业进行产品运输和订单配送,这种模式可以合理利用社会资源,为企业减轻冷链物流的成本负担。但城市中心仓隐含的条件是只

有一线城市才能支撑的规模性，同时较差的物流配送效率和较高的货损率也让客户逐渐流失。第三方物流在配送上也会产生诸多不便，例如配送不及时、难以保证产品的质量等。

（2）“社区拼团”＋直发社区模式

直发社区模式类似于传统的农贸市场的冷链物流模式，它产生于“社区拼团”和社区生鲜门店的兴起。农产品批发市场直接与经销商、生鲜产品合作社、消费者构成完整供应链，并由社区团长在其中整合资源。同时，该模式下冷链物流具有专业化的技术和设施，能够保证生鲜农产品质量、降低货损率。但无论是社区团购还是社区门店，为了保证能通过低价抢夺区域内农贸市场的客户，均受制于较低的客单价以及毛利润，同时也不利于产品流通的全方位监测和管理。

（3）前置仓＋自建物流模式

在生鲜电商的运营中，“最后一公里”尤为重要，为了更好地满足消费者的消费体验，一些生鲜电商企业选择构建前置仓。前置仓是一种更接近消费者的小型仓库，通常建立在消费者密集的社区住宅附近。为了更好地提升生鲜电商品牌效力，在建设前置仓的同时，企业也会自建配套的物流体系。生鲜电商平台会将生鲜产品提前运送到前置仓储存待销，消费者下单后，由前置仓负责人进行拣货、包装，再由平台专属的配送员进行上门配送，前店后仓模式也是如此运营。但这种前置仓模式因为相对较低的客单价和自建物流成本，使得物流配送费变高；同时前置仓的有限面积牺牲了 SKU 和规模经济，增加了网点运营的成本（见表 3）。

表 3　　生鲜电商冷链物流模式分类实例

物流模式	城市中心仓	直发社区	前置仓		前店后仓
布局城市	全国	三四线城市	一二线城市	一二线城市	一二线城市
覆盖范围	＞10 公里	＜1 公里	1～3 公里	1～3 公里	1～3 公里
配送时长	1～2 天	1～2 天	1～2 小时	1 小时内	30 分钟
代表平台	京东生鲜	社区自建	饿了么	每日优鲜	盒马鲜生
供应链	自有	自建	合作门店	自建	自建
配送	第三方	无	自建	自建	自建

（二）生鲜电商冷链物流成本控制

1. 生鲜电商冷链物流成本构成

（1）采购成本

为了满足消费者多元的需求和产品的质量，生鲜电商平台需要定时采购定量的新鲜产品，进货费用和采购时可能产生的机械费用等构成了采购成本。有些生鲜电商与产品产地建立长期合作关系，原产地则会用较低的价格来为平台提供生鲜产品，因此也就降低了采购成本，并反映在生鲜电商对生鲜产品的定价上。

(2)运输成本

在生鲜产品的运输过程中，为了保证其质量而附加在冷藏车上的燃油费、制冷费、保养维护费和辅助人工费，共同构成了运输成本。在生鲜产品的运输过程中，由于运输设备中的制冷费用是其成本主体，因此运输时间越久、停留时间越长，相应的制冷费用就会正向增加，从而使得运输成本提高。

(3)仓储成本

由于生鲜产品易腐坏、保鲜要求高等特点，使其对储存仓库的温控、杀菌要求极高，从而产生了高额的仓储成本。生鲜产品的仓库，首先要满足产品存放的环境这一基本条件，就要投入资金来建设智能控温设备。同时，为了提高响应速度和管理水平，生鲜电商的仓库更加注重高效合理的仓储结构，以达到合理存放、避免积压、减少资源浪费的目的。

(4)加工和包装成本

为了消费者有更好的购物体验，很多生鲜电商都会对入库的产品进行简单加工，同时也要有统一规范的特色包装。为了达到这些目的，就需要设备和人工的资金投入，产生了加工和包装成本。随着国家对于环保的重视，更多生鲜平台在减轻产品包装，但为了保证减少损坏，企业可能需要投入资金引进节能设备和保鲜设备。

(5)逆向物流和惩罚成本

逆向物流成本是消费者选择退货后产生的成本，而惩罚成本则是因为生鲜产品过保变质或在配送途中损货、丢货而赔付给消费者的费用。这两项都是直接面对消费者的，所以也警示生鲜电商企业更加重视自己的服务水平，尽量减少这一部分支出。

(6)信息和管理成本

生鲜电商的构建自然离不开网络信息技术，无论是平台建设初期的产品审查和目标消费人群、仓库建设点的筛选，还是日常运营中对冷链物流全过程的实时监控，都离不开信息技术，建设和维护信息系统就是一笔大的开销。同时，对于整个冷链物流的运营，从生鲜产品供应商的选择到整个销售过程的记录，甚至是对于下游消费者的服务，都贯穿着管理成本的存在。

此外，由于新冠疫情的影响，在国家政策引导下，各地区开始加快投资建设进口冷链追溯平台，对进口的冷藏冷冻肉类和水产品进行追溯管理，实现进口产品“来源可追、去向可查”。

2. 生鲜电商冷链物流成本核算案例

M企业是拥有前置仓和自建冷链物流体系的生鲜电商企业。今年1月，M电商平台某一城市中心仓收到两个不同社区的前置仓的补货信息，要求分别将210箱生鲜产品送往 A 前置仓，每次送 30 箱，一共送 7 次；将 200 箱生鲜产品送往 B 前置仓，每次送 20 箱，一共送 10 次。A 仓库将库房的 30 平方米用于储存该产品，B 仓库将库房的 20 平方米用于储存该产品。假设运输起点距离 A、B 两个仓库距离相等，运输途中未产生货损带来的惩罚成本。从记录上看，A、B 两个前置仓 1 月份的直接成本均为 16 020 元，其中，人工费 9 540 元，材料费 6 480 元。作业中的间接成本具体费用如表 4 所示，计算出生鲜产品运往 A、B 两地各个流程产生的成本及总成本，并就结果成因进行分析。

表 4 **间接费用分配表** 单位：元

作业	电费分配	油费分配	折旧费
订单处理	150	0	100
采购	0	1 030	100
运输	456	3 100	535
加工	1 500	0	950
入库	300	1 250	278
储存	3 000	0	760

根据费用，分别加和各项作业的作业成本，如表 5 所示。

表 5 **作业成本表** 单位：元

作业	订单处理	采购	运输	加工	入库	储存	总计
费用	250	1 130	4 091	2 450	1 828	3 760	13 509

确定作业动因，根据以下公式计算成本动因率，并将成本分配到各个作业中，如表 6 所示：

$$\text{成本动因率 } R_k = \frac{\text{作业成本}}{\text{成本动因量}}$$

$$\text{分配额 } i = \text{成本动因量 } i \times \text{成本动因率}$$

表 6 **作业成本分配表** 单位：元

作业	成本动因	成本动因量			作业成本	成本动因率	分配额	
		送往 A	送往 B	总计			A 仓库	B 仓库
订单处理	份数(份)	1	1	2	250	125	125	125
采购	产品数量(箱)	210	200	410	1 130	2.76	578.78	551.22
运输	运输次数(次)	7	10	17	4 091	240.65	1 684.53	2 406.47

续表

作业	成本动因	成本动因量			作业成本	成本动因率	分配额	
		送往 A	送往 B	总计			A 仓库	B 仓库
加工	产品数量(箱)	210	200	410	2 450	5.98	1 254.88	1 195.12
入库	入库次数(次)	7	10	17	1 828	107.53	752.71	1 075.29
储存	面积(平方米)	30	20	50	3 760	75.20	2 256.00	1 504.00
总计	——				13 509	——	6 526.89	6 732.11

根据公式分别计算运往 A、B 两仓库的总成本,如表 7 所示:

$$C=C_1+\sum_{1}^{\infty} f_{ij}\times d_{ij}\times p_i$$

表 7　　运往 A、B 两仓库的总成本

	直接成本(元)		间接成本(元)	总成本(元)
A 仓成本	材料费	人工费	6 526.89	22 546.89
	6 480	9 540		
	直接成本(元)		间接成本(元)	总成本(元)
B 仓成本	材料费	人工费	6 732.11	22 752.11
	6 480	9 540		
合计	32 040		13 259	45 299

传统成本核算方式对比——以运输次数为第一分配标准。

费用分配率:13 509/(7+10)=794.65

A 仓库分配的间接费用:794.65×7=5 562.55(元)

B 仓库分配的间接费用:794.65×10=7 946.50(元)

A 仓库耗费的总成本:6 480+9 540+5 562.55=21 582.55(元)

B 仓库耗费的总成本:6 480+9 540+7 946.50=23 966(元)

M 企业 1 月份 A、B 两仓库总成本:21 582.55+23 966=45 548.55(元)

45 548.55>45 299

从两种核算方式对比来看,作业成本法在核算时把一个整体作业进行细化拆分,规避掉了传统成本核算时的误差,并且更加清晰地反映了作业环节中的各项成本。同时,根据作业环节更换传统核算中的第一分配标准进行计算,可以通过对比找到各环节成本发生的原因。这些都可以帮助企业制定相应的措施,有针对性地进行有效的成本控制。

比如，从总成本来看，产品运往 A 仓库的总成本小于运往 B 仓库的总成本。在其他条件相同的情况下，运往 A 仓库的产品总量和仓储面积大于运往 B 仓库的，而运往 A 仓库的频率和入库次数又小于运往 B 仓库的。因为距离相同，所以配送频率越多则单位时间内总运输路程越大，造成的燃油费就越多，从而导致冷链物流成本的提高，而配送频率与运输能力和储存能力这两项密切相关。此外，从间接成本占比来看，运输成本和储存成本的费用占总成本比重最高，那么企业可对这两项进行重点控制。

针对运输成本，企业可以借助科学的运输路径优化方法，如节约里程法，对配送仓库进行合理排序，从而控制因运输距离带来的成本。由于生鲜产品的特殊性，有时运输距离带来的成本并不是造成冷链物流运输成本偏高的重要原因，因滞留超时或者提前到达造成的时间惩罚成本也是不可忽视的。因此，企业在规划运输路径时也可以利用作业成本法综合评估运输过程中的各类成本，对其中比重较高的一项进行重点调控。

对于储存成本，企业应该建立起准确的库存信息库，为成本控制打好基础，才能更好地优化库存结构，减少资源浪费。首先，需要明确储存产品的种类、数量以及周转率等情况；其次，要根据已有数据确定好订货周期和订货批量，针对缺货点形成合理的需求预测。企业根据作业成本法所提供的成本数据以及其掌握的库存信息，可以及时调整各仓库的库存结构，从而减少因产品积压或缺货时临时调货产生的成本费用。

四、每日优鲜冷链物流成本控制案例分析

此前据报道，“每日优鲜早在去年 12 月底便在其经营成熟区域实现了 10%左右的经营正现金流，其背后是 80 元左右的单价，25%～27%的前台毛利，被控制在每单 15 元左右的履约成本，以及仅有 1%～1.5%的损耗率”。这对于超过 90%亏损率的生鲜电商行业来说，每日优鲜的成功是显而易见的，因此本文选择以每日优鲜为例分析其冷链物流成本控制问题。

（一）平台简介

1. 基本概况

每日优鲜生鲜电商平台创建于 2015 年，从成立到现在，经过了 5 年多的探索创新，它积累了一定的市场经验。每日优鲜一直致力于打通生鲜电商的“最后一公里”，建立了生鲜到家的前置仓模式，优化平台产品布局，其“最快 30 分钟送达”的服务已经在中国 16 个城市上线。根据官方数据披露，每日优鲜的注册用户达到 1.2 亿人，其主要用户是年轻人，是未来消费的主流购买人群。

2. 冷链物流模式

在整个冷链物流过程中，每日优鲜最具竞争力的就是将集储存、分拣、包装、配送等多种功能于一体的前置仓模式。前置仓的选址通常在居民社区点，最大限度地接近

了目标消费人群，解决了消费者即时性消费需求。

这种模式很好地将生产方、城市分拣中心、前置仓以及消费者这四个环节联系起来，一定程度上提高了冷链物流效率和质量。当消费者在平台下单后，系统把订单分配到最近的前置仓，然后根据订单进行货物拣选、包装，最后根据规划有序配送（见图4）。而当前置仓需要补货时，通过平台可以调配中心仓的产品进行及时补货。

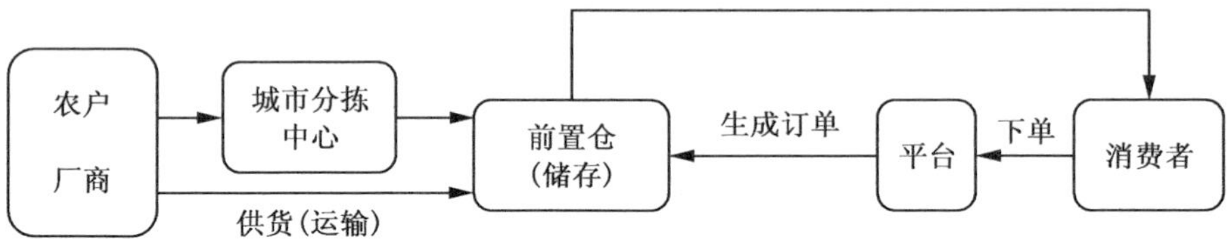

图4　每日优鲜冷链物流前置仓模式

（二）每日优鲜冷链物流成本控制现状

1. 冷链物流成本控制现有经验

前文中提到，影响企业冷链物流成本的构成因素主要包含采购成本、运输成本、仓储成本、加工包装成本、逆向物流和惩罚成本、信息和管理成本这六个方面。每日优鲜的冷链物流成本控制，在其中的几个方面有着值得借鉴的经验。

（1）采购方面。作为新零售下的产物，每日优鲜自然打破了传统生产链。

在平台运营前期，投入一定资金支持优质生鲜的生产者，并与其构建长期合作关系，尽可能达到了“零账期、零费用、零退货”的合作新模式。这大大稳定了平台对于生鲜产品的进货价格，降低了平台的采购成本。

（2）仓储方面。对于每日优鲜来说，成本控制最为关键的一环就是前置仓，因为这直接与租金和人工费用挂钩。

首先，前置仓的空间利用率很高，不同于超市有限的双向过道，前置仓的货架空间可以向纵向扩展。同时，每日优鲜前置仓的位置选择以“阴铺”（即背离街区、远离人流量的铺面）为主，这样的铺面往往租金价格更低，节省了租金成本。

此外，对于传统大型超市或者生鲜超市来说，有很大一部分成本来源于需要不断进行上下货和理货的直接人工费用。但是每日优鲜的前置仓则不需要专门的理货员，通过依托以大数据、互联网技术为基础的智慧物流体系，集合了 SKU 智能筛选和数字化管理等功能，不仅提升了运营效率，也降低了直接人工成本。

（3）加工包装方面。每日优鲜将产品的加工、包装向前端转移至前置仓内，由于采购端对于产品的精选把控，前置仓店员对产品并不用进行大量加工处理，仅需简单清洁和拣选，节省了部分成本。在包装上，由于产品配送时会使用冷箱，每日优鲜选择了减少不必要的包装，这样既环保，又节约了一定的包装成本。

(4)逆向物流和惩罚成本方面。对于生鲜产品来说,逆向物流的产生的根本原因就是货损问题,普通生鲜超市门店有很大一部分的货损是在消费者自己挑拣的过程中产生的。而每日优鲜的前置仓就避免了这一问题,所有的生鲜产品都在分选完、包装好后交给消费者,有效降低了因货损而产生的成本。每日优鲜通过严格的品控,精选优质生鲜产品,为消费者提供了更好的质量保障,在这方面降低了因为产品质量问题带来的成本。

2. 当前每日优鲜冷链物流成本控制面临的问题

根据上文作业成本法算例的结论可见,对于同一生鲜电商,其仓库的储存和运输会对物流成本造成较大影响。每日优鲜的高成本来源也是因为前置仓。

第一,前置仓毕竟是处于社区中,那么它的面积自然不会太大,仓库里储存商品的SKU数量是十分有限的,在较早的相关报道中,每日优鲜前置仓SKU数为200～500个。而生鲜电商的消费者往往都是即时性消费,他们的订单是不确定的,所以容易造成滞销或者缺货,增加补货运输次数。据了解,每日优鲜的生鲜产品周转率为1.5天,损耗率达到1.5%,特别是晚高峰缺货率达到5%以上,这些都使平台的运输成本和运营成本急剧上升。

第二,由于前置仓的数据化,每一个仓库都需要根据所处区域的消费者偏好进行个性化构建,很难进行模式化复制。因此,在建设成本、管理成本和运营成本上都需要大量的投入。此外,由于前置仓延长了冷链物流供应链,隐含在整个冷链物流过程中的服务成本也明显偏高。客单价、前置仓冷库建设、专业制冷运输设备,甚至是关于产品配送的"最后一公里"所用的冷链保温箱、食品级可降解包装袋,都增加了其成本投入。

(三)每日优鲜冷链物流成本控制的建议

既然每日优鲜最大的矛盾点在于前置仓,那么要最大限度进行成本控制,就要从前置仓入手。每日优鲜也已经关注到了这些问题,并提出了一些方向性的改进措施。目前,每日优鲜的前置仓SKU数已经逐渐增加至3 500个,新增的SKU主要是针对中年消费群体和区域内的特色产品。SKU扩容会扩大仓库容量、提高周转率、减少运输频率和产品损耗,除控制成本外,还可以更好地以盈抵本。

除了扩容,建立区域内前置仓互联网络也是很有必要的。将统一城市内不同社区的前置仓整合,形成网络结构。互联网络可以帮助各前置仓共享库存,方便缺货仓库及时补货,减少因从中心仓补货频率高带来的运输成本,也方便有货品积压的仓库进行转调,避免货损。

同时,未来每日优鲜的冷链物流系统会往更加智慧化发展。当前,冷链物流涉及的采购、仓储、运输、配送环节需要靠相关人员经手,每日优鲜则想要逐步将上述环节交给系统,使得运营更稳定、效率更高、成本更低。

五、结论

根据对前文的分析，关于生鲜电商冷链物流的成本控制，可以从管理、采购、仓储、物流、配送以及退货服务等方面入手。具体措施如下：

（一）发展生鲜电商冷链物流科学化、信息化

科学有效的成本核算方法和成本管理指标，是如今电商企业控制成本的重要依据。生鲜电商首先要找到适合自己体系的科学成本核算方法，以便于及时发现问题，有针对性地进行整改。还要应该建立起完善的冷链物流信息管理系统，对全流程实施科学高效的管理。

作为冷链物流起点的采购环节，生鲜电商需要不断对消费者偏好进行调研，并在其系统中形成数据库。以此数据，就可以预测消费者的需求，优化企业的采购流程。从而可以加快库存产品的周转率，达到库存成本和运输成本的平衡，实现降低库存成本的目的。

仓储环节的信息化也不可忽视，而对于仓储环节来说，最重要的就是仓库的选址和规划。不论是前置仓还是中心仓，生鲜电商因为其产品的特殊性质，所以仓库的选址一定要遵循最小距离原则和最大辐射原则，理论上仓库要接近消费群体，并呈放射状向周边辐射。同时，生鲜电商为了更好地提高效率，需要对仓库进行合理分区布局，要使仓库容量利用最大化，且耗能相对较低。要统筹规划好这一切，就需要依托先进的信息技术系统计算出综合数值，以此使得仓储费用尽可能优化。

（二）发展物流运输模式适宜化

基于上文分析，生鲜电商大部分选择的都是自营物流或者第三方物流。对于自营物流的企业来说，前期巨大的投入是必然的，但为了更加优质专业的服务，这些投资也是必不可少的，那么提高自身的物流能力就很重要。企业可以自己成为第三方，将自营物流提供给其他企业使用，也可以将闲置的运输设备租借给其他企业，从而回笼前期资金投入，获取效益。

对于没有自营物流的生鲜电商来说，还是要先对自己的成本优势和物流水平做到心中有数，充分利用好第三方物流，在提升服务水平和拥有资本积累后可以发展更为适宜的物流运输模式。

（三）发展冷链物流人才专业化

冷链物流的整个环节都需要人力资源，优秀专业的员工也是帮助企业控制成本的重要环节。因此，生鲜电商企业在招聘时，要尽量选择与岗位匹配度高的人才，并对新入职员工进行系统化的培训，让员工了解冷链物流每个环节的运作过程。这样才能让员工明确职责和规划目标，从而有利于企业对冷链物流成本进行活动式管理。

此外，作为直接关系到销售过程“最后一公里”的配送人员，生鲜电商对此应该格

外重视，配送员的态度和工作水准会直接影响消费者的选择。因此，企业要更加注重对于配送人员的素质培养，让配送员提高职业素养、优化工作面貌，通过贴心优质的服务吸引消费者发展为固定客户，从而为企业获取更多市场份额和利润。

（四）发展退货、逆向物流弹性化

针对生鲜电商的退货成本控制，可以从退货前和退货后两个环节进行控制措施。

首先，必然是要尽可能地减少退货情况，降低总体退货量。那么企业就需要在整个冷链物流过程中加强管控，最大限度减少产品损耗；同时，因为生鲜产品本就易损坏的特性，企业还要制定相应的退货标准，对于不影响食品安全和质量的小损耗尽量用折扣代替退货。

在消费者选择退货后，平台应该及时处理退货信息，并在取货过程中对消费者保持良好的态度，这样就可以尽可能抵消消费者对产品不满意而带来的抵触情绪，为企业留住顾客。在退货完成后，企业需要对于消费者的退货行为进行专业分析，找出症结所在，并对症下药，以便减少今后的退货量。也可以建立消费者回访机制，对于给予退货服务好评的顾客，可以发放一些代金券或者享受一次消费折扣，以此来保证用户黏性，树立良好的企业形象和口碑，弥补退货成本带来的损失。

总的来说，生鲜电商冷链物流成本控制还是要以为消费者提供优质服务为出发点，利用好信息技术，培养好物流人才，是企业更好发展的关键步骤。

参考文献

[1]李月萍. S公司冷链物流成本控制研究[D]. 西安：西安石油大学，2020.

[2]罗戈网. 深度剖析 | 物流才是生鲜供应链的护城河，末端大乱斗止于价值链的重塑[EB/OL]. http://www.logclub.com/articleInfo/Mjc5MTU=.

[3]李学工，齐美丽. 生鲜电商冷链物流的成本控制研究[J]. 农业经济与管理，2016(4)：52—60.

[4]孙舒畅. 冷链物流成本控制研究[D]. 南京：南京审计大学，2019.

[5]朱明. 农产品冷链物流建设及电商销售成本构成分析[J]. 商业经济研究，2019(4)：129—132.

[6]孙燕华，刘学林. 基于冷链技术的农产品物流损耗与成本控制研究[J]. 物流工程与管理，2019，41(1)：72—76.

[7]杜丽慧. 自营配送模式下Y冷链企业物流成本管理分析[J]. 现代商贸工业，2019，40(18)：21—22.

[8]喜崇彬. 生鲜电商的冷链物流竞赛[J]. 物流技术与应用，2017，22(9)：64—67.

[9]郑爽，余佳群. 生鲜农产品物流企业质量成本控制策略探析[J]. 山西农经，2021(2)：130—131.

[10]罗戈网. 每日优鲜徐正：在卖菜这个非常落后的行业，那些字字带“血”的经验[EB/OL]. http://www.logclub.com/articleInfo/MjgyNTQ=.

[11]崔银，张艳艳.“新零售”下生鲜电商配送模式研究——以每日优鲜为例[J].今日财富，2021(2)：69—70.

[12]朱明.农产品冷链物流建设及电商销售成本构成分析[J].商业经济研究，2019(4)：129—132.

[13]闸筱蕾.京东冷链物流成本控制问题探讨[D].南昌：江西财经大学，2016.

智能快递柜的未来发展模式研究

王　昊

指导老师：刘　欣

摘　要：国内快递量一直都在不断上升刷新历史纪录，这对末端物流的配送能否满足消费者的需求是一个考验，并且2020年初爆发的新冠疫情让人们注意到无接触配送的重要性。由于智能快递柜在时间上没有限制，可以提供给消费者弹性的取件需要，而且有利于提高快递员的配送效率，因而深受消费者和物流企业的喜爱。本文经过调查和分析发现现存的智能快递柜模式在购物节快递数量剧增的情况下，时常会出现智能快递柜资源紧张等现象；在平时也会出现顾客满意度不高以及使用效率低等问题。文中对问题进行了总结，并通过发放问卷的形式深入了解，对问题进行合理化分析，最终提出了一些对策，以实现智能快递柜的更好发展，提高使用效率。

关键词：智能快递柜；运营模式；使用效率

Research on the Future Operation Mode of Intelligent Express Cabinet

Abstract: The volume of domestic express delivery has been creating a new historical record, which is a test of whether the delivery of terminal logistics can meet the needs of consumers, and the COVID-19 in early 2020 has drawn attention to the importance of contactless delivery. As the intelligent express cabinet has no time limit, it can provide consumers with flexible pick up needs, and is conducive to improving the delivery efficiency of couriers, which is deeply loved by consumers and logistics enterprises. Through investigation and analysis, this paper finds that the existing intelligent express cabinet mode often has the phenomenon of overstocking and the resource shortage of intelligent express cabinet when the number of express deliveries increases sharply in the shopping festival. In peacetime also will appear customer satisfaction is not high, as well as the problem of low efficiency. This paper summarizes the existing problems, and through the form of issuing questionnaires to in-depth understanding, reasonable analysis of the existing problems, finally put forward some countermeasures, in order to achieve better development of intelligent express cabinet improve efficiency.

Keywords: intelligent express cabinet; operation pattern; use efficiency

一、绪论

(一)研究背景及意义

越来越多的人选择在网上进行购物,这使得快递数量急剧上升,但快递员的数量增长速率却远远不足,反映出当前传统快递末端配送模式以及服务水平已经不再能够满足消费者的现有需求。我国现如今处于高速发展阶段,大部分的网购人群处于快节奏的生活当中,这类人白天往往并没有较多的空闲能够当面签收快递,这就造成了快递末端配送压力增加的问题,比如快递员可能为满足消费者的需求而进行一定程度的加班。智能快递柜的出现,可以在一定程度上解决这些人日常生活中对快递服务的需求,缓解快递员的快递压力,提高快递效率。

除此之外,2020 年初爆发的新冠病毒疫情,更进一步促使快递业务量不断上涨。对于之前不使用手机在网上进行购物或者很少使用手机在网上进行购物的用户,几个月的在家隔离状态已经逐渐领略或者习惯于网上购物的便利性以及优惠性。与此同时,在疫情缓和之后,积攒的大量快递业务对于快递公司派发快件的效率提出了挑战,有不少地区的菜鸟驿站由于在疫情期间没有资金来源而导致关门,更进一步地表现出社会急需智能快递柜的普及。

2017—2020 年期间,国家不断地出台更多完善的政策,为我们实现智能配送快递产品行业的高质量发展提供了保障,加强了我们的智能配送快件箱(智能信报盒、智能包裹柜)等配送终端服务设备的总体规划和建设,进一步促使我们的智能配送快件箱被纳入了公共服务设备的相关总体规划以及便民服务、社会利益、民生工程等项目。

智能快递柜的最大优点就在于便捷性、时效性以及安全性。一方面,保证了收件人的安全,消除了人身安全隐患;另一方面,保证了收件人的私人信息泄露所造成的相关安全隐患。因此,智能快递柜的推广使用是末端物流配送发展的必然趋势。

（二）研究内容及主要方法

本文首先对智能快递柜发展现状进行分析，通过不同渠道对消费者和快递员进行问卷调查。了解日常智能快递柜使用中存在的问题，并总结了四个问题：(1)投递服务不规范；(2)收费规则不明确；(3)投递流程不简便；(4)规格尺寸不足。针对总结的四个问题，论文提出了相关的四个解决方案：(1)合理化地投放智能快递柜；(2)将智能快递柜与绿色物流相结合；(3)信息共享，加强协作效率；(4)加强快递柜的使用效率。

二、智能快递柜发展现状分析

（一）智能快递柜的发展规模

1. 网上购物成交量不断上升

随着电子商务的不断发展，越来越多的网上购物形式被发掘，购物软件应用程序也随之不断出现，产品的直销形式变得越来越有吸引力。据国家统计局数据显示，2020 年的快递量居然高达 8 336 000 万件，相较于 2019 年的 6 532 000 万件，增长率达到了 27.6%。

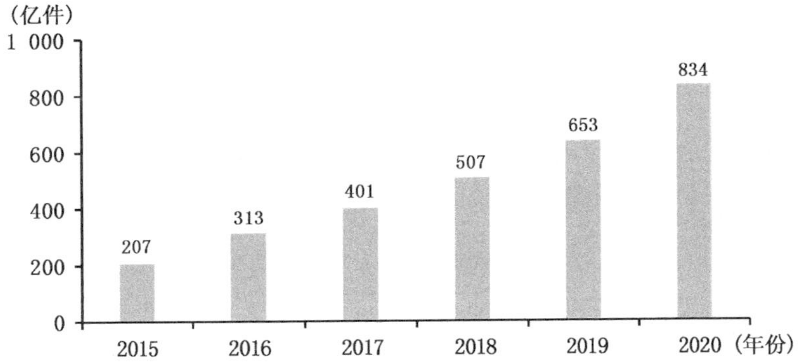

图 1　全国快递业务量

2. 智能快递柜主要形式

自 2012 年国内智能快递柜市场爆发，有许多企业先后投入到智能快递柜领域中来。但是，由于智能快递柜是刚刚起步，初期盈利困难，成本非常高，有很多企业被筛选掉。

目前，国内的智能快递柜主要有三种形式：

(1)电商自营。就是电商企业为了提升自己的物流服务质量、完善用户体验以及加强线上与线下的结合，主要代表就是菜鸟、京东以及 1 号柜。

(2)物流公司所建立。这样一方面能够降低物流公司自身的运营成本，另一方面能够提升物流公司本身在末端配送环节的服务水平，有效提高员工配送快递的效率，同时也能够给消费者带来更好的体验。主要代表就是丰巢以及中邮速递易。

(3)由第三方公司建立。作为一种在快递公司和消费者之间的媒介，第三方公司将快递柜租借或售卖给其他的物流快递企业，赚取其中的相关费用。

其中，不论是电商自营还是物流公司所建立。在满足自身快递业务需求的前提下，都会将快递柜对其他的快递公司开放，兼具第三方职能。[1-2]

3. 智能快递柜数量及品牌

近年来，国内的智能快递柜迅速遍布于城市的各类场所之中，并在短时间内有大量的资本投入其中。这当然也与近几年来我国智能快递服务行业的健康持续发展密切关系，根据“新思界产业研究中心”公司发布的研究报告数据显示，国内智能配送快递柜投放规模增长迅猛，智能配送快递柜投放规模持续保证全国快速增长。在2015年，我国智能配送快递柜的投放量仅大约为6.1万组，但是截至2020年底，国内的智能配送快递柜在全国的规模已经达到约75万组。并且，随着国内网上购物成交额的不断增加，智能快递柜投放的数量在之后仍将进一步扩大，预计从2020年至2021年，全国智能快递柜群组数目将高达近90万组。

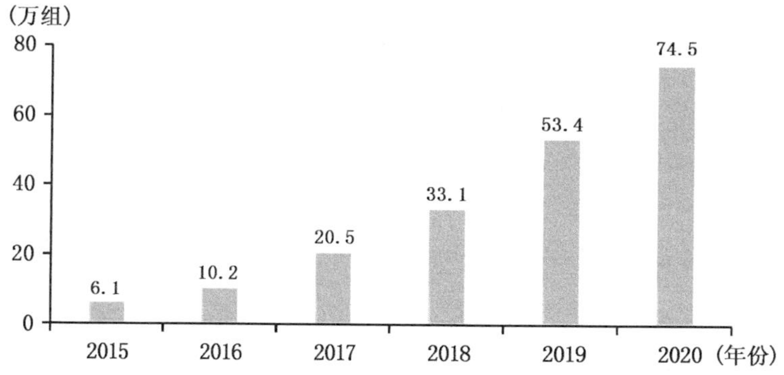

图2 智能快递柜数量

在2020年之前国内的智能快递柜市场份额占领较大的分别是丰巢的44%和中邮速递易的25%，共占领市场份额接近70%。此外，京东、云柜、菜鸟等企业也具有一般的竞争力。

表1　　国内主要快递柜市场份额

品牌名称	成立时间	投资者/股东	市场份额
丰巢	2015年	顺丰	约44%
中邮速递易	2012年	中邮资本、三泰控股 菜鸟网络、亚东北辰	25%

续表

品牌名称	成立时间	投资者/股东	市场份额
京东自提	2013 年	京东	/
云柜	2013 年	江苏云柜网	5%

在 2020 年 5 月初，顺丰速递宣布中国直邮智慧快递已经正式成为丰巢网络的全资子公司，而中国邮政旗下中国邮智慧快递将成为新丰巢的第二大股东。这也就意味着丰巢与速递易将联手，顺丰与邮政的关系也将更加紧密。这次的整合还意味着智能快递柜在中国市场必将迎来一个新的格局。

（二）智能快递柜相关企业困境

（1）成本。首当其冲的便是智能快递柜本身的价格和成本，一个成品的智能快递柜价格大约在 1.8—6 万之间，并且智能快递柜本身的日常保养费、网费、电费等加在一起也是一笔很大的开销[3]。另一方面就是土地的租金，租金就像是智能快递柜的停车费用，并且这个费用还可能会随着业务的增长而变高，并且智能快递柜品牌不止一家，在自由竞争的标准下，自然就是价高者得。因此智能快递柜得扩张成本日益提高。

（2）人力资源有限。虽然近几年来，随着科技的不断进步发展，很多智能化技术已经被运用于物流中，如无人机配送、SUV 分拣小车等。但是正如清华刘大成教授所言，智能化科技在物流的运用中主要是在于供应链中的仓储、分拣、中转等环节，而在最后的配送环节，人工派送还是占很大的比例。在快递量不断上升的情况下，快递员的工作压力也是日益增加的。据不完全统计，在某些特殊时间段，如双十一，全国的一线的快递员每人每天平均需要送 260 多件快递[4]。

（3）快递公司本身的压力和效率。一家快递服务企业及其根本宗旨是为了更好地服务客户，但最终的服务目标还是为了盈利。利润则是成本和效率的产物。传统的商品配送环节绝大多数都指的是送货上门，要求专业配送员在恰当的时间将一些合乎自己品牌和符合质量客户需要的优质商品快速运送并达到正确的收货位置，这三个具有原则性的因素也就缺一不可。在派送快递时，时常会有收件人暂时不在收货地址附近，又或者快递不小心被损坏受到收件人的投诉等情况，这些因素都会影响到快递员的送货效率。而在很多快递公司，送货效率则左右了快递员的薪资水平。比如像京东等企业开始尝试取消快递员最低薪资，调整工资结构，刺激绩效优异的员工。快递员自身和这些不稳定因素决定了效率高低。显然“放货即走”这种属于区域集中式的投递方式相对于“多点分散投递”而言也还能够更加有效率地避免“二次投递”所可能带来的较低经济效益。另一方面，人工成本正在逐年快速上升，供应链前端如何减少人工成本的痛点也将因此继续得到暴露。在配送效率与快递成本两种双重压力下，智能快递柜就是个完全能够有效解决最后一公里乃至一百米内的问题满足高效、低碳和成本快递需求的最优化方解。

（三）新冠疫情带来新机遇

由于受到新冠病毒疫情影响，举国上下响应国家号召在家隔离，因此浏览手机在网上购物就成了人们的常态，这也进一步促进了网上购物的成交量，带动了电子商务行业的发展。为了尽量减少人员接触带来的新型冠状病毒感染风险，以及受到小区隔离防疫的要求，快件不能送货上门，不允许当面签收，取而代之的是快递可以投递到站、投递到柜，然后由收件人自取的无接触配送模式。许多企业包括美团、苏宁、顺丰等纷纷发起了无接触配送业务，这种新型无接触配送模式近乎成为快递行业的标配，而作为开展无接触配送业务的主要载体，智能快递柜也因此受益，迎来了发展的重要机遇。在疫情防控期间，商务部办公厅、国家邮政局办公室发布《关于深入推进电子商务与快递物流协同发展工作的通知》[5]，通知中明确表示了智能快递柜、快递末端综合服务场所的公共属性，将智能快件箱、快递末端综合场所纳入公共服务设施相关规划，提供用地保障、财政补贴等配套措施。这样进一步肯定了智能快递柜在末端物流配送中所作出的突出贡献。

三、智能快递柜现存问题

（一）智能快递柜运营调研

为了更好地了解到智能快递柜的情况，针对接触智能快递柜最频繁的两个群体——消费者和快递员，做了一个简单调研。

本次针对快递员的调研主要是实地调研。调研对象主要是在徐汇校区配送快递的快递人员以及附近派送人员，共 23 人。调查者皆为男性，年龄段在 20～40 岁。他们每日的配送量为 130～180。而针对消费者的调研则是通过互联网在网上进行调研，收集到的报告一共有 134 份，其中有 13 份是无效问卷，得到有效问卷 121 份。

快递员是否会主动询问消费者将快递放进快递柜情况，65.29％的人不会选择在配送之前主动询问消费者是否将快递放在智能快递柜。在针对消费者的问卷中了解到，虽然有些快递人员主动询问，但也是到达送货地址之后询问，没有给足消费者准备时间。在针对快递员的了解中得到，有些消费者默认放在智能快递柜，所以每次快递到达可能就直接放进去，也不会询问。

消费者是否有被快递员拒绝上门配送的情况。52.89％的消费者遇到过被拒绝上门配送的情况。在对快递员的问卷反馈中得知，上门配送对他们存在着一些困扰：耗时费力、小区楼栋进去不方便、电话拒接、收货地址模糊以及配送车辆和货物的安全问题。

消费者是否满意现有的智能快递柜收费规则情况。仅有 35.54％满意现有的收费规则。经过调查发现，是客户已经习惯了之前的免费。并且在进行超时收费时，没有提前告知，而是突然说要收费，并且消费者表示自己已经付了快递费送货到家。另外，有很多快递员在未经询问的情况下私自将快递放入智能快递柜这一点很让消费者不满意。

针对智能快递柜的柜格尺寸或者其他是否存在不满意的情况。消费者对于柜格的尺寸没有什么不满意的，但是针对其他问题，有约 30%的消费者希望能够增加一个可以存放生鲜类产品的柜格。而在快递员的调查中则发现，几乎所有快递员都会提到柜格的尺寸问题，进一步了解得知是由于在社区经常会有大件快递放不进柜格的情况，而在学校或者办公楼就很少发生这种情况。

（二）存在问题

1. 投递服务不规范

在对于收件人没有明确说明采用智能快递柜方式进行投递的情况下，经营于快递服务的公司和企业都是应当根据快递服务合同中所规定的邮寄地址来进行投递。但是，有很多快递员为了自身能够加快速度多投放几个快递，在没有事先征得收件人的认可和同意的条件下，私自将快件投放至智能快递柜中，给收件人造成了不便或损失。[6]很多基于智能快递柜而引起的争论都是因为由于这种情况而产生的。在之前实行免费的时候，收件人体谅快递员的不容易，但是在丰巢宣布超时将收取额外费用之时，消费者的不满就开始慢慢彰显出来了。

2. 收费规则不明确

在 2020 年 4 月份的丰巢快递柜超时收费时间掀起了一片反对的浪潮。原本免费的丰巢智能快递柜超过 12 小时将被收取 0.5 元的保管费用。此种做法激起了众多消费者的不满。杭州、上海等地多个城市的小区为抵制丰巢收费，决定停止使用丰巢快递柜。尽管在后来免费保管期限由 12 小时延长至 18 小时，但仍有消费者提出不满。“二次收费”是本次事件的主要祸端。如果把消费者开箱拿取快递行为视作为“交付”，那丰巢仅与快递公司有合同关系。丰巢只能向快递公司收取保管费用，即使因为保管时间较长需要增加费用，那丰巢也只能向快递公司索要。但如果把一个投送快递件的超时投送放到快递柜里被认为“交付”，那么丰巢和很多消费者便已经正式订立了一起超时保管的服务合同，超时的合理收费也就已经具备了一定的合法正当性。其实，无论是向快递公司收费还是向消费者收费，超时保管的费用最后都会由消费者承担。[7]

3. 投递流程不简便

相较于菜鸟快递站而言，智能快递柜的投递流程对于快递员来说还是较为繁琐的。

而在菜鸟驿站快递员直接将快递给菜鸟驿站的工作人员，接下来的事情入库、分拣等就是菜鸟驿站的工作人员来办理了。

4. 柜格尺寸不足

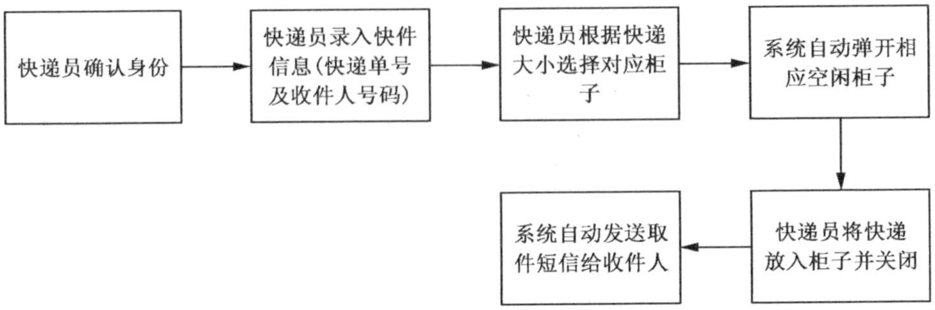

图3　智能快递柜快递员操作流程

很多快递员都碰到过因快递的尺寸过大或者形状比较怪异，导致快递无法顺利放入快递柜中的情况发生。这时快递将由快递员带回并与收件人取得联系，预约时间再进行送货上门，这样就造成了快递的"二次配送"，浪费了时间成本以及人工成本。

智能快递柜具有一个固定的尺寸和格口数量有限的功能。首先智能快递柜的尺寸一般都是固定的，有一定的局限性。一般来说，智能快递柜的尺寸分为3种，我们以顺丰的快递柜为例：大格口为29×34×45(cm)，中格口为19×34×45(cm)，小格口为8×34×45(cm)，因此就导致许多大件快递无法顺利入柜。另外，一般标准智能快递柜组合都采用一个主柜和2～4个副柜的结构组合，另外当然也可以个人定制，在副柜旁增加格数。[8]但是无论怎样拓展，场地方面终究是有一定限制的。除此之外，还有一种情况就是小型快递占用大型快递的格子，导致大型快递没有位置可放。

5. 柜格种类单一

不论智能快递柜的辐射区域是什么、服务人群是谁，它的种类都没有什么变化。但是这样是满足不了一些特殊产品(比如说生鲜食品类)的需要的。

四、未来发展模式建议

(一)合理化地投放智能快递柜

这就要求在投放智能快递柜的时候统筹规划资源，科学地进行智能快递柜的投放选址和投放数量计算。借助于大数据技术针对不同年龄段人群分布、不同年龄段人群特点、消费习惯等进行数据挖掘，通过对数据收集、积累，建立智能快递柜数量与人群的关联模型，再利用科学合理的方式在资源合理投入、成本适当控制以及保证服务水平之间寻求均衡。

比如说，利用双层规划模型，结合企业总成本(包含智能快递柜建设成本、运营成本和快递配送成本，其中建设成本为一次性投入成本，运营成本和快件配送成本均为日常)、消费者满意度以取货距离量化指标和一些备选地址，运用Lingo 10.0对模型求解，最终得出智能快递柜的位置和建设数量[8]；运用覆盖模型算法，用最少的智能快递柜网点服务各需求点，这种方式需要假设智能快递柜的固定成本相同、快递量固定以及需求点的位置不变。并且，求解集合覆盖模型的方法有很多种，在对于不同的模型求解时，可以采用不同的方法，以此最终得到智能快递柜的最优选址方案。[9]

智能快递柜企业可以与社区物业合作，把快递柜变为物业配套工程取代原先的信箱，配建一定数量的智能快递柜，由开发商承建。物业与快递柜制造商共同进行日常维护，这样就避免了入场费和租金。

（二）与绿色物流相结合

国内的快递盒回收的环境一直不是太好，废物包装包裹在一定程度上也对环境造成了污染。在之前的调查中，有约 92%的消费者愿意使用二次回收的快递盒装快递，并且也很愿意将快递盒交予回收。因此，现在的问题并不是说消费者不愿意将快递箱进行回收，而是没有一个较为良好的回收环境，不知道该将家里的快递箱放在哪里回收。那么，如果智能快递柜能够有一个回收快递盒的功能，则不仅能够节省一部分的资金，还会产生一个良好的社会效应。

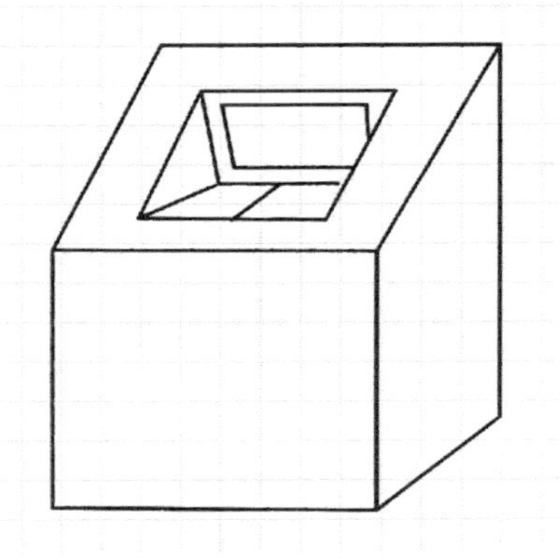

图 4　回收盒示意图

可以使用如图 4 所示的快递盒回收装置。使用方法为：(1)在拿到快递时，有些消费者就会选择立即将快递拆开。所以，在消费者拿取快递后，界面会有是否立即回收快递盒的选项，如果消费者选择是，则在一定的时间内将快递盒放在凹平面处便可进行回收。(2)消费者同样可以利用微信扫描屏幕上的二维码进行识别并且登录自己的账户，回收快递盒采用积分制，不同体重、形状的快递盒其积分不同。当积累到一定数量的积分之后，可以兑换相应的智能快递柜存放延长时限、抵用快递费或者商家消费券等。这样不仅发展了社区逆向物流，同时也能够提升物流企业的社会形象。

(三)信息共享加强协作效率

电商、快递和智能快递柜以及驿站企业间应进一步加强信息互联共享,提高企业之间的协同水平,通过与快递相关信息资料的互联对接,将智能快递柜和驿站的地址直接加入到电商企业购物下单界面,让消费者在下单时主动选择是否选择智能快递柜或驿站自提,即把自提的选择权交给用户;此外,通过手机号等信息的共享,实现智能快递柜扫码自动输入用户手机号,简化快递员投递环节,提高投递的工作效率。[10]

(四)加强快递柜的使用效率

对于快递柜的设计与使用应该更加具有针对性,要根据不同辐射人群有针对性地投放智能快递柜。由于消费人群的不同,快递的尺寸以及数量都会有明显的差异,那么相应的智能快递柜的设计就应该做到与之同步、尽量细分。比如说针对于学校,辐射人群当然是学生和老师。这类人群的主要快递商品包括服装鞋帽、生活必需品、学习用具、图书、食品、彩妆等,中小件商品占比相对较多;针对于社区生活场所,快递商品主要偏向于日常生活用品、生鲜食品、日用品、家具彩电等,这囊括的种类较多,因而大、中、小型都应该配备。细分的快递柜设计可以有效提高柜子的使用效率。另外,针对社区可以开发一些适合存放生鲜类的保温快递柜,这种柜子并不一定非要可以冷冻冷藏,但是要能够像保温杯一样使得放在里面的物品温度变化减缓。

另一方面,研制新功能的智能快递柜以增加使用效率。自动存取快递柜,首先利用扫描器扫描快递上的单号以及取件人联系方式等信息,用于自动联系取件人。其次利用红外线传感器对快递进行扫描,并计算出与之相匹配的货柜位置,利用传送带和升降台进行存放。结合大数据合理安排智能快递柜的摆放,并对快递柜的数量进行调整,实现快递柜的储存自由调节。

五、结论

文中主要阐述了国内目前智能快递柜存在的一些问题,并做出了初步的分析,分别提出了一些有效的建议。国内智能快递柜现状的主要存在问题有快递员私自将快递放入快递柜、收费机制不健全、快递柜利用率不高等问题,不仅给消费者带来了许多不便,而且还对智能快递柜的推广产生了不好的影响。

针对文中的问题,提出了一些建议和计策。首先,科学地进行智能快递柜的投放选址和投放数量计算,满足收件人对于智能快递柜的需求,并且可以在未来将社区中原本要放置信箱的位置改建为智能快递柜,这样就节约了入场费和租金。运用“逆向物流”思想将智能快递柜与快递盒回收机制相结合,提供积分制度,增加消费者的使用欲望;信息共享加强协作效率,合理利用大数据在智能快递柜中的运用;研制新型快递柜组合,满足不同地区辐射人群的智能快递柜需要,增加快递柜的使用效率。其次,从物流企业角度来看增加员工福利,不再采取剥削制度而是进行鼓励制度,奖励员工能够更有效率地配送快递。将智能快递柜纳入政府公共设施监督管理，从国家角度正视智能快递柜在末端物流配送以及公民人身安全的重要性。

但是与此同时，还是应该加强对于智能快递柜的落实以及监督作用，走访智能快递柜的使用情况，以及快递企业是否培训员工严格遵照条例给收件人打电话询问是否将快递投放到智能快递柜。并且监督管理是否有占用公共资源的情况发生。既然智能快递柜已经纳入公共服务设施，那么就应该发挥监督及管理的作用。同样，在设立智能快递柜的区域，应该积极宣传，加深消费者对于智能快递柜的印象，增加智能快递柜的使用率，为智能快递柜在新地区更好地发挥作用打下基础。另外，作为消费者的我们与快递员应该互相体谅，如果不想将自己的快递放在智能快递柜，应该友善提醒，毕竟每个人的生活工作都不容易。智能快递柜确实方便了我们的生活，给了我们更多的选择，希望智能快递柜能够越来越好。

参考文献

[1]刘名蔚，王妍妍. 智能快递柜发展策略分析[J]. 全国流通经济，2019(9)：30－31.

[2]董军．智能快递柜行业，何时迎来春天？[J]. 金融经济，2019(1)：50－52.

[3]费璇. 丰巢快递柜经营现状及决策[J]. 现代商贸工业，2020，41(23)：46－47.

[4]徐丽，撒建欣，徐雷，沈德红，徐长妍. 快递末端配送体系的问题分析及优化研究[J]. 包装工程，2020，41(23)：141－153.

[5]唐健盛. 丰巢收费起争议争的是快递末端服务定价权[N]. 每日经济新闻，2020－05－20(008).

[6]王硕，李汉卿，张改平. 我国快递配送末端自提点发展问题及对策[J]. 物流技术，2018，37(3)：11－15＋49.

[7]罗伯特. 两部门：将智能快件箱纳入公共服务设施规划[EB/OL]. 中国新闻网，2020－04－17.

[8]黄媛，林丽，刘涵，朱成琳，张梦凡. "互联网＋"背景下高校校园智能快递柜选址设置——以南京林业大学为例[J]. 物流科技，2020，43(12)：46－50.

[9]陶薇，段奉岩. 丰巢科技公司融资问题及对策分析[J]. 技术与市场，2019，26(3)：178－181＋183.

[10]张悦. 高校智能快递柜网点选址问题研究[J]. 中国商论，2021(1)：130－132.

高校快递包装回收现状分析及回收模式研究

周　玲

指导老师：狄　蓉

摘　要：电商的发展带动快递量逐年增多，随之而来的是大批的快递包装因没有能够很好地回收利用而对社会和环境构成了巨大的污染和浪费。而高校学生作为重要的消费人群，其网购所带来的快递量也是巨大的。因而，破解高校快递包装回收这一难点，对于逐渐扩展至全社会共同进行快递包装的回收利用有着较大的现实意义，是实现快递运输行业绿色、可持续发展的重要环节。本文旨在探讨高校快递包装回收利用的现状，从而找出其存在的"可回收率低"、"没有回收习惯和回收动力"、"可回收渠道单一"以及"回收宣传和激励机制不健全"四个方面的问题，并提出加大宣传力度、建设回收网点等合理化建议。

关键词：高校快递包装；回收利用；回收模式

Analysis of Current Situation and Research on Recycling Mode of Express Packaging in College and Universities

Abstract: The development of e-commerce has driven the volume of express delivery to increase year by year. Following this, a large number of express packages have not been well recycled, which has caused huge pollution and waste to the society and the environment. As an important consumer group, students in colleges and universities have a huge amount of express delivery brought by their online shopping. Therefore, cracking the difficulty of express packaging recycling in colleges and universities has greater practical significance for the gradual expansion of the entire society to jointly carry out the recycling of express packaging, and it is an important link to realize the green and sustainable development of the express transportation industry. This article aims to explore the current status of the recycling and utilization of express packaging in colleges and universities, so as to find out the existence of "low recycling rate", "no recycling habits and recycling power", "single recycling channels" and "recycling promotion and incentive mechanisms are not perfect" four aspects of the problem, and put forward reasonable suggestions such as increasing publicity and building recycling outlets.

Keywords: college express packaging; recycle and re-use; recycling mode

一、绪论

伴随着国家政策的不断革新，国民经济水平不断提升，人均可支配收入逐年递增，国民的消费水平稳步上升，对于购物消费的热情也随之增高。与此同时，随着互联网的不断创新，网络购物的途径也在更新，各种网购购物平台层出不穷，网购的需求量激增，同时带来的是快递量的不断提高，图 1 依据国家邮政局监测数据显示 2020 年 6—12 月快递累计量。[1]

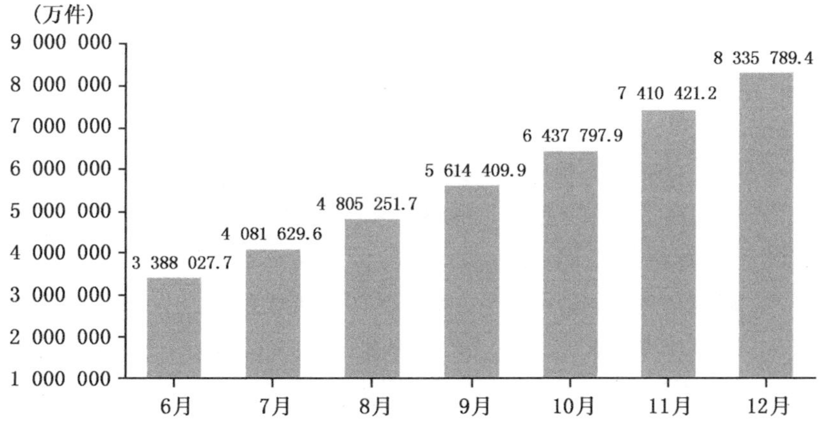

数据来源：中华人民共和国国家邮政局官网。

图 1　2020 年 6—12 月快递累计量

从图 1 中的数据能够看出，截至 2020 年 12 月，我国快递年业务量第一次冲破 800 亿件，近半年以来，快递业务量实现稳步增长，一直保持着每个月增长 100 亿件的速度，由此能够看出我国快递行业的巨大潜力。在为中国经济高速发展喝彩的同时，享受着便捷网购服务的我们不得不关注一个严肃的主题——生态环境保护。大量的快递发出意味着近乎同等数量的快递包装将被随手丢弃，这对生态环境来说是一个非常大的负担。一个简单常规的快递至少需要包装箱、快递运单、胶带这三样东西进行包装，更别说易碎物品或者精包装的礼盒了，这些则需要更多的防震材料对货物进行包装和保护。由此可见，每个月几百亿的快递量会伴随着无法估量的快递包装，假如没有针对性、合理性的回收重复利用，则对于生态环境来说是一个非常大的压力，而我们所面临的将不仅是短期的资源浪费和环境污染危机，更是长远的生态可持续发展等一系列延伸性重大问题。因此，面对快递包装的大量浪费，需要我们思考的是如何做到开源节流、减少消耗，重视回收利用，从而降低对自然环境的损害。

在信息化高速发展的今天，伴随着互联网一同成长的青年一代对于互联网的接受程度和使用频率都是极高的，因而网购成为年轻一代在日常生活中不可替代的一件事，而高校学生作为网上消费的主力之一，其消费能力和购物需求的潜力是巨大的，根据《2019 年校园快递行业发展报告》显示，2019 年我国高校快递数量已经突破 30 亿件。[2] 由此可见，高校的快递量占比较大，假如高校内做好快递包装的回收重复使用的工作，让高校师生了解绿色回收的迫切性和重要性，假如大多数快递包装可以被循环重复使用，不仅能够节约巨大包装成本，同时还能够降低快递包装废品对环境的危害，所以说大学生既可以是网上购物的主力军，也可以是为环保做贡献的中坚力量。

本研究回溯现有文献对快递包装回收利用的讨论，探讨高校快递包装回收重复利用的现状和目前存在的一些问题，浅谈高校快递包装回收模式，为实现校园绿色快递包装回收利用提供合理化建议。

二、相关理论概述

近年来，国内学者对于高校快递包装回收对策方面的研究逐渐增多，且变得多样化和科学化，不难发现，大多数集中在快递包装回收过程中的参与者的多样化、回收模式多样化和创新重复利用的渠道和方法等方面。

普遍来看，国内学者通常从以下几个方面对高校快递包装回收的对策进行研究：一是节约成本，以绿色发展理念为主导，在理论联系实际的基础上，建立快递物流平台，鼓励企业、快递公司研发新型环保材料，加强学生环保意识教育，政府、公司、学校、学生多方面努力，相互配合、相互协作，才能使快递包装真正走向绿色，节约成本，承担起国家发展的绿色发展新理念(闫文杰，2018)[3]；二是构建一种新模式的快递包装回收体系，以逆向物流理论为基础，建立废弃物回收中转站，作为正向物流、逆向物流之间的连接纽带，对源头细分回收的方法加以利用，采取有效的措施，对高校快递包装有效回收，实现资源化(钟晓欣，2019)[4]；三是构建快递包装回收新模式，当前最适合学校发展的模式是学校＋快递点模式(单麟婷，2018)[5]，以循环经济为切入点，探索出高效绿色的快递包装回收新模式，希望借此减少资源的浪费与环境污染，有利于达成学生与快递收发站的双赢，绿色快递包装回收模式大大减少了快递包装物的浪费，能够真正实现资源节约的循环经济(周镭镭，2019)[6]。

综上所述，发现目前国内学者对于高校快递包装回收利用的研究主要集中在快递包装回收对策研究上，提出多元回收主体协同合作、创新回收模式等方面，不断地优化回收的体系，真正使快递包装实现绿色回收流动，本文研究主要在于回溯现有文献对快递包装回收利用的讨论，通过调查问卷等方式，探究高校快递包装回收现状及存在的问题，为实现校园绿色快递包装回收利用提供合理建议。

三、高校快递包装回收利用现状分析

本文主要运用发放线上问卷的形式开展调研，于 2021 年 3 月 1 日至 2021 年 3 月 5 日，利用线上问卷工具——“问卷星”进行问卷的编辑撰写和发放，收回有效问卷 204 份，下文的现状分析和图表数据均基于此问卷分析结果展开。

(一)高校快递包装的规模

互联网带动发展起来的网络购物对现在的人们来说是不可或缺的，尤其是与互联网一起成长的青年一代，他们对于网上购物的依赖是很高的，对于高校学生而言，他们日常生活较为自由，对于物质有着较为丰富的需求，喜欢追求潮流和个性，再加上没有固定的经济收入，对于商品的物美价廉要求非常高，网络购物恰好满足他们的日常个性化的需求。[7]因此，我们仔细观察发现校园周边收取快递的驿站或者网点，每天中午或者晚间都会聚集大量的在校学生去取快递，同时伴随的现象是校园内垃圾桶堆积了大量快递包装。尤其是“双十一”等大型打折促销活动期间，快递量更是成倍增加。本文以上海高校学生为调查对象，通过问卷调查的形式展开调查，收回 204 份有效问卷，我们发现，如图 2 所示，每个月收到 6～10 个快递的学生数量占到 39.22%，其中每个月收到 10 个以上快递的学生数量更是占到了 19.61%。任何一件快递都会产生快递包装废弃处理的问题，可想而知，每个月由此产生的废弃的快递包装的规模将有多么的巨大。

依据《2019 年校园快递行业发展报告》显示，2016 年校园快递量高达 15 亿件，2017 年超过 20 亿件，2018 年增长到 25 亿件，2019 年我国高校快递数量已经冲破 30 亿件。[2]由此我们可以发现，高校的快递量在逐年高速增长，随着生活水平的提高，未来高校的快递量有增无减，需要处理的废弃快递包装的规模也会越来越大。

(二)高校快递包装的处理方式

全国几乎所有高校在开学期间每天都会有大量的快递包裹涌入校园，少则几百，多则上千，但是不难发现，取出快递包裹之后，快递包装的处理方式除了当成生活垃圾丢弃在垃圾桶里之外，就是回收或者重复利用，处理的方式很单一，要么是成为生活垃

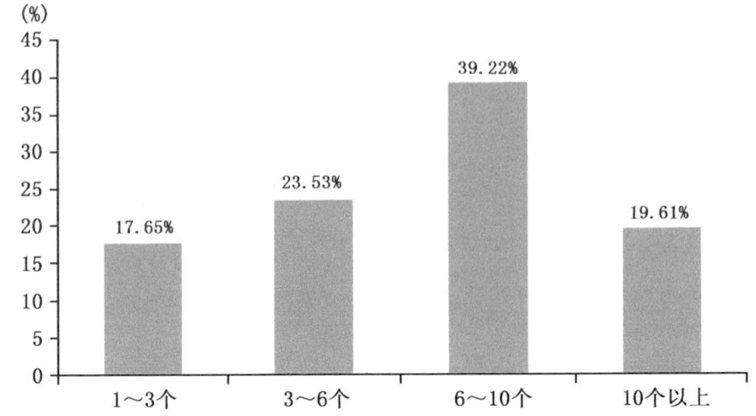

图 2　月均收到快递数量

圾，要么是回收利用。然而事实是，随手丢弃在垃圾桶里的现象极为普遍，潜意识里大家似乎对于快递包装的归处理所应当地认为是垃圾桶，而不是回收站或者自己重复利用去创造新的价值。

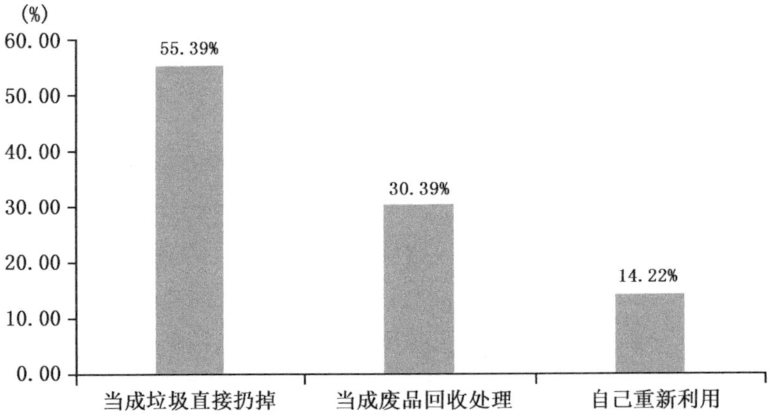

图 3　快递包装的处理方式的选择

由图 3 可知，55.39%的同学会下意识地直接把快递包装丢弃，14.22%的同学会选择留下快递包装再回寝室重复利用，30.39%的同学会选择将快递包装当作废品回收处理。说明目前绝大多数同学会下意识地把快递包装当成垃圾进行处理，快递包装物能够被二次利用的频率很低。

(三)快递包装回收处理的初步尝试

近年来，国家大力倡导绿色理念，全国各地纷纷开始试行垃圾分类，每个地方的垃圾分类标准大同小异，即使会有差异，但对于可回收垃圾的类别的共识是不变的。随着快递量的增多，再加上国家倡导的绿色垃圾分类理念，大家对快递包装的关注也逐渐变多。于是为了响应国家绿色发展理念的号召，各大快递公司纷纷展开他们的初步尝试，目前看来似乎收效甚微。

为了响应国家绿色可持续发展的号召，各行各业纷纷开始探索绿色发展的道路，快递行业的物流公司也纷纷开始研发可回收利用的绿色包装。中国邮政联合灰度环保研发出一款绿色循环箱 ZerOBox，可循环使用 50 次以上，可折叠，生产使用过程均无需胶水、胶带。[8]顺丰等大型快递公司旗下的快递网点相应开展过相似的回收快递包装盒的活动。然而，当前存在的一些社会现象使得这些活动无法持续开展下去，其中最主要的原因是消费者没有回收的概念，完全不知道回收的意义，只是觉得麻烦，打破了常规的生活习惯。其次是因为目前没有相关的政策支持，出于盈利的目标的考虑，快递公司向消费者提供的奖励微乎其微，无法打动消费者主动参加快递包装的回收重复利用的活动。

因此，假如政府能够推出相关针对性的政策法规，不仅能够促使社会各界规范化地进行快递包装的回收利用，同时，能够让高校在进行校内回收机制建设时，参考国家政策并结合高校自身的特点，制定出相关的回收利用方案，积极响应国家政策，使高校学生在校时就养成快递包装回收利用的习惯和意识。

四、高校快递包装回收利用存在的问题

（一）可回收率低

根据调查显示，目前市面上的快递包装具有品种众多、规格不统一等特点，这无疑降低了快递包装的可回收率。[9]同时，可以发现需要运输的物品种类繁多且大小不一、材质不同，对快递包装的要求也不同。与此同时，各快递公司的包装回收标准也不统一，这使得快递包装的可回收率进一步降低。

但是高校内学生的需求对比整个社会的需求来说相较简单，在实际的生活中，高校学生需求最多的是日常的生活用品，因此高校内的快递包装的种类较为简单，高校快递外包装主要集中在纸制类和塑料类，纸质类主要包括纸箱，塑料类主要包括塑料袋或者编织袋。通过问卷调查的结果显示，可以发现校园快递包装物的主要使用材料较为集中，如图 4 所示，主要分为纸箱和塑料外包装，纸箱相对于塑料外包装来说，可回收利用的范围较大，这对于校园快递包装回收利用来说，无疑是非常大的优势。

一个简单常规的快递至少需要包装箱（袋）、快递运单、胶带这三样东西进行包装，更别说易碎物品或者精包装的礼盒了，这些则需要更多的防震材料对货物进行包装和保护。我们可以注意到的是快递包装使用塑料外包装的物品一般都是不易碎的物品，如衣物、书籍等，由于塑料包装拆开时极易受损，被拆开的那一刻这些塑料外包装就失

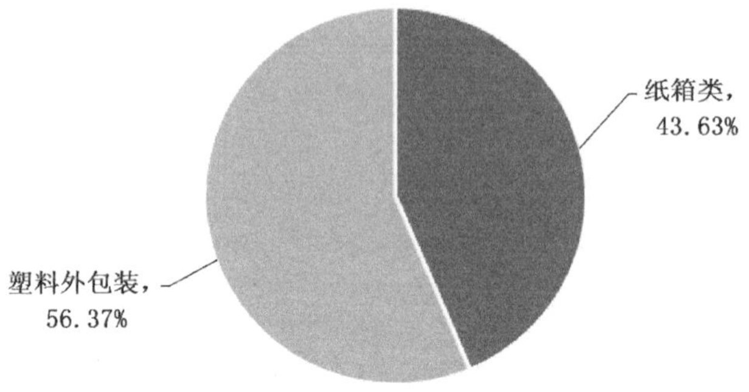

图 4　快递主要外包装的占比情况

去了使用价值，且极难回收重复利用、环境污染大。使用纸箱作为外包装的物品，一般是易碎且贵重的物品，往往会填充保护物。诸如常见的口红类的产品，尤其是在“双十一”活动期间，商家为了吸引顾客往往会承诺使用精美礼盒进行包装，这时我们会发现，正常一支小小的口红，最后发到手的快递体积却是比口红大几倍，快递包装内几乎3/4 都是碎纸片等填充保护物，当顾客取出商品的那一刻，就代表这些填充物失去了它的价值。如图 5 所示，快递包装的填充物主要集中在碎纸片类的纸制保护物或者是塑料充气隔层这两个方面，碎纸片类的纸制保护物因为较为零散，不易收集且回收后重复利用难度较高；而充气塑料隔层则难以降解，对环境的污染比较大。由此能够看出上述包装的可回收率非常低。

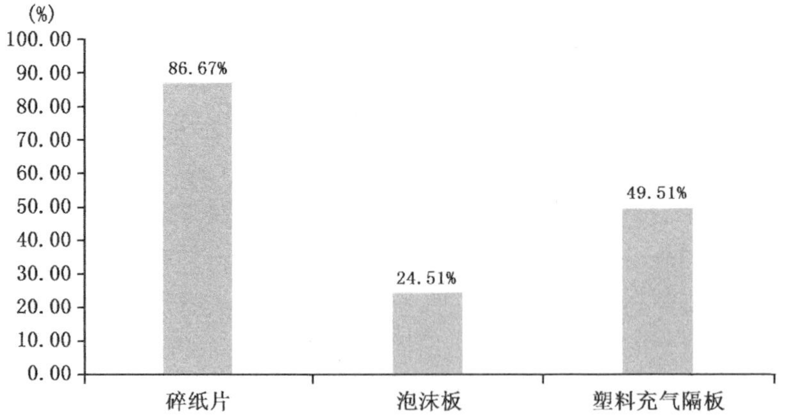

图 5　快递主要内保护填充物的占比情况

（二）回收意识和回收动力不足

我国大部分学校和家庭教育较少涉及环保意识及行为的培养，导致学生群体的环保意识较为薄弱，对于快递包装的回收只是停留在浅层的认知中，认为回收重复利用是好的，但是，对于具体的快递包装的回收和再利用对于生态环境建设的重要性和有利之处在哪里以及究竟有多重要并没有足够的认识，再加上缺乏自主回收快递包装的习惯，因此让其主动自觉地意识到要通过回收包装废弃物来保护校园环境比较困难。

由于缺乏回收意识和习惯，大多数高校学生在签收快递之后的第一件事往往是急于拆开外包装查看所购产品，而忽略对外包装进行有效处置，这就造成大批快递包装物被轻易抛弃，构成一定程度上的资源浪费和环境污染。分拣快递包装废弃物的成本已经远超废弃物本身的价值，形成了“倒挂”，只能当成普通垃圾，也难以激起环卫工人回收的动力。[10]学生的垃圾分类观念薄弱、自觉保护环境的意识差会进一步降低回收率，浪费资源。

根据问卷调查显示，55.39%的学生会选择直接将废弃的快递包装当成垃圾直接随手丢进垃圾桶，较少学生会愿意选择回收重复利用。从高校学生的角度出发，快递外包装作为废品进行回收的行为对于他们来说效益太低，没有足够的吸引力，废品回收对于他们来说十分陌生，并且较低的回收利润对于他们来说无足轻重，没有吸引力。其次，对于高校快递包装回收利用的宣传还没有足够深入和普及，使得高校学生还没有形成较为深刻的快递包装回收认识，在一定程度上影响了高校快递包装回收进程，高校学生的快递包装回收意识还有很大的进步空间，回收习惯还需要时间养成。

（三）可回收渠道单一

如图 6 所示，从问卷调查的结果数据中我们可以发现，当问到高校学生是否愿意对快递包装进行回收的时候，79.41%的同学表示愿意对快递包装进行回收及再利用，但真正落实到具体行动的人却少之又少。探究其具体的原因：一是因为没有形成良好的回收习惯；二是由于大环境下缺乏快递包装回收利用的社会氛围；三是因为快递包装回收途径少且比较麻烦，甚至大部分高校学生也不清楚校内是否有快递包装的回收站点。在实际生活中，高校内很少有甚至根本没有回收点，而导致大量的快递包装被直接或间接丢掉，这是基本的不可忽略的重要原因。

绝大多数高校内部缺少快递包装回收利用渠道，甚至缺乏宣传，导致大部分高校学生并不清楚校内是否有固定的回收网点。同时我们可以发现，实际上校园周边快递点或者校园内很少甚至没有快递回收点。这主要有三个方面的原因：一是“四通一达”类的大型快递企业通常会联系厂商生产带有自身特定标志的快递包装盒，并且分发给旗下的各个快递网点，每个网点都有快递包装的来源，因此，快递包装的回收对于他们来说只是增加工作量；二是回收的快递包装盒会出现质量参差不齐等现象，部分包装盒在运输过程中已经发生变形破损，未撕干净的快递身份信息也是一大难点，分类整理费时费力，不符合经济效益。[11]因此，快递点负责人往往更倾向于在批发市场批量购买快递包装盒，既价廉物美，又省心省力。

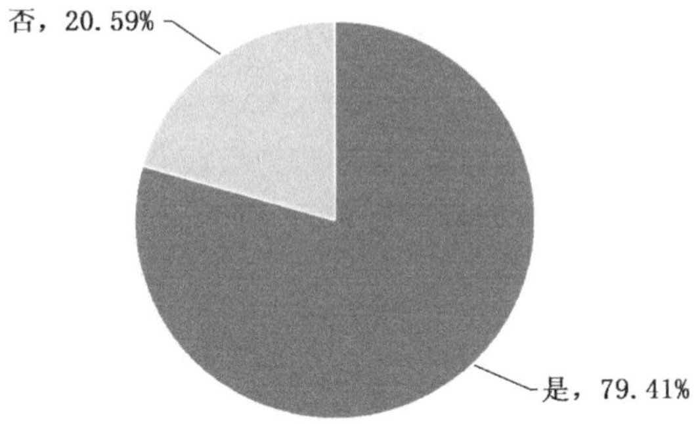

图6　学生对快递包装回收利用的意愿

(四)回收宣传和激励机制不健全

在快递包装废弃物回收再重复利用方面，许多发达国家以较为完善的法律法规对其进行合理处理。[12]德国颁布的《包装废弃物管理办法》规定强制包装生产商、销售商对包装回收共同负责；日本制定《包装再生利用发》，致力于回收体系的建设，以政府为主导，带头开展快递包装的回收利用工作。而我国虽有《循环经济促进法》、《可再生能源法》和《节约能源法》等法律法规，但并没有形成专门针对快递包装回收利用的法律政策体系，因此，在实际生活中，各界对于快递包装的回收利用都是依据自身的特点展开的，造成了参差不齐的情况，无法形成社会各界的相互联合，进而造成无法继续的局面。

以上问题在高校内的快递收发站点显得更为突出。再加上国家关于快递包装回收方面的法律政策尚未出台，高校对于校内快递包装回收再利用的宣传近乎为零，导致宣传及激励机制缺失，在很大程度上降低了高校学生对快递包装进行回收再利用的动力和积极性，导致其参与度大大降低。据对上海某高校学生快递包装回收意识及行为的调研，仅有不到三成的学生愿意无偿参与快递包装的回收。[13]此外，据文献分析，快递包裹表面存在多种致病菌，在一定条件下会危害人体健康。大家在享受网购带来的便捷时，也带来了新的公共卫生问题。[14]因而在对快递包装进行回收再利用的同时，还需要进行杀菌消毒的处理。因此，快递包装回收利用的整个过程十分复杂，牵涉很多方面，需要国家法规的支持和制约，要联动社会各界的力量，同时调动全国高校，逐步实现全国快递包装绿色回收的目标。

五、建立并规范高校快递包装回收模式

针对当前高校快递包装的回收现状及存在问题，下文从“加大校内快递包装回收宣传力度”、“组建校内快递包装回收团队”、“设立校内快递包装回收站点”、“完善校内快递包装回收利用的宣传和奖励机制”四个方面展开讨论，以这四个点作为切入点，建

立高校快递包装的回收模式，同时加以规范，以提升高校学生的快递包装回收利用意识，探究高校快递包装回收的高效途径，并通过建立高校快递包装的回收激励体制，让更多的学生参与到快递包装的回收再利用中来。

（一）加大宣传力度

大规模有效的绿色环保理念的宣传，能够在很大程度上提高人们绿色生活的意识，举个例子，上海市 2019 年 7 月 1 日正式实施垃圾分类政策，细心的人可以发现，早在半年多以前上海市政府就已经开始大力宣传垃圾分类的知识了，在政策还没有正式实施的时候，就已经有大部分市民意识到以后的生活需要垃圾分类，同时在政策实施以后，还不忘继续大力宣传垃圾分类的理念，使得这一理念深入市民的日常生活中。高校的快递包装回收利用的宣传也可以借鉴上述模式，持续不断地利用校园广播、宣传角、易拉宝或者海报、微博微信等媒体公众号等形式，在学校里开展一系列关于快递包装回收利用的宣传活动，同时可以尝试答题竞赛的形式，让全校师生共同参与进来，师生活动交流学习，在潜移默化中提升师生对于快递包装进行回收和再利用的意识。同时，相关二级学院可以以学院为单位，以快递包装回收利用为主题，并结合本院的学科特点，开展特色趣味的快递包装回收利用为主题的专题讲座或者科创讲座，还可以举办一些趣味小活动，如摆摊、知识问答、赠送小礼品等，让师生在日常生活中不断地接触快递包装回收利用的知识，从而提高回收意识。然后，校内公众平台及校园公众号也可参与其中，通过定期或不定期发放快递包装回收再利用的趣味知识推送，向广大师生普及快递包装的回收再利用的重要性。

（二）组建专门的回收团队

高校内开展快递包装的回收利用，学校是一个不可或缺的重要主体，不论是校园内部回收团队的构建还是与快递企业的协商洽谈，将回收后的快递包装真正交给快递公司进行有效的循环重复利用，学校在这中间是一个纽带，衔接整个回收流程。因此，高校内组建一个专门的回收团队是很有必要的。

可以通过后勤保洁、宿管、学生会等协作组建快递包装回收团队，校园内的主要成员是学生，因此，整个流程主要以学生为主，教师在其中担任指导的作用。

表 1　　回收团队的构成

收集组	负责搜集校园内的快递包装。
分拣组	负责对收回的快递包装进行分类。
交付组	负责对接快递公司或者菜鸟驿站，确保回收的快递包装真正有效地得到回收利用；对接校内收发室、后勤等需要快递包装材料的部门，进行校内的二次循环使用。

组建后的团队建构可细分为收集组、分拣组和交付组，如表 1 所示，每个小组负责不同的板块内容。

(1)收集组负责校园内快递包装的具体回收,将校园内各个角落回收的快递包装送到指定的集中点,这一块主要由学生会定期组织学生进行收集工作,但是鉴于宿舍是废弃快递包装产生较多的地点,且学生日常课程内容较多,较为繁忙,宿管也需要协助宿舍区域的日常快递包装回收,方便后续学生进行集中回收工作,而校园内其他的公共区域,则需要后勤和保洁进行日常的回收协助。

(2)分拣组则负责对回收到指定集中点的快递包装进行分类处理,在专业老师的指导下,咨询并结合快递公司或者菜鸟驿站的回收要求,将快递包装按照不同的材质、不同的规格、不同的用途等分类规则进行分类,以便于后续使这些快递包装得到最大化重复利用。

(3)交付组则负责联系快递公司或者菜鸟驿站的工作人员,将分类好的快递包装运送到快递公司或者菜鸟驿站进行回收重复利用。同时需要成立一个联络小组,负责与校园内的收发室或者后勤部门等需要利用这些快递包装的部门或者人员联络,在校园内部循环,进行二次重复利用,不仅能减少购买材料的支出费用,还可以使快递包装得到更好的利用。同时,我们还可以注意的是目前高校都倡导创新创业项目,有不少优秀学生在校期间会利用课余时间进行创业实践活动,当涉及寄运物品时,同样也可以与交付组联系,取用回收的快递包装,这样能够帮助学生减少在创业途中的成本压力。

(三)设置充足的回收站点

快递包装回收团队组建成功后,可在校内菜鸟驿站、教学楼、宿舍楼等人流量大的公共场所建立快递包装回收站点。

回收站点根据人流量的大小和地理位置,适当调整站点的回收形式和回收点的分布密度。在宿舍、教学楼、食堂等人流量较大的地方,可以考虑在一楼各个出入口的位置开设出一间空间大小适中的回收室,在人流量大的时间点由专门的人员值班,提高回收效率,避免因人流量较大而出现拥挤的情况。这方便全校师生拿完快递随手拆开之后第一时间能够找到回收点,将快递包装放入回收站。这样做可以让在校师生觉得快递包装回收和往常的扔垃圾一样便捷,也可以做到随手回收,无论是去上课还是去食堂吃饭,抑或出门游玩,快递包装回收都只是顺手的事情。

而在人流量较少的体育场、科技楼、图书馆等地方,可以在出入口的位置放置回收箱,由于人流量不大,需要回收的快递包装较少,不需要较大的空间进行回收,因此不需要专门的回收室,放置一个大小适中的回收箱就可以了。

目前很多高校都在推进智慧校园,甚至很多学校智慧校园的进度已经非常完善了,因此如果有条件的话,可以选择使用智能回收柜来代替普通的回收箱,放置在人流量较少的地方,可以减少人力成本和分拣的时间成本。同时,几乎每个高校都有自身的内部网络系统,因此,可以利用计算机网络技术,使用微信小程序或者校园 App 等互联网软件，在每个回收站点和回收箱上都设置回收二维码，实时统计监控回收数量，当数量达到上限时，可以给出提示，及时进行处理。同时还可以记录分拣数据，可以在交接快递公司或菜鸟驿站的时候更加方便。

（四）完善回收宣传和奖励机制

为鼓励消费者的快递包装回收行为，已有第三方企业与电商企业合作，实施“线下回收，线上记录”的方式，对积极参与的消费者给予一定的物质奖励。[15]对于高校而言，可尝试不同做法以激励校内师生积极参与，具体做法有：

(1)制定并完善快递包装回收制度。高校通过联合快递公司或菜鸟驿站、专业的老师和行业经验者等众多专业人士一起制定并完善符合校园实际情况的回收体制机制，使得在日常校园快递包装的回收过程有制度的指导、有专业的评估，实现标准化、制度化、专业化的校园快递包装回收。

(2)完善快递包装回收宣传机制。高校可以通过自身的领导力来制定相关的宣传措施，以提高高校师生日常的回收意识，培养回收习惯，养成校园内的回收氛围。具体的措施可以是：开设环保课程，增加环保学分设置，将环保行为和环保知识检测纳入期末综合评定的范围内，从而在日常课程中宣传快递包装回收的相关知识，使得学生更深刻地认识到回收的重要性及意义，同时可以促进回收习惯的养成；定期开展相关讲座，学生在参与讲座的同时可以获得相应的素拓分，或者一些精美的小礼品，以提高讲座的吸引力；定期发起相关的知识竞赛，让更多的学生参与其中，同时还可以通过学生的创新思维，不断地为校园快递包装回收利用进行创新，使其更贴近、更便于学生日常操作。措施可以丰富多彩，重点在于符合高校自身的校园环境。

(3)完善奖励机制。奖励机制的完善不仅可以提高在校师生的积极性，同时还可以进一步推动回收习惯的养成，吸引更多的人参与其中。具体可以是：开设勤工俭学通道，由于整个回收流程大部分参与者是学生，需要大量的工作人员，开设勤工俭学的通道不仅可以给贫困学生一个在校兼职的机会，还能把在课堂中学习到的知识运用到实践中，提升行动力；利用大数据优势设置积分制，上文中提到使用二维码回收机制，可以利用智慧校园互联互通的优势，设置积分制，每次快递包装的回收利用都可以得到相应的回收积分，当积分达到一定分数可以适当地兑换校园饭卡、水卡、电卡的额度，或者兑换一些实用的生活用品、学习用品等；互联志愿者服务制度，高校内一般都有志愿服务学分的要求，如果有学生愿意参与到回收工作的队伍中，可以相应地抵扣志愿服务学分；提供创新创业的指导、帮助与奖励，如果有学生对于快递包装回收利用有浓厚的兴趣，能够创新思维，利用这一点来进行创业活动，学校可以给予重视并给出相应的指导和奖励扶持等。

（五）规范校内快递包装回收利用模式

基于上文中对于高校快递包装回收利用存在问题的分析，通过四个不同的对策作为切入点，构建新的回收模式，如图 7 所示，同时从源头到末端规范整个快递包装回收利用的流程，形成闭合环路，真正实现高效的高校快递包装的回收利用。

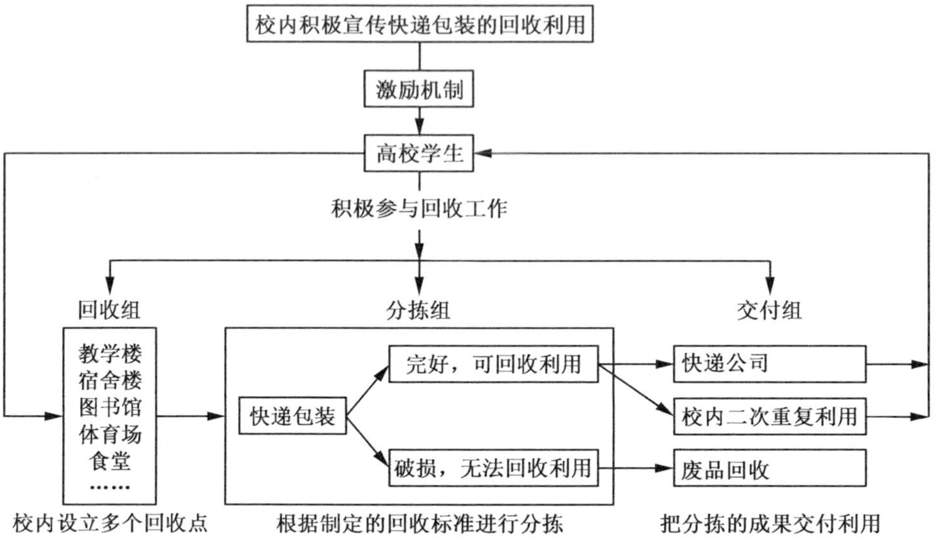

图 7 高校快递包装回收模式

(1)从源头开始，重视提升高校师生的回收意识。高校快递包装回收利用的整个流程的核心基础是提高全体高校师生的回收意识，潜移默化地养成回收习惯。校园内有良好的宣传机制体制，着重利用校内资源，大力开展各类高校快递包装回收知识宣传，全面提高高校师生对于快递包装的回收利用的意识，培养回收习惯，良好的回收习惯和回收意识为后续整个回收工作提供基本思想保障。

(2)重视高校学生的参与度。高校学生是校园生活中的重要主体，因此在回收过程中，高校学生扮演着十分重要的角色，整个回收过程以学生为主体，构建校园回收团队，整个团队划分成 3 个小组：回收组、分拣组、交付组。整个流程以学生为主导，专业教师人员为指导，通过完善的奖励激励机制来鼓励高校师生积极参加快递包装回收利用的工作，提高参与回收工作的热情。

(3)明确各个阶段的具体分工。明确各个回收小组的重要工作内容，各司其职，确保整个回收流程的有序性。各个小组成员进入正式工作之前，会有专业的指导老师进行培训，确保整个回收工作的整体质量，避免不必要的劳作，尽可能高效便捷，在完成回收工作的同时，也不影响正常的学习生活。

(4)确保高校与快递企业的衔接。需要确保与快递公司之间的交接工作，以高校的名义与快递公司进行交涉，需要专门的指导老师带领学生与快递公司进行交涉，确保在交涉过程中的合理性与专业性，使得最终在真正的回收过程中实现高校与快递公司的合作共赢。最终能实现快递包装从快递公司寄出，经过高校学生的回收利用，重新回到快递公司，再由快递公司利用寄出到学生手里的循环利用，共同为绿色物流做出贡献、为社会做出贡献，响应国家号召。

六、总结

国内互联网电商的飞速发展，目前高校学生已经是网购的消费主力之一，校内快递包装量逐渐增多，对自然环境造成不可估量的压力。本文通过线上调查问卷的方式，探究高校快递包装回收现状及存在的问题，发现目前高校内的快递量在逐渐上升，同时由于目前高校内缺少快递包装可回收利用机制和措施，造成校园内快递包装的处理方式单一，大多数为随手丢弃，虽然国家一直倡导绿色环保理念，各大快递企业早前也纷纷开始研究试行快递包装的回收利用，但是出于各种现实因素，并没有取得良好的效果。从现状中深究我们可以发现目前高校内快递包装的回收利用存在“可回收率低”、“没有回收习惯和回收动力”、“可回收渠道单一”以及“回收宣传和激励机制不健全”四个方面的问题，本文从“加大宣传力度”、“组建专门的回收团队”、“设置充足的回收站点”、“完善回收宣传和奖励机制”这四个方面展开讨论，以这四个点为切入点，建立并完善高校快递包装的回收模式，以提升高校学生的快递包装回收利用意识，探究高校快递包装回收的高效途径，并通过建立高校快递包装的回收激励体制，让更多学生参与到快递包装的回收再利用中来，对于逐步实现全社会进行快递包装的回收利用有较大的现实意义，是实现快递行业绿色、可持续发展的关键。

参考文献

[1]国家邮政局公布 2020 年邮政行业运行情况，https://data. stats. gov. cn/easyquery. htm? cn=A01&zb=A0A03&sj=2021.

[2]2019 校园快递行业发展报告，http://www. chinacacm. org/content/6165. html.

[3]闫文杰.绿色发展理念视域下高校快递包装回收现状与对策[J].浙江工商职业技术学院学报，2018，17(1)：93－96.

[4]钟晓欣，莫天生，廖依婷，李辉杰.基于逆向物流理论的高校速递包装回收体系构建与资源化对策研究[J].中外企业家，2019(2)：215－216.

[5]单麟婷，戴瑶，范春阳，程丕涛，于泽葆.大学校园快递包装回收研究——以沈阳大学为例[J].电子商务，2018(1)：95－96.

[6]周镭镭，王宇宽，俞琳，沈榆.循环经济下高校快递包装绿色回收研究[J].管理观察，2019(28)：124－126.

[7]翁静雯，葛樊亮，阳富强.高校快递包装废弃物的回收与利用[J].价值工程，2017，36(14)：81－85.

[8]灰度循环包装与循环回收体系助力绿色邮政发展，https://baijiahao. baidu. com/s? id=

1693821306055505773&wfr=spider&for=pc.

[9]冯径平，汪佳，宋君宜，康萍．快递包装回收利用研究[J]．中国商论，2017(18)：151－152.

[10]栗倩，姜玉，吴艳叶．校园快递包装回收存在的问题及对策[J]．上海包装，2018(4)：22－24.

[11]崔欣雨，冯娇，段少瑞，吉永胜，阿萨丽，闭晨莹，李廷．校园快递包裹绿色化改革[J]．商情，2018(32)：22.

[12]如何构建快递包装"绿色回收网"，看这些发达国家是这样做的！http://www.sohu.com/a/205037513_684534.

[13]王今，饶小飞．高校快递包装回收存在的问题及对策[J]．绿色包装，2020(6)：45－49.

[14]朱亚东，张义晗，刘潇遥，寇岩珂，胡焕焕．快递包裹表面微生物检测分析[J]．心理医生，2016，22(9)：252－253.

[15]周谋，关子威，齐龙，祝勇，程实．快递包装回收利用体系的模式探究[J]．物流工程与管理，2017(5)：130＋138－139.

附录

高校快递包装回收利用情况调查问卷

1．每个月大概收到几个快递包裹？[单选题]

□ 1～3 个

□ 3～6 个

□ 6～10 个

□ 10 个以上

2．收到的快递的主要外包装材料是什么？[单选题]

□ 纸箱

□ 塑料外包装

□ 其他

3．快递内保护材料有重要有哪些？[多选题]

□ 碎纸片

□ 泡沫板

□ 充气塑料隔层

□ 其他

4．你认为快递包装是否存在过度包装、过度浪费？[单选题]

□ 是

□ 否

5．平时拆快递之后，大多数快递包装是否完整？[单选题]

□ 完整，没有任何损伤

□ 完整，但是有轻微损伤，能继续利用

□ 不完整，完全损坏，无法重复利用

6. 哪一种快递包装在拆除的过程中更容易损坏？［单选题］

□ 纸箱

□ 塑料外包装

□ 其他

7. 后续一般会怎样处理快递包装？［单选题］

□ 当成垃圾直接扔掉

□ 当作废品回收处理

□ 自己重新利用

8. 对于快递包装重新回收利用是否赞成？［单选题］

□ 是

□ 否

□ 其他

链接：https://www.wjx.cn/vj/PlqbuSF.aspx.

基于跨境电商平台的集装箱空箱调运问题及对策研究

陈　兔

指导老师：李　清

摘　要：跨境电商平台上的交易由买卖双方、平台以及运输承运人三大主体完成。由于跨国贸易中供应链涉及主体较多，因而供应链脆弱性随之增加。2020年新冠疫情的突然爆发，使得国际物流供应链各个端点遭受重击。跨境电商平台被视作跨境电商贸易中的重要环节，逐渐成为中小微企业全球化运输的重要媒介。本文首先阐述了跨境电商平台的必要性和问题，重点分析跨境电商平台对联通企业及承运人的运输呈正相关性。本文重点探讨了海运运输的集装箱空箱问题。首先对集装箱空箱问题的已有研究进行系统性回顾，深入探讨集装箱空箱产生的原因。同时利用数学模型对运输中集装箱空箱调运成本最小化问题进行研究，并相应提出可行性较高的方案。

关键词：跨境电商平台；空箱调运；模型计算；成本最小化

Research on Problems and Measures of Empty-Container Dispatching Based on Cross-Border E-commerce Transaction

Abstract: The transactions on the cross-border e-commerce platform are completed by the buyers and sellers, the platform and the transport carrier. Because there are many subjects involved in this supply chain of transnational trade, the fragility of the supply chain increases. Due to the sudden outbreak of the COVID-19 epidemic in 2020, every point of the international logistics supply chain has been hit hard. Cross-border e-commerce platform is regarded as an important link in cross-border e-commerce trade and has gradually become an important medium for the global transportation of small- and medium-sized enterprises. This paper first expounds the necessity and problems of cross-border e-commerce platform, and focuses on analyzing the positive correlation between cross-border e-commerce platform and transportation of unicom enterprises and carriers. This paper focuses on the problem of empty containers in maritime transport. Firstly, the existing research on empty containers is systematically reviewed, and the causes of empty containers are deeply discussed. At the same time, the mathematical model is used to study the problem of minimizing the cost of empty container transportation in transportation, and the corresponding feasible scheme is put forward.

Keywords: cross-border e-commerce platform; empty container transportation; model calculation; cost minimization

一、绪论

(一)跨境电商平台发展现状

随着国家政策向跨境电商的不断倾斜和扶持,跨境电商成为外贸强劲增长点。2020 年中国跨境电商进口规模达 30 700 亿元(如图 1 所示)。2020 年外贸货物吞吐量 45 亿吨[20],增长 4.0%,在全年吞吐量中占比约 31%。2020 年集装箱成为出口主要商品,数量约为 198 万个,同比下降约 17.9%;金额为 508 亿元,同比增长了 10.5%。因此,可以判断 2020 年集装箱出口销售单价比之往年有所增加。全年货物进出口总额(如图 2 所示)为 321 557 亿元。其中进口 142 231 亿元,下降 0.7%。

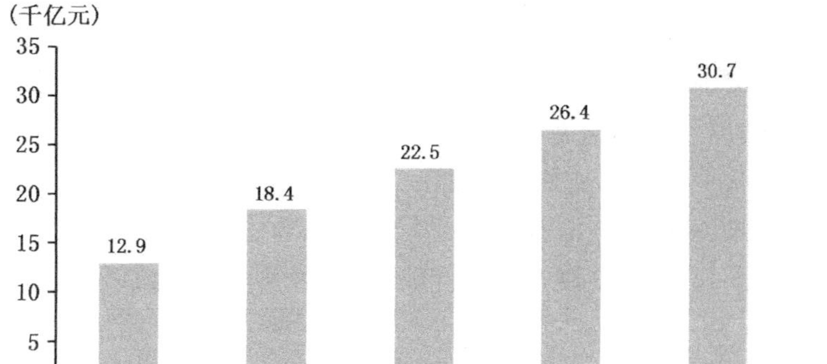

图 1　跨境电商进口规模示意图

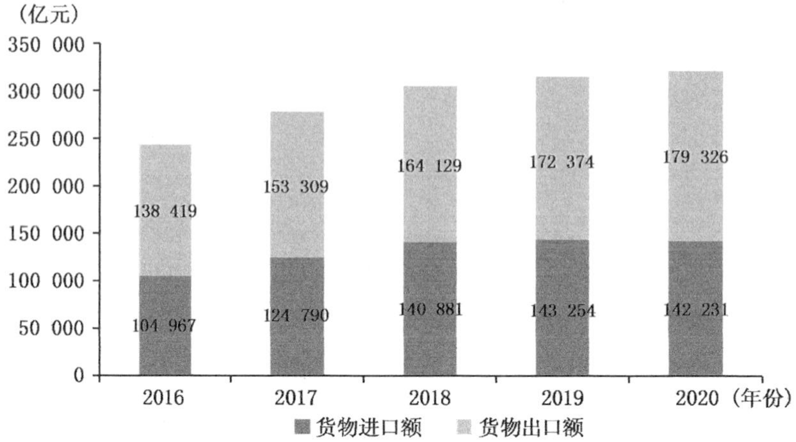

数据来源:2020 年国民经济和社会发展统计公报。

图 2 2016—2020 货物进出口总额

跨境电商平台作为全球化经济下出现的新型平台,脱胎于国内电商平台,在中国境内有着天然的优势。不管是 B2B、C2C 还是 B2C 的贸易形式,都需要有着完善的平台保护措施以及广泛的受众群体。除此之外,跨境电子商务对市场变动和市场风险有一定的评估,需要充分考虑到不同国家之间的贸易政策以及市场形势的认知。

万舟(2020)认为跨境电商的发展,离不开政府支持,需要在宏观层面上制定相关的利益政策。[1]王文娟(2020)认为跨境电商应控制物流成本,减少不必要成本支出,从而提高利润率。[2]雷鑫(2020)认为跨境电子商务需要跟随时代发展,借助大数据技术,联合多方合作,共享数据、共同发展。[5]

2020 年受新冠疫情影响,诸多企业难以复工或延迟复工,导致线下实体销售和采购渠道严重受阻。因此,在此期间,大量商家将商业行为转到线上,以无接触采购来满足下游买家的采购需求,疫情促进 B2B 电商平台上游供应商与下游用户规模的基数增长。2020 年我国跨境电商进出口 1.69 万亿元,其中,大宗贸易模式向中小企业开放。跨境电商平台的出现,为中小企业进行大宗贸易提供了保障。

跨境电商模式包括国内消费者购买海外商品的进口模式和海外消费者购买国内商品的出口模式。基于本文背景,主要着重分析进口模式下跨境电商运输供应链的特性。

跨境进口贸易满足了国内消费者对于海外产品的刚性需求和柔性需求。通过跨境电商平台,我国消费者购买海外产品与购买国内产品没有任何差异。包括产品物流运输时效或是产品的售后问题,都得到了解决,让消费者得到更好的体验,真正做到了贸易全球化。进口产品入关形式可分为直邮和保税。保税模式是指产品可先进入国内的保税区，当消费者下单后再进行清关处理，相当于在国内指定地点做了个仓库。而直邮模式是指当消费者下单后，及时将消息传达给海外商家，将产品运输到国内，到达国内后需马上清关，再运输到消费者手中。

（二）集装箱运输空箱问题阐述

跨境贸易中最普遍常用的运输方式是海运运输。大多数商家运输的都是些普通货物，除了少部分需要加急或买家要求的商品以外（此类货物一般会走空运），成本低廉的海运运输能使得商家的物流成本降到最低。而在海运运输中，集装箱是最重要的运输载体。然而，由于贸易顺逆差的存在以及各国各地区经济水平的不平衡，导致集装箱往往会在经过一段时间的流通后在某个地区堆积，而另外的某个地区则是空缺。这种情况可以通过第三方公司或者委托来往船舶利用空余舱位进行调度。

班轮运输是海运中最主要的运输形式，是指船舶公司需要事先根据国际形势、天气等原因制定船期表和航线，同时对航线上的集装箱船舶进行划分，要求集装箱船舶必须根据船期表进行航行。这种运输方式比较固定，对于空箱需求方和调运方来说，可以事先让客户按照要求于规定的时间内出现在规定的交箱地点，不能超期也不能提前。从管理层面来看，由于船公司的所有人是独立的法人，因此航运从业者只能调配本公司或是所属联盟内具有合同约束的集装箱空箱。

二、文献综述

（一）供应链脆弱性

在新冠疫情爆发的节点，国际物流运输链先后遭受到两个冲击：首先是国内疫情爆发，国外对国内货物的封锁或严格审批，导致海运运输吞吐量短暂下降，国际物流形势整体萧条；其次是国内疫情形势通过控制后好转，各国各地区又出现大规模的疫情爆发。因此，国内内陆运输开始好转，国际物流几乎形成单向运输航线。这是由供应链本身特性决定的。

供应链脆弱性是网络的本身特性，在中断风险发生之后显现出来。主要是指突发事件对供应链某个端点造成冲击，从而会使得整个供应链网络效能下降。供应链脆弱性的本质原因是企业之前不平等地位所造成的。这种不平等现象是因为企业对彼此的依赖程度不同而产生的双向强弱关系。[21]同一节点在不同时间段有着不同的双向强弱关系。

王蕾等（2021）在国内外的研究基础上，重新定义了供应链脆弱性的概念：供应链会受到自身和外界的干扰，从而使得其中某一环节偏离原来的期望值，因为牛鞭效应的影响，导致整体都受到干扰，无法正常运行，并靠自身难以回到正常状态。[22]

王玲（2011）由于研究角度和偏好不同，认为构成供应链脆弱性的几个关键因素分别是干扰和暴露。[23]干扰是指外部对于供应链整体或环节的冲击。暴露是指供应链本身特有的弱点环节容易受到冲击。影响供应链脆弱性的因素特点是不确定性和随机性。随着全球经济活动的频发，外部环境十分复杂多变，导致供应链整体脆弱性随之增强。

从上述学者的研究中可以看到，供应链脆弱性是由于本身某个环节薄弱并受到外部因素冲击所产生的。并且这种冲击是随机的，有着极强的不确定性。本文讨论的供应链脆弱性是根据 2020 年新冠疫情突然爆发为背景，随机性事件对于海运供应链的冲击所导致的供应链脆弱性。

（二）跨境电商平台概念和问题分析

马书刚等（2020）指出了我国跨境电商企业存在的问题。[3] 以人工智能为基础，提出共享平台，建设海外智能仓储为导向的营销策略。乔雯、王丽丹（2020）着重研究了跨境电商平台的发展与挑战。[4] 以敦煌网为例，分析其竞争优势和运营模式，并且十分推崇敦煌网对于跨境物流的选择策略。金璐（2020）基于互联网下跨境电商供应链模型，分析出影响跨境电商供应链的四个因素，其中物流运输保障能力是十分重要的。[6]

通过对上述文献的分析，跨境电商平台存在共性问题是如何降低运输物流成本或海外仓物流成本相关问题。跨境电商平台对于合作物流的选择需以物美价廉为原则，最大限度地为商家减少物流总成本。那么，对于跨境电商来说，最为普及的成本较低的跨境物流便是海运运输，而海运运输最为突出的问题便是集装箱空箱调运问题。

三、集装箱空箱调运问题分析

（一）空箱产生的原因

随着经济贸易全球化的不断推进和快速发展，跨国运输规模扩大及多式联运的展开，成本低廉的海运运输蓬勃发展，使得依托于海运的集装箱运输也在快速发展。集装箱运输不同于其他运输方式，是将货物集中装在集装箱内，再统一运输的方式，是以集装箱个数 TEU 为单位的。相较于传统的散件运输，集装箱运输可以在较大程度上减少货物的耗损，节省包装费用，并具有易于货物清点、提高装卸搬运效率、易于开展多式联运等优点。空箱调运也就是空集装箱的调运，是伴随着集装箱运输的发展而产生的问题。

1. 经济发展不平衡

由于各国各地在产品生产及国际贸易业务上的分工不同，且各地区贸易发展不平衡，导致港口的进、出口货源极度不平衡。航线经济、地理环境、运输规则制度等因素，导致集装箱货物运输的流程也存在一定的差异。由于各国各地区经济发展水平不相类似，会导致不同航线上贸易量不均衡，从而影响各港口集装箱的保有量。

2. 箱型限制

地区港口进出口货物的种类和性质不同，导致运输用的集装箱规格也不同，这就产生了航线某规格集装箱短缺的情况。此外，常规箱型和冷藏箱或者特殊箱的运输条件不一致，有着自身特殊的运输限制，导致某些时间段会出现特定箱型的大量短缺。如夏天天气炎热时，对于运输生鲜食品的企业来说，冷藏集装箱是必不可少的，大量的需求集中在某个时间段，因此会造成空箱调运的问题。

这些因素造成港口进、出口集装箱比例失调，出现港口空箱供求不匹配，需要调运不同地区港口、航线的各规格、类型集装箱空箱来应对需要，从而产生空箱调运问题。

3. 主观原因

除去一些人力无法左右的客观情况，产生集装箱空箱调运还有一些主观上的原因。例如，船公司为了节省成本、降低集装箱的损耗率，会将集装箱运到维修费用低、修箱质量高的地区。还有船公司主观上的管理问题导致的空箱调运。如运输过程中出入关的手续交接或是客户未按规定时间提箱，都会造成某个港口的集装箱数量不正常，影响后续的流转。

综上所述，虽然由于地区经济水平、产业结构等带来货量、流向及货物种类的不平衡，此类集装箱不平衡原因是不可避免的，但只要加强箱务管理、提高装卸水平、提升集装箱周转效率，减少一定程度上的空箱调运量是具有可行性的。

（二）集装箱空箱常规运输流程

首先，发货人由于需要对货物进行运输，这便会产生空箱需求。当港口或船公司自有箱无法满足发货人的用箱需求时，往往会向第三方箱管方发送空箱调运请求，以期满足客户的用箱需求。当邻近港口或货运现有空箱仍无法满足请求时，便需要向邻近的租箱公司租箱来满足需求。

当空箱调运至发货人所要求的地点后，将对货物进行装箱操作。此时，空箱转变为重箱，并经由公路或铁路运输到指定港口，等待装船出运。

待船舶到达后，承运人将重箱装船，通过海上运输的方式将重箱运往发货人事先指定的港口进行货物对接。

当集装箱船舶安全地抵达发货人指定的港口时，将对重箱进行正常的装卸交接操作，并通过邻近的铁路、公路继续运往指定目的地。当抵达发货人指定的地点进行卸货后，集装箱此时转变为空箱，再将其继续运送到邻近的港口或货运场站。如果集装箱是通过租赁得到的，并且达到集装箱使用的期限，则需要将其返还给租箱公司。如果是自有空箱，在被运送到港口或者货运场站之后，将再次被使用。

上述流程是整箱货的流程过程，当发货人运输货物不足以装满整个集装箱并且愿意接受拼箱时，发货人首先需要将运输货物运送到邻近的港口或内陆场站等待货物拼装。对货物进行封箱后，将通过海运运往收货人指定的港口进行装卸、拆箱等操作，然后将各自的货物分别发往对应收货人的手中，其他流程均保持不变，运输流程如图 3 所示。

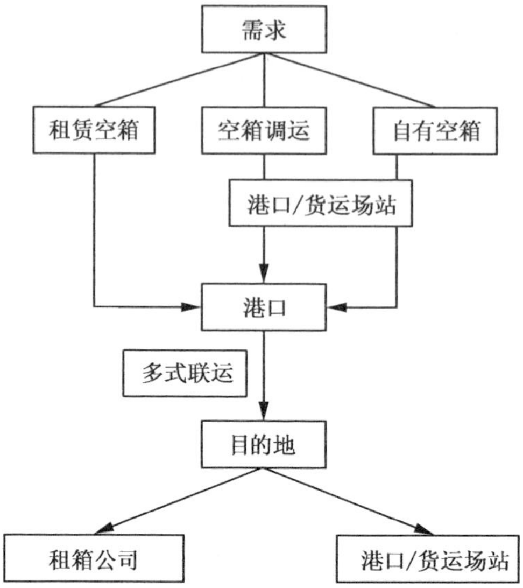

图3　运输流程

(三)集装箱空箱调运的特点

1. 时间和空间上的限制

集装箱空箱调运强调的是在规定的时间内从合适的港口或货运场站将适量空箱调运至发货人所在地点。在实际操作流程中,为了在规定时效内满足发货人用箱需求,空箱应尽可能实现保时、保质、保量的供应。

如果超期,则会使得货物无法在规定时间内运输出去,造成客户的商业损失。如果过早地送达指定地点,又会造成在港口或场站堆积大量空箱,从而造成资源浪费,又会产生堆存成本。

2. 数量和时间的随机性

空箱的供给量和需求量会受到船舶运输班期、客户、港口吞吐量等多种因素的影响,在时间和空间上具有一定的随机性。在时间上,随机性主要是来自还箱以及用箱时间的不确定性。由于港口和货运场站的设施设备分布不均匀,导致集装箱在往来运输和装卸环节中会存在差异。此外,集装箱运输还容易受到特殊事件、气候的影响,进一步造成了其供需不平衡的随机性。

在数量上,随机性主要来自顾客需求的动态变化。船运公司会根据顾客所提交的订单来确定所需调运的空箱数量。虽然大部分用箱客户是船公司的长期客户,但也会有部分临时客户来向船公司下单,这就导致空箱需求数量具有不确定性。同时,受节假日和季节的影响,会出现空箱需求的短期波动现象。而还箱时间会受到运输途中的间接影响,进一步导致空箱返回量的不确定性。

3. 动态性

虽然从长期来看，空箱的供需是趋于稳定的，但受到班轮班期、季节、节假日、突发事件、客户需求等多种复杂因素的影响，使得港口的集装箱供需状态发生改变。可能这一周A港口是空箱需求港，后受到节假日的影响，后一周A港口成为空箱供给港。另外，在实际运营流程中，空箱调运的成本也会发生改变。因此，船公司或第三方箱管方在空箱调运时需要实时调整数量和航线。

4. 复杂性

由于上述所说的空箱调运具有随机性和动态性，这也在一定程度上使得空箱调运的活动十分复杂。在实际运营中，集装箱空箱调运的方式多种多样，并且涉及对象较多；集装箱种类和运输货物的品类也多种多样，在运输流程中还会受到气候条件和国际形势等因素的影响。

四、集装箱空箱模型构建

（一）集装箱空箱模型算法综述

随着国际贸易的蓬勃发展，海运运输由于成本较低、运输量大等原因，成为国际物流中最普遍的运输方式。而在这其中，集装箱运输在海运体系中的重要性不断加深。然而由于贸易不平等和集装箱管理等问题，集装箱空箱问题不断出现。针对这种情况，国内外陆续有学者进行深入研究和模型推算。

AG Von Westarp等（2016）考虑到空箱调运的不确定性，对确定量和模糊量两个方案分别设计模型，并设计算法，验证了影响成本的极大因素。[12]徐文思、张荣（2016）综合考虑了港口冷藏空箱供需的随机性、动态性等特点，提出冷箱干用策略，构建利润最大化模型，并将顾客满意度进行量化，分析其对总利润的影响。[13]

汪传旭等（2016）考虑到船公司的合作情形和空箱的供需随机性，运用配对分解思想，构建了多港口之间的空箱调运模型。[7]邢玉伟（2016）基于船运公司合作形成联盟的假设出发，以成本最小化为目标，在考虑了空箱的动态性和随机性的基础上建立了相关的最优化数学模型。[14]

江玉杰等（2018）充分考虑资源共享、动态性以及时间窗的影响，以成本最优为目标，依据合作调箱的方式，通过算例研究四种调箱策略并建立相应模型。[15]最后通过模型求解，分析出各参数对于最优调运方案的影响。Koichi Shintani等（2019）充分考虑空箱调运的随机性和动态性以及箱种繁多的影响，探讨了组合集装箱的可能性，并提出了一个最小成本的多商品网络流问题模型。[16]最后确定了标准集装箱和可组合集装箱的船队规模及其空集装箱的分配或重新定位。最终通过模型设计和数学实验，验证其观点：组合集装箱可节省相当大的成本。杜菲（2020）在前人研究基础上，在考虑了影响空箱调运的各种影响因素的背景下，以成本最小化为目标，设计了空箱调运方案。[18]

通过对海内外学者关于集装箱空箱调运的研究，可以发现不管其设计方案如何变化，最终目的是为了总成本最小化为目标进行模型构建。此外，为了更好地调运空箱，需要与相关第三方进行合作，建立战略联盟或组织，最大限度共享资源与数据，最大达到合作共赢的目标。

（二）问题提出

目前分别针对跨境电商平台和集装箱空箱调运的研究有许多，但将其结合谈论分析的很少。跨境电商平台作为国内交易者和国外交易者的中间桥梁，保证商品到达当地的物流跟踪与时效性。考虑到跨境电商平台更普遍采用大宗商品运输，因此需要解决海运中的核心问题：集装箱空箱调运。

空箱调运问题中的核心重点主要有以下几点：

1. 何处调运（Where）

空箱调运的路线主要是由空箱供需双方的具体位置所决定的。空箱调运的主要思想就是将空置集装箱从富裕的港口即供给港，转到匮乏的港口即需求港。同时，还需要考虑在途运输成本、运输时间、调运的可行性等因素。

2. 何时调运（When）

空箱的调运时间是从顾客的决策期开始，在顾客要求抵达的时间如期从供给港到需求港，将空箱运往指定地点进行交接。空箱既不能超期，也不能提前到达，只能在规定期限内抵达，否则又会有一笔额外的成本开支。

3. 调运数量（How Much）

空箱调运的数量是指从供给港调往需求港的总空箱数量。这需要考虑到两个方面：首先，如果供给港的空箱数量能够满足顾客的需求，则可以直接将指定数量发往需求港；其次，如果供给港的空箱数量无法满足顾客的需求，那么就需要考虑是让顾客租赁空箱还是再向其他供给港请求调运足够的空箱。在实际调运操作中，调运数量不仅受到港口供需数量的影响，同时还与船舶运输能力、运输时间、运输线路等问题密切相关。

（三）模型假设及变量界定

（1）只考虑 20GP 的 TEU，其他标准的集装箱都折算成 20GP；

（2）到达的重箱经过卸货后可以直接作为空箱使用；

（3）所有港口的需求量和供给量在一定周期内固定，并遵循“分布”配对思想，调运只在所给的港口圈内；

（4）周期为 1 个月/3 周；

（5）货物为普通货物，无需冷链运输，没有特殊要求，非危险品；

（6）每个港口间都有固定航线，且船期表已知；

（7）不考虑集装箱折旧费用；

(8)所有调运的集装箱都未超期，都在规定时间内到达；

(9)港口内有船公司进行合作。

D：总成本

T：决策期

t：运输时间

c_{load}^{i}：表示站点 i 的集装箱装载费用，单位：元/TEU

$c_{install}^{i}$：表示站点 i 的集装箱卸载费用，单位：元/TEU

c_{l}^{i}：表示站点 i 的集装箱堆存费用，单位：元/TEU·周

x^{ija}：表示 a 公司在 t 时段内从站点 i 调往站点 j 的自有空箱调运量，单位：TEU

z_{ija}^{t}：表示 a 公司在 t 时段内从站点 i 调往站点 j 的租箱调运量，单位：TEU

y_1：从站点 i 到站点 j 的总运输费

M：租金费率

Q_{ijk}^{t}：表示在 t 时段内 k 公司由站点 i 到站点 j 的集装箱需求量，单位：TEU/周

T_{ij}：表示站点 i 到站点 j 的总时长，单位：周

(四)模型构建

1. 目标函数推导

运输成本=总运输费/运输时间

$$Y=\frac{y_1}{t}$$

空箱调运成本=调箱量×(运输成本+装卸作业成本)

$$D_1=x_{ijk}^{t}\times[Y+(c_{install}^{i}+c_{unstall}^{i})]$$

租箱成本=租箱量×租箱占用天数×租金费率

$$D_2=z_{ijk}^{t}\times M\times t$$

因此，目标函数为总成本=空箱调运成本+租箱成本，最小化

$$\mathrm{Min}(D=D_1+D_2)$$

2. 约束条件

非负整数约束：x_{ijk}^{t}，z_{ijk}^{t}，Q_{ijk}^{t} 均为非负整数，即大于 0。

五、算例分析

(一)算例描述

假设现在有一家位于中国上海的 A 公司，因为疫情在国外肆虐，而在国内控制较好，因此准备 2020 年 6 月卖出 9 000 箱口罩和医护用品给位于德国汉堡的 B 公司。两个公司在跨境电商平台下交易。平台受到订单交易成功提醒后，先是联系港口获取集装箱信息。发现受到疫情等种种原因，集装箱不够需求，因此就近联系第三方箱管

方将空箱调运到发货人所在工厂，并运输至上海港港口。货物将从上海港出发，运到德国汉堡港。

每箱医疗用品的数据设为固定数值，384 箱为一组，数据为：56，28，41 24.69CBM，正好装满一个 20GP 的集装箱。那么 A 公司所有的货物需要 9 000/384＝23.437 5≈24（TEU）。所租船舶为 OOCL。假设上海港现在只有自有空箱 10TEU，剩下的需要调箱或租箱。由于当时租箱数据较少，因此参考 2020 年 5 月的数据，即小柜租金为 1 550 美元。空箱从德国港调运，全长运输费为 865 美元，总用时 33 天。

详细费用如表 1 所示，以 DHL 货运代理公司为例。

表 1

内装包干费	TEU	200	只含仓库装箱，不含放单，上下车费，运输
短驳运输费	TEU	500	
卸车费	立方数	13	2 吨/10 立方以下，不到 1 立方按 1 立方收取，立方吨托择大计费其中，1 元/立方
场地费	元/柜/天	100	
车种费	票	10	10 元一单
仓库租金	CBM/天	2.3	无免堆期
租箱费	元/柜/天	300	大约用箱时间 7～14 天（如果低于 7 天，租箱价格为 400 元/柜/天）
上下车费	元/柜	300	

根据相关文献资料，得出下列相应参数取值，如表 2 所示。

表 2

参数代号	参数名称	数值
t	运输时间	33 天
c_{load}^{i}	上海港的集装箱装载费，单位：元/TEU	300＋10＋200＋200
$c_{install}^{i}$	上海港的集装箱卸载费用，单位：元/TEU	300＋13×24.69
c_i^i	表示集装箱在站点 i 的堆存费，单位：元/TEU/天	2.3×24.69＋100
x_{ijk}^{t}	表示 k 公司在 t 时段内从站点 i 调往站点 j 的自有空箱调运量，单位：TEU	
y_1	从站点 i 到站点 j 的总运输费	865
M	租金费率，元/柜/天	300
T_{ij}	上海到汉堡的运输时间	33 天

（二）算法求解及分析

将上述所有实地调研和整理文献所得到的数据代入模型中，并通过 MATLAB-2017 进行求解，可以发现在本文背景下，当自有空箱不足的情况下，和第三方相关机构进行合作，从德国调运来的空箱调运总成本为 168 422.25 元人民币。而如果通过直接租赁第三方箱子，那么成本为 200 879.47 元人民币。可以看到从远处港口调运来的空箱成本要比直接在当地租赁少一些。此外，空箱调运根据起始港的不同，成本会有一定的波动。可以看到，在自有空箱不足的情况下，借助第三方机构合作，调运空箱要远比在当地直接租赁空箱经济实惠。

六、结论

综上所述，跨境电子商务行业逐渐成为跨国贸易的主流交易形式，这对于跨境电商平台来说，既是机遇也是挑战。平台需要满足不同国家的用户需求，根据国内外的市场差异进行相应调研，找到国际交易市场中的缺位，大力发展出口贸易。同时，针对进口产品，需要严格把控质量。同时，平台需要在完善自身服务水平的同时，给入驻企业商家提供交易顺利进行的保障，包括网络安全和物流支持等。

本文通过对租赁空箱和调运空箱成本的比较，在本文背景下，空箱调运的成本小于空箱租赁的成本。因此，对于有一定商品规模的跨境电商平台来说，同第三方调运机构合作，共享其信息和资源，可以最大限度地降低物流总成本。

本文以总空箱获取成本最小化为目标函数，设计的数学模型中所考虑的因素较基础，模型构建也较简单，并未将后续利益分配问题、随机性和风险性因素纳入模型，未来可以考虑做更进一步的研究。

参考文献

[1]万舟. 中国跨境电子商务发展现状及应对措施分析[J]. 现代营销（经营版），2020(12)：112－113.

[2]王文娟. 跨境电商物流成本控制模式的优化与重构[J]. 中国市场，2020(33)：159－160.

[3]马书刚，宋海霞. 人工智能驱动跨境电商企业发展对策研究[J]. 商业经济，2020(11)：156－158.

[4]乔雯，王丽丹. B2B 跨境电商平台运营模式及其影响因素——以敦煌网为例[J]. 现代营销（经营版），2020(6)：51－53.

[5]雷鑫. 大数据时代背景下跨境电子商务企业运营风险与控制[J]. 中国市场，2020(32)：190＋192.

[6]金璐. 跨境电商供应链效率影响要素及关系分析[J]. 商业经济研究，2020(22)：153－155.

[7]汪传旭，陈飞燕. 船公司合作下基于多港口物流总成本最优的空箱调运[J]. 系统管理学报，

2016,25(3):539—545.

[8]许强强.港口集装箱空箱调运成本优化研究[D].青岛:中国海洋大学,2008.

[9]韩晓龙,张盟学.集装箱空箱调运优化模型[J].集美大学学报(自然科学版),2013,18(2):114—118.

[10]刘明丽.共享模式下的集装箱空箱调运优化及成本分担问题研究[D].大连:大连海事大学,2020.

[11]王瑾.海运集装箱空箱调运成本优化研究[D].大连:大连海事大学,2010.

[12]AG Von Westarp. A fuzzy approach for container positioning considering sustainable profit optimization [J]. Transportation Research Part E:Logistics & Transportation Review,2016.

[13]徐文思,张荣.航运公司合作下的海运冷藏箱空箱调租优化模型[J].大连海事大学学报,2016,42(4):105—111.

[14]邢玉伟,杨华龙,储飞飞.基于互租战略的班轮联盟空箱调运[J].大连海事大学学报,2016,42(1):101—106.

[15]江玉杰,高卓.航运联盟空箱调运决策模型[J].包装工程,2018,39(17):111—117.

[16]Koicbi Shintani,Rob Konings,Akio Imai. Combinable containers: A container innovation to save container fleet and empty container repositioning costs [J]. Transportation Research Part E: Logistics and Transportation Review,2019.

[17]朱星龙,汤银英,陈思.基于集装箱共享的中欧班列空箱调租优化[J].铁道科学与工程学报,2020,17(6):1571—1577.

[18]杜菲.集装箱空箱保有量与航运联盟空箱调运研究[D].大连:大连海事大学,2020.

[19]2020年政府工作报告[R].2020—12—29.

[20]中华人民共和国2020年国民经济和社会发展统计公报[R].2021—02—28.

[21]段鹰,刘红,朱祥文.基于企业地位不平等的供应链脆弱性分析[J].计算机集成制造系统,2019,25(1):208—213.

[22]王蕾,王赛,李文科.供应链脆弱性及恢复力:文献综述与展望[J].商业经济研究,2021(4):35—38.

[23]王玲,褚哲源.供应链脆弱性的研究综述[J].软科学,2011,25(9):136—139.

供应链管理环境下服装企业库存控制优化研究

陈韦辰

指导老师：殷延海

摘　要：服装行业作为企业供给侧改革的关键组成部分，在国民经济发展中处于重要地位，供应链背景下的库存控制越发成为企业间竞争的核心，科学合理地控制库存不仅可以降低库存量及库存成本，还能避免企业因缺货而造成机会损失，大大提升服装企业的运作效率。本文以供应链环境下服装企业的库存控制为研究对象，首先在分析服装行业现状和库存情况后，通过部分李宁的库存数据，理论结合实际地指出我国服装企业如今普遍存在的库存问题以及产生问题的原因；其次，引入供应链库存控制的成功案例 ZARA 服饰，在了解其库存管理的情况与优势后，分析得出对服装企业库存控制的启示；最后，运用移动平均和指数平滑的预测方法，比较得出预测需求对我国服装企业的作用，并借助 ABC 分类库存法和 VMI 供应商管理库存法，基于供应链背景对服装企业提出优化对策，以提升其竞争力。

关键词：服装企业；库存控制；预测优化

Study on Inventory Optimization of Apparel Enterprises in Supply Chain Environment

Abstract: As a key component of the supply-side reform, the apparel industry plays an important role in the development of the national economy. Inventory control based on the supply chain has become the core competition among enterprises. Controlling inventory scientifically and reasonably can not only reduce stocks and inventory costs, but can also avoid the opportunity loss caused by company's shortage of goods, so that it can greatly improve the operational efficiency of the apparel company. This paper takes the inventory control of apparel companies in the supply chain environment as the research object. After analyzing the current inventory status of the apparel industry, through some of Li Ning's inventory data, combined with theory and practice, I find out the common inventory problems in China's apparel companies today. Then, I try to get enlightenment for inventory control of apparel companies by introducing the successful case of ZARA, and researching its inventory management situation as well as advantages. Finally, using forecasting methods of Moving Average and Exponential Smoothing, I realize that applying a reasonable method to forecast demand has a huge effect on deciding on clothing order quantity and sales. Besides, with the help of the Activity Based Classification and Vendor Managed Inventory, I will propose optimized countermeasures for apparel companies to enhance their market competitiveness in the context of supply chain management.

Keywords: apparel company; inventory control; optimize forecast

一、绪论

(一)研究背景

经济全球化的背景下,世界已经进入供应链时代,我国的服装行业取得了快速发展,服装市场的竞争也日益激烈,供应链带来时间和空间上的延展,使得企业对库存的优化控制更加多样。对于整个服装行业来说,库存过高造成的库存堆积滞销,会影响企业流动资金的周转,引发库存风险;而库存短缺又会造成销售机会的损失与经营利润的流失。因此,为了更好地适应市场、提升服装企业竞争力,必须借力供应链优化库存。

(二)研究意义

在供应链的支持下,针对链条上物流、信息流以及资金流等各个相关元素进行统筹管控,结合信息技术,寻找新的增长点,对于服装产业未来的发展具有深远的意义。首先,优化库存控制,可以有效地降低库存成本,提高服装企业的资金流转率,避免对利润空间过度地挤压;其次,优化计划的实施将有效提高企业当前精准预测市场的能力,从原材料采购和销售两方面提高与供应商的合作效率与供应链响应速度,缓解因用户需求量变大而导致的高库存率,优化终端库存和销售数据,降低存货资金占压,提升客户满意度。

（三）研究方法

1. 预测方法

（1）移动平均法

移动平均法是用近期的销售数据预测未来短期需求量的一种简单平滑预测技术，也在所有预测方法中应用广泛。该方法的预测思路是连续求其平均值，得出相邻两期平均值的变动趋势，通过计算平均发展趋势来进行预测分析。

（2）指数平滑法

布朗提出的指数平滑法是短期预测中较为有效的特殊加权移动平均法，根据时间序列所呈现的规律态势，给予离预测期近的数据比远期观测值更大的权重，权数由近到远呈现指数规律递减。对服装企业来说，运用这种方法可以对数据的变化做出及时的调整。

2. 库存控制模型

（1）ABC 库存分类法

ABC 分类法起初由意大利经济学家维弗雷多·帕累托提出，之后戴克将其应用于库存管理。在保证 A 类物品不缺货的前提下维持最小库存水平，公司生产经营活动的需求决定了 B 类产品的持有量，C 类产品重要性水平较低，而且因为种类多，所以管理起来较复杂，应尽可能地简化管理步骤，缩短管控时间。

（2）供应商管理库存法

VMI 作为供应链环境下的库存运作模式，采用战略贸易伙伴之间的合作性策略，是一种库存决策代理模式。它以集成式思维管控库存，使供应链系统能够同步化运行。在这种库存控制策略下，允许上游企业对下游组织的订货和库存策略进行计划与管理，在共同的框架协议下以双方达到成本最低和改善服务为目标，由供应商代理分销商或批发商行使库存决策的权力来管理库存，并定期监督修正，使库存控制得到持续改善。

二、供应链管理环境下服装企业库存控制存在的问题及原因

（一）服装企业库存现状

数据显示，2020 年全国服装企业数量为 13 300 家，累计完成服装库存产量 223.73 亿件，比 2019 年下降 7.65%，降幅比一季度收窄 12.64 个百分点（如图 1 所示）。服装尾货数量至 2020 年已降至 8.9 亿件。

（二）库存控制存在的问题

据统计，我国各大服装品牌的仓库积压仍以每年 5%的速度上涨。供应链失去控制力，会造成服装企业前端跟不上需求、后端积压大单库存的恶性循环。服装企业的库存问题无非是供过于求导致的库存积压和供不应求引发的库存短缺两类，其中，过

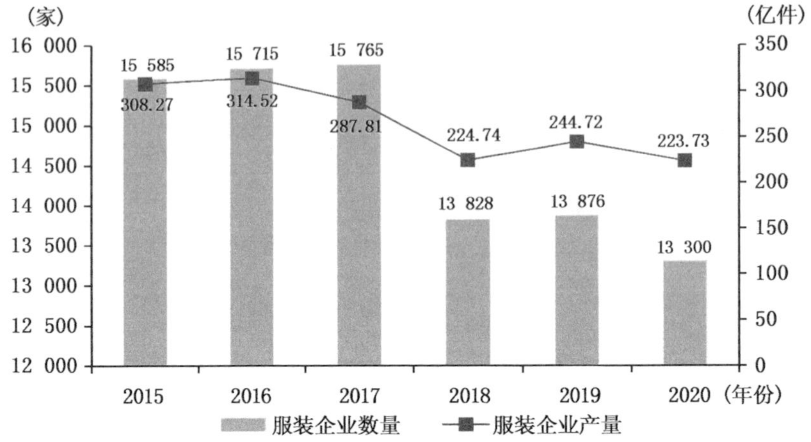

图 1 2015—2020 年全国规模以上服装企业数量与产量

量库存不仅降低企业的灵活度、扭曲产品传达的流行信息，还会占用大量运营资金、增加运作成本，被认为是服装行业最普遍的问题，而不达安全库存也可能造成生产中断，服务水平降低，流失一定的经营收益。

1. 库存资金占用率高

由数据对比发现，原材料、在制品和产成品三项资金占比过高，约达销售收入的 3 倍，尤其是在制品和原材料。企业存销比的增加，大量资金被库存占用，会使仓库积压的存货不断贬值，仓储费用不断增加，导致资金周转受限，随之而来的恶性循环更会迫使企业库存资金超额投入，最终影响企业的整体运营收入(如图 2 所示)。

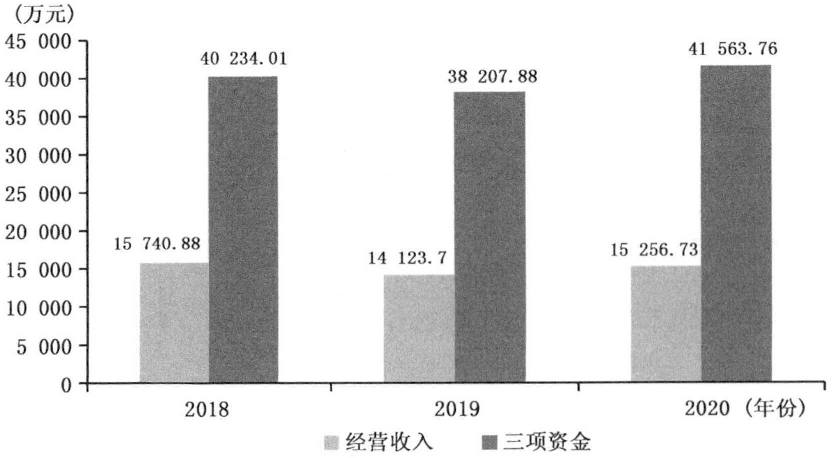

图 2 2018—2020 年某服装企业库存资金与经营收入对比

2. 库存周转率低

库存周转率是指在一定时间内库存物资周转的次数，可以反映库存周转的快慢。这种循环活动的速度可以预测制造企业的利润，敏捷地反映出库存状态，为制定库存计划提供依据。服装从设计到推向市场的平均时间需要半年到一年，而同系列产品的零售周期通常为两三个月。过长的周期，除了拉长投入资金占压时间，也会由于产品开发过早而难以准确预测市场走向，为上市服装埋下滞销风险。通常，服装企业的库存周转率要达到 4 以上才能体现其较好的盈利能力。由图 3 统计的某服装企业库存周转率可以发现，该企业的存货周转率虽逐渐上升，但仍未达到理想水平，库存的变现速度慢、产品投入市场的速度慢，必然会导致库存积压问题，使得流动资产中货币资金占比不足，短期偿债能力下降，限制企业的长远发展。

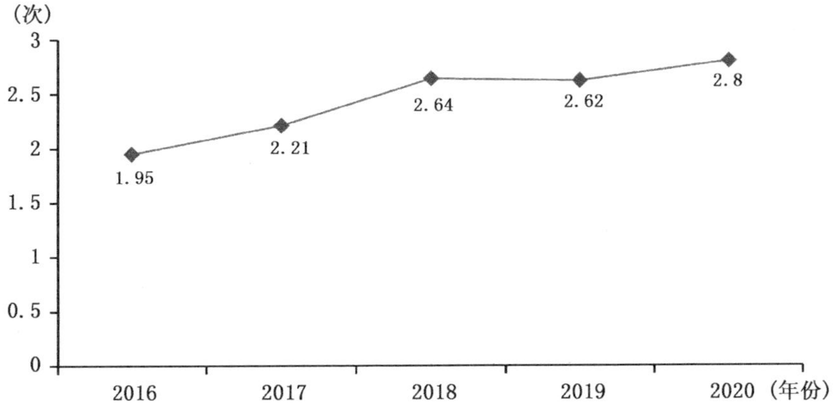

图 3　某服装企业库存周转率

3. 库存采购混乱

采购原材料是库存管控的初始环节，但由于人员素质、操作流程等原因，不能对消费者的实际需求进行准确快速的预测，从而盲目采购生产，原材料与生产所需原料不匹配，致使整个流程混乱无序。部分企业采用集中下单订货、中途间歇性补单的控制库存模式，在拓宽市场的过程中，体量的迅速增长使得库存产品结构日益复杂，为库存控制带来压力。

4. 处理库存方式单一

企业对市场需求的了解不充分与服装需求的持续低迷共同导致库存大量堆积的现象，而企业为减少滞销存货、刺激消费，多选择折扣促销，虽暂时提高了销量，但只是通过低价策略提前释放了消费者的购买力，反而还会促使企业扩大厂房投资来增加供应，待活动结束，更易产生生产闲置和存货积压。2020 年的新冠疫情也为热销服装品牌李宁带来库存压力，被迫放缓旧品库存消化水平，库存原值有所增加，只得通过减单折扣来消化现有库存。

5. 信息集成率低

对于服装这类周期短、淘汰率高的行业，必须实时传输信息，只有保持对时尚的敏锐感知和对市场趋势的准确把控，才能合理判断并及时调整战略计划，避免出现因为信息失真而导致的库存存量，造成库存积压或者断档。

6. 生产成本高

目前服装企业存在生产方式落后、成本过高等现象，缺少规模化、机械化设备，原材料浪费严重，生产成本较高，也会拖慢前导时间。

7. 库存绩效评价欠缺

系统的库存管理绩效评价能为公司库存控制提供目标和方向。目前服装企业的库存绩效评价以财务状况等定性评判为主，缺乏对供应商动态的管理和定量评价标准，对供应商的研发能力、服务水平、未来发展潜力等因素重视不够，也未纳入市场管理、顾客满意度等评价维度，随着经营规模的扩大，一味增加新供应商却忽视跟踪管理供应商，导致货品延期进仓、残次返修率升高。缺乏对供应链上各节点企业的关注和激励，造成企业无法选择优秀且能长期合作的供应商。

（三）服装企业库存控制问题形成原因

服装库存的问题，无论是库存积压还是库存短缺，究其综合原因，都是由于市场需求流动性的变化加大了企业库存控制的难度。信息扭曲而使需求放大及销售量不足是库存积压的主要成因，而追加订单的管理缺陷是引发库存短缺的关键因素。不过除了产品本身的特性和库存管控方面的不足，也有外部环境的变化、消费观念的转变等，现概括如下：

1. 未能根据产品特性精准预测，有效应对牛鞭效应

供应链下游消费需求的轻微变动却导致上游企业生产经营的剧烈波动被称为牛鞭效应，不仅会增加企业的库存运作成本，而且降低了供应链内产品的供给水平，引发企业间的分歧。牛鞭效应的诱因可谓直接贯穿于库存问题之中。因为服装产品流行性和季节性的特点，生产周期长而生命周期短，在消费过程中还伴有一定随机性，需求预测难度更大。许多制造商和销售商对服装销售的预测不准确，企业的库存控制模式又未完全适应供应链环境，出现上述一系列的库存问题。从表 1 所示的某服装公司的库存数据可见，其库存水平波动较大，近几年基本呈现增长趋势，2020 年因环境影响而显著上升。

表 1　　某服装企业库存及库存增长率

年份	库存（万元）	增长率
2018	267 545	7.35%

续表

年份	库存(万元)	增长率
2019	283 219	5.86%
2020	327 591	16.67%

由于服装的上市时间要早于其需求时间，需提前上市新品以抢占市场，针对不同的款式、颜色和尺码备货，并保有一定量的库存商品，以提高交易成功率。另外，服装的原材料通用性差，即使按照最小进货批量采购，累加起来也会造成总库存量的上升。因此，提前精准预测市场产生的数据将直接影响到服装采购订单及当季整个公司的库存存货量。通常公司因担心在途库存无法及时满足需求，会在预测基础上提高5～10个百分点的额外计划，也就不可避免地导致后期产品采购数量与库存的增加(如图4所示)。某服装产品的预测数据和实际销量存在差距，零售商按照对顾客需求的预测向批发商订货，因存在订货提前期，零售商会在平均需求的基础上增加一个安全库存；到批发商接到订单向制造商订货时，又基于零售商的订单增加一个风险库存；由于零售商订单的变动明显大于顾客需求变动，为了满足同样的服务水平，批发商被迫持有更多的安全库存……虽然最终产品的顾客需求逐步稳定，但整个过程中的订购量波动幅度越来越大，易产生货物堆积、资金链中断等问题。

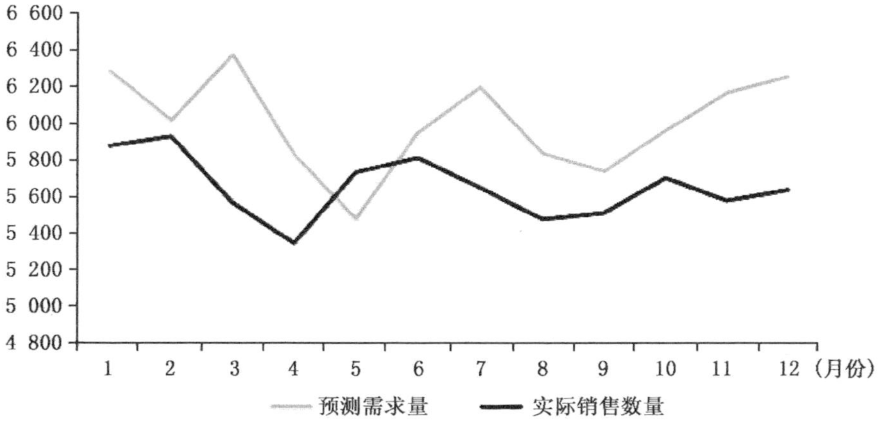

图4　某产品全年预测与实际销售数据对比图

如李宁公司“拉式供应链”结构的供应链系统，以客户为中心，通过较为精确地预测实际需求来拉动产品生产和服务。这类供应链虽集成度较高、信息互换敏捷，但缺少对未来市场的准确判断和预测，同样会产生库存(如图5所示)。

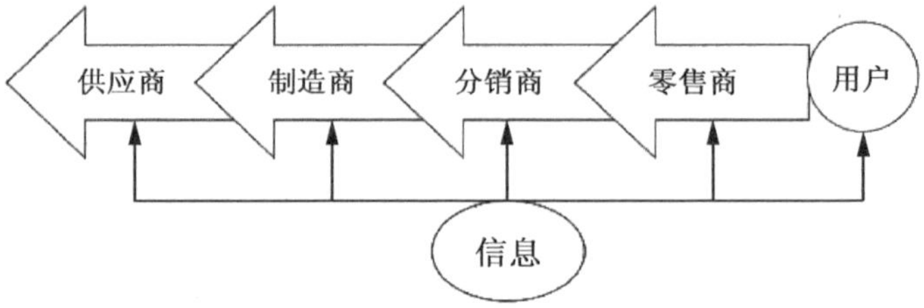

图 5　拉式供应链流程图

2. 未能及时共享信息，库存成本增加

(1)没有建立有效信息平台

库存信息系统无法充分共享信息，导致沟通不畅、效率下降、需求信息波动增加，会阻碍企业对市场变化的反应速度，影响对订货批量及安全库存的预测，经多重传递后偏离供应链终端消费者的真实需求，信息不对称最终引发牛鞭效应。当信息失真逐级放大时，生产数量与市场需求量的差额增大，形成高库存，降低利润率(如图 6 所示)。李宁公司采取多事业部平行的组织架构，相互之间独立经营，难以形成高效的存货资源信息共享，会造成各部门对同款产品重复下单，从而增加不必要的库存。

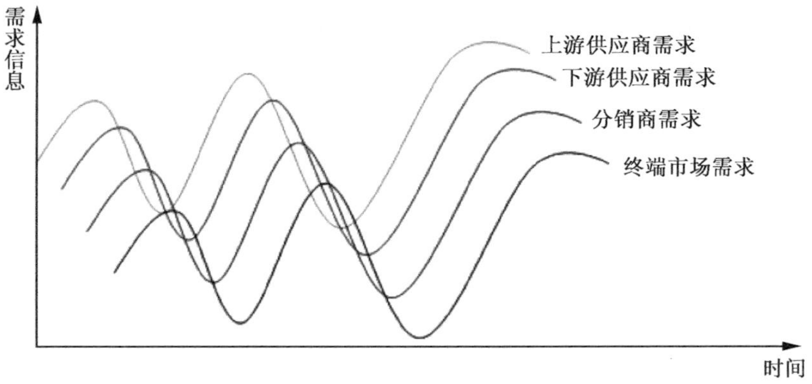

图 6　供应链上下游企业需求信息与时间趋势

目前服装企业的信息化程度不高，总部无法及时准确地了解到各销售点的存货状况及现有库存数据，无法根据库存结构和市场销售趋势分配资源部署信息并及时做出相应生产计划或调配库存，降低了库存控制的灵活性和库存周转率，也引发滞销产品大量积压。

(2)上下游没有协同合作

如果供应链服装公司的库存管理中缺乏协调和信息共享，便会影响到原材料制造商、分销商与供应商间的稳定平衡。如果制造商和分销商通过线上旗舰店低价处理高库存争取利益，虽增加了自身线上销量，却损害了分销商的利益；如果分销商与供应商间缺乏协调，随着交货期延迟和服务水平下降，库存水平也由此增加；如果供应商与制造商之间信息不通，制造商可能转嫁原材料库存给供应商，在造成积压的同时加大供应商的库存成本。李宁等很多服装企业选择将生产活动委托给专业代工厂，待生产订单完成后交付成品，二者仅为利益合作关系，所以当其他竞争公司也开始大量下单时，便易造成交货延误，从而降低整体供应链绩效。

(3)没有进行科学分类

其一，没有针对不同用户需求特征差异化管理各类产品。服装商品款式多样，很多服企仅局限于以产品类型来分类，未采取匹配的库存控制方法，没有及时确定库存补充数量及安全库存，不能有条理地进行库存盘点、产品出库与入库，会出现库存积压及爆仓等现象。其二，没有对经销商进行细分。不同层级的销售商对于产品的需求和回款支付能力存在差异，一视同仁统一管理对应的是生产需求量的预测失真与生产无序，毕竟非优质经销商是牛鞭效应的一大来源，一旦需求量不确定，风险便会转移到服装企业自身。

3. 未能缩短订货周期，库存周转率低

(1)前导时间长

信息传递延误不完全，也会拉长采购订单的生成时间。且不说一些原材料的提前预购期长且不同，服装制造业生产季节性特点明显，旺季时间紧凑，下单量又集中，成衣制造商产能容易饱和，导致订单货期延长，甚至无法保证产品品质。企业在接到顾客订单后，计划采购人员要依据库存现状，生成各原材料需求量的采购订单，但库存信息具有动态性，仓库物料始终处于流动状态，采购人员难以计划。另外，若在制造商已完成预测订单的情况下，零售商仍有剩余库存，进货商便会延迟提货以保持自己库存的合理性，同样造成了制造商库存周转率低下。包括李宁在内的企业都会统一召开会议采购，提前制定当季预购目标和推广区域，各加盟商会提前半年甚至一年计算安全库存的范围，但服装行业的时效性要求每年的库存预测需建立于前年的库存现状之上，一旦出现不确定性因素，就可能影响周转速度，减少本季度的计划销售额度(如图7所示)。

(2)交期延误错过销售旺季

许多品牌直营店不能按照进货清单最大限度占用商品，剩余库存的数量持续攀升，自身消化水平低下，会使企业内部库存数量超标，影响经营效益。除此之外，产品还会因为天气、生产等多方因素而延迟交货时间，零售端错过货品的最佳推出时间，特定的销售计划落空，就会导致存货与实际需求脱节，总部和店铺的库存被积压，在企业周转速度减缓的同时，也增大了各部门的成本开销。可见，周期的延长会影响企业的

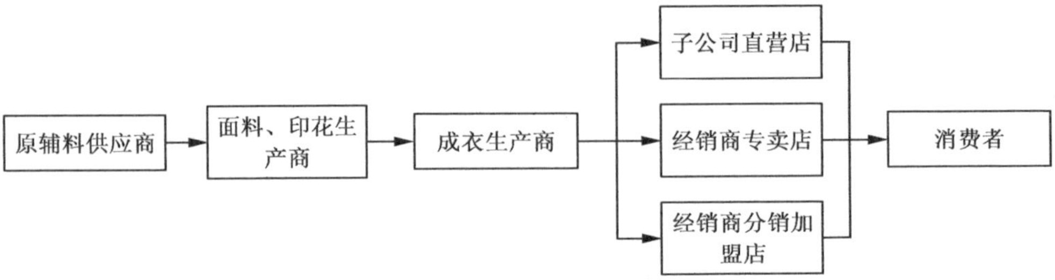

图 7　李宁公司产品生产销售流程

整体战略规划，降低企业运营过程中的净收益（如图 8 所示）。

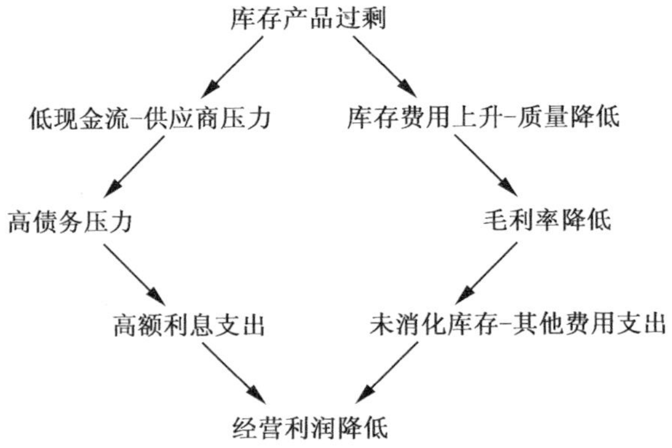

图 8　库存过剩导致盈利降低

（3）不应为提高周转率减少库存量促销

如若企业仅靠降低平均库存量来提高周转次数，产品会因不够丰富而不足以满足客户需要，影响最终盈利。另外，单纯为了提高库存周转次数而频繁促销，往往会损失毛利、降低营业额，使得企业最终追求的库存投资回报率下滑，也就失去了提高周转率的意义。

4. 未能合理安排人员制度，运作混乱

服装企业缺乏规范的服装保管及盘存制度，对于仓储硬件设施及软件系统投入较少、货号混乱和货品堆放随意、出入库数据不能及时登记台账而导致账实不符等问题的频发，加大了库存控制的难度。

5. 未能拓宽库存处理渠道，库存数量与销售比例失衡

临近季末或即将换季时的服装堆积问题最为严重，当过季商品占据大多数库存份额时，新产品数量会大大受限，影响新品的销售额度。售价过高是服装销量低的一大原因，所以服装业普遍选择打折来清理库存，不仅不利于品牌的长远发展，大量占用资

金和仓储资源，也会造成利润流失。另外，因交付过程失误或是产品本身质量原因而增加的退换货环节，同样会增加库存，使其与销售额不符。

6. 社会大环境负面影响

2020 年的疫情降低了市场需求，致使消费者对于服装的线下购买力大幅下降。随着形势的好转，各类库存费用随物价的上涨而上升，加大了企业的库存成本，同时企业为防止原材料短缺而增加原材料存货，进一步升高库存水平。

三、ZARA 公司库存控制对我国服装企业的启示

(一)ZARA 简介及库存控制概况

据统计，ZARA 母公司 Inditex 在 2020—2021 财年的销售额达到了 204.02 亿欧元，将跌幅控制在 28%～24.5%，共实现净利润 11.06 亿欧元，ZARA 服饰销售额约占据其中的 1/3。一体化供应链是 ZARA 实现供应链协同控制的关键，ZARA 拥有比亚马逊大 9 倍的物流仓库，每年库存周转达到 12 次左右，成为全球唯一一家能够在 15 天内完成服装的设计到配送至全球 6 000 多家门店的公司，核心是快速响应消费者的需求，以最小的投入获得最大的产出。

由于选择的参考企业除了需要在该领域有突出成就，也要具有一定的规模和代表性，这里对前两年营业收入位居前列的服装企业进行比较，2018 年全球营业收入总额排名前三的服装企业为 ZARA、H&M 和优衣库(见图 9)，2019 年耐克、ZARA 和阿迪达斯位列前三，加之各大服装企业竞相效仿的库存管理模式，故不论从销售业绩还是库存控制角度，ZARA 当之无愧成为值得借鉴的对象。

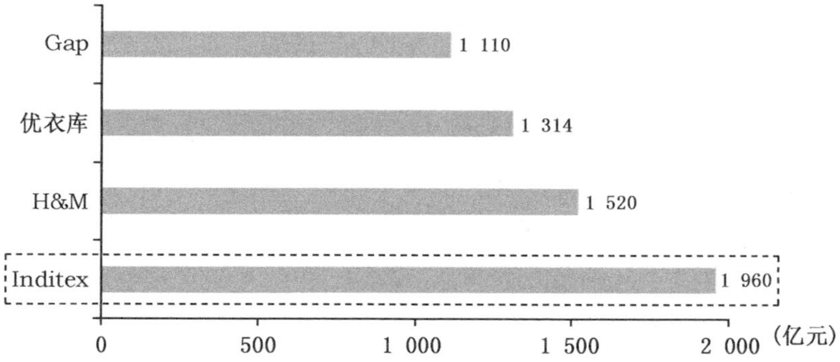

图 9　2018 年全球营业收入排名前四的服装品牌

库存收入比可以反映企业的库存相对规模，库存收入比越小，则库存的相对持有量越小，偿债能力和盈利能力也就越强。2020 年受疫情影响库存量难以反映正常趋势，故选取 2017—2019 年的变化来分析(如图 10 所示)。ZARA 的库存净额占营业收入的比重一直稳定在 10%左右，2018 年 ZARA 期末库存余额为 2 716 万欧元，营业收

入为 26 145 万欧元，库存周转率一直稳定在 4.2 上下，约是同行业公司的 1.5 倍，相较于我国的 130 天，ZARA 的周转天数仅 85.71 天，可见 ZARA 的库存控制水平远高于行业平均水平。ZARA 在 2017—2019 年库存净额呈上升趋势，其中产成品净额增加是导致库存余额增加的主要原因，而原材料和在产品占总库存比重较小，与其生产、采购、零售等环节相适应，也说明企业的各环节把控整体到位。

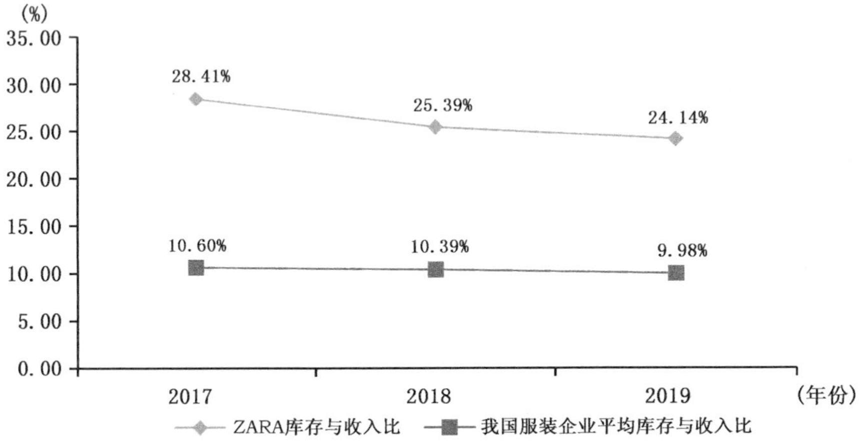

图 10　库存占收入的比重

（二）ZARA 库存控制的优势

ZARA 库存管控的成功得益于出色的全程供应链管理，以及支撑供应链快速反应的 IT 系统采取“快速、少量、短时、多款”的库存控制模式，人为造成“缺货”，以实现快速更新。

1. 设计环节

ZARA 为缩短前导时间，及时满足客户需求，所有的产品设计都要经过时尚设计师、商务经理、门店经理三方形成的专家团队讨论之后才能投产，将新产品库存压缩到预测销量的 1/4，远低于行业标准。中国服装企业从设计到销售普遍需要 6 个月，而 ZARA 一般为 7～12 天。缩短前导时间能够提高企业存货周转率，达到降低存货持有量的目的。

2. 采购环节

在布匹采购上，ZARA 将自主生产与全球采购相结合，相关人员在设计完成后制定原材料采购生产计划，并根据投放时间长短、需求数量和速度等自行选择外包商，若无现成的面料，则选择采购已染色的面料生产或用轮船提前从西班牙等国采购原纱。ZARA 采用先生产试销，然后根据市场潮流导向及门店销售情况采购半成品，在各地采购办事处提前购进白坯布，将原布料送至工厂进行染色生产，以便随时跟踪库存量和货源的变化情况，缩短运输时间、加快原材料周转速度。其按需生产的系统和延迟制造的策略，大大缩短了产品生产周期，使生产不足和过剩最大限度减少，在不增加成本的情况下满足市场需求，增强柔性，并有效地把控因需求低所导致的产能闲置或者过度供给。

3. 生产环节

ZARA 依靠垂直整合的协作模式进行生产，每次只生产预计销量的 15%～20%，实现后向一体化。仓库存有装饰和面料等辅助性材料，缩短了制作样品的时间。在设计方案确定之后，采购人员即时计划原材料的采购生产，实时监督库存量的变化，跟踪货源并合理分配生产和外包任务。其小批量多批次生产模式，通常 3 天完成一批服装的生产，每周 2 次更新产品并及时补货，刺激消费者的购买欲，加快存货周转速度，避免了因高估产品销量而导致的库存积压。另外，实行准时生产制、全面质量管理可以降低不合格率，在满足客户多样化需求的前提下有效降低成本。

4. 配送环节

ZARA 零库存的特殊优势提升了服装的更新换代速度。为加快物流速度，ZARA 始终以最小库存为目标，由总部直接控制所有库存，商品直接送达客户而取消入仓环节，其配送中心只作为在当地生产公司和专卖店间调选货物、改变商品运输路径的中心枢纽点，主要功能是周转而非存储保管，使得专卖店的库存量始终维持在较低水平，节约了仓储费用。同时，ZARA 运用仓储管理系统，通过长达 20 公里的地下传送带将产品运送到拉科鲁尼亚的物流中心，以机器根据颜料种类区分产品并进行快速折叠打包，待通过质检后，用总部的双车道高速公路直通各配送中心，8 小时内可以装船运走，既缩短了时间，也实现了效率翻倍。

5. 销售环节

ZARA 在销售方面采取饥饿营销和低价策略，用新品牌处理滞销产品。自产自销的前向一体化避免中间商赚差价，节约了销售费用。只在季前生产预测销量的 1/4，将超两周仍无法售出的单品集中送回总部处理，利于调动消费者的购买兴趣，提升销量、降低库存。

6. 信息系统

ZARA 极速高效的信息系统为企业建立了快速响应机制，使得供应链条下所有环节实现信息共享，具备独立处理物流、信息流的能力，帮助总部在最短的时间内了解到消费市场实况，加快库存周转速度，实现库存最小化。ZARA 这套自主研发的供应链协同系统，不仅保障了实时数据在大集中式信息系统的支持下持续流动，有效缓解了牛鞭效应，也保障了供应链全程控制的顺利进行，增强了业务处理的准确性和时效性。

7. 供应商管理

有效管理供应商，与供应商实现同步化、透明化运作，不断增强供应商的快速反应能力是ZARA供应链各环节有序运作的重要基础。物流系统每小时可以向全球78个国家的2 000多家门店发货6万件，每20天更新橱窗款式、每3周对全球门店全面更新产品……这与其对全球范围内的260多家原材料供应商、400多家协作小加工厂的管控合作是密不可分的。

（三）ZARA服饰库存控制对我国服装企业的启示

1. 前向后向一体化，缩短前导时间

鉴于国内服装企业与ZARA在前导时间上的悬殊，应该学习ZARA从设计开始采用三角权衡的需求拉动式模式，使得成品能够严密贴合客户需求，使链条上所有环节都参与生产全过程，尽力缩小每一节点的成本，实现产销一体。通过缩短补货期，促进产品流通，以最快的速度、最低的成本高效反馈消费情况，降低库存持有量。建议研发类似ZARA的精准条码技术，准确识别货物的进出库，便于最终核对库存的使用情况。

2. 采用延迟策略，提前预测需求

原材料和半成品库存是服装企业高库存的一大组成，源于企业对实际需求缺乏准确快速的预测而盲目订货生产，因此ZARA在采购环节采取的延时策略值得服装行业借鉴，将反应顾客需求的环节往后推，以取得更多的机动时间。另外，多部门协作共同完成提前预测也能有效促进整体效率的提高。ZARA在主要地区建立独立的物流运输企业，14家工厂联结成超大型的自动化配销仓库，结合自建数据库中的面料与数据，对采购的种类数量进行更加精确的预测，从而获得更多即时的市场信息，快速响应生产需求，外包只作为纯加工来缩短提前期，使公司总部可以有效分析并及时调整各环节，降低产品的平均成本。

3. 集中精益生产，建立伙伴关系

目前服装企业生产环节落后，造成了生产速度慢、质量低、原材料使用率低等问题。建议参考ZARA的精益生产模式，建立工厂自主生产，细化各生产环节的工序，集中于一处来供应大部分原材料，减少库存消耗，提高生产速度，加速生产采购流水线，匹配市场适时生产，以减少滞销造成的产品积压。必要时也可在价格上让步，建立长期合作关系，增强供应链的垂直整合能力，达到资源最优化配置，减少存货控制的成本。

4. 动态控制订货，加强设备研发

与ZARA的极速反应模式不同，国内服装行业普遍以季节变化为节奏生产，不接受小批订单，使因换季而难以销售的服装大比例折扣售出或形成高库存，增加生产时间和库存风险。所以有必要借鉴ZARA从上游供应商的后向一体化控制到分销商的前向一体化，用少量多次的订货方式，直接由终端门店下单，对自己多品类、小批量的流水线实行动态控制，对有大量需求的商品快速及时补货，提高交货速度，以全面满足市场需求，有效解决批量订购产生的牛鞭效应。除了改善方式，我国服装业还应加强设备研发投入来提高运作效率。例如，ZARA 在配送的中间流程上采用光学读取工具和统一标准的条形码识别系统实现精准分拣配货，借助自动化技术转换服装分配计划，指令机器人从库存中辨认商品、送至自动分拣设备上，对每个订单进行独立包装并配以运输工具，加速原材料、半成品和成品的周转速度。

5. 减少打折促销，提高服装品质

相较于我国服装企业利用低价的方式提前释放消费者的购买力，待折扣结束后，消费者失去购买欲而导致的产品滞销，ZARA 除了每年两次固定的打折外几乎没有其他促销活动，其减少打折频次为企业带来了价值认同，避免了大量存货。

6. 整合供应链体系，信息化增强协同

强大的物流系统保证了 ZARA 的 72 小时的极限运送时间，而我国服装业由于信息延迟，致使前期耗用大量成本，牛鞭效应形成大量存货。应当借鉴 ZARA 在信息体系和物流模式方面的成功经验，利用信息技术创新优化供应链流程，建立高效的信息系统，即时获取一手的市场信息，以需求为导向来生产订货，实现整个供应链之间信息共享，加强供应商与分销商的合作，提升整体竞争力和获利能力。例如，ZARA 基于 Web 的供应商管理平台使总部可以监测物流货运全过程，西班牙门店用 POS 机汇集数据，各地专卖店靠 PDA 定时上传数据，经总部分析后引入 ERP 系统反馈，以消除时差带来的工作节奏不一致。

7. 选择合理方法，分散管理供应商

ZARA 给予每家供应商的平均份额不超过 4%，通过分散供应商，一方面在防止对某一特定供应商的过分依赖，降低其议价能力的同时，增加自身在采购中的话语权；另一方面鼓励供应商相互竞争后得到更快的反应速度，有效控制了采购成本，保障了服装原料的生态安全。我国服装企业也应针对自身问题选择合适的供应商并以得当的方式加以有效管理。

四、供应链环境下服装企业库存控制优化对策

（一）选取合理预测法，提高预测精准度

准确把握需求波动对库存控制有直接影响，选择科学合理的方法，制定对应的订货策略，才能提高库存服务水平、增加供应链利润。可以考虑运用数据技术建立预测体系，在订单建立初期对产品未来的销售给出预测，通过与生产商信息共享，在较耗时的面料生产上做好提前量。对生产商来说，既不会因为盲目制造面料造成积压而妨碍资金周转，也不会由于缺少面料而影响追加订单的交货期，缩短了订单追加的管理周期，同时也大大降低了共通面料使用的管理难度和时间消耗，提升了准确性，而打好提前量，对于存在缺货可能的商品来说，还可以保持合理的库存数量，节约库存成本。

为减少误差，选择时间序列预测法中的移动平均法和指数平滑预测法，通过比较预测误差，选择更为合适的预测方法。二者对于历史数据较少的短期需求预测具有良好的适用性，为提高预测的合理性及准确性，在此收集某服装企业 2015—2020 年 T 恤的销量数据，为之后的订货库存提供参照。

1. 移动平均法

即顺序将组距由前往后移动后，根据产生的多个移动平均值，确定预测值（如表 2 所示），分别取值步长 N 为 2 和 3，预测结果及分析误差。可见 N 取 3 时，误差约为 33.1 亿欧元，小于步长为 2。

表 2　移动平均法预测 T 恤销量

年份	N=2			N=3		
	销售额（亿欧元）	移动平均值 M t1	移动平均值 M t2	销售额（亿欧元）	移动平均值 M t1	移动平均值 M t2
2014	59.85			126		
2015	69.83	64.84		147		
2016	73.15	71.49	68.165	154	67.61	
2017	78.85	76	73.745	166	73.94333333	
2018	84.58	81.715	78.857 5	180	78.86	73.47111111
2019	101.27	92.925	87.32	195	88.23333333	80.34555556
2020	104.135					
	a=2M t1−M t2=	98.53		a=2M t1−M t2=	96.12111111	
	b={1/(N-1)}(M t1-M t2)=	5.605		b={1/(N-1)}(M t1-M t2)=	3.943888889	
2020	66.97	误差＝	37.165		误差＝	33.095

2. 指数平滑法

即在预测业务收入时，根据上期实际数和预测值导入平滑系数进行计算，平滑系数越大，则近期实际数对预测结果的影响越大；反之则越小。故采用较小的平滑系数，能使平均数能反映观察值变动的长期趋势。由于时间序列的波动较大，故平滑系数在 0.6～0.9 中选取，此处分别选择 $\alpha=0.7$、$\alpha=0.9$ 进行实验。

3. 比较结果

一次比二次平滑指数波动大，因此二次更符合实际变化（如表 3 所示）。在 N 取值 3 时，平滑系数 $\alpha=0.7$ 下的误差约为 9.82 亿欧元，而 $\alpha=0.9$ 时误差约为 5.93 亿欧元。综上认为指数平滑法预测更为准确。

表 3　　指数平滑法预测 T 恤销量

N=3，α=0.7					
年份	销售额 Yt（亿元）	预测值 Yt+1（一次指数平滑）	标准误差 1	二次指数平滑 Yt+1	标准误差 2
2014	59.85				
2015	69.83	59.85			
2016	73.15	66.836		41.895	
2017	78.85	71.2558		59.3537	
2018	84.58	76.57174	8.106352851	67.68517	15.9552861
2019	101.27	82.177522	7.340996705	73.905769	16.7599184
2020	66.97	95.5422566	12.73220088	79.6959961	9.81585467
N=3，α=0.9					
年份	销售额 Yt（亿欧元）	预测值 Yt+1（一次指数平滑）	标准误差 1	二次指数平滑 Yt+1	标准误差 2
2014	59.85				
2015	69.83	59.85			
2016	73.15	68.832		53.865	
2017	78.85	72.7182		67.3353	
2018	84.58	78.23682	7.20750755	72.17991	9.18307685
2019	101.27	83.945682	5.670979567	77.631129	9.8263737
2020	66.97	99.5375682	11.22448065	83.3142267	5.93114241

（二）利用 ABC 分类法，提高库存周转率

在物料保质期及经济允许的条件下，建议适当增加库存控制的目标天数，以确保库存结构的合理，提升货品满足率和服务水平；控制主要物资的数量，加强生产各工序的联系；采用信息技术缩短接受订单到生成采购单的前导时间，优化企业内部运作流程；建立供应链上下游企业间的协同合作机制以及良好的物流系统，缩短产品在路上的时间，通过 ABC 法对库存不同重要程度的产品进行分类管理，提升物料周转的速度和效率。

1. ABC 分类法基本原理

物料分类是服装企业管控库存的必备工作，ABC 分类法根据年耗用金额，将物品分成重要程度不同的三类，目的在于重点关注销量较好的服装商品，更精准地制定库存计划、控制库存。该方法没有固定的标准，通常根据库存物料的项目比重和价值比

重进行分类，其中A类物资是需要重点保管并尽量缩短采购周期的重要物资，相反C类物资因数量多耗资少，常采用双堆管理系统定期管控，B类介于二者之间，只需归集多数物资统一采购并设立安全库存(如表4所示)。

表4　　ABC分类法基本特点

物料类别	数量比例(%)	所占资金比例(%)	安全库存量	采购库存	控制程度
A类	5～20	60～85	低	按日检查订货	严格
B类	15～30	15～30	中	按周期订货	一般
C类	65～80	15以下	高	少数订货	松弛

2. 对商品进行合理的ABC分类

要控制库存，除了需要通过分类原材料来决定订购品种数量外，还应根据各企业实际销售情况分类。此处选择某服饰的销量数据进行分类，按照各商品销售额大小排序，再计算其占总销售额和产品种类的累计百分比，完成分类(如表5所示)。

表5　　某服饰各类商品销量情况

产品	年销售额(元)	产品年销售额排序	年销售额累计(元)	占总销售额的累计百分比(%)	占产品种类总数的累计百分比(%)	ABC分类管理
T恤	427 040	1	427 040	76.96%	12.50%	A
裙装	37 982.5	2	465 022.5	83.81%	25.00%	B
下装裤子	31 132.8	3	496 155.3	89.42%	37.50%	B
卫衣	24 240.56	4	520 395.86	93.79%	50.00%	B
外套	16 060.5	5	536 456.36	96.68%	62.50%	B
毛衣	8 220	6	544 676.36	98.17%	75.00%	B
针织衫	5 691.6	7	550 367.96	99.19%	87.50%	C
套装	4 488	8	554 855.96	100.00%	100.00%	C
总计	554 855.96	8				

3. 根据ABC分类结果，优化库存控制

80—20原则是指80%的利润来自20%的产品，将主要投资投入到产销比高、畅销的款式上。由80—20曲线可见，在A类产品范围内，产品种类较少，但是曲线的斜率很大，总销售额累计百分比较高，要求现货供应比率也很高，T恤、裙装和下装长裤作为热销产品，应当提高采购量；而在C类产品的范围内，产品种类多但价值低，曲线的斜率小，可以集中储存在一个仓库中，如针织衫、连体套装(如图11所示)。此处通过 ABC 库存法，将上一季各产品门类和单品的库存周转率由快到慢依次排序，利于提炼周转速度快的产品做进一步开发，并改进或淘汰末尾服装品。

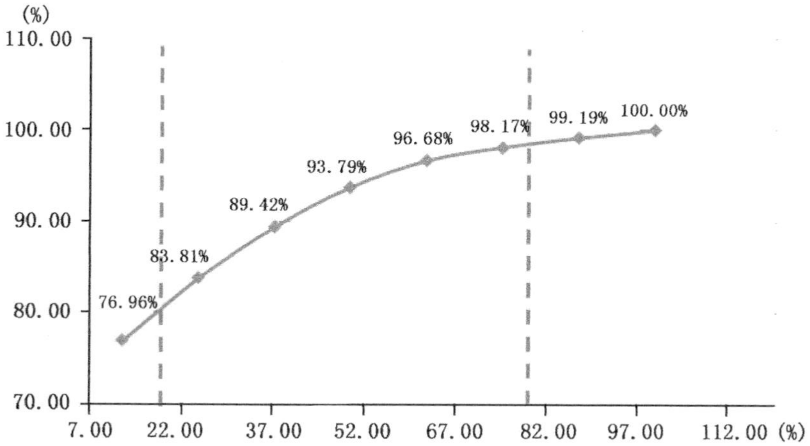

图 11　占产品种类总数的累计百分比

相关人员需监控原材料的流动、在途物资的动向，及时了解企业的库存现状及变动比例。在原材料入库初，详细登记和整理原材料和产成品的成本、状态和类别，避免增加后续材料损坏成本，待到进一步的库存管控环节时，更精细化地分析整理如经济订货批量等各项数据，严格把控库存成本(如图 12 所示)。

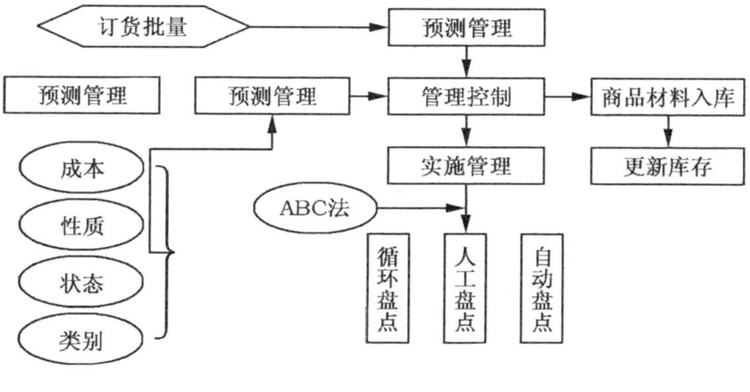

图 12　库存成本控制流程主要环节

(三)灵活包装配送，提升物流水平

服装企业需对热销产品快速反应，缩短生产周期和产品的在库时间，尽可能快地将产品送达销售终端。灵活的包装运输方式有利于降低包装成本和提升运输效率。在运输前，可以根据服装的种类和不同需求进行区别包装，例如折叠平装 T 恤、衬衫或毛衣，为防褶皱用立体箱挂装运输西服、大衣。

（四）利用 VMI 库存法，协同优化库存控制

1. 供应商管理库存的定义

供应商管理用户库存是一种合作性创新库存控制方法，目的是实现供应厂商一体化，最大限度降低库存成本。它强调供应商与相关企业共享库存数据信息，由供应商控制库存量，与合作用户双方协调配合，并根据商品数据变化确定库存量及库存补给策略，加强库存管控，尽快适应市场的波动，对双方来说都是力求以最低成本优化产品的可获得性。

2. 供应商管理库存的运作特点

供应商可以管理和控制库存系统，企业对供应商库存也可以进行实时了解和掌控，适用于围绕零售商建立起来的供应链、上下游企业之间的合作或是产品品种较少的供应链。VMI 的实施在让出部分利益的同时，也将生产商的库存风险转移给供应商。供应商实力越强，库存管控等能力就越强，信息来源相对稳定。不过需注意在信息系统建设中不应投入过多资金，避免信息泄露滥用等隐患（如图 13 所示）。库存的具体表现可以反映供应商的交货水平，可以通过 VMI 的最高和最低库存点来判断交货的及时性。低于最低库存点，存在相对高的缺货风险；超过最高库存点，则过季商品库存量会增加。同时，库存点的走势也可以通过供应商供货和物料需求计划来进行预测，以确定特定时间下的库存指标。

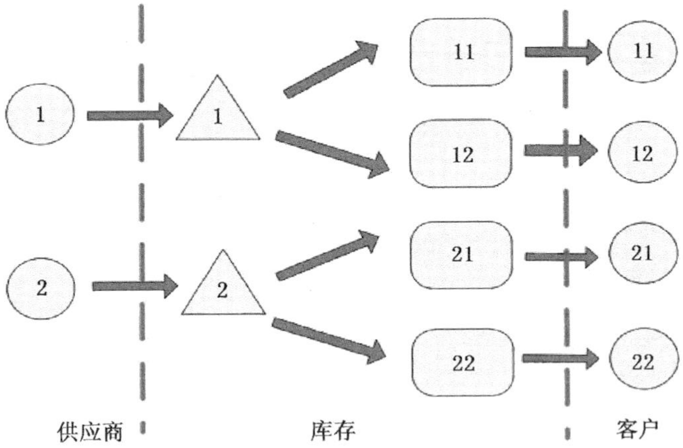

图 13　VMI 运作模式

3. 供应商管理库存的优势

首先，供应商拥有库存省去了零售商多余的订货部门，使人工任务自动化，降低库存成本；再者，供应商能按照销售时点的数据，准确确定客货批量，减少库存预测的不确定性，有效解决牛鞭效应，从而更快响应用户需求；另外，有利于建立供应链上下游

企业良好的合作关系，促进供应商与零售商关系的整合，提高信息共享能力，进一步提高服务水平和供应链的运行效率，降低总成本。

4. 服装企业供应商管理库存的实施策略

建立与供应商的协同合作关系有利于服装企业简化办理程序，实现库存控制的整体优化。实践中的VMI模式比理论上更为复杂，需考虑各方的招标、施工及装修工作，生产商和建立大型仓库的距离不能过远，很多企业会选择引入第三方物流来压缩各方物流成本，优化库存控制。供应商库存控制步骤如表5所示。

表5　供应商库存控制方法步骤

步骤	需求方	供应方
1	发送货品输入和输出信息	取得信息
2	接收采购订单	预测需求并提出订购建议
3	接收供应商提供的采购计划	反馈订购建议
4	确认并修改订购计划	取得修订清单
5	等待货物	发货

(1)制定合作协议，加强信息互通

基于这种情形，在制造商需要原材料时，供应商能够及时地进行补给，企业可以通过与供应商共同协商确定如安全库存、检查周期等管理参数，便于供应商在发现库存问题后及时处理补货，因此供应商需要随时掌握制造商的产品更新及上市情况，制造商需要时刻关注供应商的生产技术、研发能力、交货期等因素，通过公共平台实现二者的信息共享。虽然不能达到零库存的最佳状态，但可以有效克服独立库存运作所带来的需求逐步放大现象，提升供应商、制造商和分销商间的同步化运作程度。综上，企业需要在前期寻找合适的供应商、经销商团队，通过多方的协调运作来实现各自的利益，建立相互信任的协调伙伴关系。

(2)建立有序评价体系，考核库存筛选伙伴

库存考核的主要目的是为了有效控制产品的库存情况，减少出现产品滞销或断货，在选择优质的企业成为供应链伙伴后，通过开放与供应商的信息共享、签订战略合作协议、新产品的共同开发等方式促成对供应商奖惩分明的管理。结合上文提及的广泛选择供应商模式，可以通过招标、投标寻找并保留高质量的供应商进行长期合作，建立合理的合作伙伴评价体系，避免因为单一协作而限制质量服务，实施科学的考核评估机制，降低合作过程中不必要的成本支出，提高企业运转速度和效率，提升竞争活力和经营收益。另外，健全人才激励机制，引进国内外优秀服装设计师等创新型技术人才，定能提高客户服务质量、降低库存。

(3)建立数据平台,控制订货频次

合理定价,利用数据技术分析消费者对服装产品的价格敏感区间,有利于控制成本、扩大市场,使效益最大化。基于数据分析的订货量相对准确,可以同供应商共享信息,在初订货时期就按照总量进行坯布,不仅可以降低面料成本,也能保证面料品质的稳定性,缩短产品追加周期,增加频次而降低单次订购数量,对库存数量进行有效控制(如图 14 所示)。订货成本曲线由 A 向左移动到 B,最低总成本订货批量也从 EOQ 左移到 EOQ*。

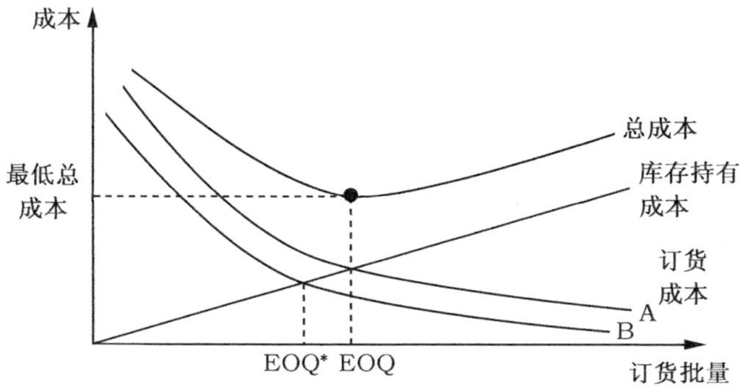

图 14　订货成本控制对订货量的影响

(4)拓宽销售渠道,降低呆滞库存

建议服装企业采用数据技术锁定目标客户,实行精准营销,通过互联网等新媒体工具宣传分享,借助热点词、流行元素提高服装被检索率,可以搭配具有共性的热卖服装进行捆绑销售或者在员工内部促销,也可从产品和服务入手,协调更改产品外观、包装,提供产品推荐和搭配方案,不仅可以带动关联服饰产品的销量,也能提升消费者对品牌的认可程度,快速变现呆滞库存。例如 Nike 通过 Nike+数据技术直接掌握客户信息、增强消费者黏性,实现 7%的复合增速。

(5)建立数据平台,控制时间成本

建立数据应用平台分析数据,可以提高各部门之间的协同工作效率,在主要环节上降低执行时间,有效缩短流程周期,并且降低传递中错误发生的概率,以确保交期和质量。在样衣设计的过程中,利用数据分析历史产品,可以减少一次样衣制作和检查的次数。建立企业全流域的 ERP 资源计划系统和互联网电子数据传输平台,将内部 ERP 系统直接接入供应商端口,并在自己的 B2B 网站上实现基于电子数据传输的效果,使得供应商通过路由器与自己的区间网络保持连接,再由内网服务器直接操作,有助于实现库存透明化,让供应商能对产品的库存量进行充分的把控,直接服务于库存进货、盘点、入库、出库,一旦低于安全库存,供应商就能及时掌握库存变化,节约时间。

（五）外包非核心业务，减少资金占用

为减少自身资金压力，服装企业可以选择集中更多的资源于重点业务，如选择加大研发设计和品牌方面的投资，可以将生产业务外包给符合要求的生产商，并定期考核淘汰外包厂家，一方面企业可以提升核心产品的质量和竞争力，另一方面也能减少资金占用，清减库存。

（六）精简组织结构，整合部门职能

企业应控制组织结构的层级尽可能向扁平化发展，精简供应链上的节点数，整合采购、计划、生产、物流职能实行目标统一的调动安排，提高灵活性和沟通效率。计划部门归总信息、制订生产计划下达其他部门，采购部根据辅料情况和生产计划安排采购计划，再由物流部调整运输资源线路，而生产部则需按计划匹配生产节奏和交期安排等情况，最终反馈给计划部调整方案，经重新更改后三个部门共同促成计划的实施，形成闭环库存控制流程，明确职能划分。

五、结语

库存水平的控制是服装企业运营和盈利的关键，服装产品因其变动起伏大、频率高、受季节影响等因素，加大了企业库存管控的难度。本文根据服装行业的运营情况和库存现状，通过抽取典型企业的数据，分析我国服装业普遍存在的问题及其背后的原因，借鉴服装品牌 ZARA 在供应链库存控制方面的成功之处，切入链条各环节以获得启发。基于以上剖析，最终对我国服装企业提出改进建议。采用时间序列预测法，针对某种特定商品预测销量，比较得出更准确的方法，为之后订货销售提供决策依据；选择不同的库存控制模型，ABC 库存法为服装企业订购原材料和销售商品前进行科学化分类准备，VMI 库存法提升建立在数据预测上的供应链库存管理水平，充分发挥数据技术在服装产业上的应用优势，从而更好地优化整体库存结构、提高库存控制水平。因此，要想保持发展前景，服装行业应该将企业置于整个供应链体系的角度上不断完善企业的库存管理模式，通过共享库存信息，实现精准预测，降低资源闲置率，加速库存周转，减少各项成本，以提高生产效率和交货的可得性，优化库存控制，增强国内服装企业整体竞争实力。

参考文献

[1]马骥，杨以雄，陈彩霞，王晶晶．服装供应链信息共享评价及案例研究[J]．毛纺科技，2017，45(9)：65—71.

[2]朱传波．物流与供应链管理：新商业、新链接、新物流[M]．北京：机械工业出版社，2018.

[3]高晓伟．供应链环境下 C 汽车销售公司库存管理优化研究[D]．保定：河北大学，2019.

[4]徐琪，肖婕．加强企业供应链管理 有效应对疫情 确保我国在全球供应链的地位[J]．中国

经贸导刊,2020(6):17—18.

[5]刘博,朱竑．跨地方品牌升级的影响因素与路径——ZARA广州案例[J]. 地理研究,2017,36(2):281—293.

[6]周兴建．基于物流大数据的服装服饰供应链运营模式研究[J]. 服饰导刊,2015,4(2):17—21.

[7]周慧．H公司汽车供应链管理绩效评价研究[D]. 长春:吉林大学,2018.

[8]赵宇驰．材料采购成本控制方法探讨[J]. 商业经济,2018(1):21—23.

[9]邓华,王铭萱．中小服装企业库存优化研究——以M公司为例[A]. 现代商业,2020(15):19—20.

[10]康怀飞,张凤麟．基于ABC分类法的安全库存控制策略[J]. 中国市场,2018(10):172+174.

[11]赵振君．服装企业供应链库存控制优化研究——以A服装公司为例[D]. 成都:成都理工大学,2016.

[12]王芬．对存货风险管控措施的分析[J]. 现代营销(下旬刊),2017(12):47—48.

[13]赵帅．供应链管理库存理论的文献综述分析[J]. 中国商贸,2015(8):178—180.

[14]王浙峰．服装企业存货管理中的问题及对策探析[J]. 全国流通经济,2020(6):48—49.

[15]田胜．HZ公司存货管理的改善研究[D]. 成都:电子科技大学,2018.

[16]杨西荧．基于价值链的企业管理会计应用体系构建[J]. 江苏商论,2018(6):88—89.

[17]吴龙．RFID技术在服装行业智能制造中的应用[J]. 西安工程大学学报,2019,32(1):71—76.

[18]Chia-Yen Lee,Chia-Lung Liang. Manufacturer's printing forecast,reprinting decision,and contract design in the educational publishing industry[J]. Computers & Industrial Engineering,2018,125:678—687.

[19]Erica Pastore,Arianna Alfieri,Giulio Zotteri,John E. Boylan. The impact of demand parameter uncertainty on the bullwhip effect[J]. European Journal of Operational Research,2019:94—107.

[20]Milena Bieniek. The ubiquitous nature of inventory: Vendor Managed Consignment Inventory in adverse market conditions[J]. European Journal of Operational Research,2019:70—79.

消费行为

后疫情时期消费者对生鲜电商平台的使用意愿研究

邓雁南

指导老师：高　振

摘　要：后疫情时期，人们的生活和经济建设逐渐恢复正常，生鲜电商平台会面临用户骤降的困境。对许多生鲜平台而言，如何维持用户使用率、增加用户黏性是扭亏为盈乃至长久发展的关键。本次研究采用理论与实证相结合的方法，从消费者角度出发，以感知价值理论与技术接受模型为基础，分析后疫情时期消费者对生鲜电商平台使用意愿的影响因素。文章主要分为五个部分：第一部分，梳理新冠疫情下我国生鲜电商发展现状，探讨生鲜电商平台面临的挑战与机遇。第二部分，整合相关文献，归纳出符合疫情情景的消费者感知价值维度。第三部分，通过参考成熟量表，对调查问卷各个维度的问项进行适当调整和优化。第四部分，构造线性回归模型，研究感知价值各个维度是否会影响感知有用性及感知易用性，并进一步分析其对消费者使用意愿的影响程度。经实证研究表明，感知产品价值、感知物流价值、感知安全价值、感知服务价值及感知交互设计价值均会对感知有用性和感知易用性产生显著的正向影响关系，同时显著影响消费者对生鲜电商平台的使用意愿。第五部分，根据这项研究的结果，为生鲜企业提供一些建议，帮助他们制定出更符合消费者需求的营销策略。

关键词：新冠肺炎疫情；生鲜电商平台；使用意愿；技术接受模型；感知价值

Consumers' Willingness to Use Fresh Food E-commerce Platforms in Post Epidemic Period

Abstract: In the post epidemic period, people's life and economic construction will gradually return to normal. The fresh food e-commerce platforms will face the dilemma of user sudden down. For many of them, how to maintain the user usage rate and increase the user adhesiveness is the key to develop long. Based on the theory of perceived value and technology acceptance model, this study analyzes the influencing factors of consumers' willingness to use fresh food e-commerce platforms in the post epidemic period. The article is divided into five parts. Firstly, combing the development of fresh food e-commerce industry in China during COVID-19, and discussing the challenges and opportunities faced by its platforms. Secondly, the relevant literature was integrated to summarize the dimensions of consumer perceived value in line with the epidemic situation. Thirdly, by referring to the maturity scale, the items of each dimension of the questionnaire are adjusted and optimized. The fourth part constructs a linear regression model to study the impact of each dimension of consumer perceived value on perceived usefulness and perceived ease of use, and further analyzes the impact on consumer usage willingness. The empirical research shows that different dimensions of perceived value have a significant positive effect on perceived usefulness and perceived ease of use, and significantly influence consumers' willingness to use fresh food e-commerce platforms. Finally, according to the conclusions, the corresponding suggestions are put forward, in order to provide some ideas for fresh food e-commerce enterprises to develop marketing strategies more in line with the needs of consumers.

Keywords: COVID-19; fresh food e-commerce platform; usage willingness; technology acceptance model; perceived value

一、引言

（一）研究背景

随着互联网和电子商务的日益发展，网络消费已逐渐渗透到人们生活之中，成为不可或缺的重要组成部分。另一方面，生鲜电商行业从传统的零售模式不断创新，打破了线上线下的消费场景，拓展出各种新模式与新渠道，如前置仓、仓店一体化、平台到家、预购自提、社区团购等，仅通过手机和网络就能完成整个线上线下交易流程。据艾瑞咨询研究调查显示，自 2013 年以来，中国生鲜电商行业的市场便呈现出持续增长的态势。2019 年的市场交易规模已经达到了 2 796.2 亿元，相较上一年增长了 36.7%，预计到 2023 年，生鲜电商市场的交易规模能超过 8 000 亿元[1]，具有相当的发展潜力，也因此被誉为电子商务中的“新蓝海”。生鲜农产品作为人们日常刚需品类，早在2012年便随着互联网与电子商务一同发展起来。生鲜农产品包含蔬菜、水果、肉禽蛋、奶制品以及水产品等[2]，由于其保质期短、易腐烂、易损耗的特性，且需长期面临仓储、物流以及运营的高成本，因此仅少部分生鲜电商的头部企业能够实现规模化盈利。整体来看，生鲜电商的市场竞争更为激烈，入行门槛也相对更高。

2020年年初，新型冠状病毒肺炎疫情（以下简称“新冠疫情”）突然爆发，使得我国社会经济遭遇了巨大冲击，居民消费呈现出断崖式的下滑。该年一季度我国国内生产总值（GDP）同比下降6.8%，社会消费品零售总额同比下降19%。[3]为了有效地防控疫情，我国多地小区均采取封闭式管理，以减少聚集接触感染的风险，与此同时，受新冠疫情的影响，居民的在线购买的刚性消费需求增加。伴随着消费升级，加上疫情期间的“宅经济”发展，因此以区域化新零售商业发展较为迅速，其中生鲜领域受益最为显著。首先，得益于冷链物流与生鲜供应链的迭代升级，从下单到送货上门最短在一个小时内即可完成，大大提高了居民的生活便捷度。其次，通过网络平台订购商品可以减少外出时间、降低病毒感染风险，“无接触配送”概念的推广也提升了消费者对电商平台的认知度和接受度。消费者对生鲜商品“到家模式”的需求与日俱增，消费者愿意为便捷的服务、安全高效的配送支付溢价。线上消费成为疫情期间的主要消费场景，生鲜电商平台也顺势成为消费者首选的消费渠道。由Trustdata移动大数据监测结果显示[4]，例如每日优鲜、盒马鲜生、叮咚买菜等头部生鲜电商平台的用户在短期内均迎来了爆发式增长，交易规模及使用活跃度较去年也有大幅提升，生鲜电商迎来了新的发展契机。

（二）研究意义与目的

电子商务在中国的发展已经进入了成熟期，而生鲜电商在近几年逐渐从发展期转变为瓶颈期，突然爆发的疫情也将生鲜电商的格局打破并重新洗牌。新冠疫情培养了用户使用生鲜电商平台购买商品的习惯，除了“80后”、“90后”主流的青年消费群体之外，部分中老年人也开始尝试通过线上渠道购置食材，由此，生鲜电商平台使用的渗透率在各个年龄层均得到了显著提升。而在后疫情时期，当疫情的影响逐渐消退，人民生活和经济建设恢复正常，生鲜电商会面临用户流失、使用率大幅下降的困境。对许多生鲜电商平台来说，在疫情形势日趋平稳的情境下，如何维持用户使用率、增加用户黏性，是扭亏为盈乃至长久盈利的关键所在。

通过查阅整理相关文献资料发现，近年来学者对于生鲜电商的研究呈现出上升趋势，但是国内对于生鲜电商平台的消费者使用意愿的研究比较少，且在疫情这样特定的情景下，前人的研究是否还具有解释力有待考证。综上，本研究将从消费者角度出发，引入消费者行为领域中较为成熟的理论与模型，探讨后疫情时期消费者对生鲜电商使用意愿的影响因素，从而以实证补充相关领域的研究，对未来我国生鲜电商市场的发展起到促进作用。

本研究立足于生鲜电商行业的发展现状，通过梳理归纳国内相关期刊文献和行业研究报告，以消费者行为、感知价值等相关理论作为研究基础，构建出消费者生鲜电商平台使用意愿的概念模型，通过市场调查的方式实证分析感知价值中的各个维度对消费者行为的影响，以期为生鲜企业制定出更符合消费者需求的营销策略提供一定的思路，促进我国的生鲜电商行业良好而又长远地发展。

（三）研究方法

1. 文献研究法

通过中国知网 CNKI 及 WorldLib 文献检索库，查询与研究相关的国内外各类文献，搜索“新冠肺炎疫情”、“生鲜电商平台”、“消费者使用意愿”、“感知价值”等关键词，收集梳理学者与专家的研究成果，然后基于较为成熟的理论和模型，结合本次研究背景与研究对象，提出概念模型和研究假设，为后续的研究打下坚实的基础。

2. 问卷调查法

根据以上提出的理论模型，对其各个维度中的变量进行适当修正和优化，采用李克特五级量表设置问卷选项，由受访者根据实际情况对项目进行打分。调查对象为有过生鲜平台使用经历的消费者群体。问卷的发放及收集渠道主要为问卷星等网络平台，为后续研究做好充足准备。

3. 统计分析法

本次研究使用了 SPSS 24.0 和 Excel 软件对样本数据进行处理与分析。第一步，对问卷调查法得到的样本进行筛选，剔除无效问卷，以保证研究结果的科学性；第二步，对样本进行描述性统计分析，了解在新冠疫情时期消费者对生鲜电商平台使用的基本情况；第三步，检验样本的信度和效度，保证问卷数据的可靠性和有效性；最后，运用分析软件对所得样本数据进行相关与回归分析，以验证假设是否成立。

二、研究综述

（一）生鲜电商平台相关研究

李存超（2014）所定义的电子商务平台是指由强大的信息、资金、技术和人才构建的网络交易平台，联结品牌供应商和终端消费者，提供丰富的产品信息、检索信息、销售信息等。[5]由目前的文献来看，学者们对于生鲜电商平台尚未形成统一的定义。本文将生鲜电商平台定义为：以电子商务作为载体，依托互联网信息技术建立与消费者进行实时交互的渠道（如 App、微信小程序等），最终完成生鲜农产品交易的线上平台。

国外农产品的生产方式与营销途径等方面与我国存在着较为显著的差异，国内外学者对于生鲜电商的研究角度并不相同。李博（2014）分别从生产、流通、消费和地理这四个环节说明发达国家生鲜电商行业借鉴意义的局限性。[6]近年来，随着国内电子商务的快速发展，生鲜电商的研究逐渐成为热点，学者们的研究方向主要集中于生鲜电商模式优化研究、冷链物流及供应链管理研究以及基于典型案例的营销策略研究（如盒马鲜生、每日优鲜、叮咚买菜）等方面，而从消费者行为的角度出发对生鲜电子商务平台的实证分析较少。

（二）消费者对电商平台的使用意愿研究

消费者对电商平台的使用意愿可以被认为是消费者在线上购物或消费的意愿。同时，多数学者的实证数据均表明了感知价值不同维度对消费者行为带来的影响。目前国内外学者对于消费者线上购买意愿和购买行为研究主要围绕产品、物流、网站、服务及交易安全等来展开。

李雪欣等（2013）通过研究分析了网购服装鞋帽类产品的消费者感知价值的影响机制。研究得出，感知产品质量、感知网站服务质量以及购买成本对网络消费者感知价值具有正向影响，而感知风险对感知价值具有负向影响。[7]

王克喜（2017）的研究围绕网购绿色生鲜农产品，证明了消费者的个体属性、农产品的质量、网购平台质量、物流质量和服务质量均对网购生鲜农产品意愿具有显著正向作用。[8]杨颖（2015）以消费者感知价值的角度，采用技术接受模型构建出生鲜农产品网购影响因素模型，引入了网站质量和产品属性的变量。研究结果得出，信息质量、送货质量、产品属性对消费者感知有用性和感知易用性的影响最为显著，其次是系统质量和服务质量。[9]张倩（2017）以技术接受模型和信息系统持续使用模型作为初始模型，经实证分析后得出消费者对电商平台的感知有用性、感知娱乐性和期望确认程度直接正向影响满意度。期望确认程度包括消费者对平台功能、商品质量、物流配送、售后服务等方面的购前期望与实际绩效的比较。[10]宋茜（2020）将感知价值划分为感知的产品价值、感知的物流价值、感知的服务价值、感知的安全价值以及感知的交互设计价值，其对平台注册、浏览、购买意愿均有正向影响。[11]

张应语（2015）基于感知收益—感知风险模型（BRA），构建出 O2O 模式下生鲜农产品购买意愿理论框架，由实证分析得出消费者的信任、感知收益和感知风险直接影响购买意愿，消费者的知识、总体态度间接影响购买意愿。[12]齐文娥（2018）从解释水平理论出发，揭示出社会距离对生鲜电商购买意愿的影响。研究显示社会距离的减少能显著提高消费者的购买意愿，同时感知风险和信息解释水平在社会距离对购买意愿的影响中分别起到中介作用和调节作用。[13]

由上述文献可知，除了产品质量、物流质量和服务质量等外部变量，还包括了消费者感知价值所体现的感知有用性和感知易用性，以及感知利得衡量下的收益与风险。除此之外，还涉及信任、情感等有关消费者心理的维度。这些均是学术界普遍认为的对使用意愿或购买行为有着显著影响的因素。

三、研究设计

(一)理论基础与概念模型

国内外的学者们在使用意愿的研究上大多以理性行为理论(Theory of Reasoned Action,TRA)、计划行为理论(Theory of Planned Behavior,TPB)、技术接受模型(Technology Acceptance Model,TAM)以及感知价值理论等作为基础,并提出一定的假设。

技术接受模型最初由 Davis(1989)提出,研究用户对信息技术的接受和采纳,得出感知有用性和感知易用性影响个体的态度,进而影响意愿和行为。[14]模型如图 1 所示。Paul A. Pavlou(2003)考虑到互联网会给系统的接受和使用带来不确定性,因此在 TRA 理论的基础上,将信任和感知风险两个变量与技术接受模型中的感知有用性与感知易用性设为关键驱动因素,以预测消费者对电子商务的接受度。[15]

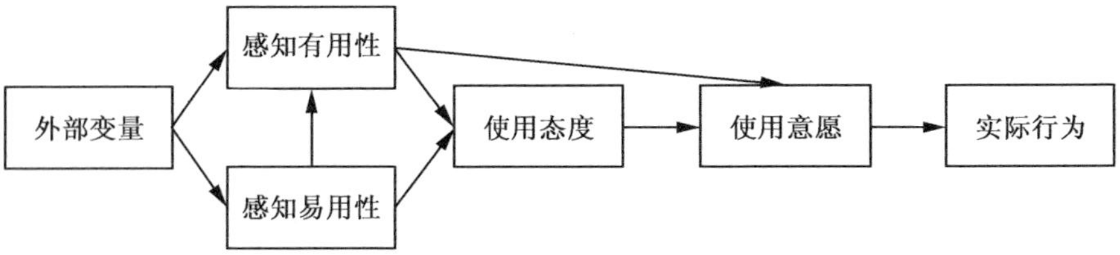

图 1　技术接受模型

Zeithaml(1988)最先提出感知价值的概念,即消费者通过感知到的利益与其为产品或服务付出的成本进行比较后,对企业提供的产品或服务形成相应的主观评价。[16] Monroe(1991)进一步指出,感知价值的本质是消费者感知利得与感知利失之间的综合权衡结果。感知利得包括产品特性、服务特性和特定使用条件下的技术支持,感知利失包括购买行为中的产品价格、运输、安装、订货、维修及潜在失败风险的相关成本。[17]在价值感知维度划分的研究中,Sweeney 和 Soutar(2001)通过研究耐用消费品,将顾客感知价值划分为情感价值、社会价值、质量价值和价格价值。[18]

综上,由于技术接受模型和感知价值理论的解释能力较强,因此用以研究消费者使用意愿与购买行为是最为普遍的,同时也是最受认可的。

(二)研究模型建立

本次实证研究综合沿用了杨颖、宋茜、彭乐威三位学者的研究结果[9][11][20],以“感知产品价值”、“感知物流价值”、“感知安全价值”、“感知服务价值”、“感知交互设计价值”作为消费者感知的一阶变量,“感知有用性”和“感知易用性”作为二阶变量进行分析。

自新冠疫情爆发以来，有学者经过研究指出[20]，我国居民疫情解除后在购买水产品类生鲜时相比产品的品质、味道、价格等因素，在安全性方面的考量呈显著上升趋势。为探究后疫情时期"安全性"对消费者使用意愿的影响程度，本次模型的构建在技术接受模型及感知理论基础上，创新性地增加了"感知安全价值"这一维度，并将其定义为：新冠疫情背景下，消费者在使用生鲜电商平台进行购买操作的整个过程中所感知到的对其安全及健康的保障度。从产品送达的过程入手，产品检疫检测、无接触配送、消毒情况与防疫措施的落实这几个方面进行调查。即消费者在相应体验或服务中感知到的安全价值越高，其感知利得随之增高，使用生鲜平台的可能性也会相应越大。最终建立的模型如图 2 所示。

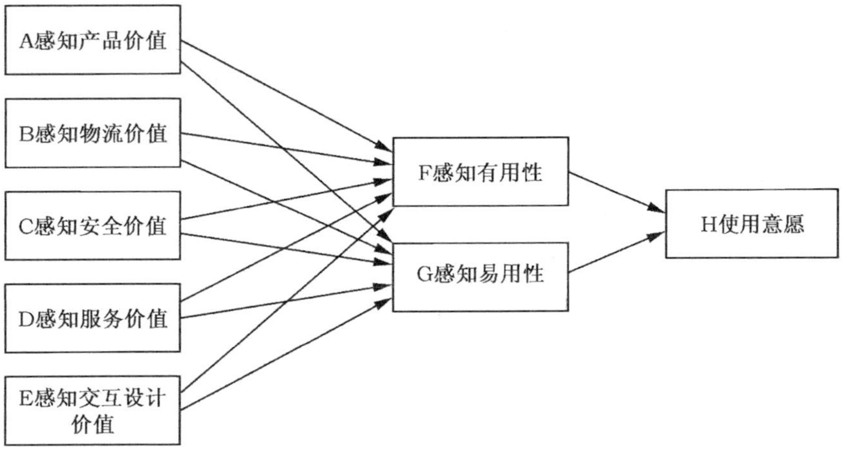

图 2　生鲜电商平台使用意愿实验模型

(三)研究假设

本次研究拟解决的主要问题为，在后疫情时期，消费者感知价值的各个维度与生鲜电商平台使用意愿之间的关系，找出显著影响因子。以此，本文共提出 12 个假设，具体如下：

H1：感知产品价值正向影响感知有用性；

H2：感知产品价值正向影响感知易用性；

H3：感知物流价值正向影响感知有用性；

H4：感知物流价值正向影响感知易用性；

H5：感知安全价值正向影响感知有用性；

H6：感知安全价值正向影响感知易用性；

H7：感知服务价值正向影响感知有用性；

H8：感知服务价值正向影响感知易用性；

H9:感知平台交互价值正向影响感知有用性;

H10:感知平台交互价值正向影响感知易用性;

H11:感知有用性正向影响消费者对生鲜电商平台的使用意愿;

H12:感知易用性正向影响消费者对生鲜电商平台的使用意愿。

(四)问卷设计与数据收集

根据已建立的模型,问卷的设计由"感知产品价值"、"感知物流价值"、"感知安全价值"、"感知服务价值"、"感知界面交互价值"、"感知有用性"、"感知易用性"、"使用意愿"这八个维度展开,每个问题由1～2道问题衡量,均采用李克特五级量表进行设问,1代表完全不同意,2代表比较不同意,3代表一般,4代表比较同意,5代表完全同意。调查问卷各个维度的具体内容可见表1。

其中,本次调查问卷将"您是否有过在生鲜电商平台购买生鲜产品的经历"设为首问,如果选择"是"则继续答题,如果选择"否"则直接结束问卷,以此来初步筛选出符合本次调查的被试者,保证接下来研究的严谨性和科学性。

表1　　问卷量表

变量		量表问项	标签
感知产品价值	产品品质	我在该生鲜平台购买的生鲜产品很优质	A1
	产品新鲜度	我在该生鲜平台购买的生鲜产品很新鲜	A2
	品类丰富度	该生鲜平台提供的产品种类丰富	A3
感知物流价值	物流配送及时性	我在该生鲜平台购买的产品可以及时送达	B1
	产品送达完好性	该生鲜平台配送包装规范、产品完好无损	B2
	适当的配送方式	该生鲜平台采用合适的运输方式(如冷链物流)	B3
感知安全价值	安全检疫检测	该生鲜平台的产品显示通过安全检疫检测	C1
	无接触配送	该生鲜平台可选择无接触配送,这令我感到安心	C2
	店铺消毒及员工健康公示情况	该生鲜平台会公示店铺消毒及员工健康情况	C3
感知服务价值	客服回复效率	该生鲜平台客服能快速处理解决问题	D1
	售后服务保障	该生鲜平台会提供完善的售后服务(如商品退换)	D2
	个性化服务	该生鲜平台会根据情况推荐产品、食材搭配等信息	D3
感知界面交互价值	界面分类清晰	该生鲜平台的使用界面产品、活动等分类清晰	E1
	界面设计美观度	该生鲜平台界面设计美观、风格适宜	E2
	使用过程操作速度	该生鲜平台的操作速度是令人满意的	E3

续表

变　量		量表问项	标　签
感知有用性	节省时间,提高效率	该生鲜平台能够节省时间精力、提高购物效率	F1
	产品物有所值	该生鲜平台上购买的生鲜产品是物有所值的	F2
感知易用性	信息获取容易	我在该生鲜平台容易获取想要的信息	G1
	使用操作清晰易懂	该生鲜平台的操作(查询、订购、付款)都清晰易懂	G2
使用意愿	后疫情时期使用意愿	后疫情时期会继续使用生鲜平台	H1
	发展趋势认可度	生鲜平台将会成为将来的发展趋势	H2
	推荐他人使用的意愿	愿意将该生鲜电台推荐给他人	H3

四、数据分析

(一)样本描述性统计

本次问卷共回收 503 份,其中有效问卷数量为 487 份,回收率达到 96.8%。使用 SPSS 24.0 软件对有效问卷的样本进行描述统计分析,包括被调查者性别、年龄、教育水平、职业、每月可支配收入等个人信息,以及常用生鲜电商平台、后疫情时期消费渠道倾向的情况进行统计分析。基本情况如表 2 所示。

表 2　　描述统计分析结果

名　称	选　项	频　数	百分比(%)
性别	男	241	49.49
	女	246	50.51
年龄	17 岁及以下	14	2.87
	18～25 岁	139	28.54
	26～39 岁	180	36.96
	40～59 岁	145	29.77
	60 岁及以上	9	1.85
最高学历	高中及以下	20	4.11
	专科	203	41.68
	本科	257	52.77
	硕士及以上	7	1.44

续表

名　称	选　项	频　数	百分比(%)
职业	全日制学生	74	15.20
	企业及机构工作人员	164	33.68
	政府及事业单位职员	180	36.96
	其他自由职业	53	10.88
	退休人员	16	3.28
每月可支配收入	1 499 元及以下	46	9.45
	1 500～3 499 元	33	6.78
	3 500～4 999 元	90	18.48
	5 000～7 999 元	132	27.10
	8 000 元及以上	186	38.19
常用生鲜电商平台	盒马鲜生	230	47.23
	每日优鲜	208	42.71
	叮咚买菜	200	41.07
	美团买菜	173	35.52
	多多买菜	93	19.1
	百果园	86	17.66
	京东到家	85	17.45
	橙心优选	84	17.25
	天猫喵鲜生	80	16.43
	淘鲜达	69	14.17
	易果生鲜	66	13.55
	其他	18	3.7
后疫情时期购买生鲜产品渠道的倾向	线上生鲜平台	304	62.42
	线下超市、社区门店	80	16.43
	生鲜农贸市场、大卖场	73	14.99
	街边流动小摊	30	6.16
合　计		487	100.0

1. 性别结构

从性别来看，本次调查样本中男性 241 人，女性 246 人，男女比例为 1∶1.02，能较好地反映市场的真实情况。

2. 年龄结构

从年龄分布情况来看，26～39 岁年龄段的人数最多，占总量的 36.96%，其次是 40～59 岁和 18～25 岁，分别占 29.77%和 28.54%，17 岁及以下和 60 岁及以上的样本占比最少，分别为 2.87%和 1.85%。通过综合分析发现，生鲜电商平台的使用人群主要以青年及中年为主(18～59 岁)，占比高达 95.27%。与普通网购略有不同，有相当部分的消费者为家庭中的长辈角色，因此其主要群体具有由青年群体逐渐向中年群体渗透的趋势。

3. 教育水平

从被试者的教育水平来看，比例最高的为本科学历，占 52.77%，专科学历占 41.68%，高中及以下学历占 4.11%，硕士及以上学历占 1.44%。整体教育水平较高，主要集中在本科及专科学历。

4. 职业结构

从职业来看，政府及事业单位职员占比最高，为 36.96%，其次是企业及机构工作人员，占比为 33.68%，全日制学生和其他自由职业人员分别占总量的 15.2%和 10.88%，退休人员样本最少，仅 3.28%。

5. 每月可支配收入

从月可支配收入来看，本次主要样本集中在 8 000 元及以上和 5 000～7 999 元，两者总和占总比的 65.29%，3 500～4 999 元占 18.48%，1 499 元及以下占 9.45%，1 500～3 499 元人数最少，占 6.78%。每月可支配收入越高的群体，其对生活质量的要求相对更高，因此使用生鲜电商平台的可能性越大。

6. 消费者常用的生鲜电商平台

从生鲜电商平台的普及率来看，最高的盒马鲜生占比 47.23%；其次为每日优鲜、叮咚买菜与美团买菜，分别占 42.71%、41.07%和 35.52%；而多多买菜、百果园、京东到家及橙心优选的普及率相对较低，分别为 19.1%、17.66%、17.45%、17.25%。根据帕累托图的“二八原则”，其余选项的重要性不足，故不在此赘述。

7. 后疫情时期购买生鲜产品渠道的倾向

由调查结果可见，后疫情时期消费者购买生鲜产品的主要渠道为线上生鲜平台(包括手机 App、微信小程序等线上购买方式)，占比达到了 62.42%。其次是线下超市、社区门店，为 16.43%。再者是生鲜农贸市场、大卖场，为 14.99%。最后是街边流动小摊，仅占比 6.16%。

(二)疫情前后生鲜电商平台的使用情况

为了探究新冠疫情不同时期消费者生鲜电商平台使用的情况变化，本次问卷中分别对被试者“疫情发生前”、“疫情爆发期间”及“疫情平稳后”三个阶段的月均使用次数进行调查，结果如图 3 所示。

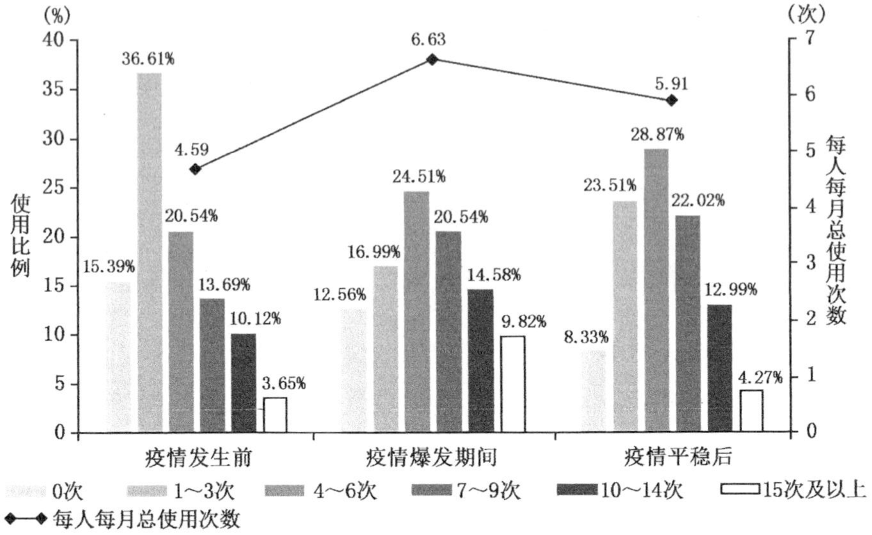

图 3　新冠疫情背景下消费者生鲜电商平台使用情况

在新冠疫情发生前，消费者每月生鲜电商平台的使用次数主要集中在 0～6 次，其中月使用频次在 1～3 次的人数最多，达到了 36.61%，由综合计算可得每月每人的使用次数为 4.59 次；在新冠疫情期间，消费者每月使用次数主要集中在 1～9 次，其中月使用频次在 4～6 次的消费者居多，为 24.51%，相比疫情发生前，月均使用 7 次及以上的用户大幅增加，整体上使用频率也有了显著的提高，综合计算得出每人每月的使用次数为 6.63 次；而疫情逐渐平稳后，月均使用次数仍然集中在 1～9 次，且集中程度更高，占到了总数的 74.4%，而与此同时，月均使用次数在 10 次及以上，尤其是 15 次及以上的用户数量有了明显的回落，综合计算得出每人每月的使用次数为 5.91 次，比疫情爆发期间的数据有所回落，但仍然明显高于疫情发生前。

突如其来的疫情打破了人们原本的生活节奏，从数据分析结果来看，疫情培养了许多新用户在线上购买生鲜产品的习惯，哪怕是在疫情平稳之后，也会坚持使用电商平台进行消费，但仍有部分用户并没有因为特殊时期的影响而改变其使用行为。整体而言，消费者在后疫情时期确实减少了使用生鲜平台的频次，因此，如何实现用户的留存、在保持现有用户的稳定性和活跃度的同时，不断发展并引入新的消费群体，让其充分感受到使用生鲜电商平台给他们带来的价值，这将成为后疫情时期生鲜电商平台的重要任务。

（三）信度与效度检验

1. 量表的信度检验

首先分析信度。若 α 系数的值高于 0.8，说明信度高；若值介于 0.7～0.8，说明信度较好；若值介于 0.6～0.7，说明信度可以被接受；若值小于 0.6，说明信度不佳。本研究将问卷中各维度中的数据取平均值，分析结果如表 3 所示，信度系数值为 0.931，说明研究数据信度质量很高。因此本次研究数据可以用于进一步分析。

表 3　　Cronbach 信度分析结果

名　称	项　数	Cronbach's α 系数	总 α 系数
感知产品质量	3	0.922	0.931
感知物流质量	3	0.922	
感知安全质量	3	0.920	
感知服务质量	3	0.923	
感知交互设计质量	3	0.920	
感知有用性	2	0.924	
感知易用性	2	0.924	
使用意愿	3	0.921	

2. 量表的效度检验

接下来分析效度。若 KMO 的值高于 0.8，说明效度好；若值介于 0.7～0.8，说明效度较好；若值介于 0.6～0.7，说明效度一般；若值小于 0.6，说明效度较差。从表 4 可知，KMO 值为 0.973，说明数据效度很好，因此本次研究数据具有参考价值。

表 4　　KMO 和 Bartlett 的检验

KMO 值		0.973
Bartlett 球形度检验	近似卡方	4 328.802
	df	231
	p 值	0.000

(四)感知价值对消费者使用意愿的影响

1. 线性回归分析

将感知产品价值、感知物流价值、感知安全价值、感知服务价值和感知交互设计价值设为自变量 X，将感知有用性设为因变量 Y(见表 5)，由此进行回归分析，可得模型公式为：

Y(感知有用性)=0.162×X_1(感知产品价值)+0.145×X_2(感知物流价值)+0.204×X_3(感知安全价值)+0.206×X_4(感知服务价值)+0.187×X_5(感知交互设计价值)+0.471

表 5　　回归分析结果:感知价值与感知有用性

	非标准化系数		标准化系数	t	p	VIF
	B	标准误	Beta			
常数	0.471	0.155	—	3.043	0.002**	—
感知产品价值	0.162	0.052	0.149	3.114	0.002**	2.291
感知物流价值	0.145	0.051	0.133	2.830	0.005**	2.209
感知安全价值	0.204	0.052	0.197	3.908	0.000**	2.530
感知服务价值	0.206	0.049	0.195	4.170	0.000**	2.174
感知交互设计价值	0.187	0.053	0.174	3.530	0.000**	2.408

分析可知:感知产品价值、感知物流价值、感知安全价值、感知服务价值及感知交互设计价值均会对感知有用性产生显著的正向影响。

将感知产品价值、感知物流价值、感知安全价值、感知服务价值和感知交互设计价值设为自变量X,将感知易用性设为因变量Y(见表6),由此进行回归分析,可得模型公式为:

Y(感知易用性)=0.126×X_1(感知产品价值)+0.279×X_2(感知物流价值)+0.150×X_3(感知安全价值)+0.204×X_4(感知服务价值)+0.181×X_5(感知交互设计价值)+0.294

表 6　　回归分析结果:感知价值与感知易用性

	非标准化系数		标准化系数	t	p	VIF
	B	标准误	Beta			
常数	0.294	0.156	—	1.886	0.060	—
A感知产品价值	0.126	0.052	0.114	2.407	0.016*	2.291
B感知物流价值	0.279	0.052	0.250	5.389	0.000**	2.209
C感知安全价值	0.150	0.053	0.142	2.846	0.005**	2.530
D感知服务价值	0.204	0.050	0.189	4.109	0.000**	2.174
E感知交互设计价值	0.181	0.053	0.164	3.380	0.001**	2.408

分析可知:感知产品价值、感知物流价值、感知安全价值、感知服务价值、感知交互设计价值均会对感知易用性产生显著的正向影响。

将感知有用性和感知易用性分别设为自变量X，将使用意愿作为因变量Y（见表7），由此进行线性回归分析，可得模型公式为：

Y（使用意愿）$=0.408\times X_1$（感知有用性）$+0.347\times X_2$（感知易用性）$+0.898$

表7　回归分析结果：感知有用性、感知易用性与使用意愿

	非标准化系数		标准化系数	t	p	VIF
	B	标准误	Beta			
常数	0.898	0.139	—	6.444	0.000**	—
F感知有用性	0.408	0.040	0.418	10.311	0.000**	1.551
G感知易用性	0.347	0.039	0.364	8.971	0.000**	1.551

分析可知：感知有用性和感知易用性均会对使用意愿产生显著的正向影响。

1. 综合路径分析

（1）感知价值各维度对感知有用性的影响

从实证分析的结果可得（见表8），感知价值的各个维度对感知有用性均产生了显著的正向影响，符合研究假设。标准化系数从大到小排序依次为：感知安全价值（0.197）＞感知服务价值（0.195）＞感知交互设计价值（0.174）＞感知产品价值（0.149）＞感知物流价值（0.133）。其中，影响程度较高的分别是感知安全价值和感知服务价值。

表8　路径分析结果

X		Y	非标准化路径系数	标准化路径系数	p
A感知产品价值	→	F感知有用性	0.162	0.149	0.002**
B感知物流价值	→	F感知有用性	0.145	0.133	0.004**
C感知安全价值	→	F感知有用性	0.204	0.197	0.000**
D感知服务价值	→	F感知有用性	0.206	0.195	0.000**
E感知交互设计价值	→	F感知有用性	0.187	0.174	0.000**
A感知产品价值	→	G感知易用性	0.126	0.114	0.015*
B感知物流价值	→	G感知易用性	0.279	0.251	0.000**
C感知安全价值	→	G感知易用性	0.150	0.142	0.004**
D感知服务价值	→	G感知易用性	0.205	0.189	0.000**
E感知交互设计价值	→	G感知易用性	0.181	0.164	0.001**
F感知有用性	→	H使用意愿	0.408	0.423	0.000**
G感知易用性	→	H使用意愿	0.347	0.368	0.000**

(2)感知价值各维度对感知易用性的影响

从实证分析的结果可得,感知价值的各个维度对感知易用性均产生了显著的正向影响,符合研究假设。标准化系数从大到小排序依次为:感知物流价值(0.251)>感知服务价值(0.189)>感知交互设计价值(0.164)>感知安全价值(0.142)>感知产品价值(0.114)。其中,影响程度较高的分别是感知物流价值和感知服务价值。

(3)感知有用性和感知易用性对使用意愿的影响

从实证分析的结果可得,感知有用性和感知易用性对使用意愿均产生了显著的正向影响,符合研究假设。标准化系数从大到小排序依次为:感知有用性(0.423)>感知易用性(0.368)。可以看出,感知有用性对使用意愿的影响程度略高于感知易用性。

综上,本文所提出的 12 个研究假设均成立。模型中的各个维度及变量的关系如图 4 所示。

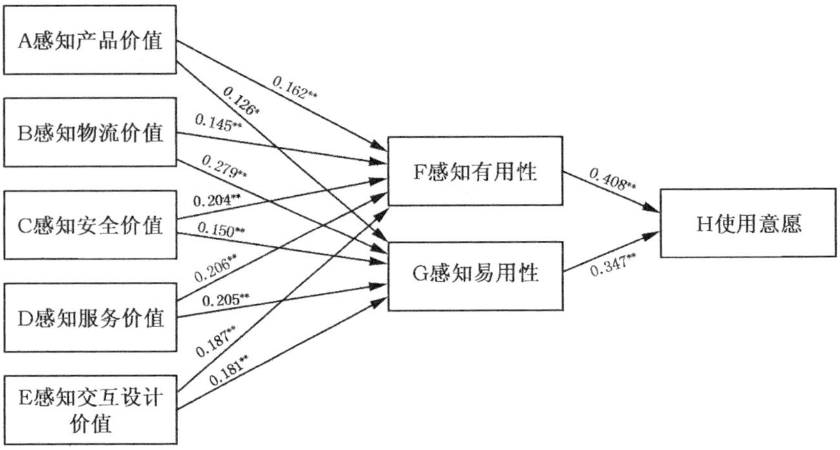

图 4　后疫情时期生鲜电商平台使用意愿研究结果

五、结论与建议

(一)研究结论

本文首先梳理了新冠疫情下我国生鲜电商发展现状,探讨生鲜电商平台所同时面临的挑战与机遇。其次,通过整合感知价值理论的相关文献及技术接受模型的成熟量表,对调查问卷各个维度的问项进行适当调整和优化,再结合本次新冠疫情的背景,创新性地加入"安全感知价值"维度,以此构建出三个线性回归模型以及其综合路径分析。经实证研究表明,在后疫情时期,感知产品价值、感知物流价值、感知安全价值、感知服务价值及感知交互设计价值均会对感知有用性和感知易用性产生显著的正向影响关系，同时显著影响消费者对生鲜电商平台的使用意愿，提出的12个研究假设均成立，以下便对本次研究结果进行逐一论述。

1. 感知产品价值对使用意愿的影响

在后疫情时期，生鲜电商平台的产品价值对消费者感知价值存在显著正向影响，并进一步影响使用意愿。从本次实证调查结果可知，产品价值仍然是生鲜电商平台竞争力的体现之一，其价值主要包括品质、新鲜度以及品类丰富程度。新冠疫情防疫期间，第一次接触生鲜平台的消费者对产品的品质及可选择性是极为看重的，良好的产品价值能够为平台增加口碑与品牌影响力，形成忠诚客户群。因此，生鲜平台将保障新用户对生鲜商品品质的需求放在首要位置，同时尽可能为其提供更多的选择，扩大平台发展规模。

2. 感知物流价值对使用意愿的影响

在后疫情时期，生鲜电商平台的物流价值对消费者感知价值存在显著正向影响，并进一步影响使用意愿。由分析结果可见，感知物流价值对感知易用性的影响程度是最高的，且相比之前学者的研究，感知易用性对于用户使用生鲜电商平台意愿的影响也有了明显的提高。说明疫情背景下，物流价值的提升会让消费者更愿意为高效的配送服务买单，消费者对于运输的便捷度、及时性、完好性有了更高的要求，同时，生鲜电商平台也应更关注冷链物流覆盖面的重要性。

3. 感知安全价值对使用意愿的影响

在后疫情时期，生鲜电商平台的安全价值对消费者感知价值存在显著正向影响，并进一步影响其对生鲜电商平台的使用意愿。受新冠疫情的影响，安全价值成为人们衡量平台有用性，即判断其价值的主要因素之一。疫情期间，各大生鲜电商平台纷纷在展示界面上标注产品的检疫标识、完成员工每日体温检测工作，并创新性地提供"无接触配送"服务，这些均增加了消费者对安全价值的感知度，在特殊时期获取消费者对平台的信任，进而提高使用生鲜平台的意愿。在如今疫情趋于常态化的形式下，人们对于食品安全的重视程度并不亚于疫情期间，因此保证食品的安全性以及各个环节中接触产品人员健康的管理仍旧是消费者的关注重点。

4. 感知服务价值对使用意愿的影响

在后疫情时期，生鲜电商平台的服务价值对消费者感知价值存在显著正向影响，并进一步影响其对生鲜电商平台的使用意愿。由数据分析得出，服务价值对消费者使用生鲜电商平台的意愿起到了至关重要的作用。疫情推动生鲜业态向线上渗透，初次尝试线上购买生鲜产品的消费者极大程度会基于初次购买体验而考量继续使用的可能性。企业想要应对自如，应不断优化平台服务能力与响应能力，基于用户体验，增加消费者在使用过程中的满意度，培养用户的使用习惯、最终提高用户留存率。

5. 感知交互设计价值对使用意愿的影响

在后疫情时期，生鲜电商平台的交互设计价值对消费者感知价值存在显著正向影响，并进一步影响其对生鲜电商平台的使用意愿。即通过 App 或小程序的页面设计，为消费者提供观感更舒适、使用更便捷的页面布局，让各种功能及活动一目了然，此外也能积极带动消费者的使用意愿，因而更容易接受从生鲜电商平台购买所需产品。良好的交互设计体验对于消费者来说，尤其是中老年消费者，能有效减少前期使用的时间成本，降低使用门槛，增加后续使用的可能性。

（二）建议

基于以上结论，本文根据产品价值、物流价值、安全价值、服务价值、交互设计价值这五个方面，对生鲜电商企业及政府提出有针对性的建议。在加强品牌价值、体现差异化的同时，也对用户的消费行为和习惯进行适当的宣传和引导。

1. 提升产品价值以增加平台口碑

首先，电商平台应运用先进技术培育优质品种，并加强生鲜农产品各个环节的质量把控，形成系统的质量管控体系，从源头提升商品品质，保证商品新鲜度，可以为商品划分等级标准，让用户能根据图片、视频、文字等真实的参考依据按需购买；其次，电商平台应根据用户的画像及使用情况，结合平台自身的营销定位，增加产品选择的多样性，全面提升商品 SKU 覆盖；再次，精选品类，通过平台数据反馈，将品质稳定或价格优势突出的产品进行核心化定位，打造标准化爆款单品，以此形成平台的口碑效应，在提高现有用户黏性的同时也能吸引更多的新用户。

2. 提升物流价值以增强盈利能力

对于资金雄厚的大型企业而言，可以从以下三个方面提升物流价值：第一，应加快推进生鲜电商平台冷链物流基础设施的建设，降低运输过程中直接或间接造成的损耗；第二，战略布局供应链。以规模化的农产品基地直采和集约化的冷链配送的方式，在减少配送时间和成本的同时也降低了运输风险；第三，将传统生鲜配送与新零售相结合，基于大数据对消费者的需求进行分析和预测，自建区域物流网络，达成物流的信息化、系统化。

对于新兴的中小型企业而言，可以从以下两个方面提升物流价值：(1)可视情况依靠第三方更为成熟的冷链物流或选择合适的物流网络布局方案，在保障运输效率的同时，降低运营与管理成本；(2)通过次日达的配送形式，以销定采和订单式采购实现零库存，由消费者提前一天预订商品，保证新鲜度。

3. 提升安全价值以获取用户信任感

目前国内疫情控制效果较好，但也仍需时刻保持警惕的状态，做好充分的安全防疫措施，以应对随时可能反弹的疫情。生鲜行业较为特殊，冷冻类的生鲜尤其是国外进口产品，由于低温冷冻的存储环境，会增加病毒潜伏存活的风险。

首先，对于国家海关而言，为防范新冠病毒通过进口冷链输入的风险，需要全面开展新冠病毒监测，对进口冷链食品，如肉类、蔬果类、水产品等进行严格的源头管控，确保进口食品的安全性。第二，对于各大生鲜电商平台而言，应该加强员工健康管理，监督从生产到送达各个环节中可能接触产品的员工做好个人防护，继续坚持每日体温的测量，有条件的应提供核酸检测的阴性证明。鼓励其积极响应国家号召，接受新冠疫苗接种，提高产业的整体接种率。若有员工出现发热、咳嗽等相关症状，应及时令其就医观察。第三，生鲜电商平台可考虑随商品附赠消毒纸巾片，让购买者能在收货的第一时间对商品外包装进行必要的消毒。

4. 提升平台服务价值以提高用户留存率

对于想要提升平台服务价值的生鲜电商平台，建议通过以下方式打造品牌竞争力，提高用户使用积极性：(1)以完善售后服务作为主要手段，加强线上服务人员的业务水平，做到用户有问题能够及时解决、及时反馈，注重消费者的需求和诉求，最大限度降低其购物顾虑，推动其使用与购买意愿。(2)平台可打造个性化、差异化的服务，与新消费习惯需求相契合。例如根据每个用户在使用过程中的浏览习惯与购买产品，为其推荐相应的搭配食材或食谱信息。(3)增加反馈的方式与渠道，关注消费者购买后的评价与意见，积极做好售后的沟通工作，也有助于平台各项功能及服务的优化迭代，让消费者真正感受到生鲜平台购物带来的便利性。

5. 提升交互设计价值以加强用户“云购物”体验

生鲜电商平台可以从以下方式提升用户对交互设计的感知：(1)迎合主要客群诉求，与新消费习惯需求相契合，注重交互设计功能的优化，在平台界面尽可能突出重点，减少不必要的繁琐流程；(2)根据不同年龄段，设计推出不同的模式，充分调动其正向、积极情绪，例如为青年群体增加趣味互动体验和丰富的图文推荐内容，激发使用兴趣；而对于不太会使用手机购物的中老年群体，在产品说明上采用通俗易懂、简单直观的语言进行描述，并提供更便捷、更快速的购买通道，使其减少购买过程中的顾虑心理。

参考文献

[1]上海艾瑞市场咨询有限公司．中国生鲜电商行业研究报告 2020 年[A]．艾瑞咨询系列研究报告(2020 年第 7 期)[C]．上海艾瑞市场咨询有限公司，2020：29.

[2]郑铮铮，李学工．生鲜农产品的分类标准及其冷链物流品控管理[J]．标准科学，2017(1)：31—36.

[3]国家统计局．《求是》发表宁吉喆署名文章：经济运行稳定恢复，发展韧性持续彰显[EB/OL]．http://www.stats.gov.cn/ztjc/zthd/lhfw/2021/lh_hgjj/202102/t20210219_1813623.html/2020—11—01.

[4]Trustdata 移动大数据监测平台．2020 年 Q1 中国移动互联网行业分析报告[EB/OL]．http://www.itrustdata.cn/#publish/2020—04.

[5]李存超．电子商务平台服务质量对品牌资产的影响机理研究[D]. 济南：山东大学，2014.

[6]李博．生鲜电商行业发展研究[D]. 北京：中国社会科学院研究生院，2014.

[7]李雪欣，钟凯．网络消费者感知价值影响因素的实证研究[J]. 首都经济贸易大学学报，2013，15(3)：77－84.

[8]王克喜．基于 logit 模型的绿色生鲜农产品网购意愿的影响因素分析[J]. 湖南科技大学学报(社会科学版)，2017(2)：87－93.

[9]杨颖．生鲜农产品网购意愿影响因素的实证研究[D]. 蚌埠：安徽财经大学，2015.

[10]张倩．我国生鲜电商平台消费者持续购买意愿的实证研究[D]. 武汉：武汉工程大学，2017.

[11]宋茜．基于消费者感知价值的生鲜电商平台发展策略研究[D]. 长沙：中南林业科技大学，2020.

[12]张应语，张梦佳，王强，任莹，马阳光，马爽，邵伟，尹世久，石忠国．基于感知收益—感知风险框架的 O2O 模式下生鲜农产品购买意愿研究[J]. 中国软科学，2015(6)：128－138.

[13]齐文娥，林川．消费者生鲜农产品购买意愿影响因素分析[J]. 华南农业大学学报(社会科学版)，2018，17(1)：78－93.

[14]Davis F. D. Perceived usefulness，perceived ease of use，and user acceptance of information technology[J]. Mis Quarterly，1989，13(3)：319－340.

[15]Paul A. Pavlou. Consumer Acceptance of Electronic Commerce：Integrating Trust and Risk with the Technology Acceptance Model[J]. International Journal of Electronic Commerce，2003，7(3)：101－134.

[16]Zeithaml V. A. Consumer perceptions of price quality，and value：A Means-end model and synthesis of evidence[J]. Research，1988(52)：2－22.

[17]Monroe K. B. Pricing-making Profitable Decisions[M]. New York：McGraw-Hill，1991：59－65.

[18]Sweeney J.，Soutar G. N. Consumer Perceived Value：The Development of a Multiple Item Scale[J]. Journal of Retailing，2001，77：203－220.

[19]Ahn，Tony，Seewon Ryu，and Ingoo Han. The impact of the online and offline features on the user acceptance of internet shopping malls[J]. Electronic Commerce Research and Applications，2004，3(4)，405－420.

[20]彭乐威，刘东，李泽善，姜启军．新冠肺炎疫情对我国居民水产品消费意愿与行为的影响分析[J]. 中国渔业经济，2020，38(2)：37－45.

网红营销对消费行为影响研究

欧阳子霖

指导老师：袁君霞

摘　要：近年来，随着互联网信息技术的发展，“网红”这一名词逐渐为大众所了解，并带来了网红营销这种新的营销模式。网红营销主打感情牌，能在一定程度上影响消费行为。为了研究存在于各方面的具体影响关系，本文对网红营销及消费行为进行了概述，根据已有文献及研究提出变量，设计了其对应的问卷量表，通过问卷星及社交平台发放了问卷，并使用 SPSS 24.0 对样本数据进行了信度分析、效度分析、相关性分析及回归分析，得出的结论如下：(1)网红个人魅力、优质内容输出、高度互动性、产品特质、消费者信任、消费情境因素均会对需求心理产生显著的正向影响关系；(2)网红个人魅力、优质内容输出、高度互动性、产品特质、消费者信任、消费情境因素均会对购买意愿产生显著的正向影响关系；(3)需求心理、购买意愿均会对消费行为产生显著的正向影响关系。在得出研究结论后，本文对网红、网红营销模式及消费者提出了相关管理建议，总结了文章写作过程中的不足，对后续研究做出了展望。

关键词：网红；网红营销；消费行为；需求心理；购买意愿

Research on the Influence of Internet Celebrity Marketing on Consumer Behaviour

Abstract：In recent years，with the development of Internet information technology，a figure called the “Internet celebrity” has come into the sight of public，and has brought a brand-new marketing mode named the “Internet celebrity marketing”. The

Internet celebrity marketing mainly focuses on emotional marketing, and it can affect consumer behaviour to a certain degree. For further studying of the specific influence relationship in all aspects, this thesis summarized the definition of Internet celebrity marketing and consumer behaviour, announced several variables according to present essays, designed the questionnaire scale, sent it through certain questionnaire and social platforms, and used SPSS 24.0 to analyze the collected data. The conclusions of this research are as follows: (1) The charisma of Internet celebrity, the output of high quality content, the high interaction, the feature of product, consumer trust and consumption scenario factors will have a significant positive impact on consumer's demand psychology; (2) The charisma of Internet celebrity, the output of high quality content, the high interaction, the feature of product, consumer trust and consumption scenario factors will have a significant positive impact on consumer's purchase intention; (3) Consumer's demand psychology and purchase intention together will have a significant positive impact on consumer behaviour. In the last part of this thesis, the writer offered proposals for the Internet celebrity, the pattern of Internet celebrity marketing and for all the consumers. After it, the thesis concluded the shortage of research in the whole process.

Keywords: internet celebrity; internet celebrity marketing; consumer behaviour; demand psychology; purchase intention

一、引言

自2000年以来，我国的互联网信息技术正呈现逐渐普及与不断发展、革新的趋势。在此基础上，我国的网民数量也正逐年提升。根据2021年2月3日由中国互联网络信息中心(CNNIC)发布的第47次《中国互联网络发展状况统计报告》显示，截至2020年12月，我国网民规模达9.89亿，在全球网民中占比20%。网民的增长会带来网络消费的提升，各类线上社交平台及购物平台也正随着网络消费的增长而逐渐兴起。在这些平台的发展过程中，"网红"这一名词逐渐进入大众视野，并带来了"网红营销"这样一个通过网红对产品进行营销，吸引受众群体并通过流量变现，将个人影响力转化为商业价值的具有巨大潜力和变现能力的独特商业模式。面对接连涌现的大量网红，尤其是在自己关注、追捧的网红面前，许多消费者往往会由于网红及网红营销模式所具备的各种特质而无法做到理性消费。如何更好地在推动消费者对于特定产品的购买力的同时，使消费者保持正确、理性的消费观念，具有深刻的研究意义。基于此，本文主要研究网红营销会从哪些方面为消费行为带来怎样的影响，这对于促进网红营销的发展而言意义重大。

阅读现有文献及资料发现，在国内的研究背景下，关于网红经济以及网红商业模式的研究已经相对深入。但对于网红营销方面，现有的研究较多关注网红营销的方式、类别及其优劣势，在关于网红营销影响消费行为的关键因素的研究上存在一定的匮乏，这也是在网红经济飞速发展的现今急需研究的内容。本文研究的创新点主要在于针对网红营销对消费行为的具体影响因素展开探讨。基于此，本研究运用文献分析法、问卷调查法和理论分析法，从网红营销模式入手，旨在通过分析网红营销模式中消费者需求心理及购买意愿的具体影响因素、消费者需求心理、购买意愿与消费行为的关系，了解网红营销所具备的特质与消费行为之间的关系，研究网红营销对消费者的需求心理、购买意愿及消费行为带来的影响，为网红与消费者双方均提供改进建议，在促进网红营销良性发展的同时指导消费者进行理性消费。

二、相关概念与理论综述

（一）网红营销概述

1. 关于网红的概述

想要深入了解网红经济及网红营销，必须先对网红，即网络红人这一概念有一定的基础认知。目前，已有研究对于网红一词给出的定义相似但不尽相同。李光斗(2016)认为，网红是指因社交媒介信息交互的催化，自身具备的某种特质被放大，而为大众所知，受到追捧而走红的人；而杨卓妍(2016)则认为，网红是指在各类社交平台输出如文章、图片或视频等形式的优质内容，并积累大量有情感共识的追随者或粉丝的人。简单来说，网红就是借助互联网平台，因在某领域汇聚大量粉丝而为大众熟知的人。

网红具备交互性、创新性较强的优势，能在初步引起消费者兴趣的同时，就将其个人魅力通过对产品的专业讲解及亲力亲为的演示带给消费者，并通过打感情牌的方式缩短与消费者交互的距离，在获得认同时将消费者转化为自身的粉丝，提升消费者的信任，为网红营销活动的开展打下基础。

2. 关于网红营销的概述

网红营销主要是在网红经济的背景下，网红利用自身的个人魅力吸引消费者群体，并结合产品的特质对其进行营销的营销模式。目前，国内的网红营销模式涵盖线上与线下两个渠道。线下的网红营销模式主要包括各类实体广告、网红代言产品、实体店铺或实体商品展览会等方式；而线上的网红营销模式则主要包括短视频宣传及网红在线直播带货等方式。网红营销模式有着真实性、娱乐性、高度互动性的特征。网红营销多数以消费者的视点为基础开展营销活动，这一点与传统的营销模式大相径庭。在营销活动流程中，网红会着重于走进、打入消费者群体，在轻松、诙谐的消费情境下向消费者专业地展示尽可能多的产品细节，并通过解答提问或自身试用等方式俘获消费者的芳心，影响其对于网红的喜好及对于产品的需求心理与购买意愿，在一定程度上影响自身的消费行为。

但现今逐渐崭露头角、蓬勃发展的网红营销模式也存在着几项问题。方佳妮等(2018)共同指出网红营销模式生命周期短、内容同质化程度高、宣传缺乏持久性、相关政策及法律法规不健全。孙佳林(2018)则认为网红营销缺乏监管，不具备相应的税收体制，并且对社会主义核心价值观可能会产生不良影响。总体而言，作为近年来飞速崛起的营销模式，网红营销有着出色的成绩，但也存在必须改进之处。

（二）消费行为概述

现有研究及相关文献资料指出，消费行为是指消费者以自身的需求心理及购买意愿等方面为基础，从心理及现实角度表现出的行为的总和。消费者的消费行为主要表现为对特定产品或提供的服务的购买行为，其会被消费者生理、心理和社会层次上的需要、产品本身的特质、消费情境及社会环境等因素所制约。消费者展现出来的消费行为包括理性消费行为与非理性消费行为。其中，非理性消费行为通常表现为消费者不按追求商品效用最大化而进行消费、不考虑自身能力而进行消费、未能全面认知产品、服务但仍进行消费等方面，其具体表现出的消费模式主要包括冲动消费、从众消费、提前消费。

而随着网红营销这种类似于粉丝营销的营销模式的发展，消费行为也可根据消费者类型进行区分，分为通常消费者行为与粉丝(狂热消费者)消费行为。熊韵秋(2019)基于消费者行为学视角研究并提出，当普通消费者成为特定网红的粉丝后，其展现出的非理性的粉丝消费行为可以进一步细分为情感型消费、共鸣型消费、事件型消费及功能型消费四个类别，拓宽了非理性消费行为的研究领域。与传统的营销模式不同，网红营销对消费行为的影响有着更多的维度，消费者在此模式下也更容易因为接收具有强导向性的信息而做出消费行为层面上的改变。

（三）变量相关文献和理论综述

目前，国内外对于网红营销的研究主要包括对消费行为、需求心理、购买意愿等方面的影响，研究程度正逐渐完善。罗子明(2017)在第四版消费者心理学中指出，消费者的需求心理及其购买意愿会对其表现出的消费行为产生一定影响。在此基础上，国内学者针对网红营销所具备的不同特点对需求心理及购买意愿的影响展开分析。

陈洋(2013)研究得出结论：在网红营销这类社会化的电子商务场景下，消费者自身的信任态度是对其需求心理最重要的影响因素，其次则是信息推荐人(即网红)的专业能力；王淼(2017)、李艺滨(2018)在研究网红营销对需求心理的影响时指出，在参与网红营销活动的过程中，网红的个人魅力、输出内容的优质性及相关性、网红营销具备的高度互动性、品牌影响力会给消费者带来好的情感体验，正向影响消费者的需求心理。而在一部分学者对网红营销影响消费者需求心理的情况展开研究的同时，陶金国和訾永真(2017)从网红营销对购买意愿影响的角度出发，认为产品特质、网红的专业性和影响力会在一定程度上影响消费者的购买意愿；姜佳奇(2019)则在此研究的基础上，研究并提出了消费情境因素可能对消费者购买意愿产生的影响。

综上所述，网红营销所具备的各类特质会通过影响消费者的需求心理及购买意愿，进而影响其消费行为。

1. 变量的提出

根据前人的研究分析可以看出，网红营销对消费行为的影响是多元化的，它所具备的特质会从不同方面影响着消费者的需求心理及购买意愿。本文拟对消费行为、需求心理、购买意愿、网红个人魅力、优质内容输出、高度互动性、产品特质、消费者信任及消费情境因素等变量的影响开展研究。

2. 量表设计

在提出各变量后，本研究根据其定义，结合变量在网红营销活动中的实际影响方面，明确其测量项目，进行了变量量表的设计。本研究选用李克特五级量表，对上述变量的定义及其测量项目进行归纳、总结后，得出变量量表，如表 1 所示。

表 1　　变量量表

变量名称	变量概念	测量条目
消费行为	消费者的需求心理及购买意愿等方面的心理表现与现实表现的总和	在参与网红营销活动时，我会进行冲动消费
		在参与网红营销活动时，我会跟随大众进行消费
		在参与网红营销活动时，我会进行提前消费
需求心理	消费者在挑选、购买商品时的具体心理倾向及购买动机	我会因为感情动机购买产品
		我会因为理智动机购买产品
		我会因为个人对网红或品牌的偏好而购买产品
购买意愿	消费者选择特定产品的倾向及其愿意购买该产品的概率高低	我愿意在参与网红营销活动的过程中考虑购买产品
		我愿意持续关注网红及其开展的网红营销活动并购买产品
		我愿意推荐其他人关注网红、参加网红营销活动或购买网红产品
网红个人魅力	网红在日常内容运营及营销活动中展现出的内在魅力及外在魅力对消费者追随程度的影响	我更喜欢观看网红推荐产品
		我更喜欢购买网红同款产品
		网红的推荐让我想要购买产品

续表

变量名称	变量概念	测量条目
优质内容输出	网红对于产品的全面展示、问题解答、对于消费者在物质及心理层面上的个性化需求的满足	我认为在网红营销过程中，网红能清楚地展示产品信息
		我认为在网红营销过程中，网红能专业地回答我对于产品的问题
		我认为网红能根据我对于个人情况的描述给出个性化的建议
高度互动性	在网红营销过程中，网红与消费者、消费者与其他消费者的互动程度	在网红营销活动进行期间，我能有效地同网红互动
		在网红营销活动进行期间，我能有效地同其他观众/消费者互动
		在网红营销活动进行期间，我愿意参加互动
产品特质	产品内部价值、外部价值及性价比对购买行为的影响程度	产品的外部价值吸引我购买产品
		产品的内部价值吸引我购买产品
		产品的性价比吸引我购买产品
消费者信任	消费者对于网红、网红营销的商品或提供的服务及得出的产品体验的信任程度	参与网红营销活动让我更加信任网红
		参与网红营销活动让我相信产品体验是网红亲自得出的
		参与网红营销活动让我相信网红推荐的产品对我是有用的
消费情境因素	消费者在参与网红营销活动的过程中，从消费环境、氛围中获得的身心或知识层面上的收益	参与网红营销活动让我心情愉悦
		参与网红营销活动让我学到产品的相关知识
		我觉得网红在营销活动中能给我陪伴感

三、研究设计

现有理论成果指出，网红营销影响消费行为的方面包括网红个人魅力、优质内容输出、高度互动性、产品特质、消费者信任及消费情境因素，其会通过影响消费者的需求心理或购买意愿进而影响消费行为。为了验证各变量之间的关系，确保研究结果的准确程度，应分别对网红营销所具备的影响因子与消费者的需求心理及购买意愿之间的相关性与影响关系进行分析，随后分析需求心理、购买意愿与消费行为的相关性与影响关系。

刘平胜和石永东(2020)结合 AISAS 营销理论模型指出，网红输出的优质内容、有效的消费激励、产品的独特性能让消费者更愿意参与网红营销活动并尝试去对产品进行认知；网红的个人魅力、营销活动具备的高度互动性与轻松、愉快的氛围，能极大程度促进消费者的兴趣；在消费者的认知、兴趣及其对网红和网红推荐产品的信任的共同影响下，消费者的需求心理也会潜移默化地受到一定影响。据此，本文提出假设 1：网红个人魅力、优质内容输出、高度互动性、产品特质、消费者信任、消费情境因素会正向影响需求心理。

对于消费者的购买意愿而言，网红营销有着多元化的影响因素。结合对于网红营销实际运营模式的了解，发现上文提出的部分影响因素不仅能影响消费者对于产品的需求心理，也能影响其购买意愿。张明明（2021）研究发现，消费者的购买意愿主要来自对产品的使用需求，但销售者的个人魅力、产品销售模式、产品内外部特质的差异等因素也会对消费者的购买意愿产生重要影响。消费者的感知、信任、认同等心理因素会在一定程度上作用于其购买意愿。网红营销的过程主要是网红与消费者、消费者与消费者的互动过程，这能通过满足消费者内心对于网红及产品的信任感，从而带来一定的满足感，增强其购买意愿。由于个人对于网红、网红营销模式及网红推荐产品的喜好，消费者的主观评判标准可能会出现偏差，原有的购买意愿也是如此。据此，本文提出假设 2：网红个人魅力、优质内容输出、高度互动性、产品特质、消费者信任、消费情境因素会正向影响购买意愿。

根据前文中罗子明（2017）提出的观点，消费者的需求心理及其购买意愿会在一定程度上影响其消费行为。在此研究的基础上，沈卜（2021）分析了网红营销中消费者的需求心理及购买意愿与消费行为的关系，指出需求心理、购买意愿会直接影响消费行为。据此，本文提出假设 3：需求心理、购买意愿会正向影响消费行为。

根据所提出的假设，现提出本文的研究概念模型，如图 1 所示。

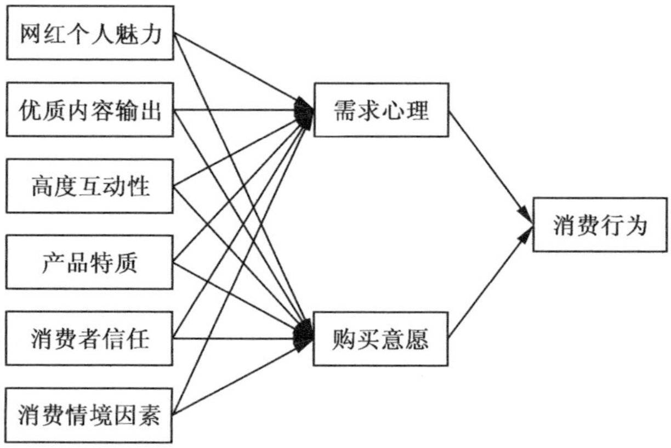

图 1　研究模型

四、实证研究

(一)样本描述性统计

本问卷主要通过问卷星平台进行设计,并通过链接分享至QQ、微信、微博等社交平台进行发放及用户填写。此次总计回收222份问卷,其中有效样本数量为222份,问卷有效率为100%。样本填写者的基本信息收集如表2所示。

表2　基本信息

基本信息条目	细分条目	人数	百分比
性别	男	114	51.35%
	女	108	48.65%
年龄	18岁以下	14	6.31%
	18～25岁	62	27.93%
	26～30岁	68	30.63%
	31～35岁	57	25.68%
	36～40岁	7	3.15%
	40岁以上	14	6.31%
学历	高中及以下	24	10.81%
	大专	83	37.39%
	本科	83	37.39%
	硕士及以上	32	14.41%
职业	学生	32	14.41%
	国企/事业单位职员	34	15.32%
	私企职员	114	51.35%
	自由职业者	38	17.12%
	其他	4	1.8%
平均每月可支配收入	1 500元以下	14	6.31%
	1 501～2 000元	72	32.43%
	2 001～2 500元	68	30.63%
	2 501～3 000元	58	26.13%
	3 000元以上	10	4.5%

续表

基本信息条目	细分条目	人数	百分比
每月网络消费	500 元以下	52	23.42%
	501～1 000 元	54	24.32%
	1 001～1 500 元	84	37.84%
	1 501～2 000 元	14	6.31%
	2 000 元以上	18	8.11%

样本填写者关于网红营销的了解程度体现如下：

调研结果显示，调研对象了解网红的途径主要集中在各社交平台、短视频平台及各电商平台，而这也正是网红主要活动的领域，详见图 2。

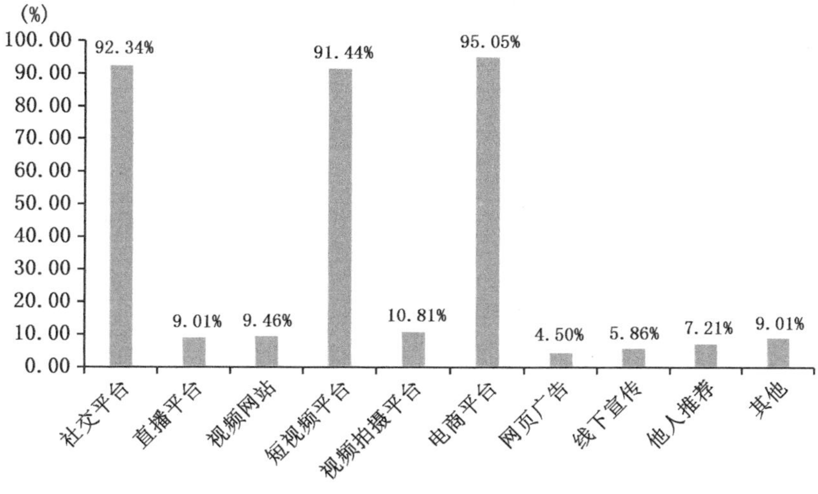

图 2　消费者了解网红的途径

调研结果还显示，有 22.97%的消费者对网红营销非常了解，38.29%的消费者对网红营销有一定的了解，34.23%的消费者并不是很了解网红营销，另还有 4.5%的消费者完全不了解网红营销，详见图 3。

总体而言，网红营销能走进消费者群体，并实现一定的覆盖率。

在收集基本信息时的最后一个环节显示，有 27.03%的消费者非常信任网红营销，31.08%的消费者较为信任网红营销，31.98%的消费者对于网红营销的信任持一般性水准；另有 4.5%的消费者不太信任网红营销，5.41%的消费者则完全不信任网红营销，详见图 4。

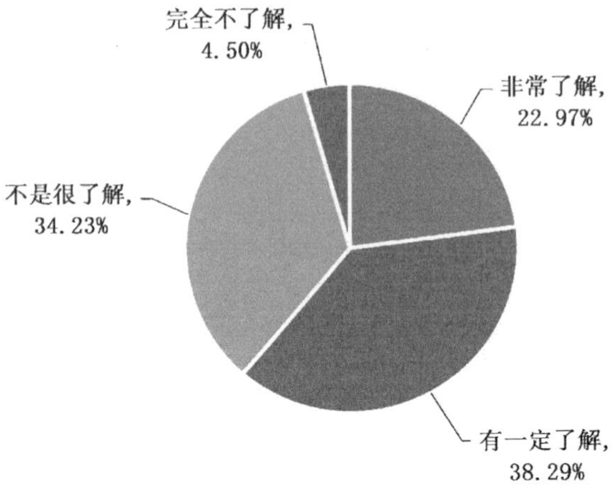

图 3　网红营销在消费者群体中的受了解程度

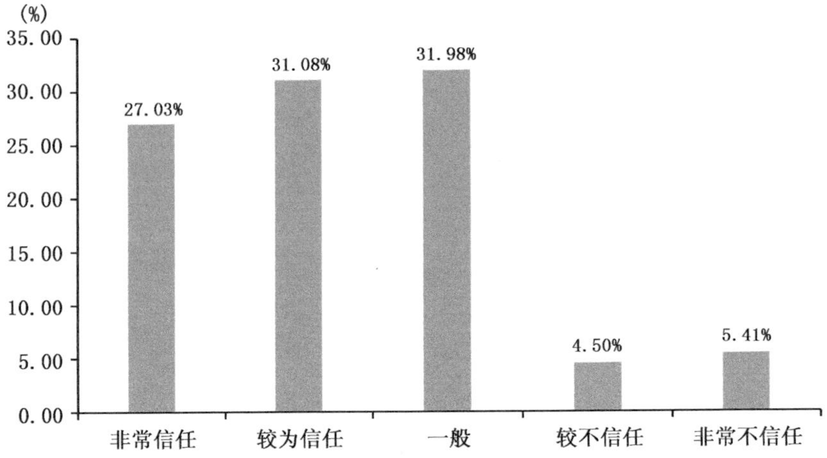

图 4　网红营销在消费者群体中的受信任程度

可见,消费者对于网红营销有着较好的信任度,这也为后续研究的开展提供了一定的基础。

(二)实证分析

1. 信度分析

信度分析主要用于检验量表是否稳定、可靠,分析方法包括重测信度法、复本信度法、折半信度法、α信度系数法,本文选取较为常见的α信度系数法来对变量量表进行信度分析。

根据定义,在信度分析过程中,Cronbach's Alpha 系数(下文简称"α系数")会在

0～1 之间取值。当 α 系数在 0.8 以上取值时，表示量表信度很好；当 α 系数在 0.7～0.8 之间取值时，表示量表信度可以接受；当 α 系数在 0.6～0.7 之间取值时，表示量表信度一般；而当 α 系数在 0.6 以下取值时，表示信度较差，必须对量表进行一定的修正。

现对变量量表收集到的数据进行信度分析，结果如表 3 所示。

表 3　　变量量表信度分析结果

变量名称	对应题数	Cronbach's Alpha 值
消费行为	3	0.779
需求心理	3	0.794
购买意愿	3	0.834
网红个人魅力	3	0.810
优质内容输出	3	0.781
高度互动性	3	0.783
产品特质	3	0.810
消费者信任	3	0.778
消费情境因素	3	0.778

从表 4 中可以看出，变量量表的 α 系数大多分布在 0.7～0.8 之间，整体而言信度可以接受，具备一定的可靠性及稳定性。

2. 效度分析

效度分析用于研究量表数据的设计是否正确、合理。本文主要使用因子分析法进行研究，通过 KMO 值、共同度、方差解释率值、因子载荷系数值等指标对数据进行综合分析，以验证其效度水平情况。

通过对数据进行的 KMO 值检验及 Bartlett 球形度检验是开展效度分析的基础。KMO 值用于判断数据是否具备效度。当 KMO 值在 0.8 以上取值时，说明数据效度很好；当 KMO 值在 0.7～0.8 之间取值时，说明数据效度可以接受；当 KMO 值在 0.6～0.7 之间取值时，说明数据效度一般；当 KMO 值在 0.6 以下取值时，说明数据效度较差，必须对量表进行一定的修正。而 Bartlett 球形度检验则用于检验各个变量间是否独立，其主要评定依据为 p 值。当 p 值 <0.05 时，说明变量之间具有相关性，可以进行因子分析。

对收集到的数据使用 KMO 和 Bartlett 球形度检验进行效度验证，得出 KMO 值为 0.968，p 值为 0.000，说明数据效度很好且变量之间具有相关性，可以进行效度分析。

在通过检验后，对变量量表收集得来的数据进行效度分析，结果如表4所示。

表4　效度分析结果

名　称	因子载荷系数	共同度(公因子方差)
	因子1	
消费行为	0.919	0.845
消费情境因素	0.914	0.836
需求心理	0.948	0.899
消费意愿	0.952	0.906
消费者信任	0.936	0.877
产品特质	0.942	0.887
高度互动性	0.939	0.882
优质内容输出	0.951	0.904
网红个人魅力	0.925	0.856
特征根值(旋转前)	7.891	—
方差解释率%(旋转前)	87.682%	—
累积方差解释率%(旋转前)	87.682%	—
特征根值(旋转后)	7.891	—
方差解释率%(旋转后)	87.682%	—
累积方差解释率%(旋转后)	87.682%	—
KMO值	0.968	—
df	36	—
p值	0.000	—

如表5所示，各变量的共同度值均在0.4以上取值，说明可以有效地提取研究项信息；KMO值为0.968>0.8，说明数据有着很好的效度；表中显示，单个因子的方差解释率值为87.682%，且旋转后的累积方差解释率为87.682%>50%，说明可以有效地提取研究项的信息量；而各研究项的因子载荷系数的绝对值均在0.4以上取值，说明选项和因子有对应关系。

综上所述，本问卷效度较好，具备一定的有效性和合理性，可以进行后续的研究。

3. 相关性分析

相关性分析用于研究定量数据之间是否有关系、关系的紧密程度等关系情况。本文选取Pearson相关系数作为定量数据相关性的测量指标。

根据Pearson相关系数的定义，其会在−1.0～1.0之间取绝对值，且绝对值越大，说明数据之间相关性越强。当Pearson相关系数的绝对值大于0.8时，说明数据之间存在极强相关；当Pearson相关系数的绝对值在0.6～0.8之间取值时，说明数据之间存在较强相关；当相关性系数的绝对值在0.4～0.6之间取值时，说明数据之间存在中等相关；当 Pearson 相关系数的绝对值在 0.2～0.4 之间取值时，说明数据之间存在弱相关；当 Pearson 相关系数的绝对值在 0.2 以下取值时，说明数据之间存在极弱相关或不存在相关。

（1）各影响因子与需求心理及购买意愿的相关性分析

现将各影响因子与需求心理及购买意愿进行相关性分析，结果如表 5 所示。

表 5　　各影响因子与需求心理及购买意愿的相关性分析

		需求心理	购买意愿
网红个人魅力	相关系数	0.848**	0.857**
	p 值	0.000	0.000
优质内容输出	相关系数	0.884**	0.890**
	p 值	0.000	0.000
高度互动性	相关系数	0.865**	0.874**
	p 值	0.000	0.000
产品特质	相关系数	0.879**	0.896**
	p 值	0.000	0.000
消费情境因素	相关系数	0.854**	0.848**
	p 值	0.000	0.000
消费者信任	相关系数	0.877**	0.899**
	p 值	0.000	0.000

* $p<0.05$；** $p<0.01$。

分析结果显示，需求心理、购买意愿和网红个人魅力、优质内容输出、高度互动性、产品特质、消费情境因素及消费者信任之间的相关系数值均在 0.8 以上，并且都呈现出 0.01 水平的显著性，因而说明网红个人魅力、优质内容输出、高度互动性、产品特质、消费情境因素及消费者信任和需求心理、购买意愿之间均有着显著的正相关关系。

（2）需求心理、购买意愿与消费行为的相关性分析

将作为需求心理及购买意愿与消费行为进行相关性分析，结果如表 6 所示。

表 6　　需求心理、购买意愿与消费行为的相关性分析

		消费行为
需求心理	相关系数	0.869**
	p 值	0.000
购买意愿	相关系数	0.844**
	p 值	0.000

* $p<0.05$；** $p<0.01$。

分析结果显示，消费行为和需求心理、购买意愿之间的相关系数值均在 0.8 以上，并且都呈现出 0.01 水平的显著性，因而说明需求心理、购买意愿和消费行为之间均有着显著的正相关关系。

综上所述，本文提出的各影响因子与需求心理及购买意愿、需求心理及购买意愿与消费行为之间均存在着显著的正相关关系。

4. 回归分析

回归分析主要用于确定数据之间的具体影响情况，通过回归分析来检验相关的回归系数以及显著性水平，可以确定变量间的线性关系，反映出一个变量或多个变量对某一变量的影响程度。

(1)各影响因子对需求心理的影响

为验证各影响因子对需求心理的影响，将网红个人魅力、优质内容输出、高度互动性、产品特质、消费者信任及消费情境因素作为自变量，将需求心理作为因变量进行回归分析，结果如表 7 所示。

表 7　各影响因子对需求心理的影响

	非标准化系数		标准化系数	t	p	VIF	R^2	调整 R^2	F
	B	标准误	Beta						
常数	0.401	0.104	—	3.845	0.000**	—			
网红个人魅力	0.053	0.059	0.058	0.899	0.037*	6.167			
优质内容输出	0.214	0.072	0.225	2.984	0.003**	8.550			$F(6\ 215)$
高度互动性	0.102	0.065	0.104	1.561	0.012*	6.649	0.857	0.853	$=214.402$
产品特质	0.192	0.066	0.197	2.894	0.004**	6.948			$p=0.000$
消费者信任	0.209	0.063	0.216	3.313	0.001**	6.379			
消费情境因素	0.171	0.052	0.184	3.308	0.001**	4.624			

* $p<0.05$；** $p<0.01$。

结果显示，网红个人魅力、优质内容输出、高度互动性、产品特质、消费者信任、消费情境因素的 R^2 值为 0.857，说明其可以解释需求心理的 85.7%的变化原因；同时，网红个人魅力、高度互动性、优质内容输出、产品特质、消费者信任、消费情境因素的 p 值均小于 0.05，即其会对需求心理产生显著的正向影响关系。因此，假设 1 成立。

(2)各影响因子对购买意愿的影响

为验证各影响因子对购买意愿的影响，将网红个人魅力、优质内容输出、高度互动性、产品特质、消费者信任及消费情境因素作为自变量，将购买意愿作为因变量进行回归分析，结果如表 8 所示。

表 8　　各影响因子对购买意愿的影响

	非标准化系数		标准化系数	t	p	VIF	R^2	调整 R^2	F
	B	标准误	Beta						
常数	−0.055	0.104	—	−0.523	0.602	—			
网红个人魅力	0.063	0.059	0.063	1.070	0.046*	6.167			
优质内容输出	0.202	0.072	0.194	2.803	0.006**	8.550			$F(6\ 215)$
高度互动性	0.119	0.065	0.111	1.819	0.037*	6.649	0.879	0.876	=261.172
产品特质	0.242	0.066	0.228	3.646	0.000**	6.948			p=0.000
消费者信任	0.311	0.063	0.294	4.912	0.000**	6.379			
消费情境因素	0.105	0.052	0.103	2.023	0.044**	4.624			

* $p<0.05$；** $p<0.01$。

结果显示，网红个人魅力、优质内容输出、高度互动性、产品特质、消费者信任及消费情境因素的 R^2 值为 0.879，说明其可以解释购买意愿的 87.9%的变化原因；同时，网红个人魅力、优质内容输出、高度互动性、产品特质、消费者信任及消费情境因素的 p 值均小于 0.05，说明其会对购买意愿产生显著的正向影响关系。因此，假设 2 成立。

(3)需求心理、购买意愿对消费行为的影响

为验证需求心理、购买意愿对消费行为的影响，将需求心理、购买意愿作为自变量，将消费行为作为因变量建立回归分析，结果如表 9 所示。

表 9　　需求心理、购买意愿对消费行为的影响

	非标准化系数		标准化系数	t	p	VIF	R^2	调整 R^2	F
	B	标准误	Beta						
常数	−0.031	0.144	—	−0.217	0.829	—			$F(2\ 219)$
需求心理	0.646	0.086	0.589	7.507	0.000**	5.898	0.772	0.769	=369.798
购买意愿	0.309	0.079	0.308	3.922	0.000**	5.898			p=0.000

* $p<0.05$；** $p<0.01$。

从表 10 具体分析可知，需求心理及购买意愿的 R^2 值为 0.772. 说明其可以解释消费行为的 77.2%的变化原因；同时，需求心理及购买意愿的 p 值均小于 0.01，说明其会对消费行为产生显著的正向影响关系。因此，假设 3 成立。

综上所述，本文提出的假设 1、假设 2、假设 3 皆成立。

五、研究结论与展望

(一)研究结论

本文研究得出的结论如下：

1. 网红个人魅力、优质内容输出、高度互动性、产品特质、消费者信任、消费情境因素均会对需求心理产生显著的正向影响关系。

2. 网红个人魅力、优质内容输出、高度互动性、产品特质、消费者信任、消费情境因素均会对购买意愿产生显著的正向影响关系。

3. 需求心理、购买意愿均会对消费行为产生显著的正向影响关系。

(二)管理启示

通过对现有文献的研读,结合本文开展的实证研究,现提出对网红、网红营销及消费者群体的建议。

1. 对网红的建议

(1)增强个人形象

对于网红而言,个人形象不单单指的是长相与衣着搭配,个人的内在文化素养及综合素质也至关重要。作为在网上有着很高公众关注度的群体,网红应尤为注重自身的专业知识及个人行为模式的培养,将自身作为一个独立的 IP 进行营销,支撑其对于产品的销售。

(2)严格把控输出内容

由于网红有着一定的公众认知,因此作为信息输出者,网红必须严格把控输出内容,确保传播内容的积极向上、合法合规,同时也必须仔细审核输出内容的质量,避免发布无价值或含金量较少的无用信息。宋明蕊(2017)认为,目前的网红营销正处在内容为王的时代,内容原创性变弱,同质化严重,可复制性变强。对此,网红必须进行慎重的思考与规划,向市场环境及消费者输出原创且优质的内容,为自己贴上独有的标签、展露自己不同于他人的特质,而不是一味地去复制其他成功人士的内容输出模式。

(3)增强粉丝群体的维护,保证消费者信任

粉丝群体必须通过互动的形式进行维护。作为一名网红,一名某领域内的意见领袖般的存在,若仅是一味输出自己的观点,而忽视与消费者的互动、交流的话,其与平日里在社交平台上随手发布动态的普通用户又有何异?网红本就是依附于粉丝而存在的,而隔着互联网的障壁,维护与粉丝之间的关系便显得格外重要且有些许困难。网红必须在进行优质内容输出的同时加强与粉丝的互动、交流,多做粉丝福利活动,采取一些如折扣、促销、抽奖等的激励方式,增长消费者对其的认同与信任。

2. 对网红营销的建议

(1)利用高度互动性,减少营销成本

网红营销具备的高度互动性是传统营销模式远不可比拟的。网红与消费者在线上可以通过解答评论提问的方式进行互动,在线下也可以当面与消费者进行互动;而消费者之间也可以通过口口相传、互相讨论的方式进行互动,自发地对产品进行宣传,减少营销成本。因此,网红营销领域内的相关从业人员应注重高度互动性的运用,将

网红与消费者的互动同消费者与消费者之间的“人传人”式互动宣传相结合，达到“一份互动，两份收益”的效果，减少在营销过程中的开支。

(2)根据消费者导向，选择销售产品

现如今，消费者的个性化特征正越来越明显，每个独立的消费者个体都会有其偏好及厌恶的内容。若网红方能根据其偏好进行内容的输出，那么这对消费者而言可以极大地满足其参与感，并且能够给其在互动中受尊重的感觉，这对于促进其消费行为的增长是很强的助力。可以说，网红营销模式的核心思路是以人为本，这就要求行业整体对主流消费者需求有较为深入的认知，针对其诉求挑选所营销的产品种类，并严格监管流程中的各个方面，杜绝隐患，这样可以有助于提升消费者的需求心理及购买意愿，进而影响其消费行为。

3. 对消费者的建议

(1)理性思考，避免非理智消费行为

对于消费者而言，面对林林总总的网红与其推销的满目琳琅的商品，要加强辨别是非的能力，对网红经济持辩证的态度，做到不冲动消费、不提前消费，把握好经济水平与支出水平的平衡。方佳妮等(2018)共同认为，网红开展的活动多为谋取利益，其个人及推荐的产品均易受利益影响，并不是所有的产品或提供的服务都物有所值。因此，消费者在面对网红、接受网红对于特定产品的推荐时，要做到理性思考，避免非理性消费行为，根据自身的具体条件与实际需求进行有计划性的消费。

(2)广泛收集信息，从多方面认知产品

信息技术的发展极大程度地改变了营销环境，消费者在营销环节中所占据的主动地位更加明显，具体表现为其有着更多的信息收集渠道。当消费者在收集商品的相关信息时，应尽可能地进行广泛的阅读、评估，从多个维度认识产品，仔细思考、判断产品是否满足需求，避免非理性消费行为。

(三)研究不足与展望

在本研究的最后，总结研究过程中的不足与展望。

1. 研究样本存在局限性

本研究的意向是向社会广泛发送问卷并收集样本，但实际上收集来的大部分样本都是由在校学生和私企职员所填写的，有一定的局限性。若是后续研究能扩大样本收集范围，对更多的社会群体进行覆盖，则得出的结论会更加可靠。

2. 变量局限性

本研究主要提出了三个级别的变量，虽然证实了每级变量均能显著地正向影响上一级的变量，但本研究并未考虑到同级别的变量之间可能会存在的相互联系；此外，本文提出的变量较为有限，在实际生活及营销流程中，还会有其他因素对网红营销及消费行为产生影响。若是后续研究能提出其他变量，并对同级别变量之间存在的相互联系进行分析，则得出的结论会更加有效、可靠。

3. 针对具体产品类别进行研究

本研究并未根据具体的产品类别展开对应研究，研究结论较为宽泛。若是后续研究能针对具体产品类别进行研究，则得出的结论会更加详细、可靠。

参考文献

[1]李光斗．超级网红如何打造个人 IP[M]．北京：机械工业出版社，2016：285－292.

[2]杨卓妍．互联网 3.0 时代的粉丝经济——“网红”商业模式分析[J]．现代经济信息，2016(14)：298－299.

[3]方佳妮，于晓晖，李集绮．网红经济发展现状分析[J]．产业与科技论坛，2018，17(19)：2.

[4]孙佳林．新时期“网红经济”的发展现状分析[J]．环球市场信息导报，2018(30)：24－24.

[5]熊韵秋．网红经济时代的粉丝消费认同探究[J]．视听，2019(11)：185－186.

[6]罗子明．消费者心理学[M]．4 版．北京：清华大学出版社，2017：98.

[7]陈洋．社会化电子商务用户推荐对消费者购买意愿的影响研究[D]．北京：北京邮电大学，2013.

[8]王淼．淘宝网红的微博营销对受众消费态度的影响研究[D]．长沙：湖南师范大学，2017.

[9]李艺滨等．浅析在线营销直播影响下的消费者行为[J]．经贸实践，2018(5)：161－162.

[10]陶金国，訾永真．网红模式下消费者购买意愿的影响因素研究[J]．南京财经大学学报，2017(2)：89－95.

[11]姜佳奇．网红经济下直播对消费者购买决策的影响因素分析[D]．北京：北京邮电大学，2019.

[12]刘平胜，石永东．直播带货营销模式对消费者购买决策的影响机制[J]．中国流通经济，2020(10)：38－47.

[13]张明明．网红品牌 IP 营销、消费心理及消费意愿的动态关系[J]．商业经济研究，2021(5)：83－85.

[14]沈卜．刍议直播带货对消费者购物行为的影响[J]．中小企业管理与科技(上旬刊)，2021(2)：104－105.

[15]宋明蕊．基于顾客让渡价值的网红营销策略分析[J]．现代商业，2017(30)：22－23.

[16]姚洁．网红经济环境下消费者重复购买意愿研究[D]．大连：东北财经大学，2017.

[17]申怡．网红经济对消费者的影响[J]．环渤海经济瞭望，2018(2)：43－43.

[18]王卫兵．网红经济的生成逻辑、伦理反思及规范引导[J]．求实，2016(8)：43－49.

[19]Blattberg R. C.，Neslin S. A. Sales promotion：Concepts，methods，and Strategies[M]. Prentice Hall，1990.

[20]Rosenberg M. Cognitive，affective，and behavioral components of attitudes[M]. Yale University Press，1960：1－14.

消费者线上线下购买渠道的影响因素研究

——以宜家为例

沈逸菲

指导老师：焦　玥

摘　要：现代信息技术和互联网的广泛应用，使得我国电子商务市场繁荣发展，网络市场也逐渐成为消费市场的重要增长点。传统的线下消费渠道逐渐无法满足消费者日益变化的消费需求，而线上渠道的消费模式越来越受消费者欢迎，因此，许多企业紧跟时代潮流，不再满足于线下市场，逐步发展自身的线上市场，以此来获得更多的市场份额和企业利润，宜家就是这众多企业中的一个。

本文以宜家为例，通过文献梳理，基于信息搜索收集和实施购买两个阶段构建了宜家消费者选择线上线下消费渠道的影响因素的理论模型，购物两阶段一共包括产品因素、渠道因素、消费者因素和情景因素等四类13个影响因素和假设，通过实证研究，证实了在信息搜索阶段和实施购买阶段的影响因素各不相同。

关键词：线上线下；渠道选择；影响因素；宜家

Research on the Influencing Factors of Consumers' Online and Offline Purchasing Channels

—Taking IKEA as an Example

Abstract: With the extensive application of modern information technology and the Internet, China's e-commerce market is flourishing and developing, and the network market has gradually become an important growth point of the consumer market. Traditional offline consumption channel can't satisfy the demand of consumers increasingly changes gradually, and consumption patterns of online channel is more and more popular with consumers, therefore, many enterprises keep up with the trend of The Times and are no longer satisfied with the offline market, but gradually develop their own online market, so as to gain more market share and corporate profits. IKEA is one of them.

This paper constructs a theoretical model of the influencing factors of IKEA consumers' choice of online and offline consumption channels through literature review, information search, collection and purchase implementation. Through empirical research, it is confirmed that in the information search stage, the network involvement degree, channel information amount, channel convenience, product category and other people's consumption evaluation have a positive impact on the choice of consumption channel, while in the implementation purchase stage, the six variables of channel cost, channel risk, logistics safety, product price, product category and time factor have a positive impact on the choice of consumption channel, while the two variables of purchase motivation and perceived risk have no impact on the choice of consumption channel.

Keywords: online and offline; channel choice; influence factor; IKEA

一、绪论

（一）研究背景

近几年来，随着电子商务的发展由成长走向成熟，我国的电商交易平台越来越多，各大企业逐渐开发了属于自己的电商平台以吸引消费者的注意。线上线下渠道相结合的现状，直接促使了全渠道零售的如日方升，形成跨越时间、地点和方式的消费者触达。

随着4G网络的全面覆盖、5G网络的快速建设，我国手机网民规模高达9.86亿，几乎接近100%的使用率意味着使用手机上网的人数远超其他方式上网的网民数量。电子商务近年来的神速开展和电子支付的不断完善，使得网络购物变得越来越便捷，众多购物App应运而生。从上述这些数据足以看出我国线上渠道消费的迅猛发展，线上购物交易的日趋增长也逐渐促使许多大型企业开始建设自己的线上电商渠道，以便获取更高利润与市场份额。

（二）研究意义

电子商务的蓬勃发展必然会将更多的产品带向网络，消费者面对线上线下的多渠道会经过深思熟虑，从而选择更适合自己的渠道来进行购买，研究影响消费者渠道选择的因素是更好了解消费者渠道偏好的途径之一，也是帮助零售商能更好改进的最佳方案之一。消费者是促进零售业蓬勃发展的重要一环，零售商为了能够得到更好的发

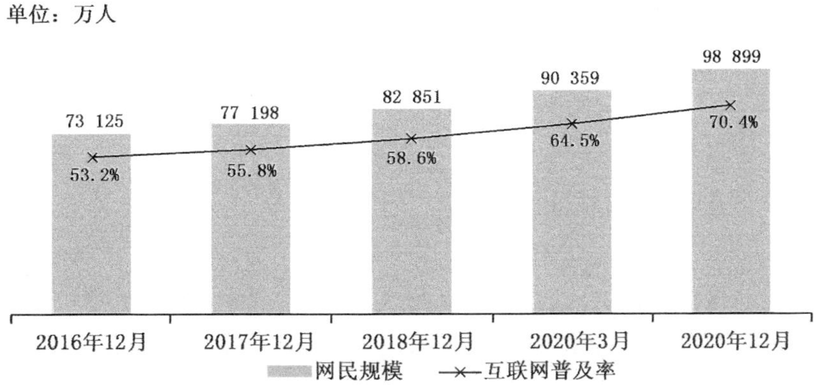

资料来源：中国互联网络发展状况统计调查，2020 年 12 月。

图 1　2020 年中国网民规模和互联网普及率

展和获取更多的利润，从消费者角度出发的渠道研究也会越来越多。

以线下店铺为主的实体店渠道，以官网和天猫旗舰店为主的电子商务渠道，以及最近紧随市场潮流而新推出的以官方 App 和微信小程序为主的移动商务渠道，这三者渠道的有机结合使得宜家稳坐全球家居用品零售商的宝座。线上线下多渠道的购买方式在为消费者提供了便捷的同时，也带来了许多值得思考的问题，对于消费者在渠道选择因素方面的研究论述也越来越多。对于宜家这样一家做家居零售的企业来说，通过研究了解何种因素可以影响消费者对于渠道的选择，可以更好地帮助其做出相应的改进措施，从而使其得到更好的发展。

（三）研究目的与内容

本文旨在基于消费者视角和线上线下多渠道环境下，依据渠道选择影响因素的相关理论，提出影响宜家消费者购买渠道选择的多种因素假设，通过调查宜家消费人群，依据问卷调查数据，运用回归分析方法，实证分析宜家消费群体线上线下多渠道购买选择的相关影响因素，最后根据实证结果得出本文的结论，并提出相关改进建议。主要内容包括以下五个部分：

第一部分，交代本文的研究背景、研究意义、研究目的与内容、研究方法以及论文难点与创新点。

第二部分，对多渠道消费选择的影响因素理论进行文献综述并归纳提炼出本文主要研究的影响因素。

第三部分，根据总结出的影响因素，分别从信息收集与实施购买两个阶段具体分析影响宜家消费者线上线下渠道选择的因素，提出研究假设。

第四部分，设计问卷量表，并通过各种社交媒体渠道，例如微信朋友圈、QQ 空间、微博等渠道发放与回收问卷。

第五部分，利用SPSS统计软件对回收的问卷数据进行相关分析，得出结果。

第六部分，总结实证研究的结论，并根据探究假说提出具体的建议。

（四）研究方法

本文在双渠道的消费背景下构建宜家消费者在购买两阶段中线上线下渠道选择的影响因素理论模型，采用的研究方法主要有文献梳理、问卷调查和统计分析。

1. 文献梳理

本文通过对国内外已有的渠道选择理论以及双渠道消费选择的影响因素等相关方面的学者研究梳理分析，为本文理论模型的构建、研究假设的提出和问卷的设计提供了理论依据。

2. 问卷调查

通过问卷星制作问卷，利用微信朋友圈、QQ空间、微博等社交媒体发布问卷，收集数据，进行实证分析。

3. 回归统计分析

本研究主要采用SPSS统计软件对收集到的相关数据进行信度及效度分析，进而对数据进行二元Logistic回归分析，根据分析结果验证假设正确与否。

（五）论文难点及创新点

1. 论文难点

本研究的难点之一在于问卷的设计以及数据来源的真实性与有效性，问卷关于渠道选择影响因素的量表设计将会是重点，题量可能会对被调查者造成一定时间压力而使被调查者中止对于问卷的作答，从而导致样本数量不达标。难点之二在于对于问卷数据的分析，SPSS统计软件也需要花一定时间，对于样本数据的分析可能会与假设出现偏差，进而无法达到研究目的。

针对上述难点，在制作问卷时会多加考量，参考现有的有关消费者线上线下渠道选择影响因素研究的调查问卷，在其基础上进行思考与修改，将复杂的量表简单化，同时控制题量，以确保问卷样本数。有关SPSS统计软件的使用，也会向指导老师请教，以达到准确使用、精准分析的目的。

2. 论文创新点

研究视角创新。国内从消费者角度对渠道选择进行研究的案例较少，大多是以企业视角出发，研究企业的营销渠道、分销渠道及供应链渠道等，而消费者视角主要是研究以消费者作为主体的渠道选择行为。因此，本文选择基于“消费者视角”，以宜家为例，研究消费者在面对多渠道购物环境时选择某种购物渠道的多种影响因素。

研究内容创新。家居行业相对于其他行业来说要想完全依赖线上渠道销售产品是存在一些难点的，比如沙发、床、橱柜等一些大型家具是无法完全靠图片和文字去描述产品特性的，必须由线下实体店进行辅助，帮助消费者进行实地体验，从而决定是否购买以及通过何种渠道购买。在这一过程中，消费者其实是由线上渠道向线下渠道转移。因此，本文将购买过程分为信息搜索与实施购买两阶段，研究在购买过程不同的阶段会有哪些因素影响消费者对于渠道的选择。

二、相关理论文献综述

近年来，全渠道零售愈发成熟，线上线下双渠道的购买方式为消费者提供了便捷的同时也带来了许多值得思考的问题，对于消费者在渠道选择因素方面的研究论述也愈来愈多。通过研究了解何种因素可以影响消费者对于渠道的选择可以更好地帮助零售商做出相应的改进措施，从而促进零售业多渠道的蓬勃发展。

从 EBSCO 数据库搜索国外学者的相关研究，可以发现近五年来关于渠道选择的文章有 805 篇，关于渠道选择影响因素的文章有 36 篇，而从 CNKI 中搜索国内学者的相关研究时，关于渠道选择的文章 1055 篇，关于渠道选择影响因素的文章有 108 篇。不难看出，在全渠道零售的影响下，近些年来国内学者对于渠道选择的研究越来越多。

通过大量阅读国内外关于渠道选择以及渠道选择影响因素的文献，本文将从渠道选择综述以及多渠道消费选择的影响因素研究综述两方面，对国内外学者近五年的观点进行总结和述评。

(一)双渠道消费选择的影响因素研究综述

随着电子商务的不断发展，可供消费者选择的消费渠道也越来越多，消费者对于渠道的选择也变得多样化，在消费渠道如此丰富的今天，研究和了解哪些因素可以影响消费者对于渠道的选择也变得尤为重要。

1. 国外研究

早期国外学者在研究消费者渠道选择的影响因素时，主要关注于消费者的人口统计特征，例如 Dabholkar(2002)、Inman(2004)等认为年龄、性别、收入、教育水平等人口统计变量可以影响消费者购物渠道的选择决策。随着科技的不断发展，电子商务也随之快速发展，消费者的想法以及购物环境也发生很大的变化，越来越多的学者开始研究消费者的购买动机、成本考虑、环境因素等方面对消费者渠道选择的影响。

Schröder，Zaharia(2008)通过研究发现，消费者对于渠道选择具有五种购买动机："休闲导向"、"便利导向"、"独立导向"、"与配送相关的风险规避"和"与产品和支付相关的风险规避"。Chintagunta，Junhong Chu，Cebollada(2012)研究认为交易成本是影响线上线下渠道选择的重要因素。Raquel，Mónica ，María－Luisa(2013)提出渠道选择的关键决定因素与时间和距离有关。

2. 国内研究

近几年，国内学者对于消费者渠道选择影响因素研究也颇为丰富。

补国苗，张博文，曹彦玲(2010)围绕消费者购买行为特征，分析了影响消费者渠道选择的四个主要因素：消费者购买行为因素、产品类型因素、渠道的服务水平因素以及网络信息的发展因素。[16]

胡正明和王亚卓(2011)基于中国的多渠道情境，归纳出消费者因素、渠道因素、情景因素、产品因素是影响中国消费者渠道选择主要变量，见图2。[17]

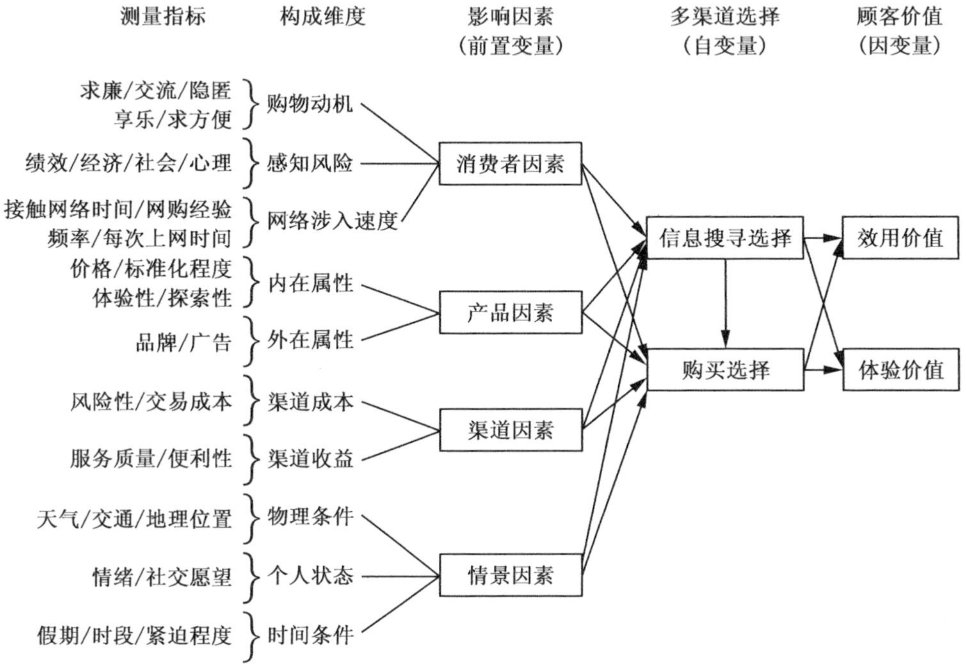

图2　胡正明等消费者购买渠道选择理论模型

高洋和王琳雅(2016)从匹配视角出发，认为渠道特性、产品特性以及消费者特性对消费者渠道选择产生影响。[18]

董志会(2018)根据 Ajzen 和 Fishbein 提出的理性行为理论(TRA)和计划行为理论(TPB)，认为购买动机、价格与产品类型、渠道特征是多渠道零售对顾客消费行为的影响路径。[6]

徐曼玲(2020)认为影响消费者线上线下购物的因素有四类，分别为个人因素、渠道因素、零售商因素以及产品因素。[20]陈玉珠和郑艳萍(2020)以服装市场为例，着重从经济状况、个人特征、便捷程度和营销活动四个方面研究对购买渠道选择的影响。[21]

(二)小结

通过对国内外相关文献进行研读和梳理，从渠道定义、渠道选择以及渠道选择影响因素三方面对文献进行分析综述，进而为本研究构建模型提供了理论依据。在总结国内外学者的相关研究的基础上，结合本文的研究背景，选择了宜家消费者在信息搜索和购买两个阶段对渠道选择产生影响的四个因素：消费者因素、渠道因素、产品因素以及情景因素。

1. 消费者因素

消费者因素是影响消费者进行渠道选择的最直接因素，不同的消费者受自身特性、购买动机、感知风险等因素的影响在渠道选择上也会有所不同。Kushwaha 和 Shankar（2013）发现，线上消费者比线下消费者年轻；Herrero Crespo 和 Ignacio（2010）发现性别与教育程度是影响线上渠道选择的重要因素。

2. 渠道因素

渠道因素是指渠道本身所具有的特质，主要包括渠道信息量、渠道便利性、渠道成本、渠道风险以及物流安全五大因素。Frambach 等（2007）认为渠道便利性对消费者的渠道选择有正向的影响。Gupta 等（2004）认为消费者在选择某一渠道进行购物的过程中感知到质量差的产品可能会产生感知风险，并对使用该渠道产生不愉快和不信任的态度。

3. 产品因素

产品类别与产品价格是产品因素的主要类别。Alba 等（1997）的研究证明产品类别会影响消费者对渠道的选择。通常情况下，搜索性产品更适合通过线上渠道购买，而复杂和高涉入度的体验性产品更适合通过线下渠道购买。

4. 情景因素

情景因素包含了物理条件、社会条件以及时间条件三类。其中，物理条件包含天气、交通、地理位置等，社会条件包括社交，时间条件包括季节、假期、闲暇时段等。

三、宜家消费者渠道选择影响因素研究假设

在宜家消费者的购买全过程中，针对不同的购物阶段，导致其线上线下渠道选择的影响因素也各不相同。基于对国内外相关文献的梳理以及实际调研，本文提出了宜家消费者渠道选择的影响因素模型，分别从信息收集与实施购买两个阶段具体分析了影响宜家消费者线上线下渠道选择的因素，同时，依据理论模型提出本文的研究假设以及设计相关调查问卷。

（一）研究模型设计

本文主要借鉴马倩《基于线上线下双渠道环境下顾客购物渠道选择的影响因素研究》中提出的线上线下渠道选择影响因素模型，结合本研究实际情况，提出本研究有关宜家消费者线上线下渠道选择影响因素基本理论模型。同时，参考其购物全过程的阶段分类，分别为信息收集和实施购买两阶段，根据每一阶段的特性，提出影响宜家消费者渠道选择的影响因素。具体如图 3 所示。

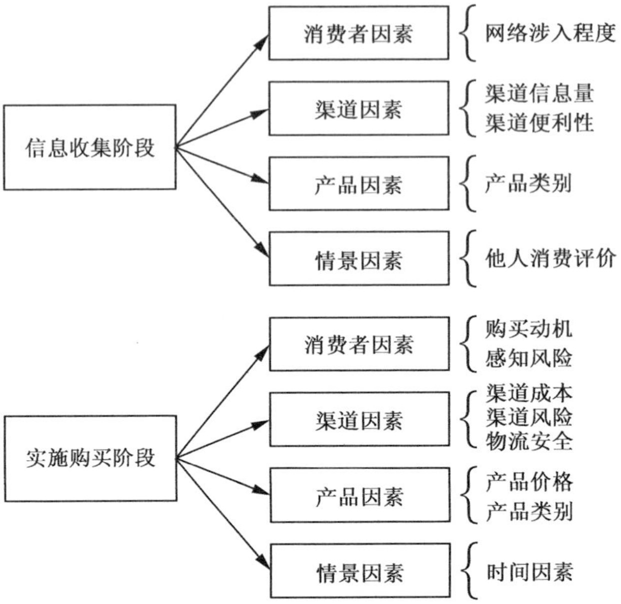

图3　宜家消费者线上线下渠道选择影响因素模型

(二)研究变量及假设

1. 信息收集阶段

(1)消费者因素——网络涉入程度

随着互联网的普及,许多消费者都能熟练运用网络进行消费,消费者接触网络的时间越长,对于网络的各项功能就越熟悉,同时能够在互联网上寻找到想要购买的产品的相关信息,当网络技能增强时,消费者也会更倾向于选择线上渠道。

因此,我们可以假设:

H1:网络涉入程度正向影响宜家消费者在信息收集阶段的渠道选择。

(2)渠道因素

①渠道信息量

不管是宜家消费者还是其他消费者,他们在做出某一购买决策之前都会对所需购买的产品或服务进行信息收集,而不同渠道对于产品或服务的信息内容和信息含量都有不同的差异。宜家的线上渠道对产品进行了分类,每件产品都配有详细的介绍以及库存预警,而在宜家线下实体店,产品仅仅只是按展间位置或种类进行展示摆放,除了询问销售人员之外,消费者无法准确、快速地获得更为丰富的产品知识。

②渠道便利性

互联网的一大特点就是便捷,人们得益于互联网的发展,可以足不出户购遍天下,只需要通过手机或电脑屏幕轻点几下,就可以搜索各式各样的产品信息。对于宜家消费者来说，无论是通过电脑浏览宜家官方旗舰店，还是通过手机访问宜家 App 以及小程序，都十分便捷，随时随地都能搜索到想要购买的产品信息。

因此，我们可以假设：

H2：渠道信息量正向影响宜家消费者在信息收集阶段的渠道选择。

H3：渠道便利性正向影响宜家消费者在信息收集阶段的渠道选择。

（3）产品因素——产品类别

对于宜家来说，产品是具有特殊性的，因为宜家出售的不仅仅是小型的居家用品，其主要产品还是大型的家居类产品，这类产品属于体验性产品，只靠文字说明是无法感知其真实材质、触感等方面的信息的，需要消费者前往线下门店进行亲身体验以获得真实感受。

因此，我们可以假设：

H4：产品类别正向影响宜家消费者在信息收集阶段的渠道选择。

（4）情景因素——他人消费评价

消费者在做出购买决策之前，会习惯性地参照其他消费者的消费评价意见以降低决策风险。宜家是知名的家居零售商，随着品牌不断为人所熟知，许多消费者在购买完宜家的产品之后都会以各种形式对宜家产品进行消费评价，同时分享在各个社交平台上，潜在消费者会将这些评价作为购买的参考依据之一。

因此，我们可以假设：

H5：他人消费评价正向影响宜家消费者在信息收集阶段的渠道选择。

2. 实施购买阶段

（1）消费者因素

①购买动机

消费者的购买动机决定了消费者的购买行为，在多渠道环境下，消费者存在多种购物动机。购买动机的多样化导致消费者在购买阶段对渠道的选择产生了影响，消费者会根据自身的购买动机来选择适合自己的购物渠道。

②感知风险

消费者在线下实体店渠道购物时比在线上渠道拥有更多的主导权，因而在线上渠道进行购物会比在线下实体店渠道购物时感知到更高的风险，通常表现为线上购物无法看到产品的真实情况。面对线上线下双渠道的购物环境，宜家消费者对线上渠道的感知风险会影响其对于购买渠道的选择。当宜家消费者认为线上渠道的购物风险比较大时，他们会更倾向于通过线下渠道购买。

因此，我们可以假设：

H6：购买动机正向影响宜家消费者在实施购买阶段的渠道选择。

H7：感知风险正向影响宜家消费者在实施购买阶段的渠道选择。

(2)渠道因素

①渠道成本

无论是通过何种渠道进行购买行为,在该渠道上都会有成本付出,如时间成本、金钱成本等,对于线上渠道来说,宜家消费者需要花费的时间成本要低于线下渠道,而对于线下渠道来说,宜家消费者所需承担的风险成本较小,因此,不同渠道所拥有的不同成本的集合可以看作选择这个渠道所需承担的渠道成本,渠道成本会影响消费者在购买阶段对于线上线下渠道的选择。

②渠道风险

消费者在网购时,首先会考虑商品是否真实靠谱、隐私是不是被泄露、交易付款方法是否安全等原因,而这些原因并不是消费者在网购时要考虑的关键原因。

③物流安全

利用网络进行购物这一消费模式带动了物流行业的蓬勃发展。然而在日常生活中,我们总是能够看到一些由于物流问题而产生的商家与消费者之间的矛盾。比如快递丢件、快递员态度恶劣、快递周期过长等,这些问题都影响着消费者选择线上渠道进行购物的积极性。

因此,我们可以假设:

H8:渠道成本正向影响宜家消费者在实施购买阶段的渠道选择。

H9:渠道风险正向影响宜家消费者在实施购买阶段的渠道选择。

H10:物流安全正向影响宜家消费者在实施购买阶段的渠道选择。

(3)产品因素

①产品价格

产品的价格会影响消费者的购买决定。在日常购物中,我们会货比三家,比的不仅仅是质量的好坏,还有价格的高低。宜家的线上线下渠道都会有各式各样的优惠活动,产品价格也会随活动的变化而有所不同,消费者在选择购买渠道时也会通过比较价格的高低而选择适合自己的购物渠道。

②产品类别

一般来说,像一些杯子、餐具、日常用品等体验性不强的产品更适合在线上购买,而诸如橱柜、床、沙发等一些大型体验性产品则需要消费者在线下通过亲身体验才能决定购买与否。

因此,我们可以假设:

H11:产品价格正向影响宜家消费者在实施购买阶段的渠道选择。

H12:产品类别正向影响宜家消费者在实施购买阶段的渠道选择。

(4)情景因素——时间因素

情景因素包含多种因素,其中个人闲暇时间的多少在一定程度上影响着宜家消费者对于线上线下渠道的选择。

因此,我们可以假设:

H13:时间因素正向影响宜家消费者在实施购买阶段的渠道选择。

四、问卷设计与发放

(一)量表设计

在经过与专家讨论及相关文献的研究综述后,最终将问卷设计为两个部分。其中第一部分是涵盖调查对象性别、年龄、学历的描述性统计信息,该部分用于分析问卷中调查对象的主要特征等情况;第二部分利用量表分别对被调查者在信息收集与实施购买两阶段的影响因素进行量表调查。本文根据以上讨论,筛选出 4 类因素、13 个二级测量指标。二级指标测量的参考来源主要来自国内外学者的相关理论及研究成果,具体测量量表见表 1。

表 1　宜家消费者线上线下渠道选择影响因素测量量表

购物阶段	影响因素	二级测量指标	测量题项	参考来源
信息收集阶段	消费者因素	网络涉及程度	是否经常使用网络,对电脑、手机等操作熟练	陈立彬、田翛然(2018)
	渠道因素	渠道信息量	我认为该渠道可以收集到更多我需要的信息(包括优惠活动、产品信息等)	Strader 和 Shaw(1997)
		渠道便利性	我认为该渠道收集信息方便、快捷、节省时间	Frambach(2007)
	产品因素	产品类别	我会在该渠道获取体验性产品信息(如沙发、床等)	补国苗、张博文、曹彦玲(2010);Alba(1997)
			我会在该渠道获取搜索性产品信息(如杯子、餐具等)	
	情景因素	他人消费评价	我认为在该渠道可以获取他人的消费评价来帮助我收集信息	马倩(2016)
实施购买阶段	消费者因素	购买动机	我周围的人选择该渠道购买,所以我也选择该渠道进行购买	胡正明、王亚卓(2011)
			该渠道便于我与友人共同购买	
			该渠道便于我和工作人员进行交流沟通	
		感知风险	我在该渠道购买的产品更符合我的期待值	Gupt (2004)
	渠道因素	渠道成本	我在该渠道购买投入的成本更低	胡正明、王亚卓(2011);高洋、王琳雅(2016)
		渠道风险	我要该渠道购买的产品质量有保障、支付无风险	高洋、王琳雅(2016)
		物流安全	我认为在该渠道购买的商品能更加安全无损地到我手中	马倩(2016)
	产品因素	产品价格	我在该渠道购买的产品价格更便宜、性价比更高	董志会(2018)
		产品类别	我认为该渠道更适合购买体验性产品(如橱柜、床、沙发等)	补国苗、张博文、曹彦玲(2010);Alba(1997)
			我认为该渠道更适合购买搜索性产品(如杯子、餐具、日常用品等)	
	情景因素	时间因素	在该渠道购物可以满足我的时间安排	Raquel、Mônica 和 Marla-Luisa(2013)

（二）问卷发放与回收

1. 问卷发放

根据本文的研究目的，本次调研的被调查者必须是在宜家线上线下渠道进行过消费的人，因此在调查问卷的开头，首先会询问被调查者是否有过宜家相关的购物经历，只有符合本研究调研要求的消费者才能够继续填写问卷，反之则结束答题，这样能够保证数据的有效性，为接下来的数据分析奠定基础。本文采用问卷形式进行数据样本的收集，主要使用问卷星进行问卷的设计、发放和回收。在调查样本中，会存在一些无效问卷样本，本调查筛选剔除无效问卷的标准如下：

（1）在第一题回答“否”。这说明该被调查者没有过宜家线上线下渠道相关的购物经历。

（2）答题时间低于 60 秒的调查问卷。根据问卷的题项数量，可估算本次问卷正常所花时长应不低于 1 分钟，问卷星后台系统可以显示出填写调查问卷的答题时间，本文认为低于 60 秒作答时间的被调查者没有认真填写问卷，因此其样本数据不具有可靠性。

2. 问卷回收

在 2021 年 3 月 16 日至 2021 年 3 月 30 日通过互联网发送到微信、QQ、微博等渠道发放问卷。共收集 307 份问卷，其中 258 份有效，有效率为 84.03%。

五、宜家消费者渠道选择影响因素实证分析

（一）描述性统计分析

在性别层面，女性的数量高于男性。而且，这与女性在真实生活中更喜爱购物的事实相一致。

在年龄层面，19～25 岁年龄段的人数最多，其次是 26～30 岁年龄段的人数，两个年龄段的人数占总人数的 89.54%（见表 2）。本文认为，网络购物呈年轻化特征，另一方面由于本文发放问卷的渠道限制，导致被调查对象的年龄具有一定的局限性。

在受教育程度层面，占比最多的是本科学历，本文认为一方面是由于受教育程度的高低会直接或间接影响网络的使用能力，另一方面由于本文发放问卷的渠道的限制，导致被调查对象的年龄具有一定的局限性。

表 2　　样本基本分布情况

项目内容	分　类	频　数	频　率
性别	男	71	27.52%
	女	187	72.48%

续表

项目内容	分　类	频　数	频　率
年　龄	18 岁及以下	5	1.94%
	19～25 岁	201	77.91%
	26～30 岁	30	11.63%
	31～40 岁	13	5.04%
	41～50 岁	6	2.33%
	50 岁及以上	3	1.16%
学　历	初中及以下	5	1.94%
	高中	8	3.10%
	大专	6	2.33%
	本科	225	87.21%
	硕士及以上	14	5.43%

(二)信度分析

信度(reliability)就是可靠性。常用的信度指标是 Cronbach(克隆巴赫系数)。从研究来看,当 α 值介于 0.5～0.7 之间时信度可以接受;当 α 值大于 0.7 时则表明信度较高,数据较可靠,当 α 值在 0.9 以上时则最为理想;当 α 值小于 0.5 时则舍弃不用。

本文经分析,得出问卷量表总体信度系数为 0.787,信度较高,信息收集阶段的变量总体信度系数为 0.601,实施购买阶段的变量总体信度系数为 0.735,均通过信度分析检验。

(三)效度分析

本文通过对 KMO 值和 Bartlett 检测确认了量表的有效性。对于 KMO 检测,KMO 系数的范围是 0～1,越接近 1,问卷中的结构效度就越好;如果低于 0.5,则数据有效性低。对于 Bartlett 检测,卡方值越大,相应的 Sig 值小于明显性水平 0.05,认为数据存在相关性。

1. 信息收集阶段 KMO 与 Bartlett 检验

对信息收集阶段的 6 个问项进行 KMO 与 Bartlett 检验,结果如表 3 所示。

表 3　　信息收集阶段 KMO 和 Bartlett 检验

KMO 取样适切性量数		0.684
巴特利特球形度检验	近似卡方	267.412
	自由度	15
	显著性	0.000

在信息收集阶段的检验结果中，KMO 值为 0.684，大于 0.5，同时，Bartlett 显著性概率小于 0.05，显著性水平很高。

2. 实施购买阶段 KMO 与 Bartlett 检验

对实施购买阶段的 11 个问项进行 KMO 与 Bartlett 检验，结果如表 4 所示。

表 4　　实施购买阶段 KMO 和 Bartlett 检验

KMO 取样适切性量数		0.794
巴特利特球形度检验	近似卡方	843.572
	自由度	55
	显著性	0.000

在实施购买阶段的检验结果中，KMO 值为 0.794，大于 0.5，同时，Bartlett 显著性概率小于 0.05，显著性水平很高。

(四)二元 Logistic 分析

1. 信息收集阶段

本文在信息收集阶段共提出消费者因素(网络涉入程度)、渠道因素(渠道信息量、渠道便利性)、产品因素(产品类别)和情景因素(他人消费评价)5 个变量。使用二元 Logistic 模型，对信息收集阶段的影响因素进行回归分析，得到结果如表 5 所示。

表 5　　信息收集阶段的影响因素回归分析

变　量	系数(B)	S. E.	Sig.
网络涉入程度	−1.201	0.863	0.044
渠道信息量	−0.515	0.319	0.016
渠道便利性	1.023	0.252	0.000
产品类别 1	−0.722	0.2	0.00
产品类别 2	0.373	0.253	0.041
他人消费评价	0.677	0.222	0.002
常量	−2.833	1.233	0.022

由表 5 可知，网络涉入程度、渠道信息量、渠道便利性、产品类别和他人消费评价这 5 个变量的回归结果都在 5%水平下显著，表明这五个影响因素均对消费渠道选择有显著影响(见表 6)。

(1)网络涉入程度

网络涉入程度($P<0.05$)通过了检验假设，说明宜家消费者使用网络技能的熟练程度对信息收集阶段的线上线下双渠道购买选择有显著影响。当宜家消费者对网络

或操作电脑等智能产品的技能较为熟练时，会对使用线上渠道产生偏好，从而倾向于选择使用线上渠道收集产品信息。

（2）渠道信息量

渠道信息量（$P<0.05$）通过了检验假设，说明渠道能够搜索到的相关产品信息量对信息收集阶段的线上线下渠道选择有显著影响。互联网发展快速的今天，宜家消费者若是想要获得更多的产品信息，越会选择线上渠道进行信息收集。

（3）渠道便利性

渠道便利性（$P<0.05$）通过了检验假设，说明渠道的便利程度对信息收集阶段的线上线下渠道选择有显著影响。宜家消费者需要花费一定的时间才能到线下实体店获取产品信息，但借助电脑、手机等智能设备，只需要花费短短数十秒就可以快速地获得需要的产品信息。

（4）产品类别

产品类别（$P<0.05$）通过了假设检验，说明产品类别（本文将产品类别划分为搜索型和体验型产品）对信息收集阶段的线上线下渠道选择有显著影响。体验性产品（产品类别 1）的回归系数为−0.772，搜索性产品（产品类别 2）的回归系数为 0.373，即宜家消费者在收集搜索性产品信息时，比较愿意选择使用线上渠道。

（5）他人消费评价

他人消费评价（$P<0.05$）通过了检验假设，说明宜家消费者度对他人消费评价的在意程度对信息收集阶段的线上线下渠道选择有显著影响。本文认为，网络评论的客观性有待商榷，他人消费评价可以作为购买参考，但并不能完全作为是否要购买该产品的依据。

表 6　　信息收集阶段研究假设的检验结果

标号	研究假设	结论
H1	网络涉入程度正向影响宜家消费者在信息收集阶段的渠道选择	支持
H2	渠道信息量正向影响宜家消费者在信息收集阶段的渠道选择	支持
H3	渠道便利性正向影响宜家消费者在信息收集阶段的渠道选择	支持
H4	产品类别正向影响宜家消费者在信息收集阶段的渠道选择	支持
H5	他人消费评价正向影响宜家消费者在信息收集阶段的渠道选择	支持

2. 实施购买阶段

本文在实施购买阶段共提出消费者因素（购买动机、感知风险）、渠道因素（渠道成本、渠道风险、物流安全）、产品因素（产品价格、产品类别）和情景因素（时间因素）8 个变量。采用二元 Logistic 模型对实施购买阶段的作用原因进行回归分析，结果见表 7。

表 7　　实施购买阶段的影响因素回归分析

变　量	系数(B)	S. E.	Sig.
购买动机 1	−0.291	0.256	0.255
购买动机 2	0.107	0.285	0.706
购买动机 3	−0.683	0.294	0.134
感知风险	0.146	0.329	0.658
渠道成本	1.45	0.315	0.00
渠道风险	−1.117	0.354	0.002
物流安全	−0.209	0.292	0.074
产品价格	0.718	0.319	0.024
产品类别 1	−0.615	0.239	0.01
产品类别 2	−0.107	0.322	0.04
时间因素	0.272	0.272	0.017
常量	0.906	1.533	0.555

由表 7 可知，渠道成本、渠道风险、产品价格、产品类别和时间因素这五个变量的回归结果都在 5%水平下显著，表明这五个影响因素均对消费渠道选择有显著影响；物流安全这个变量的回归结果也在 10%水平下显著；购买动机和感知风险的回归结果大于 0.1，表明影响不显著。

(1)购买动机

购买动机($P>0.1$)，其中从众动机(购买动机 1)的回归系数为−0.291，社交动机(购买动机 2)的回归系数为 0.107，交流动机(购买动机 3)的回归系数为−0.683，均没有通过假设，说明宜家消费者的购买动机在实施购买阶段的线上线下渠道选择无显著影响。当今社会的消费者会根据自己的实际情况选择适合自己的购买渠道，无论是线上还是线下都可以满足他们和友人的交流，所以本文认为购买动机对实施购买阶段消费渠道的选择没有影响。

(2)感知风险

感知动机($P>0.1$)没有通过假设，说明宜家消费者的感知风险在实施购买阶段的线上线下渠道选择无显著影响。宜家的产品在线上和线下渠道均由同一家厂商生产，产品的一致性较高，因此感知风险不会影响购买阶段消费渠道的选择。

(3)渠道成本

渠道成本($P<0.05$)通过了假设，说明渠道成本对宜家消费者在实施购买阶段的线上线下渠道选择有显著影响。在实际生活中，任何人都想以较低的成本获得自己想

要的产品或服务，对于宜家消费者也不例外，能以更低的成本付出得到更好的产品是每一位宜家消费者都想实现的愿望。

(4)渠道风险

渠道风险($P<0.05$)通过了检验假设，说明渠道风险对宜家消费者在实施购买阶段的线上线下渠道选择有显著影响。通常情况下，相较于线下渠道，线上渠道可能存在商品质量是否有保障、个人隐私是否泄露、交易支付方式是否安全等渠道风险。因此，若可以有效地降低渠道风险，就能吸引更多的消费者进行线上渠道购物。

(5)物流安全

物流安全($P<0.1$)在10%的显著性水平下勉强通过了检验假设，说明物流安全对宜家消费者在实施购买阶段的线上线下渠道选择有一定影响，但影响程度不高。随着电子商务的不断发展，物流体系也随之不断完善，相较于从前的物流来说，如今的物流无论是在速度还是在安全方面都有了很大幅度的提升，但总体上我们还是可以认为，物流安全系数越高，宜家消费者越偏向于选择线上购物。

(6)产品价格

产品价格($P<0.05$)通过了检验假设，说明产品价格的高低对宜家消费者在实施购买阶段的线上线下渠道选择有显著影响。实际生活中，在产品质量相同的前提下，产品价格当然越低越好。宜家的线上渠道中天猫官方旗舰店的价格在某些大促时，例如“双十一”、家装节等，不仅店铺会有活动，还可以同时参与平台的某些满减活动，这种情况下，价格就会比平时低很多，但产品质量却还是一样的，在这种情况下，宜家消费者会偏向于选择线上渠道进行购买。

(7)产品类别

产品类别通($P<0.05$)通过了检验假设，说明产品类别对宜家消费者在实施购买阶段的线上线下渠道选择有显著影响。即宜家消费者在购买搜索性产品时，比较愿意选择线上渠道；在购买体验性产品时，比较愿意选择线下渠道。

(8)时间因素

时间因素($P<0.05$)通过了检验假设，说明时间因素对宜家消费者在实施购买阶段的线上线下渠道选择有显著影响。尽管现在交通发达，但由于宜家实体店铺的数量不像普通门店一样在每个城市的每个地区都会存在，因此前往实体店比较花费时间，当宜家消费者时间安排较满时，会偏向于选择花费时间少、比较方便快捷的线上渠道。另外，消费者对家具类商品的需求时间敏感高，希望尽快得到商品来满足家庭生活的需要，因此时间因素是消费者在选择购买渠道时会考虑的因素之一。

表 8　　实施购买阶段研究假设的检验结果

标号	研究假设	结论
H6	购买动机正向影响宜家消费者在实施购买阶段的渠道选择	不支持
H7	感知风险正向影响宜家消费者在实施购买阶段的渠道选择	不支持
H8	渠道成本正向影响宜家消费者在实施购买阶段的渠道选择	支持
H9	渠道风险正向影响宜家消费者在实施购买阶段的渠道选择	支持
H10	物流安全正向影响宜家消费者在实施购买阶段的渠道选择	支持
H11	产品价格正向影响宜家消费者在实施购买阶段的渠道选择	支持
H12	产品类别正向影响宜家消费者在实施购买阶段的渠道选择	支持
H13	时间因素正向影响宜家消费者在实施购买阶段的渠道选择	支持

六、研究结论及建议

（一）研究结论

本文对对宜家消费者线上线下渠道选择的影响因素进行了实证研究，通过二元 Logistic 回归分析方法对数据进行分析，得出如下结果：

第一，在信息搜集阶段，网络涉入程度、渠道信息量、渠道便利性、产品类别和他人消费评价这五个变量的回归结果都在 5%水平下显著，表明这五个影响因素均对消费渠道选择有显著影响。

第二，在实施购买阶段，渠道成本、渠道风险、产品价格、产品类别和时间因素这五个变量的回归结果都在 5%水平下显著，表明这五个影响因素均对消费渠道选择有显著影响；物流安全这个变量的回归结果也在 10%水平下显著；购买动机和感知风险的回归结果大于 0.1，表明影响不显著。

（二）改进建议

1. 线下实体店渠道

（1）扩增门店，把握体验

渠道便利性是影响消费者渠道选择的重要因素之一，因此实体店的经营要为消费者提供更加方便快捷的渠道，降低宜家消费者的时间、精力、金钱等成本。这就要求宜家在中国市场扩大门店规模、增加门店数量、降低顾客的时间成本，吸引他们到实体店进行体验与消费。

（2）投放广告，注重宣传

宜家线下实体店渠道还应该增加信息传播渠道，在注重线上渠道宣传的同时，也应该利用好线下渠道。例如交通广告、社区广告、楼宇广告等，配合“为美好生活创造更多可能”的宣传标语，潜移默化地影响每一个潜在消费者，让他们相信宜家可以实现他们对“家”的任何期待。

(3)用心服务，顾客至上

实体店渠道最有竞争力的地方在于拥有工作人员，相较于面对线上渠道只能利用冷冰冰的鼠标、键盘才能与客服交流，线下实体店工作人员温暖的语言和面对面的交流更能打动消费者，从而增加消费者转化率。宜家要注重对员工服务意识的培训，要让员工树立一个以顾客为本、“用心”服务的态度，始终提供一个值得顾客体验的购物环境，赢得更多顾客的信任。

2. 线上渠道

(1)完善社交媒体推广

他人的消费评价对于消费者渠道选择也有正向影响，因此需要拓展社交平台的广度。除了在微博、抖音等社交平台注册企业官方账号以外，还可以和一些杜交媒体上的红人(比如高流量的博主、网红、B站的UP主等)合作，提供一些产品让其发布有关宜家网店网购体验、宜家产品评测、宜家品牌解读等视频，提高品牌的国民知名度和喜爱度。

(2)降低渠道风险

渠道风险是消费者是否选择线上渠道的重要影响因素，线上渠道应该更加注重支付安全以及消费者隐私安全，降低宜家消费者的感知风险，同时在物流方面要选择靠谱的物流合作商。目前合作的新兄弟、京东、苏宁等物流都存在不同的问题，需要进一步加强沟通合作，以保证线上渠道产品在运输过程中的安全性与时效性。

(3)注重线上体验

消费者体验方面，线上渠道不同于线下渠道拥有人工服务以及场地优势，线上渠道更应该利用多种方式与消费者进行互动交流。例如利用当下热门的微信小程序，结合不同节假日推出相关的互动小游戏，结合宜家会员俱乐部，玩游戏集积分兑礼品，以此来增加消费者在线上渠道的互动。

3. 多渠道整合

目前，宜家在中国市场不仅拥有超过30家包括体验店在内的线下门店，还拥有自己的网上商城和天猫旗舰店。在“未来＋”战略指引下，还有了自己的微信小程序商城和App商城，在多渠道和数字化方面迈出了新的一步。

线上线下的渠道互通为消费者带来更加整合的消费体验。微信小程序的开发，为消费者提供新的互动及购买渠道，灵活适配多种消费场景，满足多样化的线上消费需求。

“未来＋”战略布局为宜家打通线上线下渠道壁垒提供了方向，与此同时，为了更好地服务于消费者，应充分利用线上技术的优势。在调查中发现，许多被调查对象对于宜家将线下门店的布局有些许不满意。其一是因为实体店过大，逛起来费时费力；其二是存在找不到产品位置的现象。针对此类现象，建议将实体店布局与线上小程序相结合，利用电子渠道为消费者提供门店地图甚至产品位置，以此提升消费者的购物体验。

参考文献

[1]中国互联网络信息中心．第47次《中国互联网络发展状况统计报告》[R]．北京：中国互联网络信息中心，2020.

[2]菲利普·科特勒．科特勒精选营销词典：每个经理人必须掌握的80个营销核心概念[M]．北京：机械工业出版社，2004.

[3]Louis W. Stem，EI-Ansary. Marketing Channels Upper Saddle River[M]. Prentice Hall，1996：567.

[4]Scott A. Neslin，Dhruv Grewal，Robert Leghorn et al. Challenges and Opportunities in Multi-channel Customer Management[J]. Journal of Service Research，2006，9(2)：95—112.

[5]马倩．基于线上线下双渠道环境下顾客购物渠道选择的影响因素研究[D]．南京：南京财经大学，2016.

[6]董志会．多渠道零售对消费者购买行为的影响差异研究[J]．商业经济研究，2018(23)：37—39.

[7]Schroeder H.，Zaharia S. Linking Multi-channel Customer Behavior with Shopping Motives：An Empirical Investigation of a German Retalier[J]. Journal of Retailing and Consumer Services，2008，15(6)：45—49.

[8]Lea M. Sonderegger-Wakolbinger，Christian Stummer. An agent-based simulation of customer multi-channel choice behavior[J]. Central European Journal of Operations Research，2015，23(2)：459—477.

[9]蒋侃．基于理性和体验的B2C多渠道消费行为研究[D]．武汉：华中科技大学，2009.

[10]李希，李孜孜，戴鹏，欧燕群．基于顾客多渠道消费行为的线下实体企业发展策略浅析[J]．价值工程，2016，35(23)：314—315.

[11]Dabholkar P. A.，Bagozzi R. P. An Attitudinal Model of Technology-Based Self-Service：Moderating Effects of Consumer Traits and Situational Factors[J]. Journal of the Academy of Marketing Science，2002，30(3)：184—201.

[12]Inman J. J.，Shankar V.，Ferraro R. The Roles of Channel-Category Associations and Geodemographics in Channel Patronage[J]. Journal of Marketing，2004，68(2)：51—71.

[13]Hendrik Schröder，Silvia Zaharia. Linking multi-channel customer behavior with shopping motives：An empirical investigation of a German retailer[J]. Journal of Retailing and Consumer Services，2008，15(6).

[14]Pradeep K. Chintagunta，Junhong Chu，Javier Cebollada. Quantifying Transaction Costs in

Online/Off-line Grocery Channel Choice[J]. Marketing Science,2012,31(1).

[15]Raquel Chocarro,Mónica Cortiñas,María-Luisa Villanueva. Situational variables in online versus offline channel choice[J]. Electronic Commerce Research and Applications,2013,12(5).

[16]补国苗,张博文,曹彦玲．消费者购买渠道选择的影响因素分析[J]. 河北工程大学学报(社会科学版),2010,27(2):24－25＋34.

[17]胡正明,王亚卓．基于中国多渠道情境下消费者购买选择研究[J]. 管理研究,2011(4):178－180.

[18]高洋,王琳雅．基于匹配理论的消费者渠道选择行为影响因素[J]. 沈阳工业大学学报(社会科学版),2016,9(1):91－96.

[19]陈立彬,田翛然．消费者线上线下渠道迁移影响因素及机制[J]. 中国流通经济,2018,32(5):75－83.

[20]徐曼玲．电子商务环境下消费者线上线下渠道迁移行为研究[J]. 环渤海经济瞭望,2020(4):166.

[21]陈玉珠,郑艳萍．新零售下消费者多渠道选择行为的影响因素研究[J]. 内蒙古财经大学学报,2020,18(1):39－43.

[22]Tarun Kushwaha,Venkatesh Shankar. Are Multichannel Customers Really more Valuable? The Moderating Role of Product Category Characteristics[J]. Journal of Marketing,2013,77(4).

[23]Angel Herrero Crespo,Ignacio Rodriguez del Bosque. The influence of the commercial features of the Internet on the adoption of e-commerce by consumers[J]. Electronic Commerce Research and Applications,2010,9(6).

[24]Ruud T. Frambach,Henk C. A. Roest,Trichy V. Krishnan. The impact of consumer Internet experience on channel preference and usage intentions across the different stages of the buying process[J]. Journal of Interactive Marketing,2007,21(2).

[25]Prospect Theory: An Analysis of Decision under Risk[J]. Econometrica,1979,47(2).

[26]Sandra M. Forsythe,Bo Shi. Consumer patronage and risk perceptions in Internet shopping[J]. Journal of Business Research,2003,56(11).

[27]Joseph Alba,John Lynch,Barton Weitz,Chris Janiszewski,Richard Lutz,Alan Sawyer,Stacy Wood. Interactive Home Shopping: Consumer,Retailer,and Manufacturer Incentives to Participate in Electronic Marketplaces[J]. Journal of Marketing,1997,61(3).

[28]J. Jeffrey Inman,Venkatesh Shankar,Rosellina Ferraro. The Roles of Channel-Category Associations and Geodemographics in Channel Patronage[J]. Journal of Marketing,2004,68(2).

[29]Rolf Gunnar Sandell. Effects of Attitudinal and Situational Factors on Reported Choice Behavior[J]. Journal of Marketing Research,1968,5(4).

[30]翟李娜．兰州大学出版社图书分销渠道管理研究[D]. 兰州:兰州大学,2006.

[31]姚秀丽．中国消费者网上购物风险及消费行为模型研究[D]. 北京:北京邮电大学,2010.

[32]周涛,鲁耀斌,张金隆．网上市场与传统市场价格对比的实证分析[J]. 管理评论,2006(11):26－30＋63.

直播带货模式对大学生购买决策的影响

谢思羽

指导老师:吕　洁

摘　要:互联网在科技和直播行业飞速发展下呈现出了多元化的发展形态,直播带货进入到人们的视线中,开始受到人们强烈的关注。本文将以大学生消费者购买决策影响机制作为主要切入点来进行研究,结合部分学者的研究,提出本文研究的假设和模型,并针对大学生进行问卷调查。分析研究数据得到,优质内容、激励机制、网红个人魅力、高互动、对主播的信任度都对大学生的购买决策有着积极的正向促进作用,其中互动和信任对大学生消费者的促进作用更加明显。在本研究的最后,向直播行业、主播个人、大学生消费者提出不同的针对性建议,希望这三个主体在未来能够有所改进,同时能够让直播带货模式打开后疫情时代全新的营销新局面。

关键词:直播带货;购买决策;营销新局面

The Influence of Live Commerce on College Students' Purchase Decision

Abstract: As the technology industry progresses rapidly, the internet in general is showing signs of diversification, which gives rise to a boom of live commerce. In this paper, the influential mechanism of college student's purchasing decision along with the reference of existing literature review will be taken as the main breakthrough point to put forward the hypothesis, model and questionnaire designed for the thesis. According to the feedback based on the research data, premium content, incentive mechanism, internet celebrity's personal charm, high level of interaction and trust in the live streaming host all contribute to a significantly positive impact on college student's purchasing decisions, among which the level of interaction and trust have a comparably more obvious promoting effect on college students' consumption behavior. In the end, several targeted suggestions on the live broadcast industry, live streaming host, and college students will be proposed respectively, hoping that the live commerce can open a new marketing situation in the post-epidemic era.

Keywords: live commerce; purchasing decision; new marketing situation

一、绪论

(一)研究背景

根据最新发布的中国互联网发展状况报告,我国网民规模截止到2020年12月已经达到9.89亿,与2020年3月相比上升了8 540万。互联网普及率达70.4%,其中网络直播用户规模占到整体网民的62.4%,为6.17亿人,同2020年3月相比增长5 703万人。另外,直播电商行业的用户规模截止到2020年12月也达到了3.88亿人次,累积平台直播场次超过24 000万。可以看出,电商直播行业在2020年迅猛发展,通过直播购买商品的用户在整体电商用户中占比达到66.2%,其中17.8%的用户在直播间消费商品的金额占整体网购消费金额的30%以上,用户数据规模非常强大,也可以凸显出我国网络直播的覆盖性高。

随着21世纪"互联网+"时代的到来,消费者消费行为也有了新的改变,主要体现在以下几个方面:第一,消费者获取信息不再受到时间和空间的限制,渠道多样性提高;第二,消费者开始追求个性化消费,同质化现象逐渐减少;第三,在互联网的帮助下,消费者通过网络购物平台的购物方式和购物体验有所改变。我国在消费者消费行为的研究相比国外起步较晚,但是目前研究日趋成熟与稳定,越来越多的企业开始重视消费者行为在企业经营管理中的重要性。同时,我们所处的大数据时代,用户数据的价值是无限的,网络交易平台的大数据信息对于分析营销策略是非常有效且具备针对性的。

技术的进步往往伴随着新的商业形态的产生,直播带货模式就是在这样的契机下形成的新的商业风口。在互联网技术不断进步的大背景下,人们对于产品的选购已经从早期的文字说明过渡到图片,再由图片过渡到视频,同时消费终端也从最早的PC端转成了移动端,人们可以随时随地购买自己想要的产品,加上2020年新冠疫情的影响,人们的出行受到限制,这些原因都促使了可实现实时互动的直播带货模式的发展。

相关数据反映,当前直播电商市场规模高达5 000亿元,线上平台如淘宝、京东、抖音等都在不断推动电商转化，使得数字技术与传统零售业深度融合，在满足消费者个性化需求的同时，强化客户黏性。例如，通过直播带货大火的李佳琦曾经在直播中创下了5.5个小时带货353万的神话。然而，随着直播带货逐渐成为新的商业模式，社会对它的营销效果也存在着质疑，由于最初没有对该模式的法律管制，时常见诸报端，中消协多次点名批评不良商家和不顾用户感受的主播。

在直播带货观看群体中，当代大学生是广大网民中非常活跃的一部分，其网络消费成为大学生网络生活中不可或缺的部分，相较于其他人群，大学生对于互联网的熟悉度和渗透度都较高，他们在更大程度上参与进了网络电商直播的消费中。因此，本文将研究影响大学生消费者在直播带货模式下产生购买决策的因素。

(二)研究意义

随着网上购物人数的不断上升，网络购物规模也不断扩大，直播技术不断升级，直播带货在如今成了有力的营销手段。大学生消费者因为大数据升级，他们获取产品信息的方式、购买体验、支付方式都变得截然不同。

第一，直播带货模式于近年开始形成，并随着大数据的技术而不断发展，大多研究多从概念、内涵以及直播者的特征展开，本研究将从大学生消费者购买决策的视角进行研究；第二，直播带货模式下大学生购买者的决策过程难以揣测，本文将通过问卷调查的手段获得大量样本数据，考察影响大学生购买决策的影响因素，有利于得出直播带货模式的营销着重点；第三，市场竞争是非常复杂多变的，如何能够让在这样炙手可热的商业模式下的企业和人员健康发展是值得深思的问题。

本文以大学生消费者购买决策影响机制作为主要切入点来进行研究，有助于相关企业更为科学地开展直播带货，促进数字化新经济的发展。

(三)研究目的

本文的研究目的主要是以下两方面：

第一，探究影响大学生产生购买决策的因素。首先，了解大学生在观看带货直播时会受到影响的因素，在此基础上使得企业中的营销团队对大学生有更深的了解，方便未来直播运营团队作出更有效的决策，对多个环节进行管理和指导，进行具备针对性的营销；其次，在知道了大学生的需求方向和满意情况后，直播团队也能够加强对产品品质的把控，为大学生们提供更好的服务。直播带货模式之中很重要的一部分是网红主播，网红主播如何能够更好地借助直播来提升商业转化率，同时提高消费者的购物体验，对于直播带货模式具有非常大的指导性价值。

第二，指导大学生产生理智的购买决策。本文通过了解在直播过程中有哪些因素影响大学生的购买决策，引导大学生在直播过程中更加理智客观地评价商品，并且衡量商品是否真实是自己需要的再进行购买，尽量避免在不理智的情况下进行冲动消费或从众消费等行为。

（四）研究框架

本文共分为以下五个部分：

第一部分为绪论。在这部分依次交代了研究的大环境情况，即背景、研究意义及研究目的。

第二部分为文献综述。介绍了网络直播的发展、直播带货模式以及消费者购买决策相关模型。

第三部分为研究设计。根据文献综述的理论支持以及对发展现状的研究，总结出消费者购买决策的影响因素，建立模型假设。根据假设模型，完成问卷量表设计。

第四部分为数据分析。通过发放问卷，对有效问卷进行数据统计和分析，将得出的结论与模型一一对应，确认最终分析出的直播带货模式对大学生消费者购买决策的影响因素。

第五部分为结论与建议。通过第四部分的理论研究，对全文进行总结，给出直播带货模式下对行业的管理建议、对主播的建议以及对大学生消费者的建议。

（五）研究方法

论文将采取理论和调查相结合的方式进行开展，研究将使用文献研究法和统计分析法。

1. 文献研究法

通过阅读大量关于消费者行为学和消费心理的文献，并在网站上搜索相关数据作为研究的背景和事实依据，以此更好地辅助进行影响因素的研究。本篇论文通过文献研究法能够拥有一个牢靠的理论基础，加上对已有文献的归纳整理和分析，能够更有逻辑性地完成本篇论文。

2. 统计分析法

本文以大学生为研究主体，在微信、QQ和网页发布问卷调查获得相关数据内容，并通过使用SPSS软件进行数据分析，根据结果来验证假设和模型是否成立，数据分析方法分别是描述性统计分析、信度、效度、相关性和回归分析。

二、文献综述

本研究文献综述部分主要围绕网络直播定义与发展、直播营销内容的探讨、直播带货模式以及消费者购买决策的相关模型，这些内容将为后续研究影响因素提供稳固的理论基础。

（一）网络直播

1. 网络直播的定义及分类

网络直播是指主播们在直播间对产品进行介绍和推销，给予一定的优惠力度，吸引越来越多的观看者，并且可以在整个直播过程中进行双向的互动交流，引导观看者进行购买,成为消费者。

赵梦媛(2016)提出,网络直播是一种通过视频录制在互联网平台实时唱歌、玩游戏或展示其他活动的新兴的、带有互动性的娱乐方式,同时观众可以通过评论和主播形成互动,也可以使用虚拟货币、礼物打赏主播。单依晨(2017)认为,网络直播是依托互联网,以时讯的方式展开的即时视频,是根据现场实际情况不断播送的。肖明超(2016)认为,当前直播营销主要采用草根网红式直播和名人明星直播这两种方式,还处在初级阶段。

赵梦媛(2016)认为网络平台分为秀场类直播、游戏直播以及新诞生的泛生活类直播这三类。

传统的秀场直播是以高颜值主播为核心,并由 PC 端控制的,例如 YY、9158 等代表性的平台。随着直播格局的不断改变,内容生产现如今已经不再是 UGC,而是更加专业化、垂直化的 PUGC,用户黏性得到不断增强;游戏直播的主要代表是斗鱼、虎牙等平台,它的特点是受众范围大,具有极强的不可替代性;泛生活类直播内容非常广泛,门槛相较前两者也更低,无论是吃饭、睡觉还是普通聊天,都能够成为直播内容。

单依晨(2017)将网络直播按照产生来源分为三大类,即信号转播、平台自制直播和自媒体自制视频直播。

信号转播在初期存在不少问题,例如画质不清和信号不稳等,随着网络环境的不断升级与发展,信号转播在直播领域快速发展;平台自制直播指的是平台通过购买互联网信号版权,独立进行信号转播;自媒体自制视频直播,即“个人媒体”,指的是个人传播者通过现代化手段录制视频,上传到互联网平台的视频直播。

陈洁(2016)认为网络直播平台分为三种:第一种是专门式网络直播平台,具体是指斗鱼、虎牙等只做网络直播的平台;第二种为捆绑式直播,具体是指以社交为目的,既在直播平台进行生活或秀场直播,同时在社交平台展示自己的平台;第三种是附属式,具体是指直播平台非独立,它依附于综合类视频网站上。

2. 网络直播的发展及特点

谭畅等(2018)认为,网络直播的发展历程共有四个时期,分别是起步期、发展期、爆发期和成熟期(见表 1)。

表 1　　网络发展历程表

年　份	发展情况	举　例
2005—2013 年	起步期:秀场直播	YY、六间房、9158
2014—2015 年	发展期:游戏直播	龙珠、斗鱼、熊猫
2016 年	爆发期:泛娱乐直播、移动直播	映客、花椒、易直播
2016 年至今	成熟期:VR+直播	微鲸科技、花椒直播

2005—2013 年是起步期，该时期网络直播市场随着互联网演化起步，主要以 YY、六间房等秀场直播模式为代表。在这一时期，用户消费主要通过如用户等级体系、白名单特权等方式进行社交关系消费，另一种消费为道具打赏。直到 2013 年 12 月，我国电信产业进入 4G 时代，网络直播也开始由起步期向发展期过渡。

2014—2015 年期间为发展期，这个阶段主要以游戏主播为主，例如英雄联盟、dota 等游戏，吸引了大量游戏玩家，该类网络直播爆火。很多用户会选择在游戏直播平台进行多人竞技，同时用户也可以选择观看竞技，满足了一大群游戏玩家的需求。

2016 年，也被称为中国网络直播元年，在这一时期，网络平台层出不穷并呈现出爆发式发展。同时，网络直播开始进入各个行业，进行多方位合作，从单一模式向泛娱乐发展。

2016 年至今是网络直播的成熟期，直播开始与 VR（虚拟现实）结合，观看者能够体验到更逼真的沉浸感，他们能够通过直播欣赏到更加清晰生动的全景画面。

信息中心通过统计 2016 年 12 月到 2020 年 12 月中国网络直播用户数据，反映出他们的规模增长情况及使用率，具体如图 1 所示。

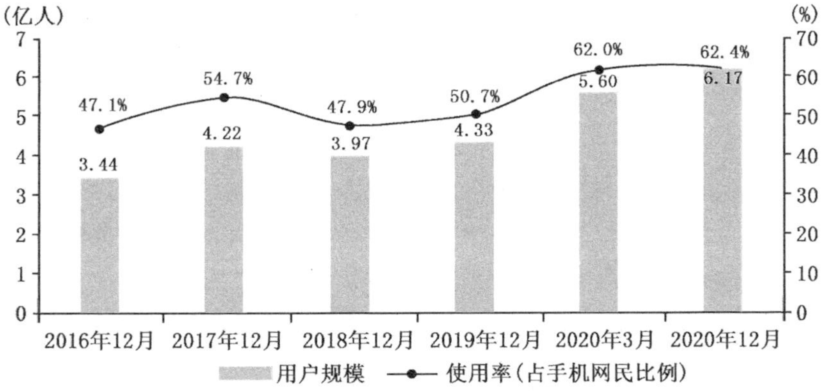

数据来源：中国互联网络信息中心。

图 1　2016—2020 年中国网络直播用户规模及使用率情况

从图 1 中可以看出，在这个时间范围内，我国的网络直播用户规模呈现逐渐增长的状态，在被称为“中国网络直播元年”的 2016 年是高速增长期。同时在 2018 年呈现出较为平缓的增长，其中有以下两个原因：

（1）短视频行业快速发展。与需要花费大量时间观看的直播相比，短视频更加能够满足人们碎片化时间的安排，因此会对直播用户产生一定的分流影响。

（2）网络直播行业的自我调整。在经过 2016 年的爆发式增长之后，政府对于直播行业的管制加强、市场的结构得到调整、部分平台被淘汰，行业发展开始走向稳定。

张旻(2016)认为网络直播在传播上有以下四个特点：

(1)主播高度媒体化。网络直播不像电视节目门槛很高，它能够为更多普通人提供出镜的机会，使得不少素人也能通过直播造星，有效提高了个人影响力和传播力。

(2)目标受众明确、黏性强。网络直播的粉丝大多是固定的，他们在选取观看内容方面具有明确目标，要么是自己喜欢的主播，要么是自己感兴趣的内容，因此直播平台用户与他们选择观看的内容是捆绑在一起的，换言之，他们的喜好是可以被追踪到的。

(3)半碎片化观看。观看网络直播的人通常不会像观看电视节目一样守着时间去观看，因为网络直播通常没有固定时间，随机性高。因此，大多数用户都是选择在闲暇时间，即使用碎片化的时间去观看直播。

(4)双向互动。网络直播的传播特点最明显的就是其高度的互动性，即主播与粉丝、粉丝与粉丝之间形成互动，这样的互动能够给粉丝带来归属感。

谭畅等(2018)指出网络直播具备以下特点：

(1)时效性强。网络直播与传统传播方式不同，突破了时间局限，能够将正在发生的事情第一时间传递给观众，同时时刻追踪发展进程。

(2)互动性强。观看直播的用户可以通过网络直播与主播以及其他用户进行互动交流，主播可以通过查看互动留言、弹幕来解答观众的问题。

(3)以移动网络为依托。主播需要稳定的移动网络来进行网络直播，在直播过程中也需要借此获得观众的反馈信息，可以看出流畅的网络对于提升用户观看满意度是非常重要的。

随着直播行业的快速发展，积极、健康的直播环境成为国家重点关注问题，直播行业的监管力度不断增强。监管部门针对早前虚假宣传、虚假平台数据等问题，陆续出台了多部法律以加大对直播带货行为的引导和监管力度。随着5G时代的来临、互联网环境的不断进步发展，相信未来网络直播会为消费者带来更多无限的可能性。

3. 网络直播的营销及其优势

李雨虹(2016)提出，直播营销指的是以直播平台为载体，根据现场实际状况同时制作并播出，使得企业或品牌达到销量提升。

传统营销会在设计生产产品前实现消费者细分，然后根据市场进行生产。但是在如今，越来越多的电商平台选择通过大数据来实现精准化和个性化的营销。主播们就像是行走的大数据，他们能够根据直播中粉丝提出的需求和粉丝个人的特征来选择和营销产品。

黄春明(2021)认为，网络直播营销就是通过在电脑或者移动端的帮助下，使用视频的直播方式来帮助企业或者商家推广宣传他们的品牌，达到营销目的。

根据《2019年中国网络直播营销市场营销报告》显示，直播行业整体发展情况在2019年下半年已经趋于稳定，竞争格局基本形成，用户经过沉淀后流量增长趋势放缓，第三方企业的加入完善了服务体系。

同时，报告还展示了中国网络直播营销的 PEST 模型分析图，该模型很好地反映了直播营销的现状。在政策方面(P)，政府机构加强对直播平台的管控，以实现行业的有序、健康发展；在经济方面(E)，在网络营销市场规模不断扩大的过程中，各种全新的营销模式也应运而出，广告主们开始抓住机会；在社会方面(S)，越来越多的消费者在进行购买决策时，容易被口碑或其他外部信息影响，同时，主播对消费者的影响力也为直播带货创造了条件；在技术方面(T)，直播营销通过缩短直播延迟时间、收集同步数据、云端混流等技术的发展实现了更多的可能性。

王哲(2018)等提出直播营销具备三个优势。第一，直播平台缩短了企业和消费者的距离。第二，直播营销实现了企业的精准化反应，更能抓住消费者需求。在媒体化时代背景下，用户开始追求个性化需求，通过直播营销，企业能够更快速、更轻松地掌握观看用户的群体性特征，然后针对他们的特征实现更为合理的营销策略。第三，直播营销能够带来高转化率。用户能够在主播的吸引下更好地了解产品，同时能够更好地了解企业文化及理念，还会通过发放红包或优惠券的方式吸引消费者，使得销售量得到提高。

总的来说，直播营销具备高扩散性、低门槛等特点，直播营销会被越来越多地应用到各种场景之中。本文研究的是直播带货模式对大学生购物决策的影响，也可以总结为直播营销对大学生购物决策影响因素。通过研究前人对于直播营销的定义和优势，为后续影响因素提供了参考依据。

(二)直播带货模式

直播带货模式就是一种最为典型的网络直播营销方式，丁美玲(2018)认为，直播带货模式是随着移动网络和智能手机快速发展的前提下，利用粉丝经济来获取流量、得到关注、形成互动，完成购买行为。该商业模式有低成本、高互动性、高信息化效率的优点，通过直播，消费者能够实现边看边买、边玩边买的购物体验。但在该模式下，消费者容易产生两种购买行为：冲动性消费行为、从众性消费行为。

Weinberg 和 Gottwald(1982)认为，冲动型消费是无计划性的、不经过认真思考的购物行为，存在一定的情感因素和复杂性。

因此可以理解为，消费者在最初进入直播间时可能是没有目的性的，但是会在观看直播的过程中因为一些主播的介绍或其他外部刺激而产生冲动性的购买行为。

Lascu 和 Zinkhan(1999)认为，从众性消费行为指的是消费者缺乏自己的思考，因为他人对商品的观点而改变自己购买意愿的消费行为。

因为直播存在高度互动性，在直播间，消费者与主播、消费者与消费者之间都存在互动，在互动过程中，首先对产品产生了了解，加上他人的购后体验，推动了消费者的从众性购买行为。

郭雅文等(2019)提出,直播带货模式具有以下两个发展模式:

(1)目的性和创造性消费模式(以淘宝直播为代表)。该模式主要通过主播在直播中引导消费,消费者受到“刺激”后主动产生消费,主要代表消费模式为淘宝直播。目的性消费指的是对消费购物有主动性,以购物为目的;创造性消费即主播通过在直播过程中对产品进行推荐和解说,引导消费者产生消费行为。

(2)创造性消费发展模式(以抖音、快手为代表)。该模式通过将内容转化为流量,再让流量产生变现的方式打造直播带货平台。被主播或内容吸引的消费者会在短视频平台进行购物,借此短视频平台实现了创造性消费。

我国的直播带货模式处于高速发展阶段,无论是市场偏好还是未来互联网的发展趋势,抑或是5G技术的不断发展,都能够推动直播带货模式的发展。

翟小可(2017)提出了以下三种直播带货模式:

(1)电商平台直播化。与线下购物相比,电商平台的主要缺点在于消费者无法真正感受到商品,他们对于产品的了解局限于图片和文字。但是在各大平台展开直播模式后,各品牌的销售额都有了很大的提升。

(2)直播平台电商化。在早期,直播平台的收入主要依靠粉丝打赏、广告植入、平台分成等。随着产业链的逐渐成熟,主播们在获得了足够的粉丝基础和粉丝信任后,会开设店铺或者与品牌进行合作,达到很好的引流效果。

(3)“直播+电商”平台合作化。出现商机时,直播平台和电商平台会相互合作、交换流量,以此实现引流。

本研究认为,在现在这个互联网数字化的大环境下,直播带货模式结合了线下实体店、上游生产商等各种领域,它让传统卖家和生产厂商有所改变,使得行业能够更加全面、深层次地发展。

(三)消费者购买决策相关模型

在《消费者心理学》中,定义消费者购买决策为在发生购买行为前,消费者决定是否购买的过程。消费者对商品的需要动机在很大程度上影响着他们产生购买决策,本文研究的是大学生消费者在观看直播时究竟有哪些因素会影响他们产生购买决策。

1. Howard-Sheth 模型

该模型是Howard在1963年提出,并在1969年与Sheth合作完成,该模型从刺激因素、外在因素、内在因素和反应因素来分析消费者购买行为,模型具体如图2所示。

(1)刺激因素

消费者刺激因素包括对产品实质、社会和产品符号形成刺激。其中产品实质刺激指的是对于产品本身的价格、质量、功能和服务方面的;社会刺激指家庭原因、群体原因等;产品符号刺激指通过各种营销方式来向消费者传递产品本身的特征。

(2)外在因素

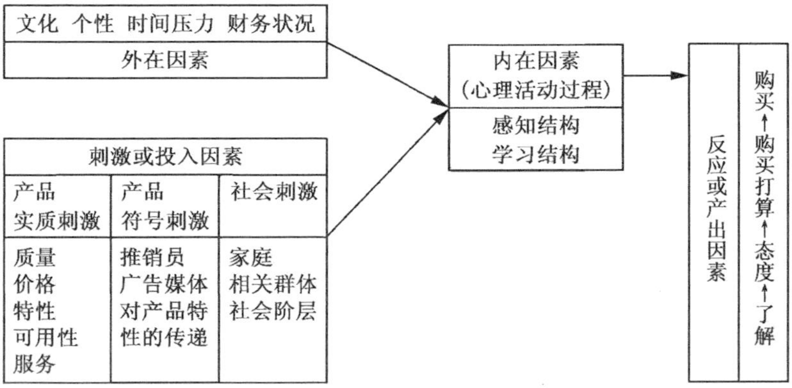

图 2 Howard-Sheth 模型

消费者在购买产品前会受到外在因素的影响,例如文化、资金状况等不同消费个体的营销。

(3)内在因素

即消费者自身的原因,消费者在接受刺激后其个体的心理活动,消费者会对不同的产品产生不同程度的喜好和感知。

(4)反应因素

消费者在接受各种刺激的影响之后,开始形成对产品的了解,产生购买打算并完成购买。

根据 Howard-Sheth 模型可以看出,刺激因素中产品的价格以及对产品的推销都会对消费者的购买行为产生影响。因此可以推断出,在直播带货过程中价格促销、活动减价等手段可以刺激消费者产生购买行为。

2. Nicosia 模型

该模型是 Nicosia 在 1966 年提出的,这个模型模拟消费者决策的过程,重点在于企业与潜在消费者之间的关系,模型有四个部分(见图 3):

(1)广告信息

企业通过广告的方式来进行营销,将自己的态度和理念传递给消费者,让消费者形成态度。

(2)购买动机

消费者在形成态度后会产生需求,该动机产生后会主动对感兴趣的产品进行评估和分析。

(3)购买行为

消费者对产品进行评估分析后出现购买动机,产生购买决策,最后完成购买行为。

(4)购后反馈

消费者在完成购买行为后,会在收到产品后产生消费反馈,该反馈对消费者之后的购买态度和决策行为都有非常重要的影响。从另一角度来讲,消费者的购后反馈对企业提升产品价值有帮助。

根据 Nicosia 模型,企业通过营销的手段,例如广告宣传,向消费者传递信息,以此影响消费者的态度。因此可以推断出在直播带货过程中,主播对产品的信息传递以及消费者通过和主播互动得到的信息都对消费者的购买决策有影响。

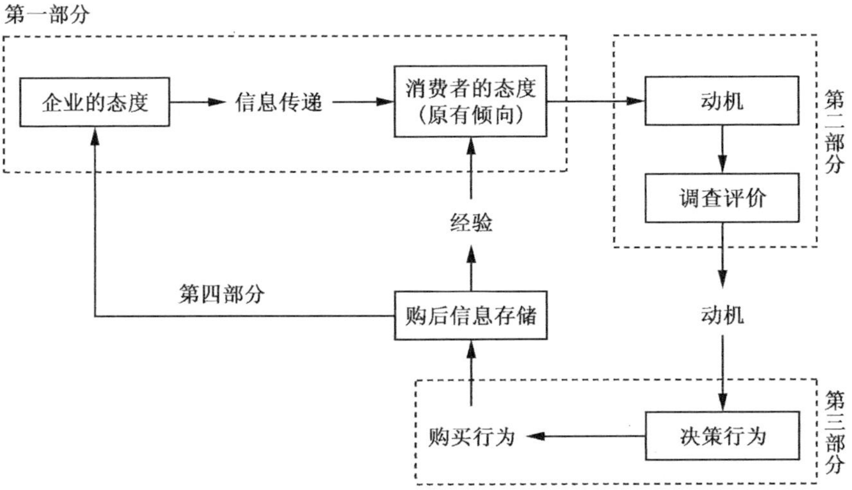

图 3 Nicosia 模型

3. AISAS 模型

该模型是以互联网时代消费者为重点,由电通公司提出的全新的消费者行为模型,它深入到消费者购物的各个环节之中。

在传统的营销时代,消费者实现购买行为主要通过对商家商品产生关注(Attention)、产生购买兴趣(Interest)、激发购买欲望(Desire)、对产品产生记忆(Memory)、发生购买行为(Action)这几个阶段,通常称为 AIDMA 营销法则。但是,随着不断发展,营销方式不再是传统的 AIDMA 营销法则,取而代之的是 AISAS。AISAS 理论具备网络特质,深入到各个消费者行为环节。模型将线上消费者的购买决策过程分为五个阶段,分别是关注、兴趣、搜寻、行动和分享(见图 4)。

经过对三个模型进行对比分析,可以发现 Howard-Sheth 模型是从刺激因素、外在因素、内在因素、反应因素四个方面分析消费者购买行为;Nicosia 模型的重点在于企业和潜在消费者之间的关系;AISAS 模型深入于各个消费者购物环节,直播带货模式下的消费者购买决策过程是复杂、动态的,消费者在观看直播时对产品产生关注,通

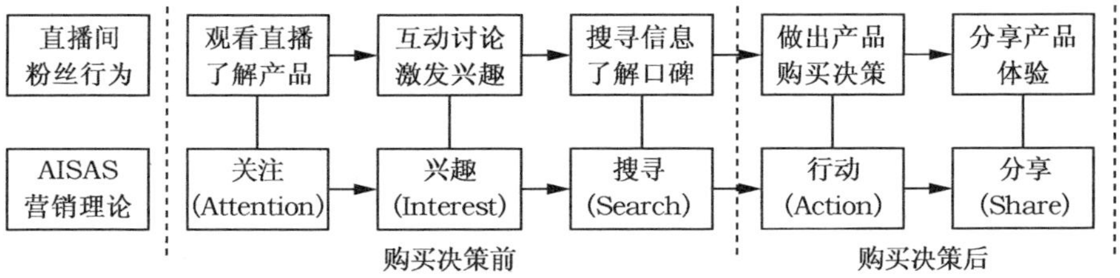

图 4　直播间用户行为

过互动讨论对产品产生兴趣，之后搜寻相关信息以了解产品口碑，AISAS 模型的五个阶段中，尤其是关注、兴趣、搜寻与直播间粉丝行为高度契合，因此本文将结合 AISAS 模型，得到在直播间的大学生在不同阶段的心理行为，研究究竟哪些因素刺激他们产生购买决策，并通过数据调查等方式总结出这些因素。

三、研究设计

(一)变量及模型的提出

结合 AISAS 营销理论，对于通过直播平台观看购买商品的用户而言，在产生购买行为前，首先需要用户对主播还有营销产品进行关注，通过在直播间与主播进行互动，使用户产生购买兴趣，在此基础上，用户会通过其他手段搜寻产品信息及口碑，之后在直播间作出购买决策，并会在购买使用之后，在直播平台分享购物体验。可以看出，关注、兴趣、搜寻这三个阶段是影响直播平台用户产生购买决策的关键。

根据对文献的查阅，结合 Moon&Kim、Blattberg 等人的研究观点，以及直播带货模式对大学生消费者购物决策的观察，本文选取五个影响因素作为预测变量，分别为优质内容、激励机制、网红个人魅力、高度互动性、信任。

在关注阶段，优质内容和激励机制是刺激消费者进入直播平台和初步了解产品的关键；在兴趣阶段，巩固观看直播用户购买兴趣的核心是网红的个人魅力和高度的互动性；在搜寻阶段，用户对直播中主播还有产品的信任程度在很大程度上影响着他们做出最后的购买决策。下文将提出各影响因素的分析及假说。

1. 优质内容

在互联网时代，直播带货模式将更加具体、直观、形象的产品介绍带给了消费者，对他们而言，对产品能够有更深的认识，文字和图片不再是唯一了解产品信息的方式。主播会在直播中对产品进行具体、详细的介绍，输出很多立体的营销内容和产品信息，获得消费者对产品的关注。Moon 和 Kim(2001)认为，消费者识别内容的有效性通常通过口碑、销量以及质量极高的线上营销内容。优质内容的输出会影响消费者的购买决策，因此将“优质内容”作为影响因素。

2. 激励机制

激励机制指的是主播在直播过程中优惠满减、赠送礼品小样、产品限量发售等活动。相较于传统的营销方式,线上激励机制的效果更加明显。首先,大学生消费者的资金有限,因此价格是他们在购物决策中不可或缺的考虑因素。另外,主播在直播间中实行限时抢购、限量发售等方式,有效地刺激消费者的关注和兴趣。Blattberg 等(1990)指出,促销是最能够刺激消费者在短时间内作出购买决策的方式,因此将"激励机制"作为影响因素。

3. 网红个人魅力

网红个人魅力指的是网红主播个人对消费者的吸引力和影响力。在直播带货中,主播的形象、才华、性格等各方面的特征都会对消费者形成吸引力,在直播中对粉丝产生影响。比如,粉丝对某一主播非常喜欢,当该主播传递"推荐信息",会使消费者产生很大信任感和兴趣。Brinberg(1986)提出,消费者很容易被意见领袖的观点影响。因此,"网红个人魅力"是影响消费者产生购买行为的因素。

4. 高度互动性

高度互动性指的是主播与观看者、观看者与观看者之间在直播过程中进行互动交流,这些沟通不受时间、场所等因素的干扰。消费者可以利用留言、弹幕等方式与主播和其他消费者产生互动,通过这样的过程对产品信息更加了解,从而感知产品的可用性。卜庆娟等(2016)提出直播带货弥补了传统营销方式与消费者互动不足的缺陷,增加了消费者的满意度,一定程度减轻在购物中遇到的疑难障碍,有益于他们作出购买决策,因此将"高度互动性"作为影响因素。

5. 信任

在消费者网购行为分析中,Limayem(2003)认为信任是影响消费者购买态度的重要因素。信任指的是在直播带货过程中,消费者对主播所介绍产品的信任程度。通常来说,信任是一个逐步累积的过程,主播对待销产品介绍的专业程度、对消费者问题解答的情况都对提升信任度有很大的影响。因此,将"信任"作为影响因素之一。

综上,提出以下研究假设(见表 2)

表 2　　研究假设

序号	假设内容
H1	在直播带货过程中,优质内容正向影响大学生消费者的购买决策
H2	在直播带货过程中,激励机制正向影响大学生消费者的购买决策
H3	在直播带货过程中,网红的个人魅力正向影响大学生消费者的购买决策
H4	在直播带货过程中,高度互动性正向影响大学生消费者的购买决策
H5	在直播带货过程中,信任程度正向影响着大学生消费者的购买决策

本研究的理论模型如图 5 所示。

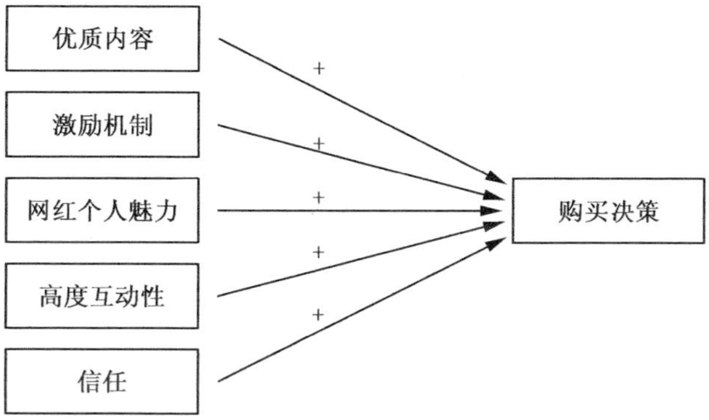

图 5　理论模型

（二）量表设计

问卷由两部分内容组成：第一部分是对大学生消费者的基本信息调查，内容包括他们的性别、所处年级、消费能力、观看频率、购买频率等，以此作为从整体上分析大学生消费者行为特征的信息；第二部分是大学生消费者对于购买决策影响机制的量表测度。通过使用 Likert 5 级量表来对预测变量进行量表设计，其中从非常不符合到非常符合选项对应着 1～5 分。通过查找文献，优质内容维度的量表参考了 Moon 和 Kim (2001)所设计的、侧重于直播带货过程中消费者对内容的感知；激励机制与网红个人魅力维度参考了刘凤君等(2020)的设计内容，着重于带货过程中主播的激励手段和主播个人效应；在高度互动性维度，参考了 Eleanor 等(2007)的设计；在信任维度，参考了李琴等(2016)的做法，侧重信任程度和反馈。

1. 自变量

表 3　　自变量测量题目

变量名称	题目编号	测量项目	分值
优质内容	Q1	我认为通过直播带货，能够将商品更加具体、形象地展示出来。	[1,5]
	Q2	我认为直播带货过程中，主播能够为我提供个性化的建议。	[1,5]
	Q3	我认为直播带货过程中，主播可以专业地解答与产品相关的问题。	[1,5]
激励机制	Q4	在观看直播过程中，我会因为特价促销活动而发生购买行为。	[1,5]
	Q5	在观看直播过程中，我会因为产品是限量抢购的而发生购买行为。	[1,5]
	Q6	我会因为主播在直播过程中发红包和优惠券而持续进行观看。	[1,5]

续表

变量名称	题目编号	测量项目	分值
个人魅力	Q7	我更偏向于观看自己喜欢的网红亲自直播带货。	[1,5]
	Q8	我喜欢购买并使用网红同款产品。	[1,5]
	Q9	我会因为是喜欢的网红推荐的产品而更容易发生购买行为。	[1,5]
高度互动性	Q10	我在观看直播过程中能够和主播进行有效互动。	[1,5]
	Q11	我在观看直播过程中能够和其他消费者进行交流。	[1,5]
	Q12	我愿意在观看直播过程中参与互动。	[1,5]
信任	Q13	通过观看直播，我更加信任该主播。	[1,5]
	Q14	我相信主播是在亲身体验过产品之后才分享介绍的。	[1,5]
	Q15	我相信主播分享的产品对我是真实有用的。	[1,5]

2. 因变量

表 4　　因变量测量题目

变量名称	题目编号	测量项目	分值
购买意愿	Q16	我愿意通过直播考虑是否产生消费。	[1,5]
	Q17	我认为直播带货模式对我产生购买决策有促进作用。	[1,5]
	Q18	我愿意推荐身边的人观看直播并购买商品。	[1,5]

四、数据分析

（一）描述性统计分析

研究问卷通过在问卷星、微信、QQ 等渠道发放，最终共回收问卷 333 份，其中有效问卷 297 份，去除无效问卷 36 份，问卷有效率为 89.2%。

表 5　　年级

		频　率	百分比(%)	有效百分比(%)	累积百分比(%)
有效	大一	58	19.5	19.5	19.5
	大二	64	21.5	21.5	41.1
	大三	70	23.6	23.6	64.6
	大四	105	35.4	35.4	100.0
	合计	297	100.0	100.0	

表 6　　对于直播销售产品的购买经历频率

		频　率	百分比(%)	有效百分比(%)	累积百分比(%)
有效	观看过但未购买过	44	14.8	14.8	14.8
	观看且购买过	253	85.2	85.2	100.0
	合计	297	100.0	100.0	

表 7　　观看网购直播的频率

		频　率	百分比(%)	有效百分比(%)	累积百分比(%)
有效	几乎每天都看	59	19.9	19.9	19.9
	每周 3～5 次	94	31.6	31.6	51.5
	每周 2～3 次	38	12.8	12.8	64.3
	有购买需要或者促销活动时才看	92	31.0	31.0	95.3
	几乎不看	14	4.7	4.7	100.0
	合计	297	100.0	100.0	

表 8　　直播间购买产品类型

分组	N	占比(%)	有效百分比(%)
美妆类	173	58.2	58.2
食品类	165	55.6	55.6
学习用品类	143	48.1	48.1
医药保健类	138	46.5	46.5
生活用品类	114	38.4	38.4
体育用品	101	34	34
数码产品类	91	30.6	30.6
服装类	85	28.6	28.6

数据显示，在 297 份有效问卷中，男性占比 38.7%，女性占比 61.3%，可以看出，在直播间观看后产生购买决策的女性大于男性，这和现代女性偏爱网络购物的现实状况吻合；每个月可支配金额，数据显示，40.7%大学生的生活费在 1 000～2 000 元左右，大概有 52.1%的大学生会在直播间消费 500～1 500 元，突显出观看者在直播中的消费占据生活费中很大的比例，直播营销对大学生消费者吸引力较强；直播带货模式下，有 39.4%的大学生产生购买行为的频率取决于自身购物需求或促销活动，体现出直播间的针对性和促销活动对于促进大学生产生购买决策有很大影响，另外，有 22.6%的大学生保持每周 2～3 次在直播间进行消费，说明直播带货模式在一定程度

上影响了大学生消费者的购买行为。

（二）信度与效度分析

1. 信度分析

信度分析即研究样本的真实性和可靠性。利用 SPSS 软件，对样本数据进行一致性信度分析，Cronbach's α 系数为 0.787，大于 0.7，说明样本数据一致性信度较高，数据结果是可靠真实的。

表 9　　可靠性统计量

Cronbach's Alpha	项　数
0.787	18

2. 效度分析

效度分析指的是有效性。本文利用 KMO 和 Bartlett 样本测度来检验数据量表是否有效，最终得到 KMO 值为 0.746，大于 0.7，相关性较好；Bartlett 检验值的显著性为 0.000，小于 0.001，在 0.001 的双侧水平上极为显著。因此量表的效度较好。

表 10　　KMO 和 Bartlett 的检验

取样足够度的 Kaiser-Meyer-Olkin 度量		0.746
Bartlett 的球形度检验	近似卡方	1 005.059
	df	153
	Sig.	0.000

综上，本次调查问卷信度、效度分析结果较好，说明问卷数据真实可靠，对实证分析具有较强的说服力，内容设计比较科学。

（三）相关性分析

相关性分析主要研究变量间的相关关系，分析它们是否存在关系及密切程度。本文将探究优质内容、激励机制、网红个人魅力、高度互动性、信任与购物意愿之间的相关性，具体数据结果如表 11 所示。

表 11　　相关性分析

	优质内容	激励机制	网红个人魅力	高度互动性	信任	购物意愿
优质内容	1.00					
激励机制	0.252**	1.00				
网红个人魅力	0.151**	0.264**	1.00			

续表

	优质内容	激励机制	网红个人魅力	高度互动性	信任	购物意愿
高度互动性	0.208**	0.179**	0.246**	1.00		
信任	0.161**	0.179**	0.298**	0.297**	1.00	
购物意愿	0.313**	0.344**	0.347**	0.414**	0.435**	1.00

** 在 0.001 水平(双侧)上显著相关。

可以看出,自变量优质内容与购物意愿的 Person 相关系数为 0.313,对应的显著性 P 值为 0.000,在 0.001 的水平上显著,说明优质内容与购物意愿之间存在显著性的正相关关系,即优质内容得分越高,大学生购物意愿越强。

自变量激励机制与购物意愿的 Pearson 相关系数为 0.344,对应的显著性 P 值为 0.000,在 0.001 的水平上极为显著,说明激励机制与购物意愿之间存在显著性的正相关关系,即激励机制越吸引人,大学生购物意愿越强。

自变量网红个人魅力与购物意愿的 Pearson 相关系数为 0.347,对应的显著性 P 值为 0.000,在 0.001 的水平上极为显著,说明网红个人魅力与购物意愿之间存在显著性的正相关关系,即网红个人魅力越高,大学生购物意愿越强。

自变量高度互动性与购物意愿的 Pearson 相关系数为 0.414,对应的显著性 P 值为 0.000,在 0.001 的水平上极为显著,说明高度互动性与购物意愿之间存在显著性的正相关关系,即互动越强烈,大学生购物意愿越强。

自变量信任与购物意愿的 Pearson 相关系数为 0.435,对应的显著性 P 值为 0.000,在 0.001 的水平上极为显著,说明信任与购物意愿之间存在显著性的正相关关系,即信任程度越高,大学生购物意愿越强。

(四)线性回归分析

线性回归分析的主要目的是描述变量之间存在的关系,确认两个或多个变量之间的相关性、影响程度,通过回归模型来确定变量之间的因果关系。

本文以优质内容、激励机制、网红个人魅力、高度互动性、信任作为自变量,购物意愿作为因变量,研究自变量对因变量的影响情况。

表 12　　回归系数

模型		非标准化系数		标准系数	t	Sig.	共线性统计量	
		B	标准误差	试用版			容差	VIF
1	(常量)	0.198	0.283		0.700	0.484		
	优质内容	0.164	0.052	0.154	3.156	0.002	0.902	1.109
	激励机制	0.189	0.053	0.177	3.572	0.000	0.874	1.145

续表

模型	非标准化系数		标准系数	t	Sig.	共线性统计量	
	B	标准误差	试用版			容差	VIF
网红个人魅力	0.147	0.054	0.137	2.712	0.007	0.844	1.185
高度互动性	0.206	0.043	0.240	4.815	0.000	0.865	1.156
信任	0.268	0.050	0.269	5.360	0.000	0.854	1.171

a.因变量:购物意愿　R^2:0.373　调整 R^2:0.363　DW 值:2.190　F:34.664***

由表 12 可知,优质内容的非标准回归系数为 0.164,t 值为 3.156,对应的显著性 Sig. 值为 0.002,在 0.01 的双侧水平上极为显著,说明优质内容对购物意愿存在显著性的正向影响,即优质的直播内容能正向促进客户群体的购物意愿。

激励机制的非标准回归系数为 0.189,t 值为 3.572,对应的显著性 Sig. 值为 0.000,在 0.001 的双侧水平上极为显著,说明激励机制对购物意愿存在显著性的正向影响,即良好的激励机制能促进客户群体的购物意愿。

网红个人魅力的非标准回归系数为 0.147,t 值为 2.712,对应的显著性 Sig. 值为 0.007,在 0.01 的双侧水平上极为显著,说明网红个人魅力对购物意愿存在显著性的正向影响,即网红个人魅力能促进客户群体的购物意愿。

高度互动性的非标准回归系数为 0.206,t 值为 4.815,对应的显著性 Sig. 值为 0.000,在 0.001 的双侧水平上极为显著,说明高度互动性对购物意愿存在显著性的正向影响,即高度的直播互动性能促进客户群体的购物意愿。

信任的非标准回归系数为 0.268,t 值为 5.360,对应的显著性 Sig. 值为 0.000,在 0.001 的双侧水平上极为显著,说明信任对购物意愿存在显著性的正向影响,即彼此之间真诚的信任关系能促进客户群体们的购物意愿。

因此,表明优质内容、激励机制、网红个人魅力、高度互动性、信任都对大学生产生购物决策有显著正向影响,假设 H1～H5 均成立。其中高度互动性和信任对于大学生购买决策的积极影响最大,说明大学生在购物时对于主播传递的信息、对产品的介绍更为依赖,也更倾向于在熟悉的直播间发生消费行为。

五、结论与建议

(一)主要结论

近两年网络直播带货迅猛发展,这可能与疫情防控期间人们外出购物不便有关,但更大的原因是与当今媒体的发展环境有关。网络直播带货既突显出了新媒体购物方式的特有优势,同时也提供给了传统媒体与新媒体的融合发展的有利经验。随着网络直播带货对消费者的吸引力不断加强,大学生作为消费者群体中不可或缺的一部分，直播营销过程中对他们购买决策的影响因素值得探讨。

通过问卷调查、数据分析，结果表明优质内容、网红个人魅力、激励机制、高度互动性和信任这五个都是影响大学生产生购物决策的重要因素。更准确地来说，这五个因素都会显著正向地影响大学生的购买决策。

（二）对直播行业的建议

(1)与传统企业共同发展。直播带货属于新兴产业，整体更加年轻化、个性化，但是该模式下的规范性和供应链模式还不够成熟，因此可以通过与传统企业结合并共同成长，以此来达到资源整合的目的。

(2)关注大数据营销。现如今我们处在大数据时代，为消费者行为的信息提供了更多的可能性。可以通过大数据去了解消费者的购物需求，去研究他们的购买习惯，以此通过相对的营销手段去更加精准地刺激他们的购买，为直播行业营销团队指导性作用。同时，积极使用抖音、斗鱼等平台，拓宽消费渠道，从更大的平台吸引更多的消费者。

(3)关注消费者需求。行业应该根据不同主播所对应的消费群体来决定直播品类，这样更容易提升消费的满意度，同时也能够最大限度地开拓产品的市场，提高旧消费者黏性的同时吸引新消费者。但是，研究表明，消费者的消费兴趣是不断改变的，因此产品品类的选择也需要不断地创新，以满足消费者不断发展的兴趣。

（三）对主播的建议

(1)对直播内容进行把关，通过优质内容影响大学生消费者购买决策。主播传播的内容必须是充满正能量且合法的，在这样的基础上把控、审核自己直播间的产品内容质量。切记宁缺毋滥，保证输出内容的优质度。

(2)把控价格，增加促销活动，通过激励机制影响大学生消费者购买决策。网络直播带货吸引大学生消费者的很大原因是因为它产品优惠大、信任主播，因为大学生的资金情况并不像职业人士那么自由，因此主播应该在保证产品优质的前提下，尽可能多地为他们这样的消费者带来丰富的活动，例如限量、红包、折扣、补贴等，使得大学生可以对主播产生持续关注的动力。

(3)打造意见领袖，树立形象，通过提升网红个人魅力影响大学生购买决策。大学生消费者目前正处于思想不断发展的阶段，很容易受到社会的影响，主播应该向大众呈现出一个乐观、积极、阳光的人设，传递健康、独特的魅力，同时也需要不断地提高自己，多学习相关品牌知识、产品信息，提升专业度，打造意见领袖，吸引、引导大学生消费者购买行为。

(4)拥有高活跃度、高黏性的粉丝群体，通过提高与消费者的互动性以及增强信任度影响大学生购买决策。主播的长期稳定发展和明星一样，离不开粉丝群体的效应，也就是粉丝经济。主播同样需要被粉丝关注、形成互动，以此来达到流量转换的目的。

同时，增强和粉丝之间的互动能够使粉丝对主播产生亲切感、增加信任度，激发他们购买产品的兴趣。

（四）对大学生消费者的建议

（1）大学生消费者应该提高自己的辨别商品能力，理性购买产品。首先可以在获取信息阶段，通过搜索产品的使用评价，更加全面地掌握产品信息，减少盲目、冲动的购买行为。

（2）尽可能地选择高口碑的品牌和产品。对于市面上口碑较好的品牌优先考虑，减少购买的风险。而对于一些不知名或者原创的品牌，在购买前需要做足功课，从多渠道了解品牌、产品信息，不可以轻信主播和平台。

（3）注意权益保护。随着政府和有关部门对直播行业监管的不断加强，直播间的消费者也能够维护自身权益，大学生消费者需要掌握维护自身权益的方式方法，增强维权意识，清晰了解维权路径，这样才能够在自己利益受到影响的情况时保障自身合法权益。

（五）研究局限

（1）样本主体的局限性。考虑到收集到的数据来源主要还是学校，因此本文的研究主体仅为大学生。虽然大学生是观看直播和参与直播购买的主要人群，但是还是存在局限性。因此，在后续的研究会将研究主体扩大到更多的群体，使得研究数据更可靠。

（2）影响因素的局限性。本文选取了五个因素对大学生购买决策的影响，但是在实际购买过程中还会有更多其他的因素对他们产生影响，在后续研究中会不断考察，更加全面地分析影响因素。

参考文献

[1]赵梦媛．网络直播在我国的传播现状及其特征分析[J]．西部学刊（新闻与传播），2016(8)：29—32.

[2]单依晨．网络视频直播的特点及发展研究[J]．传媒，2017(6)：91—93.

[3]陈璐颖．互联网直播服务监管的困境与对策[J]．新媒体研究，2017，3(3)：106—107.

[4]肖明超．直播营销：新的品牌存在方式[J]．销售与市场（管理版），2016(9)：76—77.

[5]张旻．热闹的“网红”：网络直播平台发展中的问题及对策[J]．中国记者，2016(5)：64—65.

[6]谭畅，贾桦，杜港，蒋丹．浅析网络直播的定义、特点、发展历程及其商业模式[J]．现代商业，2018(19)：165—168.

[7]丁美玲．“网红＋直播＋电商”模式下影响消费者购买行为研究[J]．中国市场，2018(16)：148—149.

[8]Wilkie W. L. Consumer Behavior[M]. Third Edition. New York：John Wiley and Sons Inc.，1994.

[9]Lascu D. N. ,Zinkhan G. Consumer Conformity Review and Application for Marketing Theory and Practice[J]. Journal of Marketing Theory and Practice,1999,7(3):1—12.

[10]郭雅文,肖筱．网红经济下"电商＋直播"模式发展策略研究[J]. 现代商贸工业,2019,40(34):45—47.

[11]翟小可．直播网红的电商模式与营销策略分析[J]. 现代营销(下旬刊),2017(8):69—70.

[12]李雨虹．"网红＋直播"开启精准营销新时代[J]. 现代营销(下旬刊),2016(8):52.

[13]黄春明．网络直播营销分析[J]. 今日财富(中国知识产权),2021(2):52—53.

[14]刘建华．直播——品牌营销新宠[J]. 小康(财智),2016(7):72—73.

[15]王哲,宋含蕊,陈强强．直播营销:新媒体时代的大趋势[J]. 现代企业文化(上旬),2018(10):104—105.

[16]Kim J. ,Lennon S. Effects of reputation and website quality on online consumers' emotion, perceived risk and purchase intention:based on the stimulus-organism-response model[J]. Journal of Research in Interactive Marketing,2013(1):64—79.

[17]Eleanor T. ,Loiacono R. ,Watson D. WebQual: An instrument for consumer evaluation of web sites[J]. International Journal of Electronic Commerce,2007(3):88—105.

[18]刘凤军,孟陆,陈斯允,等．网红直播对消费者购买意愿的影响及其机制研究[J]. 管理学报,2020(1):94—104.

[19]江积海,李琴．平台型商业模式创新中连接属性影响价值共创的内在机理——Airbnb的案例研究[J]. 管理评论,2016(7):252—260.

[20]卜庆娟,金永生,李朝辉．互动一定创造价值吗?——顾客价值共创互动行为对顾客价值的影响[J]. 外国经济与管理,2016(9):21—37.

[21]Dennis C. ,Ahrholdt S. ,Gudergan M. Enhancing loyalty:when improving consumer satisfaction and delight matters[J]. Journal of Business Research,2019(11):63—82.

盲盒消费者购买行为影响因素研究

钱晨彦

指导老师：赵黎黎

摘　要：在信息碎片化的互联网时代，二次元文化逐渐从边缘走向主流，而二次元文化中的IP衍生品刚好满足了相当一部分年轻群体体验型消费的需求。因此，盲盒作为原创IP衍生品的代表，抓住了消费者的猎奇心理，迅速进入大众市场，形成一个规模逐渐扩大的市场，与此同时也衍生出许多相关联的市场。

本次研究从盲盒消费群体入手，首先基于相关理论及市场状况，总结出盲盒消费者的价值感知、效用感知及风险感知这三个主要影响因素的研究模型，再通过调查的形式来获取一手数据，并进行描述性分析及统计分析，最后研究表明价值感知与效用感知对消费者购买盲盒行为有显著影响。根据研究结论，提出盲盒及相关行业应当与知名影视IP合作、推出联名电影与游戏、利用VR等新技术以及提高产品性价比的建议。

关键词：盲盒；消费者行为；价值感知；效用感知

Research on Influencing Factors of Mystery Boxes Consumers' Purchasing Behavior

Abstract：In the era of information fragmentation，the two-dimensional culture has gradually moved from the edge to the mainstream，and the IP derivatives in the two-dimensional culture have just met the needs of a considerable number of young groups for experiential consumption. Therefore，Mystery Boxes，as the representative of original IP derivatives, have captured consumers' curiosity and quickly entered the mass market, forming a market with a gradual expansion, and meanwhile, many related markets have been derived.

This research starts with the mystery boxes consumer group. First, based on relevant theories and market conditions, it summarizes the research model of the four main influencing factors of the mystery boxes consumer's value perception, utility perception and risk perception, and then passes the survey first-hand data is obtained in the form of descriptive analysis and statistical analysis. Ultimately, the research shows that value perception and utility perception have a positive impact on consumers' willingness to purchase mystery boxes. According to the research conclusions, It is proposed that mystery boxes and related industries should cooperate with well-known film and television IP, launch co-branded movies and games, use new technologies such as VR, and improve product cost-effectiveness.

Keywords: mystery boxes; consumer behavior; value perception; utility perception

一、绪论

(一)研究背景

目前,"90后"、"00后"作为消费的主力军[1],与老一代的消费观念不同,他们不会因为价格便宜而去买商品,而是要看重商品的品质与体验感,更加注重体验型消费。当前二次元文化已受到广泛传播,大量消费者开始接触并喜爱二次元文化,是当代青年亚文化的重要表现形式。[2]截至2019年末,中国泛二次元市场消费群体数量高达3.9亿人。[3]盲盒作为泛二次元原创IP衍生品的代表,自然会受到越来越多的当代年轻人的喜爱。

公开数据显示,2019年盲盒行业市场规模为74亿元,预计2024年盲盒行业市场规模将达到300亿元,盲盒行业市场需求旺盛(见图1)。[4]

(二)研究目的及意义

1. 研究目的

本文结合相关理论及市场状况,总结出盲盒消费者购买行为影响因素的研究模型,再基于问卷数据进行描述性分析及统计分析,总结研究结论提出促进盲盒及相关企业发展的建议,具体分为以下三个目标:

(1)对国内外学者关于消费行为相关理论及消费者购买盲盒相关影响因素的研究进行梳理与总结,提出盲盒消费者购买行为影响模型。

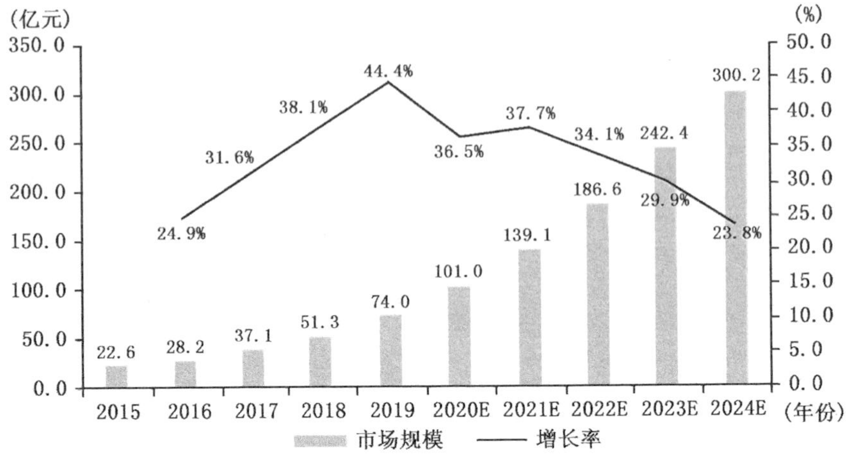

数据来源：Mob 研究院，《2020 盲盒经济洞察报告》。

图 1　2015—2024 年盲盒行业市场规模及增长率

(2)采用问卷调查的方式收集一手数据，并将各因素对盲盒消费者购买行为影响程度进行综合分析，最后得出盲盒消费者购买行为影响因素相关结论。

(3)根据调查分析结果，得出研究结论，并根据研究结果向相关企业有针对性地提出建议与意见。

2. 研究意义

(1)理论意义：站在消费者主观角度对盲盒购买行为影响因素研究的十分有限，并且现有的有关文献也只是现象的描述，对其进行深入研究的文献更是少之又少，没有几篇实证研究的相关文献。本论文通过围绕消费者对盲盒消费行为展开了系统且深入的研究，将会为盲盒及相关企业的研究提供借鉴，具有较强的理论意义。

(2)实践意义：本次研究的相关研究结果将解释盲盒消费者主观角度对于盲盒的购买行为，为盲盒行业及相关联行业未来发展提供建设性的建议与意见，因此本次研究也同时具有较强的现实意义。

(三)国内外研究现状

本小节在研究前人文献的基础上，对消费者行为模式、消费者购买行为影响因素以及盲盒消费行为特点研究影响因素相关的文献进行了归类综述。

1. 消费者行为模式

(1)菲利普·科特勒模式

菲利普·科特勒认为，消费者的购买行为分为五阶段，即问题认识、信息搜集、方案评估、购买决策及购后行为，整个购买决策过程五阶段是环环相扣的，消费者的购买起点是刺激，所有消费者的购买行为都是由刺激引起的，当市场营销刺激及其他方面的刺激进入消费者的意识后，在消费者内部进行处理，最终导致购买决策。[5]

（2）霍德华—谢思模式

霍德华—谢思模型是由霍德华提出，后于 1969 年与谢思合作正式形成的一种消费者行为模型，此模型将影响消费者的购买行为总结为以下 4 点：①刺激或投入因素；②外部因素；③内在因素；④反映或者产出因素。[6]

2. 消费者购买行为影响因素

二因素论、三因素论及四因素论是消费者购买行为影响因素的经典理论。二因素理论主要分为内、外部两个因素；三因素理论主要包括消费者内部因素、外部环境因素及市场营销因素；四因素理论是将消费者行为影响因素分为文化、社会、个人及心理四方面。[7]

3. 盲盒消费行为特点研究

目前关于盲盒相关研究的文献并不多，本文主要从消费者体验与商家营销两个方面来研究盲盒如何影响消费者行为。

（1）消费者体验角度

有学者认为盲盒满足了消费者的体验消费及社交的需求。王建明（2019）认为惊喜感与刺激感的购买体验是消费者购买盲盒的主要原因。[8]常榕莎等（2020）认为获得惊喜与刺激的体验、满足社交以及情感需求是消费者喜爱盲盒的主要原因。[9]王倩（2020）认为盲盒带来的惊喜感和体验感及社交功能满足了消费者的需求。[10]

有学者指出，盲盒还满足了消费者情感层面的需求。赵星晨等（2020）指出盲盒满足消费者精神情感需求。[11]徐梦迪（2019）认为盲盒满足了消费者的体验、社交及精神层面的需求。[12]王凯悦（2020）认为抽取好奇感与刺激感、精神满足感与安全感以及社交属性使消费者对于盲盒爱不释手。[13]卢玉环（2020）认为刺激与及时的反馈机制、情感需求以及社交属性是消费者购买盲盒的主要原因。[15]

还有学者指出产品价格低也是购买盲盒原因之一。Alice（2020）指出定价低、赌博式购买体验、收集欲、社交价值、情感价值是消费者热衷于购买盲盒的主要原因。[16]

（2）企业营销角度

有学者认为企业利用盲盒的社交属性迎合了消费者这方面的需求。林燕等（2019）认为企业很好地抓住了盲盒的不确定性、社交属性，其中不确定性为其带来错综复杂的情感体验；社交属性将宣传效果及消费者的潜在需求发挥到最大化。[18]也有学者认为企业通过具有一定粉丝基础的 IP 使消费者为其买单。杨东健（2020）认为企业通过与具有粉丝基础的 IP 合作，捕捉到了消费者的偏好而自然为其买单。[19]

4. 总结评述

通过整理上述文献发现，目前学界与业界的研究对消费者行为及相关理论的研究已经较为成熟全面，但是却很少涉及对盲盒消费者消费行为影响因素的系统研究，主要是研究盲盒深受消费者喜爱的原因，而且缺少定量数据研究，没有用到具体的研究模型对盲盒影响消费者购买行为进行假设并验证。结合学者提出的观点，可以发现他们认为盲盒主要是满足了消费者的惊喜与刺激感体验、社交、情感寄托以及价格合理的需求。因此，本文将基于前人研究的基础，对于盲盒消费者购买行为影响因素进行系统性的研究。

（四）研究内容及方法

本文主要基于消费者行为学相关理论，通过梳理国内外学者对于消费行为相关理论及消费者购买盲盒相关影响因素的研究，从中总结对消费者消费行为会产生影响的因素，通过综合分析，总结构建出影响盲盒消费者购买行为因素的验证假设。然后通过对盲盒消费者购买行为影响因素进行梳理与总结，建立盲盒消费者购买行为影响模型，通过统计分析方法对盲盒消费者购买行为各因素进行研究，来探索各因素对盲盒消费者购买行为影响的显著程度。

本文将借助以下三种方法进行盲盒消费者购买行为影响因素的研究：

1. 文献研究法

针对国内外关于消费者行为相关理论及消费者对盲盒购买行为的影响因素的研究，做好相关影响因素的总结和整理归纳，针对本研究的重点方向，建立研究分析理论，提出验证假设，从而为本研究打下坚实的基础。

2. 问卷调查法

通过上述文献研究总结出学者的研究结果及相关理论模型，探索出盲盒消费者购买行为影响模型并设计问卷，通过分发问卷的方式对一手数据进行收集，以便进行下一步的研究。

3. 统计分析法

本次研究将基于问卷调查收集到的数据对其进行描述性统计、信效度分析以及线性回归分析等统计分析方法，探索影响盲盒消费者购买行为的因素及其影响显著程度。

二、盲盒市场现状分析

本章将从盲盒市场的供给端与需求端角度对盲盒市场现状进行分析，由于目前盲盒市场尚未高度国际化，因此将重点关注国内政策环境、盲盒产业结构以及盲盒消费者特征。

（一）产业政策支持

近年来，国家频频出台相关产业政策，大力支持企业对于玩具的设计创新与人工智能的发展，提升产业核心竞争力，同时鼓励与引导大众文化消费，促进消费升级。

2019 年 10 月，工业和信息化部、国家发改委联合发布《制造业设计能力提升专项行动计划（2019－2022 年）》，重点关注传统产业的升级改造。在消费品领域，支持玩具的设计创新，针对流行趋势进行研究，提升产业竞争力。[21]

2017 年 7 月，国务院发布《新一代人工智能战略规划》，指出到 2030 年，中国将成为世界主要人工智能创新中心，人工智能核心产业规模超过 1 万亿元，带动相关产业规模超过 10 万亿元。[22]

2021 年政府工作报告将“坚持创新驱动发展，加快发展现代产业体系”放在第二位，仅次于高质量发展，体现了“十四五”规划对于科技创新的重视程度。[23]

2018 年 10 月，国务院印发《完善促进消费体制机制实施方案（2018—2020 年）》，指出鼓励文化消费，要拓展动漫等数字文化内容，扩大文化创意产品开发试点范围，尽快培育成新供给新动力。[24]

国家出台的相关政策正助力着盲盒及相关产业的快速发展。盲盒以独特的创新设计以及智能化的销售形式呈现在消费者面前，使消费者获得了全新的消费体验。与此同时，盲盒作为一种潮流文化的载体，带动了消费者对于潮流文化的认识，实现了消费升级。

（二）盲盒产业结构

本小节主要从产业链的角度，按照上游、中游以及下游三方面阐述目前盲盒产业的结构（见图 2）。

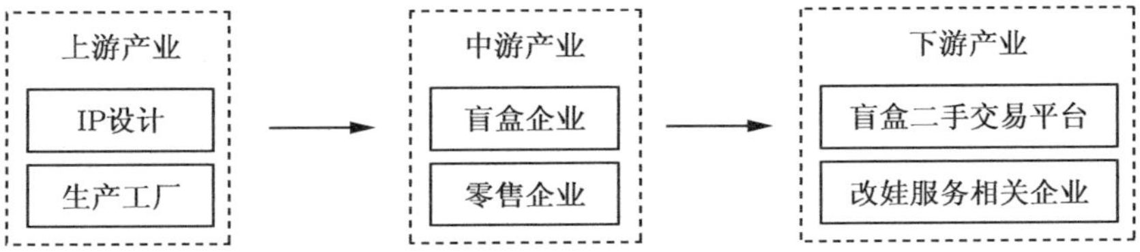

图 2　盲盒产业结构

1. 上游产业

上游主要是 IP 设计及工厂生产。由于盲盒属于潮流玩具的一种，其 IP 自然就成了盲盒企业关注的焦点，对于盲盒企业来说，只有获取到足够优质的 IP，才能打造优质盲盒产品，吸引消费者购买，稳步立足于盲盒市场。目前，盲盒产品的 IP 主要分为两大类：一类是有知名影视、书籍等背景支撑的知名 IP，如蜡笔小新、哈利·波特、海绵宝宝等；另一类则是独立设计师设计出来的 IP，如 Molly、LULU 猪等。

2. 中游产业

中游的参与者虽然以盲盒企业为主体，但是还有越来越多的主营其他产品，部分产品销售以盲盒形式进行的企业，如九木杂物社、宜家以及旺旺等零售企业。据问卷数据显示，被调查者中 66.36%偏好泡泡玛特这一盲盒品牌，这与泡泡玛特是国内盲盒品牌代表的事实相符合。然而，47.27%的消费者表示会在名创优品购买盲盒产品，据了解名创优品目前也致力于与多种知名影视剧 IP 联名推出系列盲盒产品，例如 HelloKitty、三丽鸥、迪士尼等。

对于中游来说，销售则成了重中之重。线上的销售渠道主要是企业通过淘宝、天猫、微信小程序等购物平台进行盲盒的销售，例如泡泡玛特的线上销售渠道主要分为三种：淘宝（或天猫）、微信小程序以及葩趣 App。由于近年来智能零售发展迅速，机器人商店成为盲盒企业售卖盲盒的线下主要销售渠道之一。同时，线下实体店也是必不可少的多方位展示产品的线下销售渠道。另外，对于销售来说，宣传推广也是重要的一部分，例如泡泡玛特就通过电视剧植入、开设潮流玩具展、明星博主带货以及社交平台发帖等方式达到了良好的宣传效果。

3. 下游产业

下游产业主要以盲盒的二次售卖平台与提供盲盒改娃服务平台的企业为主。由于盲盒产品的特殊性，使得消费者并不能保证自己购买的款式是心仪的那款，所以交换和二次销售成为消费者获取盲盒的另一种途径。据悉，2020 年闲鱼 App 上有超 44 万的用户在此平台上进行盲盒产品的交易，交易金额高达 16 亿元之多，其中受欢迎的盲盒款式更是以高于原价 39 倍的价格被售卖。另外，改娃服务也极受消费者欢迎，改娃服务就是将消费者手中的玩具改头换面，以满足消费者个性化需求的形式呈现在其面前，成为其专属的玩具。

4. 小结

盲盒从最初的 IP 设计到最终置入消费者手中，其中的参与者众多，与其他商品不同，盲盒产业不但衍生出了二手交易与改娃等细分行业，还带动了主营其他业务的企业参与其中，通过盲盒的形式售卖品牌产品或联名产品。可见，盲盒产业未来的发展前景乐观，市场规模将持续扩张。

（三）消费群体特征

1. 核心消费群体为 18～29 岁的女性

据谷雨数据显示，年轻女性是盲盒消费者的主力军，占比高达 75%；消费群体年龄段主要分布在 18～29 岁之间。[26]他们大多是独生子女而且家庭条件相比之前的年代较为优越，所以他们注重商品的品质与体验感，更加注重体验型消费，而不将商品的价格作为购买决策的首要因素，为中国的消费市场注入了新鲜血液，推动着消费市场的快速发展。

2. 消费者多为具备一定消费能力的白领及学生

据艾媒咨询数据显示，盲盒消费者的职业为企业白领及在校学生的数量最多，企业白领的占比高达 40%左右。他们乐于将盲盒产品置于办公桌或书桌以此提升幸福感与满足感，在一定程度上能够起到释放压力的作用。同时，盲盒消费者的收入普遍偏高，超过五成的消费者月收入在 5 000～15 000 元之间。[27]

3. 消费需求呈现多元化

消费者购买盲盒主要是满足惊喜与刺激感的体验需求、个性化审美需求以及社交需求等。抽取与打开盲盒的过程给消费者带来了惊喜感与刺激感;盲盒 IP 个性化的形象设计满足了不同年轻人的个性化需求;盲盒为消费者提供了线上线下双渠道的社交平台。

4. 消费群体随 IP 丰富化而日益扩大

盲盒最初的消费群体多为 IP 爱好者或潮流文化消费者,如 Molly 爱好者,而随着更多相关联行业(如影视行业、零售行业等)带着优质成熟的 IP 加入,与盲盒企业合作推出相关的联名产品或是独立推出 IP 产品,均使得盲盒的消费群体空前扩大,越来越多的消费者接触到了盲盒这一产品而为之着迷。

(四)本章小结

在政府相关政策支持下,盲盒行业的发展态势良好,受众的消费群体也随着更多行业的参与和加入而不断扩大,可见盲盒行业未来发展前景可观,这也使得本次对于盲盒消费者购买行为影响因素的研究更具意义,找出盲盒行业的竞争力与限制其发展的原因并提出建议,实现盲盒行业及相关联行业的更好更健康发展。

三、盲盒消费者购买行为影响模型

本章将基于国内外研究、盲盒产业发展现状分析以及感知价值理论,探索出盲盒消费者购买行为影响机制,并构建出影响盲盒消费者购买行为的研究模型,最终提出本研究需要验证的假设。

(一)影响机制

1. 顾客感知价值理论

本研究将基于 Zeithaml 的顾客感知价值理论基础,来探索盲盒消费者购买行为影响机制。

Zeithaml 认为顾客感知价值具有较强的主观性,企业需要让顾客感知到产品的价值才是关键。通过探索顾客对于价格、品质和价值的感知以及三者间的联系,得出顾客感知价值的四重含义:一是产品价格;二是消费需求;三是相对于价格的质量;四是顾客付出与所获利益之间的权衡,并提出他的顾客价值感知理论模型(见图 3),他指出感知利益与感知付出之间的权衡是顾客感知价值的核心,感知利益主要包括产品、企业资源等要素,而感知付出包括顾客购买过程中所付出的所有成本。[28]

2. 盲盒消费者购买行为影响机制

消费者的购买行为过程分为五阶段,分别是识别需求、产生动机、产生购买意愿、出现购买行为、产生购后满意度。消费者对于购买行为满意度的评价决定着消费者是否会再次进行购买行为。[29]

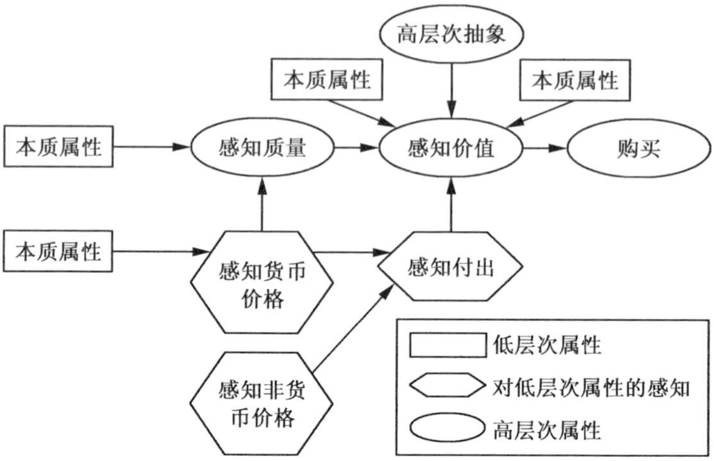

图 3　Zeithaml 的顾客感知价值理论模型

对于盲盒消费者而言，盲盒消费在满足其体验型消费需求的同时，又满足了他们对于精神及社交等方面的需求，消费者就会感知到盲盒产生的价值和效用，共同促使其产生对于盲盒的购买动机，最终促成购买行为的发生，因此本研究将价值感知和效用感知作为盲盒消费者购买行为的两个影响因素。消费者在购买盲盒行为后会根据自己的购买体验做出满意度评价，在这过程中消费者对购买行为产生的风险进行评估，这在一定程度上将影响消费者是否会再次购买盲盒，因此风险感知也将作为盲盒消费者购买行为的一个影响因素。

因此，本文将价值感知、效用感知以及风险感知作为此次研究盲盒消费者购买行为的三个影响因素（见图 4），由于消费者购买意愿是消费者产生购买行为的必要条件，通过各因素对盲盒消费者购买意愿显著性的影响来得出盲盒消费者购买行为影响因素的相关结论。

3. 影响因素之间的关联性

价值感知、效用感知与风险感知之间并不是相互独立的，它们之间有一定的关联性。当出现盲盒的价值或效用未达到消费者预期值的情况或是出现盲盒的风险不在消费者承受范围内的情况时，对于消费者来说，无论出现上述哪一种情况，消费者的购买决策都会受到不同程度的影响，影响程度的高低主要取决于消费者对其重视的程度，因此，价值感知、效用感知与风险感知之间都是互相影响的。

（二）分析框架及研究假设

基于上述盲盒消费者购买行为机理的分析，在将上述考虑的价值感知、效用感知以及风险感知作为影响因素纳入此次研究模型中，最终形成此次盲盒消费者购买行为影响模型（见图 5）。本文将从价值感知、效用感知及风险感知这三个维度对盲盒消费

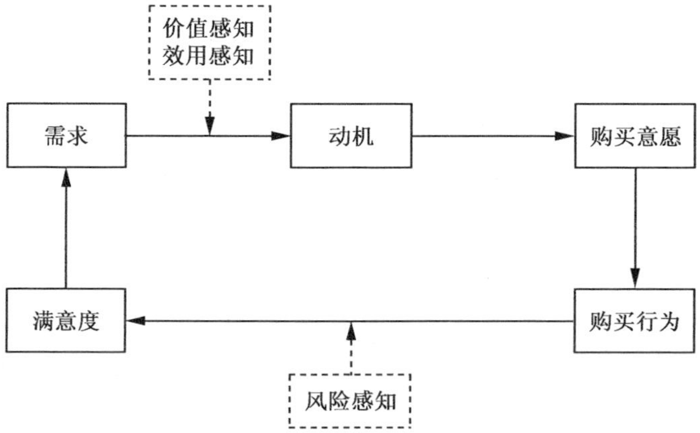

图 4 盲盒消费者购买行为过程

者购买行为影响因素进行研究假设，然后通过这三个维度及其各因素对盲盒消费者购买行为影响程度进行综合分析，最后找出对其有显著影响的因素。

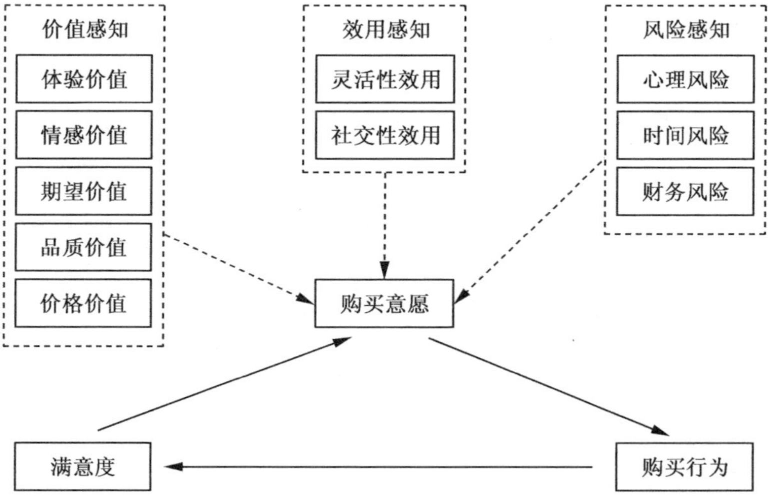

图 5 盲盒消费者购买行为影响因素的研究模型

1. 价值感知

价值感知是消费者对企业提供的产品进行价值的感知和判断。[30]本文将价值感知分为体验价值、情感价值、期望价值、品质价值及价格价值，并根据消费者对于产品的主客观判断区分其为隐性价值与显性价值，其中体验价值、情感价值、期望价值成为隐性价值；品质价值和价格价值成为显性价值。

体验价值是指消费者在某一情境下与产品的交互引起的与自身偏好相关的体

验。[31]盲盒所带来的未知感，是消费者在购买其他普通玩偶摆件无法体验到的，对消费者购买行为有影响。情感价值是指购买盲盒这一行为能够给消费者所带来的正面情绪的影响。期望价值是指消费者对产品在未来的价值的期望。

品质价值是消费者对盲盒产品做出的主观且抽象的评价。[32]产品的质量在消费者预期内，消费者购买盲盒产品的可能性。价格价值是指消费者根据个人消费需求和市场环境分析，对产品价格是否偏离其价值的一种认识和判断。[33]由此，产品价格偏离其价值越多，消费者购买盲盒的可能性会大大降低。

因此，本文将通过体验价值、情感价值、期望价值、品质价值以及价格价值这五个指标来研究价值感知对消费者购买盲盒行为的影响程度，故提出以下研究假设：

假设 V：消费者的价值感知对消费者购买盲盒行为有正向影响。

假设 V1：体验价值对消费者购买盲盒行为有正向影响。

假设 V2：情感价值对消费者购买盲盒行为有正向影响。

假设 V3：期望价值对消费者购买盲盒行为有正向影响。

假设 V4：品质价值对消费者购买盲盒行为有正向影响。

假设 V5：价格价值对消费者购买盲盒行为有正向影响。

2. 效用感知

效用感知是指消费者在购买产品后感知到产品所产生的效用或功能。本文将消费者对盲盒产品的效用感知分为灵活性效用和社交性效用。灵活性效用是指盲盒产品用途的灵活性。社交性效用主要是指消费者在购买盲盒这一行为产生之后所带来的一系列社交活动。

因此，本文将通过灵活性效用和社交性效用这两个指标来研究效用感知对消费者购买盲盒行为的影响程度，故提出以下研究假设：

假设 U：消费者的效用感知对消费者购买盲盒行为有正向影响。

假设 U1：灵活性效用对消费者购买盲盒行为有正向影响。

假设 U2：社交性效用对消费者购买盲盒行为有正向影响。

3. 风险感知

风险感知是指消费者对于产品所存在的风险的主观判断。[34]本文将风险感知分为心理风险、时间风险及财务风险。心理风险是指消费者在抽取盲盒时因可能未能抽到自己心中所想的款式因而造成负面情绪的风险。同时，消费者可能会因为未能抽到心仪的款式而花费更多的时间与金钱抽取自己想要的款式所带来的风险称为时间风险与财务风险。

因此，本文将通过心理风险、时间风险及财务风险这三个指标来研究风险感知对消费者购买盲盒行为的影响程度，故提出以下研究假设：

假设 R：消费者的风险感知对消费者购买盲盒行为有负向影响。

假设 R1：心理风险对消费者购买盲盒行为有负向影响。

假设 R2：时间风险对消费者购买盲盒行为有负向影响。

假设 R3：财务风险对消费者购买盲盒行为有负向影响。

综上所述，本文将对盲盒消费者消费行为进行如下的研究验证：消费者购买盲盒的这一行为与对盲盒产品的价值感知、效用感知及风险感知这三个方面的各因素有着密切的联系，因此本文将采用因子分析和线性回归分析对消费者购买盲盒这一行为进行进一步的深入分析，并找出盲盒消费者购买行为的影响因素。

（三）本章小结

本章在相关理论及盲盒产业现状分析的基础上，对盲盒消费者购买行为的影响因素进行了进一步的研究，最终构建出盲盒消费者购买行为影响的研究模型并提出本文的研究假设，为下文的问卷设计及统计分析奠定基础，从而论证上述因素对盲盒消费者购买行为的影响程度。

四、研究设计及描述性统计分析

（一）问卷设计

本文的问卷设计的主要研究对象是盲盒的消费者购买行为的影响因素，包括对于盲盒消费者个人情况以及购买行为影响因素的主观题及量表题的调查。

（二）数据来源

本次课题的问卷调研时间为 2021 年 3 月 5 日至 3 月 27 日，通过问卷星平台和线下发放问卷两种方式，共收集 348 份问卷，有效问卷 330 份，无效问卷 18 份，去除无效问卷后，问卷有效率为 95%。本文将 330 份有效问卷进行数据分析，以此研究盲盒消费者对于其购买行为影响因素的研究。

（三）描述性统计分析

此部分通过对被调查者的性别、年龄以及月支出的统计，以此了解盲盒消费者的基本情况特征（见表 1）。

表 1　个人情况描述性统计

变量	测量题项	样本数	百分比（%）
性别	男	94	28.48%
	女	236	71.52%
年龄	17 岁及以下	10	3.03%
	18～25 岁	266	80.61%
	26～35 岁	54	16.36%

续表

变量	测量题项	样本数	百分比(%)
	36 岁及以上	0	0%
月支出	1 000 元及以下	9	2.73%
	1 001～2 000 元(含)	145	43.94%
	2 001～3 000 元(含)	62	18.79%
	3 001～4 000 元(含)	19	5.76%
	4 000 元以上	95	28.79%

由表 1 可知：

关于性别状况：在 330 位被调查者中，女性消费者占比远高于男性，女性消费者占比高达 71.52%，而男性占比仅为 28.48%。

关于年龄结构：在问卷所调查的 330 位调查对象中，18～25 岁年龄段的消费者占总人数的 80.61%，占比最高；26～35 岁的消费者占比为 16.36%。

关于月支出情况：被调查者的月支出为 1 001～2 000 元(含)之间的所占比例最高，为 43.94%。

上述研究结论与盲盒消费群体特征性别与年龄特征基本一致，在月支出方面有所差异，主要是由于在此次调查对象中，18～25 岁年龄占比高，大多为学生，没有稳定的收入来源，月支出主要集中在 1 001～2 000 元之间。

(四)盲盒消费者购买行为因素影响的调查结果

此部分通过问卷主观题的分析来佐证各因素对盲盒消费者购买行为的影响。

1. 购买频率及客单价

在 330 位调查对象中，有 54.55%的消费者表示基本不买盲盒，另有 45.45%的消费者每月至少购买一次盲盒，其中近一半被调查者每周都会购买。同时，消费者每次购买盲盒消费的金额一般为 0～75 元(含)，其占比为 73.94%。根据盲盒产品价格区间为[29,79]，可以判断消费者对于盲盒的消费普遍较为理性，消费者对于盲盒风险的感知较弱。

2. 信息来源

调查数据显示，消费者通过自媒体平台了解到盲盒产品的占比为 61.21%；通过朋友推荐接触到盲盒的占比为 54.24%。企业通过博主推荐、明星带货以及用户分享等网络营销方式，促使了消费者通过网络能够迅速了解到盲盒产品。同时，朋友之间的交流互动也是信息传播的重要渠道。消费者在购买盲盒后，通过网络平台及朋友等渠道交流自己的购买体验，能够实现盲盒所带来的社交价值最大化。

3. 购买渠道

在问及通过何种渠道购买盲盒时，线下实体门店是消费者购买最多的渠道，占比为 62.73%；其次是线下自动贩卖机，占比为 50.3%。消费者在线下可以直观地看到或者触摸到商品，特别是在自动贩卖机购买盲盒时，其体验感更强。可见，体验价值是影响消费者购买盲盒的因素。

4. 购买动机

在问及购买盲盒动机时，收获未知的惊喜是消费者购买盲盒的主要原因，占比高达 77.58%，说明体验价值及情感价值很大程度地激发了盲盒消费者的购买动机，对盲盒消费者购买行为有一定影响；将产品外观符合审美与增强幸福感为主要动机的消费者占比，说明情感价值对盲盒消费者购买行为有一定影响（见图 6）。

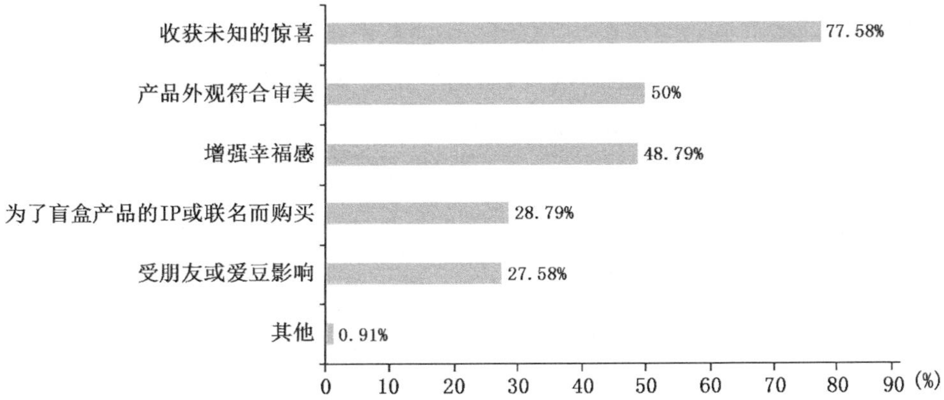

图 6　被调查者对于盲盒的购买动机

5. 价格感知

消费者对于盲盒可接受的价位在 0～50(含)元的占比为 49.7%，50～75(含)元的占比为 39.39%，而盲盒价格区间一般为[29，59]，可见目前盲盒市场部分盲盒产品对于消费者来说价格相对偏高，说明价格价值对于消费者购买盲盒行为有一定影响（见图 7）。

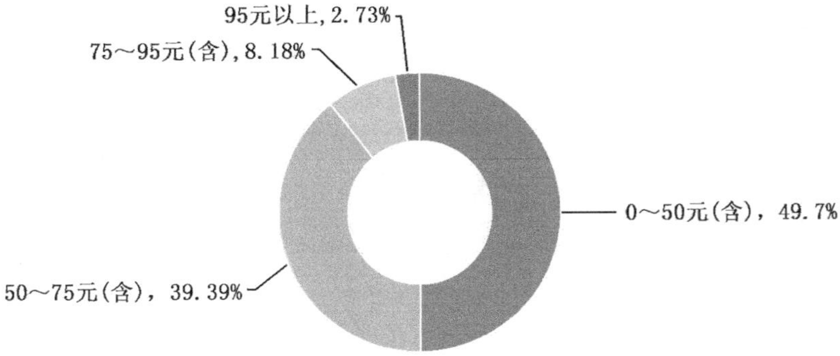

图 7　被调查者对于盲盒价格的偏好

6. 消费观念

据调查显示，66.67%的消费者认为自己目前对于盲盒的消费是一直处于适度消费状态的，其中31.82%的消费者表示需要自我控制以此维持适度消费。而在被问及当自己抽到的并不是很心仪的款式，是否会再抽一次时，46.67%的消费者表示自己会再抽一次，其中35.15%的消费者只再抽一次，11.52%的消费者会再抽几次直到抽中自己想要的款式。可见，在本次研究的被调查者中，消费者对于盲盒的消费较为理性，风险感知不能显著影响其对于盲盒的购买行为。

7. 对盲盒提出的问题及建议

(1)目前产品出现的问题

在被问及将不再购买盲盒产品的理由时，50.3%和48.48%的消费者认为难以抽到心仪的款式和由于自己自身的自我克制，防止买盲盒上瘾是主要原因，这说明心理风险、时间风险及财务风险影响了消费者对于盲盒的购买行为。

如果上述盲盒产品所涉及的问题已经得到改善，有63.64%的消费者会选择继续购买盲盒产品，另有22.42%的消费者需要视情况而定，企业应当重视消费者的反馈，积极做出应对措施。

(2)未来发展

对于盲盒产业未来的发展建议，高达66.36%的消费者希望能够适当降低价格；61.21%和60.61%的消费者认为盲盒产业应当加强对产品质量的把控以及IP的丰富多样性；56.67%的消费者认为产品缺乏实用性，只能当作摆件；另外，还有消费者提议提高隐藏款的抽中率。可见，价格价值、品质价值、情感价值、灵活性效用及风险感知均对消费者购买行为有影响。

(五)本章小结

本章通过描述性统计及调查结果，初步分析了价值感知、效用感知及风险感知及其各因素对消费者购买盲盒行为的影响，为下文进一步探索影响消费者购买盲盒行为的因素及显著程度做铺垫。

五、盲盒消费者购买行为影响因素的统计分析

(一)信度分析

通过对问卷量表进行信度分析，可以研究问卷数据的真实性及有效性。根据信度分析结果显示，价值感知、效用感知及购买意愿的信度系数值均高于0.7；风险感知的信度系数值为0.690，大于0.6；四个量表的CITC值均大于0.4，说明此次问卷数据可靠性较高，可进行下一步分析。

(二)探索性因子分析

根据效度分析结果显示，量表的KMO值为0.880，显著性为0.000，拒绝原假设，

说明题项与因子之间存在对应关系，量表数据效度非常好。根据探索性因子分析结果，可以判断问卷量表设计是否合理。通过主成分分析法提取主要因子，删除 3 个题项，共提取出 4 个因子，即价值感知、效用感知、风险感知及购买意愿，累积方差解释率为 71.396%，大于 50%，并且量表各题项的因子载荷系数均大于 0.6，说明问卷量表的设计较为合理。

（三）多元回归分析

1. 一级指标回归分析

(1)拟合度分析

表 2　　模型汇总（一级指标）

R	R^2	调整 R^2	模型误差
0.762	0.581	0.577	0.541

从表 2 可知，模型 R^2 值为 0.581，说明模型较好，即价值感知、效用感知以及风险感知这三个自变量可以解释因变量购买意愿的大部分方差。

(2)多元回归分析

价值感知和效用感知的回归系数值分别为 0.741 与 0.251，均大于 0，说明价值感知与购买意愿是正相关；效用感知与购买意愿是正相关。两者 p 值均为 0.000，在 5%水平上显著，拒绝原假设，因此假设 V 成立，即价值感知对消费者购买盲盒的意愿有正向影响；假设 U 成立，即效用感知对消费者购买盲盒的行为有正向影响。

风险感知的 p 值为 0.761，在 5%水平上不显著，接受原假设，因此假设 R 不成立，即风险感知不会显著影响消费者购买盲盒行为。

表 3　　测量模型的多元回归分析（一级指标）

	非标准化系数		标准化系数	t	p
	B	标准误	Beta		
常数	−0.038	0.193	—	−0.199	0.842
价值感知	0.741	0.061	0.591	12.169	0.000**
效用感知	0.251	0.056	0.223	4.525	0.000**
风险感知	0.013	0.042	0.011	0.304	0.761

与此同时，通过比较各维度的影响因素的回归系数值，可以发现价值感知对盲盒消费者购买行为的影响程度较高，效用感知的影响程度较低。

2. 二级指标回归分析

(1)拟合度分析

表 4　　模型汇总(二级指标)

R	R^2	调整 R^2	模型误差
0.770	0.593	0.580	0.539

从表 4 可知,模型 R^2 值为 0.593,说明模型较好,即体验价值、情感价值、期望价值、品质价值、价格价值、灵活性效用、社交性效用、心理风险、时间风险、财务风险这 10 个自变量可以解释因变量购买意愿的大部分方差。

(2)多元回归分析

体验价值的回归系数值为 0.117,大于 0,说明体验价值与购买意愿是正相关。p 值为 0.023,在 5%水平上显著,拒绝原假设,因此假设 V1 成立,即体验价值对消费者购买盲盒的行为有正向影响。

情感价值的回归系数值为 0.304,大于 0,说明情感价值与购买意愿是正相关。p 值为 0.000,在 5%水平上显著,拒绝原假设,因此假设 V2 成立,即情感价值对消费者购买盲盒的行为有正向影响。

表 5　　测量模型的多元线性回归分析(二级指标)

	非标准化系数		标准化系数	t	p
	B	标准误	Beta		
(常数)	−0.006	0.200	—	−0.031	0.975
体验价值	0.117	0.051	0.123	2.278	0.023*
情感价值	0.304	0.056	0.297	5.426	0.000**
期望价值	0.070	0.038	0.083	1.848	0.065
品质价值	0.115	0.040	0.132	2.877	0.004**
价格价值	0.123	0.048	0.122	2.543	0.011*
灵活性效用	0.010	0.042	0.011	0.244	0.808
社交性效用	0.243	0.051	0.234	4.754	0.000**
心理风险	−0.007	0.042	−0.007	−0.173	0.863
时间风险	0.055	0.039	0.064	1.412	0.159
财务风险	−0.035	0.037	−0.042	−0.944	0.346

品质价值的回归系数值为 0.115,大于 0,说明品质价值与购买意愿是正相关。p 值为 0.004,在 5%水平上显著,拒绝原假设,因此假设 V4 成立,即品质价值对消费者购买盲盒的行为有正向影响。

价格价值的回归系数值为 0.123,大于 0,说明价格价值与购买意愿是正相关。p

值为 0.011，在 5%水平上显著，拒绝原假设，因此假设 V5 成立，即价格价值对消费者购买盲盒的行为有正向影响。

社交性效用的回归系数值为 0.234，大于 0，说明社交性效用与购买意愿是正相关。p 值为 0.000，在 5%水平上显著，拒绝原假设，因此假设 U1 成立，即社交性效用对消费者购买盲盒的行为有正向影响。

期望价值、灵活性效用、心理风险、时间风险以及财务风险的 p 值均小于 0.05，在 5%水平上不显著，接受原假设，因此假设 V3、U1、R1、R2、R3 不成立，即期望价值、灵活性效用、心理风险、时间风险以及财务风险并不会对消费者购买盲盒的行为产生影响关系。

与此同时，通过比较各个影响因素的回归系数值可以发现，情感价值对盲盒消费者购买行为的影响程度最高，据问卷调查显示，收获惊喜感与幸福感确实是消费者主要的购买动机；其次是社交性效用，54.24%的消费者通过朋友推荐接触到盲盒，在一定程度上满足了他们的社交需求；最后依次是价格价值、体验价值及品质价值，虽然有部分消费者对于产品价格与质量合理性认同度不高，但仍然存在体验盲盒带来的刺激感，是消费者的主要购买动机。可见，虽然消费者对于盲盒部分产品的定价与品质不是很认同，但是他们仍然愿意为情感价值买单。

（四）盲盒消费者购买行为影响因素模型修正

本研究按照影响因素的不显著程度，对影响不显著的因素进行删除，最后完成盲盒消费者购买行为影响因素模型的修正（见图 8）。

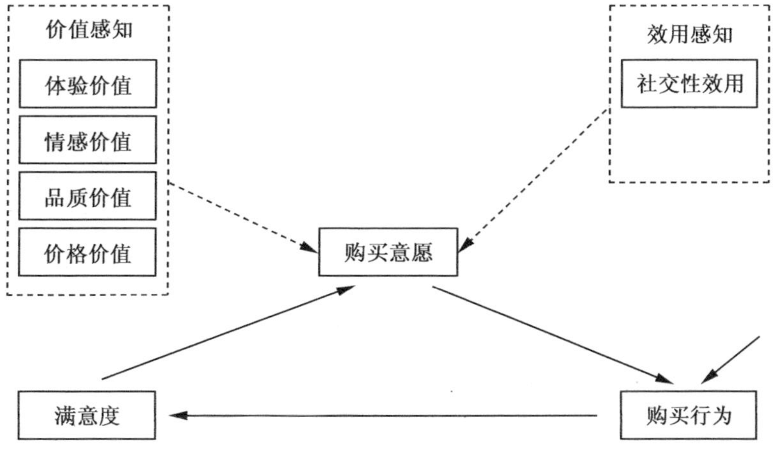

图 8　修正后的盲盒消费者购买行为影响因素模型

（五）本章小结

研究表明，价值感知与效用感知对消费者购买盲盒行为产生显著正向影响，而风险感知不会显著影响消费者购买行为；情感价值、体验价值、品质价值、价格价值与社交性效用均对消费者购买盲盒行为产生影响，其中情感价值的影响程度最高，其次是社交性效用，而期望价值、灵活性效用、心理风险、时间风险以及财务风险并不会对其产生显著影响。

六、研究结论与建议

(一)盲盒消费者购买行为影响因素研究结论

1. 情感价值影响最为显著，影视 IP 最受消费者喜爱

通过回归分析发现，价值感知中情感价值是影响消费者购买盲盒最重要的因素，在问卷调查中，消费者也表示购买盲盒主要为了收获拆盲盒所带来的未知的惊喜、产品外观符合审美以及增强幸福感三大需求，说明在消费者看来，购买盲盒所获得的情感体验要远高于其他，消费者更加注重悦己型消费。同时，盲盒产品的 IP 是消费者获取与提升对于盲盒的情感价值的重要途径。据调查显示，71.82%的消费者希望盲盒企业与影视行业合作，设计出联名产品。IP 对于盲盒来说至关重要，只有拥有消费者喜爱的 IP，打造其喜欢的产品外观，消费者才会为其买单。

2. 自媒体平台宣传效果佳，满足社交需求

网络信息的传播速度快，这使得消费者通过网络平台能够第一时间获取最新资讯，有 61.21%的消费者表示自媒体平台让他们发现了盲盒的存在。消费者在购买盲盒后，通过网络平台或朋友之间的交流分享购物感受满足社交需求。同时，消费者也可以通过盲盒企业搭建的交流平台或是举办的主题展、设计师签售会等活动与志同道合的伙伴进行交流分享，统计结果也显示效用感知中的社交性效用对盲盒消费者购买行为有影响。

3. 线下购买方式是主流渠道，消费者注重体验型消费

消费者主要通过线下实体店与线下自动贩卖机这两种渠道购买盲盒产品，据调查显示，线下实体门店占比为 62.73%，线下自动贩卖机占比为 50.3%。线下实体店相比线上渠道能够使消费者更直观地看到实物进行挑选与购买，大大增强了惊喜感与刺激感的体验；线下实体店不局限于主营盲盒的实体店，以其他产品作为主营业务的门店也会通过出售盲盒来丰富消费者产品选择多样性，以此提高消费者忠诚度；线下自动贩卖机能够给消费者带来新颖的购买体验。可见，消费者可以在多种多样的线下渠道的购买行为中获得体验的满足。

4. 消费者认为价格与品质并重，产品性价比有待提升

价值感知中的品质价值与价格价值影响消费者购买盲盒行为。数据显示，接近六成的消费者希望盲盒的定价能够适当降低，加强产品质量的把控；接近一半的消费者认为部分盲盒价格略高于其可接受范围，这说明盲盒的性价比存在一定的提升空间。

(二)对盲盒及相关联行业未来发展的建议

1. 与知名影视 IP 合作,迎合消费者喜好

IP 在一定程度上决定了消费者购买产品的行为,而独立设计师的 IP 早已不是唯一选择,随着盲盒行业衍生到更多领域,企业应当与其他行业具有粉丝基础的知名 IP 进行合作,挖掘更多消费潜力。与此同时,企业更要抓住消费者对于 IP 的偏好,做到投其所好。本次研究调查显示 71.82%的消费者希望盲盒企业与影视行业合作,可见当下知名的影视 IP 应当成为当前企业合作首选。

2. 推出联名电影、游戏,提升产品的社交性

社交需求是消费者在购买盲盒时看重的影响因素,盲盒是他们的社交话题。拥有自有 IP 的盲盒企业可以通过与影视公司、游戏公司等企业合作推出联名电影、游戏等,为消费者带来更多社交话题,满足他们交流与分享的社交需求。

3. 利用 VR 等新技术,丰富门店购买体验

近几年,我国科技创新发展迅速,通过应用先进科技能够优化企业的生产及销售等多个环节,助力企业快速发展;而对于盲盒消费者来说,购买盲盒能够为其带来惊喜感与刺激感的消费体验,因此企业应当抓住消费者这方面的需求,可以通过 VR 技术将这种体验融入游戏,展示于线下门店,使消费者在线下实体店消费过程中感受多元化的消费体验,同时,这种与众不同的科技化游戏体验也能为门店吸引更多客源。

4. 关注产品性价比,提高顾客黏性

消费者注重盲盒产品的价格与品质,产品的高性价比能够提高消费者忠诚度。既然近半数消费者认为部分盲盒价格略高,说明适当降低价格能够提升一部分消费者的复购率。因此,盲盒企业应当对产品进行进一步的质量把控或进行促销手段,以此保证为顾客提供符合其需要的高品质、高性价比的产品,重新赢回消费者对于盲盒产品的青睐。

七、研究总结与展望

(一)研究总结

本研究通过对相关文献及盲盒产业发展的梳理,探索出了影响盲盒消费者购买行为的价值感知、效用感知及风险感知的研究模型并提出研究假设,通过问卷数据分析总结出了影响盲盒消费者购买行为的几个关键影响因素,最终结合研究结论,为盲盒产业及相关联产业提出建设性的建议,以此提升其竞争力,助其长远健康发展。

(二)研究存在的不足及展望

本文研究的不足之处主要是:(1)问卷数据主要通过网络平台进行调研,收集到的样本数据可能对结果存在影响;(2)在样本统计数据方面,部分消费者由于没有认真填写问卷,但未能及时删除,导致数据结果存在一定偏差,对研究产生影响。

针对上述问题，对未来的研究提出两方面的展望：(1)在未来研究过程中应当进行覆盖面更广的调研，丰富问卷收集的渠道，使样本数据更能代表消费群体；(2)在问卷设计时，应当有意识地设置专门题项，筛选出无效问卷并进行删除，减少数据结果的偏差。

参考文献

[1]艾媒咨询．人口数据分析：2020 年中国 90 后在消费主体中占比为 17.3%[EB/OL]. https://www.iimedia.cn/c1061/73648.html/2020—8—19/2021—11—26.

[2]肖慧．当代青年“二次元”文化的样态、生成与引导[J]. 思想理论教育，2018(3)：7.

[3]前瞻产业研究院．2020 年中国动漫产业市场分析[EB/OL]. https://bg.qianzhan.com/trends/detail/506/200721-1605aada.html/2020—7—21/2020—12—05.

[4]Mob 研究院．2020 盲盒经济洞察报告[R]，2020.

[5]汪银霞．数字信息资源移动消费行为研究[M]. 武汉：武汉大学出版社，2018：86—87.

[6]冉陆荣，李宝库．消费者行为学[M]. 北京：北京理工大学出版社，2016：24.

[7]王倩楠．基于消费者行为理论下购物中心空间体验设计研究[D]. 青岛：青岛理工大学，2019：12.

[8]苏沐晖．盲盒遇上 IP 消费：双向赋能或引爆千亿市场[J]. 新产经，2019(10)：66—69.

[9]常榕莎，王文慧．消费主义视角下“盲盒热”传播现象探析[J]. 传播与版权，2020(9)：137—139.

[10]王倩．盲盒大诱惑，“泡泡”有风险[J]. 商学院，2019(11)：28—31.

[11]赵星晨，陈庆军．盲盒设计理念对文创产品的借鉴意义探究[J]. 包装工程，2020.

[12]徐梦迪．从抓娃娃到抽盲盒，人们在玩具里消费的是什么？[J]. 销售与市场(管理版)，2019(5)：76—78.

[13]王凯悦．陷入疯狂的盲盒“游戏”是什么？[J]. 新闻研究导刊，2020，11(5)：236+247.

[14]Laroche M.，McDougall G. H.，Bergeron J.，Yang Z. Exploring how intangibility affects perceived risk[J]. Journal of Service Research，2004，6(4)：373—389.

[15]卢玉环．亚文化视角下“盲盒热”的消费心理与投资心理研究[J]. 商场现代化，2020(8)：17—18.

[16]Alice. 盲盒经济背后的心理学启示[J]. 中国眼镜科技杂志，2020(7)：56—61.

[17]Sengars A.，Grover V. Re-examining Perceived Ease of Use and Usefulness：A Confirmatory Factor Analysis[J]. Management Information Systems Quarterly，1993，17(4)：517—525.

[18]林燕，马海峰．“盲盒”为何诗人陷入疯狂[N]. 社会科学报，2019—11—28.

[19]杨东健．上瘾模型在盲盒营销模式种的应用[J]. 经济管理文摘，2020(15)：31—34.

[20]Sheth J. N.，Newman B. I.，Gross B. L. Why We Buy What We Buy：A Theory of Consumption Values[J]. Journal of Business Research，1991，22(2)：159—170.

[21]国家税务总局．制造业设计能力提升专项行动计划(2019—2022 年)[EB/OL]. http://

www. chinatax. gov. cn/chinatax/n810341/n810765/n4182981/201910/c5141959/content. html/2019－10－11/2020－12－17.

[22]中华人民共和国中央人民政府.国务院关于印发新一代人工智能发展规划的通知[EB/OL]. http://www. gov. cn/zhengce/content/2017－07/20/content_5211996. htm/2017－7－8/2020－12－17.

[23]中细软一知识产权．2021 年政府工作报告全文来了！坚持科技创新驱动发展[EB/OL]. https://weibo. com/ttarticle/p/show? id＝2309404611382476669087/2021－3－5/2021－3－15.

[24]中华人民共和国中央人民政府．国务院办公厅印发《完善促进消费体制机制实施方案（2018—2020 年）》[EB/OL]. http://www. gov. cn/zhengce/content/2017－07/20/content_5211996. htm/2018－10－11/2020－12－17.

[25]Wang E. S. T. Impact of Multiple Perceived Value on Consumers' Brand Preference and Purchase Intention: A Case of Snack Foods[J]. Journal of Food Products Marketing, 2010, 16(4): 386－397.

[26]国盛证券．传媒行业潮玩盲盒系列报告一:如何看待泡泡玛特的商业模式？[R]. 江西:国盛证券,2020.

[27]艾媒咨询．2021 年第一季度中国潮玩行业发展现状及市场调研分析报告[R]. 广东:艾媒咨询,2021.

[28]王启万．顾客感知价值导向的整合营销传播研究[M]. 徐州:中国矿业大学出版社,2013.

[29]徐萍．消费心理学教程[M]. 上海:上海财经大学出版社,2018:95－96.

[30]程圩．文化遗产旅游价值认知的中西方差异研究[M]. 天津:南开大学出版社,2015:14.

[31]吴菊华．基于社会化电子商务的价值共创[M]. 广州:华南理工大学出版社,2017:141.

[32]李丹,唐玲艳,李旦．共享汽车持续使用意愿影响因素研究——基于感知理论[J]. 时代汽车,2021(4):4.

[33]疏淑进,邵隽．游客感知价值对故宫文创产品购买意向影响研究[J]. 资源开发与市场,2021(4):37.

[34]余硕．新媒体环境下的食品安全风险交流理论探讨与实践研究[M]. 武汉:武汉大学出版社,2017:75.

基于网络评论的民宿顾客感知价值研究

许秋烨

指导老师：吴培培

摘　要：本文对民宿和顾客感知价值进行文献总结，提出利用民宿评论来分析民宿的顾客感知价值。利用爬虫软件爬取爱彼迎网站上的部分长沙民宿的在线评论文本作为数据来源，使用 ROST CM 软件进行高频词分析、社会语义网络分析以及高频词分类分析，对顾客感知价值进行分析。研究数据结果表明，长沙民宿的评论主要集中在民宿的功能设施质量、房东的服务质量、民宿的环境及周边等方面。根据数据统计结果得出结论，顾客对民宿的感知最多的是功能价值，其次为情感价值、便利价值，感知度最低的是环境价值。提出民宿经营者应加强对民宿设施质量的监控，做到设施一应俱全，另外民宿经营者需要坚持服务理念，提高服务质量等民宿发展建议。

关键词：顾客感知价值；网络文本分析；民宿

Research on Perceived Value of Home Stay Customers Based on Network Comments

Abstract: This paper summarizes the literature of B&B and the customer perceived value, and proposes to analyze the customer perceived value of B&B by using B&B reviews. Using the crawler software to crawl part of the online review text of Changsha B&B on Airbnb website as the data source, ROST CM software is used to perform the analysis of high-frequency key words, social semantic network analysis and high-frequency word classification analysis to analyze the customer perceived value. The results of the study show that the comments on Changsha B&B mainly focus on the quality of B&B's functional facilities, the service quality of the landlord, the environment of B&B and its surrounding areas. It is concluded that the dimensions of customers' perceived value to B&B are successively functional value, emotional value, convenience value and environmental value. The paper puts forward that the operators of B&B should strengthen the monitoring of the quality of B&B facilities to ensure that all facilities are available. In addition, the operators of B&B should adhere to the service concept and improve the quality of service.

Keywords: customer perceived value; network text analysis; home stay

一、引言

(一)研究背景与意义

数字化转型依托云计算以及大数据实现数据共享,改善了旅游产业信息闭塞的情况。[1]在文旅融合的背景下,旅游业的食、住、行、游、购、娱之间都有很强的关联性,在资源匹配能力、信息整合能力和消费引导能力方面也有显著提高。

随着中国居民总体消费水平的不断提高,自驾游、国内游等旅游方式也受到更多人的青睐。在共享经济下,民宿的优势也逐渐显露。[2]

民宿起源于欧美,以游客与主人同住一屋居多,让游客体验当地自然、文化与生活方式。[3]民宿相比于酒店,没有华丽的装修和设施,但它通过细致和温馨的房间布置,让游客亲身感受到当地的文化和环境。比起拥有标准化服务和装修的酒店,现在的顾客消费需求更加追求个性的表达[4],在旅行中偏向于选择更有人情味和当地文化气息的民宿。

国内民宿的起源和发展稍晚于国外。[5]从研究民宿的文章也能看出民宿的发展历程,搜索知网从 1980 年至 2000 年共有 16 篇文献,全是研究日本的民宿,从 2000 年开始国内学者才逐渐对民宿有所研究。从知网上搜索民宿为关键词,每两年为一个搜索节点,统计研究民宿的文章,结果如图 1 所示,可以发现从 2014 年开始国内对民宿的相关研究数量大幅增加。

目前关于民宿顾客感知价值的研究相比于酒店的较少,且研究方法较为传统,多利用问卷调查法和文献研究法,对民宿的研究多集中于民宿评价及游客满意度、民宿设计应用、民宿业未来发展方向和规范等方面。

随着网络技术的高速发展,人们习惯于在网站和应用软件上预订民宿,并在线上分享入住体验、发表评价,并且由于线上评论将顾客的个人信息隐藏,使得顾客在评论时没有顾虑,对比问卷调查所给予的选项,顾客在网络上的评论更能代表对民宿的感

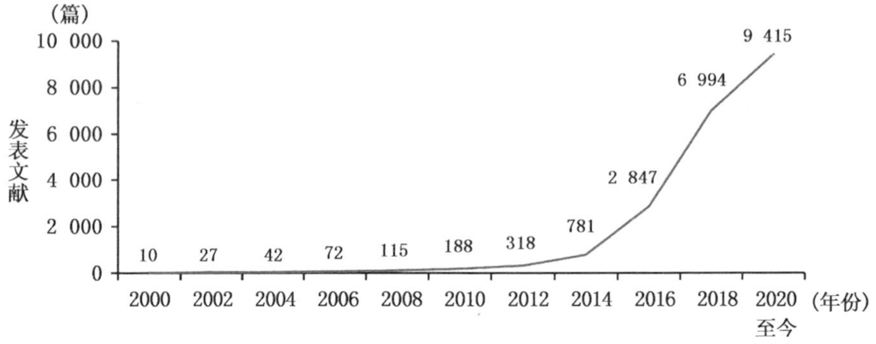

图 1　2000 年至今的知网民宿研究文章数量

知情况,因此网络评论对于研究顾客感知价值更具有真实性和可参考性。本文从顾客对民宿的评论出发,收集长沙民宿的大量评论作为数据基础,使用软件对大段的评论进行划分词语,将评论的文本内容从"质"转换成"量",对其进行一个整体特征的把握,来研究顾客对民宿的感知情况,丰富了对民宿的研究。

从实践意义的角度来说,研究顾客对民宿的感知价值情况,从收集到的大量评论数据来分析顾客更能感知到民宿的哪些方面,可以作为一个重要的参考,更好地指导和推动民宿行业的进一步发展。

(二)研究内容与方法

1. 研究内容

本文的具体研究过程分为相关背景介绍和文献综述、样本选择与数据获取、数据分析、结论建议与研究展望这四个部分,技术路线图见图 2。

首先,对民宿的相关背景进行整理和阐述,引出本文所研究的主要问题,对研究目的和研究意义进一步说明。对民宿、顾客感知价值相关的研究进行归纳总结,并提出本文对顾客感知价值维度的划分。

本文选择爱彼迎网站作为收集数据的平台,并对爱彼迎进行简单的介绍,选择长沙市的民宿作为研究对象,并且对采集收据的软件说明了使用方法。

其次,对收集到的评论内容进行分词处理,得到独立的词语,利用 ROST CM 软件对分词后的评论内容进行高频词统计,统计得出在收集到的长沙民宿的评论中游客提及频率最高的关键词及其频次。之后进行社会语义网络分析,分析各词语之间的关联度。最后根据顾客感知价值的维度将高频词进行分类,根据各个维度的关键词的频次做进一步分析。

最后,对之前的数据分析的结果进行总结,提出可行的建议,并对本文的进一步研究提出展望。

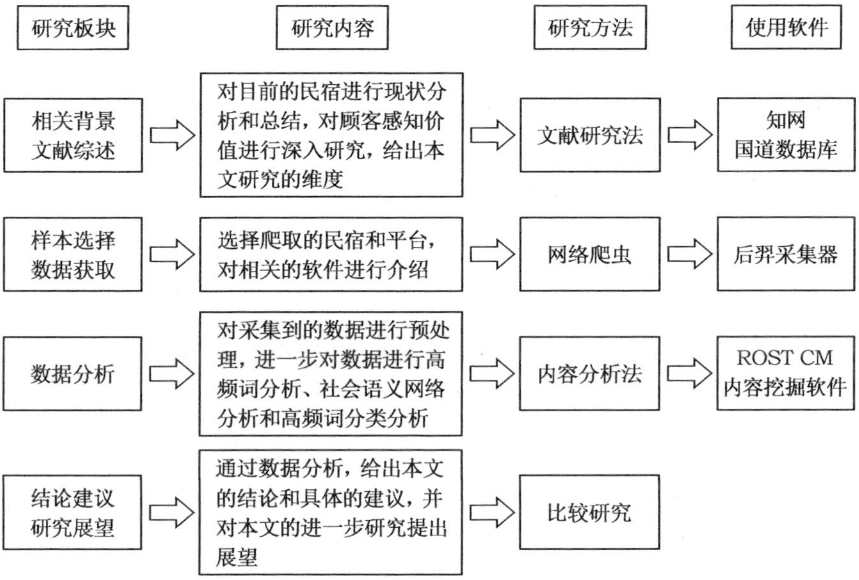

图 2　研究技术路线图

2. 研究方法

在研究过程中，本文利用文献研究法收集到民宿的相关理论知识以及顾客感知价值的相关研究，利用网络爬虫法收集到相关数据，并利用内容分析和比较研究方法分析统计数据。

(1)文献研究法。本文通过知网、国道数据库等平台收集民宿发展历程的研究、顾客感知价值维度的相关研究、顾客满意度和行为意向相关研究、在线评论和内容分析的相关文献研究，收集学者对基本概念和理论的定义，对不同主题的文献进行归纳梳理，仔细研究前人的相关研究的方法和步骤，为后期的理论知识和数据收集整理分析打下基础。

另外，着重阅读有关感知维度的文献，将学者的研究方向以及选取的维度记录下来，分析维度的选择对研究过程和结果的影响，以确定本文所选择的研究维度。

(2)网络爬虫法。本文数据的主要获取方法是网络爬虫法。在 20 世纪 80 年代就有针对网络页面的信息抽取技术的研究[6]，近年来随着新媒体的兴起和技术升级，更多数据也需要从中抓取。使用网络爬虫技术是本文抓取数据进行相关研究的基础。

对民宿和平台的相关信息，采用后羿采集器进行数据爬取。后羿采集器软件使用较方便，能够基于人工智能算法，对输入的网址进行智能识别文字、表格数据、链接、分页按钮等数据，并且支持 TXT、EXCEL、数据库等多种导出方式。

(3)内容分析法。本文采用的研究方法是内容分析法。该方法能够把文字、图像这类定性的信息转化为定量的数据。[7]国内文献利用内容分析法大多集中在对目的地形象感知方面的研究。[8]

随着网络的普及，互联网技术的应用在旅游业也越来越多。顾客在选择民宿时多会参考民宿的评论信息[9]，是因为网络具有虚拟性、开放性，顾客可以将自己最真实的入住感受表达出来。[10]因此，以评论文本作为数据进行分析，获取到的感知信息更加有力。本研究借助网络爬虫软件获取民宿的评论，并从中提取高频关键词，再结合顾客感知价值的维度进行分析。

对长沙部分民宿的在线评论进行收集和分析，在阅读前人研究顾客感知价值时所选取的维度以及根据实际情况做出调整后，得出本文所选取的分析维度，借助武汉大学的研究团队所开发的 ROST CM(ROST content mining)文本分析软件，将提取出来的网络在线评论的高频关键词进行分类，分析得出入住民宿后顾客对民宿的关注点。

二、文献综述

基于研究课题，将从民宿的定义、民宿的特征和类型、顾客感知价值相关研究、民宿的顾客感知价值相关研究这几个方面进行相关文献综述。

（一）民宿概述

1. 民宿的定义

民宿作为一种新兴的旅游产业的产物，不同学者对其给出的定义也各有侧重点。张海洲和陆林(2019)认为民宿指的是主人利用闲置房间并亲自参与接待，为游客提供体验当地文化与生活的住宿设施[11]；Alstair(2009)认为民宿是乡村居民将自己空闲的住宅出租给有需要的旅行者，同时提供乡间生活服务[12]；Timothy(2009)认为民宿是建在乡村环境中为游客提供住宿与餐饮服务的旅舍[13]。

本文认为民宿是指经营者利用空闲的住宅，为游客提供个性化住宿服务，同时向游客展示当地的文化和环境特色的经营场所。

2. 民宿的特征及类型

相较于其他传统酒店住宿方式，民宿具有以下特征：第一，顾客与民宿经营者有一定的交流，无论是入住前、入住时还是退房后，顾客都会和民宿经营者有过或多或少的交流；第二，民宿通常经营规模较小，民宿是经营者将自身多余的空房租出去，以“副业方式”经营的住宿设施[14]，所以民宿的经营规模不会很大；第三，民宿提供个性化的服务，对比酒店等住宿设施，民宿具有更全面细致的生活用品，以及更具个性化的房间陈设布置以供顾客挑选。

民宿可按照不同的角度进行分类。根据民宿的地区资源把民宿分成农业型民宿、度假型民宿、乡村型民宿和生态型民宿。依据地理环境和主营功能也可将民宿分为以海滨、温泉等为特色的民宿、以体验农庄乐趣为特色的民宿和传统民居民宿。依据房屋产权是否为同一人可以分为传统民宿和社会型民宿。[15]本文主要选取传统建筑型的民宿进行研究。

(二)顾客感知价值相关研究

从目前的研究来看,学者们都普遍认同顾客感知价值是顾客在体验产品和服务后对"利得"和"利失"进行权衡并做出的总体评价。对于顾客感知价值能够归纳出以下几个显著的特点:第一是主观性,顾客感知价值是由顾客的主观意识来影响判断决定的,不同的顾客对同一件商品或服务的感知价值很可能是不同的;第二是多维性,在顾客对商品或服务产生判断时会收到多个方面的影响;第三是层次性,功能价值、环境价值、情感价值、社会价值等维度分别满足顾客不同的需求,一般来说,情感价值和社会价值在顾客的功能价值等基础的感知得到满足后才会被感知到。

范秀成和罗海成(2003)发现顾客感知价值是提升服务企业竞争力的有效途径。[16]敖娇(2014)通过顾客感知价值来研究顾客在网购时的行为意向,认为产品和服务对顾客的购买行为意向影响最大。[17]也有学者对顾客感知价值和顾客满意度做了深入研究,认为感知质量和顾客期望共同影响顾客感知价值,从而影响顾客满意度。[18]

(三)民宿顾客感知价值相关研究

国内外学者在研究民宿的顾客感知价值时多选取情感、质量、社会、认知等多个维度进行分析,针对不同的研究对象和环境更改或细化研究的维度。汪良(2019)从情感、服务、便利、环境、参考、社会6个维度验证游客感知价值与游客满意度是否存在正相关的关系。[19]陈小曼(2018)选取了情感、功能、社会、认知这四个维度,制作以网络评论为参考数据的量表,研究顾客感知价值与行为意向的关系。[20]佟静和刘佳欣(2018)在研究民宿的体验感知时选取了环境、服务、设施、卫生这四个细化维度来针对研究民宿的体验。[21]

本文参考和借鉴了部分学者对顾客感知价值维度的划分,结合长沙民宿实际的评论内容和研究可操作性。将本文所研究的顾客感知价值分为情感价值、功能价值、环境价值以及便利价值这四个维度来进行分析。

国内外学者依据大量在线评论作为研究数据的文献还是较少。前人在研究感知价值时多采用文献总结以及走访问卷的形式,比较单一,并且相较于在线评论无法准确地反映用户当时的心态,并且容易受到问卷选项的影响。

本文使用分析大量评论作为研究数据,进行高频词分析、社会语义网络分析、高频词分类等分析方法,直观准确地得出顾客重视民宿的哪些方面。

三、样本选择与数据获取

(一)样本选择

爱彼迎成立于2008年,是一个知名的短租平台,其房源遍布全球191个国家。[22]

用户可通过其网站或 App 来搜索心仪的房屋信息，并完成在线预订程序。所以无论是从知名度还是市场规模来说，爱彼迎都是在线短租平台的代表，该网站拥有丰富的民宿数据。

湖南省民宿的发展十分迅速，长沙更是以其悠久的历史文化以及现代化的繁华都市吸引了不少游客。隔着一条湘江，五一广场的对面便是闻名的岳麓山和橘子洲，既能欣赏江景，又处于城市中心，使得五一广场的民宿格外集中，长沙独有的茶颜悦色也成为许多青年游客在长沙的一个必到之处。长沙集中了历史文化、自然景观、现代化都市，本次研究选取的也是长沙民宿的聚集地五一广场附近的民宿，使得民宿的各个方面优劣势都比较均衡。

本文通过爱彼迎官网搜索关键词“长沙”，选取评论数在 20 以上的民宿，规避经营时间短且评论较少的民宿，以提高爬取数据的效率，将爬取到的评论文本内容作为研究数据。

（二）数据获取

本研究选用的数据抓取工具是后羿采集器，后羿采集器使用比较方便，能够对输入的网址进行文字、表格数据、链接、分页按钮等自动识别和抓取工作，并且支持 TXT、EXCEL、数据库等多种导出方式。如图 3 所示，后羿采集器爬取网页内信息的页面，可以根据用户不同的需求选择爬取板块，并且自动识别列表信息和翻页按钮，完成信息爬取工作。

图 3　后羿采集器爬取评论页面

将网页链接输入后羿采集器，选中需要采集的评论文本，采集得到初始信息。表1列出了20条后羿采集器采集到的原始信息。之后将原始信息简化，只保留评论文本，再对评论文本做进一步的处理。

表1　　　　后羿采集器爬取到的20条原始数据

字段1(用户昵称)	字段2(评论文本)
Jwang	位置很棒，环境也很好，卫生干净
兢晗	干净整洁 视野挺好 不错的房源
沈同学	离地铁口近 价格优惠 环境好 整体都不错！
艳明	房间软装很不错，很适合拍照。
诗淇	房源位置真的很棒，走路就能到黄兴路步行街和国金，装修也很漂亮，美中不足的是花洒水有点小了 房东小姐姐很可爱很热情，临走那天还帮我们寄存了一天行李～非常感谢～
戒三	房东很热情，房间位置也不错！
皓羽	很好
Yuyilin	是舒适的房间，离五一广场很近，每天在五一广场吃完了正好可以散步回去！唯一有一点点的缺陷就是空调不是太暖和！可能是我太怕冷了！总体来说是很不错的！
又升	整体感觉非常不错，可能就是周围商业配套没有非常完备，房东姐姐很可爱，就是很尴尬的没有换洗毛巾有点点麻烦
Lindsay	布置漂亮 特别干净清新 没有异味 强迫症太满意了 位置也好 去哪都很近 房东人也很好
邱文静	房东真的人超级好而且很可爱，今天我的箱子坏了还帮我去买胶布胶上了。我觉得房间布置也很好，卫生也蛮干净的，重点是地理位置非常方便，很适合去长沙旅游的朋友们，点外卖也有很多吃的，窗户外面还可以看到ifs夜景也很漂亮，总之我觉得这个价钱能住到这种民宿已经性价比很高了。推荐！
认证手机用户4777	位置很好，房间所在大厦特别干净，感觉也挺安全。房间也特别干净。
樱子酱z	特别好的房东姐姐！我们过来旅游特别关照我们，有问题也很及时处理，房源过去想去的地方都很近，临走行李太多没买到合适的行李箱，姐姐还送了一个登机箱救急！房间还放了一把雨伞，特别细心，也有女孩子的发圈和吹风筒还有卷发棒！真的是为数不多的好民宿！下次来长沙首选!!
王佳媛	可以的 很方便
张恩Empress	地段十分便利，楼下很有生活气息，各种粉店、奶茶店、湘菜馆，离地铁口也不远，走路几分钟就到了，房间是古朴的乡村民宿风格，很有特色，也很干净，洗衣机、投影、空调、热水器这些使用起来都很方便。房东小姐姐态度太好了，一点小问题问她都秒回。还安排了行李寄存，各种攻略也发了好多给我。性价比很高的民宿，推荐

续表

字段 1(用户昵称)	字段 2(评论文本)
认证手机用户 0814	非常贴心哦,很舒服哦
银色飞行船	好
A. Rabbit	房东特别好,沟通入住很顺利,有什么问题都能积极帮助解决!
奕雯	很好的小姐姐～有什么问题也会及时解决 退房的时候我们有点慢也很好说话 投影很适合玩累了看部电影放松 以后来长沙玩还会选择这里～
蹈	去过很多地方,住过酒店、青旅、民宿……但是这次住的大蓉家真的很不错! 主要是很干净、温馨,也很文艺! 老板也很好。如果有机会再来长沙,大蓉家还是我首选

本文的文本处理主要是借助武汉大学的研究团队所开发的 ROST CM(ROST content mining)文本分析软件。该软件能够对于事先采集到的文本内容和信息进行深入处理,能实现高频词统计、情感分析、社会网络和语义网络分析等。[23]该软件处理中文文字的效果较好,许多国内学者也利用该软件来研究网络文本分析,因此本文选择该软件做前期的数据处理工作,实现挖掘文本数据信息的目的。

四、数据统计与分析

(一)高频词分析

本文借助后羿采集器采集 Airbnb 网站 2019—2021 年长沙部分民宿的在线评论共 10 982 条,剔除无效、无意义的非文字评论,并对只有过于单一笼统的评论(如:很好、棒、还行、不错等词汇)进行筛除,剩余共计 10 222 条有效评论。

分词是本文数据处理的关键步骤,该步骤剔除评论文本中的“的”、“得”等词语以及标点符号,将句子拆分成独立的词语,以便于之后的统计。高频词分析是指统计词语在某个环境中出现的总次数,在线评论中出现的高频词能够反映出用户对商品和服务的主要关注点,通常来说,某个词语的出现频率越高,说明用户越关注这个词语相关的方面。

将收集到的评论放入 TXT 文本文档,使用 ROST CM 文本分析软件对采集到的这 10 222 条有效评论进行内容分词以及高频词统计,得到如表 2 所示的前 100 位的高频词以及频次,根据表 2 中的数据可以初步了解顾客对于长沙民宿的认知情况以及重点感知和关注因素。排名前五的关键词分别是“房间”、“位置”、“房东”、“方便”、“干净”,这些词语的排名越靠前,说明顾客在入住民宿之后对这些方面的关注和感知越明显。

表 2　　长沙民宿顾客感知高频词及频次(前 100 位)

特征词	频次	特征词	频次	特征词	频次	特征词	频次	特征词	频次
房间	5 763	性价比	780	漂亮	507	老板	354	步行街	279
位置	4 726	地铁站	759	温馨	504	适合	350	景点	277
房东	4 440	装修	758	地铁	497	耐心	344	电影	275
方便	3 259	贴心	746	便利	494	卸妆	340	浴缸	272
干净	2 860	分钟	745	投影仪	477	总体	336	老街	270
地理	1 847	问题	742	沟通	473	颜悦色	330	中心	270
姐姐	1 658	交通	730	设施	472	房主	328	住宿	270
舒服	1 617	满意	723	好找	413	空调	327	这家	269
入住	1 546	晚上	712	整体	406	朋友	324	厕所	267
长沙	1 515	附近	711	距离	399	出门	322	市中心	263
超级	1 501	好看	671	地铁口	396	隔音	320	太平	256
房子	1 459	及时	660	拍照	394	房源	316	行李	255
广场	1 327	地方	627	旁边	393	布置	310	然后	251
下次	1 179	齐全	620	选择	393	用品	303	黄兴	243
楼下	1 159	整洁	584	好吃	390	安静	299	开心	236
五一	1 091	卫生	583	电梯	376	唯一	299	建议	235
体验	1 061	风格	579	出行	374	走路	294	橘子洲	232
图片	895	投影	551	很快	372	卫生间	293	时间	227
热情	887	舒适	523	准备	368	服务	286	愉快	227
环境	823	步行	508	太平街	364	国金	279	各种	224

为了更加直观,本文选取了占比达到 10%的共 16 个高频词得出图 4,举个例子,“房间”的提及次数是 5 763 次,与总评论条数之比是 0.523 8,有 52.38%的评论提到了“房间”这个词语,说明有超过一半的顾客在评论民宿时提及了“房间”这个词语。

(二)社会语义网络分析

社会语义网络分析是一种可以刻画出整体形态及各节点相互之间关联程度的重要分析方法。社会语义网络分析的核心在于从“关系”的角度出发进行研究,内容主要包括三个方面:中心性、网络密度以及各个节点。

通过 ROST CM 软件对采集到的文本内容进行社会语义网络分析,得到图 5 所示的语义网络图。图中的节点为高频词,词语之间连接的线条表示高频词之间的语义联系。

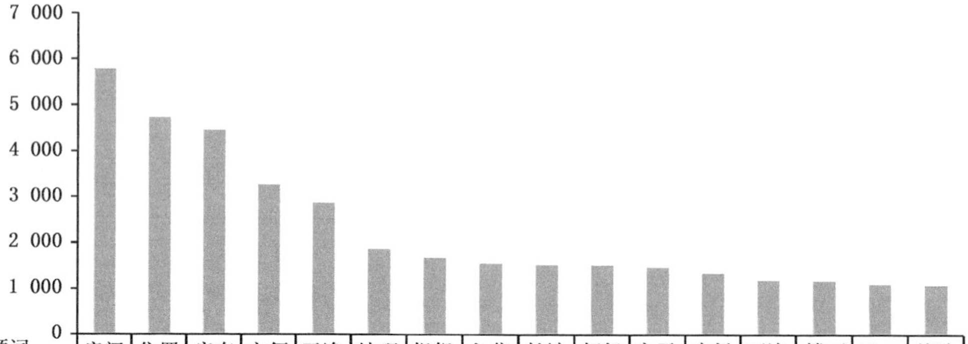

高频词	房间	位置	房东	方便	干净	地理	姐姐	入住	长沙	超级	房子	广场	下次	楼下	五一	体验
■ 占比(%)	56.38	46.23	43.44	31.88	27.98	18.07	16.22	15.12	14.82	14.68	14.27	12.98	11.53	11.34	10.67	10.38
■ 频次	5 763	4 726	4 440	3 259	2 860	1 847	1 658	1 546	1 515	1 501	1 459	1 327	1 179	1 159	1 091	1 061

图 4　高频词频次及占总评论数之比

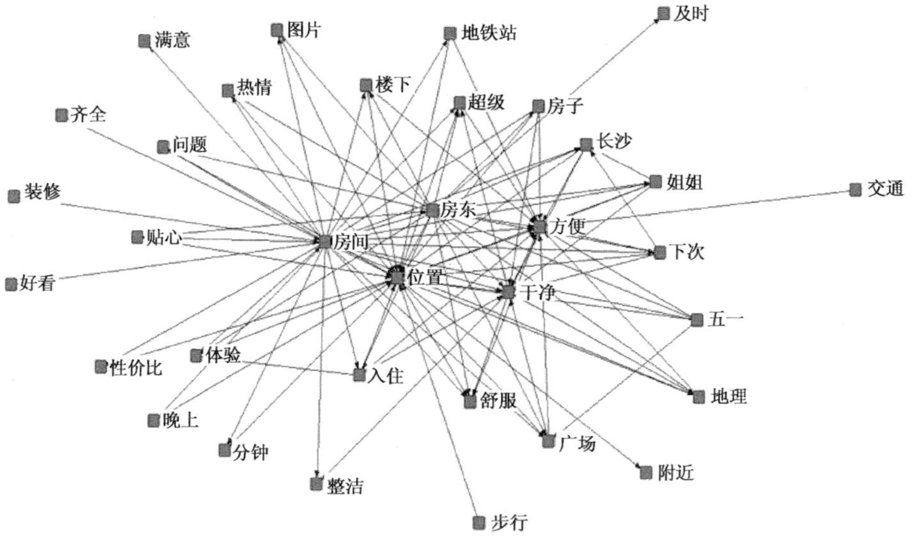

图 5　长沙民宿评论的社会语义分析图

从图 5 可以看出，语义网络图可以被拆分成 3 层。[24]“房间”、“位置”、“房东”、“干净”、“方便”这些词都处于核心层，连接到这些词上的线条是最多的，也是评论中被提及最多次的词语。由中心层发散出去是过渡层，如“热情”、“地理”、“舒服”、“贴心”等词语。可以从图中看出这一层的词语与中心层之间的线条是很密的，这层的词语通常与多个中心层的词语连接，例如与“贴心”连接的三个词分别是“房间”、“房东”以及“位置”，表明“贴心”常与这三个词出现在一起。最外层的边缘节点如“装修”、“交通”、“步行”，这些词通常是由图中中心层和过渡层的词语单一发散出来的，是对这些词语的进一步描述，例如“交通”一词就是由“方便”单一发散出来的，“交通”就是顾客通常用来具体描述“方便”的，并且由于“交通”只与“方便”一词有线条连接，表示“交通”只与“方便”有紧密联系，而与其他词语关联不大。

（三）高频词分类分析

借鉴与民宿相关的研究和不同方向的文献对顾客感知价值维度的划分，结合长沙民宿实际的评论内容和研究可操作性，本文从情感价值、功能价值、环境价值以及便利价值这四个维度来对顾客感知价值进行深入分析。分类具体的标准如下。

情感价值感知是指顾客对于民宿和民宿经营者的特定情感，如舒适、感谢、惊喜、愉快等心情，将评论中提及民宿经营者、顾客心情等词语划分成情感价值。

功能价值感知是指顾客对于民宿房间设施等有形特征的感知，将评论中描述民宿房间的形容词以及民宿设施的词语划入功能价值。

环境价值感知是指顾客对民宿周边的一系列景色和设施的感知，如广场、商场、老街、景点等词语。

便利价值感知是指顾客主观对从入住民宿前到退房后这一段时间的便利程度的感知，如地铁、距离、电梯等能表达出是否方便的词语都被划分成便利价值。

为确保得出的结论更加准确，本文重新对评论内容进行高频词统计，选取前 300 位的高频词及频次，并根据情感价值、功能价值、环境价值、便利价值这四个维度对这 300 个高频词进行分析以及整理归类。另外，在归纳过程中，仍有部分词语如“朋友”、“唯一”、“住宿”、“然后”无法被归入任意维度，这些词多为连接词或是无法判断其与哪类维度相关，如表 3 所示。因此，为不影响研究结果，尽量保证研究准确性，这些词将不会被归入之后的研究。整理结果如表 4 所示。

表 3　　高频词中无法归入任一维度的词语

	特征词（频次）
无法被归入维度的词语	朋友（324）、唯一（299）、住宿（270）、然后（251）、建议（235）、各种（224）、提前（223）、这次（215）、优越（213）、效果（212）、有机（203）、也好（198）、完全（196）、第一次（177）、值得（169）、旅行（168）、阅读（168）、旅游（156）、每天（134）、想象（123）、大概（119）、还给（114）、第二（113）、稍微（112）、无敌（104）、缺点（96）、好好（95）、嘻嘻（93）、总的来说（84）、少女（83）、也就（82）、担心（82）、超高（80）、是非（78）、美中不足（78）、五星（77）、最好（75）、任何（74）、强烈（72）、期间（72）、满足（70）、打开（70）、名宿（67）、特色（67）、不够（67）、分离（67）、并且（66）、原因（66）、高的（65）、相当（65）

表 4　　长沙民宿评论高频词分类

维度	特征词(频次)
情感价值	房东(4440)、姐姐(1658)、超级(1501)、下次(1179)、体验(1061)、热情(887)、贴心(746)、问题(742)、满意(723)、及时(660)、沟通(473)、选择(393)、准备(368)、老板(354)、适合(350)、耐心(344)、房主(328)、服务(286)、这家(269)、行李(255)、开心(236)、愉快(227)、好评(211)、态度(211)、管家(210)、热心(202)、阿姨(186)、细心(177)、有问题(167)、可爱(163)、用心(163)、还要(159)、细节(158)、简直(157)、感谢(142)、详细(140)、不足(138)、联系(133)、哥哥(126)、帮忙(126)、周到(101)、注意(98)、满分(97)、处理(95)、小姐(93)、可惜(91)、有问(91)、解答(89)、惊喜(89)、温柔(88)、指南(88)、必答(88)、告诉(81)、实在(80)、期待(79)、预定(77)、回答(77)
功能价值	房间(5763)、干净(2860)、舒服(1617)、房子(1459)、图片(895)、性价比(780)、装修(758)、好看(671)、齐全(620)、整洁(584)、卫生(583)、风格(579)、投影(551)、舒适(523)、漂亮(507)、温馨(504)、设施(472)、整体(406)、拍照(394)、卸妆(340)、总体(336)、空调(327)、隔音(320)、房源(316)、布置(310)、用品(303)、卫生间(293)、电影(275)、浴缸(272)、厕所(267)、热水(213)、化妆(195)、打扫(187)、味道(184)、设计(179)、一模一样(179)、洗澡(179)、阳台(177)、洗衣机(168)、一次性(148)、公寓(138)、完美(135)、浴室(134)、沙发(132)、声音(123)、冰箱(121)、被子(115)、视野(114)、睡觉(106)、落地窗(105)、居住(105)、内部(105)、热水器(103)、衣服(102)、电视(102)、屋子(101)、窗外(101)、窗帘(99)、清晰(98)、香香的(95)、装饰(93)、洗漱(92)、洗手间(92)、厨房(91)、马桶(90)、进门(90)、床单(87)、相符(86)、一应俱全(81)、沐浴(81)、暖气(78)、干湿(77)、使用(76)、清新(76)、感受(76)、室内(76)、楼上(75)、简约(74)、拖鞋(74)、不大(72)、异味(70)、实物(68)、格调(68)、床垫(68)、毛巾(67)、屋内(66)、镜子(66)、明亮(66)
环境价值	地理(1847)、长沙(1515)、广场(1327)、楼下(1159)、五一(1091)、环境(823)、晚上(712)、附近(711)、地方(627)、旁边(393)、太平街(364)、颜悦色(330)、出门(322)、安静(299)、国金(279)、步行街(279)、景点(277)、老街(270)、中心(270)、市中心(263)、太平(256)、黄兴(243)、橘子洲(232)、周围(221)、周边(212)、对面(201)、地段(201)、湘江(198)、安全(187)、外面(185)、江景(165)、商场(160)、酒店(156)、夜景(155)、隔壁(148)、风景(145)、文和友(130)、楼道(129)、影响(129)、整个(128)、便利店(124)、玩的(123)、门口(117)、游玩(115)、楼层(111)、遇到(99)、马路(99)、天气(98)、大厦(91)、岳麓山(86)、炊烟(85)、大楼(82)、冬天(78)、好玩(75)、乐和城(68)
便利价值	位置(4726)、方便(3259)、入住(1546)、地铁站(759)、分钟(745)、交通(730)、步行(508)、地铁(497)、便利(494)、好找(413)、距离(399)、地铁口(396)、好吃(390)、电梯(376)、出行(374)、很快(372)、走路(294)、时间(227)、小吃(206)、美食(190)、打车(173)、寄存(158)、过来(157)、早上(137)、公交(133)、找到(127)、到达(126)、出去(124)、进去(124)、不远(116)、回来(110)、女生(91)、过去(85)、靠近(83)、孩子(82)、吃喝玩乐(78)、共享(73)、顺利(72)、到位(72)、休息(71)、多吃(71)、小时(69)、顺畅(68)、吃饭(68)、排队(67)、安排(67)

经过整理与统计，排除无法定义的词语后，剩下的词语的频次总数是 89 748，将每个维度的所有高频词的频次相加，得出四个维度的总频次，功能价值的高频词个数是 88 个，总频次是 30 104，占比 33.543%；情感价值的高频词个数是 57 个，总频次是 21 951，占比 24.458%；便利价值的高频词个数是 46 个，总频次是 19 503，占比 21.731%；环境价值的高频词个数是 55 个，总频次是 18 190，占比 20.268%。

由该数据可以得知，顾客在留下对于民宿的评论时，关于民宿功能价值的评论关键词的总频次最多，其次是情感价值，便利价值次之，最后是环境价值。从这个排序结果来看，可以说明顾客在发表评论的时候相对更加容易感知到具体有形的事物以及接触较多的事物（如民宿的房间、民宿经营者等）。另外，是否容易表达出来也是会影响具体的评论内容，例如民宿的环境和周边便利程度不太容易用语言方便地表达出来。

五、结论及建议

本文通过收集大量在线评论作为研究数据，以分析统计高频词的方式来研究顾客感知价值。根据研究得出的数据，得出以下主要结论：

首先，通过高频词分析，可以发现在所有评论内容中，被提及频次最高的 10 个特征词分别是房间、位置、房东、方便、干净、地理、姐姐、舒服、入住、长沙，分别从民宿本身、民宿地理位置、民宿经营者等方面来描述入住体验，说明顾客对这些方面感知更加明显。其中“房间”一词更是占到总评论条数的 52.38%，说明超过一半的顾客在评论时都提到了“房间”这个词语。但是每个人在描述的时候可能会用到不同的词语，所以需要统计更多的数据，对同类的词语进行一个归纳分类，能够更加准确和直观地进行进一步分析。

其次，通过社会语义网络分析，可以发现房间、位置、房东、干净、方便这几个词语处于中心位置，体现了顾客对民宿的核心需求和感知，从各个节点的连接线也可以看出哪些词语之间的联系较紧密，成为将高频词分类的参考依据。

最后，通过高频词分类可以发现，研究结果显示在收集到的长沙民宿的评论中功能价值的内容最多，情感价值次之，便利价值的内容占比排第三，环境价值的内容最少。功能价值几乎占到所有内容的 1/3，说明在顾客对长沙民宿的感知中，民宿的功能是非常重要的，并且也是相对来说更容易被顾客感知到，是最基本的价值。相较于其他三个维度，情感价值体现的主要是顾客对于房东的一种感知以及反馈。功能价值、环境价值以及便利价值都是需要顾客去感受，处于相对静态，而情感价值是顾客与房东双方交互情感的一个结果。

基于本文的研究分析和结论，对民宿行业提出以下两点建议：

第一，民宿近年来被更多的游客所选择，对民宿的基础设施和细节要求也更高，对于经营者来说，需要理解民宿与酒店的区别，酒店的设施是标准化的，而顾客选择民宿更多是为了有家的温馨以及齐全的设施。在研究结果中可以得知，房间、干净、舒服、装修、风格等描述民宿设施和民宿风格的词语都排名靠前，因此，民宿应该在保证房间干净、服务等基本要求的基础上，从顾客差异化的需求出发，结合当地的文化和特色进行个性化的房间的布置。另外，位置、地理、楼下、方便、入住等词语的提及频率也较高，证明民宿的位置和入住是否方便也是消费者关心的点，但这两点很难从根本上去人为地改变,因此经营者要站在顾客的角度去思考自己的民宿是否方便顾客抵达并入住,可以向顾客提供从机场或火车站到民宿的快捷路线,如果顾客多次反馈民宿较难被找到,可以绘制一张找到民宿的简易路线图。在线评论不仅仅是方便顾客选择民宿的一种途径,更应该成为民宿经营者审视自身服务是否到位和查漏补缺的依据。

第二,若是一味追求功能价值,民宿也就和酒店无异了,失去了民宿独特的含义以及新鲜感。民宿的功能是最基础的要求,但真正吸引消费者的地方在于功能价值以外的情感价值、环境价值和便利价值。民宿经营者需要接受行业的统一培训,坚持服务理念,掌握相应的服务技能,在顾客需要的任何时候提供相应的服务,而不是将民宿当作出租商品,租出后就置之不理。如果民宿周边环境较好,可以联合平台在宣传方面加强力度,结合当地文化自然景观,将民宿周边环境融入民宿竞争力,体现自身环境优势。另外,民宿周边的交通和便利程度是很难改变的,民宿经营者可以向顾客提供有关当地交通、游玩、美食等方面的旅游指南,尽可能省去顾客查找的时间,也可以促进双方的沟通和感情。

六、研究展望

(一)研究创新

本文参考学者和前人的理论,总结出本文所研究的顾客感知价值的维度,采集大量长沙民宿的在线评论作为数据,并结合 ROST CM 软件做高频词分析、社会语义分析和高频词分类分析。创新点在于相较于传统研究所采用的文献研究法和问卷调查法,本文所采用的内容分析法最大化地减少了研究时人员的主观偏见对研究结果的影响,采用科学的方法分析大量数据,把握数据的整体特征。

(二)研究展望

本研究仅初步划分民宿在线评论中的关键词,归纳高频词为顾客感知价值的维度,未来关于民宿的顾客感知价值的研究还可以从另外的角度做进一步研究。

在进一步研究民宿时,可以将民宿的评论和马斯洛需求层次理论结合起来,将评论里的关键词分类,例如食物、睡眠、空气等可以归入生理需求;有关民宿周围安全可以归入安全需求;人际交往可以归入社交需求。进一步研究可以根据每家民宿的各个需求的占比,精准地定位每一家民宿,例如某家民宿的有关生理需求的正面评论提及较多,那从一定程度上可以说明在顾客的感知中这家民宿能满足顾客的生理需求,这家民宿的定位就可以是主要满足顾客的基础需求。针对这一点,可以推广至每一个民宿预订平台,将每家民宿进行分层定位,将民宿预订网站进行优化,顾客可以根据自己对于民宿的需求和定位选择不同层次的民宿。

参考文献

[1]钱坤,杨莉萍,吴云鹏,胡宗华.旅游产业数字化转型发展路径研究[J].绿色科技,2020(15):191—193+198.

[2]戚筱彤.我国共享住宿的法律规制研究[D].昆明:云南师范大学,2020.

[3]Jintana Kongpet,Prayoon Wongchantra,Jurirat Kuruchot. The Development of a Home-stay Village for Providing the Environmental Conservation Tourism Services in Nongbua-Lamphu Province[J]. Journal of Arts and Humanities,2014,3(5):72—80.

[4]邱枫,干青亚,张望望.基于游客感知的四明山民宿意象研究[J].华中师范大学学报(自然科学版),2017,51(4):561—568.

[5]张胜利.深圳大鹏所民宿研究[D].广州:华南理工大学,2016.

[6]Yuan Xiaojie. The research and implementation of integrated Web crawler based on protocol-driven and event-driven[D]. National University of Defense Technology,2009.

[7]李本乾.描述传播内容特征检验传播研究假设——内容分析法简介(上)[J].当代传播,1999(6):39—41.

[8]汪会玲,吴梦颖.基于社会网络分析的我国家庭旅馆评价模型构建[J].管理学报,2015,12(3):433—438.

[9]王媛,许鑫,冯学钢,吴文智.基于文本挖掘的古镇旅游形象感知研究——以朱家角为例[J].旅游科学,2013,27(5):86—95.

[10]付业勤,王新建,郑向敏.基于网络文本分析的旅游形象研究——以鼓浪屿为例[J].旅游论坛,2012,5(4):59—66.

[11]张海洲,陆林,张大鹏,虞虎,张潇.环莫干山民宿的时空分布特征与成因[J].地理研究,2019,38(11):2695—2715.

[12]王婉飞,刘珂.中国乡村民宿发展及对策[J].乡村旅游研究(台北),2009(4):1—7.

[13]Timothy D. J.,Teye V. B. Tourism and the Lodging Sector[M]. Oxford,New York:Routledge,2009.

[14]路璐.滑雪游客感知价值、满意度与行为意向的关系研究[D].石家庄:河北师范大学,2018.

[15]龙飞,刘家明,昌晶亮.国内民宿研究现状与未来展望[J].城市学刊,2019,40(1):31—37.

[16]范秀成,罗海成.基于顾客感知价值的服务企业竞争力探析[J].南开管理评论,2003(6):41—45.

[17]敖娇.B2C网络购物顾客感知价值、购物价值和行为意向关系研究[D].上海:东华大学,2014.

[18]白长虹,廖伟.基于顾客感知价值的顾客满意研究[J].南开学报,2001(6):14—20.

[19]汪良.基于旅游者感知价值的重庆市巴南区民宿发展研究[D].贵阳:贵州师范大学,2019.

[20]陈小曼.基于在线评论的民宿顾客感知价值与行为意向关系研究[D].秦皇岛:燕山大学,

2018.

[21]佟静,刘佳欣．基于网络文本分析的大连民宿体验感知研究[J]. 杨凌职业技术学院学报,2018,17(4):1－6＋10.

[22]吴逸姝．中国市场下爱彼迎的案例分析[J]. 时代金融,2019(12):52－53.

[23]赵咪咪,张建国．基于网络文本分析的城郊森林公园形象感知研究——以丽水白云森林公园为例[J]. 林业经济问题,2017,37(4):51－56＋105.

[24]郭江铃．基于网络文本分析的厦门旅游目的地形象感知研究[D]. 厦门:厦门大学,2017.

电商直播中消费者购买意愿影响因素研究

傅显茜

指导老师：江　江

摘　要：在新时代经济的快速发展下，电商直播逐渐成为许多电商平台的主要选择。电商直播是电商与直播的结合，店家在电商平台通过直播的形式来销售产品，使得消费者在观看主播的详细介绍之后能够了解产品信息，增强双方的交互性，全面提升消费者线上购物的体验，进而提升销售额。本文基于SOR模型，对电商直播中影响消费者购买意愿的因素进行研究。首先，依据相关文献，结合SOR模型，提出假设和概念模型，认为优惠促销和感知易用性这两个平台因素会通过平台信任对购买意愿产生影响，交互性、娱乐性和专业性这三个主播因素会通过主播信任对购买意愿产生影响；然后通过调查问卷的方式收集数据，并运用SPSS 26、SmartPLS软件对收集到的数据进行信度、效度及结构模型检验，验证模型以及假设是否成立。最终，通过实证研究发现：优惠促销、感知易用性因素对平台信任起到正向影响；专业性因素对主播信任起到正向影响；平台信任与主播信任对消费者购买意愿起到正向影响。根据以上结论，本文为各大电商平台提出了一些具体化的建议。

关键词：电商直播；SOR模型；购买意愿

Research on Factors Affecting Consumers' Purchase Intention in E-commerce Live Broadcast

Abstract: With the rapid development of economy in the new era, e-commerce live broadcast has gradually become the main choice of many e-commerce platforms. E-commerce live broadcast is combined with e-commerce and live broadcast. The store sells products through live broadcast on the e-commerce platform, so that consumers can understand the product information and enhance the interaction between the two sides after watching the detailed introduction of the anchorman. Improve consumer online shopping experience, and then increase sales. Based on the SOR model, this paper studies the factors that affect consumers' purchase intention in e-commerce live broadcast. Firstly, according to the relevant literature, combined with the SOR model, the hypothesis and conceptual model are put forward, which holds that the two platform factors, preferential promotion and perceived ease of use, will affect the purchase intention through platform trust. The interaction, entertainment and professionalism will affect the purchase intention through anchor trust. Finally, through the research, it is found that preferential promotion, perceived ease of use factors play a positive impact on platform trust; professional factors play a positive impact on anchor trust; platform trust and anchor trust have a positive impact on consumers' willingness to buy. According to these conclusions, this paper puts forward some concrete suggestions for each major e-commerce platform.

Keywords: e-commerce live broadcasting; SOR model; purchase intention

一、引言

（一）电商直播的背景

随着国民经济与现代科技的快速发展，消费者的购物方式早已发生巨大的变化，线上购物越来越受到消费者的喜爱，成为他们首选的消费模式。

据 CNNIC 于 2021 年 2 月 3 日发布的第 47 次《中国互联网络发展状况统计报告》显示，2020 年，我国线上零售额达 11.76 万亿元，较 2019 年增长了 10.9%，其中，实体物品线上零售额为 9.76 万亿元，占社会消费品零售总额的 24.9%。截至 2020 年 12 月，在中国使用互联网购物的用户数量已达到 7.82 亿人，与 2020 年 3 月相比，用户数量增加了 7 215 万人，占互联网用户总数的 79.1%。由此可见，越来越多的网民加入了网购大军，并且网购的零售额仍在增长。

电商和直播的结合是近几年的一种创新商业模式，电商平台利用直播的独有优势，为消费者提供了更加直观、生动的购物体验。受 2020 年全球爆发的新冠疫情影响，大部分线下实体行业受到严重打击，而电商直播的销售额实现了井喷式增长，许多商家借助电商直播来成为弥补损失的途径。据艾媒报告数据显示，2020 年我国电商直播规模达到 9 610 亿元，2021 年电商直播整体依旧会井喷式发展，预计规模将接近

12 012 亿元。各大电商平台可谓是龙争虎斗，淘宝、抖音、京东、蘑菇街等知名电商平台正挖空心思来吸引更多的网络消费者。

(二)研究意义与目的

快速发展的事物必然是一把双刃剑，伴随着电商直播行业的日益壮大，直播店家规模的过度饱和、直播形式的同质化、主播的低专业度、商品质量及售后等问题接踵而至，这些问题不仅影响了电商直播平台以及与其合作的品牌方，还会在很大程度上削减消费者的体验感。

在这样的大环境下，消费者购买意愿的影响因素相较于传统的网购又有了新的变化，因此需要针对新的情形进行进一步的研究分析，这对消费者的购买心理研究以及电商平台的发展有着重要的作用与启示。

本文的研究目的可以归结为以下几点，首先，通过梳理以前学者关于电商直播中消费者购买意愿影响因素的研究成果，提取出变量因素。其次，以 S-O-R 模型理论为基础，构建本文模型。其次，采用实证研究方法，通过设计量表与发放调查问卷，并且对问卷结果进行数据分析，验证本文提出的研究假设。最后，为电商直播的未来发展提出相应的意见与建议，帮助电商平台更好地借助直播这一形式，提高消费者购买意愿，进而提升产品销售额，使得消费者与电商平台双赢。

(三)研究方法

本文采用实证研究的方法，研究电商直播中消费者购买意愿的影响因素。根据 S-O-R 模型提出了假设。通过发放问卷收集数据，采用 SPSS 和 SmartPLS 数据分析软件进行数据分析和模型检验，验证假设是否成立，得出研究结论并提出建议。

二、电商直播概况与文献综述

(一)发展现状与未来发展趋势

随着时代经济的快速发展，电商直播的受关注度越来越高。相比较普通电商而言，电商直播将娱乐与消费结合，将“随时观看，随时购买”付诸实际，带给消费者更强的场景体验。通过直播，电商能够将商品的外观、价格与品质全方位地向消费者传递，因此，电商直播将电商行业内容化。与此同时，电商直播还将电商行业社交化，通过产品这个媒介，深化了主播与消费者之间的互动体验。电商直播能够更高效地将消费者与产品之间联系起来，让消费者们的体验更富有真实性与参与性。

在未来，由于国民经济与电子商务的蓬勃发展外加 5G 技术的加持，电商直播行业仍旧会大放异彩，但与此同时，各大电商平台需要不断完善自身的不足，并且寻找更多创新的经营手段，这样才能够在众多竞争者中独占鳌头。

(二)电商直播的优势

1. 动态性的视听过程

根据文字或图片搜索来选购商品是网购最常见的形式，而电商直播通过视频的方式呈现，将商品向消费者进行全方位的展示，很大地提升了商品的真实性。

2. 交互性

互动的效果就是可以将商家和消费者的关系拉近，有着更加直接的交流。观众可以更加走近去了解商品和商家。那么对于商品本身来说，会有更大的展示空间，消费者也会更加愿意去购买。

3. 趣味性

这与主播的口才息息相关。许多主播很有说服力，在带货的时候，他们不仅展示商品，还掌握一定的语言技巧。在娱乐消费者的同时，他们也在销售商品。谈笑风生之后，消费者会更愿意购买。现如今，有一些直播甚至将 AR、VR 等科技与直播相结合，为消费者带去了更新奇有趣的购物体验。

4. 反馈性

传统的营销往往是单向传播，用户反馈往往有延时，但是为了不断改进，平台需要关注消费者的营销反馈，例如退换货的比例以及消费者收到货后的评价，来了解消费者的意见。而直播营销的互动是双向的，当主播给消费者输出内容时，消费者也可以将自己的想法通过弹幕来展现。

（三）电商直播的不足

优点与缺点通常是并存的，在电商直播过程中体现出来的问题也接踵而至。

1. 电商直播形式流程的同质化

随着一些平台采用电商直播模式的成功，越来越多的平台纷纷涌入，导致了大部分直播模式与内容趋同。大体上，商家电商直播的流程、内容大同小异，久而久之，消费者会感到疲乏。[1]

2. 带货主播专业素质不一

例如在抖音 App 上，能够观看到来自各行各业的主播，有健身教练、大胃王、个体经营户，甚至是家里的小朋友，只要商家提供了商品，便可以全民直播带货。这很大程度上降低了直播带货的门槛，但同时也由此产生了商品的来源、安全等风险问题。

3. 直播商品质量与售后

由丝芭文化旗下团体 SNH48 中选出的十几位偶像组成的“浪彩少女 AW9”在抖音平台直播带货，但是粉丝购买后，发现商家打着名牌商品的名号，收到的却是仿冒的假货，还有一些商品存在质量问题，联系售后也久久没有得到回应，此类问题在许多电商直播中也有不少存在。

参考现如今的电商直播的发展势头，加上国民经济的不断增长，消费者对更方便、更快捷、更有趣的购物体验的追求，VR、AR 等高科技的逐渐盛行，不难看出，电商直播在未来依旧会蓬勃发展，然而想要更进一步发展，电商直播行业需要吸取建议，不断提升消费者体验,这样才能够更好地发挥优势,更精准、有效地选择以及吸引大流量消费者,使其产生更进一步的消费、反馈、再消费的行为,建立高顾客忠诚度,从而使得电商平台获得更好的口碑以及收益,形成平台与消费者互利共赢的良好局面。

(四)S-O-R 理论

SOR 理论是指"刺激—机体—反应"模型,由心理学演变而来,曾被运用于教育心理学中。该模型认为在实体环境中,有各种各样的刺激因素会使得机体有趋近与规避两种相反的反应。[2]随着网络购物的快速发展,S-O-R 模型被广泛运用于零售业领域。

在本研究中,将基于 S-O-R 模型构建概念模型,并将收集到的数据进行检验,分析前因变量对中间变量、中间变量对结果变量有无显著影响,由此验证假设是否成立,并提出相关建议。

(五)相关研究综述

通过对电商直播中消费者购买意愿影响因素相关研究文献的梳理,能够看出目前相关文献大部分都是基于刺激—机体—反应(S-O-R)模型来研究的,但是具体选择的因素大不相同,如王彤的研究,她将交互性、优惠促销、娱乐性、内容优质、意见领袖等直播刺激因素作为前因变量,将信任、感知功能价值、感知情感价值等机体反应作为中间变量,将购买意愿作为结果变量,用这些因素建立了模型并进行了后续的研究分析,验证了内容优质、意见领袖、娱乐性三个前因变量正向影响信任、感知功能价值和感知情感价值;交互性对信任和感知功能价值有正向影响;交互性与优惠促销均与感知情感价值无关。[3]

而纪曼和卓翔芝的基于 SOR 模型的电商网络直播环境下消费者购买意愿的影响因素研究中,将刺激变量(S)分成两种类别,分别是电商网络直播中展示的产品特征因素和电商网络直播时的情景特征因素;将有机体的内在认识(O)分为感知价值和感知愉悦性两个变量;将购买意愿作为有机体的反应(R)。得出了产品特征因素和情景特征因素都显著正向影响消费者的感知价值和感知愉悦性,情景特征对消费者的感知愉悦性影响作用最为显著,以及感知愉悦性正向影响消费者的购买意愿这两条结论。[4]

田秀英的研究中将人际互动、时间压力、视觉吸引力、价格促销作为前因变量,将感知风险作为中间变量,将冲动购买欲望作为结果变量进行分析,并提出,制定合理的价格促销方案;为消费者提供良好的视觉体验;加强人际互动;重视感知风险对冲动购买欲望的影响,降低消费者的购买风险这四条建议。[5]

少数文章的角度新颖,从主播类型切入,例如郑兴的研究中,他从主播的互动类型出发,针对不同主播互动对消费者冲动性购买意愿的影响,构建了关系导向型和任务导向型主播互动类型的理论模型。[6]这些文献在参考了 S-O-R 模型之后,会在前人的成熟量表上设计研究量表,之后通过发放调查问卷的形式,收集足够多且有效的数据,借助数据分析软件对数据进行处理，之后通过描述性分析、信度、效度、结构方程模型检验，得出研究结论，通常的结论是这些变量之间的影响程度，如 Jinhua Tong 的研究，即时性和信任感在虚拟网络环境下的顾客决策过程中的重要性。[7]

综上所述，在学术研究方面，国内外学者关于这个主题的研究不是特别多，已有的少数研究大多使用了基于 S-O-R 模型与问卷调研相结合，通过数据分析来验证假设。通过分析国内外已有研究发现，目前关于电商直播中消费者购买意愿影响因素研究多从平台相关或者主播相关某一个视角出发，很少有同时关注平台和主播因素两个方面的研究。此外，消费者在电商直播情境下的消费行为本质上是基于电商直播平台的消费者与主播之间的互动，主播、消费者和直播平台之间的三方交互促成了消费者的购买行为，因此，主播与直播平台是影响消费者购买意愿的重要因素之二。本文在总结以往文献的基础上，选择了以往文献中较常提及的变量，平台相关因素考虑了优惠促销和感知易用性，主播相关因素考虑了主播交互性、娱乐性和专业性，综合了平台因素和主播因素两个方面，并考虑了消费者不同维度的信任，验证主播因素和平台因素通过信任影响消费者购买意愿的模型。具体变量及变量间关系阐释如下部分。

三、变量定义、研究假设与模型提出

（一）变量的定义

1. 优惠促销

优惠促销指消费者可以凭借低于正常价格的金额来获得商品的活动。优惠促销是电商直播中常见的一种营销手段，通过降低价格来刺激消费者购买意愿，甚至是使消费者产生冲动购买的心理，进而提高商品销量。本文中的优惠促销是指电商直播间中的任何优惠，即直播间专属优惠、专属赠品等。

2. 感知易用性

技术接受模型（TAM）中提出了感知易用性，这是决定使用者使用意愿的主要因素之一，它指的是一个人认为使用某个系统的轻松程度。本文的感知易用性是指消费者在通过电商直播进行消费的整个过程中觉得电商平台的各种功能使用是否容易，例如寻找到直播间入口、领取直播间专属优惠券、发送弹幕与主播及其余消费者互动、参与抽奖等操作。

3. 交互性

交互性也可被理解为互动性[3]，交互性是导致电商直播与传统购物模式有别的几大重要因素之一。本文中的交互性指在电商直播过程中，消费者通过发送弹幕、为主播点赞、参与直播间抽奖活动等方式与主播或直播间中的其他消费者互动。

4. 娱乐性

随着经济的快速发展，消费者追求的已经不单单是单纯的物质体验了，更多的是精神享受，例如选择去 KTV 唱歌、去电影院看电影、去高档餐厅享用晚餐等。所以，在观看直播的过程中，消费者也一样会十分注重娱乐性。本文中的娱乐性指在观看电商直播时，消费者在通过与主播或其余消费者互动过程中收获到的轻松感和愉悦感。

5. 专业性

在电商直播过程中，主播充当着推荐者与体验者的角色[4]，主播们需要运用口头与肢体语言，通过动态视听的方式向消费者传递某商品的优点、作用、效果等方面的详细信息。本文中的专业性指在直播过程中，对于主播是否能够详细地介绍产品、是否对产品有更多的使用经验、是否能够从容应对突发状况等。

6. 平台信任

在网购过程中，消费者会有自己比较心仪的电商平台，在观看电商直播的平台选择方面也是如此，消费者或许会因为主播、个人习惯或是其他原因更频繁地观看某电商平台的直播，本文中的平台信任是指消费者对于他们频繁使用的电商平台的信赖程度，包括商品质量、售后服务等方面。

7. 主播信任

在观看电商直播时，消费者通常会有自己最喜欢的主播，本文中的主播信任是指消费者在观看电商直播过程中对经常关注的主播的信任程度。

8. 购买意愿

任何电商平台的宗旨一定都是与消费者维持良好交互关系，从而提高商品销量，而提高商品销量的首要方式是需要提高消费者的购买意愿。本文的购买意愿是指消费者在观看电商直播过程中对购买某商品的可能性的主观态度，以及是否愿意将直播间分享给他人的可能性大小。

（二）研究假设与模型提出

基于以上对所选取变量的定义，本文将选用 SOR 模型，根据当下电商直播的情境，将平台相关因素优惠促销与感知易用性，以及主播相关因素交互性、娱乐性与专业性因素作为前因变量，将平台信任与主播信任作为中间变量，将消费者的购买意愿作为结果变量，优惠促销和感知易用性影响平台信任，交互性、娱乐性和专业性影响主播信任。由此，提出了下列假设，来寻找以上提到的 8 个变量之间的关系。

1. 优惠促销对平台信任的影响

网络购物过程总的来说是一个“付款等货上门”的过程，因此价格对许多消费者而言是十分重要的影响购买决策的因素之一。例如现如今发展迅速的拼多多，它的百亿补贴活动吸引了众多消费者，相比较淘宝、天猫等平台，百亿补贴确实能够将商品价格压到最低。而这会导致享受过低价的消费者下一次的购物会将拼多多作为首选平台。王彤（2020）在其研究中认为电商直播间中，性价比高的商品会对消费者信任产生一定程度上的影响。因此，本文提出假设：

H1：电商直播中，优惠促销对平台信任产生正向影响。

2. 感知易用性对平台信任的影响

如果一个网络购物软件拥有检索功能便捷、界面设计简洁、第三方广告数量少等优点，便于消费者进行消费，提高了消费者的购物体验，消费者会更倾向于在此电商平台中消费；反之，则会减少购买次数。崔玉宾(2020)在其研究中提出感知易用性对消费者的购买意愿有显著影响。[8]因此，本文提出假设：

H2：电商直播中，感知易用性对平台信任产生正向影响。

3. 交互性对主播信任的影响

交互性，即互动性，是一个双向影响的行为。消费者与消费者之间、消费者与主播之间的交流都能称为互动。主播能够通过消费者发出的提问弹幕来调整自己应该着重介绍商品的哪些信息，消费者也能够通过已经购买过商品的消费者的使用反馈来考虑自己是否需要购买。这样的互动氛围会让消费者感到惬意，能够有效减少消费者的购买顾虑。纪曼、卓翔芝(2020)在他们的研究中提出，主播频繁地与消费者进行有效互动，能够增强消费者购买意愿。[4]因此，本文提出假设：

H3：电商直播中，交互性对主播信任产生正向影响。

4. 娱乐性对主播信任的影响

娱乐性是指电商直播让消费者体会到的轻松愉悦。在这个发展日新月异的时代，消费者们更多追求的是精神层面的享受，越来越多的消费者会因为“这个主播挺有趣”之类的原因去观看直播，例如李佳琦的著名口头禅“所有女生！买它！”等。陈咏绮(2020)在其研究中提出，电商主播个人吸引力使消费者对主播的好感度提升，进而产生了对商品的信任，提高购买意愿。[10]因此，本文提出假设：

H4：电商直播中，娱乐性对主播信任产生正向影响。

5. 专业性对主播信任的影响

专业性是衡量一个合格的电商主播的重要因素之一。对于消费者提出的关于商品的提问，主播需要从专业角度为消费者答疑解惑，这样一来得到明确回答的消费者才会进一步考虑是否下单购买；反之，依旧云里雾里的消费者更可能放弃购买。王博文(2019)认为专业的内容是影响用户是否会选择进入直播间的重要因素。[11]因此，本文提出假设：

H5：电商直播中，专业性对主播信任产生正向影响。

6. 平台信任对购买意愿的影响

感知易用性与优惠促销都能够影响平台信任，消费者是否愿意频繁选择某平台进行消费，这取决于消费者对此平台是否信任。尹成鑫(2019)在其关于信任的研究中提到，建立以过程性、制度性、体验性的信任能够促进消费者的购买意愿。[12]据此，本文提出以下假设：

H6:电商直播中,平台信任因素对消费者购买意愿因素产生正向影响。

7. 主播信任对购买意愿的影响

具有强吸引力的主播往往会拥有很多粉丝,同样作为消费者的他们会有"他带货的产品一定很不错"类似的想法,这样的状况与游戏主播的粉丝愿意为他送礼物、打赏一致,即"我喜欢你,我愿意为你花钱"。而对于普通消费者来说,是否信任某个主播需要许多方面的考量,胡川(2020)在相关研究中提到,主播专业性能够正向影响消费者的感知有用性,提高消费者的购买意愿。[13]因此,本文提出假设:

H7:电商直播中,主播信任对消费者购买意愿产生正向影响。

本文基于上述七个假设,综合形成以下理论模型:

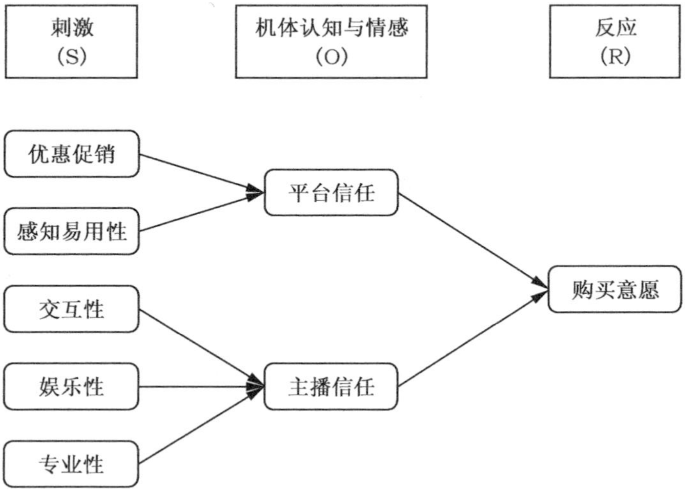

图 1　概念模型

(三)量表与问卷设计

本文运用了问卷调查的方式收集数据,结合上文的变量因素以及假设,设计了量表,形成了问卷。

问卷首先对被调查者是否观看电商直播进行了询问,若从未观看,则无需做后续回答,提高了有效问卷的数量。之后统计了被调查者的个人信息,包括性别、年龄等方面,基本了解了被调查者的总体特征。

其次是问卷的主要部分,对提取的变量进行提问,每个变量设计了至少 3 个题项,采用李克特量表对测量被调查者的主观态度,被调查者可根据个人感受选择"很不同意"、"不同意"、"一般"、"同意"、"很同意",同时,为了确保测量的准确性,本文使用的量表均借鉴了以往学者的研究中较为成熟的量表。

1. 优惠促销量表

对优惠促销的量表，本量表以王彤的量表为基础，参考了田秀英的量表，对优惠促销变量提出了 4 个题项，见表 1。

表 1　　优惠促销量表

变量	编号	题　项	参考来源
优惠促销	A1	在直播过程中，平台的优惠促销活动能够吸引我。	王彤(2020)、田秀英(2020)
	A2	若某商品在直播过程中有专属优惠，我会有更强烈的购买意愿。	
	A3	在直播过程中，我会被频繁发放优惠券或是有抽奖活动吸引。	
	A4	在直播过程中，平台的优惠促销活动的力度越大，我的购买意愿会越强烈。	

2. 感知易用性量表

对于感知易用性的量表，本量表参考了付卫宁的成熟量表，并将其关于移动短视频的题项根据电商直播环境进行修改，对感知易用性提出了 3 个题项，见表 2。

表 2　　感知易用性量表

变量	编号	题　项	参考来源
感知易用性	B1	我认为我能够容易地找到电商直播间中购买、领取优惠券、参与抽奖等入口。	付卫宁(2020)
	B2	在电商直播间中，我能够容易地与其他消费者交流互动。	
	B3	我认为我可以很容易地使用发送弹幕、为主播点赞等功能。	

3. 交互性量表

对于交互性的量表，本量表以高云慧、纪曼、卓翔芝的量表为基础，对交互性变量提出 4 个题项，见表 3。

表 3　　交互性量表

变量	编号	题　项	参考来源
交互性	C1	当对于产品有一些疑惑的时候，我能够在直播间得到相应的解答。	高云慧(2020)，纪曼、卓翔芝(2020)
	C2	在电商直播过程中，我能够通过弹幕感受到我正在与其余消费者共同体验与消费。	
	C3	在电商直播过程中，主播能够及时解答消费者提出的问题。	
	C4	在电商直播过程中，我能够参与领取优惠券、点赞抽奖等限定活动。	

4. 娱乐性量表

对于娱乐性量表，本量表参考了贾晓峰的感知娱乐价值量表，对娱乐性变量提出3个题项，见表4。

表4　娱乐性量表

变量	编号	题　项	参考来源
娱乐性	D1	观看喜欢的主播的电商直播，我能够获得快乐与轻松。	贾晓峰（2019）
	D2	观看喜欢的主播的电商直播，能够缓解我的压力。	
	D3	观看喜欢的主播的电商直播，能够让我投入其中。	

5. 专业性量表

对于专业性量表，本量表参考了王雪力的专业性量表，对专业性变量提出4个题项，见表5。

表5　专业性量表

变量	编号	题　项	参考来源
专业性	E1	我认为我经常观看的主播对他带货的产品很了解。	王雪力（2020）
	E2	我认为我经常观看的主播有能力对他带货的产品做出正确的判断。	
	E3	我认为我经常观看的主播是该领域的专家。	
	E4	我认为我经常观看的主播能够对各种突发状况作出相应的判断。	

6. 平台信任量表

对于平台信任量表，本量表参考了胡瑞佳的量表，并根据具体电商直播环境调整题项，以下为平台信任变量的3个题项，见表6。

表6　平台信任量表

变量	编号	题　项	参考来源
平台信任	F1	我认为我经常使用的平台是可靠的。	胡瑞佳（2019）
	F2	我认为我经常使用的平台直播的产品质量是值得信赖的。	
	F3	我认为我经常使用的电商直播平台的售后服务是令人满意的。	

7. 主播信任量表

对于主播信任量表，本量表以平台信任量表为基础，根据实际电商直播环境将题项调整为主播信任量表，由此提出了3个主播信任变量题项，见表7。

表 7 主播信任量表

变量	编号	题　项	参考来源
主播信任	G1	我认为我经常观看的主播是可靠的。	胡瑞佳(2019)
	G2	我认为我经常观看的主播是诚实可信的。	
	G3	我认为我经常观看的主播是值得信赖的。	

8. 购买意愿量表

对于购买意愿量表，本量表以王彤、肖静、王雪力等学者的量表为基础，提出了 3 个购买意愿变量题项，见表 8。

表 8 购买意愿量表

变量	编号	题　项	参考来源
购买意愿	H1	我在观看电商直播的过程中有考虑过购买产品的想法。	王彤(2020)、肖静(2020)、王雪力(2020)
	H2	我在观看电商直播时购买了这个产品，并将会继续观看与消费。	
	H3	我愿意向身边的人推荐电商直播以及其介绍的产品。	

四、数据统计与分析

(一)问卷的发放与收集

为了获得更加准确的数据信息，本问卷在第一个问题中设置了“请问您平时会通过观看直播进行网购吗?”来筛选不符合的研究对象，以确保问卷数据的可靠性。本次问卷调查运用“问卷星”问卷调查平台制作，制作完毕后将问卷以链接、二维码的形式通过微信、朋友圈、QQ 群、微博等渠道，经过同学、朋友、家人的转发。问卷于 2021 年 2 月 25 日发布，并于 2021 年 3 月 25 日收集完毕。本次问卷共回收 244 份，筛选无效问卷后，有效问卷份数为 146 份，有效率为 59.8%。

(二)描述性分析

首先，通过 SPSS 26 分析软件对收集到的样本进行描述性分析，结果如表 9 所示。

表 9 问卷描述性分析

统计变量	选项	频数	百分比(%)
性别	男	31	21.23
	女	115	78.77

续表

统计变量	选项	频数	百分比(%)
年龄	18 岁及以下	8	5.48
	19～25 岁	102	69.86
	26～35 岁	12	8.22
	36～45 岁	13	8.90
	46 岁及以上	11	7.53
受教育程度	本科及以上	123	84.25
	大专	7	4.79
	高中	9	6.16
	初中	3	2.05
	中专	4	2.74
	小学及以下	0	0.00
月收入	3 000 元及以下	87	59.59
	3 001～5 000 元	27	18.49
	5 001～8 000 元	13	8.90
	8 001 元及以上	19	13.01
合　计		146	

性别方面，由表 9 中数据可以看出，在筛选了未观看过电商直播的样本数后，研究对象中女性占比高达 78.77%，男性占比 21.23%，而女性也是电商直播的主要受众群体，因此合理。

年龄方面，19～25 岁占比为 69.86%，将近七成，其余年龄段占比均处于 5%～10%之间，因此本研究具有一定代表性。

受教育程度方面，被调查者本科及以上学历占比 84.25%，基本符合电商直播的受众群体。

月收入方面，结合年龄及受教育程度能够推断出许多研究对象为在读大学生或是刚工作没多久的毕业生，因此月收入处于 3 000 元及以下的占比为 59.59%，占比第二高的为处于 3 001～5 000 元的 18.49%，此项也合理。

研究对象自行填写的平时观看频繁的电商直播平台中有淘宝、抖音、小红书等，基本覆盖了目前比较成功的几大电商直播平台。

(三)信度检验

信度检验，信度是指检验结果的一致性、稳定性及可靠性，信度的高低表示检验维度的内部一致性高低。[14]本文使用常用的克朗巴赫系数(Cronbach's Alpha)来进行检验,通常认为该值大于0.7便意味着良好、可接受,信度越高,则说明内部一致性越高。

本文运用SPSS 26软件测量问卷效度,测量结果见表10。从结果可以看出,各题项与维度的相关性(CITC)均大于0.4,各维度克朗巴赫系数处在0.739~0.906的范围内,量表整体的克朗巴赫系数为0.956,说明该量表信度较好。

表10　　变量信度检验

变量	题项	CITC	Cronbach's Alpha	量表整体 Cronbach's Alpha
优惠促销	A1	0.784	0.901	0.956
	A2	0.795		
	A3	0.757		
	A4	0.778		
感知易用性	B1	0.601	0.739	
	B2	0.640		
	B3	0.459		
交互性	C1	0.738	0.851	
	C2	0.710		
	C3	0.621		
	C4	0.698		
娱乐性	D1	0.772	0.906	
	D2	0.831		
	D3	0.837		
专业性	E1	0.742	0.880	
	E2	0.773		
	E3	0.717		
	E4	0.733		
平台信任	F1	0.722	0.833	
	F2	0.743		
	F3	0.625		
主播信任	G1	0.742	0.904	
	G2	0.827		
	G3	0.845		
购买意愿	H1	0.649	0.812	
	H2	0.762		
	H3	0.584		

(四)效度检验

效度是指用测量的结果能够反映学者们想要研究的内容的程度。测量结果与他们想要研究的内容越一致,效度就越高。本文利用SmartPLS 3.3.3对此次量表数据进行验证性因子分析,来测量量表的结构效度、聚合效度、区别效度,结果见表11。

表11 **变量效度检验**

变量	题项	因子载荷	AVE	CR
优惠促销	A1	0.849	0.695	0.901
	A2	0.854		
	A3	0.803		
	A4	0.828		
感知易用性	B1	0.711	0.508	0.753
	B2	0.812		
	B3	0.599		
交互性	C1	0.824	0.593	0.853
	C2	0.807		
	C3	0.675		
	C4	0.765		
娱乐性	D1	0.823	0.765	0.907
	D2	0.891		
	D3	0.908		
专业性	E1	0.830	0.649	0.881
	E2	0.839		
	E3	0.757		
	E4	0.793		
平台信任	F1	0.837	0.636	0.839
	F2	0.832		
	F3	0.718		
主播信任	G1	0.800	0.763	0.906
	G2	0.896		
	G3	0.919		
购买意愿	H1	0.816	0.605	0.820
	H2	0.850		
	H3	0.654		

结构效度指观察变量与潜变量之间的对应关系,在验证性因子分析中表现为标准化回归系数,即因子载荷,因子载荷至少大于0.5,大于0.7则更好。从表11可以看出,大部分观察变量因子载荷大于0.7,只有三个观察变量因子载荷小于0.7,但是大于0.5,说明该量表的结构效度良好,可以接受。

聚合效度用平均方差提取值(AVE)来测量,通常认为AVE大于0.5,说明潜变量聚合效度较好,从表10可以看出,各潜变量AVE值均大于0.5,说明该量表具有良好的聚合效度。

区别效度是研究变量的排他性,如果潜变量的各题项与其相关度很高,而和其他潜变量相关度很低，就说明变量区别效度较高。由表 12 可知，各潜变量的 AVE 平方根大于其与其他变量的相关系数，说明此量表具有良好的区别效度。

表 12　　各变量 AVE 值的平方根与相关系数的比较

变量	Mean	SD	1	2	3	4	5	6	7	8
1. 优惠促销	3.85	0.75	**0.834**							
2. 感知易用性	3.49	0.70	0.524	**0.713**						
3. 交互性	3.63	0.66	0.524	0.683	**0.770**					
4. 娱乐性	3.60	0.74	0.452	0.627	0.639	**0.875**				
5. 专业性	3.53	0.70	0.486	0.588	0.553	0.683	**0.805**			
6. 平台信任	3.58	0.65	0.510	0.556	0.608	0.589	0.719	**0.798**		
7. 主播信任	3.64	0.68	0.462	0.461	0.493	0.545	0.669	0.668	**0.873**	
8. 购买意愿	3.62	0.68	0.565	0.468	0.572	0.543	0.574	0.595	0.679	**0.778**

注：AVE 的平方根为对角线上的加粗数值。

综上结果表明本问卷具有良好的信度与效度，问卷数据适合用于后续模型检验。

（五）模型检验

本文采用偏最小二乘法对结构方程模型进行路径检验。

模型检验运用软件 SmartPLS 3.3.3，Boostrap 重复抽样次数设置为 5 000 次，置信区间 95%，结果见表 13。可以看出，优惠促销对平台信任有正向影响（$\beta=0.312$，$p=0.001$）。感知易用性对平台信任有正向影响（$\beta=0.403$，$p<0.001$）。交互性（$p=0.118>0.05$）、娱乐性（$p=0.399>0.05$）对主播信任没有显著影响，专业性对主播信任有正向显著影响（$\beta=0.537$，$p<0.001$）。平台信任对购买意愿有正向影响（$\beta=0.258$，$p=0.014$）。主播信任对购买意愿有正向影响（$\beta=0.508$，$p<0.001$）。

表 13　　PLS-SEM 检验结果

路径	初始样本（O）	样本均值（M）	标准差（STDEV）	T 统计量（|O/STDEV|）	p 值
优惠促销→平台信任	0.312	0.315	0.095	3.272	0.001
感知易用性→平台信任	0.403	0.406	0.089	4.545	0.000
交互性→主播信任	0.139	0.145	0.089	1.565	0.118
娱乐性→主播信任	0.088	0.086	0.104	0.844	0.399
专业性→主播信任	0.537	0.541	0.090	5.980	0.000
平台信任→购买意愿	0.258	0.250	0.105	2.449	0.014
主播信任→购买意愿	0.508	0.520	0.096	5.301	0.000

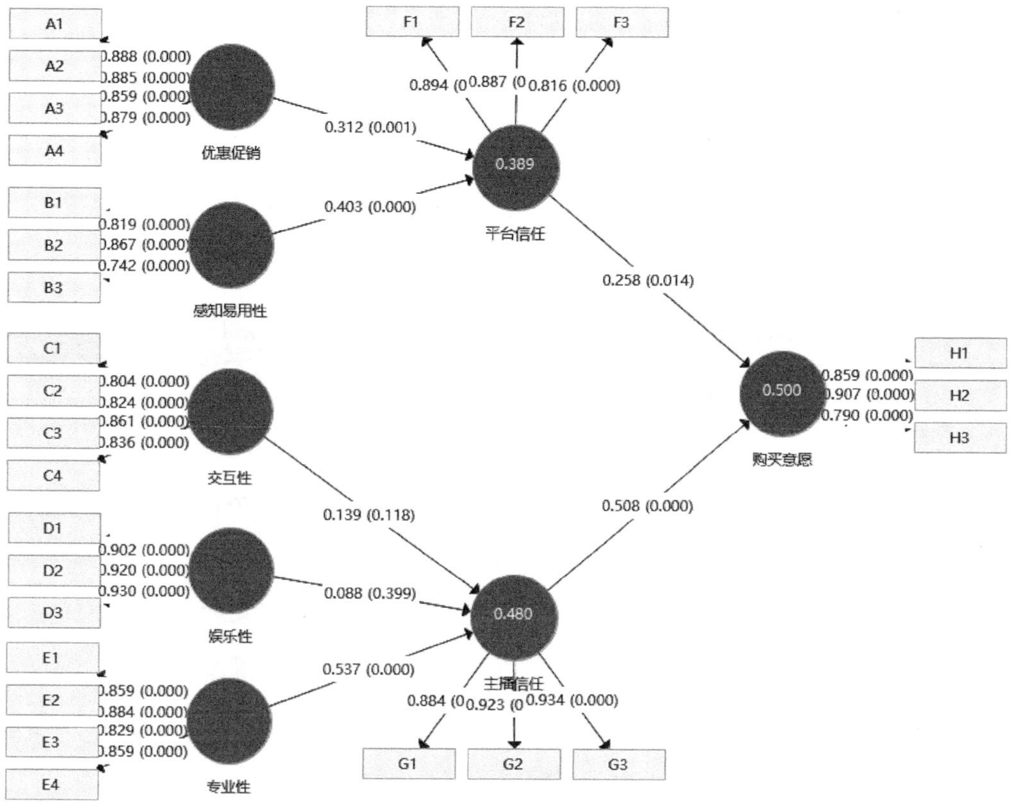

图 2　模型检验结果图

根据上述路径检验结果，对本文的假设检验结果汇总如表 14 所示。

表 14　　假设检验结果

假　设	结　果
H1：电商直播中，优惠促销对平台信任产生正向影响。	成立
H2：电商直播中，感知易用性对平台信任产生正向影响。	成立
H3：电商直播中，交互性对主播信任产生正向影响。	不成立
H4：电商直播中，娱乐性对主播信任产生正向影响。	不成立
H5：电商直播中，专业性对主播信任产生正向影响。	成立
H6：电商直播中，平台信任对消费者购买意愿产生正向影响。	成立
H7：电商直播中，主播信任对消费者购买意愿产生正向影响。	成立

五、总　结

根据以上数据分析结果，本文从以下几个方面为电商直播平台提升消费者购买意愿提出策略建议。

(一)提高优惠活动丰富度，保障商品质量

本次数据分析证明了在电商直播中，优惠促销对平台信任产生正向影响。而优惠促销不应该仅仅是一味地追求低价，更多消费者会更加关注商品的自身质量与价格之间的平衡，即性价比。

因此，首先，各大商家应该设定更多直播间专属优惠活动，例如直截了当的满减优惠券，除了价格上的优惠，商家还可以利用赠品、小样等为消费者提供更多福利，此外，商家还能够与电商平台就“双十一”、“双十二”等活动达成合作，推出全场跨店满减、提高购物津贴等活动。

在价格优惠的同时，商家也必须严格把控商品质量，只有性价比高的商品才值得让消费者买账并推荐给更多的消费者。否则，消费者可能会因为冲动而购买该商品，这也将导致更高的退货退款概率[15]，影响消费者心中对商家的满意程度。

(二)优化平台软件界面，增强互动

本次数据分析证明了在电商直播中，感知易用性对平台信任产生正向影响。根据收集到的问卷数据观察到，许多消费者认为寻找到电商直播中参与抽奖、领取优惠券等入口，以及他们并不完全同意与其余消费者进行互动是容易的。

因此，本文认为各大电商直播平台可以优化自身的平台界面，首先简化进入直播间的步骤，例如可以使用鲜艳明亮的颜色让直播间的标志更显眼[16]，此外，还可以减少不必要的广告投放，让消费者的购物体验更舒适。

在观看直播的界面中，减少复杂繁琐的礼物特效，突出优惠券领取入口、购买商品入口等重点内容，便于消费者的点击。此外，由于许多电商直播有大量观众，屏幕滚动速度快，消费者不方便进行询问、反馈和与其他购买商品的消费者互动。

本文认为，当主播介绍商品时，已购买商品的消费者的客观评价可以显示在屏幕上，从而方便其余消费者作出决策。[17]

(三)增强主播专业性，为消费者带去更多客观反馈

本次数据分析证明了电商直播中专业性对主播信任产生正向影响。专业性一向是评判电商主播是否够格的主要因素之一，电商主播在介绍商品的时候一定要能够为消费者带去更多不同角度的评价。[18]

因此，各大电商平台的头牌电商主播们需要经过专业的培训，不断增强自身对带货商品的了解度，便能够提升专业性[19]，专业性的提高必定会影响主播自身的名声。而一旦具有充分的专业性，主播自然而然能够为消费者解决更多关于商品的疑问，提

高消费者购买商品的可能性。

（四）提升平台声望，使消费者更信赖

本次数据分析证明了电商直播中平台信任对消费者购买意愿产生正向影响。消费者是否愿意在此平台上反复进行消费，基于他们对于这个平台的信赖。

本文认为各大电商平台想要巩固自身在消费者心中的满意程度，可以通过加强平台售后服务、为消费者提供更多福利、做公益、宣传正能量、为小商家的主播提供专业直播培训等渠道。例如，拼多多的“百亿补贴”为消费者带去了大力度的价格优惠；各大电商直播在疫情期间帮助农民直播销售农产品、水果等产品[20]；淘宝直播与《中国妇女报》携手在妇女节发起与女性有关的公益活动；在新疆棉花事件发生后，淘宝下架了 HM 的商品等。

电商平台在公众面前树立了正能量的、值得信赖的形象，消费者也会愿意在它的直播间进行消费。

此外，在 5G 已经逐渐覆盖的现在，电商直播能够通过 AR、VR 等技术玩出更多花样，让消费者能够在直播间体会到创新性、娱乐性与科技感。

（五）树立主播个人形象，打造“偶像”化主播

本次数据分析证明了电商直播中主播信任对消费者购买意愿产生正向影响。消费者对于主播的喜爱程度能够有效影响是否愿意在其直播间购买商品，即消费者对主播的信任是消费者购买意愿中很重要的因素之一。[7]

因此，本文认为电商平台可以将与其合作的热门主播打造成“偶像”主播，从专业性、个人审美、思想道德等各方面对他们进行全面打造，同时可以借助微博、抖音等网络媒体进行宣传，增加他们的影响力与号召力，为其找到合适的定位，并以此吸引信任他们、喜爱他们的众多消费者。[21]例如，李佳琦不仅直播带货，还将他的宠物狗们送去宠物学校接受治愈犬的培训，并且拍摄了视频给喜爱的网友们观看。

打造“偶像”主播，树立正能量的形象，吸引更多消费者关注，增强消费者黏性，实现利益最大化，同时也有利于电商平台、主播自身、合作品牌的良好形象传播。

参考文献

[1]陈春琴．网红直播营销现状及对策研究[J]．新媒体研究，2019，5(19)：10—13.

[2]徐婷洁．基于 SOR 模型的社群消费者购买意愿影响因素研究[D]．上海：上海财经大学，2020.

[3]王彤．电商直播情境下消费者购买意愿研究[D]．北京：中央民族大学，2020.

[4]纪曼，卓翔芝．基于 SOR 模型的电商网络直播环境下消费者购买意愿的影响因素[J]．淮北师范大学学报(哲学社会科学版)，2020，41(4)：49—57.

[5]田秀英．基于 S-O-R 模型的直播电商消费者冲动购买欲望研究[D]．大连：大连海事大学，

2020.

[6]郑兴．电商直播互动类型对消费者冲动性购买意愿的影响研究[D]．重庆：重庆工商大学，2019.

[7]Jinhua Tong. A Study on the Effect of Web Live Broadcast on Consumers' Willingness to Purchase[J]. Open Journal of Business and Management，2017，5(2).

[8]高云慧．电商主播特征对消费者购买意愿影响研究[D]．哈尔滨：哈尔滨工业大学，2020.

[9]崔玉宾．电子商务对消费者行为的影响分析——基于两种电商模式的比较[J]．商业经济研究，2020(10)：89－93.

[10]陈咏绮．电商直播对消费者购买意愿的影响因素研究[D]．广州：暨南大学，2020.

[11]王博文．网红直播营销中的互动仪式研究[D]．武汉：武汉大学，2019.

[12]尹成鑫．社交网络服务中信任对消费者购买意向的影响研究[D]．成都：成都理工大学，2019.

[13]胡川．电商直播情境下用户在线购买意愿的影响因素及其关系研究[D]．广州：暨南大学，2020.

[14]孙燚．基于信任视角下的生鲜电商消费者购买决策研究[D]．天津：天津大学，2017.

[15]庞玉婷．电商直播对消费者重复购买意愿的影响研究[D]．南京：南京大学，2020.

[16]Haolin Shi. Research on the Current Situation and Optimization Countermeasures of China's E-commerce Live Streaming[J]. Поволжская Археология，2019，30(4).

[17]Xue (Jane) Tan and Youwei Wang and Yong Tan. Impact of Live Chat on Purchase in Electronic Markets：The Moderating Role of Information Cues[J]. Information Systems Research，2019(4)：1248－1271.

[18]梁瑾．电商直播中消费者冲动购买行为的影响机制研究[D]．南京：南京大学，2020.

[19]于曾瑞．新媒体环境下消费意见领袖对品牌营销的价值研究[D]．长春：吉林大学，2020.

[20]梁芷璇．电商直播的传播特征、问题及对策研究[D]．兰州：兰州财经大学，2019.

[21]韩箫亦．电商主播属性对消费者在线行为意向的作用机理研究[D]．长春：吉林大学，2020.